DIREITO ELEITORAL

Coleção ESQUEMATIZADO®

HISTÓRICO DA OBRA

- **1.ª edição:** jun./2023
- **2.ª edição:** maio/2024
- **3.ª edição:** mar./2025

Márlon Reis

Doutor em Sociologia Jurídica e Instituições
Políticas pela Universidad de Zaragoza, Espanha.

DIREITO ELEITORAL

3.ª edição
2025

Inclui **MATERIAL SUPLEMENTAR**
- Questões de concursos
- Súmulas do TSE
- Tabela de Prazos de Desincompatibilização
- Enunciados da Jornada de Direito Eleitoral do TSE

saraiva jur

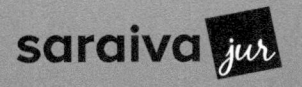

COLEÇÃO
ESQUE
MATI
ZADO®

- Direitos exclusivos para a língua portuguesa
  Copyright ©2025 by
  Saraiva Jur, um selo da SRV Editora Ltda.
  Uma editora integrante do GEN | Grupo Editorial Nacional
  Travessa do Ouvidor, 11
  Rio de Janeiro – RJ – 20040-040

- **Atendimento ao cliente: https://www.editoradodireito.com.br/contato**

- Capa: Lais Soriano
  Diagramação: Fernanda Matajs

- **DADOS INTERNACIONAIS DE CATALOGAÇÃO NA PUBLICAÇÃO (CIP)**
  VAGNER RODOLFO DA SILVA – CRB-8/9410

  R375c   Reis, Márlon
          Direito eleitoral / Márlon Reis; coordenado por Pedro Lenza. – 3. ed. – São Paulo :
        Saraiva Jur, 2025.   (Coleção Esquematizado®)
        632 p.

        ISBN : 978-85-5362-428-7 (Impresso)

        1. Direito. 2. Direito eleitoral. I. Título. II. Série.

                         CDD 341.28
    2025-367   CDU 342.8

        Índices para catálogo sistemático:
        1. Direito eleitoral   341.28
        2. Direito eleitoral   342.8

Respeite o direito autoral

Eu dedico este livro a ti, Camila Borges. Tu ficaste ao meu lado e este livro existe por tua causa. Eu sou grato a ti por tudo. Teu amor me comove e me embala; e nada posso fazer senão te amar mais e mais, especialmente agora que estamos casados!

AGRADECIMENTOS

A publicação desta obra é fruto de uma provocação e de um desafio intelectual que me foi dirigido pelo constitucionalista Pedro Lenza, coordenador da Coleção Esquematizado®. Foi ele quem me tirou da posição confortável em que eu me encontrava e fez com que me lançasse a essa missão agora concluída. Não tenho palavras para agradecer por seu estímulo e por sua confiança no meu trabalho.

Quero manifestar minha gratidão, *in memoriam*, a Manuel Calvo García, meu devotado orientador no doutorado em Zaragoza. Ele me descortinou um mundo de ideias sem as quais este livro não existiria.

Por fim, agradeço à Saraiva Educação por valorizar a minha devoção pelo estudo do Direito Eleitoral e no meu amor por compartilhar conhecimento. É bem isso o que este livro representa.

METODOLOGIA ESQUEMATIZADO

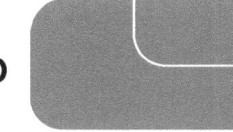

Durante o ano de **1999**, portanto, **há 25 anos**, pensando, naquele primeiro momento, nos alunos que prestariam o exame da OAB, resolvemos criar uma **metodologia de estudo** que tivesse linguagem "fácil" e, ao mesmo tempo, oferecesse o conteúdo necessário à preparação para provas e concursos.

O trabalho, por sugestão de **Ada Pellegrini Grinover**, foi batizado como *Direito constitucional esquematizado*. Em nosso sentir, surgia ali uma **metodologia pioneira**, idealizada com base em nossa experiência no magistério e buscando, sempre, otimizar a preparação dos alunos.

A metodologia se materializou nos seguintes "pilares" iniciais:

- **Esquematizado:** verdadeiro método de ensino, rapidamente conquistou a preferência nacional por sua estrutura revolucionária e por utilizar uma linguagem clara, direta e objetiva.
- **Superatualizado:** doutrina, legislação e jurisprudência, em sintonia com os concursos públicos de todo o País.
- **Linguagem clara:** fácil e direta, proporciona a sensação de que o autor está "conversando" com o leitor.
- **Palavras-chave (*keywords*):** a utilização do negrito possibilita uma leitura "panorâmica" da página, facilitando a recordação e a fixação dos principais conceitos.
- **Formato:** leitura mais dinâmica e estimulante.
- **Recursos gráficos:** auxiliam o estudo e a memorização dos principais temas.
- **Provas e concursos:** ao final de cada capítulo, os assuntos são ilustrados com a apresentação de questões de provas de concursos ou elaboradas pelo próprio autor, facilitando a percepção das matérias mais cobradas, a fixação dos temas e a autoavaliação do aprendizado.

Depois de muitos anos de **aprimoramento**, o trabalho passou a atingir tanto os candidatos ao **Exame de Ordem** quanto todos aqueles que enfrentam os **concursos em geral**, sejam das **áreas jurídica** ou **não jurídica**, de **nível superior** ou mesmo os de **nível médio**, assim como **alunos de graduação** e demais **operadores do direito**, como poderosa ferramenta para o desempenho de suas atividades profissionais cotidianas.

Ada Pellegrini Grinover, sem dúvida, anteviu, naquele tempo, a evolução do *Esquematizado*. Segundo a Professora escreveu em **1999**, "a obra destina-se, declaradamente, aos candidatos às provas de concursos públicos e aos alunos de graduação, e, por isso mesmo, após cada capítulo, o autor insere questões para aplicação da parte teórica. Mas será útil também aos operadores do direito mais experientes, como fonte de consulta rápida e imediata, por oferecer grande número de informações buscadas em diversos autores, apontando as posições predominantes na doutrina, sem eximir-se de criticar algumas delas e de trazer sua própria contribuição. Da leitura amena surge um livro 'fácil', sem ser reducionista, mas que revela, ao contrário, um grande poder de síntese, difícil de encontrar mesmo em obras de autores mais maduros, sobretudo no campo do direito".

Atendendo ao apelo de "concurseiros" de todo o País, sempre com o apoio incondicional da Saraiva Jur, convidamos professores das principais matérias exigidas nos concursos públicos das *áreas jurídica* e *não jurídica* para compor a **Coleção Esquematizado®**.

Metodologia pioneira, vitoriosa, consagrada, testada e aprovada. **Professores** com larga experiência na área dos concursos públicos e com brilhante carreira profissional. Estrutura, apoio, profissionalismo e *know-how* da **Saraiva Jur**. Sem dúvida, ingredientes indispensáveis para o sucesso da nossa empreitada!

O resultado foi tão expressivo que a **Coleção Esquematizado®** se tornou **preferência nacional**, extrapolando positivamente os seus objetivos iniciais.

Para o **Direito Eleitoral**, tivemos a honra de contar com o primoroso trabalho de **Márlon Reis**, que soube, com maestria, aplicar a **metodologia esquematizado** à sua vasta e reconhecida experiência profissional.

Doutor em Sociologia Jurídica e Instituições Políticas pela *Universidad de Zaragoza*, Espanha, Márlon é *Fellow* do Centro para a Democracia, Desenvolvimento e Estado de Direito da *Stanford University* (EUA).

Um dos **redatores da Lei da Ficha Limpa** e de diversos **outros dispositivos hoje presentes na legislação eleitoral**, Márlon foi **Relator geral da Comissão de Igualdade Racial do Tribunal Superior Eleitoral** e **Membro do Observatório da Transparência Eleitoral** do mesmo tribunal.

Atualmente consagrado **Advogado especialista em direito eleitoral**, possui larga experiência na **magistratura**, pois foi Juiz de Direito do Estado do Maranhão, tendo atuado como Auxiliar da Presidência do Tribunal Superior Eleitoral e ocupado a posição de Juiz Eleitoral.

Enquanto na Magistratura, Márlon foi o primeiro vencedor do **Prêmio Innovare: o Judiciário do Século XXI**, em 2004, ao apresentar extraordinário trabalho de aproximação da Justiça Eleitoral ao cidadão, divulgando conteúdo sobre a legislação e levando informação e conhecimento, no sentido de conscientização.

Em razão de toda essa notoriedade, Márlon tem ministrado cursos, palestras e conferências no Brasil e em outros países, como no Tribunal Eleitoral da Federação Mexicana, no Instituto para a Diplomacia Cultural em Berlim, na Universidade de Buenos Aires, na Tunísia e no Parlamento da Malásia.

Márlon tem uma **ampla experiência teórica e prática no Direito Eleitoral**, tendo escrito vários outros trabalhos e livros na área e, por isso, a nossa felicidade e honra em tê-lo neste vitorioso projeto que é a festejada Coleção Esquematizado®.

Estamos certos de que este livro será um valioso aliado para "encurtar" o caminho do ilustre e "guerreiro" concurseiro na busca do "sonho dourado", além de ser uma **ferramenta indispensável** para estudantes de Direito e profissionais em suas atividades diárias.

Esperamos que a **Coleção Esquematizado®** cumpra plenamente o seu propósito. Seguimos juntos nessa **parceria contínua** e estamos abertos às suas críticas e sugestões, essenciais para o nosso constante e necessário aprimoramento.

Sucesso a todos!

Pedro Lenza

Mestre e Doutor pela USP

Visiting Scholar pela Boston College Law School

✉ pedrolenza8@gmail.com

⊡ http://instagram.com/pedrolenza

▶ https://www.youtube.com/pedrolenza

f https://www.facebook.com/pedrolenza

saraiva *jur*   https://www.editoradodireito.com.br/colecao-esquematizado

NOTA DO AUTOR À 3.ª EDIÇÃO

Nesta 3.ª edição de *Direito Eleitoral Esquematizado*, apresento um conteúdo ampliado e atualizado, com o objetivo de oferecer aos leitores uma visão ainda mais completa e aprofundada do Direito Eleitoral brasileiro. Esta obra reflete não apenas a minha trajetória como estudioso e operador do Direito, mas também a evolução constante das normas e dos desafios contemporâneos enfrentados pela Justiça Eleitoral.

Uma das principais novidades desta edição é a abordagem mais detalhada sobre o financiamento de campanhas eleitorais, com foco específico nas candidaturas de pessoas afro-brasileiras. Como membro da Comissão de Igualdade Racial do Tribunal Superior Eleitoral, tive a oportunidade de contribuir diretamente para os debates e aprimoramentos dessa matéria. Agora, analiso em profundidade as novas normas, como a exigência constitucional de destinação mínima de recursos para candidatos pretos e pardos, refletindo sobre o impacto dessa medida no combate à exclusão histórica e estrutural de grupos racializados no cenário político brasileiro.

Outro ponto fundamental é o aprofundamento do tema da igualdade política das mulheres, especialmente no que se refere às disposições recentes sobre violência política de gênero. Esse é um tema urgente e necessário, e examino como normas como o art. 326-B do Código Eleitoral têm fortalecido a proteção das mulheres contra práticas de assédio, discriminação e intimidação no exercício de seus direitos políticos. Acredito que esta legislação representa um avanço significativo na construção de uma participação mais segura e efetiva das mulheres na vida política nacional.

Dedico também atenção especial à Súmula 73 do Tribunal Superior Eleitoral, que sedimentou o entendimento sobre a fraude à cota de gênero, uma prática que tanto compromete a efetividade das políticas afirmativas voltadas para a participação feminina. Nesse contexto, ofereço uma análise crítica e objetiva desse importante precedente, demonstrando seu impacto na fiscalização e no combate às candidaturas fictícias, um verdadeiro atentado contra a igualdade de condições no processo eleitoral.

O ponto mais significativo desta nova edição, porém, é a inclusão do capítulo 10, no qual finalmente passo a abordar o Direito Penal Eleitoral. Esse acréscimo representa a expansão dos estudos para o complexo universo da tutela penal no âmbito eleitoral, um aspecto essencial para compreender a integridade e a lisura do processo democrático. Reconheço que essa era uma lacuna nas edições anteriores e, com este capítulo, pago uma dívida acadêmica. Apresento, assim, um estudo completo e integrado das dimensões cíveis, administrativas e penais do Direito Eleitoral, permitindo que o leitor compreenda de forma abrangente as ferramentas jurídicas destinadas à proteção da democracia.

Ao longo da minha trajetória, desde os primeiros anos como magistrado até a atuação como advogado e membro ativo das discussões eleitorais no Brasil, tenho buscado contribuir para a construção de um sistema mais justo, inclusivo e eficiente. Esta obra é fruto de décadas de estudo e prática, mas, acima de tudo, é uma contribuição para que todos os operadores do Direito Eleitoral possam atuar com rigor técnico e compromisso democrático.

Espero que esta 3.ª edição de _Direito Eleitoral Esquematizado_ sirva como um instrumento valioso para acadêmicos, advogados, magistrados e todos aqueles que, como eu, acreditam na importância de um processo eleitoral transparente, ético e igualitário.

**Márlon Reis**

Doutor em Sociologia Jurídica e Instituições Políticas
pela Universidad de Zaragoza — Espanha

http://instagram.com/marlonreisadv

https://x.com/marlonreis

https://www.facebook.com/marlonjreis

PREFÁCIO

Com muita honra recebi o convite de prefaciar a 3.ª edição de Direito Eleitoral Esquematizado, publicado pela Saraiva Jur, de autoria de Márlon Reis.

O autor é uma das mais destacadas autoridades no tema, com passagem pela magistratura federal, advocacia e docência universitária. Vale destacar seu papel como jurista na elaboração da proposta da Lei da Ficha Limpa (Lei Complementar n. 135/2010). Aliás, com a Lei da Ficha Limpa, com sua constitucionalidade reconhecida pelo Supremo Tribunal Federal, foi assegurada no ordenamento jurídico eleitoral a introdução de normas profundamente diversas no tratamento das inelegibilidades.

A obra integra a Coleção Esquematizado®, coordenada pelo destacado constitucionalista, colega e amigo Pedro Lenza e aborda o Sistema da Justiça Eleitoral de forma didática e sistêmica.

Direito Eleitoral Esquematizado aborda a compreensão preliminar do direito eleitoral; os princípios do Direito Eleitoral; o sistema de justiça eleitoral; o processo administrativo eleitoral; a arrecadação, despesas e prestação de contas eleitorais; as condições de elegibilidade e inelegibilidades; a captação ilícita de sufrágio e condutas vedadas aos agentes públicos; as ações e representações eleitorais; os recursos eleitorais. Como anexos, a obra apresenta Súmulas do Tribunal Superior Eleitoral, Tabela de Prazos de Desincompatibilização e Enunciados da I Jornada de Direito Eleitoral do Tribunal Superior Eleitoral, publicados na Portaria TSE n. 348/2021.

De forma precisa, Márlon pontua categoricamente o Direito Eleitoral como "saber jurídico que mais de perto dialoga com a democracia, com a qual se confunde geneticamente". Acerta o autor, na sua precisa conceituação de ramo que "estuda as normas que informam o pertencimento ao colégio de eleitores, a escolha dos representantes do povo e, por definição constitucional, o exercício da democracia direta pelo soberano popular".

A publicação oferece importantes contribuições para a atuação no Direito Eleitoral a partir do Poder Judiciário, mas também do Ministério Público, da Advocacia e das Defensorias Públicas.

Por sua vez, a partir da minha formação em sociologia do direito, principalmente das obras do francês Pierre Bourdieu, *Direito Eleitoral Esquematizado* pode revelar o campo eleitoral como aquele composto de agentes com capitais específicos e que disputam o controle da participação do processo eleitoral e onde se converte a disputa em diálogo, por exemplo, na propositura de ações e representações eleitorais, em recursos eleitorais entre outros temas abordados ao longo dos seus capítulos. Com efeito, compreender as normas do Direito Eleitoral e saber utilizá-las possibilita que agentes atuem no campo jurídico diante de forças e de lutas no momento eleitoral.

Por fim, quero afirmar a admiração que tenho por Marlón Reis, intelectual preparado e pesquisador dedicado e cuidadoso.

Direito Eleitoral Esquematizado é indispensável para aquele que atua na área eleitoral, que se interessa pelo campo jurídico especializado ou que pretende disputar cargo eletivo.

Salvador, 15 de dezembro de 2024.

Julio Cesar de Sá da Rocha

Professor Associado da Faculdade de Direito da UFBA

Professor do Programa de Pós-Graduação em Direito da UFBA

(Mestrado, Doutorado e Pós-Doutorado)

Pesquisador do Programa de Pós-Graduação em Ciência Política da UFBA

Diretor da Faculdade de Direito da UFBA (2021-2025)

SUMÁRIO

INTRODUÇÃO

Este livro irá conduzi-lo(a) na missão de compreender e se tornar um aplicador cada vez mais qualificado deste ramo complexo do saber jurídico. Um aparente caos normativo rege este universo especializado, mas reputo possível empreender uma viagem orientada que culminará com a sua compreensão total da matéria, habilitando-o(a) a exercer qualquer atividade perante a Justiça Eleitoral, quer como juiz, promotor ou advogado. A Defensoria Pública também possui grande missão neste campo, e isso foi aqui devidamente valorizado.

Vejo a Justiça Eleitoral como um sistema. Ele depende da atuação não apenas do Poder Judiciário, mas também do Ministério Público, da Advocacia e das Defensorias Públicas. Tudo está devidamente apresentado no capítulo "O Sistema da Justiça Eleitoral".

Mas o livro será igualmente muito útil para o estudante de graduação e para os que pretendem se submeter a concursos públicos, onde o Direito Eleitoral ganhou espaço cativo. Todos ganharão com a técnica e com a didática observadas quando da redação deste livro, que honrosamente adentra a galeria da Coleção Esquematizado®, liderada pelo brilhante constitucionalista e amigo Pedro Lenza.

Todos os outros campos do conhecimento que necessitem conhecer de forma mais adequada o universo das normas eleitorais brasileiras tirarão bom proveito desta obra, vazada numa linguagem pensada também para aprofundar o proveito obtido por jornalistas, sociólogos, cientistas políticos e de tantos quantos desejarem entender a normatividade eleitoral brasileira.

Vivemos em um tempo no qual as mudanças nos marcos normativos eleitorais têm sido uma constante. Trata-se de um momento de rara oportunidade para a reflexão sobre os rumos da nossa democracia.

Teremos, aqui, a oportunidade de revisitar, ainda que rapidamente, a história brasileira, buscando as origens dos nossos desafios atuais. Não deixaremos de propor uma enunciação para os princípios que formam o Direito Eleitoral. De apêndice do Direito Administrativo, essa especialidade jurídica atingiu há tempos a sua maioridade e conquistou a sua merecida emancipação, a qual só se aperfeiçoa quando a principiologia que a distingue de todos os demais ramos do saber jurídico é reconhecida.

Com a aprovação da Lei da Ficha Limpa (Lei Complementar n. 135/2010) tivemos assegurada a introdução no nosso ordenamento jurídico eleitoral de normas profundamente diversas daquelas a que estávamos acostumados.

As inelegibilidades não mais podem ser vistas como normas de conteúdo sancionatório, senão como condições jurídicas aptas a inviabilizar o acesso ao pretendido registro de candidatura. Daí que não se lhes apliquem princípios inerentes ao Direito Penal, como os da presunção de inocência e da irretroatividade.

No abuso de poder, vedou-se a consideração do seu eventual impacto no resultado do pleito como elemento para sua caracterização, encerrando-se, assim, uma antiga tradição da nossa jurisprudência.

A tecnologia, por outro lado, traz novos e relevantes debates sobre o real papel das redes sociais no curso da promoção das ideias, partidos e personalidades políticas. As leis e as resoluções do Tribunal Superior Eleitoral buscam adequar-se a um universo que evolui numa velocidade maior do que a das instituições. Mas muitos avanços e novidades ocorreram, todos eles estudados neste livro.

Estamos diante de uma nova realidade social.

O Direito Eleitoral é o ramo do saber jurídico que mais de perto dialoga com a democracia, com a qual se confunde geneticamente. Não se discute um, sem falar do outro. São grandezas indissociáveis. Por isso, encontramos lugar para falar da inclusão política do indígena, da pessoa com deficiência e da pessoa presa.

A mulher demanda, com razão, maior participação na vida pública. Recentemente, a legislação foi alterada para propiciar maior presença feminina entre os candidatos. A medida, todavia, parece não ter sido mais acertada, já que a presença das mulheres nos mandatos eletivos continua sendo digna de nota negativa para o nosso país no cenário internacional.

Tudo isso sem que se abra mão, por outro lado, do papel técnico e didático desta obra. Ela orientará o interessado no Direito Eleitoral brasileiro pelos difíceis caminhos de uma legislação ainda pendente de adequada codificação. No centro da organização dos momentos que marcam o processo de administração das eleições está o capítulo intitulado "Processo Administrativo Eleitoral", no qual seguiremos um iter que se inicia com o cadastramento do eleitor e termina com a diplomação do candidato eleito.

Tudo é tratado na sua sequência natural, favorecendo a compreensão do caráter processual de um direito que, a cada biênio, renova seus ciclos, reabrindo as portas por meio das quais alguns dos cidadãos brasileiros adentrarão os mandatos eletivos.

Abrimos espaço para temas candentes, pouco ou nada enfrentados na Doutrina especializada, mas que tomou assento definitivo na aplicação do Direito Eleitoral. É o caso do princípio da democracia defensiva, cuja importância agora se começa a compreender com o vigor devido.

Seja bem-vindo(a) ao universo do Direito Eleitoral Esquematizado!

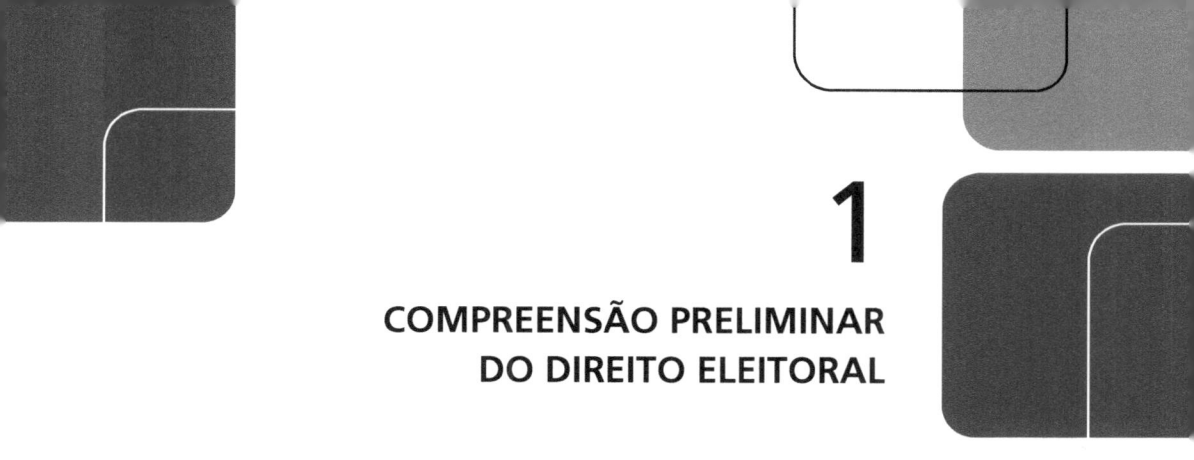

1

COMPREENSÃO PRELIMINAR DO DIREITO ELEITORAL

1.1. CONCEITO

O **Direito Eleitoral** é o ramo do **Direito Público** que estuda as **normas** que informam o **pertencimento ao colégio de eleitores**, a escolha dos representantes do povo e, por definição **constitucional**, o exercício da democracia direta pelo soberano popular. Interessa, pois, ao Direito Eleitoral, o **estudo da participação eleitoral do povo**, a capacidade eleitoral passiva, os direitos individuais de cada cidadão ou cidadã e dos que postulam mandato eletivo, bem assim a manifestação do povo pela vida da **democracia direta**.

Conquanto a doutrina normalmente não assegure a devida centralidade à democracia direta como campo afeto aos estudos do Direito Eleitoral, o pertencimento a esse ramo do saber jurídico resta evidente, ante o fato de que o plebiscito e o referendo são levados a efeito pela Justiça Eleitoral, enquanto a iniciativa popular de projetos de lei guarda correlação com o colégio de eleitores, ainda compreendido o conjunto dos que integram o cadastro eleitoral.

Segundo Vasconcelos e Silva:

> O direito eleitoral é o ramo do direito público que regula o processo de legitimação do cidadão ao posto de governante, bem como o exercício regular dos direitos políticos em geral. Em outras palavras, o direito eleitoral regulamenta as atividades políticas desde o alistamento do eleitor junto à Justiça Eleitoral, passando pelo processo eleitoral que se inicia com o prazo de estabelecimento de domicílio eleitoral e filiação partidária e termina na data das diplomações dos eleitos. Regulamenta, outrossim, elementos necessários para o exercício pleno da democracia, tais como o instituto da eleição e as atividades dos Partidos Políticos. Visa o Direito Eleitoral dar efetividade ao princípio constitucional e democrático da soberania popular — art. 1.º, parágrafo único, da Constituição Federal[1].

Direito Eleitoral é, pois, o ramo do saber jurídico que estuda dois dos pontos mais fulcrais da democracia, a saber, a formação da representação política e os mecanismos de exercício da democracia direta.

---

[1] VASCONCELOS, Clever; SILVA, Marco Antonio da. *Direito Eleitoral*. 3. ed. São Paulo: Saraiva-Jur, 2022. E-book Kindle.

1.2. FONTES DO DIREITO ELEITORAL

As fontes do Direito eleitoral são as seguintes:

1.2.1. Fontes estatais

■ Constituição da República Federativa do Brasil

A Constituição Federal de 1988 (CF/1988), cognominada "Constituição Cidadã", foi promulgada em 5 de outubro de 1988, fruto da superação do regime de exceção que governou o país entre 1964 e 1985. Sua importância para as instituições eleitorais brasileiras deriva justamente da circunstância de haver a nossa Lei Fundamental dedicado especial importância à democracia, apresentando o Brasil como um Estado Democrático de Direito, assimilando na matriz da nossa opção político-jurídica fundante a opção pela democracia, o que erige o povo à condição de soberano.

"A soberania popular será exercida pelo sufrágio universal e pelo voto direto e secreto, com valor igual para todos", proclama o art. 14, *caput*, da Constituição Cidadã.

Além de albergar a **democracia representativa**, a Constituição Federal **conferiu** especial importância à **democracia direta**, que em 1988 se viu pela primeira vez insculpida na nossa **Lei Maior**, expressando-se por via do **plebiscito**, do **referendo** e da **iniciativa popular** de projeto de lei.

Diversos dispositivos presentes na Constituição lastreiam forçosamente o Direito Eleitoral. O pluralismo político constitui um dos fundamentos da República (art. 5.º, V); a temporariedade quadrienal da legislatura (parágrafo único do art. 44); a composição da Câmara dos Deputados se opera segundo critério proporcional (art. 45, *caput*); a composição do Senado pelo voto direito do povo segundo o critério majoritário (art. 46, *caput*). Os votos direto, secreto, universal e periódico, constituem cláusulas pétreas, ou seja, são insuscetíveis até mesmo de emenda à Constituição (art. 60, § 4.º, II). São exemplos da multiplicidade das normas constitucionais que informam o Direito Eleitoral.

O Título II da Lei Maior é dedicado ao tema "Dos direitos e garantias fundamentais". E aí se encontra o seu Capítulo IV, que versa integralmente sobre os direitos políticos.

Também se **encontra** albergado na **Constituição** o princípio da **anualidade**, segundo o qual "A lei que **alterar** o processo eleitoral entrará em **vigor** na data de sua publicação, **não** se **aplicando** à eleição que ocorra **até um ano** da data de sua vigência" (art. 16).

CATEGORIA	DETALHES
NOME DA CONSTITUIÇÃO	■ Constituição Federal de 1988 (CF/1988), cognominada "Constituição Cidadã"
DATA DE PROMULGAÇÃO	■ 5 de outubro de 1988
CONTEXTO HISTÓRICO	■ Superou o regime de exceção (1964-1985) ■ Enfoque na democracia e Estado Democrático de Direito
SOBERANIA POPULAR (ART. 14, *CAPUT*)	■ "A soberania popular será exercida pelo sufrágio universal e pelo voto direto e secreto, com valor igual para todos"

FORMAS DE DEMOCRACIA	▣ Representativa e direta (plebiscito, referendo, iniciativa popular de projeto de lei)
DISPOSITIVOS RELEVANTES AO DIREITO ELEITORAL	▣ Pluralismo político como fundamento da República (art. 5.º, V) ▣ Temporariedade quadrienal da legislatura (parágrafo único do art. 44) ▣ Composição proporcional da Câmara dos Deputados (art. 45, *caput*) ▣ Composição do Senado por voto direto majoritário (art. 46, *caput*) ▣ Votos direto, secreto, universal e periódico como cláusulas pétreas (art. 60, § 4.º, II)
DIREITOS E GARANTIAS FUNDAMENTAIS	▣ Título II, com Capítulo IV dedicado aos direitos políticos
PRINCÍPIO DA ANUALIDADE	▣ "A lei que alterar o processo eleitoral entrará em vigor na data de sua publicação, não se aplicando à eleição que ocorra até um ano da data de sua vigência" (art. 16)

▣ Tratados e convenções internacionais

Conforme estabelece o § 3.º do art. 5.º da Constituição Federal, "Os tratados e convenções internacionais sobre direitos humanos que forem aprovados, em cada Casa do Congresso Nacional, em dois turnos, por três quintos dos votos dos respectivos membros, serão equivalentes às emendas constitucionais".

Atente-se para o fato de que — desde uma perspectiva normativa hierárquica — as normas de Direito Internacional de direitos humanos que ingressem em nosso ordenamento jurídico na forma preconizada pela Constituição Federal/1988 **adquirem o** status **de normas constitucionais**.

Nessa condição estão **diversas bases normativas**, como a — Declaração Universal dos Direitos Humanos — DUDH (1948), a qual já se encontra internalizada no ordenamento jurídico pátrio por meio de tratados multilaterais assinados e ratificados pelo Presidente da República, em conformidade com o regime constitucional vigente antes da promulgação e publicação da Emenda Constitucional n. 45/2004. Também é o caso do Pacto de San José da Costa Rica (1968), este promulgado pelo Decreto n. 678, de 6 de novembro de 1992. Tais marcos normativos contemplam diretrizes a serem adotadas pelos Estados-Partes no que diz respeito aos direitos políticos.

Mais recentemente acolhemos a Convenção Interamericana contra o Racismo, a Discriminação Racial e Formas Correlatas de Intolerância, a qual já havia sido subscrita pelo Brasil na 43.ª Sessão Ordinária da Assembleia Geral da Organização dos Estados Americanos, na Guatemala, em 5 de junho de 2013.

A DUDH, o Pacto de San José e a Convenção Interamericana contra o Racismo agora ladeiam com outros marcos normativos internacionais, como a Convenção Internacional sobre os Direitos das Pessoas com Deficiência e seu Protocolo Facultativo e com o Tratado de Marraqueche para Facilitar o Acesso a Obras Publicadas às Pessoas Cegas, com Deficiência Visual ou com Outras Dificuldades para Ter Acesso ao Texto Impresso, todas elas performando um conjunto de códigos de defesa dos direitos humanos.

São todas disposições dotadas da mesma força que a conferida às emendas constitucionais; e que devem ter reflexo sobre a interpretação e a aplicação das normas eleitorais.

ASPECTO	DETALHES
BASE LEGAL	▣ § 3.º do art. 5.º da Constituição Federal
EQUIVALÊNCIA CONSTITUCIONAL	▣ Tratados e convenções internacionais sobre direitos humanos aprovados em dois turnos por três quintos dos votos em cada Casa do Congresso Nacional são equivalentes às emendas constitucionais
STATUS NORMATIVO	▣ As normas de Direito Internacional de direitos humanos aprovadas conforme a CF/1988 têm status de normas constitucionais
DOCUMENTOS IMPORTANTES	▣ Declaração Universal dos Direitos Humanos (DUDH, 1948): Internalizada no ordenamento jurídico brasileiro antes da Emenda Constitucional n. 45/2004 ▣ Pacto de San José da Costa Rica (1968): Promulgado pelo Decreto n. 678, de 6 de novembro de 1992 ▣ Convenção Interamericana contra o Racismo, a Discriminação Racial e Formas Correlatas de Intolerância: Subscrita pelo Brasil em 2013
OUTROS MARCOS NORMATIVOS INTERNACIONAIS	▣ Convenção Internacional sobre os Direitos das Pessoas com Deficiência e seu Protocolo Facultativo ▣ Tratado de Marraqueche para facilitar o acesso a obras publicadas para pessoas cegas, com deficiência visual ou com outras dificuldades para acessar texto impresso
IMPACTO NO DIREITO ELEITORAL	▣ Estas disposições, equivalentes às emendas constitucionais, devem influenciar a interpretação e a aplicação das normas eleitorais

▣ Código Eleitoral (Lei n. 4.737/1965)

Aprovado originalmente como lei ordinária, nem todas as normas contidas no Código Eleitoral (CE) possuem essa natureza.

O art. 121 da Constituição Federal estatui que "Lei complementar disporá sobre a organização e competência dos tribunais, dos juízes de Direito e das juntas eleitorais".

Isso implica dizer que as **normas** contidas no **Código Eleitoral** que se refiram à organização e competência da Justiça Eleitoral, em todos os seus níveis, **foram recepcionadas** pela vigente ordem **constitucional**, ostentando a partir daí o status de legislação **complementar** à Constituição.

É o que sustenta Afrânio Faustino de Paula Filho[2]:

Ora, se considerarmos que o referido Código Eleitoral é anterior à Constituição de 1988, estando, portanto, adaptado às disposições do antigo texto constitucional de 1967, acrescido de suas diversas emendas, poderemos sustentar que as competências ali previstas foram recepcionadas implicitamente, até que seja elaborada a Lei Complementar a que aludimos anteriormente.

As demais disposições do referido Código continuam a constituir regras típicas de legislação ordinária.

Consequência dessa dualidade é que algumas das normas contidas no Código Eleitoral só podem ser alteradas por meio de lei complementar, desde que se refiram à organização e competência. Nos demais casos, basta a aprovação de lei ordinária.

---

[2]   PAULA FILHO, Afrânio Faustino de. *Sistemas de controle do processo eleitoral*. Rio de Janeiro: Lumen Juris, 1998, p. 33.

O Código Eleitoral é constituído, segundo a dicção do seu art. 1.º, por "normas destinadas a assegurar a organização e o exercício de direitos políticos precipuamente os de votar e ser votado".

Seguindo enunciado presente no dispositivo transcrito, mas sem nos determos em seu conteúdo, podemos afirmar que o Código Eleitoral volta a sua atenção para as seguintes áreas de maior relevância:

a) organização e competência da Justiça Eleitoral;

b) o exercício da capacidade eleitoral ativa e passiva (Direito Eleitoral material);

c) definição das normas que informam o processo eleitoral.

Analisaremos cada uma dessas principais áreas temáticas, deixando de fora apenas outra, relativa aos crimes eleitorais. Mas agora, a título introdutório, podemos considerar de forma segura que o Código Eleitoral contém a disciplina das atribuições da Justiça Eleitoral e dos agentes encarregados de integrá-la, dispõe sobre as garantias e limites para o exercício do direito de votar e ser votado e define regras elementares sobre o Direito Eleitoral Material e Processual (Administrativo e Judicial).

Essa apresentação do Código Eleitoral, mesmo em linhas tão iniciais, já nos permite vê-lo como um diploma legal vetusto, a reclamar a sua superação por novas e mais contemporâneas diretrizes. Falta-lhe o devido compasso com as diversas inovações trazidas ao ordenamento pela Constituição Cidadã, que viu no exercício dos direitos políticos muito mais que os de votar e de ser votado.

Assim, inspirado por orientação totalitarista, a Lei n. 4.737/1965 passou ao largo de temas como plebiscito, referendo e iniciativa popular, embora todos se refiram a matérias de conteúdo político evidente, sendo o referido Código o *locus* adequado para o seu tratamento.

Essas matérias só vieram a merecer tratamento normativo infraconstitucional bem mais tarde, por meio da Lei n. 9.709, de 18 de novembro de 1998, que regulamentou a execução do disposto nos incisos I, II e III do art. 14 da Constituição Federal. Assim, temas que deveriam integrar o centro da normatividade eleitoral foram relegados pelo Congresso como a lei ordinária extravagante e, o que é pior, bastante mal vazada, consoante teremos a oportunidade de analisar posteriormente (Legislação Eleitoral II).

Essas e outras vicissitudes levaram a Câmara dos Deputados a aprovar um novo Código Eleitoral que, lamentavelmente, por não haver sido discutido com a merecida profundidade, recebeu diversas críticas e se encontra com a tramitação paralisada no Senado Federal.

◼ Lei das Inelegibilidades (Lei Complementar n. 64/1990), alterada pela Lei da Ficha Limpa (Lei Complementar n. 135/2010);

Assim dispõe o § 9.º do art. 14 da Constituição Federal:

> Art. 14. [...]
> § 9.º Lei complementar estabelecerá outros casos de inelegibilidade e os prazos de sua cessação, a fim de proteger a probidade administrativa, a moralidade para exercício de mandato considerada vida pregressa do candidato, e a normalidade e legiti-

> midade das eleições contra a influência do poder econômico ou o abuso do exercício de função, cargo ou emprego na administração direta ou indireta.

A lei complementar (LC) cuja edição era reclamada pelo referido dispositivo constitucional é a LC n. 64/1990 (Lei de Inelegibilidades), profundamente alterada pela LC n. 135/2010, esta conhecida como Lei da Ficha Limpa.

O TSE já havia firmado em sua Súmula 13 que "Não é auto-aplicável o § 9.º do art. 14 da Constituição, com a redação da Emenda Constitucional de Revisão n. 4/94".

Por isso houve a **edição** da Lei da Ficha Limpa — **fruto** de uma histórica **mobilização** em torno de um **projeto** de lei de **iniciativa popular** —, a partir da qual a maioria das normas da LC n. 64/1990 sofreu **drásticas alterações** a fim de **adequar-se** o referido diploma legal aos exatos termos do que definido pela **Constituição**.

■ Lei das Eleições (Lei n. 9.504/1997)

A Lei n. 9.504, de 30 de setembro de 1997, nasceu para pôr fim às "leis do ano", antiga tradição brasileira que reclamava a edição de uma lei para cada eleição. Chegada a próxima, edita-se toda uma nova lei eleitoral, do que nasciam dificuldades para a formação da jurisprudência e de uma doutrina relativas ao Direito Eleitoral.

Mesmo sofrendo diversas alterações — foram várias as minirreformas eleitorais desde o seu nascimento —, a Lei das Eleições tem preservada a sua estrutura, estando ali fixadas as principais normas acerca do processo eleitoral brasileiro, em todos as suas etapas.

■ Lei dos Partidos Políticos (Lei n. 9.096/1995)

Conquanto se reivindique a autonomia do Direito Partidário, o que se explica diante da complexidade e singularidade que marca do Estatuto dos Partidos Políticos, da Lei n. 9.096/1995 exsurgem diversos dispositivos que guardam interface imediata com o Direito Eleitoral, servindo-lhe de fonte.

Este, é o caso, por exemplo, da constituição dos órgãos de direção partidária (diretórios e comissões provisórias), fundamentais para a condução dos processos eleitorais no âmbito das agremiações partidárias e para o seu contato com as Instituições Eleitorais.

Também serve de exemplo dessa conexão com o Direito Eleitoral a previsão de uso das verbas do Fundo Partidário para o financiamento de campanhas eleitorais, consoante será estudado no correr desta obra.

■ Legislação eleitoral extravagante

Ainda temos em vigor grande número de leis que tratam de aspectos pontuais da administração do processo eleitoral. Conquanto já antigas e em parte superadas pela edição de normas posteriores, tais leis seguem vigentes e contêm regras aplicáveis mesmo na atualidade. Delas servem de exemplo a Lei n. 6.091/1974, que dispõe sobre o fornecimento gratuito de transporte, em dias de eleição, a eleitores residentes nas zonas rurais, e dá outras providências, e a Lei n 7.444/1985, que dispõe sobre a implantação do processamento eletrônico de dados no alistamento eleitoral e a revisão do eleitorado e dá outras providências.

▣ Súmulas do Tribunal Superior Eleitoral

O Tribunal Superior Eleitoral (TSE) editou até o momento 72 Súmulas, que condensam a sua jurisprudência, norteiam a aplicação das leis eleitorais pelos demais tribunais e possuem impacto direto sobre o recebimento e a tramitação dos recursos eleitorais.

▣ Consultas respondidas pelo Tribunal Superior Eleitoral

O Tribunal Superior Eleitoral tem o poder de responder a consultas em matéria eleitoral. O inciso XII, do art. 23 do Código Eleitoral, estabelece competir privativamente ao Tribunal Superior "responder, sobre matéria eleitoral, às consultas que lhes forem feitas em tese por autoridade com jurisdição federal ou órgão nacional de partido político".

O art. 8.º, *j*, do Regimento Interno do TSE, estipula entre as responsabilidades da Corte Superior Eleitoral "responder, sobre matéria eleitoral, às consultas que lhe forem feitas pelos tribunais regionais, por autoridade pública ou partido político registrado, este por seu diretório nacional ou delegado credenciado junto ao Tribunal".

> Para que sejam respondidas, as consultas precisam veicular questões, em tese, abstratas. As que apresentem indagação sobre fatos concretos, ainda que de forma indireta, não são conhecidas pelo Tribunal, assim como as que não versem matéria eleitoral, como, *v.g.*, questões tipicamente administrativas.

Aos tribunais regionais eleitorais, por seu turno, compete, nos termos do art. 30, VIII, do CE, "responder, sobre matéria eleitoral, às consultas que lhe forem feitas, em tese, por autoridade pública ou partido político".

▣ Resoluções do Tribunal Superior Eleitoral

O **Tribunal Superior Eleitoral**, como veremos no capítulo seguinte, **realiza atribuições de natureza administrativa**. Assim como compete ao Poder Executivo **regulamentar as leis** dimanadas do Poder Legislativo, também toca à Justiça Eleitoral fazê-lo em relação às normas **que lhe incumbe** aplicar. Assim, já no parágrafo único do art. 1.º e no art. 23, IX, do Código Eleitoral estipula-se que o Tribunal Superior Eleitoral deve expedir instruções **para** sua fiel **execução**.

Esse poder regulamentar é exercido por meio da expedição de Resoluções. Cabe ao TSE, assim, regulamentar suas atividades administrativas internas, mas também pode fazê-lo no tocante à legislação eleitoral.

Todavia, o art. 23-A, acrescido pelo art. 1.º da Lei n. 14.211/2021, estabeleceu que: "**A competência** normativa **regulamentar** prevista no parágrafo único do art. 1.º e no inciso IX do *caput* do art. 23 deste Código **restringe-se** a matérias especificamente autorizadas em lei, sendo vedado ao Tribunal Superior Eleitoral tratar de matéria **relativa à organização dos partidos políticos**".

Precedentes do **TSE** editados no julgamento do AgR-AI 143.882 e do Recurso Especial Eleitoral (REspe) 64.770 firmaram que a **competência** para regulamentar a **legislação eleitoral** é **exclusiva** do Tribunal Superior Eleitoral.

■ **Jurisprudência do Supremo Tribunal Federal e do Tribunal Superior Eleitoral**

É de longa tradição que os precedentes da Suprema Corte e do Tribunal Superior Eleitoral sejam seguidos com grande fidelidade pelos Tribunais Regionais e pelos Juízos Eleitorais. A natureza administrativa de grande parte dos julgados do TSE e a expedição de Resoluções por aquele tribunal superior acentuam a cultura institucional de observância aos parâmetros jurisprudenciais por ele fixados.

Com a edição do Código de Processo Civil de 2015 (CPC/2015), passou a ser aplicável na Justiça Eleitoral a sistemática dos recursos repetitivos, o que em tese pode aumentar o respeito aos precedentes do Tribunal Superior Eleitoral. Mas registre-se que o art. 20 da Resolução n. 23.478, de 10 de maio de 2016, estabeleceu que tal mecanismo "não se aplica aos feitos que versem ou possam ter reflexo sobre inelegibilidade, registro de candidatura, diplomação e resultado ou anulação de eleições".

1.2.2. Fontes não estatais

■ **Doutrina**

Aquilo que há pouco foi afirmado sobre a estabilidade legislativa iniciada com a publicação da Lei n. 9.504/1997 colabora para a compreensão do crescimento exponencial da literatura jurídica especializada em matéria eleitoral. Antes, com a sucessão de leis que pouco ou nada aproveitavam da legislação revogada a cada ano eleitoral, o cenário se afigurava nada convidativo para a construção de uma verdadeira doutrina em torno dos marcos normativos.

Mas outros fatores essenciais colaboraram igualmente para esse incremento, sobrelevando em importância o aparecimento de leis que atraíram a atenção da sociedade em geral e da comunidade jurídica, em particular, para esse ambiente do pensamento jurídico. Merecem destaque a Lei n. 9.840/1999 — primeira de iniciativa popular aprovada em nosso País — e a Lei Complementar n. 135/1997 — a Lei da Ficha Limpa, também fruto de um movimento popular, o Movimento de Combate à Corrupção Eleitoral —, as quais provocaram grande viragem nas atividades ordinárias da Justiça Eleitoral, antes mais focada em temas administrativos e menos em matérias de natureza jurisdicional.

O terceiro e não menos relevante fator para o amadurecimento de uma Doutrina em torno do Direito Eleitoral tem a ver com a informatização do voto e da sua apuração —, também se prestou a reduzir a atenção da Justiça Eleitoral com o momento da totalização do sufrágio, tarefa árdua e de risco que consumiu grande parte da atenção institucional desse âmbito especializado do Poder Judiciário.

Certo é que na atualidade, diferentemente do cenário dos anos 1990, temos grande gama de livros de alta envergadura reflexiva e intelectual, que bem se prestam a fundamentar petições, recursos, pareceres e julgados acerca do Direito Eleitoral.

■ **Costume**

O costume é também uma fonte do Direito Eleitoral, e se desenvolve fora da perspectiva do Estado. Mesmo assim é capaz de firmar normas que, quando conformes com o ordenamento jurídico, são por este validadas. Costumes outros nascem e se desenvolvem fora do espectro da norma e até contra as suas determinações, o que não raro faz surgir a necessidade de evolução legislativa.

Imerso no meio das expressões da cultura, da história e da política, o intérprete do Direito Eleitoral frequentemente se depara com o costume como uma fonte da norma, moldando-lhe a atividade de aplicador das normas.

FONTES DO DIREITO ELEITORAL	
FONTES ESTATAIS	▣ Constituição da República Federativa do Brasil; ▣ Tratados e convenções internacionais de que o Brasil seja signatário e que tenham sido incorporados ao direito interno; ▣ Código Eleitoral (Lei n. 4.737/1965); ▣ Lei das Eleições (Lei n. 9.504/1997); ▣ Lei de Inelegibilidades (Lei Complementar n. 64/1990), alterada pela Lei da Ficha Limpa (Lei Complementar n. 135/2010); ▣ Lei Orgânica dos Partidos Políticos (Lei n. 9.096/1995); ▣ Legislação eleitoral extravagante; ▣ Súmulas e enunciados do Tribunal Superior Eleitoral; ▣ Consultas respondidas pelo Tribunal Superior Eleitoral; ▣ Resoluções do Tribunal Superior Eleitoral; ▣ Jurisprudência do Supremo Tribunal Federal e dos Tribunais Eleitorais.
FONTES NÃO ESTATAIS	▣ Doutrina; ▣ Costume.

As **fontes diretas ou imediatas** do Direito Eleitoral correspondem às normas constitucionais e legais, bem como as presentes nas resoluções do Tribunal Superior Eleitoral. Já as fontes **indiretas ou mediatas** dizem respeito, por exemplo, aos costumes, à doutrina e à jurisprudência, uma vez que incidem de maneira reflexa sobre a formação do direito.

1.3. COMPETÊNCIA PARA LEGISLAR

O art. 22, I, da Constituição Federal estipula competir privativamente à União legislar, dentre outras matérias, sobre direito eleitoral. Em se tratando de tema reservado à competência privativa, lei complementar poderá delegar aos Estados poderes para editar leis, desde que atinentes a especificidades locais.

O art. 62 da Constituição Federal, por seu turno, veda, em seu § 1.º, I, *a*, a edição de medidas provisórias relativas a Direito Eleitoral.

1.4. QUESTÕES

QUESTÕES DE CONCURSOS

http://uqr.to/1yrot

2

PRINCÍPIOS DO DIREITO ELEITORAL

Os princípios de um dado ramo do saber jurídico não apenas o identificam e o destacam dos demais. São também eles que o tornam compreensível, pois, se o Direito é em si mesmo um imenso sistema, suas ramificações se justificam e materializam exatamente a partir das suas particularidades principiológicas.

No Direito Eleitoral sobreleva em importância o estudo dos seus princípios não apenas em virtude da sua essencialidade para a compreensão dos seus postulados teóricos, como também para a própria aplicação do Direito. Aquele que compreende os princípios entenderá com mais facilidade os seus desdobramentos e sua conversão em regras.

Além disso, é preciso ter presente que **os princípios, assim como as regras, são também normas jurídicas**, compreensão fundada na obra do grande jurista alemão Robert Alexy[1]. Por isso mesmo são frequentemente manejados para fundamentar a solução a ser dada a casos concretos. Não estão, assim, num plano distante ou intangível, senão na própria rotina das decisões judiciais em matéria eleitoral.

Ao longo do texto com o qual o leitor ou a leitora se depararão a partir de agora serão, sempre que adequado, expostos exemplos extraídos da jurisprudência firmada em matéria eleitoral.

2.1. PRINCÍPIO DEMOCRÁTICO

A Constituição da República Federativa do Brasil, de 1988, apresenta o País como um Estado Democrático de Direito.

A palavra **democracia** possui, na modernidade, diversas acepções mais ou menos adequadas. A de mais imediata lembrança é sempre aquela que opõe **democracia** a **autoritarismo.** Sob esse conceito, é democrático o Estado que disponibiliza mecanismos de consulta à sociedade para definir as decisões a serem adotadas, ao menos no que diz respeito aos temas mais gerais e relevantes da agenda política. O estado autoritário é, por outra via, aquele que confere a um indivíduo ou a um grupo diminuto de pessoas ligadas por vínculos profissionais, ideológicos, religiosos, raciais ou sociais o poder de definir — em caráter impositivo — quais os caminhos para a tomada de decisões.

---

[1] ALEXY, Robert. *Teoría de los Derechos Fundamentales*. Madrid: Centro de Estúdios Políticos y Constitucionales, 2002.

É razoável compreender que também nesse sentido a Constituição acolhe o princípio democrático, especialmente quando se considera a sua edição após a derrocada do regime de exceção iniciado em 1964, que só veio a ser efetivamente desfeito em 1989, com as primeiras eleições presidenciais diretas em mais de 25 anos.

Buscou a nova ordem **constitucional** edificar uma **institucionalidade** política comprometida com a **construção de mecanismos** para a realização não apenas da **"vontade da maioria"**, mas igualmente para o respeito às **minorias**.

São múltiplas as referências ao princípio democrático presentes na vida forense eleitoral, sendo muito dos precedentes que o aplicam. Seguem alguns a título de exemplo:

> [...] 5. Na dialética democrática, são comuns a potencialização das mazelas dos adversários, as críticas mais contundentes, as cobranças e os questionamentos agudos, situações que encontram amparo na livre discussão, na ampla participação política e no princípio democrático, preceitos interligados à liberdade de expressão, sendo certo que a democracia representativa somente se fortalece em um ambiente de total visibilidade e possibilidade de exposição crítica das mais variadas opiniões (ADI n. 4.451/DF, rel. Min. Alexandre de Moraes, *DJe* de 6.3.2019). 6. Liminar indeferida referendada (Direito de Resposta n. 060145658, Acórdão, rel. Min. Paulo De Tarso Vieira Sanseverino, Publicação: *PSESS*, Publicado em Sessão: 20.10.2022).
>
> [...] 7. A orientação jurisprudencial desta CORTE é firme no sentido de que "afronta o princípio republicano e democrático no âmbito interno do partido a supressão de dispositivos que limitam a composição da convenção nacional aos membros da executiva nacional, juntamente com os parlamentares com assento no congresso nacional, porquanto é atribuição apenas desses membros eleger os próximos integrantes desse órgão superior, o que poderá resultar na perpetuação das mesmas pessoas no controle da agremiação" (Pet. 100—Reconsid., Rel. Min. SERGIO BANHOS, *DJe* de 19.10.2020) (Registro de Partido Político n. 155473, Acórdão, rel. Min. Alexandre de Moraes, *DJe*, t. 33, de 03.03.2022).
>
> [...] 8. Esta Corte já se manifestou, no REspe 321-41, sob a relatoria do Min. Luiz Fux no sentido de que "é preciso reconhecer que a legitimidade dos partidos políticos perpassa necessariamente pela democratização de suas deliberações e tomada de decisões, nomeadamente porque são instrumentos de mediação entre os cidadãos e os órgãos constitucionais" e "justamente por isso impõe-se a mitigação do dogma da reserva estatutária, mediante a penetração do postulado democrático e seus corolários no corpo dessas entidades". CONCLUSÃO: Pedido de declaração de justa causa julgado procedente. (Petição n. 060063729, Acórdão, rel. Min. Sérgio Banhos, *DJe*, t. 193, de 20.10.2021).

Como se vê, é pródiga a referência ao princípio democrático na jurisprudência do Tribunal Superior Eleitoral.

2.1.1. Teorias tradicionais sobre a democracia

Bobbio, Mateucci e Pasquino[2], em seu prestigiado *Dicionário de Política*, ensinam que existem três tradições históricas quanto à democracia:

---

[2]   BOBBIO, Norberto; MATTEUCCI, Nicola; PASQUINO, Gianfranco. *Dicionário de política*. São Paulo: Editora UnB — Imprensa Oficial, 2004, p. 319-323.

TEORIA	DESCRIÇÃO
CLÁSSICA (ARISTÓTELES)	◙ Estabelece distinções entre democracia, monarquia e aristocracia. Aristóteles explorou as características e diferenças de cada forma, considerando os aspectos positivos e negativos.
MEDIEVAL (TRADIÇÕES ROMANAS)	◙ Considera a direção do fluxo do exercício do poder. "Para cima", quando o poder supremo deriva do povo, e "para baixo", quando provém do príncipe e se transforma por delegação, do superior ou do inferior.
MODERNA (MAQUIAVEL)	◙ Vê apenas duas formas de governo: a monarquia e a república. Maquiavel focou na dinâmica e nas estratégias de manutenção do poder nestes dois modelos de governo.

Segundo a tradição aristotélica, a democracia é uma forma corrupta ou ilegal de governo. Sem embargo, há uma forma política que com ela mantém relação: a *politia*, ou governo da maioria ou das multidões. Democracia, para Aristóteles, é o governo de uma parte contra outra, apesar de geralmente ser da parte mais numerosa. Segue, de certa forma, as lições de Platão, que vê a democracia como a pior das boas formas de governo e a melhor das más formas[3].

Aristóteles dizia que "[...] nas democracias os pobres têm mais autoridade que os ricos, pois que são em maioria, e os seus decretos têm força de lei"[4].

Entretanto, é na era medieval que se começa a tratar de forma mais aberta a questão da soberania popular, a partir de textos presentes no *Digesto*. É quando se cria o célebre apotegma segundo o qual o príncipe tem autoridade porque o povo lhe concedeu. Nesse período, surge a ideia de que o povo cria o direito não apenas por meio do voto, mas também pelos costumes. Seja qual for o poder soberano, sua fonte originária seria sempre o povo: a titularidade e o exercício do poder são coisas distintas[5].

Já na modernidade, Maquiavel estabelece diferenças entre a república e a democracia. Sem embargo, ao conceituar a república como o governo em que o poder não é exercitado pelo rei, mas distribuído por variados órgãos colegiados, colabora a seu modo para firmar a atual ideia que se tem de democracia[6].

2.1.2. Dahl e a poliarquia

Em tempos bem mais recentes, o cientista político norte-americano Robert A. Dahl (1915-2014) vem falar acerca do que denomina *poliarquia*, palavra de que faz uso para designar a moderna democracia representativa e distingui-la dos regimes não democráticos ou dos sistemas políticos anteriores.

---

[3]   BOBBIO *et al.*, 2004, p. 320.

[4]   ARISTÓTELES. *A política*. Coleção Grandes Obras do Pensamento Universal, v. 16. Trad. Nestor Silveira Chaves. São Paulo: Escala, 2003, p. 206.

[5]   BOBBIO, Norberto; MATTEUCCI, Nicola; PASQUINO, Gianfranco. *Dicionário de política*. São Paulo: Editora UnB — Imprensa Oficial, 2004, p. 321-322.

[6]   BOBBIO, Norberto; MATTEUCCI, Nicola; PASQUINO, Gianfranco. *Dicionário de política*. São Paulo: Editora UnB — Imprensa Oficial, 2004, p. 322-323.

Para Dahl[7], as características definidoras da poliarquia são as seguintes:

Poliarquia é um sistema político que se distingue, no nível mais geral, por duas características gerais: a cidadania é estendida para uma proporção comparativamente elevada de adultos e, entre os direitos de cidadania, inclui-se o de se opor aos altos funcionários do governo e fazê-los deixar seus cargos por meio da votação. A primeira diferença da poliarquia está em relação a outros regimes mais excludentes, onde apesar de permitir a oposição, os membros do governo e seus oponentes pertencem a um pequeno grupo da sociedade (como foi o caso da Grã-Bretanha, Bélgica, Itália e outros países antes do sufrágio massivo). A segunda diferença da poliarquia daqueles sistemas está em que, aqui, embora a maioria dos adultos sejam cidadãos, entre seus direitos não se encontra o de se opor ao governo e de restituí-los por meio de votação (como em regimes autoritários modernos).

Dahl[8] relaciona as instituições que caracterizam a poliarquia:

INSTITUIÇÃO	DESCRIÇÃO
FUNCIONÁRIOS ELEITOS	◘ Controle das decisões em matéria de política pública cabe a funcionários escolhidos por eleições.
ELEIÇÕES LIVRES E IMPARCIAIS	◘ Funcionários são eleitos por meio de eleições limpas, regulares e sem coação.
SUFRÁGIO INCLUSIVO	◘ Praticamente todos os adultos têm direito de votar na escolha dos funcionários públicos.
DIREITO DE OCUPAR CARGOS PÚBLICOS	◘ Praticamente todos os adultos têm o direito de ocupar cargos públicos, embora a idade mínima possa ser mais alta do que para votar.
LIBERDADE DE EXPRESSÃO	◘ Cidadãos podem expressar-se sobre questões políticas sem o risco de sofrer castigos severos.
VARIEDADE DE FONTES DE INFORMAÇÃO	◘ Cidadãos têm direito de escolher suas próprias fontes de informação, que são diversas e protegidas por leis.
AUTONOMIA ASSOCIATIVA	◘ Cidadãos têm o direito de formar associações ou organizações independentes para promoção ou defesa de direitos.

Em outros termos, agora de conteúdo mais material, Dahl[9] submete o reconhecimento da moderna democracia representativa à presença dos seguintes critérios:

CRITÉRIO	DESCRIÇÃO
PARTICIPAÇÃO EFETIVA	◘ Os cidadãos devem contar com oportunidades apropriadas e equitativas para expressar suas preferências a respeito dos mecanismos de tomada de decisões.

---

7   DAHL, Robert A. *La poliarquía*: participación e oposición. Madrid: Tecnos, 1992, p. 266.

8   DAHL, Robert A. *La poliarquía*: participación e oposición. Madrid: Tecnos, 1992, p. 267.

9   DAHL, Robert A. *La poliarquía*: participación e oposición. Madrid: Tecnos, 1992, p. 131-138.

IGUALDADE DE VOTOS NA ETAPA DECISÓRIA	▣ Todos os cidadãos devem ter iguais oportunidades para expressar suas opções, cujo peso será igual ao das opções expressadas por outros cidadãos.
COMPREENSÃO ESCLARECIDA	▣ Cada cidadão deve ter oportunidades apropriadas e iguais para convalidar a escolha dos assuntos a serem debatidos que melhor sirvam aos interesses do corpo de eleitores.
CONTROLE DO PROGRAMA DE AÇÃO	▣ O *demos* (povo) deve ser o único que conta com a oportunidade de decidir como se ordenarão, dentro do programa de ação, as questões que devem ser decididas pelo processo democrático.

Observado sob essa ótica, o processo democrático não se aperfeiçoa somente pela existência dos aspectos formais normalmente a ele atribuídos, tais como os relacionados ao exercício do direito ao voto. Outros atributos de natureza material devem estar igualmente presentes. Os critérios da igualdade dos votos na etapa decisória e da compreensão esclarecida comunicam-se intimamente no ponto em que não se pode conceber o exercício pleno da capacidade de expressão da vontade política, a não ser diante da plena capacidade de compreensão das questões em torno das quais se há de tomar a decisão.

Também é compatível com essa perspectiva a compreensão de que por participação efetiva não se compreende um critério puramente formal, mas uma expressão do princípio da consideração equitativa dos interesses[10], já que "cada membro da associação tem o direito de que seu bem-estar seja considerado em pé de igualdade com os dos outros"[11].

A ausência de todos esses critérios vem acompanhada da perda dos requisitos para o reconhecimento da perfeição democrática do governo.

2.1.3. Democracia representativa (indireta) e democracia direta

Segundo dispõe o parágrafo único do art. 1.º da CF, "Todo o poder emana do povo, que o exerce por meio de representantes eleitos ou diretamente, nos termos desta Constituição".

A democracia representativa, ou indireta, é exercitada por intermédio da eleição de agentes políticos pela via de processos seletivos baseados no voto de valor igual para todos e na ocupação provisória de mandatos com duração certa.

A representação moderna surgiu como decorrência da amplitude territorial e demográfica dos Estados Nacionais, que inviabilizava a consulta direta à totalidade do povo para a tomada de decisões de interesse geral. A eleição de representantes atende, assim, num primeiro momento, à necessidade de reunir em um mesmo fórum de diálogo (o Parlamento) as representações dos diversos segmentos da nação.

A **democracia** representativa **constitui**, pois, mecanismo que objetiva reproduzir no governo a **complexidade** que marca a composição do "tecido social". Quanto **mais amplos** os estratos e segmentos sociais, se espera, **maior** será a sua presença **proporcional** nos órgãos de **representação** política.

---

[10] DAHL, Robert A. *La poliarquía*: participación e oposición. Madrid: Tecnos, 1992, p. 135.
[11] DAHL, Robert A. *La poliarquía*: participación e oposición. Madrid: Tecnos, 1992, p. 133.

Entram, portanto, na composição do Parlamento, também os grupos minoritários. Ali, disporão de grande número de mecanismos para integrar o debate acerca da formação das normas e até mesmo poderão impedir a sua edição pela maioria (por mecanismos como a "obstrução"). Costuma-se centrar as atenções, quando falamos em democracia, na sua forma de expressão representativa. Entretanto, a Constituição é clara ao albergar meios para a realização da democracia direta. É o que se vê pela transcrição a seguir:

> **Art. 14.** A soberania popular será exercida pelo sufrágio universal e pelo voto direto e secreto, com valor igual para todos, e, nos termos da lei, mediante:
> I — plebiscito;
> II — referendo;
> III — iniciativa popular.

Portanto, temos que a **democracia direta** se realiza por meio de **mecanismos** colocados à **disposição** do povo para a tomada de **decisões** políticas.

Os objetos do plebiscito e do referendo encontram-se definidos nos parágrafos do art. 2.º da Lei n. 9.709, de 18 de novembro de 1998. Vejamos os três mecanismos separadamente.

Plebiscito, segundo Silva[12], vem do latim *plebiscitum*. Era na República romana uma decisão soberana da plebe aprovada em *concilium plebis* (assembleia da plebe, do povo) por proposta de um tribuno da plebe sobre alguma medida.

O plebiscito é um *referendum* consultivo, visto serem os cidadãos convocados anteriormente ao ato legislativo ou administrativo, podendo haver a aprovação ou denegação do que foi submetido a estes (art. 2.º, § 1.º, da Lei n. 9.709/1998). Em síntese, o plebiscito é uma consulta ao povo antes de uma lei ser constituída, restando-lhe aprovar ou rejeitar as opções propostas. Pode ser amplo ou orgânico e seu exercício se dará mediante sufrágio universal, direto e secreto (art. 14 da CF).

Nas questões de relevância nacional, o plebiscito amplo será de competência do Poder Legislativo ou do Poder Executivo. O plebiscito será convocado mediante decreto legislativo, por proposta de um terço, no mínimo, dos membros que compõem quaisquer das Casas do Congresso Nacional (art. 3.º da Lei n. 9.709/1998 c/c o art. 49, XV, da CF). Sendo assim, temos que essa proposta afasta o cidadão da possibilidade de escolher qual é a questão relevante, visto que a prerrogativa para escolha parte do Congresso Nacional.

O § 3.º do art. 18 da CF estabelece que a incorporação, fusão ou anexação de estados ou, ainda, a formação de novas unidades federativas dependerá de aprovação pela população diretamente interessada, por meio de plebiscito realizado na mesma data e horário em cada um dos estados. Também deverá decidir sobre o tema o Congresso Nacional, que disporá sobre a matéria por meio de lei complementar.

Para as questões de criação, incorporação, fusão e desmembramento de municípios, o § 4.º do art. 18 da CF/1988 e o art. 5.º da Lei n. 9.709/1998 determinam que o plebiscito deverá ser convocado pela Assembleia Legislativa e dependerá de consulta

---

[12] SILVA, José Afonso da. O sistema representativo, democracia semidireta e democracia participativa. *Revista do Advogado*, São Paulo, AASP, nov. 2003.

prévia às populações dos municípios envolvidos, após divulgação dos Estudos de Viabilidade Municipal, apresentados e publicados na forma da lei.

O art. 8.º da Lei n. 9.709/1998 determina que, após aprovação do ato convocatório para o plebiscito, o presidente do Congresso Nacional dará ciência à Justiça Eleitoral, a quem incumbirá, nos limites de sua circunscrição, fixar a data da consulta popular, tornar público o modelo da cédula, instruções e normas para o plebiscito, e de sua realização, assegurando divulgação pelos meios de comunicação de massa cessionários do serviço público.

Em 21 de abril de 1993, tivemos o plebiscito, regulado pela Lei n. 8.624, para definir a forma e o sistema de governo (monarquia, república, presidencialismo, parlamentarismo). Resultou desse plebiscito a manutenção da República Presidencialista.

Em dezembro de 2011, realizou-se plebiscito acerca da subdivisão do estado do Pará, do qual pretendiam emancipar-se os estados de Carajás e Tapajós. A matéria foi regulada pela Resolução do TSE n. 23.347, de 18.08.2011, a qual dispunha sobre a formação e o registro de frentes para atuação ao longo do processo plebiscitário.

É oportuno destacar que cabe à Justiça Eleitoral deliberar sobre os trâmites administrativos do plebiscito, tais como a data e as instruções para a sua realização. O referendo, por sua vez, tem origem, segundo Silva[13], de uma antiga organização federal suíça, em que, no início, os delegados à Assembleia só tinham o poder de decidir *ad referendum* do Conselho Cantonal, quer dizer, suas decisões eram submetidas à ratificação do Conselho.

Foi por meio da Constituição Federal de 1988 que o referendo passou a fazer parte do ordenamento jurídico brasileiro. Também foi regulado pela Lei n. 9.709/1998 (Lei da Soberania Popular).

A diferença basilar entre o plebiscito e o referendo reside no aspecto temporal. Enquanto no referendo a consulta popular é posterior ao ato legislativo, no plebiscito esta ocorre previamente.

A competência para autorizar o referendo popular é exclusiva do Congresso Nacional (art. 49, XV, da CF).

O referendo, da mesma forma que o plebiscito, é submetido às instruções da Justiça Eleitoral para sua realização e divulgação, devendo a aprovação ocorrer por maioria simples. Em outubro de 1995, conforme calendário definido pelo TSE (Resolução n. 22.030), foi realizado o referendo "sobre a proibição da comercialização de armas de fogo e munições". Tal consulta não permitiu que o art. 35 do Estatuto do Desarmamento (Lei n. 10.826/2003) entrasse em vigor. A consulta realizou-se em conformidade com o Decreto Legislativo n. 780, promulgado pelo Senado Federal. O art. 2.º do citado decreto estipulou a questão a ser submetida ao crivo popular: "O comércio de armas de fogo e munição deve ser proibido no Brasil?". Os eleitores puderam optar pela resposta "sim" ou "não". O resultado final foi de 59.109.265 votos rejeitando a proposta (63,94%),

---

13   SILVA, José Afonso da. O sistema representativo, democracia semidireta e democracia participativa. *Revista do Advogado*, nov. 2003.

enquanto 33.333.045 votaram pelo "sim" (36,06%). Votaram em branco 1.329.207 (1,39%) e nulos 1.604.307 (1,68%)[14].

2.1.4. Iniciativa popular

2.1.4.1. *Origem*

A Suíça, com sua precoce vocação à prática da democracia, é o berço da iniciativa popular, onde esse instituto se desenvolve desde a Idade Média.

A ideia moderna de iniciativa popular provém das Assembleias de Cidadãos (*Lands- gemeinden*), até hoje de presença marcante em alguns cantões suíços. Nessas assembleias ocorre o exercício direto do poder político. A própria Aliança Perpétua, texto jurídico que deu origem à Suíça, foi ratificada em uma Assembleia de Cidadãos.

O Landmann conduz o processo em que as decisões políticas são tomadas pelo próprio soberano. Segundo José Duarte Neto[15], na Suíça:

> [...] o poder sempre estivera em mãos de seu próprio titular, que o cedeu somente em parte para representantes. Mas o povo, acostumado a guiar-se por si mesmo, reservou para si instrumentos de intervenção esporádica, que ainda lhe permitem compartilhar os negócios públicos com os seus representantes eleitos.

Naquele país, por iniciativa de 100.000 eleitores é possível até mesmo a revisão geral da Constituição.

A iniciativa popular no âmbito federal está diretamente ligada ao referendo, de que depende o seu ingresso em vigor.

Nos Estados Unidos, a iniciativa popular chegou apenas no século XIX, por influência da Suíça. Sua primeira utilização do instituto se deu em 1896, em Dakota do Sul. Ainda não existe no plano federal, mas é muito presente nas Constituições dos Estados e normas locais. Há muitas variações no tema segundo cada estado.

Só Massachussets e Oregon não admitem a iniciativa popular em matéria constitucional. Também está, em regra, conectado ao referendo. Por isso, em regra, há um prazo para a coleta, que se finda com a chegada das eleições seguintes.

No Brasil, segundo Maria Joseane Lopes Amorim e Maria Nazaré de Lemos[16] a:

> [...] adoção da iniciativa popular pela Assembleia Nacional Constituinte de 1987 resultou de uma Emenda Popular subscrita por mais de 402.266 eleitores, emenda esta que foi incluída no art. 24 do Regimento Interno da Constituinte, que assegurava a apresentação de emenda ao Projeto de Constituição, desde que ela fosse subscrita por

---

[14] Disponível em: https://www.tse.jus.br/eleicoes/plebiscitos-e-referendos/referendo-2005/quadro-geral-referendo-2005. Acesso em: 9 jan. 2023.

[15] NETO, José Duarte. *A iniciativa popular na Constituição de 1988*. Rio de Janeiro: Revista dos Tribunais, 2005, p. 58.

[16] AMORIM, Maria Joseane Lopes; LEMOS, Maria Nazaré de. *Iniciativa popular no Brasil a partir do Século XX*. Monografia — Pós-Graduação, Universidade de Pernambuco, Recife, 2008. Disponível em: http://www.alepe.pe.gov.br/downloads/ escola/monografias/MariaJoseaneLopesDeA morimMariaNazareDeLemos.PDF. Acesso em: 2 mar. 2012.

30.000 ou mais eleitores brasileiros, em lista organizada por, no mínimo, três entidades Associativas legalmente constituídas, que se tornariam responsáveis pela idoneidade das assinaturas.

2.1.4.2. A natureza da iniciativa popular

Em **sentido material**, a iniciativa popular é **direito político** titularizado pelo **povo**, componente do direito de sufrágio, que o **autoriza** a instaurar no **Parlamento** devido processo legislativo. Já em **sentido** puramente **instrumental**, pode-se afirmar que a iniciativa popular de projeto de lei é uma das formas de **abertura do processo legislativo**.

2.1.4.3. Sentido e essência

A cidadania é um dos fundamentos da República Federativa (art. 1.º, II). **Cidadania é o vínculo político que une a pessoa natural ao Estado**; vínculo jurídico-político em que o cidadão é o detentor do poder político. Ao conjunto dos cidadãos dá-se o nome de "povo".

O parágrafo único do art. 1.º da Constituição Federal estipula que: "Todo o poder emana do povo, que o exerce por meio de representantes eleitos ou diretamente [...]".

Segundo o art. 14 da Constituição Federal:

> **Art. 14.** A soberania popular será exercida pelo sufrágio universal e pelo voto direto e secreto, com valor igual para todos, e, nos termos da lei, mediante:
> I — plebiscito;
> II — referendo;
> III — iniciativa popular.

José Duarte Neto afirma que na Constituição de 1988 "a soberania é retomada pelo próprio titular que, de maneira ativa, não mais se contenta em ser expectador das questões de Estado, ou então seu ratificador, mas o próprio agente das propostas"[17].

A iniciativa popular é, pois, o mecanismo constitucional posto à disposição do soberano para, de forma imediata (ou com a dispensa de representantes eleitos), deflagrar o processo de atuação do Poder Legislativo, objetivando a instituição de novas normas jurídicas.

Em artigo intitulado "A iniciativa popular como instrumento de participação popular", o professor Hélcio Ribeiro deixa claro que:

> Os mecanismos da democracia semidireta contribuem, portanto, para o aperfeiçoamento da democracia representativa, ao mesmo tempo que propiciam um resgate do conceito de soberania popular como princípio fundador de uma sociedade democrática. Não se trata, portanto, do restabelecimento de uma concepção de soberania incompatí-

---

[17] NETO, José Duarte. *A iniciativa popular na Constituição de 1988*. Rio de Janeiro: Revista dos Tribunais, 2005, p. 88.

vel com a sociedade moderna nem de cair na tentação do "plebiscitarismo", pois, como observa Benevides, a democracia pressupõe controles e limites[18].

A iniciativa tem os seguintes méritos:

▣ Torna possível a manifestação direta do soberano, sendo mecanismo de canalização de ansiedades sociais em relação a temas não enfrentados pelo Parlamento.

▣ Viabiliza a redução de anomia, dando ao próprio soberano a faculdade de levar ao Parlamento propostas para o saneamento das lacunas normativas, omissões legais observadas em pontos tidos pela sociedade como de grande relevância.

▣ A iniciativa popular constitui para a concreção da ordem constitucional, sendo mecanismo de manifestação direta do soberano, único detentor do poder político nos termos do art. 1.º, parágrafo único, da CF.

2.1.4.4. *Manifestação do soberano ou de fração do povo?*

A Constituição Federal estabeleceu critério de amostragem para verificação da vontade soberana do povo de instaurar o processo legislativo. Também fixou um percentual para os cidadãos, não um número fixo como em outros países, e exigiu a presença dos cidadãos interessados em distintas partes do território.

Segundo o § 2.º do art. 61 da Constituição Federal:

> **Art. 61.** [...]
> § 2.º A iniciativa popular pode ser exercida pela apresentação à Câmara dos Deputados de projeto de lei subscrito por, no mínimo, um por cento do eleitorado nacional, distribuído pelo menos por cinco Estados, com não menos de três décimos por cento dos eleitores de cada um deles.

Ao definir a necessidade de que os subscritores estivessem em pelo menos cinco unidades da federação, a Constituição Federal impediu que as regiões mais populosas e ricas (Sul e Sudeste) propusessem isoladamente projetos de lei dessa natureza.

O referido parágrafo do art. 61 da Constituição Federal contém, pois, uma regra de consulta ao soberano popular, não a frações do eleitorado. Quando quis se referir a uma fração em particular, a Constituição o fez claramente, como acontece no § 3.º do seu art. 18, segundo o qual:

> **Art. 18.** [...]
> § 3.º Os Estados podem incorporar-se entre si, subdividir-se ou desmembrar-se para se anexarem a outros, ou formarem novos Estados ou Territórios Federais, mediante aprovação da população diretamente interessada, por meio de plebiscito, e do Congresso Nacional, por lei complementar.

Então, a iniciativa popular é mesmo manifestação da soberania popular.

---

[18] RIBEIRO, Hélcio. *A iniciativa popular como instrumento da democracia participativa.* Universidade Presbiteriana Mackenzie, 2007. Disponível em: https://docplayer.com.br/14599361-A-inicia tiva-popular-como-instrumento-da-democracia-participativa.html>. Acesso em: 7 jan. 2023.

2.1.4.5. *Iniciativa popular no ordenamento jurídico*

O **art. 14, III**, da Constituição **situa a iniciativa popular** entre os mecanismos de **exercício direto da soberania**.

Em conformidade com o art. 29 da Constituição Federal, no âmbito municipal a administração será regida por lei orgânica que deverá observar, entre outros, o seguinte preceito: "iniciativa popular de projetos de lei de interesse específico do município, da cidade ou de bairros, por meio de manifestação de, pelo menos, cinco por cento do eleitorado" (art. 14, XIII, da CF). Como já mencionado, o § 2.º do art. 61 da Constituição Federal estatui que:

> **Art. 61.** [...]
> § 2.º A iniciativa popular pode ser exercida pela apresentação à Câmara dos Deputados de projeto de lei subscrito por, no mínimo, um por cento do eleitorado nacional, distribuído pelo menos por cinco Estados, com não menos de três décimos por cento dos eleitores de cada um deles.

O § 4.º do art. 27 da Constituição Federal, por sua vez, reclama a edição de lei que disponha sobre a iniciativa popular no processo legislativo estadual.

A Lei n. 9.709/1998, editada com o propósito de regulamentar o manejo dos instrumentos de exercício da democracia direta, reservou à iniciativa popular tão somente os dois artigos a seguir transcritos:

> **Art. 13.** A iniciativa popular consiste na apresentação de projeto de lei à Câmara dos Deputados, subscrito por, no mínimo, um por cento do eleitorado nacional, distribuído pelo menos por cinco Estados, com não menos de três décimos por cento dos eleitores de cada um deles.
> § 1.º O projeto de lei de iniciativa popular deverá circunscrever-se a um só assunto.
> § 2.º O projeto de lei de iniciativa popular não poderá ser rejeitado por vício de forma, cabendo à Câmara dos Deputados, por seu órgão competente, providenciar a correção de eventuais impropriedades de técnica legislativa ou de redação.
> **Art. 14.** A Câmara dos Deputados, verificando o cumprimento das exigências estabelecidas no art. 13 e respectivos parágrafos, dará seguimento à iniciativa popular, consoante as normas do Regimento Interno.

Tais dispositivos passam ao largo dos grandes debates atualmente suscitados pela matéria. Não contemplam, por exemplo, o uso de meios eletrônicos para a coleta das assinaturas de apoio. Tampouco dispõem sobre a forma pela qual se aferirá a validade das assinaturas coletadas em formulários impressos.

Diferente do que dispôs a Lei dos Partidos Políticos, que em seu art. 9.º, III, assegura a emissão de certidões expedidas pelos Cartórios Eleitorais que atestem a obtenção do apoiamento mínimo, a Lei n. 9.709/1998 silenciou-se a tal respeito. Como resultado disso, tem-se que atualmente é impossível a verificação da autenticidade das firmas apostas pelos cidadãos em cada projeto de lei. Por razões práticas — e a fim de evitar futuras alegações de vício de iniciativa — tem sido adotada a prática de acrescentar às assinaturas dos cidadãos outras concedidas por parlamentares. Considerando que a lei ordinária falhou ao disciplinar os meios de exercício desse direito político fundamental que é a iniciativa popular, deve-se considerar que a inclusão dessas subscrições de representantes eleitos não desnatura o caráter popular da iniciativa de lei.

Melhor teria andado o legislador se, além de admitir a coleta de adesões por meio de sítios eletrônicos seguros e auditáveis, resolvesse a questão da autenticidade da coleta por meio da manifestação formal de certo número de líderes da iniciativa, que declarariam a validade das assinaturas sob as penas da lei.

O Regimento Interno da Câmara dos Deputados também discorre sobre a iniciativa popular de projetos de lei. Em seu art. 24, II, *c*, estipula-se que o projeto oriundo de iniciativa popular não pode ser apreciado conclusivamente nas comissões, o que implica dizer que cabe sempre ao Plenário o pronunciamento final sobre a matéria nele veiculada.

Já nos arts. 91, II, e 171, § 3.º, do mesmo diploma legal é citada a hipótese de transformação da sessão plenária da Câmara dos Deputados em Comissão Geral, medida capaz de acelerar a tramitação do processo legislativo.

Em relação às normas de arquivamento da Casa em função de término da legislatura, o art. 105, IV, trata o projeto de iniciativa popular como exceção à regra.

No art. 252 são relacionadas, em detalhes, as condições de apresentação de projeto de iniciativa popular. Dentre as orientações, podemos destacar:

a) a assinatura de cada eleitor deve ser acompanhada de seu nome completo e legível, endereço e dados identificadores de seu título eleitoral;

b) as listas de assinaturas devem ser organizadas por município e por estado, território e Distrito Federal, em formulário padronizado pela Mesa da Câmara.

No plano federal, o projeto será submetido a protocolo perante a Secretaria Geral da Mesa da Câmara dos Deputados, que verificará se foram cumpridas as exigências constitucionais para sua apresentação.

ÂMBITO	DESCRIÇÃO
FEDERAL	▪ A iniciativa popular pode ser exercida pela apresentação de projetos de lei à Câmara dos Deputados, subscritos por no mínimo um por cento do eleitorado nacional, distribuído por pelo menos cinco Estados (art. 61, § 2.º da CF).
ESTADOS E DISTRITO FEDERAL	▪ O art. 27, § 4.º, da CF prevê a necessidade de leis que regulamentem a iniciativa popular no processo legislativo estadual.
MUNICIPAL	▪ A lei orgânica municipal deve permitir a iniciativa popular de projetos de lei de interesse específico do município, da cidade ou de bairros, com o apoio de pelo menos cinco por cento do eleitorado (art. 14, XIII, da CF).

2.1.4.6. *Iniciativa popular e o filtro garantista*

A soberania popular, superior à própria Constituição, aceitou limitar a sua própria capacidade de edição de leis. Não há hipótese, no Brasil, de processo legislativo realizado sem qualquer nível de participação dos representantes eleitos.

A iniciativa popular não suprime ou reduz a importância do Parlamento, um dos pilares da democracia. É dele a palavra final sobre a proposta de edição normativa, o que antes de tudo constitui um mecanismo de autocontrole escolhido pela vontade sobe-rana do povo ao definir os traços do nosso perfil constitucional. As iniciativas populares de projeto de lei sujeitam-se, pois, a uma série de controles, tais como:

a) a discussão e a deliberação em âmbito parlamentar, o que assegura aos congres-sistas a sujeição da proposta a crivos de natureza política e jurídica;

b) a sanção ou veto presidencial, que também pode se orientar por critérios políti-co-jurídicos;

c) o controle de constitucionalidade pelo Poder Judiciário, ao qual se outorga o poder-dever de verificar a compatibilidade formal e material do texto normativo gerado a partir da iniciativa popular com a vigente ordem constitucional.

De acordo com o artigo publicado na *Revista Brasileira de Direito Constitucional*, intitulado "Mecanismos de participação popular no Brasil", de autoria de Denise Auad e outros[19]:

[...]. A legislação deixa uma lacuna em relação à obrigatoriedade ou não de o Congres-so Nacional votar o projeto de lei advindo de iniciativa popular, e em qual prazo. Tam-bém não esclarece se o Presidente da República, após os trâmites legais da votação do projeto pelos parlamentares, poderá ou não exercer o seu poder de veto.

Na verdade, **o silêncio da lei é proposital**. A lei de iniciativa popular não difere das demais senão no que toca à forma como é deflagrado o processo legislativo. No mais, segue-se tudo o que preconizam a Constituição, as leis e os regimentos das Casas Parlamentares.

2.1.5. Democracia e liberdade de opção eleitoral

O direito de votar não é meramente processual. Não se trata simplesmente de admi-tir que alguém possa exercitar um direito ao decidir por uma determinada opção eleito-ral. Antes disso, o voto é uma grandeza jurídica substancial. A expressão de vontade contida nesse ato jurídico-político deve ser a consequência da aplicação de uma série de garantias, todas elas voltadas a permitir que a opção eleitoral seja alcançada de forma livre de coações morais ou materiais e que seu exercício se dê sem a intercorrência de quaisquer modalidades de fraude.

A **liberdade de escolha** deve ser assegurada pelo Estado que, para tanto, deve dispor de mecanismos aptos a expungir quaisquer meios capazes de influir ilicitamente sobre a formação da vontade do eleitor. Ao proibir o uso dos bens e serviços governamentais por parte dos candidatos ligados ao governo, fixar regras para a realização da propaganda eleitoral, vedar o abuso de poder econômico e a captação ilícita de sufrágios, dentre outras medidas legalmente previstas, o Estado busca assegurar a formação de um ambiente ade-quado à conquista do voto segundo critérios estritamente democráticos.

---

[19] AUAD, Denise *et al.* Mecanismos de participação popular no Brasil. *Revista Brasileira de Direito Constitucional,* n. 3, jan./jun. 2004, p. 291, p. 309-310.

Brilhante argumentação sobre o dever do Estado de assegurar a expressão livre da vontade do eleitor pode ser encontrada no acórdão proferido na Ação Direta de Inconstitucionalidade n. 3.592-DF, relatada pelo Ministro Gilmar Mendes:

> Ação direta de inconstitucionalidade. Art. 41-A da Lei n. 9.504/97. Captação de sufrágio. 2. As sanções de cassação do registro ou do diploma previstas pelo art. 41-A da Lei n. 9.504/97 não constituem novas hipóteses de inelegibilidade. 3. A captação ilícita de sufrágio é apurada por meio de representação processada de acordo com a ação de investigação judicial eleitoral, nem com a ação de impugnação de mandato eletivo, pois não implica a declaração de inelegibilidade, mas apenas a cassação do registro ou diploma. 4. A representação para apurar a conduta prevista no art. 41-A da Lei n. 9.504/97 tem o objetivo de resguardar um bem jurídico específico: a vontade do eleitor. 5. Ação direta de inconstitucionalidade julgada improcedente (ADI 3.592, rel. Min. Gilmar Mendes, Plenário, *DJ* 26.10.2006).

2.1.6. Democracia e princípio do pluralismo político

O Brasil não esteve sempre sob a experiência do multipartidarismo. Segundo Schilling[20], tivemos no Brasil sete períodos históricos partidários:

- O primeiro período deu-se com o Império (1822-1889), quando vigorava o bipartidarismo entre os liberais (Luzias) e os conservadores (Saquaremas).
- O segundo período ocorreu na República Velha (1889-1930). Vigorava o pluripartidarismo entre o Manifesto Republicano (Itu-SP, 1870); Partido Republicano (1873); Partidos Republicanos Regionais (a partir de 1903).
- O terceiro período foi a República Nova (1930-1937), também marcado pelo pluripartidarismo. Figurava o Partido Comunista (PC) (1922); a Ação Integralista Brasileira (AIB) (fascistas, 1932) e o Movimento 3 de Outubro (tenentistas).
- O quarto período é o do Estado Novo (1937-1945), no qual os partidos foram abolidos.
- O quinto período foi a República Populista (1945-1964), época pluripartidária que teve como expoentes o Partido Trabalhista Brasileiro (PTB), o Partido Democrata Cristão (PDC), o Partido Social Democrático (PSD) e a União Democrática Nacional (UDN).
- O sexto período foi marcado pelo Regime Militar (1964-1984), quando a política partidária foi concentrada por somente dois partidos, a saber: a Aliança Renovadora Nacional (Arena) e o Movimento Democrático Brasileiro (MDB). Foi no sexto período, o mais importante da história atual do País, que ocorreu o golpe militar, em 1964, quando foi editado o Ato Institucional n. 2, comumente conhecido como AI-2 por ser o segundo de uma série de decretos emitidos pelo regime ditatorial brasileiro nos anos seguintes ao golpe. O AI-2 foi baixado em 27 de outubro de 1965, durante o governo de Humberto Castello Branco e vigorou até 15 de março de 1967.

---

[20] SCHILLING, Voltaire. *O bipartidarismo no regime militar*. Educação-História, 2003.

O referido ato institucional suprimiu o pluripartidarismo no Brasil. Segundo o seu art. 18:

> **Art. 18.** Ficam extintos os atuais Partidos Políticos e cancelados os respectivos registros.
>
> Parágrafo único. Para a organização dos novos Partidos são mantidas as exigências da Lei n. 4.740, de 15 de julho de 1965, e suas modificações.

Dois partidos foram formados, a Arena e o MDB. O primeiro foi um partido político criado em 1965, com a finalidade de dar sustentação política ao governo instituído a partir do golpe de estado de 1964. O segundo foi constituído informalmente em 4 de dezembro de 1965, mas registrado junto à Justiça Eleitoral somente em 24 de março de 1966, pelos opositores do regime militar de 1964.

◼ O sétimo período, segundo Shilling[21], é o da Nova República (a partir de 1985), marcado pela dissolução dos dois partidos formados na República Velha, Arena e MDB, dando origem ao pluripartidarismo atual.

Sobre essa nova fase pluripartidária, Cardoso (2006, p. 91) retrata que:

A Emenda Constitucional n. 11, de 13.10.1978, pôs fim ao AI-5 e ao bipartidarismo. A Lei de Anistia, em 1979, reabilitou para a política lideranças cassadas. A nova legislação partidária, no mesmo ano, permitiu a formação dos novos partidos; além do Partido Democrático Social (PDS), partido que apoiava o governo e substituíra a Arena, do PT e do PMDB, criou-se o Partido Popular (o PP, liderado por Tancredo Neves, que acabaria se fundindo ao PMDB em 1982), e Leonel Brizola organizou o PDT após perder a velha legenda do PTB de Getúlio para a deputada Ivete Vargas, de São Paulo, por ingerência do chefe da Casa Civil de Figueiredo e principal estrategista do governo, o general Golbery do Couto e Silva.

Percebe-se que a experiência democrática não dispensa a pluralidade de opções políticas e partidárias.

O pluralismo político, cujo respeito não prescinde da multiplicidade de expressões partidárias é, aliás, um dos fundamentos da República Federativa do Brasil (art. 1.º, V, da CF). Por isso mesmo, a Constituição de 1988 assegura no art. 17 que: "É livre a criação, fusão, incorporação e extinção de partidos políticos, resguardados a soberania nacional, o regime democrático, o pluripartidarismo, os direitos fundamentais da pessoa humana [...]".

A expressa opção constitucional pelo pluripartidarismo afasta o risco da implantação de regimes totalitários baseados na admissão de um partido único ou de apenas dois, como foi o nosso caso brasileiro durante o período de 1964 a 1984.

A **unicidade partidária** não é, sem embargo, a única demonstração de **autoritarismo** em tema de veiculação das ações políticas de grupo. O bipartidarismo imposto por normas de vedação à criação de outros partidos políticos — tal como ocorreu no Brasil durante a última ditadura militar — é também medida que sufoca a expressão

---

[21] SCHILLING, Voltaire. *O bipartidarismo no regime militar.* Educação-História, 2003.

democrática, impedindo o surgimento de novas forças políticas que, mesmo nascendo pequenas, não raro crescem ao ponto de exercerem a hegemonia nos processos eleitorais.

Da mesma forma, a instituição de cláusulas de barreira voltadas a impedir o surgimento ou determinar a extinção de partidos em razão do seu tamanho ou da força da sua expressão parlamentar não possui abrigo na Constituição da República.

A Lei dos Partidos Políticos (Lei n. 9.096/1995) procurou estabelecer em seu art. 13, ao dispor que:

> **Art. 13.** Tem direito a funcionamento parlamentar, em todas as Casas Legislativas para as quais tenha elegido representante, o partido que, em cada eleição para a Câmara dos Deputados obtenha o apoio de, no mínimo, cinco por cento dos votos apurados, não computados os brancos e os nulos, distribuídos em, pelo menos, um terço dos Estados, com um mínimo de dois por cento do total de cada um deles.

Apreciando o teor desse dispositivo, o Supremo Tribunal Federal afirmou a sua patente inconstitucionalidade[22], quando do julgamento das Ações Diretas de Inconstitucionalidade n. 1.351 e 1.354. O relator, Ministro Marco Aurélio, argumentou que:

> Em síntese, a prevalecer, sob o ângulo da constitucionalidade, o disposto no art. 13 da Lei n. 9.096/1995, somente esses partidos terão funcionamento parlamentar, participarão do rateio de cem por cento do saldo do fundo partidário, gozarão, em cada semestre e em

---

[22] Além desse artigo, também foram considerados inconstitucionais os seguintes dispositivos da Lei dos Partidos Políticos:

"Art. 41. O Tribunal Superior Eleitoral, dentro de cinco dias, a contar da data do depósito a que se refere o § 1.º do artigo anterior, fará a respectiva distribuição aos órgãos nacionais dos partidos, obedecendo aos seguintes critérios:

I — um por cento do total do Fundo Partidário será destacado para entrega, em partes iguais, a todos os partidos que tenham seus estatutos registrados no Tribunal Superior eleitoral;

II — noventa e nove por cento do total do Fundo Partidário serão distribuídos aos partidos que tenham preenchido as condições do art. 13, na proporção dos votos obtidos na última eleição geral para a Câmara dos Deputados.

[...] Art. 48. O partido registrado no Tribunal Superior Eleitoral que não atenda ao disposto no art. 13 tem assegurada a realização de um programa em cadeia nacional, em cada semestre, com a duração de dois minutos.

Art. 49. O partido que atenda ao disposto no art. 13 tem assegurado:

I — a realização de um programa, em cadeia nacional e de um programa, em cadeia estadual em cada semestre, com a duração de vinte minutos cada;

II — a utilização do tempo total de quarenta minutos, por semestre, para inserções de trinta segundos ou um minuto, nas redes nacionais, e de igual tempo nas emissoras estaduais.

[...] Art. 56. No período entre a data da publicação desta Lei e o início da próxima legislatura, será observado o seguinte: (interpretação que elimina qualquer limite temporal) [...]

Art. 57. No período entre o início da próxima Legislatura e a proclamação dos resultados da segunda eleição geral subsequente para a Câmara dos Deputados, será observado o seguinte: (interpretação que elimina qualquer limite temporal) [...]

II — vinte e nove por cento do Fundo Partidário será destacado para distribuição, aos Partidos que cumpram o disposto no art. 13 ou no inciso anterior, na proporção dos votos obtidos na última eleição geral para a Câmara dos Deputados".

cadeias nacional e estadual, de espaço de vinte minutos para a propaganda eleitoral e desfrutarão de inserções, por semestre e também em redes nacional e estadual, de trinta segundos ou um minuto, totalizando oitenta minutos no ano. [...] Os demais ficarão à míngua, vale dizer, não contarão com o funcionamento parlamentar, dividirão, com todos os demais partidos registrados junto ao Tribunal Superior Eleitoral, a percentagem de um por cento do fundo partidário e, no tocante à propaganda partidária, terão, por semestre, apenas dois minutos restritos à cadeia nacional.

E completou o magistrado:

Está-se a ver que o disposto no art. 13 da Lei n. 9.096/1995 veio a mitigar o que garantido aos partidos políticos pela Constituição Federal, asfixiando-os sobremaneira, a ponto de alijá-los do campo político, com isso ferindo de morte, sob o ângulo político-ideológico, certos segmentos, certa parcela de brasileiros.

Posteriormente, por intermédio da Emenda Constitucional n. 97/2017, foi acrescentado ao art. 17 da CF o seguinte § 3.º:

> **Art. 17.** [...]
>
> § 3.º Somente terão direito a recursos do fundo partidário e acesso gratuito ao rádio e à televisão, na forma da lei, os partidos políticos que alternativamente:
>
> I — obtiverem, nas eleições para a Câmara dos Deputados, no mínimo, 3% (três por cento) dos votos válidos, distribuídos em pelo menos um terço das unidades da Federação, com um mínimo de 2% (dois por cento) dos votos válidos em cada uma delas; ou
>
> II — tiverem elegido pelo menos quinze Deputados Federais distribuídos em pelo menos um terço das unidades da Federação.

Trata-se da cláusula de barreira, ou de desempenho, agora alçada a *status* constitucional, cujo objetivo é o de limitar a atividade partidária de agremiações que, segundo o critério definido lei constituinte derivado, não alcançam um limite mínimo de legitimidade popular pela conquista do sufrágio.

O pluripartidarismo é, assim, uma garantia do modelo democrático. Por seu intermédio, se assegura a participação dos mais distintos segmentos da sociedade no processo político. Cada grupo pode, cumprindo os requisitos legais, ingressar num partido político ou constituir um novo, desde que não reconheça nos existentes aspectos programáticos ou ideológicos que contemplem as suas aspirações.

Pelo princípio do pluralismo partidário quer-se assentar a opção política brasileira pela multiplicidade de expressões ideológicas e de opções de governo, desde que operem no limite estrito da legalidade. A associação política de caráter paramilitar, tomada aqui como exemplo, é vedada pela própria Constituição (art. 5.º, XVII).

> O pluralismo político é um princípio fundamental da democracia brasileira que assegura a multiplicidade de expressões ideológicas e de opções de governo, promovendo a participação de diversos segmentos da sociedade no processo político. Ele permite a formação de partidos políticos diversificados, refletindo a complexidade e as diversas demandas do tecido social, e é essencial para garantir uma representação política ampla e inclusiva.

Observados os lindes constitucionais e legais, a qualquer cidadão ou grupo de cidadãos é dado constituir e manter em funcionamento um partido político.

Mas o direito à **multiplicidade partidária** é apenas parte da ideia de pluralismo político, de teor ainda mais amplo. O século XX assistiu ao início de uma tendência confirmada nos anos 2000: a multiplicação das demandas. Conflitos inicialmente restritos ao universo capital *versus* trabalho passaram a disputar lugar com as questões de gênero, religiosas, étnicas, ambientais, regionais etc.

Esse aumento da complexidade na formação do tecido social se faz refletir na multiplicação das bandeiras, reclamando participação cada vez mais ativa no universo político mundial. Exemplo disso é a expansão dos Partidos Verdes por diversas partes do globo.

Entretanto, as bandeiras e opções políticas nem sempre são veiculadas pela via dos partidos políticos. A mobilização social observada em diversas organizações não governamentais quase sempre veicula pretensões políticas, algumas das quais podem nem mesmo constituir preocupação de alguma hoste partidária.

Discute-se no Brasil se há uma excessiva liberalidade na legislação eleitoral e partidária a favorecer a criação de partidos destituídos de base social e utilizados como meras "siglas de aluguel". Embora essa distorção seja inegável, o Supremo Tribunal Federal rejeitou, por vício de inconstitucionalidade, norma legal que impedia a imposição de restrições a partidos que não obtivessem certo patamar de votos.

Vê-se, assim, como o princípio democrático influencia toda a leitura do Direito Eleitoral.

2.1.7. Democracia defensiva

É próprio da **democracia** o estabelecimento de **mecanismos** para sua **defesa** a fim de **prevenir** a ação de segmentos que eventualmente **busquem** a sua **supressão**. O Brasil viveu sob ditaduras em dois momentos no século XX: o Estado Novo (1937-1945) e o Regime Militar (1964-1985). Isso nos situa como um país de democracia recente, o que ajuda a explicar o número significativo dos que propugnam por soluções autoritárias para as dissensões políticas.

Um dos primeiros elementos que demonstram a acolhida do princípio da democracia defensiva pela nossa ordem constitucional reside nas denominadas cláusulas pétreas, sendo que sobre tais matérias em nenhuma hipótese pode dispor o Poder Constituinte derivado, a não ser no sentido de salvaguardar os institutos por elas protegidos.

O § 4.º do art. 60 da Constituição proclama, nesse sentido, que: "Não será objeto de deliberação a proposta de emenda tendente a abolir: I — a forma federativa de Estado; II — o voto direto, secreto, universal e periódico; III — a separação dos Poderes; IV — os direitos e garantias individuais".

Esses representam o cerne da ordem democrática, pois as ordens totalitárias são marcadas pela centralização de poderes, pelo menosprezo aos processos eleitorais, pela supressão da autonomia que deve marcar a relação entre os Poderes e pela violação dos direitos e garantias dos indivíduos.

Como bem nos lembra Fernandes[23],

"A democracia brasileira, portanto, é bastante nova e ainda se encontra em fase de consolidação. Ademais, há fatores — alguns essencialmente brasileiros, outros mundiais — que tornam esse processo de conformação democrática muito mais difícil e complexo. Nesse sentido, como características brasileiras, pode-se citar a baixa conscientização política e eleitoral da maioria da população aliada à falta de interesse político, o que permite que políticos mal-intencionados transformem parte da população em militantes sem conhecimento de causa. Ademais, uma das particularidades mais marcantes da sociedade brasileira é a enorme desigualdade social, aliada ao ensino deficiente e à corrupção sistêmica, o que gera instabilidade institucional e culmina no déficit democrático".

A democracia deve proteger a si mesma por intermédio dos institutos que erigiu em favor da sua própria preservação. Daí que não se trata de uma postura passiva ou inerte, uma vez que a proteção da ordem democrática demanda cautelas que envolvem recompensas e medidas de repressão, tudo operando dentro dos marcos do Estado de Direito.

A democracia defensiva refere-se à adoção de mecanismos e políticas para proteger e preservar a ordem democrática de ações e movimentos que buscam sua supressão, empregando medidas ativas e repressivas dentro dos limites do Estado de Direito para combater práticas extremistas e garantir as liberdades democráticas.

Sidney Duran Gonçalez, em seu artigo intitulado "Democracia defensiva e os atos antidemocráticos", sustenta o seguinte:

Os desafios da democracia que temos acompanhado nesses dias, nos obrigam a pensar em ações práticas para criação de mecanismos de defesa previstos no próprio sistema, ou, para impedir que se possa no ambiente político serem aceitas propostas de cunho autoritário, ou que ataquem os fundamentos do Estado democrático; ou ainda, que se criem ferramentas jurídicas que antecipem e punam condutas violadoras do Estado democrático [24].

O pensamento do autor caminha no sentido da autoproteção constitucional das liberdades democráticas, elemento exterior e visível da democracia defensiva presente em nosso ordenamento jurídico.

Karl Loewenstein, cujo pensamento segue **influenciando** o constitucionalismo nos países democráticos, cunhou a expressão **"democracia militante"** para referir-se à postura **ativista** que as nações **precisam adotar** para resistir ao **fascismo**, que o autor apresenta não como ideologia, mas como uma técnica política. Por isso o pensador alemão formula o seguinte entendimento:

---

[23] FERNANDES, Tarsila Ribeiro Marques. Democracia defensiva: origens, conceito e aplicação prática. *Revista de Informação Legislativa*: RIL, Brasília, DF, v. 58, n. 230, p. 133-147, abr./jun. 2021.

[24] GONÇALEZ, Sidney Duran. *Democracia defensiva e os atos antidemocráticos*. Disponível em: https://www.conjur.com.br/2022-nov-22/sidney-duran-democracia-defensiva-atos-antidemocraticos. Acesso em: 16 jan. 2023.

Democracy Becomes Militant. The most important step has been taken in a different direction. More and more, it has been realized that a political technique can be defeated only on its own plane and by its own devices, that mere acquiescence and optimistic belief in the ultimate victory of the spirit over force only encourages fascism without stabilizing democracy (1937)[25].

Há, pois, que se adotar uma tecnologia política que iniba e detenha os movimentos extremistas, impedindo-os de alcançar seus desideratos autoritários. Para isso, propõe o autor, é preciso conhecer e operar no desmonte consciente dos alicerces em que se fundam as propostas ditatoriais. Tal pensamento está na base do constitucionalismo brasileiro, que não se conforma passivamente com ataques ao Estado Democrático de Direito.

No Direito Eleitoral, são muitas as aplicações desse princípio derivado.

No julgamento da ADI 3.592/DF, o Ministro Gilmar Mendes assim se pronunciou a declarar a constitucionalidade do dispositivo legal que permite a cassação dos praticantes de atos de captação ilícita de sufrágio:

> Assim, a preservação do voto livre e secreto obriga o Estado a tomar inúmeras medidas com objetivo de oferecer as garantias adequadas ao eleitor, de forma imediata, e ao próprio processo democrático.

Como efeito, é necessário deter práticas que comprometam a experiência democrática, o que se faz de forma republicana e ativa. Nessa senda marcha também a atividade do Tribunal Superior Eleitoral.

Como será visto quando do estudo do *Sistema da Justiça Eleitoral*, o Poder Judiciário Eleitoral detém não apenas funções jurisdicionais, mas também opera como administrador, ou gestor, dos processos eleitorais, do qual é o maior fiador. Daí que o Tribunal Superior Eleitoral detenha poderes para agir diretamente contra ameaças ao voto e à liberdade dos eleitores.

Exemplo disso está na recente Resolução n. 23.714, de 20 de outubro de 2022, a qual dispõe sobre o enfrentamento **à desinformação** que atinja a integridade do processo eleitoral. O art. 2.º da referida resolução, aqui tomado como exemplo das disposições ali contidas, assim dispõe:

> **Art. 2.º** É vedada, nos termos do Código Eleitoral, a divulgação ou compartilhamento de fatos sabidamente inverídicos ou gravemente descontextualizados que atinjam a integridade do processo eleitoral, inclusive os processos de votação, apuração e totalização de votos.

Trata-se de medida voltada a salvaguardar o processo eleitoral contra propaganda massiva baseada em fatos inverídicos e que colocam em risco a ordem democrática. É, certamente, uma aplicação correta do princípio da democracia defensiva.

---

[25] Em tradução livre: "A democracia torna-se militante. O passo mais importante foi dado em uma direção diferente. Cada vez mais, percebeu-se que uma técnica política só pode ser derrotada em seu próprio plano e por seus próprios meios, que a mera aquiescência e a crença otimista na vitória final do espírito sobre a força apenas encorajam o fascismo sem estabilizar a democracia".

EXEMPLO	DESCRIÇÃO
JULGAMENTO DA ADI 3.592/DF	◼ O STF, sob o relato do Ministro Gilmar Mendes, declarou a constitucionalidade do dispositivo legal que permite a cassação dos praticantes de atos de captação ilícita de sufrágio, enfatizando a necessidade de proteger o voto livre e secreto e deter práticas que comprometam a experiência democrática.
RESOLUÇÃO N. 23.714, DE 20 DE OUTUBRO DE 2022	◼ Esta resolução visa combater a desinformação no processo eleitoral, proibindo a divulgação ou compartilhamento de fatos inverídicos ou gravemente descontextualizados que afetem a integridade do processo eleitoral, incluindo os processos de votação, apuração e totalização de votos.

2.2. PRINCÍPIO REPUBLICANO

O **princípio republicano** também deriva da expressa opção **constitucional** contida no art. 1.º da CF, segundo a qual somos, como **forma de governo**, uma **república**. Disso decorre, desde logo, que o **poder político** não é exercitado por um monarca ou por uma oligarquia, mas por representantes eleitos que dele fazem uso de forma transitória e **nunca em nome próprio**.

A coisa pública — tradução literal da expressão latina *res publica* — é o conjunto de bens e direitos titularizados por todos os integrantes do corpo político denominado "povo", ou seja, por todos os cidadãos. A apropriação da república se dá, portanto, por todos e a uma só vez, não importando aos representantes eleitos mais do que gerir, no interesse geral e transitoriamente, os valores materiais e imateriais colocados sob seus cuidados.

As ideias de república e de democracia modernas são próximas, mas inconfundíveis. A democracia diz respeito aos mecanismos de expressão da vontade do povo (soberano), tais como eleições de representantes, periodicidade de mandatos, igualdade na disputa por cargos eletivos etc. Já a república indica uma forma de Estado que considera os bens públicos desde uma perspectiva abstrata, impessoal, em oposição à detenção personalista do poder político observado na monarquia.

Na república, o fundamento do poder ou da autoridade pública é a soberania popular [26].

José Jairo Gomes lembra que: "Na forma republicana de governo, tanto o chefe do Poder Executivo quanto os membros do Legislativo cumprem mandato, sendo diretamente escolhidos pelos cidadãos em eleições diretas, gerais e periódicas"[27].

O *Dicionário de política*[28], de Bobbio, Mateucci e Pasquino, indica que:

Na moderna tipologia das formas de Estado, o termo República se contrapõe à monarquia. Nesta, o chefe de Estado tem acesso ao supremo poder por direito hereditário;

---

[26] ONTZA, Juan (Dir.). *Enciclopedia de las Ciencias Sociales. La Política*. Bilbao, Espanha: Asuri de Ediciones, [s.d.]. p. 556.

[27] GOMES, José Jairo. *Direito Eleitoral*. Belo Horizonte: Del Rey, 2010, p. 37.

[28] BOBBIO, Norberto; MATTEUCCI, Nicola; PASQUINO, Gianfranco. *Dicionário de política*. São Paulo: Editora UnB — Imprensa Oficial, 2004, p. 1107.

naquela, o chefe de estado, que pode ser uma só pessoa ou um colégio de várias pessoas (Suíça), é eleito pelo povo, quer direta, quer indiretamente (através de assembleias primárias ou assembleias representativas).

A superação do poder advindo de herança ou exercitado sem termo final é uma das características mais fundamentais da república.

O Tribunal Superior Eleitoral vem aplicando o princípio republicano no caso dos denominados "prefeitos profissionais", "prefeitos itinerantes[29]", ou seja, aqueles que após o término de um segundo mandato mudam o seu domicílio eleitoral para disputarem um terceiro pleito. A esse respeito o TSE entende:

O **princípio republicano** inspirou a seguinte interpretação dos §§ 5.º e 6.º do art. 14 da Carta Política: somente é possível eleger-se para o cargo de "prefeito municipal" por duas vezes consecutivas. Após isso, apenas permite-se, respeitado o prazo de desincompatibilização de 6 meses, a candidatura a "outro cargo", ou seja, a mandato legislativo, ou aos cargos de Governador de Estado ou de Presidente da República; não mai's de Prefeito Municipal, portanto (TSE, REspe n. 32.539, j. 17.12.2008).

O princípio republicano é, sem dúvida, um dos vértices da interpretação das normas eleitorais.

ELEMENTO	DESCRIÇÃO
GOVERNO DO INTERESSE PÚBLICO	■ O Estado serve ao interesse público, não a interesses privados ou individuais.
REPRESENTAÇÃO ELEITA PELO POVO	■ Os representantes são eleitos, direta ou indiretamente, pelo povo para administrar o Estado.
TEMPORARIEDADE DOS MANDATOS	■ Os mandatos dos representantes têm duração limitada, evitando a perpetuação no poder.
RESPONSABILIDADE DOS GOVERNANTES	■ Os governantes são responsáveis perante a sociedade e sujeitos a mecanismos de controle e prestação de contas.
PARTICIPAÇÃO ATIVA DOS CIDADÃOS	■ O poder político pertence ao conjunto dos cidadãos, que participam ativamente na formação e exercício do poder.
SEPARAÇÃO E EQUILÍBRIO DOS PODERES	■ Há uma separação clara e equilíbrio entre os Poderes Executivo, Legislativo e Judiciário, cada qual com funções específicas e autonomia.

---

[29] Agravo Regimental no Agravo de Instrumento n. 11.539/PI, rel. Min. Marcelo Ribeiro. Ementa: "AGRAVO REGIMENTAL. AGRAVO DE INSTRUMENTO. RECURSO ESPECIAL. RECURSO CONTRA A EXPEDIÇÃO DE DIPLOMA. 'PREFEITO ITINERANTE'. EXERCÍCIO CONSECUTIVO DE MAIS DE DOIS MANDATOS DE CHEFIA DO EXECUTIVO EM MUNICÍPIOS DIFERENTES. IMPOSSIBILIDADE. DESPROVIMENTO. 1. Ainda que haja desvinculação política, com a respectiva renúncia ao mandato exercido no município, antes de operar-se a transferência de domicílio eleitoral, não se admite a perpetuação no poder, somente sendo possível eleger-se para o cargo de prefeito por duas vezes consecutivas, mesmo que em localidades diversas, tendo em vista o princípio constitucional republicano. 2. Ressalva pessoal do ponto de vista do Relator. 3. Agravo regimental desprovido. *DJe* de 15.12.2010".

2.3. PRINCÍPIO DA IGUALDADE (ISONOMIA)

Outro princípio vigente no Direito Eleitoral é o da isonomia ou da igualdade. O art. XXI, item 1, da Declaração Universal dos Direitos Humanos estabelece que: "Toda pessoa tem o direito de tomar parte no governo de seu país, diretamente ou por intermédio de representantes livremente escolhidos".

Já o art. 5.º da Constituição estipula: "Todos são iguais perante a lei, sem distinção de qualquer natureza, garantindo-se aos brasileiros e aos estrangeiros residentes no País a inviolabilidade do direito à [...] igualdade [...]".

A expectativa da vigente ordem constitucional é de que a disputa eleitoral se dê entre candidatos que disputem em condições de "paridade de armas". Contraria o ordenamento jurídico o fato de alguém ser beneficiado por razões pessoais (critérios de parentesco, de ocupação de certas posições políticas ou sociais etc.) em detrimento de outros que, igualmente, desejem participar do prélio eleitoral.

O princípio da igualdade dá fundamento constitucional a uma série de disposições legais. As condutas vedadas aos agentes públicos arroladas no art. 73 da Lei n. 9.504/97 (Lei das Eleições) são assim tratadas por considerar o legislador serem elas, segundo a sua expressa dicção, "tendentes a afetar a igualdade de oportunidades entre candidatos nos pleitos eleitorais".

2.3.1. Igualdade racial

A Convenção Interamericana contra o Racismo, a Discriminação Racial e Formas Correlatas de Intolerância, alçada ao mesmo patamar das emendas constitucionais pelo § 3.º do art. 5.º da CF/1988, já em seu art. 1.[º30], reconhece que **o racismo pode ocorrer diretamente** — quando se pretende conscientemente impor medidas discriminatórias

---

[30] "Art. 1.º

Para os efeitos desta Convenção:

1. Discriminação racial é qualquer distinção, exclusão, restrição ou preferência, em qualquer área da vida pública ou privada, cujo propósito ou efeito seja anular ou restringir o reconhecimento, gozo ou exercício, em condições de igualdade, de um ou mais direitos humanos e liberdades fundamentais consagrados nos instrumentos internacionais aplicáveis aos Estados-Partes. A discriminação racial pode basear-se em raça, cor, ascendência ou origem nacional ou étnica.

2. Discriminação racial indireta é aquela que ocorre, em qualquer esfera da vida pública ou privada, quando um dispositivo, prática ou critério aparentemente neutro tem a capacidade de acarretar uma desvantagem particular para pessoas pertencentes a um grupo específico, com base nas razões estabelecidas no Artigo 1.1, ou as coloca em desvantagem, a menos que esse dispositivo, prática ou critério tenha um objetivo ou justificativa razoável e legítima à luz do Direito Internacional dos Direitos Humanos.

3. Discriminação múltipla ou agravada é qualquer preferência, distinção, exclusão ou restrição baseada, de modo concomitante, em dois ou mais critérios dispostos no Artigo 1.1, ou outros reconhecidos em instrumentos internacionais, cujo objetivo ou resultado seja anular ou restringir o reconhecimento, gozo ou exercício, em condições de igualdade, de um ou mais direitos humanos e liberdades fundamentais consagrados nos instrumentos internacionais aplicáveis aos Estados-Partes, em qualquer área da vida pública ou privada."

— **ou indiretamente** — **quando não são adotadas medidas propositivas para impedir** que o racismo e a discriminação surtam seus efeitos deletérios.

Há também a **discriminação múltipla ou agravada**, aquela em que se faz presente qualquer preferência, distinção, exclusão ou restrição baseada, de modo concomitante, em duas ou mais formas de expressão direta do racismo, "[...] ou outros reconhecidos em instrumentos internacionais, cujo objetivo ou resultado seja anular ou restringir o reconhecimento, gozo ou exercício, em condições de igualdade, de um ou mais direitos humanos e liberdades fundamentais consagrados nos instrumentos internacionais aplicáveis aos Estados-Partes, em qualquer área da vida pública ou privada".

O art. 9.º da Convenção, por seu turno, assim dispõe:

> **Art. 9.º** Os Estados-Partes comprometem-se a garantir que seus sistemas políticos e jurídicos reflitam adequadamente a diversidade de suas sociedades, a fim de atender às necessidades legítimas de todos os setores da população, de acordo com o alcance desta Convenção.

O racismo — é a Convenção Interamericana quem o afirma — pode ser praticado de forma direta, indireta ou múltipla (agravada). O repúdio a todas essas formas de preconceito e discriminação agora fazem parte do direito interno brasileiro, ocupando posição máxima na hierarquia das normas.

Outra norma de notável relevância, especialmente quando se tem em mira o notável *status* a ela conferida desde a sua internalização, é relativa ao sentido e relevância das políticas afirmativas. Ela está referida no item 5 do art. 1.º da Convenção Interamericana, tal como a seguir citado:

> **Art. 1.º** [...]
> 5. As medidas especiais ou de ação afirmativa adotadas com a finalidade de assegurar o gozo ou exercício, em condições de igualdade, de um ou mais direitos humanos e liberdades fundamentais de grupos que requeiram essa proteção não constituirão discriminação racial, desde que essas medidas não levem à manutenção de direitos separados para grupos diferentes e não se perpetuem uma vez alcançados seus objetivos.

A **adesão** do Brasil a essa **Convenção** está desde logo **justificada** pelo fato de o **repúdio ao racismo** constituir um dos **princípios** que regem o **Brasil** nas suas **relações** internacionais (inciso VII do art. 4.º da CF).

Robustecendo o seu compromisso fundamental com o combate a toda forma de exclusão que tenha por pressuposto a raça ou a cor, a Constituição chega ao ponto de declarar que "a prática do racismo constitui crime inafiançável e imprescritível, sujeito à pena de reclusão, nos termos da lei" (art. 5.º, XLII).

Mas a pedra angular da promoção constitucional da igualdade racial está mesmo no art. 3.º da Lei Maior, o qual inclui entre os objetivos fundamentais da República Federativa do Brasil a erradicação da pobreza e a marginalização e reduzir as desigualdades sociais e regionais (inciso III), a promoção do bem de todos, sem preconceitos de origem, raça, sexo, cor, idade e quaisquer outras formas de discriminação.

Consideradas tais balizas, impende analisar os últimos passos, ainda embrionários, da definição de políticas afirmativas em favor da igualdade racial no processo eleitoral brasileiro.

Na Consulta n. 0600306-47.2019.6.00.0000 — TSE, sob o relato do Ministro Luís Roberto Barroso, questionou-se a possibilidade de: **(i)** garantir às candidatas negras percentual dos recursos financeiros e do tempo em rádio e TV destinados às candidaturas femininas no montante de 50%, dada a distribuição demográfica brasileira; **(ii)** instituir reserva de 30% das candidaturas de cada partido a pessoas negras, nos termos da cota de gênero prevista na Lei n. 9.504/97; **(iii)** determinar o custeio proporcional das campanhas dos candidatos negros, destinando-se a estes no mínimo 30% do total do FEFC; e **(iv)** assegurar tempo de propaganda eleitoral gratuita no rádio e na televisão proporcional às candidaturas de pessoas negras, respeitando-se o mínimo de 30%.

Na conclusão da consulta, definiu-se que:

> 14. Primeiro quesito respondido afirmativamente nos seguintes termos: os recursos públicos do Fundo Partidário e do FEFC e o tempo de rádio e TV destinados às candidaturas de mulheres, pela aplicação das decisões judiciais do STF na ADI n. 5617/DF e do TSE na Consulta n. 0600252-18/DF, devem ser repartidos entre mulheres negras e brancas na exata proporção das candidaturas apresentadas pelas agremiações.
>
> 15. Segundo quesito é respondido negativamente, não sendo adequado o estabelecimento, pelo TSE, de política de reserva de candidaturas para pessoas negras no patamar de 30%. Terceiro e quarto quesitos respondidos afirmativamente, nos seguintes termos: os recursos públicos do Fundo Partidário e do FEFC e o tempo de rádio e TV devem ser destinados ao custeio das candidaturas de homens negros na exata proporção das candidaturas apresentadas pelas agremiações.

Ainda na mencionada consulta definiu-se que tais regras seriam aplicadas a partir do pleito eleitoral de 2022, incorrendo aplicação imediata, por conseguinte, dos efeitos da aludida consulta.

Em virtude da não aplicação às eleições de 2020, foi proposta no Supremo Tribunal Federal a Arguição de Descumprimento de Preceito Fundamental n. 738, na qual se pugnou cautelarmente pelo reconhecimento da imediata aplicação dos efeitos da Consulta n. 0600306-47.2019.6.00.0000.

Ao analisar a liminar, o Ministro relator Ricardo Lewandowski a deferiu em 9 de setembro de 2020, impondo **imediatidade à aplicação** dos incentivos às candidaturas de pessoas negras, nos exatos termos da resposta do TSE à Consulta 600306-47, já nas eleições de 2020.

Abaixo seguem os fundamentos centrais da mencionada decisão:

> De resto, a obrigação dos partidos políticos de tratar igualmente, ou melhor, equitativamente os candidatos decorre da incontornável obrigação que têm de resguardar o regime democrático e os direitos fundamentais (art. 16, *caput*, da CF) e do inarredável dever de dar concreção aos objetivos fundamentais da República, dentre os quais se destaca o de "promover o bem de todos, sem preconceitos de origem, raça, sexo, cor, idade" (art. 3.º, IV, CF). Sublinho, por oportuno, que, segundo o calendário eleitoral, ainda se está no período das convenções partidárias, qual seja, de 31/8 a 16/9, em que as legendas escolhem os

candidatos, cujo registro deve ser feito até o dia 26/9. Tal cronograma evidencia que a implementação dos incentivos propostos pelo TSE, discriminados na resposta à Consulta, desde já, não causará nenhum prejuízo às agremiações políticas, sobretudo porque a propaganda eleitoral ainda não começou, iniciando-se apenas em 27/9. Mas não é só isso: os referidos prazos também deixam claro o perigo na demora, a revelar que uma decisão *initio litis* ou de mérito proferida nestes autos, pelo STF, após essas datas, à toda a evidência, perderia o seu objeto por manifesta intempestividade.

Após a prolação de tal ordem liminar, os partidos políticos suscitaram diversos questionamentos quanto à forma de aplicação da mencionada medida. Assim, em 24 de setembro de 2020, foram esclarecidas todas as dúvidas pontuais, ante a prolação de despacho que contém as seguintes premissas a serem observadas. Vejamos:

1. O volume de recursos destinados a candidaturas de pessoas negras deve ser calculado a partir do percentual dessas candidaturas dentro de cada gênero, e não de forma global. Isto é, primeiramente, deve-se distribuir as candidaturas em dois grupos — homens e mulheres. Na sequência, deve-se estabelecer o percentual de candidaturas de mulheres negras em relação ao total de candidaturas femininas, bem como o percentual de candidaturas de homens negros em relação ao total de candidaturas masculinas. Do total de recursos destinados a cada gênero e que se separara a fatia mínima de recursos a ser destinada a pessoas negras desse gênero;

2. Ademais, deve-se observar as particularidades do regime do FEFC e do Fundo Partidário, ajustando-se as regras já aplicadas para cálculo e fiscalização de recursos destinados as mulheres;

3. A aplicação de recursos do FEFC em candidaturas femininas e calculada e fiscalizada em âmbito nacional. Assim, o cálculo do montante mínimo do FEFC a ser aplicado pelo partido, em todo o país em candidaturas de mulheres negras e homens negros será realizado a partir da aferição do percentual de mulheres negras, dento do total de candidaturas femininas, e de homens negros, dentro do total de candidaturas masculinas. A fiscalização da aplicação dos percentuais mínimos será realizada, apenas, no exame das prestações de contas do diretório nacional, pelo TSE;

4. A aplicação de recursos do Fundo Partidário em candidaturas femininas e calculada e fiscalizada em cada esfera partidária. Portanto, havendo aplicação de recursos do Fundo Partidário em campanhas, o órgão partidário doador, de qualquer esfera, deverá destinar os recursos proporcionalmente ao efetivo percentual (i) de candidaturas femininas, observado, dentro deste grupo, o volume mínimo a ser aplicado a candidaturas de mulheres negras; e (ii) de candidaturas de homens negros. Nesse caso, a proporcionalidade será aferida com base nas candidaturas apresentadas no âmbito territorial do órgão partidário doador. A fiscalização da aplicação do percentual mínimo será realizada no exame das prestações de contas de campanha de cada órgão partidário que tenha feito a doação.

Por meio de sessão virtual, tal liminar foi referendada pelo Pleno do STF em 5 de outubro de 2020, não restando questionamentos quanto à aplicabilidade da liminar àquele pleito e aos subsequentes.

Com a aprovação da Proposta de Emenda à Constituição n. 18/2021, foram isentadas as agremiações partidárias de responsabilidades decorrentes da não observância da reserva de fundos para candidaturas negras no pleito de 2020.

Posteriormente, as Resoluções-TSE de n. 23.605 e 23.607, ambas atualizadas pela Resolução 23.730/2024, passaram a disciplinar a destinação vinculada de parte dos recursos do FEFC para promoção de candidaturas de homens e mulheres negros e negras. As particularidades dessa normatização serão estudadas no capítulo que trata da arrecadação, despesas e prestação de contas eleitorais.

Desde a segunda edição desta obra, uma significativa mudança legislativa alterou o panorama do financiamento de candidaturas de pessoas afro-brasileiras no Brasil. A aprovação da Emenda Constitucional n. 133/2024[31] trouxe uma nova disciplina ao tema, reduzindo para 30% o percentual obrigatório de recursos oriundos do Fundo Especial de Financiamento de Campanha (FEFC) e do fundo partidário a serem destinados às candidaturas de pessoas pretas e pardas. Essa alteração representa uma redução em relação ao modelo anterior, descrito na edição anterior desta obra, no qual a destinação de recursos era proporcional ao número de candidaturas registradas.

A Emenda também incluiu dispositivos polêmicos, como a previsão de que os recursos não aplicados em eleições anteriores sejam destinados a quatro pleitos subsequentes, a partir de 2026, promovendo um mecanismo de compensação futura para possíveis descumprimentos. Contudo, essa regra gerou controvérsias quanto à sua eficácia na promoção da igualdade racial, especialmente diante de possíveis interpretações que permitam uma flexibilização das exigências.

Em contrapartida, a Rede Sustentabilidade e a Federação Nacional das Associações Quilombolas (Fenaq) ingressaram no Supremo Tribunal Federal (STF) com a Ação Direta de Inconstitucionalidade (ADI) 7.706, alegando retrocesso nas políticas afirmativas voltadas à inclusão de pessoas negras na política. Entre os principais argumentos, destaca-se a afirmação de que a redução do percentual e a anistia para partidos que descumpriram cotas em eleições passadas enfraquecem os mecanismos de inclusão e

---

[31] Art. 1.º Esta Emenda Constitucional impõe aos partidos políticos a obrigatoriedade da aplicação de recursos financeiros para candidaturas de pessoas pretas e pardas, estabelece parâmetros e condições para regularização e refinanciamento de débitos de partidos políticos e reforça a imunidade tributária dos partidos políticos conforme prevista na Constituição Federal.

Art. 2.º O art. 17 da Constituição Federal passa a vigorar acrescido do seguinte § 9.º:

"Art. 17. ....

....

§ 9.º Dos recursos oriundos do Fundo Especial de Financiamento de Campanha e do fundo partidário destinados às campanhas eleitorais, os partidos políticos devem, obrigatoriamente, aplicar 30% (trinta por cento) em candidaturas de pessoas pretas e pardas, nas circunscrições que melhor atendam aos interesses e às estratégias partidárias." (NR)

Art. 3.º A aplicação de recursos de qualquer valor em candidaturas de pessoas pretas e pardas realizadas pelos partidos políticos nas eleições ocorridas até a promulgação desta Emenda Constitucional, com base em lei, em qualquer outro ato normativo ou em decisão judicial, deve ser considerada como cumprida.

Parágrafo único. A eficácia do disposto no *caput* deste artigo está condicionada à aplicação, nas 4 (quatro) eleições subsequentes à promulgação desta Emenda Constitucional, a partir de 2026, do montante correspondente àquele que deixou de ser aplicado para fins de cumprimento da cota racial nas eleições anteriores, sem prejuízo do cumprimento da cota estabelecida nesta Emenda Constitucional.

ferem princípios constitucionais, como a igualdade e a vedação ao retrocesso em direitos fundamentais.

Além disso, a ADI contesta a aplicação imediata da EC n. 133/2024 nas eleições municipais de 2024, em possível afronta ao princípio da anualidade eleitoral previsto no art. 16 da Constituição Federal.

Até o momento do fechamento desta edição, a Suprema Corte ainda não havia julgado o mérito da ADI 7.706, mantendo-se o debate jurídico e político sobre os impactos dessa emenda na luta pela igualdade racial no Brasil. A decisão final terá implicações relevantes para a manutenção ou revisão das políticas afirmativas na seara eleitoral, reforçando ou enfraquecendo a trajetória de inclusão de pessoas negras nos espaços de poder.

2.3.2. Igualdade e sexo

Proclama o inciso I do art. 5.º da CF que "homens e mulheres são iguais em direitos e obrigações, nos termos desta Constituição".

De acordo com o *site* Congresso em Foco, no qual a jornalista Sara Resende publicou matéria intitulada "Brasil fica atrás até do Oriente Médio em presença feminina no Parlamento", o boletim da União Interparlamentar (UIP), divulgado em janeiro de 2015, lista o Brasil na 116.ª posição em um *ranking* que agrega 190 países. Na Câmara, as 51 mulheres ocupam o equivalente a 9,9% das cadeiras. No Senado, a proporção é um pouco maior. Há 12 senadoras em exercício, 13% dos 81 parlamentares[32].

Se considerarmos que a realização da igualdade material é objetivo almejado pela nossa Constituição, concluiremos que, em matéria de igualdade de acesso aos cargos providos mediante processos eletivos, ainda estamos longe do ideal.

Os dados mundiais sobre a mulher na política mostram uma correlação entre o nível de desenvolvimento humano e a proporção de mulheres nos parlamentos e como funcionárias ministeriais[33].

Para diminuir o hiato existente entre o desiderato da nossa ordem fundamental e o resultado das observações empíricas sobre essa matéria, o legislador tem feito a experiência de estabelecer cotas de gênero.

A Lei das Eleições dispunha até recentemente no § 3.º do seu art. 10 o seguinte: "Do número de vagas resultante das regras previstas neste artigo, cada partido ou coligação deverá reservar o mínimo de trinta por cento e o máximo de setenta por cento para candidaturas de cada sexo". Interpretando esse dispositivo, o Tribunal Superior Eleitoral concluiu que a norma implica apenas a "Impossibilidade de preenchimento por candidatura de homem" (REspe n. 16.632, rel. Min. Costa Porto, 05.09.2000), não importando em consequências outras para a agremiação partidária ou coligação que não preenchesse as cotas reservadas a cada gênero.

---

[32] Disponível em: http://congressoemfoco.uol.com.br/noticias/brasil-fica-atras-ate-do-oriente-me dio-em-participacao-feminina-na-politica/. Acesso em: 6 jan. 2023.

[33] AVELAR, Lúcia. *Mulheres na elite política brasileira*. São Paulo: Fundação Konrad Adenauer, Editora Unesp, 2001, p. 96.

O tratamento legal da matéria foi alterado substancialmente desde a edição da Lei n. 12.034/2009 (Lei da Reforma Eleitoral), que mudou a redação do citado parágrafo para dar-lhe o seguinte teor: "Do número de vagas resultante das regras previstas neste artigo, cada partido ou coligação preencherá o mínimo de 30% (trinta por cento) e o máximo de 70% (setenta por cento) para candidaturas de cada sexo".

Se observado atentamente, o dispositivo contém uma indiscutível inovação. A expressão "deverá reservar" foi substituída por "preencherá". Essa alteração, fruto de intensa mobilização realizada por grupos de defesa dos direitos das mulheres, não parece ter sido em vão. Quis o legislador, explicitamente, instituir um novo regime para os registros de candidatura, levando os partidos a identificar e estimular a participação de lideranças políticas femininas na vida partidária e eleitoral.

Particularmente, compreendemos que a interpretação do dispositivo deve levar à conclusão de que os partidos e coligações estão obrigados a promover o preenchimento das vagas na proporção indicada pelo legislador, sob pena de indeferimento do registro de toda a chapa. Tratar-se-ia de uma nova "condição de registrabilidade" a atingir a validade do registro da candidatura de todos os componentes da lista partidária.

Mas, atenção, o legislador não passou a exigir que os 30% do número total de vagas para candidatos em cada partido ou coligação sejam efetivamente preenchidos pelas mulheres. O que ele faz é determinar que seja observada estritamente a proporção entre sexos, de modo que a relação se torne uma realidade.

Uma vez composta a chapa, todavia, há que se verificar também se as mulheres que a integram são de fato candidatas, não meros nomes lançados apenas para preencher a formalidade legal.

O **Tribunal Superior Eleitoral** no julgamento do REspe 19.392-PI, sob o relato do Ministro Jorge Mussi, **decidiu** de forma inédita que **ocorre fraude à cota de sexo** quando são inscritas na lista de candidatos mulheres que no plano fático **não esboçaram sinais** concretos de ingressar na **disputa** pelos **votos** do povo. Por maioria de votos, o TSE decidiu **cassar todos** os seis **vereadores** eleitos por certo partido na cidade de Valença (PI). E ainda concluiu por **impor inelegibilidade** decorrente de abuso do poder a dois candidatos homens presentes na chapa cassada, os quais pessoalmente organizaram a fraude. **Trata-se** de um verdadeiro *leading case*. Muitos **julgados** foram proferidos **no mesmo sentido** em diversas instâncias da Justiça Eleitoral em **conformidade** com esse **entendimento**.

Leading case:

No significativo caso do município de Timon, julgado pelo Tribunal Superior Eleitoral (TSE) no REspe 0600965-83.2020.6.10.0019 e relatado pelo Ministro Floriano Marques de Azevedo, observou-se uma interpretação ampliada sobre fraude à cota de gênero nas eleições brasileiras. Este julgamento concentrou-se na contestação de uma decisão do Tribunal Regional Eleitoral do Maranhão (TRE-MA), que havia julgado improcedente uma Ação de Investigação Judicial Eleitoral (Aije) proposta por Edmar das Chagas Correia contra Francisco Helber Costa Guimarães e outros.

A disputa envolveu as candidaturas de Maria Amélia Soares dos Santos Borges e Eloide Oliveira da Silva, ambas do partido Republicanos, questionadas como fictícias após o indeferimento de seus registros, sem ações subsequentes do partido para remediar a situação. As candidaturas foram contestadas devido a impedimentos legais preexistentes, que não foram adequadamente abordados pelo partido.

Atuando como advogado desde a primeira instância, acompanhei o desenvolvimento do caso, inicialmente julgado improcedente tanto na Zona Eleitoral quanto no Tribunal Regional do Maranhão. A mudança na trajetória do caso ocorreu no julgamento pelo TSE, onde o recurso especial eleitoral foi acolhido. O Ministro Floriano Marques de Azevedo, relator, frisou o conhecimento público acerca do não preenchimento das condições de registrabilidade e elegibilidade por parte das candidatas e a responsabilidade do partido em assegurar a elegibilidade de seus candidatos antes de suas candidaturas.

Além disso, o relator apontou a falta de ação do partido após o indeferimento dos registros. Com isso, a fraude à cota de gênero foi claramente estabelecida, desafiando o propósito da legislação de garantir a participação efetiva das mulheres na política.

Esse julgamento teve implicações significativas, conduzindo à edição do § 3.º do art. 8.º da Resolução-TSE n. 23.735, de 27 de fevereiro de 2024, que trata dos ilícitos eleitorais. Essa normativa estabelece claramente: "Configura fraude à cota de gênero a negligência do partido político ou da federação na apresentação e no pedido de registro de candidaturas femininas, revelada por fatores como a inviabilidade jurídica patente da candidatura, a inércia em sanar pendência documental, a revelia e a ausência de substituição de candidata indeferida".

Esta decisão do TSE e a subsequente resolução normativa representam um avanço na garantia da integridade do processo eleitoral, assegurando a efetiva implementação e respeito às medidas destinadas a promover a igualdade de gênero na política brasileira.

Em outro importante julgado, o TSE reconheceu que:

Ao longo de mais de três décadas da reabertura democrática, mulheres e pessoas negras permaneceram em grande parte à mercê de ações afirmativas que assegurassem meios concretos de incentivo, participação e promoção nas campanhas, em verdadeiro descompasso entre fundamentos e direitos fundamentais previstos na Constituição — dentre eles a isonomia, a cidadania, a dignidade da pessoa humana e o pluralismo político — e o quotidiano da vida política brasileira. [...] (Consulta n. 060048306, Acórdão, rel. Min. Benedito Gonçalves, *DJe*, t. 191, 28.09.2022).

Já na Ação Declaratória de Inconstitucionalidade n. 5.617, por sua vez, relatada pelo Ministro Edson Fachin, o Supremo Tribunal Federal **decidiu**

equiparar o patamar legal **mínimo** de candidaturas **femininas** [...] isto é, ao menos **30%** de cidadãs, ao **mínimo** de recursos do **Fundo Partidário** a lhes serem destinados, que deve ser interpretado como **também de 30%** do montante do fundo alocado a cada partido (ADI 5.617/DF, rel. Min. Edson Fachin, j. 15.03.2018).

Veja-se, ainda, quanto a esse ponto, que a lei reserva cotas para ambos os sexos, não apenas para as mulheres. Desse modo, não é possível, pelas mesmas razões, a formação de uma lista exclusiva de candidatas do sexo feminino. Nesse caso, pelo menos 30% das vagas deveriam ser preenchidas por pessoas do sexo masculino.

Por fim, registre-se que o art. 44 da Lei n. 9.096/1995, em nova redação definida quando da última reforma da legislação eleitoral (Lei n. 13.165/2015), passou a estipular, em seu inciso V, que:

> **Art. 44.** Os recursos oriundos do Fundo Partidário serão aplicados:
> [...]
> V — na criação e manutenção de programas de promoção e difusão da participação política das mulheres conforme percentual que será fixado pelo órgão nacional de direção partidária, observado o mínimo de 5% (cinco por cento) do total;

Tratou o legislador, mais uma vez, de definir políticas afirmativas de inclusão da mulher na política, agindo, ainda que de modo tímido, diante da magnitude das distorções verificadas no tocante à igualdade de sexos nos cargos eletivos em nosso país.

A partir da edição da EC n. 117/2022, o tema passou a receber *status* constitucional, tendo sido incluído o seguinte § 7.º ao art. 17 da Constituição Federal:

> **Art. 17.** [...]
> § 7.º Os partidos políticos devem aplicar no mínimo 5% (cinco por cento) dos recursos do fundo partidário na criação e na manutenção de programas de promoção e difusão da participação política das mulheres, de acordo com os interesses intrapartidários.

A mesma emenda fez incluir um § 8.º no art. 17 da CF, com o seguinte teor:

> **Art. 17.** [...]
> § 8.º O montante do Fundo Especial de Financiamento de Campanha e da parcela do fundo partidário destinada a campanhas eleitorais, bem como o tempo de propaganda gratuita no rádio e na televisão a ser distribuído pelos partidos às respectivas candidatas, deverão ser de no mínimo 30% (trinta por cento), proporcional ao número de candidatas, e a distribuição deverá ser realizada conforme critérios definidos pelos respectivos órgãos de direção e pelas normas estatutárias, considerados a autonomia e o interesse partidário.

Podemos afirmar, pois, que estamos num momento em que as normas de promoção da igualdade entre os sexos estão sofrendo ajustes positivos, embora muita ainda haja a ser feito no plano material para que se assegure a devida isonomia no plano político-eleitoral. Importante passo nesse sentido se deu com a edição da Súmula 73 pelo Tribunal Superior Eleitoral, a seguir estudada.

◨ A Súmula 73 do TSE

A edição da Súmula 73[34] pelo Tribunal Superior Eleitoral (TSE), em 16 de maio de 2024, estabeleceu diretrizes objetivas para a configuração de fraude à cota de gênero,

---

[34] Súmula-TSE 73

O TRIBUNAL SUPERIOR ELEITORAL, no uso das atribuições que lhe confere o art. 23, inciso XV, do Código Eleitoral, resolve aprovar a proposta de edição do seguinte verbete de súmula:

A fraude à cota de gênero, consistente no desrespeito ao percentual mínimo de 30% (trinta por cento) de candidaturas femininas, nos termos do art. 10, § 3.º, da Lei n. 9.504/97, configura-se com

conforme prevista no art. 10, § 3.º, da Lei n. 9.504/97. A norma legal exige que os partidos políticos destinem ao menos 30% de suas candidaturas a mulheres, sendo esta uma medida de política afirmativa voltada à promoção da equidade de gênero no cenário eleitoral. Contudo, sua aplicação prática tem suscitado casos de desvirtuamento, que passaram a ser disciplinados de forma mais clara pela jurisprudência.

▣ Critérios da Súmula para reconhecimento da fraude

A Súmula 73 estabelece que a fraude à cota de gênero pode ser reconhecida mediante a presença de um ou mais dos seguintes elementos, analisados a partir do conjunto probatório do caso concreto:

1. Votação zerada ou inexpressiva: A ausência de votos ou um desempenho eleitoral insignificante são indicativos de candidaturas fictícias, criadas exclusivamente para atender formalmente à exigência de percentual mínimo de participação feminina.

2. Prestação de contas zerada, padronizada ou com ausência de movimentação relevante: A inexistência de movimentação financeira significativa, doações padronizadas ou valores irrisórios nas prestações de contas pode evidenciar a ausência de esforço real de campanha, sendo um forte indício de que a candidatura não foi efetiva.

3. Inexistência de atos de campanha: A falta de atividades típicas de uma candidatura, como produção de material publicitário, realização de eventos ou qualquer forma de divulgação, demonstra que a candidatura não se destinava a uma disputa efetiva.

5. Votação irrisória: Esses elementos não são exaustivos, permitindo ao julgador analisar os fatos e circunstâncias do caso concreto para identificar práticas que contrariem a finalidade da norma.

A análise de votações irrisórias para identificar fraudes à cota de gênero exige uma abordagem contextual e proporcional, que vá além da mera contagem numérica de votos. Não se trata apenas de avaliar quantos votos foram obtidos, mas de considerar se a votação reflete ou não a realização de uma campanha efetiva, considerando as peculiaridades de cada situação. Uma votação irrisória é caracterizada quando, analisada no contexto específico do caso, demonstra que a candidatura foi criada unicamente para cumprir formalidades legais, sem o propósito genuíno de competir.

---

a presença de um ou alguns dos seguintes elementos, quando os fatos e as circunstâncias do caso concreto assim permitirem concluir: (1) votação zerada ou inexpressiva; (2) prestação de contas zerada, padronizada ou ausência de movimentação financeira relevante; e (3) ausência de atos efetivos de campanhas, divulgação ou promoção da candidatura de terceiros. O reconhecimento do ilícito acarretará: (a) a cassação do Demonstrativo de Regularidade de Atos Partidários (Drap) da legenda e dos diplomas dos candidatos a ele vinculados, independentemente de prova de participação, ciência ou anuência deles; (b) a inelegibilidade daqueles que praticaram ou anuíram com a conduta, nas hipóteses de Ação de Investigação Judicial Eleitoral (AIJE); (c) a nulidade dos votos obtidos pelo partido, com a recontagem dos quocientes eleitoral e partidário (art. 222 do Código Eleitoral), inclusive para fins de aplicação do art. 224 do Código Eleitoral.

Essa abordagem evita a aplicação de um limite fixo para definir votação insignificante, o que confere maior flexibilidade na análise judicial. Por exemplo, uma candidata que obtém poucos votos em uma cidade com pequeno eleitorado, onde as campanhas são naturalmente mais modestas, pode não levantar suspeitas de fraude, especialmente se houver registros de atos concretos de campanha, como participação em debates locais ou distribuição de materiais eleitorais. Por outro lado, uma candidata que apresenta a mesma votação em um colégio eleitoral de grande porte, com ampla infraestrutura política e elevada densidade de eleitores, pode sinalizar a ausência de esforços reais para engajar o público, o que reforça a hipótese de candidatura fictícia.

Essa perspectiva evita que a fixação de parâmetros rígidos seja utilizada como subterfúgio para fraudes. Caso fosse adotado um número absoluto como critério, partidos poderiam manipular resultados para escapar da fiscalização, promovendo simulações que aparentassem uma participação legítima. A análise proporcional, ao contrário, permite que a Justiça Eleitoral examine detalhadamente cada caso, ponderando a votação obtida em relação ao contexto demográfico e político, bem como à existência de movimentação financeira e atos de campanha efetivos.

Portanto, a votação irrisória é um indicativo a ser avaliado em conjunto com outros elementos probatórios, como prestação de contas e atividades realizadas durante a campanha. Essa abordagem garante que a cota de gênero seja implementada com substância, assegurando a real inclusão feminina no processo político, em vez de ser reduzida a um cumprimento puramente formal. Dessa forma, promove-se a integridade do sistema eleitoral e o respeito à finalidade da norma.

Fundos de campanha: A ausência de movimentação financeira relevante, a presença de doações padronizadas ou a existência de valores irrisórios registrados nas prestações de contas eleitorais são elementos que podem revelar a inexistência de esforços concretos para a condução de uma campanha. Tais fatores sugerem que a candidatura não desempenhou as atividades mínimas necessárias para alcançar eleitores, como a produção de material publicitário, a realização de eventos ou a contratação de serviços essenciais ao processo eleitoral.

Essa análise deve considerar o contexto em que a candidatura foi registrada. Por exemplo, em candidaturas legítimas, mesmo aquelas com recursos limitados costumam apresentar movimentações financeiras compatíveis com o esforço de atingir o público-alvo. Por outro lado, quando há registros de contas zeradas ou movimentações simbólicas repetidas entre várias candidatas de um mesmo partido, isso pode indicar a ausência de uma campanha efetiva, configurando forte indício de candidatura fictícia ou de desvirtuamento das cotas de gênero.

A avaliação dessas informações financeiras deve ser integrada a outros elementos do processo eleitoral, como a verificação de atos de campanha e o desempenho nas urnas. A ausência de movimentação financeira significativa, especialmente quando associada a outros fatores, como votação irrisória ou falta de divulgação de candidatura, reforça a presunção de que a candidatura foi registrada apenas para cumprimento formal da legislação, sem o propósito real de disputar o pleito.

Assim, a análise das prestações de contas, longe de ser um critério isolado, é essencial para identificar a autenticidade da candidatura. Uma movimentação financeira compatível com as circunstâncias e objetivos de campanha é um indicativo de legitimidade, enquanto a ausência ou insuficiência de registros reforça o entendimento de que a candidatura pode ter sido simulada, comprometendo a efetividade das políticas afirmativas e a integridade do processo eleitoral.

■ **Sanções previstas**

A configuração da fraude à cota de gênero acarreta graves consequências jurídicas, reforçadas pela Súmula:

1. Cassação do Demonstrativo de Regularidade de Atos Partidários (DRAP): A fraude implica a cassação do DRAP da chapa, o que resulta na invalidação das candidaturas registradas sob sua égide. A medida aplica-se de forma objetiva, dispensando a necessidade de comprovação de anuência ou participação direta dos demais candidatos.

2. Inelegibilidade: As pessoas que participaram ou anuíram com a prática fraudulenta ficam sujeitas à inelegibilidade, nos termos da Lei Complementar n. 64/1990. Essa penalidade é aplicada na esfera de Ações de Investigação Judicial Eleitoral (AIJE).

3. Nulidade dos Votos e Recontagem dos Quocientes: Os votos obtidos pela legenda fraudulenta são declarados nulos, gerando a recontagem dos quocientes eleitoral e partidário, conforme o art. 222 do Código Eleitoral. Eventualmente, isso pode levar à convocação de novas eleições, de acordo com o art. 224 do mesmo diploma legal.

A aprovação da Súmula 73 pelo TSE consolida entendimentos previamente aplicados pela Corte Eleitoral e oferece maior previsibilidade ao tratamento jurídico da matéria. A medida contribui para a proteção do regime democrático ao assegurar que as cotas de gênero não sejam desvirtuadas por práticas que se limitem ao cumprimento formal da norma sem atender ao seu propósito material.

Ao delimitar os critérios para configuração da fraude e as respectivas sanções, a Súmula busca garantir a efetividade das políticas afirmativas no âmbito eleitoral. Trata-se de uma resposta às tentativas de contornar a legislação, reafirmando o papel da Justiça Eleitoral como guardiã da lisura dos pleitos e da promoção de condições justas de competição.

2.3.3. Igualdade e gênero

Aqui tratamos de outro ponto que não diz respeito a particularidades sexuais, mas à questão de gênero. Aqui não se faz menção à sexualidade definida segundo critérios biológicos ou externos, mas à identidade de gênero.

Quanto ao ponto, está iniciado um processo de reconhecimento de direitos que leva em conta a **diversidade de gêneros** e seus reflexos no plano dos direitos eleitorais. Alguns pontos desse movimento já podem ser percebidos na definição das normas eleitorais.

Um dos primeiros elementos dessa inclinação reside na Portaria Conjunta TSE n. 1, de 17 de abril de 2018, firmada pelo Ministro Luiz Fux, então presidente do Tribunal Superior Eleitoral. O texto normativo regulamenta a inclusão do nome social no cadastro eleitoral, prevista na Resolução-TSE n. 23.562, de 22 de março de 2018. Tal resolução foi posteriormente revogada pela de número 23.659, de 26 de outubro de 2021, a qual, dentre outras disposições, contém o seguinte comando normativo:

> **Art. 16.** É direito fundamental da pessoa transgênera, preservados os dados do registro civil, fazer constar do Cadastro Eleitoral seu nome social e sua identidade de gênero.
> § 1.º Considera-se nome social a designação pela qual a pessoa transgênera se identifica e é socialmente reconhecida.
> § 2.º Considera-se identidade de gênero a atitude individual que diz respeito à forma como cada pessoa se percebe e se relaciona com as representações sociais de masculinidade e feminilidade e como isso se traduz em sua prática social, sem guardar necessária relação com o sexo biológico atribuído no nascimento.

O art. 73 da mesma Resolução estabelece que: "Quando registrado no Cadastro Eleitoral, o nome social constará da via impressa e digital do título eleitoral".

No tocante ao uso do nome social pela pessoa postulante ao mandato eletivo, até mesmo para apresentação na urna eletrônica, o Tribunal Superior Eleitoral respondeu à Consulta n. 0604054-58/DF, sob relato do Ministro Tarcísio Vieira, apresentando as seguintes conclusões:

> 1. A expressão "cada sexo" mencionada no art. 10, § 3.º, da Lei n. 9.504/97 refere-se ao gênero, e não ao sexo biológico, de forma que tanto os homens como as mulheres transexuais e travestis podem ser contabilizados nas respectivas cotas de candidaturas masculina ou feminina. Para tanto, devem figurar como tal nos requerimentos de alistamento eleitoral, nos termos estabelecidos pelo art. 91, *caput*, da Lei das Eleições, haja vista que a verificação do gênero para o efeito de registro de candidatura deverá atender aos requisitos previstos na Res.-TSE n. 21.538/2003 e demais normas de regência.
> 2. A expressão contida no art. 12, *caput, da Lei n.* 9.504/97, de que o candidato deve "indicar seu nome completo" no pedido de registro candidatura, refere-se ao nome civil, constante do cadastro eleitoral, por ser imprescindível ao exame das certidões negativas exigidas no pedido de registro de candidatura, o qual deverá ser restrito ao âmbito interno da Justiça Eleitoral, enquanto o nome social deverá ser utilizado nas divulgações públicas.
> 3. É possível o uso exclusivo do nome social nas urnas eletrônicas, observados os parâmetros do art. 12 da Lei n. 9.504/97, que permite o registro do "prenome, sobrenome, cognome, nome abreviado, apelido ou nome pelo qual é mais conhecido, desde que não se estabeleça dúvida quanto à sua identidade, não atente contra o pudor e não seja ridículo ou irreverente".
> 4. A expressão "não estabeleça dúvida quanto à sua identidade", prevista no *caput* do art. 12 da Lei n. 9.504/97, refere-se à identificação do(a) candidato(a) conforme seja conhecido(a), inclusive quanto à identidade de gênero.
> 5. O nome social poderá ser utilizado tanto nas candidaturas proporcionais como nas majoritárias, haja vista que o art. 11 da Lei n. 9.504/97, ao estabelecer o rol de dados e documentos que devem instruir o pedido de registro, não faz nenhuma distinção nesse sentido.
> 6. Acolhe-se a manifestação da Assessoria Consultiva no sentido de que a autodeclaração de gênero deve ser manifestada por ocasião do alistamento eleitoral ou da atualiza-

ção dos dados do cadastro eleitoral, ou seja, até cento e cinquenta e um dias antes da data das eleições, nos termos do art. 91, *caput*, da Lei n. 9.504/97, razão pela qual se propõe a edição de regras específicas sobre o tema.

7. Consulta conhecida.

Como se pode ver, tanto para a finalidade de inclusão no cadastro eleitoral como quanto para a apresentação de candidatura, o Tribunal Superior Eleitoral atualizou devidamente o seu entendimento para acolher o uso do nome social, observada a identidade de gênero da cidadã ou cidadão que para tanto procura a Justiça Eleitoral.

Outra abordagem oportuna sobre a questão de gênero dentro da perspectiva da igualdade diz respeito à composição das listas de candidaturas proporcionais. Uma **mulher transgênero** — assim considerada aquela pessoa que, mesmo possuindo aspecto morfológico masculino em sua genitália, se autopercebe e se identifica em suas relações sociais **como mulher** — deve figurar na composição feminina da lista. Assim agindo, sua presença na lista deve ser contabilizada para assegurar a presença feminina no percentual mínimo indicado pelo art. 10, § 3.º, da Lei das Eleições.

Isso não dá azo, todavia, a que a mesma posição possa ser ocupada por pessoa em outra posição de identidade de gênero. Assim, um homem bissexual ou homoafetivo não pode compor a lista na proporção destinada às mulheres, senão ao próprio sexo masculino. Não se trata de uma questão de sexualidade, mas de gênero, o que pressupõe identidade.

Reflexão inversa poderia ser aplicável a um caso similar que envolvesse um homem trans. Uma mulher lésbica ou não binária, por exemplo, não pode se apresentar como homem para o fim de assegurar presença mínima masculina na chapa, visto que a norma impede que qualquer das componentes da lista (masculina e feminina) tenha expressão menor do que trinta por cento.

Em um caso concreto, ainda em andamento e sem precedentes, relativo às eleições de 2022 no Estado de Goiás, as advogadas Amanda Souto Baliza e Talita Silvério Hayasaki ajuzaram ação de investigação judicial eleitoral em que pleiteiam a desconstituição dos diplomas outorgados a dois deputados estaduais eleitos, tendo estes sido beneficiados pela complementação da parte feminina da chapa com um homem integrante da comunidade LGBTQIAP+, mas que nunca se apresentou como uma mulher trans. Segundo as advogadas que ajuizaram a AIJE:

> Inegável ademais o dolo do polo passivo: o candidato disse-se mulher apenas para fins de preenchimento da cota, já que continuou a agir, apresentar-se e ser tratado como homem; já sua grei, que concedera a ele a presidência da "Diversidade Tucana", sempre se referiu a ele, por meio de seu presidente estadual, [...], como homem, e sabe de sua história no movimento da Diversidade dada sua sexualidade, e não seu gênero. A potencialidade do ato fraudulento verifica-se com a eleição de 2 candidatos que se beneficiaram dos votos da chapa da federação, exsurgindo a gravidade da intenção do ato praticado pelo candidato que distorceu o resultado do processo eleitoral, elegendo assim 2 candidatos a deputado estadual que se beneficiaram pelo descumprimento da cota de gênero por parte da grei partidária.

Trata-se de questão a ser ainda decidida pela Justiça Eleitoral, envolvendo, pois, ponto pendente, mas que prenuncia a abertura de novos campos para a reflexão jurídica nesse campo do conhecimento jurídico que tem muito por onde se desenvolver.

2.3.4. Igualdade e pessoas com deficiência

As **pessoas com deficiência** têm seus direitos fundamentais albergados em nossa Constituição Federal. A Constituição Cidadã é também a Constituição Inclusiva, do que decorre que muitos dos seus postulados deitam luzes também sobre a responsabilidade das instituições eleitorais para com as pessoas com deficiência.

Já no art. 1.º da Constituição inclui entre os fundamentos da República Federativa do Brasil "a dignidade da pessoa humana".

De acordo com o art. 3.º, IV, da Lei Maior, constituem objetivos fundamentais da República a promoção do bem de todos, sem preconceitos de origem, raça, sexo, cor, idade e quaisquer outras formas de discriminação.

O § 2.º do art. 227 da CF/1988 estabelece que: "A lei disporá sobre normas de construção dos logradouros e dos edifícios de uso público e de fabricação de veículos de transporte coletivo, a fim de garantir acesso adequado às pessoas portadoras de deficiência".

No plano infraconstitucional, esses postulados chegaram à Lei n. 13.146, de 6 de julho de 2015, que institui a Lei Brasileira de Inclusão da Pessoa com Deficiência (Estatuto da Pessoa com Deficiência ou Lei Brasileira de Inclusão).

O art. 76 da Lei Brasileira de Inclusão dispõe de várias regras — dimanadas de tais princípios — dirigidas às instituições políticas e eleitorais. É o que se transcreve a seguir:

> **Art. 76.** O poder público deve garantir à pessoa com deficiência todos os direitos políticos e a oportunidade de exercê-los em igualdade de condições com as demais pessoas.
>
> § 1.º À pessoa com deficiência será assegurado o direito de votar e de ser votada, inclusive por meio das seguintes ações:
>
> I — garantia de que os procedimentos, as instalações, os materiais e os equipamentos para votação sejam apropriados, acessíveis a todas as pessoas e de fácil compreensão e uso, sendo vedada a instalação de seções eleitorais exclusivas para a pessoa com deficiência;
>
> II — incentivo à pessoa com deficiência a candidatar-se e a desempenhar quaisquer funções públicas em todos os níveis de governo, inclusive por meio do uso de novas tecnologias assistivas, quando apropriado;
>
> III — garantia de que os pronunciamentos oficiais, a propaganda eleitoral obrigatória e os debates transmitidos pelas emissoras de televisão possuam, pelo menos, os recursos elencados no art. 67 desta Lei;
>
> IV — garantia do livre exercício do direito ao voto e, para tanto, sempre que necessário e a seu pedido, permissão para que a pessoa com deficiência seja auxiliada na votação por pessoa de sua escolha.
>
> § 2.º O poder público promoverá a participação da pessoa com deficiência, inclusive quando institucionalizada, na condução das questões públicas, sem discriminação e em igualdade de oportunidades, observado o seguinte:

> I — participação em organizações não governamentais relacionadas à vida pública e à política do País e em atividades e administração de partidos políticos;
> II — formação de organizações para representar a pessoa com deficiência em todos os níveis;
> III — participação da pessoa com deficiência em organizações que a representem.

Tratando das disposições eleitorais do referido dispositivo, Dias, Junqueira e Andrade assim se manifestam:

> Existe vedação normativa expressa de seções eleitorais exclusivas para as pessoas com deficiência. O TSE somente poderá continuar estabelecendo "seções eleitorais especiais" se não forem exclusivas para os eleitores com deficiência e, sem prejuízo, é claro, de garantir a acessibilidade de todo e qualquer local de votação (inciso I, § 1.º, artigo 76 da Lei Brasileira de Inclusão). O objetivo, que segue a Convenção Internacional das Pessoas com Deficiência, é não somente o de evitar a segregação das pessoas com deficiência e preservar o seu direito ao sigilo do voto, mas, considerando que a maioria das seções de votação é instalada em edifícios públicos, também promover a acessibilidade dos prédios públicos e coletivos e de suas imediações[35].

NORMA	DESCRIÇÃO
CONSTITUIÇÃO FEDERAL, Art. 1.º	◾ Inclui entre os fundamentos da República Federativa do Brasil "a dignidade da pessoa humana".
CONSTITUIÇÃO FEDERAL, Art. 3.º, IV	◾ Estabelece como objetivo fundamental da República a promoção do bem de todos, sem preconceitos de origem, raça, sexo, cor, idade e quaisquer outras formas de discriminação.
CONSTITUIÇÃO FEDERAL, Art. 227, § 2.º	◾ Determina que a lei deve estabelecer normas de construção de logradouros e edifícios de uso público, bem como de fabricação de veículos de transporte coletivo, para garantir acesso adequado às pessoas com deficiência.
LEI BRASILEIRA DE INCLUSÃO (Lei n. 13.146/2015), Art. 76	◾ Garante que o poder público deve assegurar às pessoas com deficiência todos os direitos políticos e a oportunidade de exercê-los em igualdade de condições com as demais pessoas. Inclui garantias específicas para o direito de votar e de ser votado, participação em ONGs relacionadas à política, e representação em todos os níveis.
RESOLUÇÃO N. 23.381 DO TSE, DE 19 DE JUNHO DE 2012	◾ Institui o Programa de Acessibilidade na Justiça Eleitoral, voltado para eleitores com deficiência ou mobilidade reduzida. Essa resolução tem como foco a remoção de barreiras físicas, arquitetônicas, de comunicação e atitudes, promovendo o acesso amplo e irrestrito destas pessoas no processo eleitoral. As medidas incluem adaptações físicas em locais de votação, uso de tecnologia assistiva, treinamento de mesários, adaptações nos *websites* eleitorais para melhor acessibilidade, e campanhas de conscientização.

---

[35] DIAS, Joelson; JUNQUEIRA, Ana Luísa Junqueira; ANDRADE, Bruno. O direito à acessibilidade nas eleições. Disponível em: https://www.conjur.com.br/2022-abr-04/direito-eleitoral-direito-acessibilidade-eleicoes. Acesso em: 9 jan. 2023.

Como se vê, os princípios constitucionais de onde promana a necessária inclusão de todos e todas, sem qualquer discriminação e com eliminação dos obstáculos ao exercício de direitos, têm forte irradiação sobre a aplicação das normas eleitorais.

2.3.5. Igualdade e origem geográfica

Jairo Nicolau (1997), em significativo estudo denominado "As distorções na representação dos estados na Câmara dos Deputados brasileira", argumenta:

> Uma das principais patologias dos sistemas representativos das democracias contemporâneas é a não proporcionalidade entre a população (ou eleitorado) de uma determinada circunscrição eleitoral e seu número de representantes na Câmara dos Deputados. O principal efeito dessa não proporcionalidade é dar pesos distintos aos votos dos eleitores de diferentes circunscrições eleitorais, o que viola o princípio democrático de que todos os cidadãos tenham votos com valores iguais, evidenciado na máxima "um homem, um voto".

O autor apresenta a seguinte tabela que indica quais regiões do País estão representadas em proporção a maior ou a menor na Câmara dos Deputados.

Região	Índice
Nordeste	0,7
Centro-Oeste	1,5
Sul	0,1
Norte	5,6
Sudeste	– 7,7

A sub-representação do estado de São Paulo seria a maior do País (–0,8). Duas leituras opostas podem servir à crítica ou à defesa dessa situação. A primeira delas é frontalmente contrária a essa diferenciação.

Gláucio D. Soares, citado por Nicolau (1997), alega que:

> Efetivamente, ao aumentar artificialmente a representação política de uma cultura política tradicional, atrasada, dominada por líderes locais, frequentemente latifundistas, proprietários rurais, coronéis de todos os tipos, ou pessoas de sua escolha ou confiança, o sistema eleitoral terminou por prejudicar a maioria da população destas áreas. Ao aumentar o poder político da elite dirigente desta cultura política rural, tradicional e pré-ideológica, ao super-representar na Câmara e no Senado as áreas desenvolvidas social e politicamente, a legislação diminuiu a possibilidade de aprovação, pelas duas Câmaras, de reformas que viriam a beneficiar a maioria da população rural que habita principalmente estas áreas subdesenvolvidas. Este foi o caso da reforma agrária[36].

---

[36] Gláucio D. Soares, citado por NICOLAU, Jairo M. *O sistema eleitoral de lista aberta no Brasil. Dados* [*online*], 2006, v. 49, n. 4. NICOLAU, Jairo Marconi. *As distorções na representação dos estados na Câmara dos Deputados brasileira. Dados*, Rio de Janeiro, v. 40, n. 3, 1997. Disponível em: http://www.scielo.br/scielo.php?script=sci_arttext&pid=S0011-52581997000300006&lng=en &nrm=iso. Acesso em: 7 jan. 2023.

Observada a questão sob outro ponto de vista, justamente por beneficiar certas regiões mais carentes e por isso mesmo menos populosas, a eventual sobre-representação verificada em alguns casos atuaria também como uma política compensatória (ou afirmativa), buscando valorizar a participação política dessas localidades. Em 2006, o Tribunal Superior Eleitoral chegou a publicar a minuta da sua Resolução n. 22.144, que alterava o número de deputados em grande parte dos Estados, a fim de corrigir possíveis distorções na representatividade. Entretanto, ao decidir sobre a matéria, a Corte resolveu abster-se de promover qualquer modificação.

> A diferenciação na distribuição das cadeiras na Câmara dos Deputados, longe de ser uma "patologia", pode ser vista como uma resposta equilibrada às diversidades regionais do Brasil. Ao proporcionar maior representatividade a regiões menos populosas, o sistema busca um equilíbrio na influência política de diferentes áreas do país. Isso previne a concentração de poder nas regiões mais populosas, como São Paulo, e assegura que interesses de regiões menos populosas, mas igualmente importantes, sejam também considerados no processo legislativo.

Esta abordagem alinha-se com a ideia de democracia defensiva, ao evitar a dominação de uma única região ou grupo sobre o sistema político nacional. Permite que vozes de regiões diversas sejam ouvidas e que interesses regionais distintos sejam representados de forma mais equitativa, o que é fundamental para a manutenção da estabilidade democrática.

A Política do Café com Leite, que vigorou durante a República Velha no Brasil, consistiu em um acordo político entre as oligarquias de São Paulo (maior produtor de café no Brasil naquele período) e Minas Gerais (maior produtor de leite), alternando-se no controle da presidência da República. Essa política refletia a predominância econômica desses estados, sendo São Paulo o maior produtor de café e Minas Gerais um importante produtor de leite.

A prevalência do Sudeste, especialmente de São Paulo e Minas Gerais, no cenário político brasileiro naquele período, pode ser entendida como um reflexo da influência econômica desses estados. No contexto atual, a distribuição diferenciada de cadeiras na Câmara dos Deputados, frequentemente criticada por sua falta de proporcionalidade em relação ao tamanho da população dos estados, pode ser vista como um mecanismo de equilíbrio. Essa configuração busca assegurar que as diversas regiões do país tenham representação significativa, evitando a dominação de uma região sobre as outras, como aconteceu historicamente na política do café com leite.

Assim, a correção proporcionada pela distribuição das cadeiras na Câmara dos Deputados pode ser entendida como alinhada com o conceito de democracia defensiva. Ela atua para impedir que uma região se sobreponha às demais, preservando o equilíbrio e a representatividade de todas as partes do Brasil, em contraposição ao que ocorreu durante a era da política do café com leite.

2.4. PRINCÍPIO DO SUFRÁGIO UNIVERSAL

O **princípio** do sufrágio universal está diretamente **relacionado** ao princípio da **igualdade**. Sua base constitucional está no art. 14, *caput*, da Constituição, segundo o qual: "**A soberania popular será exercida pelo sufrágio universal** [...]".

Segundo Azambuja:

[...] sufrágio é o processo legal para a designação, pelo eleitorado, das pessoas que devem desempenhar determinadas funções, chamadas funções eletivas [...] é o meio pelo qual o povo designa as pessoas que devem governar em nome dele, como seus representantes[37].

O sufrágio universal é um **sistema** pelo qual o **voto** é o instrumento de **manifestação da população** inscrita no pleito eleitoral. É a única **fonte legítima** de todo o poder. Para Chimenti:

[...] sufrágio é considerado universal quando se outorga o direito de votar à grande maioria daqueles que detêm a capacidade civil e preenchem os requisitos básicos previstos na Constituição, sem limitação decorrente do grau de instrução, do poder econômico, do sexo, ou da convicção religiosa[38].

É um direito público subjetivo de natureza política que tem o cidadão de eleger, ser eleito e de participar da organização e da atividade do poder estatal, por conseguinte, o meio exclusivo de concretização do poder.

Sua função é consubstanciar o consentimento do povo, que legitima o exercício do poder. O cidadão, ao exercer o sufrágio, está agindo na sua condição essencial de liberdade previsto no art. I da Declaração dos Direitos do Homem[39], visto que no momento que ele pratica seu direito de sufrágio, sem interferências externas, com liberdade, além de estar exercendo a democracia na sua plenitude, também estará escolhendo representante que, em tese, pensa e age na mesma sintonia dele. Assim, as leis e as ações executivas elaboradas pelo eleito causarão menor impacto na vida do eleitor, ante a harmonia existente entre esses dois agentes.

Nesse mesmo pensamento, quando o sufrágio é exercido com liberdade de voto, a política dominante poderá ser alterada a cada pleito.

Sufrágio universal opõe-se à ideia de voto restrito. O voto restrito, por sua vez, pode ser censitário ou capacitário.

Voto censitário é o que apresenta restrições à capacidade eleitoral em decorrência da aplicação de critérios econômicos , ou seja, "(…) voto somente daqueles que têm determinado rendimento ou propriedade"[40].

---

[37] AZAMBUJA, Darcy. *Introdução à Ciência Política*. 14. ed. São Paulo: Globo, 2001, p. 281.

[38] CHIMENTI, Ricardo Cunha. *Direito Eleitoral*. Rio de Janeiro. Elsevier, 2007, p. 4.

[39] Todo ser humao tem direito à vida, à liberdade e à segurança de sua pessoa.

[40] LONGHI, J. C.; CANTON, G. A. M. Reflexões sobre cidadania e os entraves para a participação popular no SUS. *Physis: Revista de Saúde Coletiva*, v. 21, n. 1, 2011. doi: 10.1590/S0103-73312011000100002.

O voto censitário vigorou por todo o período monárquico brasileiro, tendo sido expressamente abolido pela Constituição de 1824, que vigorou até 1891, fazendo-o por meio do seu art. 47[41]. Por ele se definia que só poderia votar quem possuísse renda anual superior a 100 mil réis. Em 1872, somente 13% da população votavam.

Voto capacitário é o que limita o ingresso no corpo de eleitores (colégio eleitoral) aos que preencham certas exigências de cunho intelectual, tal como a obtenção de certa escolaridade. Embora de modo facultativo, o voto é assegurado aos analfabetos pelo art. 14, § 1.º, da Constituição de 1988.

Em oposição ao voto restrito temos o sufrágio universal, definido como a acessibilidade de todos ao colégio de eleitores, sem distinções de gênero, etnia, classe econômica ou grupo social e formação escolar.

Não descaracteriza a universalidade do sufrágio a adoção de idade mínima para o exercício do voto, desde que esta não seja superior àquela em que cientificamente se reconhece o ingresso na fase adulta.

O sufrágio universal foi expressamente lembrado pela Declaração Universal dos Direitos Humanos que, em seu art. 21, 3, estabelece:

> **Art. 21.** [...]
> 3. A vontade do povo será a base da autoridade do governo; esta vontade será expressa em eleições periódicas e legítimas, por sufrágio universal, por voto secreto ou processo equivalente que assegure a liberdade de voto.

O art. 23, item 1, da Convenção Americana sobre Direitos Políticos (Pacto de San José da Costa Rica) igualmente destaca a importância desse instituto:

> **Art. 23.** Direitos políticos
> 1. Todos os cidadãos devem gozar dos seguintes direitos e oportunidades:
> [...]
> *b)* de votar e ser eleitos em eleições periódicas autênticas, realizadas por sufrágio universal e igual e por voto secreto que garanta a livre expressão da vontade dos eleitores;

O sufrágio se apresenta sob dois aspectos: a capacidade eleitoral ativa e a capacidade eleitoral passiva.

O nacional adquire a capacidade eleitoral ativa ao ingressar no colégio de eleitores, o que se dá por meio do alistamento eleitoral. Nesse momento, habilita-se ao exercício do voto, meio pelo qual aquela se exprime.

A capacidade eleitoral passiva é detida por aqueles que, segundo os critérios definidos na Constituição e nas leis, são admitidos a disputar o voto do povo por haverem alcançado o registro válido das suas candidaturas.

Ambas as capacidades não são inatas. São adquiridas pelo preenchimento de todos os pressupostos exigidos em Lei Eleitoral e na Constituição Federal.

---

[41]   Art 47. O Presidente e o Vice-Presidente da República serão eleitos por sufrágio direto da Nação e maioria absoluta de votos.

ELEMENTO	DESCRIÇÃO
BASE CONSTITUCIONAL	◘ Art. 14 da CF: Sufrágio como exercício da soberania popular.
DEFINIÇÃO DE SUFRÁGIO	◘ Processo legal para designar pessoas para funções eletivas como representantes do povo.
UNIVERSALIDADE	◘ Direito de votar estendido à maioria, sem restrições de renda, educação, gênero ou convicções.
DIREITO PÚBLICO SUBJETIVO	◘ Direito do cidadão de eleger, ser eleito e participar da organização do poder estatal.
FUNÇÃO DO SUFRÁGIO	◘ Consubstanciar o consentimento do povo, legitimando o exercício do poder.
LIBERDADE DE VOTO	◘ Possibilidade de alteração da política dominante a cada eleição.
OPOSIÇÃO AO VOTO RESTRITO	◘ Contrasta com o voto censitário (baseado em renda) e o voto capacitário (baseado em educação).
ACESSIBILIDADE	◘ Sem discriminação de gênero, etnia, classe econômica, grupo social ou formação escolar.
IDADE MÍNIMA	◘ Admissível, desde que não superior à idade de ingresso na fase adulta.
RECONHECIMENTO INTERNACIONAL	◘ Sufrágio universal enfatizado pela Declaração Universal dos Direitos Humanos e Pacto de San José da Costa Rica.
CAPACIDADES ELEITORAIS	◘ Ativa (alistamento eleitoral e exercício do voto) e passiva (direito de disputar eleições).

2.5. PRINCÍPIO DO VOTO DIRETO E SECRETO

Mill considera que "a prática da eleição popular, ao invés de proporcionar segurança contra um mau governo é uma força motriz adicional na máquina política"[42]. O autor alerta para o perigo presente, ao defender que:

> Quando a maioria dos eleitores não suficientemente interessada em seu próprio governo para dar seu voto, ou seu voto não o faz baseada em fundamentos políticos, mas vendem seu voto por dinheiro, ou vota obedecendo alguém que os controla ou em quem eles desejam favorecer por razões particulares.

O **voto secreto** é indubitavelmente um dos mais **valiosos instrumentos** de concreção da **liberdade** consagrados ao **longo dos tempos**. O fim almejado pela norma ao instituir o voto secreto é o de **conceder ao eleitor** meio de expressão da sua **opção política**, sem que corra o risco de sofrer retaliações decorrentes de um posicionamento **independente** frente aos **detentores do poder**.

O voto direto, por outro lado, erige o eleitor à condição de responsável imediato pelos resultados eleitorais, recusando-se a ideia de eleições em diversos níveis, como já as tivemos no passado, ou a outorga da capacidade eleitoral à instância diversa.

---

[42] MILL, John Stuart. *Considerações sobre o governo representativo*. Coleção Grandes Obras do Pensamento Universal, 56. São Paulo: Escala, 2006, p. 20.

O art. 14 da CF/1988 estipula que o voto será direto e secreto. Salienta-se que o voto direto, secreto e universal está sob a proteção do disposto no art. 60, § 4.º, da Lei Maior, sendo, portanto, cláusula pétrea por inserir-se entre os direitos e garantias individuais do cidadão. Daí por que não pode ser objeto de deliberação a proposta tendente à sua abolição ou enfraquecimento.

Diz o art. 14 da Constituição que: "A soberania popular será exercida pelo sufrágio universal e pelo voto direto e secreto". O voto secreto é um dos mais poderosos instrumentos de exercício da liberdade política, assegurando ao eleitor meios para votar em consonância com o seu pensamento. Pela garantia do sigilo no seu pronunciamento político, assegura-se ao eleitor a opção de votar em contrariedade a poderosos interesses que, de outra forma, suprimiriam a liberdade da sua manifestação.

O voto é secreto quando adotadas medidas para impedir quaisquer outras pessoas de terem acesso ao seu conteúdo. Por isso, violariam esse princípio constitucional quaisquer medidas que fragilizassem a segurança do voto ou permitissem o seu monitoramento.

A quebra do sigilo do voto se dá quando é possível relacionar o conteúdo da expressão eleitoral a um eleitor em particular. Nesse sentido, o uso de equipamentos eletrônicos, tais como máquinas filmadoras ou aparelhos celulares capazes de captar imagens, pode ser suficiente para suprimir o segredo determinado pela Constituição. Por isso mesmo, como veremos quando do estudo do processo eleitoral, a legislação cuidou de proibir o ingresso de tais equipamentos nas cabinas de votação.

> O conceito de voto direto e secreto é fundamental para a democracia, pois assegura que cada eleitor possa expressar sua escolha política de forma independente e sem influências externas, garantindo a liberdade e a igualdade no processo eleitoral. O voto direto possibilita que o eleitor tenha um papel ativo e imediato na seleção de representantes, enquanto o voto secreto protege a privacidade da escolha do eleitor, evitando pressões e represálias, e sustentando a integridade das eleições.

Mas também se fragiliza o sigilo das votações com o monitoramento do voto. Monitora-se a expressão política do eleitorado por meio de técnicas de vigilância, mais comuns em comunidades isoladas, onde se busca a descoberta do teor do voto pelas informações socialmente disponíveis. O tema será tratado com mais vagar no capítulo "Condições de elegibilidade e inelegibilidades".

Já o voto direto estabelece que o sistema eleitoral deve atribuir a cada manifestação eleitoral algum valor na definição dos eleitos.

Para que o voto possa ser considerado direto, basta que a emissão de cada voto surta reflexo no resultado do pleito, ainda que sob a intermediação de fórmulas que impliquem a ponderação do seu valor.

O voto é indireto quando dirigido à escolha de novo nível de eleitores, os quais formarão um colégio responsável pela decisão política final.

Como exceção constitucional ao voto direto temos o teor do § 1.º do art. 81 da CF, que prevê a possibilidade de a eleição indireta ser realizada pelos congressistas eleitos pelo sufrágio universal, desde que ocorra vacância do cargo de presidente e de vice-presidente da República nos dois últimos anos do período presidencial.

Não é indireto o voto dirigido a uma sigla partidária nos sistemas eleitorais que contemplam a existência de uma lista preordenada (ou fechada) de candidatos. Nesse caso, o voto continua sendo direto, apesar de outorgado a um conjunto de candidatos, e não a um isoladamente.

2.6. PREVALÊNCIA DO INTERESSE PÚBLICO

Em **matéria eleitoral**, não há dúvida de que o **interesse público** supera em importância o **particular**.

Essa ascendência obedece não apenas a pressupostos éticos e filosóficos, mas à própria expressão jurídica dessa matéria, que integra o âmbito do Direito Público, encontrando-se entre os direitos fundamentais expressos na Constituição.

Interesse público é a expressão que abrange não apenas o interesse do Estado (nunca os interesses do governo), mas também o interesse coletivo.

Da aplicação do princípio da prevalência do interesse público decorre que, havendo conflito entre os interesses públicos e coletivos (abstratos) e os interesses particulares (singulares ou concretos), devem prevalecer os primeiros.

Quando a Constituição afirma que **"todo poder emana do povo"** (art. 1.º, parágrafo único), faz menção a direitos titularizados inseparavelmente pelo conjunto dos cidadãos. Estamos naquele âmbito em que se encontram os denominados **"direitos difusos"**. São direitos transindividuais, de natureza indivisível, oponíveis por todos quantos se sujeitam ao Estado e o integram como exercentes da cidadania.

O desrespeito a qualquer norma eleitoral malfere o interesse de todos na promoção do direito fundamental a eleições livres e justas.

Daí que os direitos individuais não prevaleçam sobre o interesse geral em matéria de Direito Eleitoral. Isso não implica, obviamente, autorizar a lesão a direitos individuais, a não ser para a salvaguarda dos interesses públicos e da sociedade que sobre estes prevalecem, nas hipóteses em que a Constituição, implícita ou explicitamente, o autoriza.

A **prevalência do interesse público** em matéria eleitoral é o principal fundamento do **poder de polícia exercido pela Justiça Eleitoral** em relação à propaganda de campanha. O direito individual do candidato de promover a sua candidatura cede ante o interesse geral de que o faça nos estritos limites das permissões legais, sem lesão, por exemplo, ao meio ambiente e à paz pública.

A prevalência do interesse público no Direito Eleitoral é um princípio fundamental que garante que as **decisões** tomadas no **âmbito eleitoral priorizam o bem-estar geral da sociedade e a integridade do processo democrático**, acima dos interesses particulares. Esse princípio está intrinsecamente relacionado à ideia de que as normas e decisões eleitorais devem **proteger e promover os valores democráticos**, assegurando eleições livres, justas e íntegras.

A jurisprudência do Tribunal Superior Eleitoral (TSE) reflete esse princípio em diversas decisões. Por exemplo, em um julgamento (Agravo em Recurso Especial Eleitoral n. 060052164, Rel. Min. Floriano de Azevedo Marques, *DJe* 21.11.2023), o TSE manteve a separação de ações eleitorais para garantir a celeridade, a organicidade dos julgamentos, e o bom andamento do processo, destacando a importância do interesse público envolvido. Em outro caso (Questão de Ordem na Consulta Eleitoral n. 060039820,

Rel. Min. André Ramos Tavares, *DJe* 29.02.2024), o TSE homologou um pedido de desistência, reconhecendo a natureza administrativa da consulta e a inexistência de prejuízo ao interesse público, o que ocorreria se se tratasse de uma lide marcada pela indisponibilidade do direito.

Esses exemplos ilustram como o interesse público guia as decisões da Justiça Eleitoral, assegurando que as regras e práticas eleitorais protejam a democracia e seus valores fundamentais. Em situações onde há um conflito entre interesses privados e o bem público, prevalece o interesse público, sobretudo para garantir a legitimidade, a probidade administrativa e a moralidade das eleições.

No contexto mais amplo, o Direito Eleitoral é guiado por uma série de princípios, dos quais a prevalência do interesse público é um dos mais importantes, assegurando que o processo eleitoral seja conduzido de maneira que respeite e promova os direitos e interesses coletivos da sociedade.

2.7. PARTICIPAÇÃO POPULAR OU ACESSO DEMOCRÁTICO

Só agora se começa a perceber a relevância de um novo princípio do Direito Eleitoral: o da participação popular ou do acesso democrático. Esse **princípio** tem profundo **alicerce constitucional**, sediando-se, desde logo, no **reconhecimento** da cidadania como **fundamento** da República Federativa do Brasil (art. 1.º, II).

O direito de petição aos poderes públicos em defesa de direitos ou contra ilegalidade ou abuso de poder (art. 5.º, XXXIV, *a*, da CF) é igualmente um dos alicerces constitucionais que autorizam o reconhecimento da existência desse princípio.

O Poder Judiciário tem reagido às demandas sociais por maior participação com a realização de algumas mudanças institucionais. Dentre elas, pode-se destacar a realização de audiências públicas. Essa experiência tem sido bastante adotada no âmbito da Justiça Eleitoral, que vem reconhecendo a participação da sociedade por meio das suas entidades representativas, ou até mesmo em encontros diretos, como elemento que favorece o diálogo e amplia a legitimidade da sua atuação como gestora do processo administrativo eleitoral.

Nas Eleições de 2008, o Tribunal Superior Eleitoral e a Associação dos Magistrados Brasileiros desenvolveram a *Campanha Eleições Limpas*, que tinha por finalidade motivar os juízes eleitorais de todo o País a realizar audiências públicas com suas comunidades, explicitando as regras que orientam as disputas eleitorais, especialmente com vista a convidar a sociedade a colaborar com as instituições públicas eleitorais na descoberta de ilícitos capazes de influir negativamente na qualidade dos pleitos.

Foram realizadas 1.498 audiências públicas em cerca de mil zonas eleitorais. Por outro lado, a mobilização da sociedade brasileira por intermédio da constituição de organizações sociais[43] experimentou notável crescimento no final do século XX, período que coincide com a superação da ditadura militar.

---

[43]   As expressões "organizações sociais" e "organizações da sociedade civil" são utilizadas como sinônimas, referindo-se ambas, por opção do autor, tanto a fundações privadas e associações civis sem fins lucrativos como a movimentos sociais que, mesmo destituídos de constituição formal, são dotados de coesão interna ao redor de propósitos comuns e instâncias reconhecidas de deliberação.

Segundo Avritzer[44],

A partir de meados dos anos 1970, começa a ocorrer no Brasil o surgimento daquilo que se convencionou chamar de uma "sociedade civil autônoma e democrática". Tal fato esteve relacionado a diferentes fenômenos: um crescimento exponencial das associações civis, em especial das associações comunitárias; uma reavaliação da ideia de direitos; a defesa da ideia de autonomia organizacional em relação ao Estado; a defesa de formas públicas de apresentação de demandas e de negociação com o Estado [...].

E de acordo com pesquisa desenvolvida pelo Instituto Brasileiro de Geografia e Estatística (IBGE, 2002):

No caso brasileiro, a participação da sociedade civil organizada ganha maior evidência a partir de meados da década de 1980, quando se inicia o processo de redemocratização do País depois de mais de 20 anos de ditadura militar. O marco dessa transição é a Constituição Federal promulgada em 1988, que traz em seu texto e em suas leis complementares boa parte da arquitetura institucional que regula hoje a sociedade brasileira.

Ainda segundo o mesmo relatório,

[...] 62% das FASFIL[45] hoje existentes foram criadas a partir dos anos de 1990, ou seja, em 2002, tinham, no máximo, 11 anos de idade. E mais, a cada década se acelera o ritmo de crescimento: as que foram criadas nos anos de 1980 são 88% mais numerosas do que aquelas que nasceram nos anos de 1970; esse percentual é de 124% para as que nasceram na década de 1990 em relação à década anterior (IBGE, 2002).

Pode-se observar a partir da pesquisa citada que o aumento no volume de organizações sociais, aí compreendidas as fundações privadas e associações sem fins lucrativos, constitui um fato social relativamente recente, com repercussões nos mais diversos campos da sociabilidade. Num desses espaços — a política — os reflexos dessa expansão se fazem perceber a partir do surgimento de movimentos sociais não imediatamente identificados pela atividade partidária.

As organizações dos movimentos sociais, especialmente os sindicatos e as associações civis, tiveram, inicialmente, próxima ligação com os partidos políticos, servindo de espaço para a cooptação ou conquista de lideranças e para a formação de quadros partidários.

O conceito de "sociedade civil" utilizado neste texto é o desenvolvido por Jean Cohen e Andrew Arato, autores citados por Joana Tereza Vaz de Moura e Marcelo Kunrath Silva, segundo o qual "a sociedade civil pode ser vista como um conjunto de organizações voluntárias que reúnem pessoas fora dos marcos do Estado e do mercado" (MOURA, Joana Tereza Vaz de; SILVA, Marcelo Kunrath. Atores sociais em espaços de ampliação da democracia: as redes sociais em perspectiva. *Revista de Sociologia e Política*, v. 16, Curitiba, ago. 2008, p. 45).

[44] AVRITZER, Leonardo. Sociedade civil e participação no Brasil democrático. In: MELO, Carlos Ranulfo; SÁEZ, Manuel Alcântara. *A democracia brasileira*: balanço e perspectivas para o século 21. Belo Horizonte: Editora UFMG, 2007, p. 405-406.

[45] Fundações e Associações sem Fins Lucrativos.

Entretanto, a expressão política que se dá sob a forma partidária não é a única a incidir sobre os movimentos da sociedade civil. Como lembra Ferreira: "A partir de um determinado momento os movimentos, que começam a ter mais visibilidade no espaço público, passam a ser alvo de atuação não só de partidos como de outros 'agentes externos' ou 'sujeitos organizacionais', tais como Igreja, grupos de assessoria, ONGs, entre outros"[46].

Isso decorre da heterogeneidade dos estímulos que levam à constituição ou ao fortalecimento das iniciativas mobilizacionais. Não há nesse espaço uma inserção unidimensional polarizada exclusivamente por agremiações partidárias; há também a atuação multidimensional de agentes motivados por propósitos nem sempre contemplados pelas expressões organizacionais partidárias.

Esses organismos estão entre o que Duverger[47] denominou grupos parciais, ou seja, aqueles em que *"la presión política no es nada más que una parte de su actividad, y una parte, com frecuencia, poco importante.* São também profundamente marcados pelo "pluralismo e a crescente proliferação de sentidos múltiplos no mundo social" (LAVALLE *et al.*, 2006, p. 64-65).

Outro exemplo de intervenção não partidária da sociedade civil no campo político pode ser encontrado na mobilização por uma Reforma Política ampla, democrática e participativa. Essa rede de intervenção política não partidária, composta por mais de duas dezenas de organizações e movimentos apresentou, em 2008, ao Congresso Nacional, a "plataforma dos movimentos sociais para a reforma do sistema político"[48].

Com atuação preponderante em São Paulo, o Movimento Voto Consciente realiza trabalhos de acompanhamento do processo eleitoral e do desempenho dos vereadores e deputados estaduais. Sua atuação influenciou o texto da Lei Orgânica do Município de São Paulo[49].

---

[46] FERREIRA, Ruth Vasconcelos Lopes. *Desafios e perspectivas*: partidos políticos *versus* movimentos sociais. Maceió: Edufal, 1997, p. 23.

[47] DUVERGER, Maurice. *Sociología política*. Barcelona: Ediciones Ariel, 1972, p. 409.

[48] Integram esse movimento a Abong (Associação Brasileira de ONGs), AMB (Articulação de Mulheres Brasileiras), AMNB (Articulação de Mulheres Negras Brasileiras), ACB (Associação dos Cartunistas do Brasil), Campanha Nacional pela Educação, CEAAL (Conselho Latino-Americano de Educação), CNLB (Conselho Nacional do Laicato do Brasil), Comitê da Escola de Governo de São Paulo da Campanha em Defesa da República e da Democracia, FAOC (Fórum da Amazônia Ocidental), FAOR (Fórum da Amazônia Oriental), FBO (Fórum Brasil do Orçamento), FENDh (Fórum de Entidades Nacionais de Direitos humanos), FES (Fundação Friedrich Ebert), Fórum de Reflexão Política, FNPP (Fórum Nacional de Participação Popular), FNRU (Fórum Nacional da Reforma Urbana), Inter-redes Direitos e Política, Intervozes, MCCE (Movimento de Combate à Corrupção Eleitoral), MNDh (Movimento Nacional de Direitos humanos), Movimento Pró-reforma Política com Participação Popular, Observatório da Cidadania, PAD (Processo de Diálogo e Articulação de Agências Ecumênicas e Organizações Brasileiras), Rede Brasil Sobre Instituições Financeiras Multilaterais, REBRIP (Rede Pela Integração dos Povos) e Rede Feminista de Saúde (Disponível em: https://reforma-politica.org.br/. Acesso em: 3 abr. 2023).

[49] Informação disponível no sítio eletrônico http://www.votoconsciente.org.br/index.php?option=-com_content&task=view&id=12&Itemid=27. Acesso em: 7 jan. 2023.

Existe ainda a Amarribo (Amigos Associados de Ribeirão Bonito), entidade que vem colaborando para a disseminação de iniciativas sociais de combate à corrupção baseadas na mobilização, organização e "acompanhamento de processos em todos os seus trâmites", a fim de que este "seja feito adequadamente e não corram o risco de serem anulados por erros formais do processo". Essa entidade lidera uma rede composta por cerca de duzentas organizações não governamentais com objetivos semelhantes, as quais também promovem ações de fiscalização dos processos eleitorais[50].

Todas essas observações dirigem o nosso olhar para um novo comportamento de parte significativa dos movimentos sociais no Brasil[51]. Seu desprendimento em relação a interesses tipicamente partidários está patenteado pela adoção de posturas independentes, o que é exemplificado pela iniciativa que levou à aprovação da Lei n. 9.840/1999.

Existe em nosso país grande número de organizações sociais interessadas na depuração das eleições, o que recomenda o afastamento da desconfiança em relação aos seus propósitos. Diversamente, é preciso estimular a ação voluntária das entidades e movimentos que hoje se empenham no aperfeiçoamento das eleições.

O desenvolvimento da democracia participativa é essencial para o fortalecimento das instituições. Segundo a lição de Putnam: "Pelo lado da oferta, o desempenho do governo representativo é favorecido pela infraestrutura social das comunidades cívicas e pelos valores democráticos tanto das autoridades quanto dos cidadãos"[52].

Por isso, Rodolfo Viana Pereira[53] vem defendendo a inclusão dessas formas organizativas entre os legitimados para a propositura das demandas eleitorais. Diz o autor:

A "tutela coletiva" ou, por outras palavras, o "controle social" em tela — representado pela atribuição legal da capacidade fiscalizatória e postulatória das associações civis em prol da regularidade do processo eleitoral — são herdeiros diretos de um modelo adequado de democracia-constitucional. Resultam da concepção de democracia, enquanto sistema complexo, e da constituição, enquanto sistema de controle-fundante. Mais especificamente, afiguram-se os exemplos mais pujantes da concretização da adequada interação entre as ideias de controle-garantia e de princípio democrático.

---

[50] TREVISAN, Antoninho Marmo *et al. O combate à corrupção nas prefeituras do Brasil*. 4. ed. Cotia (SP): Ateliê Editorial, 2006, p. 80.

[51] Essa visão não é pacífica entre os estudiosos da realidade social brasileira. Marcello Barquero (2004, p. 127), por exemplo, afirma que: "As normas, valores e crenças dos brasileiros, tanto na dimensão social quanto na dimensão econômica, parecem se caracterizar por um pêndulo ora de esperança e de otimismo, ora de desconfiança e pessimismo em relação à política. Nos últimos anos, particularmente, se observa uma assimetria em termos de consolidação democrática, de um lado, e a institucionalização de uma base normativa de crenças e valores em relação à democracia, por outro".

[52] PUTNAM, Robert. D. *Comunidade e democracia*: a experiência na Itália moderna. 4. ed. Rio de Janeiro: Editora da Fundação Getúlio Vargas, 2005, p. 192.

[53] PEREIRA, Rodolfo Viana. *Tutela coletiva no Direito Eleitoral*: controle social e fiscalização das eleições. Rio de Janeiro: Lumen Juris, 2008, p. 130.

É, pois, missão contemporânea do Direito Eleitoral encontrar novas formas de inclusão desses atores sociais que têm desempenhado funções importantes no incremento da qualidade da nossa democracia.

A Resolução n. 23.609/2019 do Tribunal Superior Eleitoral, com a alteração introduzida pela Resolução n. 23.729/2024, ao acrescentar o § 8.º ao art. 24, estabelece um novo mecanismo de participação social e fiscalização no processo eleitoral. Este dispositivo permite que associações, coletivos e movimentos da sociedade civil solicitem a relação nominal de candidatas e candidatos que declararam sua raça, conforme o § 5.º do mesmo artigo. O objetivo explícito é fiscalizar a adequada utilização dos recursos públicos destinados às candidaturas negras.

Analisando este dispositivo à luz do Princípio da Proteção, que foi discutido anteriormente, podemos observar várias conexões e implicações:

ELEMENTO	DESCRIÇÃO
FORTALECIMENTO DA PARTICIPAÇÃO POPULAR	◼ Habilita atores sociais não governamentais a participarem ativamente na fiscalização dos processos eleitorais, especificamente na distribuição equitativa de recursos para candidaturas negras.
PROTEÇÃO DE DIREITOS DE PARCELAS VULNERÁVEIS DA COMUNIDADE	◼ Reforça a proteção de grupos historicamente sub-representados na política, como os candidatos negros e negras, garantindo que os recursos destinados para a promoção da igualdade racial sejam efetivamente utilizados para este fim.
TRANSPARÊNCIA E FISCALIZAÇÃO	◼ Ao permitir que entidades sociais solicitem informações e fiscalizem a aplicação de recursos, a resolução promove maior transparência e controle social sobre os recursos eleitorais.
RESPONSABILIDADE DAS ENTIDADES REQUERENTES	◼ A norma estabelece um regime de responsabilidade para as entidades que acessam esses dados, exigindo que eles sejam usados exclusivamente para a finalidade de fiscalização.
CONSONÂNCIA COM A EVOLUÇÃO SOCIAL E JURÍDICA	◼ O dispositivo está em linha com as mudanças sociais e jurídicas que buscam maior inclusão e representatividade no espaço político, reconhecendo a importância das organizações sociais nesse processo.

Como se pode constatar, o novo § 8.º do art. 24 da Resolução n. 23.609/2019, tal como concebido pela Resolução n. 23.729/2024, representa uma importante ferramenta legal a refletir o Princípio da Participação Popular no Direito Eleitoral, fortalecendo a inclusão e o controle social, ao mesmo tempo em que busca assegurar a efetiva aplicação dos recursos públicos em prol da igualdade racial nas eleições.

2.8. PRINCÍPIO DA PROTEÇÃO

Outro princípio particularmente caro ao Direito Eleitoral extrapenal é o denominado princípio da proteção. Ele refere-se especificamente a um dos campos mais relevantes dessa área do saber jurídico, qual seja, aquele atinente aos denominados "direitos políticos negativos" ou **"inelegibilidades"**.

Seu enunciado é extraído do texto do § 9.º do art. 14 da Lei de Inelegibilidades (Lei Complementar n. 64/1990), a seguir transcrito em sua literalidade:

Lei complementar estabelecerá outros casos de inelegibilidade e os prazos de sua cessação, a fim de proteger a probidade administrativa, a moralidade para exercício de mandato considerada vida pregressa do candidato, e a normalidade e legitimidade das eleições contra a influência do poder econômico ou o abuso do exercício de função, cargo ou emprego na administração direta ou indireta.

É interessante registrar que essa não é a redação original do dispositivo, mas a que passou a vigorar após a edição da Emenda Constitucional de Revisão n. 4/1994.

Antes disso, os bens jurídicos aos quais se dirigia a proteção especial definida na Constituição eram apenas a normalidade e a legitimidade dos pleitos[54].

Agora, a proteção se dirige:

a) à probidade administrativa;
b) à moralidade para o exercício do mandato;
c) à normalidade e legitimidade dos pleitos.

Discute-se no meio jurídico se a limitação de candidaturas a cargos eletivos baseada em condenações não passadas em julgado estaria a malferir o disposto no art. 5.°, LVII, da Constituição, dispositivo que enuncia o princípio do estado de inocência, ou da não culpabilidade.

O princípio da proteção busca estabelecer um perfil desejado para os candidatos a cargos públicos, atuando de forma preventiva e não punitiva. Ele se baseia em critérios objetivos e razoáveis para salvaguardar as instituições de pessoas que não possuem o perfil adequado, sem impor punições antecipadas ou penalidades administrativas. Este princípio está em consonância com os princípios da moralidade e da probidade administrativa e não se confunde com a imposição de perda ou suspensão de direitos políticos, que têm um escopo muito mais amplo.

Se nos contentarmos com uma resposta precipitada, lançada sob a inspiração das profundas marcas deixadas pela doutrina penal na nossa formação jurídica, podemos chegar à conclusão aparentemente indiscutível de que o respeito ao referido princípio constitucional estaria a impedir a fixação da mencionada restrição à elegibilidade.

Entretanto, se nos propusermos a buscar uma maior profundidade reflexiva é bem possível que nos surpreendamos com conclusão distinta.

Com efeito, toda e qualquer norma que restrinja o direito à elegibilidade para cargos públicos tem essa mesma finalidade de estabelecer o "mínimo" esperado dos postulantes. Por seu intermédio, delineia-se o perfil esperado dos candidatos, aspirando-se a evitar que o futuro posto venha a ser alcançado por quem se enquadre numa das hipóteses de exclusão.

---

[54] Era essa a redação original do § 9.° do art. 14 da CF: "Lei complementar estabelecerá outros casos de inelegibilidade e os prazos de sua cessação, a fim de proteger a normalidade e legitimidade das eleições contra a influência do poder econômico ou o abuso do exercício de função, cargo ou emprego na administração direta ou indireta".

Não se trata, de qualquer modo, de uma medida de caráter punitivo-criminal. Tampouco se cuida de pena de natureza administrativa. Tais vedações possuem natureza preventiva e sua base constitucional se assenta nos princípios da moralidade e da probidade administrativa.

Com efeito, a lei pode partir de presunções que objetivem salvaguardar as instituições do ingresso de pessoas destituídas do perfil desejado, desde que o faça segundo critérios objetivos e razoáveis.

Não se trata de punir antecipadamente alguém, mas de considerá-lo incurso em uma circunstância que a lei reputa inconveniente para quem pretenda exercer a elevada e sensível função de titular de mandato político.

Se a Constituição pretendesse afastar apenas a candidatura de pessoas condenadas por sentenças criminais transitadas em julgado, bastaria fazer silêncio a respeito do tema, nada dispondo sobre o versado no § 9.º do art. 14, o que acarretaria a aplicação do disposto no art. 15, III, da Constituição Federal. Diz o dispositivo:

> **Art. 15.** É vedada a cassação de direitos políticos, cuja perda ou suspensão só se dará nos casos de:
> [...]
> III — condenação criminal transitada em julgado, enquanto durarem seus efeitos;

Por essa norma ficam afastados do exercício de quaisquer funções ou cargos públicos todos os condenados criminalmente por decisões de que não caiba mais recurso.

O que a Constituição quer é bem diverso disso. Não basta que o postulante esteja no gozo dos seus direitos políticos: é preciso que ele não tenha máculas em sua vida pregressa, segundo critérios que vierem a ser definidos pelo legislador.

De maneira alguma essa regra é mais drástica que aquela prevista no art. 15, III, da Constituição. Passada em julgado, a sentença penal inviabiliza o exercício de um amplo leque de direitos, atinentes não apenas à elegibilidade, mas até ao exercício do voto e à ocupação de cargos de livre nomeação e exoneração.

O que fez a Constituição (no art. 14, § 9.º) foi apenas autorizar a limitação à apresentação de candidaturas. Isso em nada se confunde com a imposição de perda ou suspensão de direitos políticos, institutos jurídicos que possuem um conteúdo muito mais amplo, como já tivemos a oportunidade de analisar.

Não se trata de antecipar uma "pena" para alguém que ainda responde a um processo criminal, mas de fixar um critério abstrato que em nada considera a efetiva culpa do pretendente. É o próprio Supremo Tribunal quem afirma que: "Inelegibilidade não constitui pena (MS n. 22.087-2, rel. Min. Carlos Velloso)".

Como se vê, estamos diante de uma categoria que em nada se assemelha aos institutos próprios do Direito Penal. A restrição de candidatura aqui analisada opera sem que com isso esteja a impor uma punição, apenas se prestando a excluir do certame aqueles que — segundo critérios objetivos adrede normatizados — estejam incursos nessa que opera como uma típica cláusula de corte.

Uma inelegibilidade não constitui uma pena criminal ou nada similar, tratando-se, na verdade, de um critério objetivo (abstrato) previsto em lei para definir o perfil esperado dos exercentes de cargos públicos.

Já podemos, então, indagar: o princípio da presunção de inocência afeta o Direito Eleitoral em matérias não penais?

A resposta a esta indagação é certamente negativa.

O princípio do estado de inocência constitui um dos vértices hermenêuticos da aplicação da lei penal. Sua importância nessa seara é indiscutível, sendo certo que a sua presença em nosso ordenamento jurídico é uma das maiores testemunhas do grau de elevação civilizatória que alcançamos.

Esse princípio, contudo, não se irradia ou se espraia para todos os âmbitos do Direito, como pretendem alguns.

No Direito Ambiental, o Superior Tribunal de Justiça firmou o entendimento de que o dever de provar a inocência é da empresa que polui. Para o Ministro Hermann Benjamin: "Firmando-se a tese — inclusive no plano constitucional — de que há um dever genérico e abstrato de não degradação ambiental, invertendo-se, nestas atividades, o regime da ilegalidade, uma vez que, nas novas bases jurídicas, esta se encontra presumida até que se prove o contrário" [55].

No Direito do Trabalho é bem sabido que o cometimento de um delito no âmbito empresarial pode motivar o oferecimento de denúncia, sendo certo que isso de nenhum modo constituirá obstáculo ao reconhecimento da justa causa na órbita trabalhista[56].

Tratando do tema, foi emitido em artigo de minha autoria o seguinte posicionamento:

> Já tive oportunidade de levantar outra hipótese: a do empregado que tentou tirar a vida do patrão. A demissão por justa causa não estará jamais submetida à necessidade do aguardo do trânsito em julgado de uma eventual sentença penal condenatória. Nada impede a imediata demissão do trabalhador, eis que aqui imperam princípios tipicamente aplicáveis ao Direito do Trabalho[57].

Esse exemplo deixa claro como o Direito do Trabalho e o Direito Penal também se orientam segundo principiológicas distintas. Do mesmo modo, em Direito Administrativo a instauração de processo administrativo contra servidor público em que se lhe atribui o cometimento de falta disciplinar não está sujeito à decisão definitiva na instância penal pelo crime cometido contra a Administração Pública. A jurisprudência do Supremo Tribunal Federal é pródiga a esse respeito[58].

---

[55] OAB-BA. Obrigação de provar inocência é da empresa que polui, afirma nova orientação do STJ. Disponível em: https://www.oab-ba.org.br/noticia/obrigacao-de-provar-inocencia-e-da-empresa-que-polui-afirma-nova-orientacao-do-stj. Acesso em: 11 mar. 2024.

[56] "A gravidade dos fatos apurados configura a prática de ato de improbidade, caracterizando a justa causa para a demissão do reclamante, independentemente do desfecho do processo penal em curso, não sendo devida qualquer indenização. Recurso improvido" (RO n. 20060941922, TRT 2.ª Região, 12.ª T., rel. Juíza Sonia Maria Prince Frazini, publicado em: 1.º.12.2006).

[57] REIS, Márlon Jacinto. *A constitucionalidade do projeto de lei Ficha Limpa*. Correio Braziliense, 12.10.2009, Opinião, p. 11.

[58] Cf. acórdãos proferidos no julgamento dos MS n. 21.332-DF, *DJU* de 07.05.1993; MS n. 21.545-SP, *DJU* de 02.04.1993 e MS n. 23.008-RJ, rel. orig. Min. Marco Aurélio, red. p/ acórdão Min. Maurício Corrêa, 19.05.1999.

Outro campo das ciências jurídicas pode ser lembrado. Falo do Direito da Infância e da Juventude. O Estatuto da Criança e do Adolescente (ECA) estipula que:

> **Art. 133.** Para a candidatura a membro do Conselho Tutelar, serão exigidos os seguintes requisitos:
> I — reconhecida idoneidade moral;
> II — idade superior a vinte e um anos;
> III — residir no município.

Assim, no plano do art. 133, I, do ECA, não se afigura imprescindível a efetiva culpa do agente — demonstrada em condenação criminal não mais passível de recurso — para que se reconheça a inidoneidade do postulante ao posto de conselheiro tutelar e, por conseguinte, para a denegação de sua candidatura. Basta que a conduta social do postulante, apurada em procedimento no qual se lhe assegure o direito à ampla defesa, seja considerada imprópria pelo órgão responsável pela inscrição da candidatura como contrária à geração da confiança social que se espera possa merecer um conselheiro tutelar.

Uma conclusão contrária a esse entendimento poderia conduzir a absurdos, como o ingresso em um Conselho Tutelar de alguém que responde a ação penal por violência sexual praticada contra criança. Não se trata de considerá-lo culpado, mas de reconhecer que o seu perfil não se enquadra no modelo esperado para os ocupantes dessa tão relevante função.

E o que dizer de uma mulher lançada à prática ostensiva da prostituição ou de um homem viciado no consumo de álcool, fatos em si mesmo impuníveis e que, portanto, jamais autorizariam a simples abertura de uma ação penal? Não poderiam, por isso mesmo, autorizar o afastamento da candidatura pela falta de preenchimento do requisito da idoneidade?

Seria desnecessário percorrer todos os ramos do Direito para concluirmos pela não extensão, a estes, do raio de abrangência do princípio da presunção de inocência[59].

Não poderia ser diferente com o Direito Eleitoral, na parte em que dispõe sobre regras relativas à inelegibilidade, como é o caso. Inexiste nessa matéria qualquer particularidade que a faça interpenetrar-se com o Direito Penal.

Enquanto na órbita criminal a pendência de uma ação penal não produz qualquer efeito no que toca à imposição de uma pena exequível, no âmbito das inelegibilidades ela pode validamente constituir um fato jurídico apto a produzir efeitos.

Quando a Constituição adota a expressão "considerar culpado" faz alusão direta a esse aspecto particular da condenação criminal: a atribuição ao sentenciado de uma responsabilidade penal subjetiva. Ao criar uma restrição de candidatura baseada em marcas objetivas da vida pública dos postulantes ao mandato eletivo, o legislador, amparado pelo princípio da moralidade, leva em conta tão somente um dado objetivo, qual seja, a própria existência do registro de dados desfavoráveis ao réu.

---

[59] O art. 125 da Lei n. 8.112/1990 é claro ao estabelecer que "as sanções civis, penais e administrativas poderão cumular-se, sendo independentes entre si".

Uma restrição assim estabelecida não parte de qualquer juízo baseado na responsabilidade criminal do réu, mas tão só do risco potencial que ele tende a representar, por aplicação do princípio da proteção.

Essa exigência não é restrita ao preenchimento dos cargos eletivos. Verifica-se a existência de normas restritivas à participação de pessoas com fatos desabonadores na vida, postulantes a cargos em diversas órbitas do poder público. Os casos vão desde pedidos de naturalização até os concursos para o ingresso no Ministério Público e na magistratura.

As restrições à participação em concursos públicos no Brasil não são baseadas nos antecedentes criminais, mas na vida pregressa dos candidatos ou na conduta social. É bastante usual, a respeito, a referência à realização de uma "sindicância da vida pregressa".

Transcrevemos a seguir grande quantidade de hipóteses em que a lei ou a jurisprudência assentam a desnecessidade da existência de condenações transitadas em julgado como base para a imposição de restrições ao acesso a determinados cargos ou direitos.

BASE	OBJETO	RESTRIÇÃO
Resolução n. 75, de 12 de maio de 2009, do Conselho Nacional de Justiça.	Estabelece diretrizes nacionais para os concursos de ingresso na Magistratura.	Art. 5.º, III, a: prevê a obrigatoriedade de uma fase de sindicância da vida pregressa e investigação social em todos os concursos para juízes federais e estaduais.
Resolução n. 14, de 6 de novembro de 2006, do Conselho Nacional do Ministério Público.	Dispõe sobre Regras Gerais Regulamentares para o concurso de ingresso na carreira do Ministério Público Brasileiro.	Art. 15: Define que antes da inscrição definitiva no concurso será realizada uma fase de diligências sobre a vida pregressa do candidato, assegurando-lhe ampla defesa.
Lei n. 6.815, de 19 de agosto de 1980.	Define a situação jurídica do estrangeiro no Brasil, cria o Conselho Nacional de Imigração.	Segundo o art. 117 o órgão competente do Ministério da Justiça só emitirá parecer sobre a conveniência da naturalização após averiguar a vida pregressa do naturalizando.
Lei n. 7.102, de 20 de junho de 1983.	Dispõe sobre segurança para estabelecimentos financeiros, estabelece normas para constituição e funcionamento das empresas particulares que exploram serviços de vigilância e de transporte de valores.	Interpretando o art. 16, VI, da lei que regula o trabalho dos vigilantes, a 6.ª Turma do TRF da 1.ª Região negou a vigilante pretensão de ver registrado, no Sistema Nacional de Segurança e Vigilância Privada, o curso por ele concluído na área de vigilância, em razão de constarem em seu desfavor ações penais públicas propostas pelo Ministério Público Federal (ver Apelação em Mandado de Segurança 2005.38.03003191-2/MG).
RE n. 156.400/SP. Recurso Extraordinário Relator(a): Min. Marco Aurélio. Julgamento: 05.06.1995 Supremo Tribunal Federal.	Não aplicação do princípio da ampla defesa e do contraditório às sindicâncias sobre a vida privada em concursos públicos.	Concurso Público. Inscrição. Vida Pregressa. Contraditório e Ampla Defesa. O que se contém no inciso LV do art. 5.º da Constituição Federal, a pressupor litígio ou acusação, não tem pertinência a hipótese em que analisado o atendimento de requisitos referentes a inscrição de candidato a concurso público. O levantamento ético-social dispensa o contraditório, não se podendo cogitar quer da existência de litígio, quer de acusação que vise à determinada sanção.

RE n. 233.303/CE. Recurso Extraordinário Rel. Min. Menezes Direito. Julgamento: 27.05.2008 Supremo Tribunal Federal.	Não aplicação do princípio da ampla defesa e do contraditório às sindicâncias sobre a vida privada em concursos públicos.	Ementa. Concurso público. Investigação sobre a vida pregressa. Ausência de contraditório. Investigação sumária. Precedente da Suprema Corte. 1. Precedente da Suprema Corte afasta a aplicação do art. 5.º, LV, da Constituição Federal quando se trate de investigação sumária sobre a vida pregressa para efeito de inscrição em concurso público. 2. Recurso extraordinário conhecido e provido.
RE n. 568.030/RN. Recurso Extraordinário Rel. Min. Menezes Direito. Julgamento: 02.09.2008 Supremo Tribunal Federal	Não aplicação do princípio da presunção de inocência em favor de candidato em concurso para a polícia que, sem estar condenado, estava submetido à suspensão condicional do processo.	Ementa. Concurso público. Policial civil. Idoneidade moral. Suspensão condicional da pena. Art. 89 da Lei n. 9.099/1995. 1. Não tem capacitação moral para o exercício da atividade policial o candidato que está subordinado ao cumprimento de exigências decorrentes da suspensão condicional da pena prevista no art. 89 da Lei n. 9.099/1995 que impedem a sua livre circulação, incluída a frequência a certos lugares e a vedação de ausentar-se da comarca, além da obrigação de comparecer pessoalmente ao Juízo para justificar suas atividades. Reconhecer que candidato assim limitado preencha o requisito da idoneidade moral necessária ao exercício da atividade policial não é pertinente, ausente, assim, qualquer violação do princípio constitucional da presunção de inocência. 2. Recurso extraordinário conhecido e provido.
RE n. 459.320 AgR/Pl. AG.Reg. no Recurso Extraordinário. Rel. Min. Eros Grau. Julgamento: 22.04.2008 Supremo Tribunal Federal.	Não ofende a presunção de inocência a não promoção de policial militar por estar respondendo a ação penal.	Ementa: Agravo Regimental no Recurso Extraordinário. Promoção de Oficial da Polícia Militar. Exclusão. Absolvição. Ressarcimento. Precedente. 1. A jurisprudência do Supremo é no sentido da inexistência de violação do princípio da presunção de inocência [CF/1988, art. 5.º, LVII] no fato de a lei não permitir a inclusão de oficial militar no quadro de acesso à promoção em razão de denúncia em processo criminal. 2. É necessária a previsão legal do ressarcimento em caso de absolvição. Precedentes. Agravo regimental a que se nega provimento
RE n. 356.119/RN. Recurso Extraordinário Rel. Min. Ellen Gracie. Julgamento: 03.12.2002 Supremo Tribunal Federal.	Não ofende a presunção de inocência a não promoção de policial militar por estar respondendo a ação penal.	Recurso Extraordinário. Oficial da Polícia Militar. Exclusão da Lista de Promoção. Ofensa ao Art. 5.º, LVII, da Constituição. Inexistência. 1. Pacificou-se, no âmbito da Primeira Turma do Supremo Tribunal Federal, o entendimento segundo o qual inexiste violação ao princípio da presunção de inocência (CF/1988, art. 5.º, LVII) no fato de a legislação ordinária não permitir a inclusão de oficial militar no quadro de acesso à promoção em face de denúncia em processo criminal, desde que previsto o ressarcimento em caso de absolvição. 2. Precedentes. 3. Recurso extraordinário conhecido e provido.

Como se vê, não é apenas na esfera das inelegibilidades que o tema "vida pregressa" tem relevância jurídica para a limitação ao exercício de certos direitos. Por tudo isso, constata-se a relevância desse princípio — o da proteção — tão importante para a compreensão da autonomia do Direito Eleitoral como campo especializado do saber jurídico.

2.9. PRINCÍPIO DA ANUALIDADE OU DA ANTERIORIDADE ANUAL

Reza o **art. 16** da Constituição Federal que: "A lei que **alterar o processo eleitoral** entrará em vigor na data de sua publicação, não se aplicando à eleição que ocorra até um **ano da data de sua vigência**".

O citado dispositivo **enuncia** o princípio constitucional da **anualidade** (ou da anterioridade anual) **das regras eleitorais**.

Uma leitura apressada do texto constitucional pode levar à conclusão de que todas as regras eleitorais demandam aprovação com anterioridade de pelo menos um ano para que possa vigorar nas eleições seguintes. Entretanto, a norma constitucional é clara ao dirigir-se com exclusividade às alterações que incidam sobre o denominado "processo eleitoral".

Podemos encontrar entre os precedentes do Supremo Tribunal Federal algumas hipóteses em que não se aplica o princípio em questão. Vejamos:

CATEGORIA	DESCRIÇÃO
NORMAS DE APERFEIÇOAMENTO DO PROCESSO ELEITORAL	◼ Lei n. 11.300/2006 (Minirreforma Eleitoral). Alegada ofensa ao princípio da anterioridade da Lei Eleitoral (CF, art. 16). Inocorrência. Mero aperfeiçoamento dos procedimentos eleitorais. Inexistência de alteração do processo eleitoral (ADI n. 3.741, rel. Min. Ricardo Lewandowski, j. 06.09.2006, Plenário, *DJ* de 23.02.2007).
AUMENTO OU DIMINUIÇÃO DO NÚMERO DE CADEIRAS PARLAMENTARES EM DISPUTA	◼ Resolução n. 21.702/2004 do TSE. Estabeleceu instruções sobre o número de Vereadores a eleger segundo a população de cada Município. Não houve violação aos princípios da reserva de lei, da separação de poderes, da anterioridade da Lei Eleitoral e da autonomia municipal (ADI 3.345 e 3.365, rel. Min. Celso de Mello, j. 25.08.2005, Plenário, Informativo 398).
CRIAÇÃO OU DESMEMBRAMENTO DE MUNICÍPIO	◼ Criação de município em ano de eleições municipais não viola o art. 16 da CF. Processo eleitoral é matéria da competência legislativa da União, e a lei específica de criação de municípios é competência estadual e não altera o processo eleitoral (ADI 718, rel. Min. Sepúlveda Pertence, j. 05.11.1998, Plenário, *DJ* de 18.12.1998).

À vista de tais precedentes, podemos confirmar a assertiva de que apenas algumas das normas eleitorais têm a sua edição submetida à aplicação do princípio da anterioridade ou da anualidade. Para melhor identificarmos que normas seriam essas, devemos buscar uma interpretação teleológica do dispositivo. A que fim ele se destina? Certamente o de proteger as diversas alas em disputa de ações deletérias das maiorias parlamentares, as quais poderiam alterar as regras da disputa eleitoral com a finalidade de surpreender os grupos minoritários e facilitar a perpetuação do poder.

É o próprio STF quem o afirma, ao dizer que o art. 16 da CF:

[...] busca evitar a utilização abusiva ou casuística do processo legislativo como instrumento de manipulação e de deformação do processo eleitoral (ADI n. 354, rel. Min. Octavio Gallotti, *DJ* de 12.02.1993). Enquanto o art. 150, III, *b,* da CF encerra garantia individual do contribuinte (ADI 939, rel. Min. Sydney Sanches, *DJ* de 18.03.1994 e ADI 3.685, rel. Min. Ellen Gracie, j. em 22.03.2006, Plenário, *DJ* de 10.08.2006)

O doutrinador Carlos Eduardo de Oliveira Lula[60] preleciona a respeito que:

> O princípio da Anualidade das leis eleitorais é uma proteção outorgada à sociedade contra os casuísmos existentes na esfera política. É, na verdade, uma consequência do princípio da segurança jurídica, fundamental para que o exercício dos direitos políticos não se veja embaraçado em face de eventuais circunstâncias do jogo do poder. Pretendeu o constituinte impedir que situações concretas, interesses ocasionais, conduzissem a alterações da legislação eleitoral, maculando a legitimidade das eleições.

Estão entre as normas que exigem edição com a anterioridade exigida pelo art. 16 da CF, portanto, todas aquelas que informam o sistema eleitoral, tais como: a) modelo de financiamento de campanha; b) modo de composição das listas partidárias; c) fórmulas matemáticas para conversão de votos em número de cadeiras parlamentares; d) regras de preenchimento de sobras; e) dimensões do distrito eleitoral etc.

Acerca das regras que instituem inelegibilidades, o STF entendeu inicialmente pela inaplicabilidade do art. 16 da CF, consoante se vê do seguinte julgado:

> Rejeição pela maioria — vencidos o relator e outros Ministros — da arguição de inconstitucionalidade do art. 27 da LC n. 64/1990 (Lei de Inelegibilidades) em face do art. 16 da CF: prevalência da tese, já vitoriosa no TSE, de que, cuidando-se de diploma exigido pelo art. 14, § 9.º, da Carta Magna, para complementar o regime constitucional de inelegibilidades, à sua vigência imediata não se pode opor o art. 16 da mesma Constituição (RE 129.392, rel. Min. Sepúlveda Pertence, j. 17.06.1992, Plenário, *DJ* de 16.04.1993).

Entretanto, no julgamento do RE 633.703/MG, em 23 de março de 2011, que teve por relator o Ministro Gilmar Mendes, o Supremo Tribunal Federal, por apertada maioria, decidiu rever a orientação histórica da Corte para afirmar que as normas que instituem novas hipóteses de inelegibilidade também se submetem ao princípio da anterioridade anual.

PRINCÍPIO	DESCRIÇÃO
PRINCÍPIO DEMOCRÁTICO	▪ O poder emana do povo, visto como o colégio dos titulares de direitos políticos ativos.
PRINCÍPIO REPUBLICANO	▪ O poder político é exercido por representantes eleitos, de forma transitória e não personalista.
PRINCÍPIO DA IGUALDADE (ISONOMIA)	▪ Todos são iguais perante a lei, garantindo a igualdade de oportunidades na disputa eleitoral.
PREVALÊNCIA DO INTERESSE PÚBLICO	▪ Interesse público deve prevalecer sobre interesses particulares em matéria eleitoral.
PARTICIPAÇÃO POPULAR OU ACESSO DEMOCRÁTICO	▪ Reconhece a importância da participação popular e da sociedade civil na fiscalização dos processos eleitorais.
PRINCÍPIO DA PROTEÇÃO	▪ Visa proteger a probidade administrativa, a moralidade para o exercício de mandato e a legitimidade das eleições.

---

[60] LULA, Carlos Eduardo de Oliveira. *Direito Eleitoral*. São Paulo: Imperium, 2008, p. 79.

PRINCÍPIO DO SUFRÁGIO UNIVERSAL	⊡ Relacionado à igualdade, onde o voto é instrumento de manifestação da população inscrita no pleito eleitoral.
PRINCÍPIO DO VOTO DIRETO E SECRETO	⊡ Assegura ao eleitor o meio de expressão da opção política sem retaliações, garantindo a liberdade do voto.
PRINCÍPIO DA ANUALIDADE OU DA ANTERIORIDADE ANUAL	⊡ Leis eleitorais devem ser aprovadas com anterioridade anual para vigorar nas eleições seguintes.

2.10. QUESTÕES

QUESTÕES DE CONCURSOS
http://uqr.to/1yrou

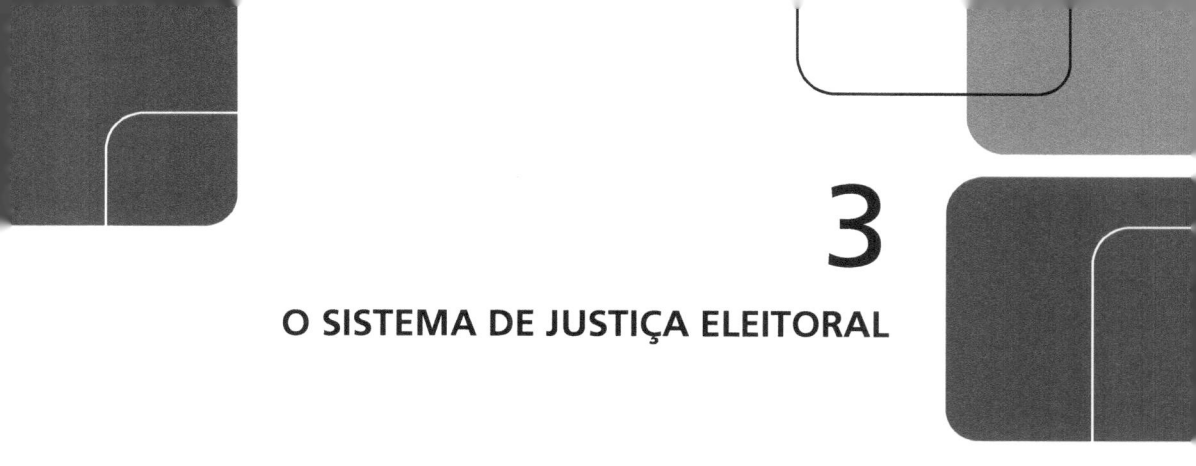

3

O SISTEMA DE JUSTIÇA ELEITORAL

Neste capítulo será apresentada a estrutura organizacional e a competência dos órgãos da Justiça Eleitoral, bem como as atribuições do Ministério Público Eleitoral e da Defensoria Pública e da Advocacia Eleitoral. Tais instituições compõem o sistema da Justiça Eleitoral, mecanismo multifacetário que tem por missão coletiva a aplicação do Direito Eleitoral, cada qual segundo a sua própria missão decorrente da Constituição e das Leis.

3.1. A JUSTIÇA ELEITORAL

3.1.1. Órgãos do Poder Judiciário Eleitoral

Segundo dispõe o art. 12 do Código Eleitoral:

> **Art. 12.** São órgãos da Justiça Eleitoral:
> I — O Tribunal Superior Eleitoral, com sede na Capital da República e jurisdição em todo o País;
> II — um Tribunal Regional, na Capital de cada Estado, no Distrito Federal e, mediante proposta do Tribunal Superior, na Capital do Território;
> III — juntas eleitorais;
> IV — juízes eleitorais.

Essa regra contém teor idêntico ao do art. 118 da Constituição de 1988.

3.1.2. Composição do Tribunal Superior Eleitoral

De acordo com o que preceitua o art. 119 **da Constituição Federal, o Tribunal Superior Eleitoral** será composto por, no mínimo, sete membros**, escolhidos mediante** eleição, pelo voto secreto: a) três juízes dentre os ministros do Supremo Tribunal Federal; e b) dois juízes dentre os ministros do Superior Tribunal de Justiça.

Compõem ainda o Tribunal Superior Eleitoral, **por** nomeação **do** presidente da República, dois juízes dentre seis advogados de notável saber jurídico e idoneidade moral, indicados pelo Supremo Tribunal Federal.

MÉTODO DE ESCOLHA	ORIGEM	NÚMERO DE JUÍZES
▣ Eleição pelo voto secreto	▣ Três juízes dentre os ministros do Supremo Tribunal Federal ▣ Dois juízes dentre os ministros do Superior Tribunal de Justiça	▣ Cinco juízes
▣ Nomeação pelo Presidente da República	▣ Dois juízes dentre seis advogados de notável saber jurídico e idoneidade moral, indicados pelo Supremo Tribunal Federal	▣ Dois juízes

3.1.3. Composição dos Tribunais Regionais Eleitorais

Os Tribunais Regionais Eleitorais compor-se-ão:

I — mediante eleição, pelo voto secreto:

a) de dois juízes dentre os desembargadores do Tribunal de Justiça;

b) de dois juízes, dentre juízes de direito, escolhidos pelo Tribunal de Justiça;

II — de um juiz do Tribunal Regional Federal com sede na Capital do Estado ou no Distrito Federal, ou, não havendo, de juiz federal, escolhido, em qualquer caso, pelo Tribunal Regional Federal respectivo;

III — por nomeação, pelo Presidente da República, de dois juízes dentre seis advogados de notável saber jurídico e idoneidade moral, indicados pelo Tribunal de Justiça.

INCISO	MÉTODO DE COMPOSIÇÃO	FONTE DOS JUÍZES
I	▣ Eleição pelo voto secreto	▣ Dois juízes dentre desembargadores do Tribunal de Justiça ▣ Dois juízes dentre juízes de direito, escolhidos pelo Tribunal de Justiça
II	▣ Escolha pelo Tribunal Regional Federal	▣ Um juiz do Tribunal Regional Federal ou juiz federal, com sede na Capital do Estado ou no Distrito Federal
III	▣ Nomeação pelo Presidente da República	▣ Dois juízes dentre seis advogados de notável saber jurídico e idoneidade moral, indicados pelo Tribunal de Justiça

A **Resolução n. 23.517/2017 do TSE** detalha o processo para formação das listas tríplices para os juízes dos TREs na classe dos advogados. Ela define **critérios rigorosos para a seleção e nomeação dos juízes**, incluindo a comprovação de experiência e idoneidade moral dos advogados indicados, bem como a verificação de potenciais conflitos de interesses, como o nepotismo.

O art. 4.º da Resolução n. 23.517/2017 do TSE especifica a documentação necessária para advogados indicados para listas tríplices dos TREs. Inclui certidões da OAB, das Justiças Federal, Eleitoral e Estadual/Distrital, e comprovantes de prática advocatícia. O objetivo é **avaliar a idoneidade moral**, com o TSE verificando qualquer sanção disciplinar ou impedimento. Se houver certidões positivas, o advogado deve apresentar detalhes circunstanciados do caso. Estes requisitos visam garantir a integridade e a qualificação adequadas dos indicados ao TRE.

O art. 9.º da mesma Resolução aplica as **regras de nepotismo** estabelecidas pelo Conselho Nacional de Justiça ao processo de formação de listas tríplices dos TREs.

Candidatos devem declarar qualquer parentesco com membros do Tribunal de Justiça ou Tribunal Regional Eleitoral, **garantindo a transparência e prevenindo conflitos de interesse**.

O art. 10, por seu turno, estipula que, uma vez aprovada a lista tríplice, o TSE comunicará ao Poder Executivo, incluindo toda a documentação necessária. Estas disposições asseguram que os processos de nomeação observem a integridade e objetividade, alinhados com as normativas judiciais.

O **Tribunal Superior Eleitoral desempenha um papel crucial na homologação das listas tríplices** para a composição dos Tribunais Regionais Eleitorais. Apesar da indicação inicial dos membros pelo Tribunal de Justiça de cada Estado, é o TSE que valida e confirma as escolhas. Esta etapa de **homologação é mandatória** e essencial para assegurar a conformidade com os padrões legais e éticos. O **TSE**, dessa forma, atua como um **guardião da integridade do processo de seleção**, garantindo a transparência e a adequação dos indicados ao sistema judiciário eleitoral.

3.1.4. Duração da investidura

Os **juízes dos tribunais eleitorais servirão**, obrigatoriamente, **por dois anos** e nunca por mais de dois biênios consecutivos. Tais biênios são contados, ininterruptamente, sem o desconto de qualquer afastamento, nem mesmo o decorrente de licença, férias ou licença especial. Tal regra comporta apenas uma exceção, segundo o disposto no § 3.º do art. 14 do Código Eleitoral:

> **Art. 14.** [...]
> § 3.º Da homologação da respectiva convenção partidária até a diplomação e nos feitos decorrentes do processo eleitoral, não poderão servir como juízes nos Tribunais Eleitorais, ou como juiz eleitoral, o cônjuge ou o parente consanguíneo ou afim, até o segundo grau, de candidato a cargo eletivo registrado na circunscrição. (Redação dada pela Lei n. 13.165, de 2015).

O período ao longo do qual vigora esse impedimento não integra o cômputo do prazo para o exercício do múnus de membro de tribunal eleitoral.

Por outro lado, consoante estatui o § 2.º do art. 14 do Código Eleitoral, assim que ingressam em férias e licença especial, afastando-se, assim, de suas funções na Justiça Comum, os magistrados exercentes de funções eleitorais ficam automaticamente afastados da Justiça Eleitoral pelo tempo correspondente, exceto quando nos períodos de férias coincidirem a realização de eleição, apuração ou encerramento de alistamento.

Segundo dispõe o art. 15 do Código Eleitoral: "Os substitutos dos membros efetivos dos tribunais eleitorais serão escolhidos, na mesma ocasião e pelo mesmo processo, em número igual para cada categoria".

3.1.5. Os advogados nos tribunais eleitorais

Tanto o Tribunal Superior Eleitoral quanto os tribunais regionais eleitorais são integrados por dois advogados escolhidos por nomeação do Presidente da República. Os que compõem o TSE têm os seus nomes indicados pelo Supremo

Tribunal Federal. **Os integrantes de tribunais regionais são indicados em listas tríplices formadas segundo o critério do Tribunal de Justiça de cada Estado.**

Diversamente do que ocorre nos demais tribunais, tais advogados não são submetidos a qualquer tipo de seleção no âmbito do seu conselho profissional (a Ordem dos Advogados do Brasil). Note-se que **representam dois sétimos do total dos membros da Corte**, o que é consideravelmente bem mais que um quinto das vagas reservadas a egressos da advocacia e do Ministério Público nos demais tribunais.

Por isso mesmo, é razoável que tais magistrados-advogados sejam submetidos a cautelas especiais. Daí que a indicação de tais advogados não poderá recair em cidadão que ocupe cargo público de que seja demissível *ad nutum*; que seja diretor, proprietário ou sócio de empresa beneficiada com subvenção, privilégio, isenção ou favor em virtude de contrato com a administração pública; ou que exerça mandato de caráter político, federal, estadual ou municipal (art. 16, § 2.º, do CE).

Por outro lado, até recentemente, não havia sido discutida oficialmente a extensão da norma proibitiva constante do art. 95, parágrafo único, V, da CF, a esses advogados investidos provisoriamente na função de julgadores.

Diz o referido dispositivo:

> **Art. 95.** [...]
> Parágrafo único. Aos juízes é vedado:
> [...]
> V — exercer a advocacia no juízo ou tribunal do qual se afastou, antes de decorridos três anos do afastamento do cargo por aposentadoria ou exoneração.

Trata-se de regra incluída no texto constitucional pela Emenda Constitucional n. 45, de 30 de dezembro de 2004.

O Conselho Nacional de Justiça (CNJ), em sessão de 25 de março de 2007, acolhendo postulação da Associação Brasileira dos Magistrados, Procuradores e Promotores Eleitorais (Abramppe), veiculada por meio do Pedido de Providências n. 200710000014851, declarou que aos referidos profissionais é vedada a advocacia perante a Corte que integraram pelo lapso de três anos após a extinção da sua investidura.

A apresentação do referido pedido de providências foi promovida após deliberação unânime tomada no interior da diretoria da associação postulante.

Dentre outras questões levadas à apreciação do CNJ estava a seguinte: "Devem [os advogados integrantes de tribunais eleitorais] submeter-se à regra de quarentena prevista para os juízes em geral (art. 95, parágrafo único, inc. V, da Constituição Federal)"?

Contra essa orientação posicionaram-se, sem obter a maioria, cinco conselheiros, que entendiam ser essa vedação extensiva a todas as instâncias da Justiça Eleitoral, na totalidade do território nacional. Apenas um conselheiro entendeu que esse período de defeso era inaplicável. Os demais concluíram pela aplicação da regra constitucional aos causídicos que atuaram como membros dos tribunais eleitorais, limitando-a, todavia, à atuação perante o colegiado de origem. Assim, por apertada maioria, foi vencida a tese de que essa vedação deveria estender-se à advocacia perante qualquer juízo ou instância eleitoral.

Conforme historia o voto proferido pelo relator, conselheiro Técio Lins e Silva:

[...] posta a questão da "quarentena" em debate, os Conselheiros José Adonis e Paulo Lobo se opuseram veementemente ao entendimento que encaminhei com o voto e que acabo de expor. O Conselheiro Paulo Lobo, com a sua autoridade de comentarista do Estatuto da Advocacia e da OAB, desenvolveu acendrada crítica quanto ao impedimento ético decorrente do exercício da magistratura eleitoral pelo Advogado que deixa o cargo e volta para a advocacia, notadamente para a advocacia especializada no foro eleitoral.

Tais críticas levaram o relator a propor que se estendesse a proibição, pelo lapso de três anos, à advocacia eleitoral perante qualquer órgão ou instância em todo o território nacional.

Por fim, houve por bem o CNJ decidir que:

> [...] a quarentena, no caso de membro de Tribunal Eleitoral em vaga destinada a advogado, atinge, tão somente, o exercício da advocacia no próprio Tribunal Eleitoral do qual se afastou, reconhecendo a incompatibilidade relativa.

Não se duvida da correção do que fora decidido pelo CNJ, de evidente conteúdo preventivo, que busca reparar uma omissão capaz de servir para menoscabar a imagem do Judiciário Eleitoral.

Não se trata, aqui, de nenhuma questão de natureza pessoal. É incabível discutir a postura dos diversos advogados que já passaram pelos nossos tribunais eleitorais. O que se buscou com a provocação do Conselho Nacional de Justiça foi um posicionamento em abstrato, uma leitura do quadro constitucional ou, como queiram, um pronunciamento sobre os alicerces do Estado no tocante à matéria.

É preciso fugir às reflexões personalistas — baseadas no comportamento deste ou daquele — e adotar visões que contemplem o projeto de sociedade almejado pela nossa ordem constitucional, bem como a sujeição de todos ao primado da norma segundo a categorização de domínio legal proposta por Max Weber.

No caso sob análise, duas questões vieram à tona: a primeira relativa à competência do CNJ para emitir o aludido pronunciamento; a segunda, à efetiva extensão da quarentena aos advogados nomeados para integrar os tribunais eleitorais.

Quanto ao primeiro ponto, o art. 103-B, § 4.º, I, da Constituição Federal é claro ao estabelecer, entre as atribuições do Conselho, o dever de "zelar pela autonomia do Poder Judiciário". Como garante dessa autonomia, incumbe-lhe necessariamente a adoção das providências necessárias não apenas a evitar a intromissão de outros poderes, mas também a salvaguardar essa função estatal no que toca à sua integridade como instituição. Trata-se da preservação do seu *status dignitatis.*

Autonomia é pressuposto para a independência do Poder Judiciário. A isenção institucional desse poder, ou função do Estado — elemento indispensável à consolidação da democracia —, demanda a adoção de medidas preventivas de caráter abstrato que obstem a sua permeabilidade a injunções indevidas.

O Judiciário não é autônomo quando exposto a qualquer forma de sujeição.

Dentre essas formas está, sem dúvida, a proximidade exacerbada entre julgadores e defensores profissionais de interesses privados.

Daí por que a Constituição albergou dentre as missões institucionais do CNJ o poder-dever de velar por essa tão indispensável autonomia, ao passo que lhe concedeu competência para, em cada caso concreto ou em atividade consultiva e regulamentar, promover a sua salvaguarda.

Não há dúvida, à vista de tais assertivas, de que o CNJ detém competência para discutir o tema levado à sua consideração pela Abramppe.

A decisão do Conselho tomou por base o art. 95, parágrafo único, V, da CF, no qual se trata das vedações impostas aos juízes. É certo, por isso, que nenhum outro órgão ou instância poderia tratar administrativamente dessa matéria senão o CNJ, dado que esta não diz respeito — senão indiretamente — ao exercício da advocacia, mas aos impedimentos que acompanham, mesmo após o seu afastamento, aqueles que exerceram a magistratura em qualquer juízo ou grau de jurisdição.

Tem-se, por isso, claro que o CNJ atuou nos estreitos limites de sua missão institucional.

Quanto ao segundo aspecto, que se confunde com o mérito da questão, registre-se que a própria regra da quarentena foi constitucionalmente concebida com o dúplice escopo de prevenir o tráfico de influência e de preservar a imagem pública do Judiciário. Trata-se de evitar um questionável exercício da advocacia perante tribunais por parte daqueles que recentemente deixaram de integrá-los.

Essa preocupação, por certo, não haveria de ser excepcionada na Justiça Eleitoral.

Não se trata de questionar a honorabilidade de tantos valorosos advogados que ilustraram os tribunais eleitorais com suas presenças. A leitura constitucional tão bem realizada pelo Conselho Nacional de Justiça não foi baseada nos valores ou mazelas individuais desses causídicos juízes, mas numa concepção de Estado fundada na impessoalidade e na isonomia.

Ruy Samuel Espíndola anota que os princípios constitucionais têm, dentre outras funções, a de servir de base para a atividade interpretativa. "Os princípios cumprem o papel de orientarem as soluções jurídicas"[1]. Não há falar-se em interpretação que não leve em conta o alicerce principiológico firmado na Constituição.

Por outro lado, segundo a preleção de Eros Roberto Grau, "jamais se aplica uma norma jurídica, mas sim o direito; não se interpretam normas constitucionais, isoladamente, mas sim a Constituição, no seu todo"[2]. Daí a importância de trazer ao debate o princípio da igualdade, um dos pilares sobre os quais se assenta o edifício constitucional. A isonomia preconizada no texto fundamental não tem valor senão quando pode ver-se refletida nas múltiplas esferas em que sua incidência é esperada.

O que a instituição da quarentena visa é justamente a preservação da isonomia entre os litigantes, a fim de que uns não se vejam assistidos por patronos recém-egressos dos mesmos tribunais onde corre o litígio, enquanto outros não logram a mesma sorte.

---

[1] ESPÍNDOLA, Ruy Samuel. *Conceito de princípios constitucionais*. São Paulo: Revista dos Tribunais, 1999, p. 68.

[2] GRAU, Eros Roberto. *Ordem econômica na Constituição de 1988* (interpretação e crítica). São Paulo: Revista dos Tribunais, 1990, p. 181.

Se esse argumento não é válido para os que integraram os tribunais eleitorais nas vagas reservadas aos advogados, certamente não haveria de sê-lo para os demais. É preciso, pois, aplicar a Constituição em sua plenitude, sob pena de abrir-se o flanco para riscos que nossa lei fundamental tratou e repeliu de modo expresso.

Segundo a expressa dicção do art. 95, parágrafo único, V, da CF — aprofundamento normativo do princípio constitucional da isonomia —, ao juiz é vedado exercer a advocacia no juízo ou tribunal do qual se afastou antes de decorridos três anos do afastamento do cargo por aposentadoria ou exoneração.

Não houve qualquer exceção dirigida aos advogados integrantes dos tribunais eleitorais. A regra aplica-se, por conseguinte, também a estes. E por que haveria de ser diferente? Durante o período em que servem à Justiça Eleitoral, esses juristas são membros do Judiciário, ainda que noutros campos profissionais possam dar andamento às suas atividades advocatícias. Dentro da Justiça Eleitoral, enquanto corre o período da sua investidura, são esses advogados tão juízes quanto os demais integrantes dos tribunais de que participam.

Suponhamos que deixem um mesmo tribunal eleitoral, numa mesma data, um desembargador que se exonerou do seu cargo e um advogado que completou seu período de investidura. Ambos têm em comum o fato de terem exercido a magistratura eleitoral no órgão colegiado. Devem ambos, por conseguinte, suportar o mesmo óbice constitucional ao exercício da advocacia perante o órgão de onde saíram. Não haveria razão plausível para dar a situações tão similares um tratamento díspar.

Tamanha incongruência seria, por tudo, inaceitável, daí por que mesmo os advogados que integram o CNJ acolheram sem exceção a tese da aplicabilidade da regra constitucional, divergindo apenas quanto aos seus limites.

Aqui, vale um esclarecimento: a decisão também entendeu aplicável a "quarentena" aos advogados que atuaram como membros suplentes dos tribunais eleitorais.

Não há dúvidas de que a contribuição dos advogados em ofício nos tribunais eleitorais tende apenas a se fortalecer diante da certeza de que sua atuação tem por base propósitos republicanos. Se estamos diante de mais uma decisão acertada do Conselho Nacional de Justiça, o valor desse pronunciamento reside menos no seu conteúdo prático imediato que nas lições que faz projetar rumo ao futuro: o Estado brasileiro vai aos poucos se desfazendo das suas profundas raízes patrimonialistas.

3.1.6. Órgãos diretivos do Tribunal Superior Eleitoral

Segundo o **art. 17** do Código Eleitoral, o Tribunal Superior Eleitoral **elegerá** para seu **presidente** um dos **ministros do Supremo Tribunal Federal**, cabendo ao **outro** a **vice-presidência**, e para corregedor-geral da Justiça Eleitoral um dos seus **membros**.

O parágrafo único do **art. 119** da Constituição, **todavia**, especifica que a **escolha** do corregedor-geral eleitoral **deve recair** forçosamente sobre um dos **ministros** oriundos do **Superior Tribunal de Justiça**.

CARGO NOS TRIBUNAIS ELEITORAIS	POSIÇÃO NECESSÁRIA	DETALHES LEGAIS
▣ Presidente do TSE	▣ Ministro do STF	▣ Eleito pelo Tribunal Superior Eleitoral (art. 17 do Código Eleitoral)
▣ Vice-presidente do TSE	▣ Ministro do STF	▣ Eleito pelo Tribunal Superior Eleitoral, assumindo o outro ministro do STF
▣ Corregedor-geral da Justiça Eleitoral	▣ Ministro do STJ	▣ Especificado pelo parágrafo único do art. 119 da CF como sendo um dos ministros oriundos do STJ

Os provimentos emanados da Corregedoria-Geral vinculam os corregedores regionais, os quais lhes devem imediato e preciso cumprimento (art. 17, § 3.º, do CE).

3.1.7. Competências do Tribunal Superior Eleitoral

O TSE possui competências de natureza jurisdicional e administrativa. Essa é, aliás, a principal marca característica da Justiça Eleitoral: a dúplice missão de emitir a sua jurisdição e de administrar-se a si mesma e aos pleitos eleitorais.

Daí a prestimosa lição de Suzana de Camargo Gomes[3], segundo a qual:

Diante dos aspectos dispostos acerca da Justiça Eleitoral brasileira, é dado concluir que essa instituição possui características próprias, que, inclusive, não se identificam com as previstas pelas legislações de outros povos que também adotam o sistema jurisdicional de controle das eleições. Mas a verdade é que esse *plus* faz com que o sistema brasileiro apresente inúmeras vantagens em relação aos de outros países, tendo em vista os mecanismos aqui adotados para evitar a fraude no processo eleitoral e em razão do controle efetivo, que é realizado pelos Juízes nas diversas fases em que ocorre a manifestação da vontade popular na escolha dos seus dirigentes.

É certo que **todos os tribunais** exercem atribuições administrativas **quando**, por exemplo, **definem** a sua proposta orçamentária ou realizam a **gestão** do seu quadro de pessoal. Na Justiça Eleitoral, sem embargo, ademais das rotinas administrativas postas a cargo de qualquer órgão jurisdicional colegiado, **tem-se presente** uma **função administrativa atípica**, de natureza finalística, que só encontra paralelo entre os **órgãos** do Poder Executivo.

Quando administra as eleições, a Justiça Eleitoral exerce esse seu múnus como atividade-fim, não como atividade-meio, como ocorre com os demais órgãos do Poder Judiciário.

Marcos Ramayana[4], discorrendo a respeito da particular competência da Justiça Eleitoral, preleciona:

---

[3] GOMES, Suzana de Camargo. *A Justiça Eleitoral e sua competência*. São Paulo: Revista dos Tribunais, 1998, p. 85.

[4] RAMAYANA, Marcos. *Direito Eleitoral*. Rio de Janeiro: Impetus, 2004, p. 60.

Diversas competências estão afetas à Justiça Eleitoral: questões de natureza administrativa, *v.g.,* organização administrativa das Zonas Eleitorais, tais como locais destinados à votação, apuração, funcionários e o próprio alistamento eleitoral de natureza declaratória administrativa; questões atinentes ao poder regulamentar, pois o Poder Legislativo, ao editar as leis em matéria eleitoral, deixa sempre uma substancial margem de complementaridade afeta ao poder regulamentar do Tribunal Superior Eleitoral.

O autor chama a atenção para um importante aspecto da competência administrativa da Justiça Eleitoral, muitas vezes envolta em meandros de incompreensão. O poder normativo da Justiça Eleitoral é frequentemente confundido com atividade legislativa primária, quando de fato se trata da faculdade inerente ao responsável pela aplicação da norma de baixar as medidas necessárias à concreção dos comandos legislativos.

A matéria encontra-se perfeitamente estudada em livro de Leomar Barros Amorim de Sousa[5]. Diz o autor:

> Cumpre ressaltar, como logo a seguir será demonstrado, que não há um campo de reserva puro para cada poder, o que permite admitir-se possa um órgão do Judiciário ou do Legislativo, *v.g.*, exercer funções materialmente administrativas; ou o Executivo exercer funções materialmente legislativas.

E segue:

> Dessa forma, não se assegurando na partilha de competências políticas um espaço para o autogoverno de cada poder, é factível e absolutamente provável que reste inviabilizada, ou provavelmente muito enfraquecida, a sua independência. Haverá, em certa medida, apenas uma independência nominal [...].

É certo que não se pode pretender — hodiernamente — encontrar em cada Poder exclusivamente os traços que o distinguiram, ao menos teoricamente, das demais funções do Estado. Assim também ocorre na matéria. Ademais das disposições contidas na legislação, a Justiça Eleitoral invariavelmente terá de se socorrer da edição de normas regulamentares não para usurpar a função legiferante típica, mas para justamente cumprir os misteres que as leis lhe impõem.

3.1.8. Competência em matéria jurisdicional

Relaciona-se, a seguir, as atribuições judiciais e administrativas do Tribunal Superior Eleitoral, segundo a Lei n. 4.737/1965. A competência do TSE em matéria jurisdicional vem definida no **art. 22, I, do CE**, que lhe atribui as seguintes responsabilidades:

Para alterar o leque de competências do Tribunal Superior Eleitoral, o Congresso Nacional se valeu, em 1986, da aprovação da Lei Complementar n. 86, que inseriu nas atribuições daquela Corte o processamento e o julgamento da ação rescisória, antes inexistente em matéria eleitoral.

---

[5] SOUSA, Leomar Barros de Amorim de. *A produção normativa do Poder Executivo*: medidas provisórias, leis delegadas e regulamentos. Brasília: Brasília Jurídica, 1999, p. 36.

Além disso, compete ao Tribunal Superior Eleitoral o julgamento dos recursos interpostos das decisões dos tribunais regionais eleitorais, inclusive os que versarem matéria administrativa.

Acrescente-se a tudo isso a análise e julgamento das prestações de contas de candidatos e de partidos políticos, aos quais a Justiça Eleitoral há tempo entende também ostentarem natureza jurisdicional, a atrair até mesmo o fenômeno da preclusão. A tal respeito, o TSE já afirmou que

> A natureza jurisdicional do processo de prestação de contas importa na incidência da regra da preclusão, quando o ato processual não é praticado no momento oportuno. Incidência da Súmula 30 do TSE. [...]. (REspe n. 060026023, Acórdão, rel. Min. Alexandre de Moraes, Publicação: *DJe,* t. 166, 29.08.2022).

Convém ter sempre presente a competência da Justiça Eleitoral para julgar os crimes comuns praticados em conexão com crimes eleitorais.

A tal respeito, veja-se o seguinte precedente:

> COMPETÊNCIA — JUSTIÇA ELEITORAL — CRIMES CONEXOS. Compete à Justiça Eleitoral julgar os crimes eleitorais e os comuns que lhe forem conexos — inteligência dos artigos 109, inciso IV, e 121 da Constituição Federal, 35, inciso II, do Código Eleitoral e 78, inciso IV, do Código de Processo Penal (Inq. 4.435, AgR-quarto, rel. Min. Marco Aurélio, Tribunal Pleno, j. 14.03.2019, *DJe*-182, divulg 20.08.2019, public 21.08.2019).

Trata-se de competência afeta a toda a Justiça Eleitoral. A competência funcional interna será definida segundo a organização judiciária eleitoral e se baseará, especialmente, na existência ou não de foro por prerrogativa de função; a territorial será firmada em virtude do local do crime.

3.1.9. Competência em matéria administrativa

O **art. 23 do Código Eleitoral** e a inclusão do **art. 23-A pela Lei n. 14.211/2021** destacam as **competências administrativas do Tribunal Superior Eleitoral (TSE)**. O art. 23 enumera funções diversas do TSE, como elaborar seu regimento interno, organizar a Secretaria e a Corregedoria Geral, e propor mudanças relacionadas a cargos e vencimentos. Inclui também a autoridade para fixar datas de eleições nacionais, aprovar divisões eleitorais, expedir instruções para a execução do Código Eleitoral, e outras providências necessárias para garantir a efetivação da legislação eleitoral. O art. 23-A, inserido recentemente, especifica que a competência normativa do TSE é restrita a matérias autorizadas em lei, especialmente vedando o tratamento de questões relacionadas à organização de partidos políticos. Essas disposições sublinham o **papel crucial do TSE** na administração e regulamentação das atividades eleitorais no Brasil, **mantendo a integridade** e a **eficácia** do processo eleitoral dentro dos limites legais estabelecidos.

As atribuições do Tribunal Superior Eleitoral em matéria administrativa estão relacionadas no art. 23 do CE, sendo as principais as seguintes:

INCISO	ATRIBUIÇÃO
I	Elaborar o regimento interno
II	Organizar a Secretaria e a Corregedoria Geral; propor criação/extinção de cargos administrativos
III	Conceder licença, férias e afastamentos aos membros
IV	Aprovar afastamento dos juízes dos TREs
V	Propor criação de Tribunais Regionais nos Territórios
VI	Propor aumento de juízes nos Tribunais Eleitorais
VII	Fixar datas de eleições nacionais
VIII	Aprovar divisão dos Estados em zonas eleitorais
IX	Expedir instruções para execução do Código Eleitoral
X	Fixar diárias para corregedores
XI	Enviar lista tríplice ao presidente da República
XII	Responder a consultas sobre matéria eleitoral
XIII	Autorizar contagem de votos pelas mesas receptoras
XIV	Requisitar força federal para cumprimento da lei e segurança eleitoral
XV	Organizar e divulgar a Súmula de jurisprudência
XVI	Requisitar funcionários da União e do Distrito Federal
XVII	Publicar boletim eleitoral
XVIII	Tomar providências para a execução da legislação eleitoral

As atribuições do Tribunal Superior Eleitoral no art. 23 do Código Eleitoral refletem a extensão de suas responsabilidades administrativas. Elas incluem desde a organização interna do Tribunal e a administração de pessoal, até aspectos mais amplos como a definição de datas eleitorais e a estruturação de zonas eleitorais. O TSE também detém a autoridade para emitir diretrizes e orientações que asseguram a execução do Código Eleitoral, além de ter o poder de requisitar forças federais para garantir o cumprimento da lei eleitoral e para a segurança do processo de votação. A divulgação de súmulas jurisprudenciais e a publicação de boletins eleitorais são outras funções fundamentais, reforçando o papel do TSE como guardião da legislação eleitoral brasileira.

Ainda, com o advento da Lei n. 14.211/2021, que incluiu ao Código Eleitoral o art. 23-A, positivando a definição que a competência normativa regulamentar prevista no parágrafo único do art. 1.º e no inciso IX do *caput* do art. 23 do mesmo Código, restringem-se especificamente a matérias autorizadas em lei, restando vedado ao Tribunal Superior Eleitoral tratar de matéria relativa à organização dos partidos políticos.

3.1.10. Tribunais Regionais Eleitorais

Nos TREs, o presidente e o vice-presidente serão eleitos entre os três desembargadores do Tribunal de Justiça.

A regra contida na segunda parte do art. 26 do CE, segundo a qual "o terceiro desembargador será o corregedor regional da Justiça Eleitoral", não mais prevalece, eis que não acolhida pela vigente ordem constitucional.

Com efeito, o § 2.º do art. 120 da CF cingiu-se a estabelecer que "O Tribunal Regional Eleitoral elegerá seu presidente e o vice-presidente dentre os desembargadores". Assim, compete a cada TRE, nos seus respectivos regimentos internos, definir os critérios para a designação dos seus corregedores.

De conformidade com o § 2.º do art. 26 do CE, o Corregedor Regional deve se locomover para as zonas eleitorais nos seguintes casos:

MOTIVO DE LOCOMOÇÃO DO CORREGEDOR REGIONAL	BASE LEGAL
Determinação do TSE ou TRE	Art. 26, § 2.º, I
Pedido dos juízes eleitorais	Art. 26, § 2.º, II
Requerimento de partido, deferido pelo TRE	Art. 26, § 2.º, III
Quando necessário, a critério do corregedor	Art. 26, § 2.º, IV

Os tribunais regionais deliberam por maioria de votos, em sessão pública, com a presença da maioria de seus membros (art. 28 do CE).

Nos termos do art. 29 do CE, compete aos tribunais regionais eleitorais:

COMPETÊNCIA JURISDICIONAL DOS TREs (Art. 29 DO CE)	CASOS
I — Processar e julgar originariamente	a) Registro/cancelamento de diretórios estaduais/municipais de partidos, candidatos a governador, vice-governador, Congresso Nacional, e assembleias legislativas b) Conflitos de jurisdição entre juízes eleitorais do estado c) Suspeição ou impedimentos de membros, procurador regional, funcionários da Secretaria, juízes e escrivães eleitorais d) Crimes eleitorais cometidos por juízes eleitorais e) *Habeas corpus* ou mandado de segurança em matéria eleitoral contra ato de autoridades sob jurisdição do Tribunal de Justiça, e recursos de decisões de juízes eleitorais f) Reclamações sobre obrigações dos partidos políticos em contabilidade e origem de recursos g) Pedidos de desaforamento não decididos em 30 dias pelos juízes eleitorais
II — Julgar recursos interpostos	a) Atos e decisões dos juízes e juntas eleitorais b) Decisões dos juízes eleitorais sobre *habeas corpus* ou mandado de segurança

Os tribunais regionais eleitorais possuem, ainda, nos termos do que dispõe o art. 30 do CE, as seguintes atribuições administrativas:

NÚMERO DO INCISO (Art. 30 DO CE)	ATRIBUIÇÃO ADMINISTRATIVA
I	Elaborar o regimento interno
II	Organizar sua Secretaria e Corregedoria Regional; propor criação/supressão de cargos ao Congresso
III	Conceder licença, férias e afastamento a membros e juízes eleitorais
IV	Fixar data das eleições estaduais e municipais
V	Constituir juntas eleitorais
VI	Indicar zonas/seções eleitorais para contagem de votos ao TSE
VII	Apurar resultados finais de eleições estaduais e nacionais
VIII	Responder a consultas sobre matéria eleitoral
IX	Dividir circunscrição em zonas eleitorais, sujeito à aprovação do TSE
XII	Requisitar força para cumprimento de decisões; solicitar força federal ao TSE
XIII	Autorizar requisição de funcionários para auxílio aos escrivães eleitorais
XIV	Requisitar funcionários da União/estado/território para acúmulo ocasional de serviço
XV	Aplicar penas disciplinares a juízes eleitorais
XVI	Cumprir e fazer cumprir decisões e instruções do TSE
XVII	Providências de urgência para execução da lei eleitoral

A competência dos Tribunais Regionais Eleitorais para fixar datas de eleições estaduais e municipais, prevista no inciso IV do art. 30 do CE, se manifesta principalmente no contexto de eleições suplementares. Embora a Constituição Federal estabeleça as datas regulares para eleições, situações específicas podem demandar eleições adicionais. Nessas circunstâncias, os tribunais regionais exercem a atribuição legal de determinar novas datas, assegurando a condução adequada do processo eleitoral em conformidade com as exigências legais e a necessidade de representação democrática.

O inciso X do referido art. 30 dispõe que compete aos TREs a aprovação da designação do ofício de justiça que deva responder pela escrivania eleitoral durante o biênio. Trata-se de norma deve ter havida por revogada, uma vez que a Lei n. 10.842, de 20 de fevereiro de 2004, que criou e transformou cargos e funções nos quadros de pessoal dos tribunais regionais eleitorais, destinados às zonas eleitorais, pôs fim às escrivanias eleitorais, estipulando que tal atribuição passaria a ser exercida pelos chefes dos cartórios eleitorais (art. 4.º).

O inciso XVIII do mesmo artigo de lei inclui entre as missões institucionais dos tribunais regionais a organização do "fichário dos eleitores" do estado. Essa regra foi superada, sem a aconselhável revogação expressa, pela Lei n. 7.444/1985, cujo art. 1.º estabelece que: "O alistamento eleitoral será feito mediante processamento eletrônico de dados".

De fato, o universo primitivo dos fichários de eleitores foi suprimido por uma moderna tecnologia que concede à Justiça Eleitoral uma base de dados que hoje contém mais de 156 milhões de cadastrados, informações essas administradas segundo as complexas determinações contidas na Resolução TSE n. 23.659/2021, a qual, já sob a égide da Lei Geral de Proteção de Dados, "dispõe sobre a gestão do Cadastro Eleitoral e sobre os serviços eleitorais que lhe são correlatos".

Outro inciso, o XIX, dava aos TREs o poder de "suprimir os mapas parciais de apuração mandando utilizar apenas os boletins e os mapas totalizadores, desde que o menor número de candidatos às eleições proporcionais justifique a supressão [...]".

Trata-se de outra determinação legal superada pelos avanços tecnológicos e por uma legislação que, sem revogar expressamente a referida disposição, acabou fazendo-o de modo tácito.

De acordo com o § 4.º do art. 28 do CE, acrescentado pela Minirreforma Eleitoral de 2015 (Lei n. 13.165/2015): "As decisões dos Tribunais Regionais sobre quaisquer ações que importem cassação de registro, anulação geral de eleições ou perda de diplomas somente poderão ser tomadas com a presença de todos os seus membros". O § 5.º imediatamente seguinte estipula que, nesse caso, se ocorrer impedimento de algum juiz, será convocado o suplente da mesma classe.

Também compete aos Tribunais Regionais Eleitorais assegurar cumprimento ao disposto nos §§ 12 e 13 do art. 14 da Constituição, que tratam da realização de consultas populares, desde que aprovadas pelas Câmaras de Vereadores e dirigidas à Justiça Eleitoral até 90 dias antes das eleições. A expressão "consultas populares" só pode fazer referência a plebiscitos ou referendos, mecanismo de exercício da democracia direta previstos nos incisos I e II do art. 14 da CF/1988.

3.1.11. Juntas Eleitorais

Apesar do seu reconhecimento constitucional como órgãos integrantes da estrutura da Justiça Eleitoral (art. 118, IV, da CF), as juntas eleitorais viram minguadas as suas atribuições com a introdução do sistema eletrônico de votação e apuração dos votos.

O art. 40 do Código Eleitoral estabelece as funções das juntas eleitorais, incluindo a apuração das eleições em zonas eleitorais sob sua jurisdição em até dez dias, a resolução de impugnações e incidentes durante a contagem e apuração de votos, a emissão de boletins de apuração e a expedição de diplomas para os eleitos em cargos municipais. Essas atividades são cruciais para assegurar a integridade e a eficiência do processo eleitoral em nível municipal.

INCISO	ATIVIDADE DA JUNTA ELEITORAL
I	Apuração das eleições em até 10 dias
II	Resolução de impugnações e incidentes
III	Emissão de boletins de apuração
IV	Expedição de diplomas para cargos municipais

Como se vê, a principal competência das juntas eleitorais diz respeito à contagem dos votos, à publicação dos resultados assim obtidos e à deliberação sobre impugnações e incidentes verificados durante o escrutínio. Além dessas atribuições, resta apenas a de promover a expedição dos diplomas eleitorais nas eleições ocorridas no âmbito dos municípios.

Apresentamos mais alguns detalhes sobre a constituição dessas juntas compostas por um juiz de direito, que será o presidente, e por dois a quatro cidadãos de notória idoneidade (art. 36 do CE). Sua nomeação deve ocorrer, nos termos do § 1.º do mesmo dispositivo, no prazo de 60 dias antes da eleição, depois de aprovação do respectivo Tribunal Regional Eleitoral.

Não podem ser nomeados membros das juntas, escrutinadores ou auxiliares (art. 36, § 3.º, do CE):

INCISO	RESTRIÇÕES PARA NOMEAÇÃO
I	Candidatos, parentes até o segundo grau, e cônjuges
II	Membros dos órgãos diretórios de partidos políticos registrados
III	Autoridades e agentes policiais, funcionários de confiança do Executivo
IV	Pessoas que pertençam ao serviço eleitoral

Apesar da sobrevivência de algumas atribuições formais das juntas, dentre as quais se destaca a expedição do diploma eleitoral, é certo que sua sobrevida pode estar sendo ameaçada pelos avanços tecnológicos na área da coleta e apuração dos votos.

Mas é preciso deixar claro o seguinte:

Permanece sem qualquer alteração a competência fixada no CE, art. 40, V, que consiste em diplomar os eleitos. Ao contrário do que parece, a diplomação é ato da Junta Eleitoral e não do Juiz Eleitoral. Este atua como presidente daquela e, nesta condição, assina os diplomas[6].

O art. 121 da CF outorga ao legislador complementar o dever de dispor sobre a organização e competência das juntas eleitorais. O momento é oportuno para a revisão do leque de poderes desse órgão colegiado que, envolvendo membros da comunidade, poderia ter missões mais pedagógicas e mobilizadoras, superando-se, assim, a sua virtual inutilidade institucional.

A configuração e as funções das juntas eleitorais são delineadas com precisão na Resolução TSE n. 23.736/2024, especificamente nos arts. 161 a 166. Essas **juntas desempenham um papel crucial no processo eleitoral**, assegurando a correta apuração dos votos e a resolução de questões relacionadas à votação.

O **art. 161** estabelece que **cada zona eleitoral terá pelo menos uma junta eleitoral**, composta por um juiz de direito e dois ou quatro cidadãos de notória idoneidade, nomeados pelo presidente do tribunal regional eleitoral até 7 de agosto de 2024. A

---

6   CASTRO, Edson de Resende. *Curso de Direito Eleitoral*. Belo Horizonte: Del Rey, 2022.

nomeação destes membros pode ser impugnada pelos partidos políticos ou federações, conforme previsto no § 1.º do art. 161.

O **art. 162** permite a **organização de várias juntas eleitorais em uma zona eleitoral**, dependendo do número de juízes de direito disponíveis. Em situações onde o cargo de juiz eleitoral estiver vago ou o juiz estiver impedido, o presidente do TRE pode designar juízes de direito de outras comarcas para presidir as juntas eleitorais, conforme descrito no parágrafo único do art. 162.

O **art. 163** dá ao presidente da junta eleitoral a liberdade de **nomear até dois escrutinadores ou auxiliares**, e o § 1.º do art. 163 estipula que os nomes dos escrutinadores e auxiliares nomeados devem ser comunicados ao presidente do TRE e publicados em edital.

O **art. 164** lista as **pessoas que são inelegíveis** para serem nomeadas como membros, escrutinadores ou auxiliares da junta eleitoral. Isso inclui candidatos e seus parentes até o segundo grau, membros de diretorias de partidos políticos, autoridades públicas, agentes policiais, entre outros.

As responsabilidades da junta eleitoral são descritas no art. 165. Essas incluem a apuração da votação realizada nas seções eleitorais sob sua jurisdição, a resolução de impugnações e incidentes verificados durante a apuração, e a expedição de diplomas aos eleitos, conforme detalhado no inciso IV do art. 165. O parágrafo único do art. 165 designa as pessoas responsáveis pela operação do Sistema de Apuração da urna eletrônica.

Por fim, o **art. 166** aborda a **possibilidade de instalar mais de uma junta eleitoral no mesmo local de apuração**, com a autorização do tribunal regional eleitoral, desde que haja separação adequada entre as juntas para garantir a distinção dos trabalhos de cada uma.

Essas normas garantem a organização eficiente e a integridade das juntas eleitorais, que são essenciais para a condução transparente e justa do processo eleitoral.

A mesma Resolução TSE n. 23.736/2024, em seus arts. 208 a 213, detalha as responsabilidades e procedimentos das juntas eleitorais, especialmente no que diz respeito à totalização dos votos e à proclamação dos resultados eleitorais.

O **art. 208** do citado ato normativo estabelece as **competências da junta eleitoral**, que incluem resolver dúvidas e recursos sobre as eleições e executar várias tarefas relacionadas à totalização dos votos, como o cálculo do quociente eleitoral, a distribuição das vagas por quociente partidário e a totalização final dos votos.

No **art. 209**, por sua vez, a resolução aborda a **Ata Geral da Eleição**, que deve ser assinada pela(o) presidente da junta eleitoral e pelas(os) membras(os) da junta, bem como pelas(os) fiscais dos partidos políticos, das federações e das coligações. O relatório "Resultado da Totalização", emitido pelo Sistema de Gerenciamento da Totalização (SISTOT), deve ser anexado a esta ata e incluir dados detalhados sobre a votação.

O **art. 210 exige que os tribunais regionais eleitorais divulguem os relatórios** "Resultado da Totalização" em suas páginas da internet, **proporcionando transparência e acesso público aos resultados**. Conforme o **art. 211**, a **Ata Geral da Eleição e os documentos relacionados estarão disponíveis para exame** por partidos políticos, federações, coligações e candidatos, com a possibilidade de apresentação de reclamações.

O **art. 212** menciona adicionalmente que, uma vez decididas as reclamações, **a junta eleitoral proclamará as eleitas e os eleitos** e marcará a data para a **expedição dos diplomas**.

Finalmente, o **art. 213** trata de situações em que o **reprocessamento** da totalização pode ser necessário. Se isso resultar em uma alteração do resultado, os partidos políticos, federações, coligações, Ministério Público e a Ordem dos Advogados do Brasil devem ser convocados para acompanhar os procedimentos. Quaisquer alterações nos resultados após a diplomação exigirão a emissão de novos diplomas e o cancelamento dos anteriores.

3.1.12. Juízes Eleitorais

Nos termos do **art. 32** do CE, aos juízes eleitorais em efetivo exercício **compete presidir** cada uma das zonas eleitorais; na **falta deste**, tal atribuição cabe ao seu **substituto** legal que goze das prerrogativas do art. 95 da Constituição, **quais sejam**, vitaliciedade, inamovibilidade e irredutibilidade de vencimentos.

A Constituição Federal estabelece, de forma incontestc, que a **função de juiz eleitoral** só pode ser exercida por um **juiz de direito**. Descabe falar-se na presidência da zona por juízes federais, já que a eles não alude o art. 121 da CF, a seguir transcrito: "Lei complementar **disporá sobre a organização e competência** dos tribunais, dos **juízes de direito** e das juntas eleitorais".

Havendo mais de uma vara, o Tribunal Regional designará aquela ou aquelas a que incumbe o serviço eleitoral.

A regra, também, aqui, é do uso de quadros tomados por empréstimo a outra instituição, no caso a Justiça Estadual.

Lauro Barretto questiona esse particular modo de ser da Justiça Eleitoral, sustentando que: "No tocante à estrutura da Justiça Eleitoral, um dos fatores preponderantes de sua tradicional inoperância é a inexistência de uma magistratura própria e especializada"[7].

Nessa crítica, o autor encontrou o apoio de Joel José Cândido, que falando quanto à ausência de membros permanentes no exercício da jurisdição eleitoral, afirma: "Essa combinação multifacetária, em substituição a uma magistratura própria, com juízes especializados, precisa ser repensada".

Com efeito, é tempo de refletir com maior zelo sobre a forma de composição da Justiça Eleitoral, que talvez não mais atenda aos reclamos da sociedade, dentre os quais se encontra o relativo à rápida solução dos litígios.

Compete aos juízes eleitorais, nos termos do que preceitua o art. 35 do CE:

---

[7]   BARRETTO, Lauro. *Investigação judicial eleitoral e ação de impugnação de mandato eletivo.* 2. ed. rev. e ampl. Bauru: Edipro, 1999, p. 12.

INCISO	COMPETÊNCIA JURISDICIONAL DOS JUÍZES ELEITORAIS
I	Cumprir e fazer cumprir decisões do TSE e TRE
II	Processar e julgar crimes eleitorais e conexos, exceto em competência originária do TSE e TREs
III	Decidir sobre habeas corpus e mandado de segurança em matéria eleitoral, salvo competência exclusiva de instância superior
IV	Realizar diligências para a ordem e eficiência do serviço eleitoral
V	Atender reclamações sobre o serviço eleitoral, verbalmente ou por escrito, e tomar as providências necessárias
VI	Indicar serventia de justiça para escrivania eleitoral, sujeito à aprovação do TRE

O inciso VII do art. 35 do Código Eleitoral foi revogado pelo art. 14 da Lei n. 8.868/1994.

Os incisos referidos na tabela abaixo, todos também presentes no art. 35 do Código Eleitoral, dizem respeito à competência administrativa dos juízes e juízes eleitorais:

INCISO	COMPETÊNCIA ADMINISTRATIVA DOS JUÍZES ELEITORAIS
VIII	Dirigir os processos eleitorais e determinar a inscrição e a exclusão de eleitores
IX	Expedir títulos eleitorais e conceder transferência de eleitor
X	Dividir a zona em seções eleitorais
XI	Mandar organizar, em ordem alfabética, relação dos eleitores de cada seção para remessa à mesa receptora, juntamente com a pasta das folhas individuais de votação
XII	Ordenar o registro e cassação do registro dos candidatos aos cargos eletivos municipais e comunicá-los ao Tribunal Regional
XIII	Designar, até 60 dias antes das eleições, os locais das seções
XIV	Nomear, 60 dias antes da eleição, em audiência pública anunciada com pelo menos 5 dias de antecedência, os membros das mesas receptoras
XV	Instruir os membros das mesas receptoras sobre as suas funções
XVI	Providenciar para a solução das ocorrências que se verificarem nas mesas receptoras
XVII	Tomar todas as providências ao seu alcance para evitar os atos viciosos das eleições
XVIII	Fornecer aos que não votaram por motivo justificado e aos não alistados, por dispensados do alistamento, um certificado que os isente das sanções legais
XIX	Comunicar, até às 12 horas do dia seguinte à realização da eleição, ao Tribunal Regional e aos delegados de partidos credenciados, o número de eleitores que votaram em cada uma das seções da zona sob sua jurisdição, bem como o total de votantes da zona

3.1.13. Poder de polícia eleitoral

Como se observa, além de processar e julgar os processos judiciais afetos à sua esfera de competência, também o juiz eleitoral tem grande gama de atribuições tipicamente administrativas. O inciso XVII determina, por exemplo, que ele adote as "providências ao seu alcance para evitar os atos viciosos das eleições".

O **poder de polícia é atributo da Administração Pública** que a autoriza a instituir limitações à liberdade e à propriedade privada. Como já afirmado, **a Justiça Eleitoral não exerce apenas atividades jurisdicionais, mas também administrativas**.

Agindo na qualidade de administrador do processo eleitoral, **o juiz detém o poder-dever** de adotar as providências imediatas e urgentes com a finalidade **de impedir ou fazer cessar a prática de atos atentatórios** à qualidade das eleições.

O poder de polícia eleitoral emerge como um mecanismo fundamental na administração e salvaguarda da integridade dos processos eleitorais. Trata-se de uma prerrogativa atribuída à Justiça Eleitoral, especificamente aos juízes eleitorais, conferindo-lhes a autoridade para intervir de maneira proativa e efetiva nas situações onde se identificam práticas que possam comprometer a equidade e a legalidade das eleições.

É o que sucede, por exemplo, quando se determina a suspensão de propaganda realizada em descompasso com as normas de regência. Discute-se se o poder de polícia pode ser aplicado exclusivamente com suporte em regras previstas na Constituição e nas leis ou se os princípios constitucionais também estariam a legitimá-lo.

Não há dúvida de que a última opção é a acertada. É certo que a **Justiça Eleitoral** tem a sua **atividade pautada** pela necessidade de prévia **autorização normativa**. Entretanto, em nenhum ponto isso está a indicar que a reserva se dirige exclusivamente à existência de uma lei.

O que limita a administração do processo eleitoral, vinculando as suas opções, não é tão somente a lei, mas a norma. E norma é ideia que transcende o limitado círculo da legislação.

Inserem-se no conceito de norma tanto os princípios quanto as regras. Porém, **as regras diferem dos princípios por sua aplicação direta a casos concretos**. Elas buscam antever, enunciando hipóteses, conflitos comumente observados nas relações humanas. Sua dicção busca **propiciar a solução específica para um dado conflito de interesses previamente reconhecido**.

Já os **princípios** contêm enunciados genéricos que **possuem as funções de fundamentar, orientar a interpretação, suprir ou integrar as regras**.

A observância dos princípios vincula a toda a Administração — e, dessa maneira, a Justiça Eleitoral — de modo tão ou mais forte que as regras, com a peculiaridade de que regras legislativas editadas em descompasso com a Constituição são destituídas de exigibilidade.

Inúmeros princípios previstos explícita ou implicitamente na Constituição de 1988 estão a limitar o poder do administrador, ou a legitimá-lo[8]. Assim é que, no exercício do poder

---

[8]   No momento da decisão, o juiz pode valer-se da interpretação extensiva, da aplicação analógica bem como do suplemento dos princípios gerais de direito (art. 3.º do CPP). Considerando-se que a lei processual penal admite "interpretação extensiva, aplicação analógica bem como o suplemento dos princípios gerais de direito" (art. 3.º do CPP), não havendo regra específica regente do caso torna-se possível solucioná-lo só com a invocação de um princípio (GOMES, Luiz Flávio. *Normas, regras e princípios, conceitos e distinções*. Disponível em: https://lfg.jusbrasil.com.br/noticias/ 2076425/normas-regras-e-principios-conceitos-e-distincoes-parte-2. Acesso em: 5 jan. 2023).

de polícia, pode validamente a Administração considerar a necessidade de evitar ou reprimir a prática de atos atentatórios a princípios decorrentes das opções constitucionais.

O § 1.º do art. 54 da Resolução TSE n. 23.608, de 18 de dezembro de 2019, declara:

> **Art. 54.** [...]
>
> § 1.º O poder de polícia sobre a propaganda eleitoral é restrito às providências necessárias para inibir ou fazer cessar práticas ilegais, vedada a censura prévia sobre o teor dos programas e matérias jornalísticas ou de caráter meramente informativo a serem exibidos na televisão, no rádio, na Internet e na imprensa escrita.

Note-se, ademais, que o exercício do poder de polícia não concede à Justiça Eleitoral o poder de, sem provocação por parte dos legitimados, deflagrar ações e representações eleitorais. Nesse sentido, foi publicado pelo Tribunal Superior o verbete n. 18 da súmula da sua jurisprudência, cujo teor é o seguinte:

> **SÚMULA 18 DO TSE: Poder de Polícia. Legitimidade. Procedimento. Multa. Propaganda Eleitoral.** Conquanto investido de poder de polícia, não tem legitimidade o juiz eleitoral para, de ofício, instaurar procedimento com a finalidade de impor multa pela veiculação de propaganda eleitoral em desacordo com a Lei n. 9.504/1997.

Eram essas as principais considerações que se tinha a apresentar quanto ao controvertido tema do poder de polícia em matéria eleitoral.

O art. 7.º da Res.-TSE n. 23.610/2019 estabelece que **o juízo eleitoral** com atribuições fixadas segundo o art. 8.º da mesma Resolução **tem a autoridade para ordenar a retirada imediata de conteúdo** na internet que esteja **em desacordo com as normas estabelecidas na Resolução.** Isso significa que, se um conteúdo na internet violar as regras de propaganda eleitoral definidas, o juízo eleitoral pode agir para assegurar que tal conteúdo seja removido rapidamente, visando manter a integridade e a equidade do processo eleitoral.

O § 1.º do art. 7.º especifica que, se a irregularidade identificada na internet se referir ao teor da propaganda, o exercício do poder de polícia não será permitido, conforme estipulado pelo art. 19 da Lei n. 12.965/2014 (Marco Civil da Internet). Essa disposição implica que, enquanto as questões formais e de veiculação podem ser abordadas pelo poder de polícia, as questões relativas ao conteúdo da propaganda devem ser tratadas por outros meios legais, não sendo objeto de remoção imediata pelo juízo eleitoral.

O § 2.º orienta que, na situação em que a irregularidade esteja relacionada ao conteúdo da propaganda na internet, a questão deve ser encaminhada ao Ministério Público Eleitoral. Isso indica um caminho alternativo para a resolução de questões de conteúdo, envolvendo a investigação e potencial ação legal pelo Ministério Público.

Finalmente, o § 3.º, cuja inserção foi definida pela Resolução n. 23.732/2024, esclarece que as disposições do artigo se referem especificamente ao **poder de polícia sobre propaganda eleitoral** relacionada às candidaturas e ao contexto da disputa eleitoral. A competência judicial para adotar medidas necessárias para assegurar a eficácia das decisões do Tribunal Superior Eleitoral é mantida, como delineado no art. 9.º-F do mesmo conjunto normativo.

As disposições contidas no art. 9.º-F da Resolução do Tribunal Superior Eleitoral n. 23.610/2019 e seus parágrafos constituem uma resposta regulatória direcionada à desinformação e à manipulação de conteúdo relacionados ao sistema eletrônico de votação, ao processo eleitoral e à Justiça Eleitoral, especialmente no ambiente digital.

O art. 9.º-F estabelece que, em casos de **propaganda eleitoral na internet que divulgue fatos notoriamente inverídicos ou gravemente descontextualizados** sobre o sistema eletrônico de votação, o processo eleitoral ou a Justiça Eleitoral, **as juízas e os juízes eleitorais** com atribuições fixadas no art. 8.º da mesma Resolução **devem seguir as decisões colegiadas do Tribunal Superior Eleitoral (TSE)** sobre a matéria, incluindo as determinações de remoção ou manutenção de conteúdos idênticos. Isso **visa garantir uniformidade** e consistência nas decisões judiciais relacionadas à propaganda eleitoral na internet, particularmente em relação ao combate à desinformação.

O § 1.º do art. 9.º-F aborda a questão da similitude entre os conteúdos removidos por determinação do TSE e aqueles veiculados na propaganda eleitoral regional ou municipal, mesmo quando há tentativas de burlar sistemas de detecção ou de dificultar a verificação humana. Este parágrafo destaca a necessidade de considerar o conteúdo substancialmente similar, independente de técnicas usadas para disfarçar sua duplicidade.

O § 2.º orienta que, para cumprir as disposições do artigo, as juízas e os juízes eleitorais devem consultar um repositório de decisões colegiadas do TSE, disponibilizado por meio de um sistema específico, assegurando assim o acesso à jurisprudência relevante para tomada de decisões informadas.

O § 3.º estipula que a ordem de remoção de conteúdo, emitida conforme este artigo, pode determinar um prazo inferior a 24 horas para sua execução, considerando a gravidade da veiculação e as particularidades do processo eleitoral e da eleição em curso ou a realizar. Este parágrafo ressalta a importância de uma resposta rápida em casos de veiculação de conteúdo prejudicial à integridade do processo eleitoral.

> O poder de polícia eleitoral se apresenta como um instrumento essencial na manutenção da ordem e da legalidade no contexto eleitoral, especialmente diante dos desafios impostos pelo cenário digital contemporâneo. Ele equilibra a necessidade de uma atuação célere e eficiente na prevenção e correção de irregularidades com o respeito às liberdades de expressão e ao direito à informação, fundamentais em um regime democrático.

Finalmente, o § 4.º estabelece que o exercício do poder de polícia que contrarie ou exceda o previsto no § 1.º pode resultar no uso da reclamação administrativa eleitoral, seguindo os procedimentos descritos nos arts. 29 e 30 da Resolução TSE n. 23.608/2019.

3.2. O MINISTÉRIO PÚBLICO ELEITORAL

Atente para o seguinte dispositivo da Constituição:

> **Art. 128.** O Ministério Público abrange:
> I — o Ministério Público da União, que compreende:
> *a)* o Ministério Público Federal;

> *b)* o Ministério Público do Trabalho;
> *c)* o Ministério Público Militar;
> *d)* o Ministério Público do Distrito Federal e Territórios.
> II — os Ministérios Públicos dos Estados.

A **Constituição** deixou de dar **expresso reconhecimento** à existência do **Ministério Público Eleitoral (MPE)**. Descabe o argumento de que tal omissão deveu-se ao fato de que tal ente é ocupado por membros permanentes do Ministério Público da União e, perante as zonas eleitorais, do Ministério Público dos estados.

Se tal explicação fosse válida, não seria justificável o tratamento constitucional explícito conferido à própria Justiça Eleitoral, já que é toda ela composta igualmente por quadros tomados por empréstimo aos tribunais superiores e à Justiça Comum da União e dos estados, conforme o caso.

A despeito dessa censurável omissão, o Ministério Público Eleitoral exerce atribuições indispensáveis, tanto no curso de processos judiciais quanto no acompanhamento das funções administrativas a cabo da Justiça Eleitoral.

À falta de dispositivo constitucional específico que lhe reconheça tais missões institucionais, merece sempre lembrança o previsto no art. 127 da CF, a seguir transcrito: "O Ministério Público é instituição permanente, essencial à função jurisdicional do Estado, incumbindo-lhe a defesa da ordem jurídica, do regime democrático e dos interesses sociais e individuais indisponíveis". Não pode haver matéria que supere a aplicação das normas eleitorais no que tange à sua essencialidade para a defesa do regime democrático.

Sendo assim, é **indispensável** a presença do **Ministério Público Eleitoral** no **acompanhamento** dos feitos eleitorais, judiciais e administrativos, sendo a **ausência** de sua notificação falha que **acarreta nulidade insanável**. Daí por que o Tribunal Superior Eleitoral reconhece o direito dos membros do MPE até mesmo à intimação pessoal. É o que se observa do julgado cuja ementa é a seguir transcrita:

> **Recurso Especial. Eleições 2004. Processual Civil. Intimação Pessoal do Ministério Público. Obrigatoriedade. Anulação de Todos os Atos Decisórios a Partir da Sentença.**
>
> 1. A intimação do Ministério Público deve ser feita, pessoalmente, por mandado.
>
> 2. Nulidade das intimações que foram realizadas sem observância das prescrições legais, com a consequente anulação dos atos decisórios prolatados sem a intervenção do Ministério Público, no caso, obrigatória.
>
> 3. Recurso especial conhecido e provido para declarar a nulidade de todos os atos decisórios, a partir da sentença, inclusive, determinando que sejam renovados após regular intimação pessoal, por mandado, do Ministério Público Eleitoral (REspe n. 26.014, Petrópolis/RJ, Acórdão de 31.10.2006, rel. Min. José Augusto Delgado, *DJ* de 14.11.2006, p. 172 e *RJTSE — Revista de Jurisprudência do TSE*, v. 17, t. 4, p. 395).

A relevância das funções cometidas ao Ministério Público Eleitoral é de tal ordem que a jurisprudência do Tribunal Superior Eleitoral é firme no sentido da sua legitimidade para a encampação, i.e., assunção da titularidade das demandas eleitorais em caso de inércia injustificada do seu propositor originário. É o que se vê nos seguintes excertos:

Agravo Regimental. Recurso Especial. Representação Art. 41-A da Lei n. 9.504/1997. Desistência Tácita. Autor. Titularidade. Ação. Ministério Público Eleitoral. Possibilidade. Interesse Público. Preclusão. Ausência.

1. No tocante à suposta omissão do acórdão regional, o agravante não impugnou especificamente os fundamentos da decisão que negou seguimento a seu recurso especial. Incidência, *in casu*, da Súmula n. 182 do e. STJ: "É inviável o agravo do art. 545 do CPC que deixa de atacar especificamente os fundamentos da decisão agravada".

2. O Ministério Público Eleitoral, por incumbir-lhe a defesa da ordem jurídica, do regime democrático e dos interesses sociais e individuais indisponíveis (art. 127 da Constituição Federal), possui legitimidade para assumir a titularidade da representação fundada no art. 41-A da Lei n. 9.504/1997 no caso de abandono da causa pelo autor.

3. O Parquet assume a titularidade da representação para garantir que o interesse público na apuração de irregularidades no processo eleitoral não fique submetido a eventual colusão ou ajuste entre os litigantes. Assim, a manifestação da parte representada torna-se irrelevante diante da prevalência do interesse público sobre o interesse particular (AgR-REspe 35.740, Teresina/PI, Acórdão de 16.06.2010, rel. Min. Aldir Guimarães Passarinho Junior, *DJe* de 06.08.2010, p. 53-54).

Apresentadas essas considerações preliminares, **registre-se** que as funções cometidas ao **Procurador-Geral Eleitoral** são exercidas, nos termos do art. 18 do CE, pelo **Procurador-Geral da República**.

Em suas **faltas e impedimentos**, toma assento perante o Tribunal Superior Eleitoral o Vice-Procurador-Geral Eleitoral, cuja designação **deve recair**, sempre, nos termos dos arts. 67, II, e 73, parágrafo único, da Lei Complementar n. 75/1993, sobre um dos **Subprocuradores-Gerais da República**.

O Procurador-Geral Eleitoral pode designar outros membros do Ministério Público da União, com exercício no Distrito Federal, sem prejuízo das respectivas funções, para auxiliá-lo junto ao Tribunal Superior Eleitoral. Estes, entretanto, não terão assento perante o tribunal.

O Procurador-Geral Eleitoral é o chefe do Ministério Público Eleitoral, competindo-lhe, conforme o art. 24 do CE:

INCISO	ATRIBUIÇÕES DO PROCURADOR-GERAL ELEITORAL
I	Assistir às sessões do Tribunal Superior e tomar parte nas discussões.
II	Exercer a ação pública e promovê-la até final, em todos os feitos de competência originária do Tribunal.
III	Oficiar em todos os recursos encaminhados ao Tribunal.
IV	Manifestar-se, por escrito ou oralmente, em todos os assuntos submetidos à deliberação do Tribunal, quando solicitada sua audiência.
V	Defender a jurisdição do Tribunal.
VI	Representar ao Tribunal sobre a fiel observância das leis eleitorais, especialmente quanto à sua aplicação uniforme em todo o País.

VII	Requisitar diligências, certidões e esclarecimentos necessários ao desempenho de suas atribuições.
VIII	Expedir instruções aos órgãos do Ministério Público junto aos Tribunais Regionais.
IX	Acompanhar, quando solicitado, o Corregedor-Geral, pessoalmente ou por intermédio de Procurador que designe, nas diligências.

Segundo esclarecem Vasconcelos e Silva[9]:

> O Procurador-Geral da República ajuizou uma ADI (4617/DF) contra a previsão do § 3.º do art. 45. Segundo o PGR, é inconstitucional não permitir que o Ministério Público possa também oferecer representação em caso de propaganda partidária vedada. O STF acolheu a tese da Procuradoria-Geral da República e decidiu que o Ministério Público possui legitimidade para representar contra propagandas partidárias irregulares. Assim, o STF deu interpretação conforme a Constituição ao § 3.º do art. 45 da Lei, de modo a garantir que o Ministério Público também possa oferecer representação contra propaganda partidária irregular (e não apenas os partidos políticos).

A Defensoria Pública desempenha um papel crucial em matéria eleitoral, assegurando a representação jurídica e a defesa dos direitos dos cidadãos, especialmente na garantia do acesso à justiça e na salvaguarda da equidade e da legalidade dos processos eleitorais.

Perante o Tribunal Regional Eleitoral servirá um procurador regional, designado, assim como seu substituto, pelo Procurador-Geral da República. Sua escolha deve recair sobre procuradores regionais da República no Estado e no Distrito Federal, ou, onde não houver, sobre os procuradores da República vitalícios, para um mandato de dois anos (ver arts. 75, I, e 76 da LC n. 75/1993).

Nos termos do que estatui o art. 32, III, da Lei Orgânica do Ministério Público, compete aos promotores de justiça, dentro de suas esferas de atribuições, oficiar perante a Justiça Eleitoral de primeira instância.

Quanto a estes, José Jairo Gomes[10] preleciona:

> Em princípio, o Promotor deve estar lotado na comarca a que pertence a Zona Eleitoral para a qual foi designado. Não sendo isso possível, por razões administrativas, deve ser designado Promotor que atue em comarca próxima. As razões dessa limitação são óbvias. Evitam-se indicações de caráter político, com violação ao princípio da impessoalidade na Administração Pública. Prestigia-se o princípio da eficiência, dada a facilidade no acompanhamento de feitos judiciais. Por fim, presume-se que o Promotor que viva e atue na região esteja mais bem informado dos acontecimentos, preferindo a outros profissionais lotados em comarcas distantes.

Como se vê, a despeito da **omissão** observada no texto **constitucional**, tem o Ministério Público **atuação em todos** os âmbitos e instâncias da **Justiça Eleitoral**, em que

---

[9]   VASCONCELOS, Clever; SILVA, Marco Antonio da. *Direito Eleitoral*. 3. ed. São Paulo: Saraiva-Jur, 2022. E-book Kindle.

[10] GOMES, José Jairo. *Direito Eleitoral*. Belo Horizonte: Del Rey, 2010. p. 69.

desempenha importante e **imprescindível papel** garantidor da sociedade no **acompa-nhamento** dos processos eleitorais, judiciais e administrativos.

3.3. A DEFENSORIA PÚBLICA ELEITORAL

As atividades da Defensoria Pública em matéria eleitoral são desenvolvidas por órgãos das Defensorias Públicas da União e dos Estados, para tanto definidos segundo as normas internas de distribuição de atribuições.

A Lei Complementar n. 80/1994 (Lei Orgânica da Defensoria) — que organiza a Defensoria Pública da União, do Distrito Federal e dos Territórios e prescreve normas gerais para sua organização nos estados — dispõe em seu art. 14 que: "**A Defensoria Pública da União atuará** nos Estados, no Distrito Federal e nos Territórios, junto às Justiças Federal, do Trabalho, **Eleitoral**, Militar, **Tribunais Superiores** e instâncias administrativas da União".

Os §§ 1.º e 2.º do referido dispositivo tratam da autorização para celebração de convênios com as Defensorias Públicas dos Estados ou, não havendo, com outros órgãos públicos, para que, em seu nome, atuem junto aos órgãos de primeiro e segundo graus de jurisdição referidos no *caput*.

De acordo com a prescrição contida no art. 22 da LC n. 80/1994, atuarão perante o Tribunal Superior Eleitoral apenas Defensores Públicos Federais de Categoria Especial.

Aos membros da Defensoria Pública da União é vedado exercer atividade político--partidária enquanto atuarem junto à Justiça Eleitoral. É o que deflui da leitura do art. 46, V, da Lei Orgânica da Defensoria. Os arts. 91 e 130 estendem essa mesma restrição aos membros das Defensorias do Distrito Federal e dos Estados, respectivamente.

O Tribunal Superior Eleitoral afirma necessária a intimação pessoal das testemu-nhas arroladas pela Defensoria Pública em atuação perante a Justiça Eleitoral, afastando a aplicação da regra geral do comparecimento em banca. Veja-se a respeito o seguinte precedente:

> O art. 22, V, da Lei Complementar 64/90 prescreve, como ônus das partes, as providên-cias necessárias ao comparecimento das suas testemunhas arroladas, independentemen-te de intimação. Contudo, o § 4.º, IV do art. 455 do CPC prevê tratamento diferenciado para a intimação das testemunhas arroladas pelos órgãos estatais em juízo, estabelecen-do a intimação judicial quando as testemunhas forem arroladas pelo Ministério Público ou pela Defensoria Pública. Não há vedação à aplicação suplementar do CPC, nos mol-des da Res.-TSE 23.478.9 (RO Eleitoral 060158509, Acórdão, rel. Min. Sérgio Banhos, *DJe*, t. 108, 10.06.2022).

No **Recurso Especial Eleitoral n. 846,** Acórdão, relator o Ministro Og Fernandes, relator designado o Ministro Luís Roberto Barroso, *DJe*, t. 54, 28.03.2022, **o Tribunal Superior Eleitoral concluiu que a Defensoria Pública da União não faz jus a hono-rários quando litigue contra a mesma Fazenda Pública que a remunera**. O caso versa execução fiscal de multa imposta pela Justiça Eleitoral.

Em outra oportunidade, o Tribunal Superior Eleitoral decidiu que a Defensoria Pública não tem poderes para acessar diretamente o cadastro eleitoral para obtenção de dados, concluindo que "[...] **os defensores públicos podem ter acesso aos dados**

restritos do cadastro mediante requerimento à autoridade judiciária competente". (Recurso em MS 060873339, Acórdão, rel. Min. Tarcísio Vieira de Carvalho Neto, *DJe*, t. 123, 1.º.07.2019).

3.4. A ADVOCACIA ELEITORAL

A advocacia eleitoral constitui atividade relevante, imprescindível para o funcionamento do sistema de Justiça Eleitoral, de cuja atuação depende o exercício da ampla defesa e do contraditório por intermédio de profissional devidamente habilitado para fazê-lo.

A Constituição Federal, em seu art. 133, afirma que: "O advogado é indispensável à administração da justiça, sendo inviolável por seus atos e manifestações no exercício da profissão, nos limites da lei". Também, e especialmente, essa premissa contida na Lei Fundamental se observa perante da Justiça Eleitoral. Daí não se admitir que o cidadão ou a cidadã litiguem perante o Poder Judiciário Eleitoral sem o patrocínio de advogado.

E deve chamar a nossa atenção o fato de que, por força do que estatuem os arts. 119, II, e 120, § 1.º, III, da Constituição Cidadã, dois dos sete Ministros que compõem o Tribunal Superior Eleitoral e outros dois entre os sete que integram os tribunais regionais eleitorais devem ser escolhidos entre os integrantes de listas compostas por seis advogados de notável saber jurídico e idoneidade moral. O tema foi tratado com maior vagar no item 3.1 deste capítulo, quando falamos sobre a composição dos tribunais eleitorais.

O próprio Conselho Federal da Ordem dos Advogados do Brasil possui importantes missões no tocante ao funcionamento das instituições eleitorais. De conformidade com o que estipula o art. 65, § 1.º, da Lei das Eleições, o Conselho Federal da OAB, assim como os partidos político e o Ministério Público, podem indicar técnicos para acompanhar as diversas fases de especificação e de desenvolvimento dos programas de computador de propriedade do Tribunal Superior Eleitoral, desenvolvidos por ele ou sob sua encomenda.

De acordo com o disposto no art. 93-A, § 5.º, da Lei n. 9.504/90197, os advogados dos candidatos ou dos partidos e coligações atuando perante os tribunais eleitorais serão intimados para os feitos que não versem sobre a **cassação do registro** ou do **diploma** de que trata esta Lei por meio da **publicação** de edital eletrônico publicado na página do **respectivo Tribunal na internet**, iniciando-se a contagem do **prazo** no **dia seguinte ao da divulgação**.

O art. 45, § 5.º, da Res.-TSE n. 23.607/2019, por outro lado, define como obrigatória a constituição de advogada ou de advogado para a prestação de contas nas campanhas eleitorais.

A relevância e essencialidade da advocacia na defesa de advogados ou partidos e nas prestações de contas eleitorais são tão reconhecidas que o parágrafo único do art. 18-A da LE estipula que: "[...] os gastos advocatícios e de contabilidade referentes a consultoria, assessoria e honorários, relacionados à prestação de serviços em campanhas eleitorais e em favor destas, bem como em processo judicial decorrente de defesa de interesses de candidato ou partido político, não estão sujeitos a limites de gastos ou a limites que possam impor dificuldade ao exercício da ampla defesa".

> A advocacia eleitoral é essencial para garantir a integridade e a legalidade do processo democrático, assegurando a representação justa e eficaz dos interesses dos candidatos, partidos e eleitores no sistema de Justiça Eleitoral.

A advocacia eleitoral, em sua essência, é uma área de especialização jurídica que requer um conhecimento aprofundado e contínuo sobre a legislação eleitoral e práticas correlatas. Este aprofundamento nos estudos é fundamental para o exercício adequado das atividades atribuídas aos advogados e advogadas eleitorais, que desempenham um papel crucial em diversos aspectos do processo eleitoral.

Primeiramente, é imperativo que os profissionais da advocacia eleitoral estejam bem versados na orientação e aconselhamento de candidatos e partidos políticos. Isso envolve não apenas a compreensão das leis atuais, mas também a capacidade de antever e adaptar-se a mudanças legislativas, contribuindo para a prevenção de irregularidades e garantindo a integridade das eleições.

A contribuição na formulação de leis e políticas eleitorais é outra área em que o aprofundamento de estudos se mostra vital. Os advogados eleitorais, com sua expertise e experiência prática, são capazes de influenciar positivamente o desenvolvimento de regulamentos justos e eficientes, moldando assim um cenário eleitoral mais equitativo.

Além disso, o papel educativo da advocacia eleitoral não pode ser subestimado. A disseminação de conhecimento sobre direitos eleitorais e processos de votação é uma ferramenta poderosa para fortalecer a democracia, e isso exige um profundo entendimento dos aspectos legais e práticos das eleições.

A assistência jurídica a observadores eleitorais, jornalistas e outros atores chave durante as eleições também é uma função crítica da advocacia eleitoral. Aqui, a expertise aprofundada é necessária para garantir que esses agentes possam operar eficazmente, contribuindo para a transparência e integridade do processo eleitoral.

Finalmente, na resolução de disputas eleitorais pós-eleição, os advogados eleitorais precisam de uma compreensão profunda e atualizada das leis para assegurar que todas as questões sejam tratadas de maneira justa e legal. O conhecimento especializado é crucial na apresentação e defesa de casos complexos, como impugnações e recontagens.

Pode-se, portanto, concluir que o aprofundamento nos estudos para o adequado exercício das atividades de advogados e advogadas eleitorais é um aspecto incontornável e perene. É esse investimento contínuo em conhecimento e competência que sustenta a eficácia e a integridade da advocacia eleitoral, tornando-a um pilar fundamental para a manutenção da democracia e do estado de direito.

3.5. QUESTÕES

QUESTÕES DE CONCURSOS
http://uqr.to/1yrov

4

PROCESSO ADMINISTRATIVO ELEITORAL

Em sentido estrito, **processo eleitoral** é o conjunto de atos a **cargo** da Justiça Eleitoral que habilitam o cidadão a **exercer o direito de votar** em eleições, plebiscitos e referendos, a apresentar-se como postulante a candidato, a receber votos e, caso eleito, a ser diplomado. Integram, pois, o **conceito** de processo eleitoral, o **alistamento e o sistema eleitoral**.

Em sentido *lato*, a expressão compreende todos os atos necessários à formação da representação popular. Neste capítulo, estudaremos o processo eleitoral em seu sentido amplo. Os **atos** vão desde a constituição do **colégio eleitoral** até a **diplomação** dos eleitos — ato jurídico constitutivo e declaratório que lhes autoriza a tomar posse nos respectivos mandatos —, **abrangendo** ainda a sua **cassação** em virtude da prática de **atos antijurídicos** observados, nos limites definidos em lei, ao **longo** do **período eleitoral** ou até mesmo da **prestação de contas** de campanha.

Sendo o Direito Eleitoral um ramo do Direito Público, suas normas são de natureza cogente (que obriga ou proíbe determinada conduta), imperativas, com a garantia de que não podem ser alteradas a qualquer tempo pela vontade dos particulares ou entidades envolvidas no processo eleitoral. Para garantir que as normas eleitorais não sejam alteradas a qualquer tempo, já explanamos no tópico "Princípio da anualidade ou da anterioridade anual" que o art. 16 da CF determina que a lei que alterar o processo eleitoral entrará em vigor na data de sua publicação, não se aplicando à eleição que ocorrer até um ano da data de sua vigência. Remetemos o leitor à leitura do item específico no capítulo desta obra atinente aos "Princípios do Direito Eleitoral".

Trataremos, a seguir, de cada um desses distintos momentos do processo eleitoral.

Neste capítulo, será apresentado o fluxo detalhado de cada uma das etapas que compõem o processo de administração dos processos eleitorais. Percorrer esse "caminho" é essencial para compreender a ordem e a interconexão das atividades no contexto eleitoral, cobrindo desde o início do processo eleitoral com o alistamento dos eleitores, passando pela filiação partidária, até chegar às etapas finais, como a proclamação dos resultados e a prestação de contas de campanha.

O objetivo é oferecer uma visão abrangente e sequencial das várias fases envolvidas, destacando a importância de cada etapa no funcionamento geral do sistema eleitoral. A compreensão deste fluxo é crucial para todos os interessados no processo eleitoral, incluindo eleitores, candidatos, partidos políticos, e profissionais do direito eleitoral. Este capítulo visa desmistificar e esclarecer o complexo sistema administrativo eleitoral, proporcionando uma base sólida de conhecimento para uma análise mais aprofundada das eleições.

4.1. ALISTAMENTO ELEITORAL

4.1.1. Aspectos iniciais

O alistamento eleitoral está inicialmente previsto nos arts. 42 a 51 do Código Eleitoral. Segundo dispõe o art. 42: "O alistamento se faz mediante a qualificação e inscrição do eleitor". O **alistamento** é, assim, o ato jurídico **complexo** por meio do qual o eleitor procura **demonstrar** perante a Justiça Eleitoral o **preenchimento** dos **requisitos** constitucionais e legais para **votar** (qualificação) e, logrando fazê-lo, vê-se admitido a **integrar** o cadastro de **eleitores** (inscrição).

De acordo com o *Glossário Eleitoral* do Tribunal Superior Eleitoral[1]:

"Alistamento eleitoral" é um dos verbetes que constam do Glossário Eleitoral Brasileiro, serviço disponível para o cidadão no Portal do Tribunal Superior Eleitoral (TSE). O Glossário informa que esse alistamento é a primeira fase do processo eleitoral. Trata-se de um procedimento administrativo cartorário e compreende dois atos inconfundíveis: a qualificação e a inscrição do eleitor. A qualificação é a prova de que o cidadão satisfaz as exigências legais para exercer o direito de voto, enquanto que a inscrição eleitoral, que permite ao cidadão obter o título de eleitor, faz com que ele passe a integrar o Cadastro Nacional de Eleitores da Justiça Eleitoral. O ato de alistamento eleitoral é feito por meio de processamento eletrônico e se consuma com o preenchimento do requerimento de alistamento eleitoral (RAE). O alistamento é a forma pela qual o cidadão adquire seus direitos políticos, tornando-se titular de direito político ativo (capacidade para votar). O ato de se alistar também possibilita sua elegibilidade e filiação partidária, após a expedição do respectivo título de eleitor. O ato de alistamento eleitoral é feito por meio de processamento eletrônico e se consuma com o preenchimento do requerimento de alistamento eleitoral (RAE). O alistamento é a forma pela qual o cidadão adquire seus direitos políticos, tornando-se titular de direito político ativo (capacidade para votar). O ato de se alistar também possibilita sua elegibilidade e filiação partidária, após a expedição do respectivo título de eleitor.

Para Lourival Serejo[2]:

O alistamento distingue-se como a primeira etapa do processo eleitoral propriamente dito, pois é a partir daí que o cidadão passa a fazer parte do corpo de eleitores do País, adquirindo seu título eleitoral, principal instrumento da cidadania. É de suma importância para toda credibilidade do resultado das eleições que esse momento seja resguardado de todos os vícios que macularam a Justiça Eleitoral na chamada República Velha.

---

[1]   Sistema mantido pela Justiça Eleitoral com o objetivo de integrar todos os aplicativos relacionados ao Cadastro de Eleitores. *Glossário Eleitoral do TSE*. Disponível em: https://www.tse.jus.br/imprensa/noticias-tse/2019/Marco/voce-sabe-o-que-e-alistamento-eleitoral-o-glossario-eleitoral-brasileiro-esclarece. Acesso em: 3 jan. 2023.

[2]   SEREJO, Lourival. *Programa de Direito Eleitoral*. Belo Horizonte: Del Rey, 2006, p. 28.

O alistamento eleitoral integra os denominados "direitos políticos", sendo estes definidos como as normas que asseguram a participação do cidadão no processo eleitoral, como agentes ativos, como eleitores, ou passivamente, como candidatos. O primeiro requisito para o alistamento é a detenção de capacidade eleitoral, vista como o direito de participar da vida democrática do Estado por meio de processos oficiais de escolha de mandatários, majoritários ou não, baseados no exercício do voto.

> O alistamento eleitoral é um ato administrativo complexo que representa a primeira fase do processo eleitoral, no qual o cidadão comprova perante a Justiça Eleitoral o atendimento aos requisitos constitucionais e legais para votar (qualificação) e, ao fazê-lo com sucesso, é admitido no cadastro de eleitores (inscrição), adquirindo assim seus direitos políticos. Esse procedimento é realizado por meio do preenchimento do Requerimento de Alistamento Eleitoral (RAE), acompanhado dos documentos necessários, permitindo ao cidadão tornar-se titular do direito político ativo (capacidade para votar), e habilitando-o para elegibilidade e filiação partidária, após a expedição do título de eleitor.

A **capacidade** eleitoral **ativa confunde-se** com o direito de **exprimir** o voto na **escolha** de mandatários ou no **exercício** direto da **democracia**. Para Edson de Resende Castro: "O alistamento eleitoral [...] é o procedimento administrativo eleitoral em que se verifica se o requerente tem capacidade eleitoral ativa e pode exercê-la nas urnas"[3].

A obtenção do título eleitoral por meios digitais é facilitada principalmente através de duas plataformas: o aplicativo e-Título e o sistema Autoatendimento Eleitoral — Título Net.

a) **e-Título**: Este aplicativo móvel oferece uma versão digital do título eleitoral, proporcionando acesso rápido a informações cadastrais na Justiça Eleitoral. Ele exibe dados como zona eleitoral e situação cadastral, além de certidões de quitação eleitoral e de crimes eleitorais. O acesso ao e-Título foi simplificado, permitindo o login com o número do CPF, eliminando a necessidade de lembrar o número do título eleitoral. O aplicativo também foi adaptado para melhorar a acessibilidade para pessoas com deficiência visual, baixa visibilidade ou daltonismo, com um *design* atualizado para tons de azul.

b) **Autoatendimento Eleitoral — Título Net**: Este sistema disponibiliza diversos serviços da Justiça Eleitoral online, incluindo a emissão do primeiro título (alistamento), alteração de dados pessoais, inclusão de nome social, atualização de endereço, consulta à situação do título, apresentação de justificativa eleitoral, consulta e alteração do local de votação, regularização de títulos eleitorais cancelados e transferência do município de domicílio eleitoral.

A **disciplina do alistamento** eleitoral está tratada de forma **minudente** pela **Resolução TSE n. 23.659/2021**, que em seu art. 41 estatui que: "Os pedidos de alistamento, revisão, transferência e segunda via, inclusive no caso de pessoa residente no exterior,

---

3   CASTRO, Edson de Resende. *Teoria e prática do Direito Eleitoral*. Belo Horizonte: Mandamentos, 2008, p. 83.

serão formalizados perante a Justiça Eleitoral por meio do Requerimento de Alistamento Eleitoral (**RAE**), disponibilizado pelo Tribunal Superior Eleitoral em modelo a ser **preenchido** e processado **eletronicamente**".

O art. 34 da referida Resolução do TSE traz algumas especificidades no tratamento da matéria. Diz o dispositivo:

> **Art. 34.** Para o alistamento, a pessoa requerente apresentará um ou mais dos seguintes documentos de identificação:
>
> I — carteira de identidade ou carteira emitida pelos órgãos criados por lei federal, controladores do exercício profissional;
>
> II — certidão de nascimento ou de casamento expedida no Brasil ou registrada em repartição diplomática brasileira e transladada para o registro civil, conforme a legislação própria;
>
> III — documento público do qual se infira ter a pessoa requerente a idade mínima de 15 anos, e do qual constem os demais elementos necessários à sua qualificação;
>
> IV — documento congênere ao registro civil, expedido pela Fundação Nacional do Índio (Funai);
>
> V — documento do qual se infira a nacionalidade brasileira, originária ou adquirida, da pessoa requerente;
>
> VI — publicação oficial da Portaria do Ministro da Justiça e o documento de identidade de que tratam os arts. 22 do Decreto n. 3.927, de 2001, e 5.º da Lei n. 7.116, de 1983, para as pessoas portuguesas que tenham obtido o gozo dos direitos políticos no Brasil.
>
> Parágrafo único. A apresentação de mais de um documento somente será exigível nas situações em que o primeiro documento apresentado não contenha, por si só, todos os dados para os quais se exige comprovação.

INCISO	DOCUMENTO DE IDENTIFICAÇÃO PARA ALISTAMENTO
I	Carteira de identidade ou carteira emitida pelos órgãos criados por lei federal, controladores do exercício profissional
II	Certidão de nascimento ou de casamento expedida no Brasil ou registrada em repartição diplomática brasileira e transladada para o registro civil, conforme a legislação própria
III	Documento público que infira a idade mínima de 15 anos e que contenha os elementos necessários à qualificação da pessoa requerente
IV	Documento congênere ao registro civil, expedido pela Fundação Nacional do Índio (Funai)
V	Documento que infira a nacionalidade brasileira, originária ou adquirida, da pessoa requerente
VI	Publicação oficial da Portaria do Ministro da Justiça e o documento de identidade conforme os arts. 22 do Decreto n. 3.927, de 2001, e 5.º da Lei n. 7.116, de 1983, para pessoas portuguesas com direitos políticos no Brasil

A principal distinção da norma acima transcrita em relação às previsões do Código Eleitoral diz respeito à mudança na idade mínima para a obtenção do *status* de eleitor que, por força do disposto na CF/1988 foi reduzida, ainda que facultativamente, de 18 para 16 anos.

A esse respeito, ensina Olívia Raposo da Silva Telles[4]:

A Constituição de 1988 deu um importante passo no sentido da universalização do direito de votar facultando o alistamento e o voto aos analfabetos e aos que têm entre 16 e 18 anos (art. 14). A incorporação dos jovens entre dezesseis e dezoito anos, como salienta Maria Tereza Sadek, distingue o Brasil na comunidade das nações. Segundo a citada autora, apenas a Nicarágua segue esse modelo — em todos os demais a idade mínima para votar é de 18 anos.

Já a inscrição é ato que decorre do deferimento, pelo juiz eleitoral, do pedido de qualificação. Nos termos do que preceitua o § 2.º do art. 45 do CE, se tiver dúvida quanto à identidade do requerente ou sobre qualquer outro requisito para o alistamento, o juiz eleitoral poderá (na verdade, ele deverá) converter o julgamento em diligência para que o alistando esclareça ou complete a prova, até mesmo comparecendo pessoalmente à sua presença, se a medida se verificar necessária.

Como já mencionamos, **o vigente Código Eleitoral tem diversas das suas normas superadas por normas extravagantes, algumas delas encontradas até mesmo em simples resoluções baixadas pelo Tribunal Superior Eleitoral**.

Mais que a lógica formal do conceito tradicional da hierarquia das normas, prevalece nessa matéria a lógica de uma dinâmica muitas vezes ditada pelos avanços alcançados no mundo tecnológico, nem sempre acompanhados pelo legislador.

Daí que o Código Eleitoral ainda fale, no § 12 do art. 45, em "remessa ao Tribunal Regional da ficha do eleitor, após a expedição do seu título". O princípio adotado pelo Código Eleitoral é o da vinculação permanente do eleitor à seção eleitoral indicada em seu título (art. 46, § 3.º). Tal princípio comporta as seguintes exceções:

a) se se transferir de zona ou município hipótese em que deverá requerer transferência;

b) se, até 150 (cento e cinquenta) dias antes da eleição provar, perante o juiz eleitoral, que mudou de residência dentro do mesmo município, de um distrito para outro ou para lugar muito distante da seção em que se acha inscrito, caso em que serão feitas na folha de votação e no título eleitoral, para esse fim exibindo as alterações correspondentes, devidamente autenticadas pela autoridade judiciária.

Em tais casos, poderá o eleitor requerer transferência de domicílio eleitoral nos termos do que dispõe o art. 55. Segundo o § 1.º do referido dispositivo, **a transferência só será admitida se forem satisfeitas as seguintes exigências**:

a) entrada do requerimento no cartório eleitoral do novo domicílio até 151 dias antes da data da eleição. Não obstante conste da referida norma do CE o prazo de 100 dias, o art. 91 da Lei n. 9.504/1997 o alterou para 150 dias. Como é necessário ser anterior a esta data, deve-se, pois, acrescentar mais um dia ao cômputo final. O prazo, portanto, é de 151 dias.

---

[4]   TELLES, Olívia Raposo da Silva. *Direito Eleitoral comparado — Brasil, Estados Unidos, França.* São Paulo: Saraiva, 2009, p. 138.

b) transcorrência de pelo menos 1 (um) ano da inscrição primitiva;

c) residência mínima de 3 (três) meses no novo domicílio, atestada pela autoridade policial ou provada por outros meios convincentes.

> **ATENÇÃO:** É necessário escapar a uma interpretação restritiva do dispositivo, pois a Resolução do TSE n. 23.659/2021 definiu, em seu art. 23, que: "Para fins de fixação do domicílio eleitoral no alistamento e na transferência, deverá ser comprovada a existência de vínculo residencial, afetivo, familiar, profissional, comunitário ou de outra natureza que justifique a escolha do município".

Os incisos I e II do art. 55 não se aplicam quando se tratar de transferência de servidor público civil, militar, autárquico, ou de membro de sua família, por motivo de remoção ou transferência (art. 55, § 2.º, do CE).

Essa posição mais ampla em relação ao domicílio eleitoral já era admitida pelo Tribunal Superior há anos no que pertine à verificação do preenchimento da condição de inelegibilidade prevista no art. 14, § 3.º, IV, da CF/1988, que exige o vínculo domiciliar como pressuposto para a candidatura. O tema será estudado no capítulo relativo às condições de elegibilidade e inelegibilidade.

4.1.2. Fechamento e reabertura do cadastro eleitoral

A Resolução-TSE n. 23.737/2024 introduziu significativas modificações no cenário eleitoral do Brasil, particularmente no tocante ao processo de fechamento e subsequente reabertura do Cadastro Eleitoral. Estas mudanças são direcionadas para aprimorar tanto a organização quanto a eficácia do processo eleitoral brasileiro.

Um elemento crucial dessa resolução é a implementação de regras inéditas para o serviço de autoatendimento eleitoral via internet. Com início em 9 de abril de 2024, somente um grupo específico de pessoas, incluindo eleitoras e eleitores domiciliados no Brasil que estão inscritos com cadastro biométrico, além de alistandas, alistandos e eleitores residentes no exterior, terão permissão para solicitar operações através deste serviço. Essa medida reflete o papel cada vez mais significativo da biometria na garantia da segurança do processo eleitoral, promovendo uma maior confiabilidade nas operações executadas de forma remota.

Outro aspecto importante é que **a partir de 9 de maio de 2024 ocorrerá a suspensão do recebimento de solicitações para operações de alistamento, transferência e revisão eleitoral em todas as instâncias da Justiça Eleitoral, assim como no serviço de autoatendimento online**. Esta suspensão marca o fechamento oficial do Cadastro Eleitoral. Tal ação é fundamental para possibilitar que a Justiça Eleitoral consolide e atualize os registros eleitorais de maneira adequada antes das eleições.

É relevante mencionar que **durante o período de fechamento do cadastro não ocorrerá a suspensão dos comandos de código de ASE (Atualização de Situação Eleitoral). Assim, os lançamentos efetuados, especialmente aqueles que se referem a restrições, terão efeitos imediatos e serão considerados para a emissão de certidões de quitação eleitoral.**

No decorrer do fechamento do Cadastro Eleitoral, continuará sendo possível fornecer aos eleitores documentos significativos, tais como a via impressa do título eleitoral, certidões previstas na Res.-TSE n. 23.659/2021, e a versão digital do título eleitoral (e-Título). Estes documentos estarão disponíveis para inscrições tanto regulares quanto suspensas, garantindo que os eleitores mantenham acesso a documentos vitais mesmo durante o período de fechamento.

Finalmente, **em 5 de novembro de 2024, a Justiça Eleitoral retomará o atendimento de solicitações para operações de alistamento, transferência e revisão eleitoral, sinalizando a reabertura do Cadastro Eleitora**l. Após esta data, não será realizado o processamento de Requerimentos de Alistamento Eleitoral que foram formalizados antes da reabertura, assegurando a atualização e a eficiência do cadastro para os pleitos futuros.

Essas medidas refletem a evolução contínua e a adaptação do sistema eleitoral brasileiro, visando assegurar tanto a integridade quanto a eficiência do processo eleitoral, especialmente em um contexto marcado por uma crescente digitalização e avanços tecnológicos.

DATA	EVENTO
◼ 09.04.2024	◼ Serviço de autoatendimento eleitoral na internet. Apenas eleitoras e eleitores com domicílio eleitoral no Brasil e cadastro biométrico, além de alistandas, alistandos e eleitores residentes no exterior poderão solicitar operações.
◼ 09.05.2024	◼ Suspensão do recebimento de solicitações de operações de alistamento, transferência e revisão eleitoral em todas as unidades da Justiça Eleitoral e no serviço de autoatendimento na internet. Início do fechamento do Cadastro Eleitoral.
◼ Durante o período de fechamento	◼ Durante o fechamento do Cadastro Eleitoral, continuação do processamento de comandos de código de ASE e disponibilização de documentos específicos aos eleitores.
◼ 05.11.2024	◼ Reabertura do Cadastro Eleitoral para solicitações de alistamento, transferência e revisão eleitoral. Não haverá processamento de Requerimentos de Alistamento Eleitoral formalizados antes desta data.

A mesma Resolução-TSE n. 23.737/2024 em seu Capítulo II, aborda a "Regularização de inscrição cancelada ainda *sub-judice*". O art. 9.º determina que os recursos interpostos contra o cancelamento de inscrição, incluídos os em revisão de eleitorado ainda pendentes de julgamento no tribunal regional eleitoral, devem ter tramitação e julgamento prioritários. Isso assegura que a eventual regularização da inscrição eleitoral ocorra em tempo hábil para o exercício do voto.

Além disso, o § 1.º deste artigo especifica que, se o recurso contra o cancelamento da inscrição for provido, o tribunal regional eleitoral deve comunicar a decisão à Corregedoria-Geral da Justiça Eleitoral até 17 de junho de 2024. Recebida a comunicação, a Corregedoria-Geral da Justiça Eleitoral excluirá o código de ASE de cancelamento, permitindo que as inscrições figurem em folha de votação (§ 2.º).

No Capítulo III, "Da regularização das operações eleitorais e dos comandos de códigos de ASE", o art. 10 enfatiza que os pedidos de regularização das operações eleitorais e dos comandos de código de ASE devem ser remetidos à Corregedoria--Geral da Justiça Eleitoral pelo Processo Judicial eletrônico (PJe). O parágrafo único estabelece que apenas os requerimentos recebidos até 6 de junho de 2024, para alteração de situação de RAE, e até 17 de junho de 2024, para pedido de reversão de transferência ou de revisão e de retificação de dados cadastrais ou de histórico de ASE que impactem a elaboração das folhas de votação, serão examinados pela Corregedoria-Geral da Justiça Eleitoral.

Na sequência, o Capítulo IV trata do "Exame e da decisão de coincidências e incoincidências". O art. 11 estipula que as inscrições eleitorais agrupadas em situações de duplicidade, pluralidade ou não coincidência terão exame prioritário nas corregedorias e zonas eleitorais. Este exame prioriza a resolução de casos de inscrições que podem estar duplicadas ou que apresentam algum tipo de inconsistência, garantindo a integridade do registro eleitoral. Além disso, as decisões de coincidências identificadas após 9 de maio de 2024 devem ser digitadas até 27 de junho de 2024, e se ultrapassado esse prazo sem decisão, o sistema aplicará automaticamente a solução indicada no § 2.º do art. 101 da Res.-TSE n. 23.659/2021. Esse § 2.º mencionado se refere a uma norma específica que trata do cancelamento automático de inscrições eleitorais em situações de inconformidade. Segundo esta norma, quando uma inscrição eleitoral está envolvida em alguma inconformidade e sua situação não é liberada, ela será automaticamente cancelada pelo sistema caso não seja objeto de uma decisão judicial dentro do prazo especificado no *caput* do artigo correspondente.

Essa disposição tem como objetivo garantir a integridade e a atualização do Cadastro Eleitoral. Ao estabelecer o cancelamento automático de inscrições que permanecem em estado de inconformidade sem resolução judicial, a norma busca evitar que irregularidades no cadastro persistam por um período prolongado, o que poderia comprometer a precisão dos registros eleitorais e, consequentemente, a legitimidade do processo eleitoral. O cancelamento automático é uma ferramenta administrativa para gerenciar eficientemente o cadastro, especialmente em preparação para as eleições, garantindo que apenas eleitores elegíveis e em conformidade com a legislação participem do processo eleitoral.

Uma crítica pertinente a essa disposição é que ela pode, de fato, prejudicar eleitores cujas situações de possível inconformidade não sejam analisadas tempestivamente pela Justiça Eleitoral. Esse cancelamento automático não considera as razões pelas quais a decisão judicial pode não ter sido proferida, que podem incluir atrasos processuais ou administrativos que estão além do controle do eleitor. Essencialmente, a norma coloca o ônus sobre o eleitor, que pode ter sua inscrição cancelada automaticamente, mesmo que a demora na análise do caso não seja de sua responsabilidade. Isso pode levar a situações em que eleitores elegíveis sejam impedidos de votar devido a falhas ou atrasos no sistema judiciário, o que seria um contraponto ao princípio da garantia de participação eleitoral.

Além disso, o cancelamento automático pode resultar em uma maior carga de trabalho para os órgãos eleitorais, pois os eleitores afetados provavelmente buscarão a regularização de suas situações. Esses procedimentos adicionais podem gerar custos administrativos e logísticos e potencialmente contribuir para atrasos adicionais no sistema.

Vale dizer, enquanto a intenção da norma pode ser assegurar a integridade do cadastro eleitoral, sua aplicação prática pode resultar em consequências negativas para os eleitores, especialmente aqueles que, por razões alheias à sua vontade, encontram-se em situações de inconformidade não resolvidas.

4.1.3. Recursos do deferimento ou indeferimento da transferência eleitoral

Sendo **deferida a transferência**, pode qualquer eleitor (art. 57, § 2.º, do CE) ou delegado do partido político (Ac. TSE n. 10.725/1989 e Lei n. 6.996/1982, art. 7.º, § 1.º) **recorrer** em um prazo de **cinco dias**. O CE, em seu art. 57, § 2.º, determinava **três dias**, mas foi **alterado** pela Lei n. 6.996/1982, art. 7.º, § 1.º:

Do indeferimento da transferência poderá recorrer o alistando ou o partido em cinco dias (Lei n. 6.996/1982, art. 7.º, § 1.º). Interposto o recurso ao TRE, este tem cinco dias para decidir, e o novo título somente será expedido após decorrer os prazos de recurso. Eleitor transferido não poderá votar no novo domicílio eleitoral em eleição suplementar à que tiver sido realizada antes de sua transferência (art. 60 do CE).

4.1.4. Da quitação eleitoral na transferência

A **transferência** somente se **efetivará** se o eleitor estiver com todas as suas **obrigações** devidamente **cumpridas** perante a Justiça Eleitoral (art. 61 do CE).

4.1.5. Alistamento obrigatório, facultativo e vedado

As hipóteses em que o alistamento eleitoral e o exercício de voto são tidos como obrigatórios ou facultativos estão previstas no art. 14, § 1.º, da CF. Ali se dispõe que o **alistamento** eleitoral e o **voto** são **obrigatórios** para os **maiores** de 18 anos e são **facultativos** para os analfabetos, os maiores de 70 anos e os maiores de 16 e menores de 18 anos. **Não** podem **alistar-se** como eleitores os **estrangeiros** e, durante o período do **serviço militar obrigatório**, os **conscritos** (art. 14, § 2.º, da CF).

Os estrangeiros maiores de 18 anos e menores de 70 anos naturalizados brasileiros estão obrigados a se alistar eleitoralmente até um ano após o deferimento da naturalização. No caso de os naturalizados maiores de 18 anos não se alistarem até os 19 anos ou os com idade inferior a 70 anos não se alistarem até um ano após a naturalização, o juiz eleitoral aplicará multa, no ato da inscrição, de 3% a 10% do salário mínimo.

CATEGORIA	DESCRIÇÃO
Obrigatório	Maiores de 18 anos; Estrangeiros naturalizados brasileiros maiores de 18 anos e menores de 70 anos até um ano após deferimento da naturalização
Facultativo	Analfabetos; Maiores de 70 anos; Jovens maiores de 16 e menores de 18 anos
Vedado	Estrangeiros; Conscritos durante o serviço militar obrigatório

4.1.6. Cancelamento da inscrição eleitoral

Dispõe o art. 71 do Código Eleitoral serem as seguintes as causas de cancelamento:

INCISO	CAUSA DE CANCELAMENTO
I	Infração dos arts. 5.º e 42 do Código Eleitoral
II	Suspensão ou perda dos direitos políticos
III	Pluralidade de inscrição
IV	Falecimento do eleitor
V	Deixar de votar em três eleições consecutivas

Segundo o art. 5.º do CE, "Não podem alistar-se eleitores: I — os analfabetos; (revogado pelo art. 14, § 1.º, II, *a*, da CF/88); II — os que não saibam exprimir-se na língua nacional; III — os que estejam privados, temporária ou definitivamente dos direitos políticos". O art. 42, por sua vez, disciplina que "O alistamento se faz mediante a qualificação e inscrição do eleitor. Parágrafo único. Para o efeito da inscrição, é domicílio eleitoral o lugar de residência ou moradia do requerente, e, verifi- cado ter o alistando mais de uma, considerar-se-á domicílio qualquer delas".

A ocorrência de qualquer das causas enumeradas no art. 71 acarretará a exclusão do eleitor, que poderá ser promovida de ofício, a requerimento de delegado de partido ou de qualquer eleitor. Mas deve ser observado o que dispõe o § 2.º do art. 130 da Resolução do TSE n. 23.659/2021 que menciona que não se submete ao cancelamento, pela **regra da não utilização** para o exercício do voto por três eleições consecutivas quando: "**a)** o exercício do voto seja facultativo; **b)** em razão de deficiência que torne impossível ou demasiadamente oneroso o exercício do voto, tenha sido lançado o comando a que se refere a alínea *b* do § 1.º do art. 15 desta Resolução; ou **c)** em razão da suspensão de direitos políticos, o exercício do voto esteja impedido".

Em caso de exclusão promovida por iniciativa do próprio juiz eleitoral deve-se atentar para a seguinte orientação de Adriano Soares da Costa:

> Todavia, resolvendo o próprio juiz iniciar o processo, é de bom tom que o faça com esteio em certidão do escrivão eleitoral, dando conta da causa motriz da exclusão. Depois deve citar o eleitor para que se defenda e, ouvido o MP, após as diligências necessárias, poderá decidir.

Nessa mesma esteira, a jurisprudência do TSE vem pontuando que:

> [...] O procedimento de exclusão previsto pelo Código Eleitoral (arts. 71 e seguintes), observado o rito nele disciplinado, no qual se assegura ao eleitor o exercício do contraditório e da ampla defesa, admite a retirada do eleitor da folha de votação, após a sentença de cancelamento, ainda que haja recurso, cujo efeito é apenas devolutivo. Efetivada a providência em período que inviabilize a regularização do eleitor no cadastro, não ficará o excluído sujeito às sanções decorrentes do não cumprimento das obrigações eleitorais (Processo Administrativo n. 19348, rel. Min. Francisco Peçanha Martins).

O cancelamento da inscrição se dá consoante o procedimento previsto no art. 77 do Código Eleitoral, que prevê a seguinte ritualística:

> **Art. 77.** O juiz eleitoral processará a exclusão pela forma seguinte:

INCISO	PROCEDIMENTO
I	Autuação da petição ou representação com os documentos que a instruírem
II	Publicação de edital com prazo de 10 dias para ciência dos interessados, que poderão contestar dentro de 5 dias
III	Concessão de dilação probatória de 5 a 10 dias, se requerida
IV	Decisão no prazo de 5 dias

Observe-se que no **procedimento de exclusão**, ao eleitor que se encontra no **polo passivo** do referido **procedimento** devem ser **garantidos** os princípios constitucionais do **contraditório e da ampla defesa**, conforme disposto no inciso LV do art. 5.º da CF, sob **pena** de **nulidade** do procedimento.

O Capítulo VII da Resolução-TSE n. 23.737, de 27 de fevereiro de 2024, que dispõe sobre o cronograma operacional do Cadastro Eleitoral para as Eleições 2024, delineia procedimentos específicos para o cancelamento e a regularização de inscrições eleitorais de cidadãos que não compareceram a três eleições consecutivas. Este capítulo reflete uma preocupação fundamental com a manutenção da integridade do cadastro eleitoral e a responsabilização dos eleitores pela participação nos pleitos.

De acordo com o art. 18, **os trabalhos de cancelamento ou regularização dessas inscrições devem observar as normas estabelecidas nos arts. 130 e 131 da Res.-TSE n. 23.659/2021**, além das diretrizes e prazos estipulados na própria Resolução n. 23.737/2024. O § 1.º deste artigo esclarece que, para os fins desta regulamentação, são consideradas as ausências nas eleições marcadas pela Constituição Federal e nas novas eleições determinadas pela Justiça Eleitoral, excetuando-se aquelas que tenham sido anuladas por decisão judicial.

O **§ 2.º introduz uma norma importante, estipulando que a inscrição de um eleitor identificado como faltoso, que esteja envolvida em duplicidade ou pluralidade durante o período de 60 dias destinado à regularização, será cancelada.** A exceção a essa regra se dá quando o agrupamento decorrer de uma operação de revisão ou transferência solicitada pela pessoa interessada até o final do prazo de regularização. Essa disposição visa a prevenir a permanência de irregularidades no cadastro eleitoral e a promover a atualização e precisão dos registros.

O **§ 3.º do art. 18 reforça que o cancelamento discutido no § 2.º terá precedência sobre qualquer regularização posterior que possa ser determinada na base de coincidências ou executada automaticamente pelo sistema.** Esse dispositivo assegura que ações corretivas adotadas após o prazo de regularização não revertam os cancelamentos devidamente efetuados.

O **art. 19 da Resolução aborda a situação dos eleitores que quitarem débitos eleitorais no intervalo entre o término do prazo de regularização e o efetivo cancelamento das inscrições. Esses eleitores devem ser instruídos a formalizar um Requerimento de Alistamento Eleitoral (RAE) com operação de revisão ou transferência, conforme apropriado.** O § 1.º deste artigo especifica que o processamento desses requerimentos será suspenso pelo sistema, inserindo a operação em um banco de erros, com a mensagem "Operação não efetuada — eleitor faltoso — prazo ultrapassado", até que o cancelamento seja atualizado no cadastro. Isso impede que eleitores em situação de inadimplência eleitoral regularizem sua situação após o prazo e, consequentemente, evitem o cancelamento da inscrição.

4.1.6.1. Alistamento eleitoral no exterior

A Resolução-TSE n. 23.658, de 21 de outubro de 2021, aborda o alistamento eleitoral no exterior, trazendo diretrizes essenciais para brasileiros domiciliados fora do país que desejam participar do processo eleitoral. A resolução se alinha com a crescente necessidade de facilitar o acesso e a participação de cidadãos brasileiros residentes no exterior nas eleições, refletindo a importância da inclusão e da representatividade no processo democrático.

O Capítulo I, que cuida "Do Atendimento", estabelece que os **brasileiros domiciliados no exterior devem iniciar o atendimento eletronicamente através de um sistema informatizado disponibilizado pelo Tribunal Superior Eleitoral.** Este sistema estará acessível no site do TSE, com links nas páginas dos tribunais regionais eleitorais, conforme os arts. 1.º e 2.º. O art. 3.º esclarece que o acompanhamento do requerimento iniciado eletronicamente pode ser feito através de um serviço disponível na própria ferramenta. Esse procedimento online reflete a modernização do processo eleitoral e a busca por eficiência e praticidade.

Já em seu Capítulo II a aludida resolução trata do "Requerimento de Alistamento Eleitoral", especificando que os **brasileiros natos ou naturalizados residentes no exterior, que desejam votar nas eleições para Presidente e Vice-Presidente da República, devem requerer sua inscrição ao juiz da zona eleitoral do exterior até 150 dias antes do pleito, conforme o art. 7.º.** Este capítulo também enfatiza a responsabilidade do juiz da zona eleitoral do exterior no gerenciamento do cadastro desses eleitores, conforme o art. 8.º, e estabelece os procedimentos para alistamento, transferência de domicílio e revisão eleitoral para o eleitor residente no exterior, como estipulado no art. 9.º.

4.1.7. Recursos

Deferido o pedido, em cinco dias, o título e o documento que instruiu o pedido serão entregues pelo juiz, escrivão, funcionário ou preparador.

Atualmente, devido ao fato de o Processo Judicial Eletrônico (PJe) estar implantado em todos os cartórios eleitorais, permite-se a emissão do título no exato instante do seu requerimento.

A entrega far-se-á ao próprio eleitor, mediante recibo, ou a quem o eleitor autorizar por escrito o recebimento, cancelando-se o título cuja assinatura não for idêntica à do requerimento de inscrição e à do recibo, que será anexado ao processo eleitoral. Não anexando o recibo, incorre o juiz em multa de um a cinco salários mínimos. Nessa multa incorrerão ainda o escrivão, funcionário ou preparador, se responsáveis, bem como qualquer deles, se entregarem ao eleitor o título cuja assinatura não seja idêntica à do requerimento de inscrição e do recibo ou o fizerem a pessoa não autorizada por escrito.

Já a **expedição** da via **digital** do título eleitoral será **realizada** por meio de **aplicativo** da Justiça Eleitoral ("e-título" ou outro que venha a substituí-lo) e deverá **observar** as normas de **acessibilidade**, na forma da Lei Brasileira de Inclusão da Pessoa com Deficiência e dos protocolos técnicos aplicáveis (art. 69 da Res.-TSE n. 23.659/2021).

No caso de indeferimento do requerimento de inscrição, caberá recurso interposto pelo alistando (art. 45, § 7.º, do CE) no prazo de cinco dias (art. 7.º, § 1.º, da Lei n. 6.996/1982). O Cartório devolverá ao requerente, mediante recibo, fotografias e documentos com que houver instruído o seu requerimento (art. 45, § 10, do CE).

É importante salientar que, conforme afirmado anteriormente, o alistamento ou a transferência deverão ser feitos em até 150 + 1 dia antes da eleição (art. 91 da Lei n. 9.504/1997).

4.1.8. Falta no trabalho para registro ou transferência de título de eleitor

O **empregado** que necessita se **afastar do emprego** para fins de registro ou transferência **deve comunicar** ao empregador com **48 horas de antecedência**. A falta não lhe causará prejuízo de salário por um período não excedente a dois dias (art. 48 do CE e art. 473, V, da CLT).

4.1.9. Encerramento do alistamento ou da transferência

Nenhum requerimento de inscrição ou de transferência **será recebido** dentro dos 150 dias **anteriores à data da eleição** (art. 91 da Lei n. 9.504/1997). O art. 67 do CE, que dispõe de modo diverso sobre o mesmo tema, deve ser havido por revogado.

4.1.10. Fraude no alistamento

O Tribunal Regional Eleitoral deverá determinar a realização de correição e, provada a fraude em proporção comprometedora, ordenará a revisão do eleitorado, com o cancelamento de ofício das inscrições correspondentes aos títulos que não forem apresentados à revisão (art. 71, § 4.º, do CE).

Durante o processo e até a exclusão pode o eleitor votar validamente (art. 72 do CE).

Poderá ser realizada *ex officio* pelo juiz eleitoral, sempre que tiver conhecimento de alguma das causas do cancelamento (art. 74 do CE).

Caso haja exclusão da inscrição será legitimado para recorrer o interessado, outro eleitor ou o delegado de partido (art. 73 do CE). O prazo será de três dias para recorrer ao TRE (art. 80 do CE).

Em se confirmando a manutenção da inscrição, também cabe recurso ao TRE, conforme decidiu o TSE no Acórdão n. 21.611/2004. O sujeito ativo pode ser o MPE e o delegado de partido. O prazo é de três dias (art. 80 do CE).

Mas não se deve perder de vista o fato de que no art. 27 da Resolução do TSE n. 23.659/2021 a única hipótese de restabelecimento de inscrição cancelada decorre de equívoco da Justiça Eleitoral. Não sendo esse o caso, o recurso é o único meio de que o eleitor pode se valer para ver revista a sua situação jurídica.

4.1.11. Delegado do partido

Segundo a **definição** dada pelo *Glossário Eleitoral do **TSE***, o **delegado** do partido: "É a **pessoa credenciada** pelo partido político na Justiça Eleitoral para **representá-lo** nos assuntos de seu **interesse**"[5].

Durante todo o procedimento de inscrição de eleitor ou de transferência, o partido político com registro no TSE far-se-á representar por seus delegados credenciados, conforme o art. 11 da Lei n. 9.096/1995, perante o juiz eleitoral, TRE e TSE.

4.1.12. Quantidade de delegados perante o juízo eleitoral

Cada partido poderá nomear dois delegados e até três em cada zona eleitoral (art. 66, § 1.º, do CE). Perante os preparadores, cada partido poderá nomear até dois delegados, que assistam e fiscalizem os seus atos.

4.1.13. Representatividade dos delegados credenciados

Os delegados credenciados pelo órgão de direção nacional representam o partido perante quaisquer tribunais ou juízes eleitorais. Já os credenciados pelos órgãos estaduais somente oficiam perante o Tribunal Regional Eleitoral e juízes eleitorais dos estados, Distrito Federal ou território federal; por sua vez, os credenciados pelo órgão municipal do partido oficiam perante o juiz eleitoral da respectiva jurisdição (art. 11, parágrafo único, da Lei n. 9.096/1995, e art. 66, § 4.º, do CE).

4.1.14. Função dos delegados cadastrados no alistamento

O art. 66 do CE autoriza delegados partidários a acompanhar processos de inscrição; promover exclusão de eleitor inscrito ilegalmente e defender eleitor com registro indeferido; examinar, sem perturbação do serviço e em presença dos servidores designados, os documentos relativos ao alistamento eleitoral, podendo deles tirar cópias, sem ônus para a Justiça Eleitoral e de forma fundamentada[6].

O art. 75, I, da Resolução do TSE n. 23.659/2021 acrescenta que os delegados dos partidos políticos podem requerer segundas vias e quaisquer outros e até mesmo emissão e entrega de títulos eleitorais.

4.2. FILIAÇÃO PARTIDÁRIA

4.2.1. Quanto ao eleitor

Para concorrer a cargo eletivo o cidadão deverá se dirigir a uma agremiação político-partidária, observar as normas estatutárias e critérios definidos pelos respectivos órgãos de direção e dar seu aceite ao estatuto do partido. A partir desse momento, surge o vínculo que o Direito Eleitoral chama de "filiação partidária". Esse vínculo partidário é de suma importância ao pretenso candidato, visto ser esta, a filiação partidária,

---

5 *Glossário Eleitoral do TSE*. Disponível em: https://www.tse.jus.br/imprensa/noticias-tse/2022/Abril/voce-sabe-o-que-e-delegado-de-partido-o-glossario-esclarece. Acesso em: 9 jan. 2023.

6 Ver art. 75, III, da Resolução do TSE n. 23.659/2021, parte final.

elencada entre as condições de elegibilidade previstas no art. 14, § 3.°, da CF. A Lei Eleitoral define regras para que esse vínculo possibilite ao cidadão sua participação como sujeito passivo no pleito eleitoral vindouro.

Para que o eleitor possa filiar-se ele deve estar no pleno gozo de seus direitos políticos (art. 16 da Lei n. 9.096/1995). Mas a condição de inelegível não constitui óbice para que ele se filie a partido político. Assim entende o TSE nos Acórdãos n. 12.371/1992, 23.351/2004, 22.014/2004 e 12.371/1992. Nada impede, porém que o estatuto partidário disponha de modo diverso, exigindo do filiado a condição de elegível.

Acerca desse ponto, o Tribunal Superior Eleitoral já afirmou que:

> Não havendo candidatura avulsa, a prova da data de filiação partidária é indispensável para conferir se o escolhido em convenção já possui um ano de filiação ao partido [...] (Ac. n. 179, de 04.09.1998, rel. Min. Néri da Silveira). Sobre o tema, consulte-se a Lei n. 9.504/1997, em seu art. 9.°.

A representação política brasileira, assim, não prescinde da intermediação dos partidos políticos, tidos como espaço adequado para o recrutamento, formação política e seleção preliminar dos postulantes ao mandato.

Em casos de duplicidades das filiações, tendo o eleitor se filiado a determinado partido político e, após, novamente se filiado a partido diverso, resulta na nulidade do vínculo anterior, tornando ausente o requisito exigido pela Constituição e pela Lei n. 9.096/1995, isso porque o parágrafo único do seu art. 22 é claro ao dispor que:

> **Art. 22.** [...]
> Parágrafo único. Havendo coexistência de filiações partidárias, prevalecerá a mais recente, devendo a Justiça Eleitoral determinar o cancelamento das demais.

O TSE entendia não haver duplicidade no caso de a inscrição, caracterizadora da duplicidade, haver sido realizada antes da remessa da lista de filiados pelos partidos (Súmula 14 do TSE). A súmula foi cancelada pela Resolução do TSE n. 21.885/2004, por entendimento de que não haveria mais aplicabilidade por ter sido ela editada em decorrência de problemas advindos da transição da antiga Lei n. 5.682/1971 (Lei Orgânica dos Partidos Políticos) para a Lei n. 9.096/1995 (Lei dos Partidos Políticos).

Segundo o § 4.° do art. 65 da antiga lei, valeria sempre a primeira ficha enviada à Justiça Eleitoral. As regras para filiação atuais diferem das anteriores, impossibilitando a aplicação da súmula revogada.

Já nas **regras atuais**, conforme o parágrafo único do art. 22 da Lei n. 9.096/1995, em **caso de simultaneidade** de filiações partidárias, sempre **prevalecerá** aquela **mais recente**, devendo a Justiça Eleitoral determinar o cancelamento das filiações pretéritas.

SÚMULA 2 DO TSE: Assinada e recebida a ficha de filiação partidária até o termo final do prazo fixado em lei, considera-se satisfeita a correspondente condição de elegibilidade, ainda que não tenha fluído, até a mesma data, o tríduo legal de impugnação.

Deferido internamente o pedido de filiação, o partido político, por seus órgãos de direção municipais, regionais ou nacional, deverá inserir os dados do filiado no sistema eletrônico da Justiça Eleitoral ("Filia"), que automaticamente enviará aos juízes eleitorais, para arquivamento, publicação e cumprimento dos prazos de filiação partidária para efeito de candidatura a cargos eletivos, a relação dos nomes de todos os seus filiados, da qual constará a data de filiação, o número dos títulos eleitorais e das seções em que estão inscritos, conforme determinação do art. 19 da Lei n. 9.096/1995.

Os **partidos** políticos podem **estabelecer** em estatuto **prazos de filiação** partidária **superiores aos previstos na lei** (art. 20 da Lei n. 9.096/1995). O que deve ser observado é o lapso temporal **mínimo e inalterável** de seis meses antes das eleições para **registro** com **fins** de **concorrer** às eleições (art. 9.º da Lei n. 9.504/1997, alterado pela Lei n. 13.165/2015). A lei manda ainda que a Justiça Eleitoral envie aos partidos políticos, na respectiva circunscrição, até o dia 5 de junho do ano da eleição, a relação de todos os devedores de multa eleitoral, a qual embasará a expedição das certidões de quitação eleitoral (§ 9.º do art. 11 da Lei das Eleições). Tentou-se, assim, permitir aos partidos a adoção de providências para o saneamento de eventuais vícios na filiação dos seus postulantes a candidato.

Note-se, ainda quanto a esse **ponto**, que: "A **prova de filiação** partidária daquele cujo nome **não constou** da **lista** de filiados de que trata o art. 19 da Lei n. 9.096/95, **pode** ser **realizada** por **outros elementos** de convicção, **salvo** quando se tratar de **documentos** produzidos **unilateralmente**, destituídos de fé pública". É o que dita a **Súmula 20** do Tribunal Superior Eleitoral, a qual implica a possibilidade do suprimento da **prova** de filiação por outros meios idôneos por **meio de medida** que será **postulada** diretamente **perante** a Zona Eleitoral.

Acrescente-se ao tema que, de acordo com a Súmula 52 do Tribunal Superior Eleitoral: "Em registro de candidatura, não cabe examinar o acerto ou desacerto da decisão que examinou, em processo específico, a filiação partidária do eleitor".

4.2.2. Filiação, mandato e fidelidade partidária

Dispõe o § 1.º do art. 17 da CF:

> **Art. 17.** [...]
> § 1.º É assegurada aos partidos políticos autonomia para definir sua estrutura interna e estabelecer regras sobre escolha, formação e duração de seus órgãos permanentes e provisórios e sobre sua organização e funcionamento e para adotar os critérios de escolha e o regime de suas coligações nas eleições majoritárias, vedada a sua celebração nas eleições proporcionais, sem obrigatoriedade de vinculação entre as candidaturas em âmbito nacional, estadual, distrital ou municipal, devendo seus estatutos estabelecer normas de disciplina e fidelidade partidária. (Redação dada pela Emenda Constitucional n. 97, de 2017)

Atente-se para a parte final do dispositivo, que expressamente consigna, quanto aos estatutos dos partidos políticos, que estes *devem* "estabelecer normas de disciplina e fidelidade partidária". Note-se que o Capítulo V, que trata "dos partidos políticos", encontra-se inserido no Título II da Constituição Federal, onde estão enunciados os direitos e garantias fundamentais, embora se reconheça que estes também se espraiem por outras partes da Lei Maior.

> **O pertencimento a partido político é constitucionalmente reconhecido, portanto, como um direito fundamental. Para a garantia desse direito, a Constituição da República prevê diversas garantias institucionais, sendo uma delas da mais alta relevância: os partidos não poderem ignorar o tema da fidelidade dos seus membros pelos compromissos por estes assumidos.**

O tema é de tamanha envergadura constitucional que a filiação partidária está situada entre as condições de elegibilidade. Daí a razão pela qual inexiste, no Brasil, a figura da candidatura avulsa. Toda candidatura será — sempre — intermediada por uma agremiação partidária por expressa determinação contida na Constituição.

Note-se, ademais, que a expressão fidelidade partidária não é dotada de tal polissemia que indique a imprescindibilidade de uma lei que lhe delimite os contornos. Ser fiel a um partido político corresponde a nele permanecer após, por seu intermédio, alcançar o mandato eletivo.

Assim é porque a Constituição Federal instituiu entre nós uma democracia representativa partidária, a qual se situa em etapa evolutiva superior à simples democracia representativa, na qual prevalecia a representação política do indivíduo.

Os direitos políticos, e dentre estes o de organização partidária, não são detidos individualmente, embora possam ser pessoalmente exercidos pelo cidadão que deles não esteja privado. Por meio dos partidos políticos opera-se a manifestação dos grupos politicamente organizados, dos quais se espera uma mobilização motivada em interesses lícitos, legítimos e supraindividuais.

Os partidos são a "correia de transmissão" entre os interesses dos grupos civicamente mobilizados e a institucionalidade estatal acessível por via eletiva.

De acordo com a Ciência Política, em estudo desenvolvido por Matthias Catón, da *International Idea*, os partidos políticos detêm as seguintes funções:

First, political parties develop policies and programmes. This is the content side of their responsibility. It ensures that there are different choices in the politicalmarketplace — not only in terms of candidates but also in terms of ideas. Once in government, a party can start implementing these ideas.

Second, parties pick up demands from society and bundle them into packages. Demands are numerous and sometimes conflicting. Parties are able to discuss andevaluate these issues and shape human needs into policy alternatives. In so doing they are an important part of the political process.

Third, parties are the main vehicles for recruiting and selecting people for government and legislative office. Although they are often criticized for filling posts withtheir own people, this is what they are supposed to do: high level public positions, that is, those considered political rather then technical, need to be filled somehow andparties provide a responsible vehicle for that.

Fourth, parties either oversee or control government depending on whether they are in government or opposition[7].

Os partidos políticos têm, pois, essas quatro finalidades precípuas: a) desenvolver políticas e programas de ação; b) canalizar demandas sociais; c) recrutar e selecionar pessoas para futuros mandatos; d) relacionar-se com o governo, concedendo-lhe apoio ou oferecendo-lhe oposição.

Não é, pois, o candidato quem viabiliza a própria participação eleitoral. De acordo com o desiderato expressado pela Constituição é o partido quem torna possível a veiculação da candidatura, atuando desde a filiação de forma a favorecer a descoberta e o preparo de novos quadros para o governo e para o Parlamento.

Daí a necessidade de excluir-se do mandato aquele que, defraudando os meios institucionais que tornaram possível sua eleição, trata de mudar-se para partido político diverso daquele por meio do qual alcançou o mandato eletivo. Tal compreensão do texto constitucional levou o Tribunal Superior Eleitoral, em resposta à Consulta n. 1.398/2007, a firmar o entendimento de que

> [...] os Partidos Políticos e as coligações conservam direito à vaga obtida pelo sistema proporcional, quando houver pedido de cancelamento de filiação ou de transferência do candidato eleito por um partido para outra legenda.

Tal entendimento foi mantido pelo Supremo Tribunal Federal quando do julgamento dos Mandados de Segurança n. 26.602, 26.603 e 26.604, em julgamento ocorrido em 4 de outubro de 2007. Veja-se, a respeito, a seguinte ementa que, apesar de longa, é de imprescindível transcrição na íntegra:

> Mandado de segurança impetrado pelo Partido dos Democratas (DEM) contra ato do presidente da Câmara dos Deputados. Natureza jurídica e efeitos da decisão do TSE na Consulta n. 1.398/2007. Natureza e titularidade do mandato legislativo. Os partidos políticos e os eleitos no sistema representativo proporcional. Fidelidade partidária. Efeitos da

---

[7] *Political parties*: necessary for democracy? Disponível em: http://www.idea.int/parties/internatio nal_assistance/parties_necesseary.cfm. Acesso em: 9 jan. 2023.

Em tradução livre: "Em primeiro lugar, os partidos políticos desenvolvem políticas públicas e programas governamentais. Esses são os conteúdos de suas responsabilidades. Isso assegura que eles tenham diferentes escolhas no mercado político — não apenas em termos de candidatos, mas também em termos de ideias. Uma vez no governo, um partido pode implementar as suas ideias. Em segundo, os partidos optam por demandas da sociedade e as acomodam em pacotes. Demandas são numerosas e algumas vezes conflitantes. Os partidos têm a capacidade de discutir e avaliar os as- suntos e modelar as necessidades humanas em políticas alternativas. Em assim operarem, os parti- dos se tornam importantes atores do processo político. Em terceiro lugar, os partidos são os princi- pais veículos para recrutar e selecionar pessoas para gabinetes dos poderes Executivo e Legislativo. Apesar de serem frequentemente criticados por preencherem cargos com seus mem- bros, é exata- mente o que devem fazer: preencher os cargos públicos de alto nível, isto é, aqueles considerados de função política, em vez de técnicos devem ser ocupados de algum modo, e os partidos consti- tuem uma forma responsável de isso ocorrer. Em quarto lugar, os partidos ou fis- calizam ou contro- lam o governo, a depender de estarem na situação ou na oposição".

desfiliação partidária pelo eleito: perda do direito de continuar a exercer o mandato eletivo. Distinção entre sanção por ilícito e sacrifício do direito por prática lícita e juridicamente consequente. Impertinência da invocação do art. 55 da CF. Direito do impetrante de manter o número de cadeiras obtidas na Câmara dos Deputados nas eleições. Direito à ampla defesa do parlamentar que se desfilie do partido político. Princípio da segurança jurídica e modulação dos efeitos da mudança de orientação jurisprudencial: marco temporal fixado em 27.03.2007. [...] Mandado de segurança contra ato do presidente da Câmara dos Deputados. Vacância dos cargos de deputado federal dos litisconsortes passivos, deputados federais eleitos pelo partido impetrante e transferidos, por vontade própria, para outra agremiação no curso do mandato. [...] Resposta do TSE a consulta eleitoral não tem natureza jurisdicional nem efeito vinculante. Mandado de segurança impetrado contra ato concreto praticado pelo presidente da Câmara dos Deputados, sem relação de dependência necessária com a resposta à Consulta n. 1.398 do TSE. O Código Eleitoral, recepcionado como lei material complementar na parte que disciplina a organização e a competência da Justiça Eleitoral (art. 121 da Constituição de 1988), estabelece, no inciso XII do art. 23, entre as competências privativas do TSE "responder, sobre matéria eleitoral, às consultas que lhe forem feitas em tese por autoridade com jurisdição federal ou órgão nacional de partido político". A expressão *matéria eleitoral* garante ao TSE a titularidade da competência para se manifestar em todas as consultas que tenham como fundamento matéria eleitoral, independente do instrumento normativo no qual esteja incluído. No Brasil, a eleição de deputados faz-se pelo sistema da representação proporcional, por lista aberta, uninominal. No sistema que acolhe — como se dá no Brasil desde a Constituição de 1934 — a representação proporcional para a eleição de deputados e vereadores, o eleitor exerce sua liberdade de escolha apenas entre os candidatos registrados pelo partido político, sendo eles, portanto, seguidores necessários do programa partidário de sua opção. O destinatário do voto é o partido político viabilizador da candidatura por ele oferecida. O eleito vincula-se, necessariamente, a determinado partido político e tem em seu programa e ideário o norte de sua atuação, a ele se subordinando por força de lei (art. 24 da Lei n. 9.096/1995). Não pode, então, o eleito afastar-se do que suposto pelo mandante — o eleitor —, com base na legislação vigente que determina ser exclusivamente partidária a escolha por ele feita. Injurídico é o descompromisso do eleito com o partido — o que se estende ao eleitor — pela ruptura da equação político-jurídica estabelecida. A fidelidade partidária é corolário lógico-jurídico necessário do sistema constitucional vigente, sem necessidade de sua expressão literal. Sem ela não há atenção aos princípios obrigatórios que informam o ordenamento constitucional. A desfiliação partidária como causa do afastamento do parlamentar do cargo no qual se investira não configura, expressamente, pela Constituição, hipótese de cassação de mandato. O desligamento do parlamentar do mandato, em razão da ruptura, imotivada e assumida no exercício de sua liberdade pessoal, do vínculo partidário que assumira, no sistema de representação política proporcional, provoca o desprovimento automático do cargo. A licitude da desfiliação não é juridicamente inconsequente, importando em sacrifício do direito pelo eleito, não sanção por ilícito, que não se dá na espécie. É direito do partido político manter o número de cadeiras obtidas nas eleições proporcionais. É garantido o direito à ampla defesa do parlamentar que se desfilie de partido político. Razões de segurança jurídica, e que se impõem também na evolução jurisprudencial, determinam seja o cuidado novo sobre tema antigo pela jurisdição concebido como forma de certeza e não causa de sobressaltos para os cidadãos. Não tendo havido mudanças na legislação sobre o tema, tem-se reconhecido o direito de o impetrante titularizar os mandatos por ele obtidos nas eleições de 2006, mas com modulação dos efeitos dessa decisão para que se produzam eles a partir da data da resposta do TSE à Consulta n. 1.398/2007 (MS n. 26.604, rel. Min. Cármen Lúcia, j. em 04.10.2007, Plenário, *DJe* de 03.10.2008). No mesmo sentido: MS n. 26.602, rel. Min. Eros Grau, j. em 04.10.2007, Plenário, *DJe* de 17.10.2008; MS n. 26.603, rel. Min. Celso de Mello, j. em 04.10.2007, Plenário, *DJe* de 19.12.2008. *Vide:* MS n. 27.938, rel. Min. Joaquim Barbosa, j. em 11.03.2010, Plenário, *DJe* de 30.04.2010; ADI n. 3.999 e ADI n. 4.086, rel. Min. Joaquim Barbosa, j. em 12.11.2008, Plenário, *DJe* de 17.04.2009.

O tema foi posteriormente enfrentado pelo legislador, que editou o novo art. 22-A da Lei dos Partidos Políticos (Lei n. 9.096/1995), com o seguinte teor:

> **Art. 22-A.** Perderá o mandato o detentor de cargo eletivo que se desfiliar, sem justa causa, do partido pelo qual foi eleito.
> Parágrafo único. Consideram-se justa causa para a desfiliação partidária somente as seguintes hipóteses:
> I — mudança substancial ou desvio reiterado do programa partidário;
> II — grave discriminação política pessoal; e
> III — mudança de partido efetuada durante o período de trinta dias que antecede o prazo de filiação exigido em lei para concorrer à eleição, majoritária ou proporcional, ao término do mandato vigente.

A tabela abaixo ilustra essas disposições legais:

INCISO	JUSTA CAUSA PARA DESFILIAÇÃO PARTIDÁRIA
I	Mudança substancial ou desvio reiterado do programa partidário
II	Grave discriminação política pessoal
III	Mudança de partido efetuada durante o período de trinta dias que antecede o prazo de filiação exigido em lei para concorrer à eleição, majoritária ou proporcional, ao término do mandato vigente

Como se vê, descabe qualquer dúvida quanto ao dever de observância da fidelidade partidária a que estão submetidos os detentores de mandato eletivo.

O legislador foi ainda mais restritivo que a Resolução anteriormente baixada pelo TSE acerca do tema.

Antes, a Resolução n. 22.610, de 25 de outubro de 2007, previa que a criação de novo partido e a incorporação ou fusão da agremiação a que se encontrava vinculado o parlamentar também justificam a desfiliação. Essas hipóteses não foram incorporadas pelo legislador, mas entende-se que essa causa de afastamento da fidelidade segue válida e aplicável.

A Constituição Federal, por intermédio da EC n. 17/2017, sofreu o acréscimo de um § 5.º a seu art. 17 para estatuir que:

> **Art. 17.** [...]
>
> § 5.º Ao eleito por partido que não preencher os requisitos previstos no § 3.º deste artigo é assegurado o mandato e facultada a filiação, sem perda do mandato, a outro partido que os tenha atingido, não sendo essa filiação considerada para fins de distribuição dos recursos do fundo partidário e de acesso gratuito ao tempo de rádio e de televisão.

Recentemente, Tribunal Superior Eleitoral firmou o entendimento segundo o qual:

> **Configura infidelidade partidária** a migração, para **terceira agremiação política**, do parlamentar que **já tenha se filiado anteriormente a outra legenda em decorrência da não superação da cláusula de barreira do partido pelo qual se elegeu** (Consulta n. 0600161-20.2021, Brasília/DF, rel. Min. Alexandre de Moraes, julgada na sessão virtual de 11 a 17.02.2022).

Como se vê, o abandono do partido pelo qual foi eleito o parlamentar não implica uma autorização permanente para novas mudanças de agremiação. Operada a primeira transferência partidária sob o permissivo da fusão ou da incorporação, deve o mandatário observar o dever de fidelidade para com a nova grei.

Por outro lado, o TSE decidiu recentemente o seguinte:

> [...] 6. Embora a mera resistência interna ao lançamento de candidatura não configure, por si só, justa causa que autorize a desfiliação, a presente hipótese é diversa, pois se trata de comportamentos adotados no âmbito do Partido que, sem respaldo em deliberações colegiadas, culminaram por afastar a possibilidade de o Deputado participar do processo de escolha em convenção, constituindo fato concreto e determinado apto a demonstrar a evidente situação de desprestígio e a grave discriminação pessoal por ele sofrida. 7. Agravo Regimental desprovido (RO Eleitoral n. 060018384, Acórdão, rel. Min. Alexandre de Moraes, *DJe*, Tomo 237, de 24.11.2022).

Registre-se, ademais, que a Emenda Constitucional n. 111/2021 incluiu ao art. 17 da CF o seguinte § 6.º:

> **Art. 17.** [...]
>
> § 6.º Os Deputados Federais, os Deputados Estaduais, os Deputados Distritais e os Vereadores que se desligarem do partido pelo qual tenham sido eleitos perderão o mandato, salvo nos casos de anuência do partido ou de outras hipóteses de justa causa estabelecidas em lei, não computada, em qualquer caso, a migração de partido para fins de distribuição de recursos do fundo partidário ou de outros fundos públicos e de acesso gratuito ao rádio e à televisão.

A matéria ganhou, pois, *status* **constitucional** mais delimitado, **incluindo-se** expressamente a **anuência do partido** como outra circunstância que **autoriza a migração partidária** (ou transfuguismo).

Todo o tema relativo à **infidelidade** partidária até aqui tratado, registre-se, diz **respeito** apenas e **tão somente** aos mandatos eletivos **preenchidos** segundo o **critério proporcional**, sendo certo que: "A **perda do mandato** em razão da desfiliação partidária **não**

se aplica aos candidatos eleitos pelo sistema **majoritário**", segundo o que expressamente declara a **Súmula 67** do TSE.

4.2.3. Coligações e federações partidárias

São muitos os pontos que distinguem as coligações das federações partidárias. Ambas, contudo, têm em comum o fato de serem alianças entre partidos, possuindo a sua celebração efeito direto sobre a maneira como eles se apresentam ante os processos eleitorais.

Enquanto as coligações são marcadas pela efemeridade — sua existência nasce com a convenção eleitoral e termina na data do pleito —, as federações nascem de deliberação pré-eleitoral e sobrevivem por no mínimo quatro anos e ao longo de todos os mandatos, enquanto não desconstituídas pelas direções nacionais dos partidos que as integram.

As coligações são realizadas pelas direções partidárias em todos os níveis das disputas eleitorais: municipais, estaduais e nacional. O § 1.º do art. 17 da Constituição Federal deixa cada partido livre "para adotar os critérios de escolha e o regime de suas coligações nas eleições majoritárias, vedada a sua celebração nas eleições proporcionais, sem obrigatoriedade de vinculação entre as candidaturas em âmbito nacional, estadual, distrital ou municipal".

Já as federações têm a sua instituição autorizada pela Lei n. 14.208, de 28 de dezembro de 2021, a qual inseriu um art. 11-A (*caput*) na Lei dos Partidos Políticos para definir que: "Dois ou mais partidos políticos poderão reunir-se em federação, a qual, após sua constituição e respectivo registro perante o Tribunal Superior Eleitoral, atuará como se fosse uma única agremiação partidária".

Enquanto as coligações não sobrevivem ao processo eleitoral para o qual foram criadas, é da natureza mesma das federações a sua perenidade.

O § 3.º do art. 11-A da Lei dos Partidos Políticos (LPP) estabelece as seguintes regras a serem observadas quando do estabelecimento das federações:

INCISO	REGRAS PARA ESTABELECIMENTO DE FEDERAÇÕES PARTIDÁRIAS (Art. 11-A, § 3.º, DA LPP)
I	A federação somente poderá ser integrada por partidos com registro definitivo no Tribunal Superior Eleitoral
II	Os partidos reunidos em federação deverão permanecer a ela filiados por, no mínimo, quatro anos
III	A federação poderá ser constituída até a data final do período de realização das convenções partidárias
IV	A federação terá abrangência nacional e seu registro será encaminhado ao Tribunal Superior Eleitoral

O prazo fixado no inciso III do § 3.º do art. 11-A da LPP, todavia, foi alterado no julgamento da ADI n. 7.021, como bem noticiam Velloso e Agra:

> Importante mencionar que o estatuto comum da federação deverá conter regras para a composição de lista para as eleições proporcionais, que vinculará a escolha de candidatos da federação em todos os níveis (art. 11-A, § 7.º, da Lei n. 9.096/95). A Resolução TSE n. 23.670/2021 prevê que somente participarão das eleições as federações que tenham registro deferido até 6 (seis) meses antes do pleito. A regra advém do entendimento perfilhado pelo Ministro Luís Roberto Barroso, relator da ADI n. 7.021, que conferiu interpretação conforme a Constituição ao *caput* do art. 11-A da LPP, de modo a exigir que "para participar das eleições, as federações estejam constituídas como pessoa jurídica e obtenham o registro de seu estatuto perante o TSE no mesmo prazo aplicável aos partidos políticos". Em julgamento realizado no dia 9 de fevereiro de 2022, o Supremo Tribunal Federal, por maioria, referendou a cautelar deferida parcialmente pelo Ministro Luís Roberto Barroso, apenas para adequar o prazo para constituição e registro das federações partidárias, que deverá ser de até 6 (seis) meses antes do pleito, ressalvadas as federações constituídas para as eleições de 2022, as quais deverão preencher tais condições até 31 de maio de 2022. À vista dos impactos que tal decisão acarretou ao Calendário Eleitoral, o TSE, por meio da Resolução n. 23.674/2021, marcou o dia 31 de maio de 2022 como a data limite para que todas as federações que pretendam participar das eleições de 2022 tenham obtido registro de seus estatutos no TSE (2022).

É muito importante ter presente que as coligações permanecem contempladas pelo nosso ordenamento jurídico, possuindo até mesmo previsão constitucional como acima foi observado. Entretanto, elas dizem respeito apenas aos cargos majoritários, quais sejam os dos chefes dos Executivos municipais, estaduais e federais e os do Senado.

Para que possam ser levadas ao devido registro perante o TSE as federações deverão ser previamente constituídas sob a forma de associações, devidamente registradas no cartório competente do Registro Civil das Pessoas Jurídicas do local de sua sede. É o que dispõe o § 1.º do art. 1.º da Resolução do TSE n. 23.670/2021.

As federações se aplicam exclusivamente às eleições proporcionais. Quanto a estas, a lei estabelece que o descumprimento do prazo mínimo de permanência na aliança formalizada acarretará ao partido vedação de ingressar em nova federação, de celebrar coligação nas 2 (duas) eleições seguintes e, até completar o prazo mínimo remanescente, de utilizar o fundo partidário. É o que estabelece o § 4.º do art. 11-A da LPP. Além disso, o § 5.º do mesmo dispositivo estipula que: "Na hipótese de desligamento de 1 (um) ou mais partidos, a federação continuará em funcionamento, até a eleição seguinte, desde que nela permaneçam 2 (dois) ou mais partidos".

Como são equiparadas a um partido político uno para múltiplos efeitos — embora respeitada a vida interna e a não dissolução dos partidos que a integram —, as federações obrigam aqueles que por seu intermédio foram eleitos a observarem a regra da fidelidade partidária. A tal respeito o § 9.º do art. 11-A da LPP preconiza que: "Perderá o mandato o detentor de cargo eletivo que se desfiliar, sem justa causa, de partido que integra federação". A ordem da suplência também é definida como se todos integrassem a mesma hoste partidária.

A Resolução do TSE n. 23.670/2021 estabelece, em seu art. 5.º, os contornos da preservação da identidade e autonomia das agremiações que a integram, permitindo-lhes que conservem:

INCISO	CARACTERÍSTICAS
I	Nome, sigla e número próprios, inexistindo atribuição de número à federação
II	Quadro de filiados
III	Direito ao recebimento direto dos repasses do Fundo Partidário e do Fundo Especial de Financiamento de Campanhas e o direito de acesso gratuito ao rádio e à televisão para a veiculação de propaganda
IV	Dever de prestar contas
V	Responsabilidade pelos recolhimentos e sanções que lhes sejam imputados por decisão judicial

No Parlamento, cada federação será tratada como se partido político fosse. Ela será a base para verificação da proporcionalidade na composição das comissões, por exemplo.

Diferentemente das coligações, que possuem uma eficácia mais eleitoral e pragmática, a forma de atuação das federações pressupõe uma aliança mais calcada em aspectos ideológicos e programáticos que aquelas.

COLIGAÇÕES	FEDERAÇÕES
Nascem com as convenções	Nascem antes das convenções
Terminam com a realização da votação	Permanecem por no mínimo 4 anos
Podem ser nacionais, estaduais ou municipais	Só existem em âmbito nacional
Não necessitam de registro cartorial	Devem ser registradas no cartório do Registro Civil das Pessoas Jurídicas
Os partidos podem não ter criação definitiva	Partidos criados em definitivo podem celebrá-las
Eleições majoritárias	Eleições proporcionais
Partidos autônomos na atuação no parlamento	Atuação parlamentar em bloco
Preponderância do pragmatismo	Preponderância de alianças programáticas

4.3. DOMICÍLIO ELEITORAL

O candidato deverá possuir domicílio eleitoral na respectiva circunscrição pelo prazo de, pelo menos, seis meses antes do pleito. É o que determina o art. 9.º da Lei n. 9.504/1997, com redação dada pela Lei n. 13.488/2017.

O **domicílio eleitoral**, por força do delineamento que lhe conferiu a jurisprudência, **não se confunde com o domicílio civil**.

De acordo com o parágrafo único do art. 42 do Código Eleitoral: "Para o efeito da inscrição, é domicílio eleitoral o lugar de residência ou moradia do requerente, e, verificado ter o alistando mais de uma, considerar-se-á domicílio qualquer delas".

Adriano Soares da Costa[8] sustenta que:

---

[8] COSTA, Adriano Soares da. *Instituições de Direito Eleitoral*. 6. ed. rev., ampl. e atual. Belo Horizonte: Del Rey, 2006, p. 139.

Quem pretenda fixar o conceito de domicílio eleitoral deve, preliminarmente, desvestir-se de qualquer juízo civilista: domicílio eleitoral e domicílio civil são conceitos distintos e de extensões diferentes. Enquanto este requer a existência de ânimo definitivo na fixação da residência, aquele apenas exige a residência ou moradia. [...] Residência é o lugar onde se mora, onde há permanência do indivíduo por algum tempo. Se há propriedade de uma casa de campo, e nela passa-se temporadas, há residência; assim também se se possui casa de veraneio, ou casa de praia. Portanto, pode-se ter mais de uma residência. Basta à configuração da residência a estadia mais prolongada, costumeira, dia e noite. A habitualidade da moradia é nuclear no conceito de residência.

Com efeito, o Tribunal Superior Eleitoral assentou o entendimento de que:

> O domicílio eleitoral não se confunde, necessariamente, com o domicílio civil. A circunstância de o eleitor residir em determinado município não constitui obstáculo a que se candidate em outra localidade onde é inscrito e com a qual mantém vínculos (negócios, propriedades, atividades políticas). (Ac. n. 18.124, de 16.11.2000, rel. Min. Garcia Vieira, red. designado Min. Fernando Neves).

Como se vê, a jurisprudência ampliou muito o conteúdo do parágrafo único do art. 42 do CE, chegando a estipular que: "Para o Código Eleitoral, domicílio é o lugar em que a pessoa mantém vínculos políticos, sociais e afetivos" (*RJTSE — Revista de Jurisprudência do TSE*, v. 16, t. 1, p. 262). O TSE igualmente já afirmou que: "É de se deferir a inscrição do eleitor no Município onde tem domicílio o seu genitor" (*RJTSE — Revista de Jurisprudência do TSE*, v. 5, t. 4, p. 26).

Além disso, já se reconheceu que: "Admite-se o domicílio eleitoral em localidade onde o eleitor mantenha vínculo patrimonial" (*RJTSE — Revista de Jurisprudência do TSE*, v. 6, t. 1, p. 376). Joel José Cândido[9] critica essa amplitude conferida ao conceito de domicílio eleitoral pelos precedentes jurisprudenciais, afirmando:

> O ideal, a nosso entender, é que o ânimo de permanecer fosse o norte da conceituação — tal como se dá na caracterização do domicílio civil — do domicílio para fins eleitorais, o que a redação atual não impede. Evitar-se-iam, assim, candidaturas alienígenas, ditadas apenas por interesses políticos ocasionais.

O tema possui relevância constitucional, pois o art. 15, IV, da Lei Maior considera condição de elegibilidade o "domicílio eleitoral na circunscrição".

Há que se acrescentar uma discussão referente a um tema candente: **a transferência de domicílio eleitoral pelo titular de um mandato eletivo**.

De acordo com a nova redação conferida ao art. 9.º da LE pela Lei n. 13.488/2017: "Para concorrer às eleições, o candidato deverá possuir domicílio eleitoral na respectiva circunscrição pelo prazo de seis meses e estar com a filiação deferida pelo partido no mesmo prazo". Por fim, quanto ao tema da transferência de domicílio, remete-se o leitor ao estudado no item que trata do alistamento eleitoral.

---

9   CÂNDIDO, Joel José. *Direito Eleitoral brasileiro*. Bauru: Edipro, 2008, p. 91.

A análise da possibilidade de um parlamentar eleito transferir seu domicílio eleitoral para outro estado durante o mandato deve considerar a evolução dos entendimentos jurídicos e as normativas eleitorais atuais. Um precedente relevante, embora antigo, é o Recurso Especial Eleitoral n. 7603, julgado pelo Ministro Aldir Guimarães Passarinho. Neste caso, foi entendido que a mudança de domicílio eleitoral de um vereador para outro município não configurava, por si só, fraude. Este julgamento ocorreu em um contexto bastante específico, logo após a promulgação da Constituição de 1988, e antes da vigência de muitas das normas eleitorais atuais.

Contudo, esse pronunciamento, considerado vetusto, ocorre sobre um tema que o Tribunal Superior Eleitoral (TSE) não voltou a se pronunciar de maneira substancial, evidenciando a necessidade de uma atualização do entendimento da Corte sobre a matéria. Com as mudanças significativas no cenário político e jurídico brasileiro desde a promulgação da Constituição de 1988, especialmente no que tange à ética e integridade no exercício de mandatos eletivos, faz-se necessário reavaliar tais situações à luz dos princípios e normas atuais.

Em um contexto contemporâneo, argumenta-se que a obtenção de um mandato eletivo cria um vínculo significativo entre o eleito e o colégio de eleitores que lhe concedeu o mandato. Este vínculo implica uma responsabilidade representativa e uma lealdade ao corpo eleitoral que deve ser mantida até o término do mandato. **Uma transferência de domicílio eleitoral antes do fim do mandato pode ser interpretada como uma quebra desse vínculo, indo contra o princípio republicano que separa os interesses pessoais dos mandatários dos interesses da coletividade.**

Esta análise encontra paralelo no caso dos chamados "prefeitos itinerantes". Aqui, o Tribunal Superior Eleitoral (TSE) interveio para coibir a prática de prefeitos que mudavam de domicílio eleitoral para concorrer em diferentes municípios, burlando a proibição constitucional de um terceiro mandato consecutivo. Os casos citados nos Recursos Especiais 32.507/AL e 32.539/AL exemplificam esta postura do TSE, que interpretou a mudança de domicílio eleitoral nesses casos como uma violação ao princípio republicano. O princípio republicano, com suas ideias de eletividade, temporariedade e responsabilidade, é fundamental para a preservação da integridade do sistema político e a manutenção da confiança do eleitorado na justiça e equidade do processo eleitoral.

O ensinamento do Tribunal Superior Eleitoral, no caso dos prefeitos itinerantes, foi o de que a franquia legal consistente na pluralidade de parâmetros para a definição do domicílio eleitoral cede ante a necessária preservação do princípio republicano.

Portanto, considerando a importância da fidelidade representativa e os princípios republicanos, defende-se que parlamentares eleitos devem manter seu domicílio eleitoral atrelado ao eleitorado que os elegeu até o final de seu mandato, evitando assim práticas que possam comprometer a integridade e a legitimidade do sistema eleitoral.

4.4. CONVENÇÕES ELEITORAIS

4.4.1. Considerações iniciais

Os **partidos** são **livres** para **definir** as normas para a **escolha e substituição** dos **candidatos** e para a **formação** de coligações e de federações partidárias, **desde que** as incluam no estatuto do partido, com as **ressalvas contidas** na própria lei orientadora (*vide*, a respeito, o art. 7.º da Lei n. 9.504/1997 e o art. 6.º da Lei n. 9.504/1997).

Omisso o estatuto, caberá ao órgão de direção nacional do partido estabelecer as normas a que se refere este artigo, publicando-as no *Diário Oficial da União* até 180 dias antes das eleições (art. 7.º, § 1.º). Segundo o art. 8.º da LE, com a redação que lhe foi conferida pela Lei n. 13.165/2015: "A escolha dos candidatos pelos partidos e a deliberação sobre coligações deverão ser feitas no período de 20 de julho a 5 de agosto do ano em que se realizarem as eleições, lavrando-se a respectiva ata em livro aberto, rubricado pela Justiça Eleitoral, publicada em vinte e quatro horas em qualquer meio de comunicação".

O **objetivo principal** das convenções partidárias é **escolher e sortear**, em cada circunscrição, os **números** com que cada **candidato concorrerá**, observado o que dispõem o art. 100, § 2.º, do Código Eleitoral e o art. 9.º da Lei n. 9.504/1997. Mas também é de ressaltar a **importância das convenções** como momento da **definição** da **política** de coligações, quando se **tratar** de candidatura **majoritária**, ou para a observância dos padrões para a **formação** de **federações** partidárias, estas no caso de **eleições proporcionais**.

Sobre convenções partidárias, bem trata Castro[10]:

> O pedido de registro de candidatura é formulado pelo Partido Político ou Coligação, e é dirigida ao Juiz Eleitoral (nas eleições municipais), ao Tribunal Eleitoral (nas eleições gerais: Deputados, Senadores e Governador) e ao Tribunal Superior (nas eleições Presidenciais). Antes disso, entretanto, é necessário lembrar que há atos a serem praticados na esfera interna dos partidos, mas que interessam sobremaneira ao processo eleitoral. São as convenções partidárias. A convenção nada mais é que uma espécie de assembleia do partido político, a que comparecem quem os respectivos estatutos conferem o direito de voto (os convencionais).

Caso não seja indicado pelas convenções o número máximo de candidatos previsto, os partidos poderão preencher as vagas remanescentes até 30 dias antes do pleito (art. 10, § 5.º, da Lei n. 9.504/1997, com redação dada pela Lei n. 13.165/2015), respeitando sempre a reserva de gênero (matéria já tratada no tópico relativo à igualdade e gênero no capítulo "Princípios do Direito Eleitoral"). A convenção partidária pode ser invalidada quando forem infringidos alguns atos incompatíveis com o que dita a legislação.

Gomes[11] destaca esse ponto, ao lecionar que:

> Compreende-se por invalidade a qualidade ostentada pelo ato, ao ingressar no mundo jurídico, consistente em ser produzido em desarmonia com o ordenamento. Pode ocorrer de a convenção — ou atos nela praticados — ser realizada ao arrepio de regras legais ou estatutárias de observância obrigatória. Neste caso, expõe-se à invalidação, porquanto à agremiação política não é dado descumprir as disposições regentes do processo eleitoral. É este o caso, por exemplo, da convenção realizada em lugar ou data diferente dos estampados no edital de convenção, que não observou o *quorum* mínimo de votação, que ocorreu fora do período legal, que foi convocada por quem não detinha legitimidade para fazê-lo.

---

[10] Castro, 2022, *e-book* Kindle.
[11] GOMES, José Jairo. *Direito Eleitoral*. Belo Horizonte: Del Rey, 2010, p. 201.

Por ser matéria *interna corporis*, o foro competente para julgar discussões havidas no âmbito da convenção é da Justiça Comum e não da Justiça Eleitoral[12]. Entretanto, quando ocorre fato jurídico apto a acarretar o registro indevido de candidato, a apreciação da causa compete à Justiça Eleitoral.

Veja a esse respeito o seguinte julgado do Tribunal Superior Eleitoral:

> [...] Mandado de segurança. Ato coator do presidente da comissão executiva nacional do partido progressista — PP. Anulação parcial da convenção realizada pelo diretório estadual do PP no estado do Ceará, quanto à decisão que firmou coligação. [...] 1. A Justiça Eleitoral possui competência para apreciar as controvérsias internas de partido político, sempre que delas advierem reflexos no processo eleitoral, circunstância que mitiga o postulado fundamental da autonomia partidária, *ex vi* do art. 17, § 1.º, da Constituição da República. [...] 3. Não se identifica, no estatuto partidário, nenhum dispositivo restringindo o órgão de direção estadual a coligar-se, dentro da respectiva circunscrição, com outro partido, o que demonstra a plausibilidade do direito invocado pelos impetrantes (Ac. n. 060066407 no MSCiv, de 10.08.2022, rel. Min. Ricardo Lewandowski).

No caso de uma convenção deliberar contrariamente às diretrizes traçadas pela convenção nacional, aquela poderá ser anulada pela instância superior da agremiação (art. 7.º, § 2.º, da Lei n. 9.504/1997). O prazo para comunicar à Justiça Eleitoral acerca dessa alteração é determinado pelos §§ 1.º e 3.º do art. 13 da citada lei, a saber:

> **Art. 13.** [...]
> § 1.º A escolha do substituto far-se-á na forma estabelecida no estatuto do partido a que pertencer o substituído, e o registro deverá ser requerido até 10 (dez) dias contados do fato ou da notificação do partido da decisão judicial que deu origem à substituição.
> [...]
> § 3.º Tanto nas eleições majoritárias como nas proporcionais, a substituição só se efetivará se o novo pedido for apresentado até 20 (vinte) dias antes do pleito, exceto em caso de falecimento de candidato, quando a substituição poderá ser efetivada após esse prazo.

Outro **aspecto relevante** é o de que: "O **filiado** a partido político, ainda que **não seja candidato**, possui **legitimidade** e interesse para **impugnar** pedido de registro de **coligação partidária** da qual é **integrante**, em razão de eventuais **irregularidades** havidas **em convenção**", consoante expressamente define a **Súmula 53** do TSE.

---

[12] "Convenção Partidária — Desavenças — Competência da Justiça Comum — Processo Civil — Conflito de Competência — Convenção de Partido Político: Discussão em torno de desavenças surgidas na convenção. 1. Estabeleceu-se como precedente desta Corte o entendimento de que só é competente a Justiça Eleitoral para processar e julgar os feitos relativos a questões eleitorais após iniciado o procedimento eleitoral. 2. Desavenças de pré-candidaturas, no âmbito da convenção partidária, são da competência da Justiça Comum. 3. Conflito conhecido para declarar-se competente o juiz estadual suscitante" (STJ, CC 30.176/MA, 1.ª S., rel. Min. Eliana Calmon, *DJ* de 04.02.2002).

É também na convenção eleitoral que se definem os números dos candidatos e os seus nomes na forma em que figurarão nas urnas. E caso de homonímia, o art. 39 da Resolução do TSE n. 23.209/2019 assim dispõe:

Art. 39. Verificada a ocorrência de homonímia, a juíza ou o juiz ou tribunal deve proceder da seguinte forma (Lei n. 9.504/1997, art. 12, § 1.º, I a V):

I — havendo dúvida, pode exigir da candidata ou do candidato prova de que é conhecida(o) pela opção de nome indicada no pedido de registro;

II — à candidata ou ao candidato que, até 15 de agosto, estiver exercendo mandato eletivo ou o tenha exercido nos últimos 4 (quatro) anos, ou que se tenha candidatado, nesse mesmo prazo, com o nome que indicou, deve ser deferido o seu uso, ficando outras candidatas ou outros candidatos impedidas(os) de fazer propaganda com esse mesmo nome;

III — deve ser deferido o uso do nome indicado, desde que este identifique a candidata ou o candidato por sua vida política, social ou profissional, ficando as outras candidatas ou os outros candidatos impedidas(os) de fazer propaganda com o mesmo nome;

IV — tratando-se de candidatas ou candidatos cuja homonímia não se resolva pelas regras dos incisos II e III, o órgão julgador deve notificá-las(os) para que, em 2 (dois) dias, cheguem a acordo sobre os respectivos nomes a serem usados;

V — não havendo acordo no caso do inciso IV, a Justiça Eleitoral deve registrar cada candidata ou candidato com o nome e sobrenome constantes do pedido de registro.

Convém ainda **anotar que**, segundo a **Súmula 4** do TSE: "**Não** havendo **preferência** entre candidatos que pretendam o registro da **mesma variação nominal**, defere-se o do que **primeiro** o tenha **requerido**".

Eis, em suma, os itens que devem constar da ata da convenção, consoante estipula o art. 7.º da Resolução do TSE n. 23.609/2019, com acréscimos realizados pela Resolução n. 23.675/2021:

Art. 7.º A ata da convenção do partido político ou da federação conterá os seguintes dados:

I — local;

II — data e hora;

III — identificação e qualificação de quem presidiu;

IV — deliberação para quais cargos concorrerá;

V — no caso de coligação, seu nome, se já definido, e o nome dos partidos e das federações que a compõem;

VI — da(o) representante da coligação, nos termos do art. 5.º desta Resolução, se já indicada(o), ainda que de outro partido ou federação; e

VI-A — da(o) representante da federação, a qual atuará em seu nome nos feitos relativos à eleição proporcional e, em caso de concorrer isoladamente, à eleição majoritária.

VII — relação de candidatas e candidatos escolhidos em convenção, com a indicação do cargo para o qual concorrem, o número atribuído conforme os arts. 14 e 15 desta Resolução, o nome completo, o nome para urna, a inscrição eleitoral, o CPF e o gênero.

Parágrafo único. A convocação ou presidência da convenção por pessoa com direitos políticos suspensos, por si só, não torna inválida a ata ou os atos nela registrados.

A definição dos números dos candidatos é feita com observância do quanto estipulado no art. 14 da Resolução do TSE n. 23.209/2019. Na definição de eventuais conflitos a tal respeito, devem ser observadas as regras estabelecidas pelo art. 15 da citada Resolução, cujo teor é o seguinte:

> **Art. 15.** A identificação numérica referida no artigo anterior será determinada por sorteio, ressalvado:

INCISO	DIREITOS
I	Direito de preferência das candidatas ou dos candidatos que concorrem ao mesmo cargo pelo mesmo partido a manter os números que lhes foram atribuídos na eleição anterior
II	Direito da pessoa detentora de mandato de senador, deputado federal, estadual, distrital e vereador a fazer uso da prerrogativa indicada no inciso I ou a requerer novo número ao órgão de direção de seu partido político

Resta dizer, quanto às **convenções eleitorais**, que estas não se **confundem** com as **convenções partidárias**, sendo **ambas espécies** do gênero **convenções políticas**. As convenções partidárias têm previsão na Lei Orgânica dos Partidos Políticos, sendo que o seu art. 51 assegura à agremiação "[...] com estatuto registrado no Tribunal Superior Eleitoral o direito à utilização gratuita de escolas públicas ou Casas Legislativas para a realização de suas reuniões ou convenções, responsabilizando-se pelos danos porventura causados com a realização do evento".

4.4.2. Candidaturas natas

Aos que estivessem exercendo cargos de deputado federal, estadual, distrital ou de vereador, em qualquer período da legislatura em curso, era assegurado o registro de candidatura para o mesmo cargo pelo partido a que estivessem filiados (art. 8.º, § 1.º, da Lei n. 9.504/1997). Porém, o Supremo Tribunal Federal **considerou atentatório** à Constituição o **dispositivo** que previa a **candidatura** nata de detentores de **mandato**.

Transcreve-se, a seguir, a ementa do julgado:

> Direito Constitucional e Eleitoral: Candidatura nata. Da isonomia entre os pré-candidatos. Dos partidos políticos. Ação direta de inconstitucionalidade do § 1.º do art. 8.º da n. 9.504, de 30 de setembro de 1997, segundo o qual: "§ 1.º Aos detentores de mandato de deputado federal, estadual ou distrital, ou de vereador, e aos que tenham exercido esses cargos em qualquer período da legislatura que estiver em curso, é assegurado o registro de candidatura para o mesmo cargo pelo partido a que estejam filiados". Alegação de ofensa aos arts. 5.º, *caput*, e 17 da Constituição Federal. Pedido de medida cautelar de suspensão da norma impugnada. Plausibilidade jurídica da ação, reconhecida, por maioria (8 votos *x* 1), sendo 3, com base em ambos os princípios (da isonomia, art. 5.º, *caput*, e da autonomia partidária, art. 17) e 5, apenas, com apoio nesta última. *Periculum in mora* também presente. Cautelar deferida (TP, ADI n. 2.530-MC/DF, rel. Min. Sydney Sanches, j. 24.04.2002).

Além disso, segundo a redação dada ao art. 9.º da Lei das Eleições pela Lei n. 13.488/2017, como já mencionado anteriormente neste capítulo: **"Para concorrer às** eleições, o candidato deverá possuir domicílio eleitoral na respectiva circunscrição pelo prazo de seis meses e estar com a filiação deferida pelo partido no mesmo prazo".

Ainda merece destaque neste tópico a posição do Tribunal Superior Eleitoral de estabelecer marcos mais rigorosos para a destituição de comissões partidárias provisórias nas imediações das convenções eleitorais. Veja-se, a tal respeito, o seguinte julgado:

> ELEIÇÕES 2020. AGRAVO REGIMENTAL. AGRAVO EM RECURSO ESPECIAL. NEGATIVA DE SEGUIMENTO. MANDADO DE SEGURANÇA. ATO ILEGAL. DESTITUIÇÃO DE COMISSÃO PROVISÓRIA MUNICIPAL. INOBSERVÂNCIA DOS PRINCÍPIOS DO CONTRADITÓRIO E DA AMPLA DEFESA. DESPROVIMENTO. SÍNTESE DO CASO 1. O Tribunal Regional Eleitoral do Ceará concedeu a ordem postulada em mandado de segurança, para declarar a nulidade e cassar o ato coator praticado pelo Presidente do Diretório do Partido Social Cristão (PSC) do Estado do Ceará, que dissolveu a Comissão Provisória do partido no município de São Benedito/CE de forma sumária e sem obedecer aos princípios do contraditório e da ampla defesa, em data próxima às convenções partidárias para o pleito de 2020. 2. Por meio da decisão agravada, neguei seguimento ao agravo em recurso especial, nos termos do art. 36, § 6.º, do Regimento Interno do Tribunal Superior Eleitoral. ANÁLISE DO AGRAVO REGIMENTAL 3. O agravante reitera as teses de necessidade de observância do prazo de 180 dias de validade das comissões provisórias partidárias, previsto nos arts. 39 da Res.-TSE 23.571 e 37 do estatuto partidário, bem como a alegada violação ao princípio da autonomia partidária, sem, contudo, infirmar o principal fundamento da decisão agravada, alusivo à afronta aos princípios do contraditório e da ampla defesa, que, por si só, é suficiente para a manutenção desta. Incidência, portanto, do verbete sumular 26 do TSE. 4. O posicionamento do Tribunal de origem está em consonância com a jurisprudência desta Corte Superior, no sentido de que "a destituição de Comissões Provisórias somente se afigura legítima se e somente se atender às diretrizes e aos imperativos normativos, constitucionais e legais, notadamente a observância das garantias fundamentais do contraditório e da ampla defesa" (REspe 123-71, rel. Min. Luiz Fux, *DJe* de 30.11.2017). CONCLUSÃO: Agravo regimental a que se nega provimento (AgR-REspe 060024842, Acórdão, rel. Min. Sergio Silveira Banhos, PSESS — Publicado em Sessão, de 04.12.2020).

4.4.3. Do local das convenções

Para a **realização das convenções**, os partidos políticos **poderão** usar **gratuitamente** prédios públicos, **responsabilizando-se** por danos causados com a realização do evento (art. 8.º, § 2.º, da Lei n. 9.504/1997). Os partidos políticos deverão comunicar por escrito ao responsável pelo local, com antecedência mínima de 72 horas. Em havendo coincidência de datas, será observada a ordem de protocolo das comunicações (art. 8.º, § 5.º, da Resolução do TSE n. 23.455/2015).

4.4.4. Convenções eleitorais em meio virtual

O Tribunal Superior Eleitoral respondeu às Consultas 0600460-31, 0600413-57 e 0600479-37, que versam a possibilidade da realização de convenções por meios virtuais. Foram formuladas na Consulta 0600413-57 as seguintes indagações:

a) É possível a realização de convenções partidárias por meios eletrônicos?

b) Se a resposta à questão anterior for positiva, quais seriam os requisitos técnicos mínimos para o sistema a ser utilizado?

c) Após a eventual realização da convenção partidária por meio eletrônico, se ocorrer apenas o envio da ata pela agremiação partidária, devidamente preenchida na forma da lei, à Justiça Eleitoral seria suficiente?

d) Como nas convenções presenciais não se exige reconhecimento de firma ou outra forma de autenticação das assinaturas nas atas das convenções partidárias, poderiam os presidentes (estaduais ou municipais) das agremiações políticas apresentarem as atas das convenções eletrônicas acompanhadas das respectivas listas dos participantes declarando sua autenticidade, sob as penas da lei?

Parecer exarado nos autos da consulta acima por Elaine Carneiro Batista, Assessora-chefe da Assessoria Consultiva do Tribunal Superior Eleitoral, opinou pela resposta positiva ao primeiro item da consulta, deixando claro que "[...] **não há óbice, sob o ângulo jurídico, à realização de convenções partidárias de maneira virtual**".

No tocante às demais indagações, o parecer foi no sentido de que: "Sejam analisados os demais questionamentos em sede de processo administrativo, dada a relevância da matéria, uma vez que relacionados a aspectos operacionais da eventual utilização de formato virtual para a realização de convenções partidárias nas eleições municipais de 2020, em razão da pandemia gerada pela Covid-19".

Em sessão realizada em 4 de junho de 2020, o Tribunal Superior Eleitoral, por unanimidade, confirmou a possibilidade de os partidos políticos realizarem convenções partidárias por meio virtual para a escolha dos candidatos que disputaram as Eleições 2020.

Por fim, o TSE editou a Resolução n. 23.623, de 30 de junho de 2020, cujo art. 1.º tem o seguinte teor:

> **Art. 1.º** Os partidos políticos podem realizar convenções partidárias em formato virtual para a escolha de candidatos e formação de coligações majoritárias nas Eleições 2020, ainda que não previstas no estatuto partidário e nas diretrizes publicadas pelo Diretório Nacional até 7 de abril de 2020 (Consultas n. 0600413-57, 0600460-31 e 0600479-37).

Convenção eleitoral é a assembleia geral dos filiados a um partido político ou dos delegados por estes eleitos, no âmbito da circunscrição em que se darão as eleições, visando a composição das listas de candidatos e a definição das coligações a serem celebradas a partir daquele ano, possíveis apenas no que toca aos cargos majoritários. É certo que inexiste obstáculo legal à realização de tais convenções em ambiente virtual. O *caput* do art. 8.º da Lei n. 9.504/1997 (Lei das Eleições), já o vimos, nada dispõe sobre o lugar em que as convenções devem ser realizadas, senão com o lapso temporal a ser observado. Segundo o dispositivo: "A escolha dos candidatos pelos partidos e a deliberação sobre coligações deverão ser feitas no período de 20 de julho a 5 de agosto do ano em que se realizarem as eleições [...]".

O § 2.º do mesmo art. 8.º autoriza a utilização de prédios públicos para a reunião dos convencionais, mas em nenhum momento dispõe sobre os demais espaços em que essa reunião deliberativa oficial deve se dar. Tampouco a Resolução n. 23.609, de 18 de dezembro de 2019, a qual: "Dispõe sobre a escolha e o registro de candidatos para as eleições", indica de modo fechado a ambiência a que se deve realizar tal ato. Tem-se, assim, que, excetuando-se a menção à possibilidade do uso de prédio público para a realização do ato, à Lei das Eleições e à resolução específica que cuida da matéria.

Os parágrafos do art. 6.º da Resolução n. 23.609/2019 cingem-se a dispor sobre os atos a serem observados quando da opção, pelo partido, do uso de prédios públicos para a realização do evento formal. Nada dispõem quanto ao lugar em que se deve realizar a convenção eleitoral.

Passa-se, então, à análise esmiuçada dos diversos aspectos envolvidos pela matéria.

a) Ata da **convenção** digital e lista de **presença**

O § 3.º do art. 6.º da Resolução n. 23.609/2019 estabelece:

> **Art. 6.º** [...]
> § 3.º A ata e a respectiva lista de presença deverá ser lavrada em livro aberto e rubricado pela Justiça Eleitoral, que poderá ser requerido para conferência da veracidade das informações apresentadas.

A ata da convenção, como já foi analisado anteriormente, é o documento que reúne todas a informações legalmente relevantes sobre as medidas e cautelas adotadas durante a efetivação do ato, as quais estão relacionadas no art. 7.º da Resolução n. 23.609/2019. No tocante ao local (art. 7.º, I, da Resolução n. 23.609/2019), em se tratando de ato levado a efeito online, cuida-se de indicar a ferramenta eletrônica adotada.

A lista de participantes deve disponibilizar dados suficientes para que qualquer interessado ou legitimado possa verificar a identidade do convencional e sua vinculação com o partido. Nesse ponto não há maiores dificuldades, pois a manutenção dos arquivos digitais alusivos à convenção online permitirá que posteriormente se confirme o comparecimento ou não de alguém em particular.

O sistema a ser utilizado deve, pois, reclamar do convencional que informe, pelo menos, seu nome completo e o número da sua inscrição eleitoral.

A ata da convenção e a lista dos presentes serão inseridas posteriormente no Módulo Externo do Sistema de Candidaturas (CANDex) a fim de que sejam publicadas no sítio do Tribunal Superior Eleitoral, na página de Divulgação de Candidaturas e de Prestação de Contas Eleitorais (DivulgaCandContas) e de que integrem os autos de registro de candidatura (Cf. art. 8.º da Lei n. 9.504/1997 e § 4.º do art. 6.º da Resolução n. 23.609/2019).

b) Forma de **deliberação**

A convenção, por natureza, é um espaço de deliberação. Aqueles que o estatuto partidário autoriza a dela tomarem parte têm o direito de votar sobre as matérias postas em discussão.

Esse sistema de votação deverá ser auditável. Além disso, o sistema deve admitir a emissão sigilosa do voto, desde que o estatuto partidário assegure aos convencionais o exercício do voto secreto.

c) **Inscrição** do convencional

É recomendável que o partido mantenha cadastro com os contatos eletrônicos dos seus filiados, de modo a poder enviar a eles e-mails ou mensagens instantâneas com orientações sobre a participação e com formulário de inscrição online.

Essas providências tornarão possível a formação da lista de participantes composta pelos dados cadastrais de todos os participantes da convenção.

d) Documentação

A convenção eletrônica deve ser acompanhada pela realização de uma videoconferência com propósito definido pelos princípios do processo eleitoral. É por tudo necessário que seja providenciada a gravação em vídeo de todo o ato, registro esse que deve ser conservado até o exaurimento do prazo para as ações eleitorais. Isso para se assegurar aplicabilidade ao § 7.º do art. 6.º da Resolução n. 23.609/2019, cujo teor é o seguinte:

> **Art. 6.º** [...]
>
> § 7.º Os livros de que tratam os §§ 3.º e 3.º-A deste artigo deverão ser conservados até o término do prazo decadencial para propositura das ações eleitorais, permanecendo a obrigação em caso de ajuizamento de ação que verse sobre a validade do Demonstrativo de Regularidade de Atos Partidários (DRAP) ou outros fatos havidos na convenção partidária. (Redação dada pela Resolução n. 23.675/2021)

A gravação a que se alude acima tem o condão de substituir o livro, isso com uma grande vantagem sobre o sistema convencional. Ficará disponível um documento muito mais fiável e passível de auditoria que um simples livro contendo textos que não necessariamente relatam o que realmente ocorreu no evento partidário.

Convém registrar que o TSE relativizou até mesmo o caráter imperioso da lavratura da ata na forma exata definida pela norma. Eis o posicionamento:

> Embora o art. 8.º da Lei n. 9.504/97 estabeleça a exigência de que a lavratura de ata de convenção ocorra em livro aberto e rubricado pela Justiça Eleitoral, é possível o deferimento do demonstrativo de regularidade de atos partidários se não for evidenciado nenhum indício de grave irregularidade ou de fraude no caso concreto (Ac. de 18.04.2017 no AgR-AI 23.212, rel. Min. Rosa Weber).

Embora as convenções virtuais tenham nascido em virtude da pandemia do Covid-19, o fato é que elas permanecem válidas e hígidas em nosso processo eleitoral, constituindo um instrumento válido para expandir a participação dos convencionais, eliminando custos e facilitando o fortalecimento da democracia partidária.

4.4.5. Da propaganda nas convenções eleitorais

Trataremos desse tema no item atinente à "Propaganda eleitoral", o qual se encontra mais adiante neste mesmo Capítulo.

4.4.6. Das formas de convenções eleitorais

Segundo Joel José Cândido[13], são três as formas de convenções eleitorais: convenções municipais, regionais e nacionais.

---

[13] CÂNDIDO, Joel José. *Direito Eleitoral brasileiro*. Bauru: Edipro, 2010, p. 102.

As escolhas dos candidatos para cada um desses cargos guardam idênticas simetrias, processando-se através de: Convenções municipais: para a escolha dos candidatos do partido a Prefeito, Vice-Prefeito e vereadores; Convenções regionais: para a escolha dos candidatos do partido a Governador, Vice-Governador, Senadores, Deputados federais e Deputados estaduais; e Convenções nacionais: para a escolha dos candidatos do partido a presidente e Vice-Presidente da República.

A **convenção municipal** servirá para escolha dos candidatos do partido ao cargo de prefeito, vice-prefeito e vereador. Todos os eleitores do município, regularmente filiados ao partido, podem participar. Essa convenção será realizada pelo diretório municipal ou pela comissão executiva do partido.

As **convenções regionais** servirão para escolha dos candidatos a governador, vice-governador, senador e suplente, deputado federal, deputado estadual e deputado distrital. Participarão os dirigentes regionais do partido, os delegados dos diretórios municipais e, eventualmente, representantes de comissões diretoras municipais provisórias, além dos parlamentares filiados ao partido. Fica a organização a cargo do diretório regional.

As **convenções nacionais** definem os candidatos a presidente da República e seu vice. Podem participar os dirigentes do partido em âmbito nacional, delegados dos diretórios regionais ou representantes dos órgãos regionais provisórios e os parlamentares filiados ao partido. A organização da convenção fica a cargo do diretório nacional.

Ao final das **convenções partidárias** restará **redigida e aprovada** a ata da realização da convenção. Trata-se de documento da mais alta relevância para o processo administrativo eleitoral, visto **habilitar o pretendente a mandato eletivo** a ver registrada a sua candidatura junto à Justiça Eleitoral.

4.5. REGISTRO DAS CANDIDATURAS

4.5.1. O registro dos candidatos

A disciplina do registro das candidaturas, conquanto constitua matéria versada no Código Eleitoral, está em grande parte regulada atualmente pelos arts. 10 e seguintes da Lei das Eleições.

A redação do art. 11, *caput*, da Lei das Eleições, determina que o **prazo** de **entrada** em cartório ou na Secretaria do Tribunal do **requerimento de registro** de candidato a cargo eletivo **terminará**, improrrogavelmente, às **19 horas do dia 15 de agosto** do ano em que se realizarem as eleições.

O pressuposto é de que os candidatos preencham todos os requisitos para a candidatura e o demonstrem já por ocasião do protocolo do Requerimento de Registro de Candidatura (RRC). Todavia, resta assente na Lei das Eleições, mais especificamente no § 10 do seu art. 11, que:

> **Art. 11.** [...]
> § 10 As condições de elegibilidade e as causas de inelegibilidade devem ser aferidas no momento da formalização do pedido de registro da candidatura, ressalvadas as alterações, fáticas ou jurídicas, supervenientes ao registro que afastem a inelegibilidade.

A **Súmula 43** do TSE, aliás, **declara** expressamente que: "As **alterações fáticas ou jurídicas** supervenientes ao **registro** que beneficiem o candidato, nos termos da parte final do art. 11, § 10, da Lei n. 9.504/97, também devem ser **admitidas** para as condições de elegibilidade". O verbete foi cunhado com a finalidade de, **ante a redação equívoca** do dispositivo legal, afastar qualquer incompreensão quanto ao fato de a norma também abarcar as **condições de elegibilidade**.

Veja-se que a **Súmula 70** do Tribunal Superior Eleitoral expressamente **declara** que: "O **encerramento do prazo** de inelegibilidade antes do dia da eleição constitui fato superveniente que **afasta a inelegibilidade**, nos termos do art. 11, § 10, da Lei n. 9.504/97".

O § 1.º do art. 11 da Lei n. 9.504/1997 elenca todos os documentos que devem acompanhar o pedido de registro de candidatura:

INCISO	DOCUMENTOS NECESSÁRIOS
I	Cópia da ata a que se refere o art. 8.º (ata da convenção)
II	Autorização do candidato, por escrito
III	Prova de filiação partidária
IV	Declaração de bens, assinada pelo candidato
V	Cópia do título eleitoral ou certidão de que o candidato é eleitor na circunscrição ou requereu sua inscrição ou transferência de domicílio no prazo previsto no art. 9.º
VI	Certidão de quitação eleitoral
VII	Certidões criminais fornecidas pelos órgãos de distribuição da Justiça Eleitoral, Federal e Estadual
VIII	Fotografia do candidato, nas dimensões estabelecidas em instrução da Justiça Eleitoral, para efeito do disposto no § 1.º do art. 59
IX	Propostas defendidas pelo candidato a Prefeito, a Governador de Estado e a Presidente da República

Vamos discutir, a partir de agora, os mais relevantes entre esses requisitos.

Registre-se, de saída, que diante da falta de apresentação de quaisquer dos documentos exigidos para o registro, deve o juiz eleitoral assinar prazo de 72 horas para o suprimento da falta (§ 3.º do art. 11 da Lei das Eleições). Não sendo adotada a providência no prazo assinado, o pedido deve ser indeferido.

Demais disso convém salientar que a Súmula 3 do TSE assim dispõe:

SÚMULA 3 DO TSE: No processo de registro de candidatos, não tendo o juiz aberto prazo para o suprimento de defeito da instrução do pedido, pode o documento, cuja falta houver motivado o indeferimento, ser juntado com o recurso ordinário.

Em interessante precedente, o Supremo Tribunal Federal já reconheceu que:

O indeferimento de registro de candidato por deficiência de documentação exigida por lei não implica suspensão de direitos políticos: a titularidade plena dos direitos políticos não o dispensava do registro de sua candidatura por partido ou coligação e esse, da prova documentada dos pressupostos de elegibilidade, entre eles, o pleno exercício dos mesmos direitos políticos (CF, art. 14, § 3.º, II): negar o registro por falta de prova oportuna desse pressuposto não equivale obviamente a negar-lhe a realidade, mas apenas a afirmá-la não comprovada (TP, AI n. 231.917/ AgR/SEAg.Reg no AgI, rel. Min. Sepúlveda Pertence, j. 03.12.1998).

Mas convém ter presente que, de acordo com o novo § 13.º do art. 11 da LE, introduzido pela Lei n. 12.891, de 11 de dezembro de 2013: "Fica dispensada a apresentação pelo partido, coligação ou candidato de documentos produzidos a partir de informações detidas pela Justiça Eleitoral, entre eles os indicados nos incisos III, V e VI do § 1.º deste artigo".

Anote-se que os Tribunais Regionais Eleitorais terão até vinte dias antes da data das eleições para providenciarem o envio, ao Tribunal Superior Eleitoral, para fins de centralização e divulgação de dados, da lista dos candidatos às eleições majoritárias e proporcionais, da qual constará obrigatoriamente a referência ao sexo e ao cargo a que concorrem.

Por fim, quanto a esse ponto, a **Súmula 51** do TSE define que: "O **processo de registro de candidatura** não é o **meio** adequado para se **afastarem** os eventuais **vícios** apurados no processo de **prestação de contas** de campanha ou partidárias".

4.5.2. Declarações necessárias e grupos vulneráveis

O art. 24, I, da Res.-TSE n. 23.609/2019, cujo texto foi redefinido pela Resolução n. 23.729/2024, ao detalhar os requisitos para o preenchimento do formulário de Registro de Registro de Candidatura (RRC), estabelece um conjunto abrangente de informações pessoais a serem fornecidas pelos candidatos, **incluindo dados que são de extrema relevância para a equidade e a inclusão no âmbito político.**

Além dos dados básicos como inscrição eleitoral, nome civil ou, quando aplicável, nome social registrado no Cadastro Eleitoral, data e local de nascimento, nacionalidade, entre outros, o formulário exige informações detalhadas sobre gênero e identidade de gênero, estado civil, ocupação, grau de instrução, e dados profissionais específicos. Essas informações formam uma base para a compreensão abrangente do perfil dos candidatos.

Contudo, de particular importância é a inclusão no formulário da declaração sobre **cor, raça, etnia indígena ou pertencimento a comunidades quilombolas.** Esta exigência não é meramente informativa, mas constitui um mecanismo crucial de controle para a aplicação de políticas públicas definidas pelo Tribunal Superior Eleitoral e pela Suprema Corte destinadas à inclusão política de comunidades historicamente vulnerabilizadas.

O registro dessas informações permite uma análise detalhada e precisa da representatividade racial e étnica no cenário político. Por meio deste mecanismo, é possível verificar se as medidas de inclusão estão sendo efetivamente aplicadas e se refletem na composição dos candidatos a cargos públicos, tornando-as passíveis de controle, tal como será analisado no item seguinte. Esse procedimento é essencial para assegurar que os esforços do TSE (Consulta 600306-47) e da Suprema Corte (ADPF 738) em promover a igualdade e a representatividade nas instâncias políticas sejam eficazes.

A obrigatoriedade dessa declaração ressalta o compromisso das autoridades eleitorais com a justiça social e a promoção de uma política mais inclusiva. Reconhecer e mapear a diversidade étnico-racial dos candidatos não apenas contribui para uma maior transparência do processo eleitoral, mas também é fundamental para a construção de uma democracia que verdadeiramente representa e valoriza a pluralidade de sua população.

4.5.3. Registro de candidaturas e pertencimento racial

Ainda o art. 24 da Res.-TSE n. 23.609/2019, tal como agora definido pela Resolução n. 23.729/2024, estipula que o formulário RRC (Requerimento de Registro de Candidatura) deve ser preenchido com detalhamento de informações pessoais, incluindo cor ou raça. A obrigatoriedade desta declaração detalhada tem relevância não apenas para a transparência do processo eleitoral, mas também como um instrumento para a garantia de políticas afirmativas nas candidaturas.

Um aspecto crucial introduzido pela mesma resolução é o **mecanismo de verificação de inconsistências nas declarações raciais**. Conforme disposto no § 4.º do art. 24, em caso de divergência entre os dados do Cadastro Eleitoral e os do registro de candidatura relativos à identidade de gênero, nome social, raça ou cor, etnia indígena e pertencimento a comunidades quilombolas, será aplicado o procedimento previsto nos §§ 5.º-A e 5.º-B do art. 17 da Resolução.

Importante destacar o § 5.º do art. 24, que determina que, **em caso de declaração de cor preta ou parda em desacordo com informações anteriores, o candidato e a respectiva agremiação partidária serão intimados a confirmar a alteração da declaração racial**. Isso visa assegurar a integridade das informações e a correta aplicação dos recursos do FEFC.

O § 6.º estabelece que, se houver reconhecimento de erro na declaração racial ou ausência de manifestação, as informações serão ajustadas para refletir os dados do Cadastro Eleitoral ou registros anteriores, proibindo, assim, o repasse de recursos do FEFC destinados a candidaturas negras para esses casos.

Além disso, o § 7.º dispõe que **o Ministério Público Eleitoral será notificado sobre as declarações raciais e seu processamento**, habilitando-o a acompanhar e adotar providências relacionadas à fiscalização dos repasses de recursos públicos destinados a candidaturas negras e à apuração de eventuais ilícitos.

O § 8.º permite que **associações, coletivos e movimentos da sociedade civil solicitem informações sobre as declarações raciais dos candidatos**, sublinhando a responsabilidade dessas entidades na utilização desses dados para fins de fiscalização.

Por fim, o § 9.º autoriza partidos políticos, federações e coligações a criarem comissões de heteroidentificação para análise dos elementos fenotípicos de candidatos que se declarem de cor preta ou parda. Esse procedimento visa promover a fidedignidade das informações sobre as candidaturas de pessoas negras.

4.5.4. Publicidade da documentação

Merece registro que uma das maiores novidades introduzidas pela reforma da legislação eleitoral de 2009 — a que deu origem à Lei n. 12.034 —, foi a encontrada no § 6.º acrescentado ao art. 11 da Lei das Eleições. Diz o dispositivo: **"A Justiça Eleitoral possibilitará aos interessados acesso aos documentos apresentados para os fins do disposto no § 1.º"**.

O escopo da alteração normativa foi exatamente o de — dando concreção ao princípio constitucional da publicidade (art. 37 da CF) — determinar à Justiça Eleitoral a criação de mecanismos de fácil consulta aos pedidos de registro de candidatura e a todos os documentos que os instruem. Quando a lei fala em "interessados", refere-se à multidão dos admitidos ao cadastro eleitoral, cuja opção eleitoral pode depender, por exemplo, do conhecimento do teor da declaração de bens e das certidões criminais do candidato. Daí que descabe à Justiça Eleitoral aquilatar a razão pela qual o eleitor busca acesso a essas informações. O interesse cívico, em tal matéria, é facilmente presumível.

O Tribunal Superior Eleitoral disponibilizou o Sistema de Divulgação de Candidaturas — DivulgaCandContas[14] —, que permite a fácil consulta, por meio da internet, dos pedidos de registro referentes a cada candidato.

4.5.5. Filiação

O art. 14, § 3.º, V, da CF inclui a filiação a partido político entre as condições de elegibilidade. Trata-se de circunstância da qual decorre a conclusão de que não vivemos sob uma democracia representativa clássica, ou liberal, originariamente marcada por candidaturas individuais. O desenho institucional adotado pela Constituição de 1988 apresenta o Brasil como uma democracia representativa partidária, em que os partidos são tidos como mediadores indispensáveis aos quantos pretendem alcançar a condição de representante[15].

Não é sem motivos essa opção constitucional. No dizer de Fávila Ribeiro[16]:

O primeiro objetivo do partido, que nunca ficará exaurido, é o de angariar o seu corpo permanente de filiados, motivando-os a nele permanecerem e por ele porfiarem, através de aconchegante clima participativo, compartilhando de seus processos deliberativos, tecendo-se, assim, consistentes relações de identidade política e solidariedade.

Por isso mesmo, o art. 11, § 1.º, III, da Lei das Eleições inclui a prova da filiação partidária entre os documentos de apresentação obrigatória quando da formulação do pedido de registro de candidatura. Segundo o art. 9.º da Lei das Eleições, com redação definida pela Lei n. 13.488/2017, o candidato deverá estar com a filiação deferida pelo partido no mínimo seis meses antes da data da eleição. Somente podem concorrer às

---

[14] Disponível em: https://divulgacandcontas.tse.jus.br/divulga/#/. Acesso em: 9 jan. 2023.

[15] Esses foram os principais fundamentos que levaram o Tribunal Superior Eleitoral e, posteriormente, o Supremo Tribunal Federal a reconhecerem a impossibilidade de, sem justa causa, deixar o mandatário o partido pelo qual foi eleito.

[16] RIBEIRO, Fávila. *Direito Eleitoral*. 5. ed. Rio de Janeiro: Forense, 1998, p. 370.

eleições candidatos registrados por partidos, não sendo permitido registro de candidato, mesmo que para cargos diferentes, por mais de uma circunscrição ou para mais de um cargo na mesma circunscrição (art. 88 do CE).

Os partidos devem, necessariamente, possuir diretório devidamente registrado na circunscrição em que se realizar a eleição (art. 90 do CE). Convém registrar que o § 1.º do art. 17 da CF assegura aos partidos autonomia para promover a "escolha, formação e duração de seus órgãos permanentes e provisórios".

Entretanto, o TSE firmou o entendimento — que manteve mesmo após a mudança do texto da Lei Fundamental pela EC n. 17/2017 — segundo o qual deve ser observado prazo de validade de 180 dias para as comissões provisórias. Merece transcrição o seguinte excerto:

> O Ministro Sérgio Banhos, relator, ressaltou que, não obstante a Emenda Constitucional n. 97/2017 — que alterou o art. 17, § 1.º, da Constituição da República — tenha assegurado às agremiações autonomia quanto à formação e à duração de seus órgãos permanentes e provisórios, este Tribunal já conferiu interpretação sistemática ao dispositivo, para consagrar o regime democrático no âmbito partidário. Lembrou, na ocasião, o entendimento de que a leitura do referido parágrafo não pode estar dissociada do disposto no *caput*, que afirma a liberdade dos partidos políticos "resguardados a soberania nacional, o regime democrático, o pluripartidarismo, os direitos fundamentais da pessoa humana". Na mesma linha intelectiva, o relator afastou a literalidade do art. 3.º, § 3.º, da referida Lei dos Partidos Políticos, o qual prevê duração de até oito anos para os órgãos partidários provisórios, ao entender que o dispositivo ofende os princípios constitucionais, especialmente o do regime democrático. Nessa senda, determinou a adequação do estatuto partidário ao que dispõe o art. 39 da Res.-TSE n. 23.571/2018, de modo que seja observado o prazo de validade de 180 dias das comissões provisórias. Petição n. 18, Brasília/DF, rel. Min. Sérgio Banhos, j. 05.09.2019.

É o entendimento que segue em vigor na mais alta Corte Eleitoral.

4.5.6. Declaração de bens

Dentre os documentos de apresentação obrigatória à Justiça Eleitoral está a declaração de bens. O objetivo da norma está atrelado à ideia de controle social da política, ou de *accountability*. Deseja-se com isso que o eleitor conheça o patrimônio do candidato e possa acompanhar a sua evolução em caso de vitória eleitoral, além de se prestar à verificação de eventual abuso do poder econômico durante as eleições.

O oferecimento de declaração falsa de bens no momento do registro de candidatura pode configurar, em tese, o delito de *falsidade ideológica eleitoral*, tipificado no art. 350 do CE. Entretanto, o Tribunal Superior Eleitoral firmou entendimento segundo o qual:

> Para que a conduta amolde-se ao art. 350 do Código Eleitoral, é necessário comprovar o elemento subjetivo, ou seja, que a omissão foi dolosa e teve a finalidade específica de alterar a verdade sobre fato relevante para fins eleitorais (AgI n. 65.548, Acórdão, rel. Min. Edson Fachin, *DJe* de 07.02.2020).

4.5.7. Quitação de débitos eleitorais

No que pertine à certidão de quitação eleitoral, seu teor está definido pelo § 7.º acrescentado ao art. 11 da Lei das Eleições pela Lei n. 12.034/2009:

> **Art. 11.** [...]
>
> § 7.º A certidão de quitação eleitoral abrangerá exclusivamente a plenitude do gozo dos direitos políticos, o regular exercício do voto, o atendimento a convocações da Justiça Eleitoral para auxiliar os trabalhos relativos ao pleito, a inexistência de multas aplicadas, em caráter definitivo, pela Justiça Eleitoral e não remitidas, e a apresentação de contas de campanha eleitoral.

A lei estipula, *numerus clausus*, todo o rol dos impedimentos que podem afetar a obtenção da certidão de quitação eleitoral.

Falaremos em momento posterior desta obra sobre o *pleno exercício dos direitos políticos*. A abstenção eleitoral, a recusa a oficiar como mesário, apesar de designado pela Justiça Eleitoral, e o não pagamento ou ausência de parcelamento de multas fixadas por essa instituição também acarretam a negativa da certidão.

Resta falar quanto às **hipóteses** relativas à prestação de contas de campanha. A Justiça Eleitoral deve conceder a **quitação eleitoral** aos candidatos que tiveram previamente **contas** de campanha **rejeitadas**, devendo **negá-la**, contudo, aos que **não** as **apresentaram** no tempo devido.

De conformidade com o que preceitua o art. 80, I, da Resolução n. 23.607/2019, "a **decisão que julgar as contas** eleitorais como **não prestadas** acarreta à candidata ou ao candidato, o **impedimento** de obter a **certidão de quitação** eleitoral até o fim da legislatura, persistindo os efeitos da restrição após esse período **até** a efetiva **apresentação das contas**".

Esse, aliás, é também o sentido da **Súmula 42** do TSE: "A decisão que julga não prestadas as contas de campanha impede o candidato de obter a certidão de quitação eleitoral durante o curso do mandato ao qual concorreu, persistindo esses efeitos, após esse período, até a efetiva apresentação das contas".

Outra **Súmula**, a de número **57**, conclui que: "A **apresentação das contas** de campanha é **suficiente** para a obtenção da **quitação eleitoral**, nos termos da nova redação conferida ao art. 11, § 7.º, da Lei n. 9.504/97, pela Lei n. 12.034/2009".

Edson de Resende Castro nos ensina a seguinte lição a respeito do tema:

> Fácil perceber, então, que a apresentação das contas de campanha à Justiça Eleitoral, para levar o candidato à quitação eleitoral, deverá ser devidamente instruída com todas as informações e todos os documentos exigidos pelo TSE, capazes de demonstrar a real movimentação dos recursos da campanha e proporcionar à Justiça Eleitoral efetivas condições de exercer a fiscalização. Contas apresentadas apenas formalmente, sem o conteúdo mínimo necessário, não devem ser rejeitadas, mas, antes, julgadas não prestadas, pois sequer terão seu mérito avaliado, exatamente pela ausência de conteúdo satisfatório[17].

---

[17] CASTRO, Edson de Resende. *Curso de Direito Eleitoral.* Belo Horizonte: Del Rey, 2022. *E-book Kindle.*

Já no que toca ao **pagamento das multas** eleitorais, a **Súmula 40** do Tribunal Superior Eleitoral estabelece que: "O **pagamento** da multa eleitoral pelo candidato ou a comprovação do cumprimento regular de seu **parcelamento** após o **pedido de registro**, mas **antes do julgamento** respectivo, **afasta** a ausência de quitação eleitoral".

Mas há **outro meio** pelo qual se pode obter a quitação do débito eleitoral consistente no não pagamento da multa. Trata-se da **prescrição**, esta prevista na **Súmula 56** do TSE: "A multa eleitoral constitui dívida ativa de natureza não tributária, submetendo-se ao **prazo prescricional de 10 (dez) anos,** nos moldes do art. 205 do Código Civil".

Ainda **analisando as Súmulas** do Tribunal Superior Eleitoral, **a de número 63** define que: "A **execução fiscal** de multa eleitoral só pode **atingir** os sócios se preenchidos os requisitos para a **desconsideração da personalidade jurídica** previstos no art. 50 do Código Civil, tendo em vista a **natureza não tributária da dívida**, observados, ainda, o contraditório e a ampla defesa".

Consequências da decisão que julgar as contas eleitorais como não prestadas	
I — à candidata ou ao candidato,	o impedimento de obter a certidão de quitação eleitoral até o fim da legislatura, persistindo os efeitos da restrição após esse período até a efetiva apresentação das contas;
II — ao partido político:	**a)** a perda do direito ao recebimento da quota do Fundo Partidário, do Fundo Especial de Financiamento de Campanha, e
	b) a suspensão do registro ou anotação do órgão partidário, após decisão, com trânsito em julgado, precedida de processo regular que assegure ampla defesa.

4.5.8. Certidões de objeto e pé

Quanto às certidões criminais fornecidas pelos órgãos de distribuição da Justiça Eleitoral, Federal e Estadual, entende-se que devem ser do tipo "objeto e pé", ou seja, devem mencionar as eventuais pendências judiciais e o estado em que se encontram, desde que, claro, sejam positivas.

4.5.9. Propostas dos candidatos a mandatos no Executivo

O § 1.º, IX, do art. 11 da Lei das Eleições exige ainda a apresentação das propostas defendidas pelo candidato a prefeito, a governador e a presidente da República. A medida adotada pelo legislador (o acréscimo veio com a Lei n. 12.043/2009) significa um reconhecimento de que as eleições precisam ser aprimoradas desde uma perspectiva programática. A Justiça Eleitoral não poderá aferir a qualidade das propostas apresentadas, por óbvio. Mas deverá negar registro ao candidato que, instado a fazê-lo, não supra tempestivamente a eventual falta na apresentação de tais propostas junto com o pedido de registro de candidatura.

4.5.10. Competência para o registro

Os pedidos de registro de candidatura serão formulados (art. 89 do CE):

> **Art. 89.** [...]
> I — no Tribunal Superior Eleitoral os candidatos a presidente e vice-presidente da República;
> II — nos Tribunais Regionais Eleitorais os candidatos a senador, deputado federal, governador e vice-governador e deputado estadual;
> III — nos Juízos Eleitorais os candidatos a vereador, prefeito e vice-prefeito e juiz de paz.

Em conformidade com o que dita o art. 91 do CE: "O registro de candidatos a presidente e vice-presidente, governador e vice-governador, ou prefeito e vice-prefeito, far-se-á sempre em chapa única e indivisível, ainda que resulte a indicação de aliança de partidos".

4.5.11. O registro das chapas

O art. 91 do CE determina que o registro dos candidatos para os cargos de prefeitos e vices, governadores e vice, senadores e suplentes, mesmo que resulte de indicação de aliança partidária, seja realizado em uma única chapa, considerada *una e indivisível*.

Em 2021 foi acrescentado um § 3.º ao art. 91 pela Lei n. 14.211, cujo texto deixa certo que: "É facultado aos partidos políticos celebrar coligações no registro de candidatos às eleições majoritárias".

4.5.12. Definição dos candidatos a serem registrados por partido

Para chegarmos à quantidade de concorrentes admitidos a registro, temos que tomar por base a quantidade de vagas disponíveis. Para isso, consideraremos em separado os diversos cargos eletivos.

4.5.12.1. Para o cargo de vereador

O art. 29, IV, da CF, alterado pela Emenda Constitucional n. 58/2009, estabelece a quantidade de cadeiras disponíveis para a Câmara Municipal, tendo em conta o número de habitantes do município, este apurado segundo dados do Instituto Brasileiro de Geografia e Estatística (IBGE). A quantidade mínima de vereadores é 9 e o máximo é 55, respeitando a seguinte regra:

N. DE VEREADORES	N. DE HABITANTES NOS MUNICÍPIOS
9	até 15 mil
11	acima de 15 mil até 30 mil
13	acima de 30 mil até 50 mil
15	acima de 50 mil até 80 mil
17	acima de 80 mil 120 mil
19	acima de 120 mil até 160 mil
21	acima de 160 mil até 300 mil

23	acima de 300 mil até 450 mil
25	acima de 450 mil até 600 mil
27	acima de 600 mil até 750 mil
29	acima de 750 mil até 900 mil
31	acima de 900 mil até 1,050 milhão
33	acima de 1,050 milhão até 1,2 milhão
35	acima de 1,2 milhão até 1,350 milhão
37	acima de 1,350 milhão até 1,5 milhão
39	acima de 1,5 milhão até 1,8 milhão
41	acima de 1,8 milhão até 2,4 milhões
43	acima de 2,4 milhões até 3 milhões
45	acima de 3 milhões até 4 milhões
47	acima de 4 milhões até 5 milhões
49	acima de 5 milhões até 6 milhões
51	acima de 6 milhões até 7 milhões
53	acima de 7 milhões até 8 milhões
55	acima de 8 milhões

4.5.12.2. Quantidade de candidatos por vaga

A Lei n. 9.504/1997, em seu art. 10, com a nova redação que lhe foi conferida pela Lei 14.211/2021, estipula que a lista de candidatos apresentada por partido político corresponda, no máximo, ao total de até 100% (cem por cento) do número de lugares a preencher, seja para a Câmara dos Deputados, Câmara Legislativa, as Assembleias Legislativas e as Câmaras Municipais, mais 1 (um), ou seja, são indicados candidatos em número equivalente a cem por cento do número de vagas a serem preenchidas mais um. Exemplificando: se a cidade conta com 8 mil eleitores, segundo a Constituição Federal, a quantidade de vagas na Câmara de Vereadores será de 9 (art. 29, IV, *a*). Sendo possível acrescer mais um, poderá o partido lançar 10 candidatos.

4.5.12.3. Representação proporcional

4.5.12.3.1. Inovação legal

Sobre a representação política, temos que o nosso modelo parlamentar baseia-se em um sistema proporcional com votação uninominal. A exceção fica por conta do Senado, cuja composição é feita por meio de votos também uninominais, mas apurados segundo o critério majoritário. Na votação proporcional preponderam, na definição dos eleitos, as complexas regras contidas nos arts. 106 a 108 do Código Eleitoral. Transcreve-se:

Art. 106. Determina-se o quociente eleitoral dividindo-se o número de votos válidos apurados pelo de lugares a preencher em cada circunscrição eleitoral, desprezada a fração se igual ou inferior a meio, equivalente a um, se superior.

> **Art. 107.** Determina-se para cada partido o quociente partidário dividindo-se pelo quociente eleitoral o número de votos válidos dados sob a mesma legenda, desprezada a fração.
> **Art. 108.** Estarão eleitos, entre os candidatos registrados por um partido que tenham obtido votos em número igual ou superior a 10% (dez por cento) do quociente eleitoral, tantos quantos o respectivo quociente partidário indicar, na ordem da votação nominal que cada um tenha recebido.
> Parágrafo único. Os lugares não preenchidos em razão da exigência de votação nominal mínima a que se refere o *caput* serão distribuídos de acordo com as regras do art. 109.

Os arts 107 e 108 tiveram redação definida pela Lei n. 14.211/2021.

Esta era a redação anterior do art. 108 do CE: "Art. 108. Estarão eleitos tantos candidatos registrados por um Partido ou coligação quantos o respectivo quociente partidário indicar, na ordem da votação nominal que cada um tenha recebido".

Percebe-se, desde logo, que a nova redação conferida ao dispositivo tem por meta negar acesso aos mandatos candidatos que, a critério do legislador, receberam votação amiudada. Com efeito, incomoda ao desconhecedor dos princípios que informam a representação proporcional que candidatos possam ser eleitos com votação menor que outros que não conquistaram mandato. Para atingir o escopo de evitar a eleição de candidatos que alcançaram votação diminuta, o legislador tratou de excluir aqueles que não "tenham obtido votos em número igual ou superior a 10% (dez por cento) do quociente eleitoral". A norma, para alguns, contém de forma ostensiva a mácula da inconstitucionalidade. Isso ocorre em virtude do malferimento ao princípio da representação proporcional, a seguir estudado. Entretanto, o Ministro Dias Toffoli, relatando a ADI n. 5.420/DF, negou pedido da Procuradoria Geral da República no sentido de suspender a eficácia do aludido dispositivo.

Para tanto afirmou o relator:

> [...] a alteração legislativa mais se aproxima de uma tentativa de equilíbrio entre essas variáveis do sistema proporcional, na medida em que, nitidamente, visou impedir o "arrastamento" de candidatos com votação inexpressiva às cadeiras legislativas (e que, caso eleitos, não refletiriam a vontade popular registrada em urna), tão somente em função do quociente partidário obtido pela legenda.

Poucos dias antes do encerramento da preparação desta segunda edição, o Plenário do Supremo Tribunal Federal emitiu pronunciamento final sobre o caso, julgando procedente a ADI, mas modulando os efeitos da decisão para que ela se aplique a partir das eleições deste ano de 2024. A decisão está analisada no item **"4.5.12.3.4. A distribuição das sobras"** deste capítulo.

4.5.12.3.2. O significado jurídico-político das eleições proporcionais

Dispõe o art. 45 da Constituição Federal que: "A Câmara dos Deputados compõe-se de representantes do povo, eleitos, pelo sistema proporcional, em cada Estado, em cada Território e no Distrito Federal". Temos, pois, que as cadeiras parlamentares da Câmara dos Deputados devem ser compostas segundo o critério proporcional. Pelo princípio da simetria, ele se aplica igualmente às Assembleias Legislativas, à Câmara Distrital e às Câmaras de Vereadores. Em todas as expressões do Parlamento brasileiro, em todos os níveis da Federação. Exceção à aplicação desse princípio na composição do Parlamento se dá na eleição para os membros do Senado da República, que se opera segundo o critério majoritário[18].

O **critério** (ou sistema) **proporcional** tem por premissa a **representação** política das diversas correntes de **pensamento político presentes na sociedade**, observada a relevância conquistada por cada uma delas no tecido social. Por seu intermédio, busca--se assegurar a presença no Parlamento de todas as expressões partidárias dotadas de algum nível de legitimidade, na proporção do apoio conquistado por cada uma delas entre os cidadãos.

Contrapõe-se o sistema proporcional ao majoritário no ponto em que este objetiva a seleção de líderes personalizados, enquanto aquele tem por base o reconhecimento da importância de linhas programáticas coletivamente representadas pelos diferentes partidos políticos.

É providencial, a respeito, a expressão do cientista político Jairo Nicolau[19]:

> A fórmula proporcional tem duas preocupações fundamentais: assegurar que a diversidade de opiniões de uma sociedade esteja refletida no Legislativo e garantir uma correspondência entre os votos recebidos pelos partidos e sua representação. A principal virtude da representação proporcional, segundo seus defensores, estaria em sua capacidade de espelhar no Legislativo todas as preferências e opiniões relevantes existentes na sociedade. O inspirador nessa concepção foi o líder político francês Mirabeau, que, durante a Constituinte de Provença, em 1789, defendeu que a função do Parlamento era refletir o mais fielmente possível as feições do eleitorado, tal como um mapa reproduz em miniatura os diferentes traços geográficos de um território.

A representação proporcional se assenta, pois, nos partidos políticos, não nos indivíduos. Ao critério majoritário não importa assegurar que todas as linhas do pensamento político se façam presentes no Parlamento. Menos ainda que isso se dê em dimensão correspondente ao grau de acolhimento dessas linhas entre o colégio de eleitores. Trata-se de selecionar líderes individuais, tendo-se por base o protagonismo pessoal por estes conquistado em suas circunscrições eleitorais.

No sistema proporcional, todavia, nega-se primazia à liderança personificada para dar lugar à expressão política dos partidos.

Como preleciona Pinto Ferreira[20]:

> [...] a representação proporcional é um sistema através do qual se assegura aos diferentes partidos políticos no Parlamento uma representação correspondente à força numérica de cada um. Ela objetiva assim fazer do Parlamento um espelho tão fiel quanto possível do colorido partidário nacional.

---

[18] A tal respeito, dispõe o art. 46 da CF que: "O Senado Federal compõe-se de representantes dos estados e do Distrito Federal, eleitos segundo o princípio majoritário".

[19] NICOLAU, Jairo M. *Sistemas eleitorais*. 5. ed. Rio de Janeiro: FGV, 2004, p. 37.

[20] FERREIRA, Pinto. *Manual prático de Direito Eleitoral*. São Paulo: Saraiva, 1973, p. 144-145.

E segue o notável jurista:

Dificilmente pode negar-se o valor da representação proporcional. Ela busca tanto quanto possível fazer do Parlamento um sistema fiel da opinião pública partidária. Através dela se assegura a representação das minorias, e não somente o controle desbragado das maiorias espezinhando as minorias públicas. É de aceitar-se como razoável a ideia de representação das minorias, garantida através da representação proporcional[21].

O **sistema proporcional** tem, pois, também o **mérito de assegurar** às **diferentes linhas partidárias** que contem com a legitimidade do voto assento no **debate parlamentar**. Os partidos têm realmente a sua importância exaltada pelo texto constitucional. Segundo Lourival Serejo: "Mesmo tendo personalidade jurídica de direito privado, os partidos políticos não perderam sua vocação publicística, como peças fundamentais para o funcionamento da democracia e afirmação da República"[22].

Essa concessão de particular relevância constitucional aos partidos políticos tem uma razão de ser. Em virtude de sua atuação coletiva, os partidos são capazes de congregar diversos segmentos sociais, funcionando como correia de transmissão entre as correntes de pensamento e o funcionamento das Casas Parlamentares. Os partidos são os meios pelos quais são veiculadas as diversas aspirações da sociedade, o que expande e potencializa a capacidade de vocalização das demandas sociais.

O foco da representação proporcional é, pois, o partido, não o indivíduo. E foi por essa representação coletiva das inclinações políticas que inequivocamente optou a vigente ordem constitucional[23].

4.5.12.3.3. *As candidaturas coletivas (candidaturas promovidas coletivamente)*

A experiência das candidaturas coletivas nasceu da mobilização de **grupos** que militam em torno de temas sociais, como a defesa da democracia, da participação popular nos assuntos do governo, do meio ambiente ou da igualdade de gênero, por exemplo.

Embora a expressão "candidaturas coletivas" se refira à pluralidade de membros de uma campanha eleitoral, ela de fato constitui uma estratégia de disputa de um único mandato. Ao fim e ao cabo, **um dos integrantes do grupo** — e só um deles — deverá ser devidamente registrado como candidato para que possa validamente participar da disputa, ainda que carregue no seu nome de urna a referência à denominação do coletivo. Trata-se, na verdade, da promoção coletiva de candidatura.

A **estratégia consiste em dar voz política a todos os membros da equipe durante a campanha e durante o mandato eventualmente conquistado, embora tecnica-**

---

[21] FERREIRA, Pinto. *Manual prático de Direito Eleitoral*. São Paulo: Saraiva, 1973, p. 148-149.

[22] SEREJO, Lourival. *Programa de Direito Eleitoral*. Belo Horizonte: Del Rey, 2006. p. 58.

[23] A liderança política centrada nas lideranças individuais, nota distintiva do critério majoritário, não foi acolhida para a seleção dos representantes do povo no Parlamento. Nem o Senado representa uma exceção a essa regra, já que por seu intermédio se promove a representação dos Estados, não do povo, no Congresso Nacional.

mente apenas um deles figure como candidato e, se eleito, exercerá pessoal e inde-legavelmente o mandato.

A Resolução do TSE n. 23.675/2021 fez incluir na Resolução do TSE n. 23.609/19 os §§ 2.º a 4.º no art. 25 para regulamentar a forma como deve constar da urna eletrônica a denominação de uma candidatura coletiva, o que fez nos seguintes termos:

DISPOSITIVO	REGULAMENTAÇÃO PARA CANDIDATURAS COLETIVAS
§ 2.º	No caso de candidaturas promovidas coletivamente, a candidata ou o candidato poderá, na composição de seu nome para a urna, apor ao nome pelo qual se identifica individualmente a designação do grupo ou coletivo social que apoia sua candidatura, respeitado o limite máximo de caracteres
§ 3.º	É vedado o registro de nome de urna contendo apenas a designação do respectivo grupo ou coletivo social
§ 4.º	Não constitui dúvida quanto à identidade da candidata ou do candidato a menção feita, em seu nome para urna, a projeto coletivo de que faça parte

Como se pode observar, trata-se na prática do registro de uma candidatura individual, que todavia se apresenta coletivamente para a defesa de propósitos políticos comuns. Isso implica afirmar que apenas em relação ao candidato ou candidata serão verificados os requisitos para a elegibilidade, não se dizendo o mesmo quanto a nenhum dos demais integrantes, que por isso não precisarão ser sequer filiados a partido político.

As eleições de 2022 foram as primeiras em que houve essa previsão expressa desse tema por parte das resoluções baixadas pelo Tribunal Superior Eleitoral, sendo o tema ainda uma grande novidade no estudo do Direito Eleitoral. Apesar disso, é certo afirmar que o TSE admitiu como válida e lícita a promoção coletiva de candidaturas.

4.5.12.3.4. *A distribuição das sobras*

De acordo com o novo **art. 109 do Código Eleitoral** (com o texto que lhe foi conferido pela Lei n. 14.211/2021), os lugares não preenchidos com a aplicação dos quocientes partidários e em razão da exigência de votação nominal mínima a que se refere o art. 108 serão distribuídos de acordo com as seguintes regras:

DISPOSITIVO	REGRAS DE DISTRIBUIÇÃO DE LUGARES
I	Dividir-se-á o número de votos válidos atribuídos a cada partido pelo número de lugares por ele obtido mais 1, cabendo ao partido que apresentar a maior média um dos lugares a preencher, desde que tenha candidato que atenda à exigência de votação nominal mínima
II	Repetir-se-á a operação para cada um dos lugares a preencher
III	Quando não houver mais partidos com candidatos que atendam às duas exigências do inciso I, as cadeiras serão distribuídas aos partidos que apresentarem as maiores médias
§ 1.º	O preenchimento dos lugares com que cada partido for contemplado far-se-á segundo a ordem de votação recebida por seus candidatos
§ 2.º	Poderão concorrer à distribuição dos lugares todos os partidos que participaram do pleito, desde que tenham obtido pelo menos 80% do quociente eleitoral, e os candidatos que tenham obtido votos em número igual ou superior a 20% desse quociente

O Supremo Tribunal Federal, ao julgar as Ações Diretas de Inconstitucionalidade (ADIs) 7.228, 7.263 e 7.325, proferiu uma decisão crucial sobre o preenchimento das chamadas "sobras das sobras" nas eleições proporcionais. Esta decisão incidiu sobre a aplicação do inciso III do art. 109 do Código Eleitoral, especificamente em relação à exigência do § 2.º do mesmo artigo. O Tribunal, por maioria, julgou parcialmente procedentes as ADIs para dar uma interpretação conforme à Constituição ao § 2.º do art. 109, permitindo que todas as legendas e seus candidatos participem da distribuição das cadeiras remanescentes, independentemente de terem alcançado 80% do quociente eleitoral.

A decisão tomada pela Excelsa Corte foi a seguinte:

> Por maioria, julgou parcialmente procedentes as ADIs 7.228, 7.263 e 7.325 para dar interpretação conforme à Constituição ao § 2.º do art. 109 do Código Eleitoral, de maneira a permitir que todas as legendas e seus candidatos participem da distribuição das cadeiras remanescentes descrita no inciso III do art. 109 do Código Eleitoral, independentemente de terem alcançado a exigência dos 80% e 20% do quociente eleitoral, respectivamente.

Além disso, o STF declarou a inconstitucionalidade do art. 111 do Código Eleitoral e do art. 13 da Resolução-TSE 23.677/2021. A Corte determinou que, na eventualidade de nenhum partido alcançar o quociente eleitoral, as cadeiras deverão ser distribuídas aplicando-se, primeiramente, a cláusula de barreira 80/20 e, em seguida, por média, com a participação de todos os partidos, conforme a terceira fase do art. 109 do Código Eleitoral. Esta decisão reflete um respeito estrito ao sistema proporcional de eleições.

A maioria do STF decidiu que a decisão teria efeitos *ex nunc*, portanto, aplicável a partir das eleições de 2024, com a Ministra Cármen Lúcia designada para redigir o acórdão.

Esta decisão do STF tem implicações significativas para o sistema eleitoral brasileiro, pois garante uma maior inclusão de partidos e candidatos no processo de distribuição das "sobras das sobras" das cadeiras legislativas. Além disso, a decisão reforça a essência do sistema proporcional de representação, assegurando que a distribuição de cadeiras no legislativo reflita de maneira mais fidedigna a vontade do eleitorado.

4.5.12.3.5. *Quantidade de candidatos a deputado estadual*

Antes de adentrarmos no campo de quantos candidatos podem concorrer, temos que verificar quantas são as cadeiras disponíveis na Assembleia Legislativa. Para se aferir a quantidade de vagas na Assembleia, os passos a serem seguidos são:

Primeiro passo: estados com até 12 deputados federais
Inicialmente, deve-se aferir a quantidade de deputados federais para o respectivo estado.
Estados com até 12 deputados federais, podem ter até o triplo de cadeiras na Assembleia Legislativa (ver art. 27, *caput,* da CF).
Ex.: cadeiras para deputado federal:
Esses estados podem contar com o triplo de vagas na Assembleia. Portanto, segundo a Resolução do TSE n. 23.220/2010, a Paraíba dispõe de 36 vagas na Assembleia (12 deputados federais x 3); Espírito Santo e Piauí, 30 vagas; Alagoas 27 vagas; Amazonas, Mato Grosso, Mato Grosso do Sul, Distrito Federal, Sergipe, Rondônia, Tocantins, Acre, Amapá e Roraima, todos, respectivamente, 24 vagas nas Assembleias.

Segundo passo: estados com mais de 12 deputados federais

Para esses casos, não podemos considerar o triplo do número de deputados federais para chegarmos ao número de cadeiras da Assembleia Legislativa. Afinal, a CF determina que o cálculo, feito dessa forma, não pode atingir resultado superior a 36.

Verifiquemos o número de assentos possíveis.

Em estados com mais de 13 deputados, se multiplicamos tal número por 3, temos que o resultado ultrapassa o número de 36. Ex.: Santa Catarina conta com 16 deputados federais. Assim, multiplicando-se tal número por 3 temos por resultado 48.

Esse valor ultrapassa em muito o número 36. Para esse caso, então, devemos fazer o seguinte cálculo de acordo com o art. 27 da CF:

NAL: número de cadeiras na Assembleia Legislativa

NDF: número de cadeiras para deputado federal

Número 36: fixado pelo *caput* do art. 27 da CF/1988

Número 12: a cada deputado federal corresponde um deputado estadual (parte final do art. 27 da CF).

Assim, chega-se à fórmula: NAL = 36 + (NDF — 12)

Seguindo o cálculo demonstrado, o resultado representará a quantidade de assentos disponíveis na Assembleia Legislativa quando o número de deputados federais for superior ou igual a 12.

4.5.12.3.6. Quantidade de candidatos a serem lançados para a Câmara dos Deputados, a Câmara Legislativa e as Assembleias Legislativas

O modo como se afere a quantidade de candidatos que cada partido ou coligação pode lançar para concorrer às eleições está previsto no art. 10 da Lei n. 9.504/1997, que sofreu alteração após a vigência da Lei n. 14.211/2021. No caso do número de parlamentares, cada partido poderá registrar candidatos para a Câmara dos Deputados, a Câmara Legislativa, as Assembleias Legislativas e as Câmaras Municipais no total de até 100% do número de lugares a preencher mais um.

Exemplificamos tomando como base o estado do Maranhão, que conta com 18 parlamentares na Câmara Federal.

Número de deputados federais = 18
NAL = 36 + (NDF — 12)
NAL = 36 + (18 — 12)
NAL = 42 deputados estaduais
Partido ou coligação = 42 + 1 = 43 candidatos

4.5.12.3.7. Estados com mais de 20 parlamentares na Câmara dos Deputados

É o caso, por exemplo, do Rio Grande do Sul, que conta com 31 vagas para a Câmara Federal:

NAL = 36 + (NDF — 12)
NAL = 36 + (31 — 12)
NAL = 55 vagas

4.5.12.3.8. Quantidade de vagas para deputado federal

A quantidade de vagas para a Câmara Federal é definida em conformidade com a Lei Complementar n. 78, de 30 de dezembro de 1993, que regulamenta o art. 45, § 1.º, da CF.

Conforme o parágrafo único do art. 1.º da LC n. 78/1993, o TSE é o responsável para fornecer aos TREs e aos partidos políticos a quantidade de vagas para o cargo de deputado federal a serem disputadas em cada estado, sempre respeitando o número máximo de 513 vagas (Res.-TSE n. 22.134/2005 e 22.135/2005).

A Resolução n. 23.220/2010 indica a quantidade de vagas disponíveis para cada estado. Após decisão tomada pelo Plenário do TSE, em 9 de abril de 2013, as vagas passaram a ser definidas do seguinte modo:

ESTADO	VAGAS	ESTADO	VAGAS
São Paulo	70	Minas Gerais	53
Rio de Janeiro	46	Bahia	39
Rio Grande do Sul	31	Paraná	30
Pernambuco	25	Ceará	22
Pará	17	Maranhão	18
Santa Catarina	16	Goiás	17
Paraíba	12	Espírito Santo	10
Piauí	10	Alagoas	9
Amazonas	8	Mato Grosso	8
Mato Grosso do Sul	8	Distrito Federal	8
Sergipe	8	Rondônia	8
Tocantins	8	Acre	8
Amapá	8	Roraima	8
Rio Grande do Norte	8		

4.5.12.3.9. Quantidade de candidatos às Câmaras de Vereadores

Consoante estabelece o art. 10 da Lei n. 9.504/1997, alterado pela Lei n. 14.211/2021, prevalece a regra geral de apresentação de candidatos em número correspondente a 100% do total de cadeiras em disputa mais um.

4.5.13. Falta de preenchimento das vagas na convenção

No caso de as convenções para a escolha de candidatos não indicarem o número máximo de candidatos previsto no *caput* do art. 10, os órgãos de direção dos partidos respectivos poderão preencher as vagas remanescentes até 30 dias antes do pleito (art. 10.º, § 5.º, da Lei n. 9.504/1997, com redação conferida pela Lei n. 13.165/2015). Não obstante, vale relembrar que, em todos os casos, seja na formação originária da lista de candidatos do partido ou federação ou no preenchimento de vagas após a convenção, deve-se guardar estrito respeito à cota de gênero (*veja o* tópico "igualdade e gênero" no Capítulo 2 desta obra), a qual sempre deverá ser observada (art. 10, § 3.º).

4.5.14. Substituição de candidato

O Senado da República inseriu no texto da Minirreforma Eleitoral de 2013 nova redação para o § 3.º do art. 13 da Lei das Eleições. Segundo o texto aprovado:

> **Art. 13.** [...]
> § 3.º Tanto nas eleições majoritárias como nas proporcionais, a substituição só se efetivará se o novo pedido for apresentado até 20 dias antes do pleito, exceto em caso de falecimento do candidato, quando a substituição poderá ser efetivada após esse prazo.

Esse prazo poderia ao menos permitir que os eleitores fossem cientificados da substituição. A Câmara dos Deputados retirou da Minirreforma o referido dispositivo legal. Felizmente, exercendo sua capacidade revisora, o Senado restituiu ao projeto o seu texto original, que ficou definitivamente incorporado ao texto da LE após a publicação da Lei n. 12.891, de 11 de dezembro de 2013.

Dessa forma, **desde** as eleições de **2014** a **substituição** de candidatos só pode ser **efetuada até 20 dias antes do pleito**, salvo na hipótese de falecimento do postulante ao mandato eletivo.

4.6. PROPAGANDA ELEITORAL

4.6.1. Aspectos gerais

Propaganda eleitoral e propaganda partidária são espécies do gênero "propaganda política". Propaganda pode ser definida como a "difusão deliberada e sistemática de mensagens destinadas a um determinado auditório e visando a criar uma imagem positiva ou negativa de determinados fenômenos (pessoas, movimentos, acontecimentos, instituições etc.)"[24].

Assim, por meio da propaganda política busca-se estimular a adesão ou a repulsa dos cidadãos a indivíduos, partidos e programas ideológicos que disputam o cenário político em geral.

Denomina-se propaganda partidária aquela realizada pelos partidos políticos com o fim de conquistar novos filiados, defender o seu programa, apresentar seus líderes e contraditar oponentes. A matéria está prevista nos arts. 50-A a 50-E da Lei dos Partidos Políticos.

É garantida aos partidos políticos a propaganda partidária gratuita mediante transmissão no rádio e na televisão, que será realizada entre as 19h30min e as 22h30min, em âmbito nacional e estadual, por iniciativa e sob a responsabilidade dos respectivos

---

[24] BOBBIO, Norberto; MATTEUCCI, Nicola; PASQUINO, Gianfranco. *Dicionário de política*. São Paulo: Editora UnB — Imprensa Oficial, 2004, p. 1018.

órgãos de direção partidária, conforme disposto no art. 50-A da Lei dos Partidos Políticos, incluído pela Lei n. 14.291/2022.

Os objetivos da propaganda partidária estão elencados nos incisos do art. 50-B da Lei dos Partidos Políticos, sendo os seguintes:

> **Art. 50-B.** [...]
> I — difundir os programas partidários;
> II — transmitir mensagens aos filiados sobre a execução do programa partidário, os eventos com este relacionados e as atividades congressuais do partido;
> III — divulgar a posição do partido em relação a temas políticos e ações da sociedade civil;
> IV — incentivar a filiação partidária e esclarecer o papel dos partidos na democracia brasileira; (Incluído pela Lei n. 14.291, de 2022)
> V — promover e difundir a participação política das mulheres, dos jovens e dos negros.

Ponto que cumpre ser mencionado é a obrigação legislativa da garantia de tempo mínimo para a difusão de participação política das mulheres, assegurando-se-lhes o percentual mínimo de 30% do tempo total disponível (art. 50-B, § 2.º, da Lei dos Partidos Políticos).

Já a propaganda eleitoral é aquela voltada à promoção de candidaturas com vista à conquista dos votos. Sua disciplina está contida na Lei das Eleições e trataremos a seguir.

A Lei n. 12.034/2009 instituiu uma terceira forma de propaganda: a pré-eleitoral. Tem ela o objetivo de tornar possível a realização de ações partidárias importantes para a mobilização da sua militância, bem como para tratar da organização dos processos eleitorais, planos de governos ou alianças partidárias. O tema será tratado mais amiúde em momento posterior desta obra.

O § 1.º do art. 3.º da Lei dos Partidos Políticos, introduzido pela Minirreforma Eleitoral, proclama ser "assegurada aos candidatos, partidos políticos e coligações autonomia para definir o cronograma das atividades eleitorais de campanha e executá-lo em qualquer dia e horário, observados os limites estabelecidos em lei".

A Minirreforma Eleitoral acrescentou ainda ao art. 6.º da LE o § 5.º, o qual estipula que: "A responsabilidade pelo pagamento de multas decorrentes de propaganda eleitoral é solidária entre os candidatos e os respectivos partidos, não alcançando outros partidos mesmo quando integrantes de uma mesma coligação".

São muitos os campos da propaganda eleitoral sobre os quais ainda se aguarda a devida evolução, apesar de ser necessário o reconhecimento de estarmos diante de um dos campos em que mais evolução houve nos últimos anos.

4.6.2. O tempo da propaganda

4.6.2.1. *Propaganda antecipada*

A propaganda eleitoral somente é permitida após o dia 15 de agosto do ano da eleição. É o que expressamente declara o art. 36 da Lei n. 9.504/1997. Trata-se de uma importante inovação contida na Lei n. 13.165/2015. Isso **equivale** a **afirmar** que o **início do período** de propaganda eleitoral **ocorre** no dia **16** de cada ano de eleição.

Antes desse período, a realização de ato de propaganda eleitoral sujeita o responsável pela sua divulgação, quando comprovado o seu prévio conhecimento, e o beneficiário poderá ser multado no valor de R$ 5.000,00 a R$ 25.000,00, ou ao equivalente ao custo da propaganda, se este for maior (art. 36, § 3.º, da LE).

Para a caracterização da propaganda antecipada é desnecessário que sua realização se dê de forma ostensiva. Basta que da análise contextual deflua a convicção de que se buscou, por seu intermédio, a promoção de uma candidatura.

A Res.-TSE n. 23.610/2019 define em seu art. 3.º-A o que caracteriza a propaganda eleitoral antecipada:

> **Art. 3.º-A.** Considera-se propaganda antecipada passível de multa aquela divulgada extemporaneamente cuja mensagem contenha pedido explícito de voto, ou que veicule conteúdo eleitoral em local vedado ou por meio, forma ou instrumento proscrito no período de campanha.
>
> Parágrafo único. O pedido explícito de voto não se limita ao uso da locução "vote em", podendo ser inferido de termos e expressões que transmitam o mesmo conteúdo. (Dispositivo incluído pela Resolução n. 23.732/2024)

O art. 3.º-A define o que constitui propaganda eleitoral antecipada passível de punição com multa. Esta norma especifica que tal propaganda é caracterizada pela divulgação extemporânea de mensagens que contenham um pedido explícito de voto ou que veiculem conteúdo eleitoral em locais proibidos ou através de meios, formas ou instrumentos que são proscritos durante o período de campanha. Esta inclusão é crucial para delimitar as fronteiras da propaganda eleitoral, estabelecendo claramente que qualquer comunicação que peça votos fora do período permitido ou que utilize canais não autorizados pode ser sujeita a sanções.

Não se pode confundir, todavia, propaganda antecipada com propaganda pré-eleitoral, ou pré-campanha. Enquanto aquela constitui afronta às regras eleitorais, esta é expressamente admitida pela Lei das Eleições. É o que será visto a seguir. A marca mais decisiva da propaganda antecipada é o pedido explícito de votos, algo que a lei veda na pré-campanha.

Quando do julgamento do Ag. no REspe 4.346, Ag. no AI 924, o Ministro Luiz Fux, na qualidade de relator, fixou as balizas para o reconhecimento do que se pode considerar ou não propaganda antecipada.

São três os critérios para a verificação da legalidade ou ilegalidade dos atos de propaganda segundo a perspectiva da legislação eleitoral:

1) O pedido explícito de votos caracteriza a realização de propaganda antecipada irregular, independentemente da forma utilizada ou da existência de gastos de recursos;

2) os atos publicitários não eleitorais, ou seja, aqueles sem nenhum conteúdo, direta ou indiretamente relacionados à disputa, constituem "indiferentes eleitorais";

3) O uso de elementos classicamente reconhecidos como caracterizadores da propaganda, desacompanhados de pedido explícito de voto, não constitui ato irregular.

No mesmo voto, o Ministro Luiz Fux fez referência a um *leading case* da Suprema Corte dos Estados Unidos, o caso Buckley *versus* Valeo, julgado em 1976. Naquela ocasião a Corte Constitucional norte-americana estabeleceu a diferença entre propaganda eleitoral e outras mensagens de propagação de ideias políticas pelo uso de pelo menos uma entre oito "**palavras mágicas**" (*magic words*): "vote em, eleja, apoie, marque sua cédula, Fulano para o Congresso, vote contra, derrote e rejeite".

O parágrafo único do art. 3.º-A da Res.-TSE n. 23.610/2019, adicionado pela Resolução n. 23.732/2024, ratificando essa mesma linha, amplia o entendimento do que é considerado um "pedido explícito de voto". Esta disposição esclarece que o pedido de voto não se restringe à utilização da frase "vote em", mas também pode ser inferido de outras expressões ou termos que transmitam o mesmo conteúdo. Esta ampliação é significativa pois reconhece que a linguagem utilizada na propaganda eleitoral pode ser variada e, muitas vezes, indireta. Ao incluir diferentes formas de solicitação de voto como passíveis de punição, a legislação se adapta às estratégias de comunicação mais sutis e indiretas que podem ser empregadas por pré-candidatos e partidos.

4.6.2.2. Propaganda pré-eleitoral ou pré-campanha

O certo é que, desde a admissão da denominada propaganda pré-eleitoral, tornou-se bem menos provável, mas não impossível, a caracterização da propaganda eleitoral antecipada.

Para que haja **propaganda eleitoral antecipada** é preciso que haja **pedido explícito de votos,** não bastando a simples revelação do desejo de lançar-se candidato ou até mesmo o pedido de apoio político. É o que estipula o § 2.º do art. 36-A da Lei das Eleições.

As **regras alusivas à pré-campanha**, as quais incluem a possibilidade de pedido de apoio político e a revelação da pré-candidatura, **constituem** medidas salutares que atendem aos **princípios constitucionais da liberdade e da livre manifestação do pensamento**. Interessa à sociedade saber quem pretende pleitear o mandato eletivo, quais são suas ideias e de que meios pretende se valer para alcançar o cargo almejado.

A pré-campanha tem também o mérito de elevar o nível dos debates políticos, além de permitir que candidatos menos conhecidos possam difundir suas ideias e propostas, ademais de possibilitar a democratização da construção dos programas.

A Lei das Eleições prevê, em seu art. 36-A, algumas hipóteses em que a atividade política dos partidos não poderá ser considerada propaganda eleitoral antecipada, ainda que sejam praticados atos referentes ao futuro pleito, tais como discussões quanto à política de alianças a ser aplicada. São as seguintes as exceções contidas no art. 36-A da Lei n. 9.504/1997:

> **Art. 36-A.** [...]
> I — a participação de filiados a partidos políticos ou de pré-candidatos em entrevistas, programas, encontros ou debates no rádio, na televisão e na internet, inclusive com a exposição de plataformas e projetos políticos, desde que não haja pedido de votos, observado pelas emissoras de rádio e de televisão o dever de conferir tratamento isonômico;

II — a realização de encontros, seminários ou congressos, em ambiente fechado e a expensas dos partidos políticos, para tratar da organização dos processos eleitorais, discussão de políticas públicas, planos de governo ou alianças partidárias visando às eleições, podendo tais atividades ser divulgadas pelos instrumentos de comunicação intrapartidária;

III — a realização de prévias partidárias e a respectiva distribuição de material informativo, a divulgação dos nomes dos filiados que participarão da disputa e a realização de debates entre os pré-candidatos;

IV — a divulgação de atos de parlamentares e debates legislativos, desde que não se faça pedido de votos;

V — a divulgação de posicionamento pessoal sobre questões políticas, inclusive nas redes sociais;

VI — a realização, a expensas de partido político, de reuniões de iniciativa da sociedade civil, de veículo ou meio de comunicação ou do próprio partido, em qualquer localidade, para divulgar ideias, objetivos e propostas partidárias.

VII — campanha de arrecadação prévia de recursos na modalidade prevista no inciso IV do § 4.º do art. 23 desta Lei.

§ 1.º É vedada a transmissão ao vivo por emissoras de rádio e de televisão das prévias partidárias, sem prejuízo da cobertura dos meios de comunicação social.

§ 2.º Nas hipóteses dos incisos I a VI do *caput*, são permitidos o pedido de apoio político e a divulgação da pré-candidatura, das ações políticas desenvolvidas e das que se pretende desenvolver.

§ 3.º O disposto no § 2.º não se aplica aos profissionais de comunicação social no exercício da profissão.

Recente alteração normativa no âmbito da propaganda pré-eleitoral ocorreu especificamente no que tange ao inciso V do art. 3.º da Resolução do Tribunal Superior Eleitoral n. 23.610/2019, com redação definida pela Resolução n. 23.732/2024, proporcionando uma evolução nas normas eleitorais brasileiras ao trazer um enfoque modernizado e adaptado às realidades contemporâneas da comunicação política e das interações sociais.

O novo dispositivo estabelece que determinadas manifestações agora consideradas explicitamente pela primeira vez também não se enquadram como propaganda eleitoral antecipada, desde que não incorporem um pedido explícito de voto. **Essa disposição amplia o escopo de expressão permitida aos pré-candidatos, autorizando-os a expressar seus pontos de vista em uma variedade de plataformas, incluindo — mas não se limitando — a shows, apresentações artísticas, redes sociais, *blogs*, *sites* pessoais e aplicativos.**

Este novo inciso reconhece e legitima a crescente importância das redes sociais e outras formas de comunicação social e digital na esfera política. **Permite que os pré--candidatos se engajem com o público de maneiras mais dinâmicas e diversificadas, indo além dos métodos tradicionais de comunicação política.** A resolução reflete a compreensão de que a expressão de opiniões políticas e a discussão de temas relevantes à sociedade são partes integrantes do processo democrático, mesmo fora do período formal de campanha eleitoral.

Importante notar é que a flexibilização introduzida por essa alteração normativa não elimina as restrições sobre a propaganda eleitoral, como a proibição de showmícios. Ela também mantém a proibição do pedido explícito de votos nesses contextos, estabelecendo um limite claro entre a liberdade de expressão política e as atividades de campanha eleitoral propriamente ditas. Dessa forma, a Resolução n. 23.732/2024 procura equilibrar a necessidade de liberdade de expressão dos pré-candidatos com a integridade do processo eleitoral.

Como se vê, essa alteração sofrida pelo art. 3.º, especificamente com a adição do inciso V pela Resolução n. 23.732/2024, demonstra uma adaptação das normas eleitorais à realidade da comunicação moderna, ao mesmo tempo em que procura preservar a equidade e a integridade do processo eleitoral. Tal desenvolvimento legislativo é um reflexo da evolução contínua nas práticas políticas e na maneira como os pré-candidatos se comunicam e interagem com o eleitorado.

A inserção dos §§ 5.º e 6.º no art. 3.º da Resolução do Tribunal Superior Eleitoral n. 23.610/2019, efetuada pela Resolução n. 23.732/2024, traz clarificações e limitações significativas no contexto da legislação eleitoral brasileira. Esses acréscimos são vitais para delinear os contornos da propaganda eleitoral e garantir a equidade no processo eleitoral.

O § 5.º do art. 3.º aborda uma questão crucial na era digital: a contratação ou remuneração para divulgação de conteúdo político-eleitoral. Este parágrafo estabelece claramente que a exclusão da classificação como propaganda eleitoral antecipada, mencionada no inciso V do mesmo artigo, não se aplica nos casos em que há contratação ou remuneração de indivíduos ou empresas para divulgar conteúdo político-eleitoral em favor de terceiros. Esta disposição é uma salvaguarda importante contra práticas que poderiam distorcer o equilíbrio e a integridade do processo eleitoral, impedindo que recursos financeiros sejam utilizados para influenciar indevidamente o eleitorado sob o disfarce de expressão pessoal.

Já o § 6.º especifica os limites para a realização de **"lives" — transmissões ao vivo — por pré-candidatas, pré-candidatos, partidos políticos e coligações.** Esta norma permite tais transmissões ao vivo apenas em perfis e canais próprios desses agentes políticos. A restrição significativa imposta aqui é a proibição da transmissão ou retransmissão por emissoras de rádio e televisão, ou em *sites*, perfis ou canais pertencentes a pessoas jurídicas. Essa medida visa assegurar que a comunicação dos pré-candidatos nas plataformas digitais permaneça dentro de um ambiente controlado e pessoal, prevenindo a possível utilização de meios de comunicação de massa para a realização de propaganda eleitoral disfarçada ou não regulamentada.

É preciso observar o quanto está disposto no art. 3.º-B na mesma Resolução n. 23.610/2019:

> **Art. 3.º-B.** O impulsionamento pago de conteúdo político-eleitoral relacionado aos atos previstos no *caput* e nos incisos do art. 3.º desta Resolução somente é permitido durante a pré-campanha quando cumpridos cumulativamente os seguintes requisitos:
> I — o serviço seja contratado por partido político ou pela pessoa natural que pretenda se candidatar diretamente com o provedor de aplicação;

> II — não haja pedido explícito de voto;
> III — os gastos sejam moderados, proporcionais e transparentes;
> IV — sejam observadas as regras aplicáveis ao impulsionamento durante a campanha.

Tal dispositivo regulamentar aborda um aspecto cada vez mais relevante no cenário eleitoral contemporâneo: o **impulsionamento pago de conteúdo político-eleitoral**. A introdução do art. 3.º-B na aludida resolução estabelece diretrizes específicas para a realização dessa atividade durante o período de pré-campanha, refletindo uma adaptação necessária às realidades da era digital e das campanhas eleitorais modernas.

O art. 3.º-B estipula desde logo que o impulsionamento pago de conteúdo político-eleitoral relacionado aos atos mencionados no art. 3.º é permitido na fase de pré-campanha, mas somente se cumpridos certos requisitos. Esses requisitos são fundamentais para garantir que a prática do impulsionamento pago seja conduzida de maneira justa e transparente, sem prejudicar a equidade do processo eleitoral.

O primeiro requisito (inciso I) **determina que o serviço de impulsionamento deve ser contratado diretamente por um partido político ou pela pessoa natural que pretenda se candidatar, com o provedor de aplicação.** Esta disposição assegura a responsabilidade direta dos envolvidos na contratação do serviço, evitando a intermediação de terceiros que poderiam mascarar a origem e a intenção do impulsionamento.

O segundo requisito (inciso II) **reitera a proibição do pedido explícito de voto no conteúdo impulsionado durante a pré-campanha.** Isso está em linha com as normas estabelecidas anteriormente para a propaganda eleitoral antecipada, mantendo a coerência na regulamentação eleitoral e garantindo que o impulsionamento pago não se transforme em uma ferramenta de campanha eleitoral antecipada.

O terceiro requisito (inciso III) **exige que os gastos com o impulsionamento sejam moderados, proporcionais e transparentes.** Este aspecto é crucial para assegurar que o impulsionamento pago não se torne uma forma desproporcional de influência eleitoral, beneficiando candidatos ou partidos com maior capacidade financeira.

Por fim, o quarto requisito (inciso IV) **estabelece a necessidade de observância das regras aplicáveis ao impulsionamento durante o período oficial de campanha.** Esta disposição sugere uma continuidade e consistência nas normas de impulsionamento, garantindo que as práticas adotadas na pré-campanha estejam alinhadas com as regulamentações vigentes durante o período eleitoral propriamente dito.

Em síntese, o art. 3.º-B da Resolução do TSE n. 23.610/2019, conforme alteração promovida pela Resolução n. 23.732/2024, representa um esforço legislativo para integrar as práticas de impulsionamento pago de conteúdo político-eleitoral na estrutura regulatória das pré-campanhas. Esta disposição visa garantir que essa importante ferramenta de comunicação política seja utilizada de forma responsável e equitativa, respeitando os princípios de justiça e transparência no processo eleitoral.

O art. 3.º-C determina que a veiculação de conteúdo político-eleitoral em períodos que não sejam de campanha eleitoral deve seguir as regras de transparência previstas no art. 27-A da mesma Resolução, bem como as normas relativas ao uso de tecnologias digitais estabelecidas nos arts. 9.º-B e 9.º-C.

O art. 27-A impõe aos provedores de aplicação que prestem serviço de impulsionamento de conteúdos político-eleitorais obrigações específicas para assegurar a transparência dessas atividades. Isso inclui a manutenção de um repositório acessível e em tempo real de anúncios políticos, permitindo o acompanhamento do conteúdo, dos valores envolvidos, dos responsáveis pelo pagamento e do perfilamento do público. Além disso, exige-se a disponibilização de uma ferramenta de consulta avançada, capaz de realizar buscas por palavras-chave, termos de interesse e nomes de anunciantes, e fornecer informações detalhadas sobre os gastos, o período de impulsionamento, o alcance e os critérios de segmentação. Estas medidas visam garantir que o público e as autoridades eleitorais tenham acesso a informações claras e detalhadas sobre o impulsionamento de conteúdo político-eleitoral, promovendo a transparência e a prestação de contas.

4.6.2.3. *Propaganda intrapartidária*

Tais exceções somam-se àquela já prevista antes do advento da Lei n. 12.034/2009, segundo a qual se autoriza o postulante à candidatura a cargo eletivo a realizar, na quinzena anterior à escolha pelo partido, propaganda intrapartidária com vista à indicação de seu nome em convenção, vedado o uso de rádio, televisão e *outdoor*.

Neste mesmo sentido o § 1.º do art. 36 da Lei n. 9.504/1995 dispõe que: "Ao postulante a candidatura a cargo eletivo é permitida a realização, na quinzena anterior à escolha pelo partido, de propaganda intrapartidária com vista à indicação de seu nome, vedado o uso de rádio, televisão e outdoor".

Para esse tipo de propaganda eleitoral, é permitido fixar faixas e cartazes nas proximidades da convenção, com mensagem dirigida aos convencionais. A propaganda realizada com esse propósito deverá ser imediatamente retirada após a convenção.

4.6.2.4. *Propaganda eleitoral*

A propaganda eleitoral somente é permitida após o dia 15 de agosto do ano da eleição (art. 36 da LE), ou seja, a partir do dia 16 de agosto. Desde esse momento **é autorizada a realização** de comícios, de reuniões e de passeatas, além da divulgação paga na imprensa escrita e da distribuição de impressos, e a colocação de propaganda em bens particulares, feitos de adesivo ou papel, desde que não excedam a meio metro quadrado.

De acordo com o novo § 2.º do art. 37 da Lei das Eleições, não é permitida a veiculação de material de propaganda eleitoral em bens públicos ou particulares, exceto de bandeiras ao longo de vias públicas, desde que móveis e que não dificultem o bom andamento do trânsito de pessoas e veículos, além de adesivo plástico em automóveis, caminhões, bicicletas, motocicletas e janelas residenciais, desde que não exceda a meio metro quadrado e não contrarie a legislação eleitoral, sujeitando-se o infrator à restauração do bem e, caso não cumpra no prazo, à multa no valor de R\$ 2.000,00 a R\$ 8.000,00. A propaganda por meio das cadeias de rádio e televisão e dos canais de televisão por assinatura tem início nos 35 dias anteriores à antevéspera das eleições (art. 47 da LE).

A **propaganda eleitoral na internet** só é permitida após o dia **15 de agosto** do ano da eleição (art. 57-A da LE). Inicia-se também, portanto, no dia 16 de agosto. Partidos registrados podem fazer funcionar durante a campanha, das 8 às 22 horas, alto-falantes ou amplificadores de som, nas suas sedes ou em veículos (art. 39, § 3.º, da Lei n. 9.504/1997). E só é tolerada até a véspera do dia da votação, sendo que o art. 87, IV, da

LE até mesmo tipifica criminalmente a conduta do que se vale de *sites* e redes sociais para difundir candidaturas no dia da votação. Eis que diz o texto legal:

Art. 87. Constituem crimes, no dia da eleição, puníveis com detenção de 6 (seis) meses a 1 (um) ano, com a alternativa de prestação de serviços à comunidade pelo mesmo período, e multa no valor de R$ 5.320,50 (cinco mil, trezentos e vinte reais e cinquenta centavos) a R$ 15.961,50 (quinze mil, novecentos e sessenta e um reais e cinquenta centavos) (Lei n. 9.504/1997, art. 39, § 5.º, I a IV):

[...]

IV — a publicação de novos conteúdos ou o impulsionamento de conteúdos nas aplicações de internet de que trata o art. 57-B da Lei n. 9.504/1997, podendo ser mantidos em funcionamento as aplicações e os conteúdos publicados anteriormente.

Considera-se carro de som, além do previsto no § 12, qualquer **veículo, motorizado ou não**, ou ainda tracionado por animais, que transite divulgando *jingles* ou mensagens de candidatos.

O referido § 12 do art. 39 da LE assim dispõe:

Art. 39. [...]

§ 12. Para efeitos desta Lei, considera-se:

I — carro de som: veículo automotor que usa equipamento de som com potência nominal de amplificação de, no máximo, 10.000 (dez mil) watts;

II — minitrio: veículo automotor que usa equipamento de som com potência nominal de amplificação maior que 10.000 (dez mil) watts e até 20.000 (vinte mil) watts;

III — trio elétrico: veículo automotor que usa equipamento de som com potência nominal de amplificação maior que 20.000 (vinte mil) watts.

Termina na antevéspera do pleito o prazo para a realização de propaganda **paga na imprensa escrita** e a reprodução na **internet do jornal impresso** (art. 43 da LE).

Na propaganda dos **candidatos** a cargo **majoritário** deverão constar, também, os nomes dos candidatos a vice ou suplente de senador, de **modo claro e legível**, em tamanho não inferior a **30%** do nome do titular. É o que dispõe o art. 36, § 4.º, da Lei n. 9.504/1997.

A aglomeração de pessoas portando vestuário padronizado, bem como das que portem bandeiras, broches, dísticos e adesivos, de modo a caracterizar manifestação coletiva, com ou sem utilização de veículos só é possível até a véspera do pleito (art. 39-A, § 1.º, da LE).

No mesmo sentido, o § 9.º do art. 39 da LE **permite** a distribuição de material gráfico, caminhada, carreata, passeata, carro de som que transite pela cidade divulgando *jingles* **ou mensagens** de candidatos **até as 22 horas** do dia que **antecede** a eleição.

Além das regras eleitorais para propaganda eleitoral, o candidato e o partido político devem observar o código de postura do município, visto que este pode proibir certas ilegalidades eleitorais. Exemplificando: a Lei Eleitoral permite afixação de cartazes dentro das especificações ali definidas. O Código de Postura não permite. Neste caso, prevalecem as disposições do último.

4.6.3. Quanto à licitude da propaganda

4.6.3.1. Propaganda eleitoral lícita

A propaganda é fundamentalmente pautada pelo **princípio da liberdade de expressão**. Não havendo norma que declare de forma expressa a sua ilicitude, deve esta ser havida como lícita.

Podem ser citados os seguintes exemplos da aplicação legal desse princípio:

ITEM	CONTEÚDO
I	Independente da obtenção de licença municipal e de autorização da Justiça Eleitoral a veiculação de propaganda eleitoral pela distribuição de folhetos, volantes e outros impressos, os quais devem ser editados sob a responsabilidade do partido, coligação ou candidato (art. 38 da LE)
II	A realização de qualquer ato de propaganda partidária ou eleitoral, em recinto aberto ou fechado, não depende de licença da polícia (art. 39 da LE), sem prejuízo da necessidade de comunicação à autoridade policial em, no mínimo, 24 horas antes de sua realização, a fim de que esta lhe garanta, segundo a prioridade do aviso, o direito contra quem tencione usar o local no mesmo dia e horário (§ 1.º do mesmo dispositivo)
III	Não são admitidos cortes instantâneos ou qualquer tipo de censura prévia nos programas eleitorais gratuitos (art. 53 da LE)
IV	Nos termos do art. 41 da LE, a propaganda exercida nos termos da legislação eleitoral não poderá ser objeto de multa nem cerceada sob alegação do exercício do poder de polícia ou de violação de postura municipal

É permitida também a colocação de mesas para distribuição de material de campanha e bandeiras ao longo das vias públicas, desde que móveis e que não dificultem o bom andamento do trânsito de pessoas e veículos. A mobilidade referida estará caracterizada com a colocação e a retirada dos meios de propaganda entre as 6 horas e as 22 horas (art. 37, §§ 6.º e 7.º, da LE). A liberdade de expressão é ainda maior para o próprio eleitor que, mesmo no dia das eleições, pode manifestar individual e silenciosamente a sua preferência por partido político, coligação ou candidato, desde que o faça exclusivamente pelo uso de bandeiras, broches, dísticos e adesivos (art. 39-A da LE).

4.6.3.2. Propaganda eleitoral ilícita

4.6.3.2.1. Infrações administrativas

A legislação eleitoral contém, todavia, uma **série de restrições** à plenitude de liberdade de expressão política, objetivando **assegurar o respeito** a outros princípios igualmente relevantes, tais como o da **igualdade e da legalidade**.

O desrespeito aos limites impostos pela legislação pode configurar desde infrações administrativas até crimes. Como exemplos de infrações administrativas decorrentes da propaganda efetuada com desrespeito à legislação eleitoral, temos as seguintes hipóteses:

ITEM	REGULAMENTAÇÕES DE PROPAGANDA ELEITORAL
I	Funcionamento de alto-falantes ou amplificadores de som fora do intervalo das 8 às 22 horas ou em distância inferior a 200 metros de certos estabelecimentos (art. 39, § 3.º, da LE)
II	Realização de comícios e utilização de aparelhagem de sonorização fora do horário das 8 às 24 horas, exceto comício de encerramento da campanha (art. 39, § 4.º, da LE)
III	Realização de propaganda política paga no rádio e na televisão (art. 36, § 2.º, da LE)
IV	Veiculação de propaganda em bens públicos ou de uso comum é vedada (art. 37 da LE)
V	Em bens particulares, propaganda eleitoral é permitida sob certas condições (art. 37, § 2.º, da LE)
VI	Aposição de propaganda eleitoral em árvores, jardins públicos, muros, cercas e tapumes divisórios é proibida (art. 37, § 5.º, da LE)
VII	Uso de trios elétricos em campanhas eleitorais, exceto para sonorização de comícios (art. 39, § 10, da LE)
VIII	Proibição de propaganda por servidores da Justiça Eleitoral, mesários e escrutinadores no recinto das seções eleitorais e juntas apuradoras (art. 39-A, § 2.º, da LE)

De acordo com a **Súmula 47** do TSE: "A **retirada** da propaganda **irregular**, quando realizada em bem **particular, não é capaz** de elidir a **multa** prevista no art. 37, § 1.º, da Lei n. 9.504/97".

Com a finalidade de evitar o desequilíbrio dos pleitos pela influência indevida do poder econômico, foram ainda estabelecidas as seguintes medidas restritivas:

ITEM	DESCRIÇÃO
I	Vedação do uso, distribuição por comitê, candidato, ou com a sua autorização, de camisetas, chaveiros, bonés, canetas, brindes, cestas básicas ou quaisquer outros bens ou materiais que possam proporcionar vantagem ao eleitor
II	Proibição da realização de showmício e de evento assemelhado para promoção de candidatos, bem como a apresentação, remunerada ou não, de artistas com a finalidade de animar comício e reunião eleitoral
III	Proscrição da propaganda eleitoral realizada por meio de outdoors (art. 39, (§§ 6.º a 8.º, da LE). O candidato que exerce a profissão de cantor pode permanecer exercendo-a em período eleitoral, desde que não tenha como finalidade a animação de comício ou reunião eleitoral e que não haja nenhuma alusão à candidatura ou à campanha eleitoral, ainda que em caráter subliminar (Resolução n. 23.251, de 15.04.2010, rel. Min. Arnaldo Versiani)

Nesse sentido, o TSE já assentou entendimento no sentido de que:

O candidato que exerce a profissão de cantor pode permanecer exercendo-a em período eleitoral, desde que não tenha como finalidade a animação de comício ou reunião eleitoral e que não haja nenhuma alusão à candidatura ou à campanha eleitoral, ainda que em caráter subliminar [...]. (Resolução n. 23.251, de 15.04.2010, rel. Min. Arnaldo Versiani).

Da mesma forma não é admissível a presença de artistas ou animadores, bem como utilização de camisas e outros materiais que possam proporcionar vantagem

ao eleitor, "em eventos fechados de propriedades privadas" (TSE Resolução n. 22.274, de 29.06.2006, rel. Min. Carlos Ayres Britto).

A Lei das Eleições ainda proíbe, em seu art. 41-A, que o candidato doe, ofereça, prometa, ou entregue, ao eleitor, com o fim de obter-lhe o voto, bem ou vantagem pessoal de qualquer natureza, inclusive emprego ou função pública (art. 41-A, acrescentado pela Lei n. 9.840/1999).

Por inovação introduzida pela Lei n. 12.034/2009, tornou-se expressamente proibida a prática de atos de violência ou grave ameaça à pessoa, com o fim de obter-lhe o voto. Trata-se do § 2.º acrescentado ao art. 41-A da Lei das Eleições.

Todas essas condutas constituem a captação ilícita de sufrágio. Tal matéria será pormenorizadamente versada no decorrer do conteúdo.

Neste ponto, registra-se apenas que a colocação tópica da matéria entre os dispositivos relacionados à propaganda eleitoral constituiu uma acertada opção do legislador. É que a concessão de um benefício ou até mesmo um ato de agressão pode se converter em meio para favorecer o êxito da propagada. Um eleitorado submetido a dependência material ou mantido sob ameaça estará naturalmente mais suscetível aos efeitos da propaganda eleitoral. Trata-se, pois, de regras que atendem à necessidade de proteção do eleitor contra práticas ilícitas capazes de suprimir a sua liberdade de opção eleitoral.

4.6.3.2.2. *Propaganda criminosa*

Algumas **modalidades** indesejáveis de **propaganda** ou algumas condutas voltadas a potencializar os seus efeitos possuem tamanho **impacto negativo** sobre os **pleitos** que o legislador houve por bem defini-las como **crimes eleitorais**.

Podemos citar os seguintes exemplos de propaganda eleitoral criminosa:

ITEM	DESCRIÇÃO
I	Uso, na propaganda eleitoral, de símbolos, frases ou imagens, associadas ou semelhantes às empregadas por órgão de governo, empresa pública ou sociedade de economia (art. 40 da LE)
II	Realização, no dia do pleito, de condutas como: uso de alto-falantes e amplificadores de som, promoção de comício ou carreata, arregimentação de eleitor ou propaganda de boca de urna
III	Divulgação de qualquer espécie de propaganda de partidos políticos ou de seus candidatos no dia da eleição (art. 39, § 5.º, da LE)

O Código Eleitoral também estabelece tipos que incriminam condutas relacionadas à conquista do voto por indevida influência direta sobre o eleitor. Exemplos podem ser encontrados nos arts. 299 a 302 do CE.

4.6.4. A propaganda no rádio e na televisão

A Lei das Eleições cuida de forma minuciosa da matéria relativa à propaganda realizada por meio do rádio e da televisão. Trata-se de um ambiente em que por tradição se exerce maior controle que sobre os demais meios de comunicação, tais como jornais e revistas. Assim é porque, **diversamente do que ocorre com a imprensa escrita, a rádio e a teledifusão não se situam exclusivamente no plano da livre iniciativa, sendo antes atributos do Estado, a quem a Constituição outorga o direito de explorar diretamente tais atividades ou concedê-las ao particular para que o faça. É o que decorre da análise dos arts. 223 e 49, XII, da Constituição.**

Edson de Resende Castro[25] esclarece essa matéria:

Percebe-se que, enquanto a imprensa escrita pode assumir uma posição política e emitir opinião a respeito de candidatos, o rádio e a televisão, exatamente por serem concessões públicas e porque atingem a massa de eleitores e têm um poder de penetração e convencimento infinitamente superiores ao do jornal, estão obrigados à isenção e à imparcialidade, principalmente quando transmitindo entrevistas jornalísticas. Então, nem mesmo ao noticiarem o dia a dia dos candidatos as emissoras podem dar-lhes tratamento diferenciado. Ao contrário, devem cuidar para que todos tenha espaço nos seus noticiários [...].

Nessa linha, o art. 45 da Lei das Eleições veda às emissoras de rádio e televisão, em sua programação normal e noticiário:

INCISO	PROIBIÇÕES
I	Transmitir, ainda que sob a forma de entrevista jornalística, imagens de realização de pesquisa ou consulta popular de natureza eleitoral em que seja possível identificar o entrevistado ou em que haja manipulação de dados
II	Usar trucagem, montagem ou outro recurso de áudio ou vídeo que degradem ou ridicularizem candidato, partido ou coligação, ou produzir ou veicular programa com esse efeito
III	Veicular propaganda política ou difundir opinião favorável ou contrária a candidato, partido, coligação, a seus órgãos ou representantes
IV	Dar tratamento privilegiado a candidato, partido ou coligação
V	Veicular ou divulgar filmes, novelas, minisséries ou qualquer outro programa com alusão ou crítica a candidato ou partido político, exceto programas jornalísticos ou debates políticos
VI	Divulgar nome de programa que se refira a candidato escolhido em convenção, inclusive se coincidente com o nome do candidato ou com a variação nominal por ele adotada

O § 1.º desse mesmo art. 45 proíbe a transmissão de programa apresentado ou comentado por pré-candidato a partir de 30 de junho do ano da eleição, sob pena, no caso de sua escolha na convenção partidária, de imposição da multa prevista no § 2.º e de cancelamento do registro da candidatura do beneficiário. A lei compreende o forte impacto eleitoral que teria a permanência de um candidato, em plena campanha, à frente de programas muitas vezes dotados de grande audiência. A vedação dessa conduta deriva da aplicação do princípio da isonomia.

---

[25] CASTRO, Edson de Resende. *Teoria e prática do Direito Eleitoral*. Belo Horizonte: Mandamentos, 2010, p. 245.

É a própria lei quem define o que vem a ser **trucagem** e **montagem**, para o fim a que se destina o inciso II do art. 45 da LE. Os §§ 4.º e 5.º desse mesmo artigo afirmam que:

> **Art. 45.** [...]
> § 4.º Entende-se por trucagem todo e qualquer efeito realizado em áudio ou vídeo que degradar ou ridicularizar candidato, partido político ou coligação, ou que desvirtuar a realidade e beneficiar ou prejudicar qualquer candidato, partido político ou coligação.
> § 5.º Entende-se por montagem toda e qualquer junção de registros de áudio ou vídeo que degradar ou ridicularizar candidato, partido político ou coligação, ou que desvirtuar a realidade e beneficiar ou prejudicar qualquer candidato, partido político ou coligação.

A finalidade de tais disposições é a de impedir a exposição de candidatos a situações ridículas criadas pelos meios tecnológicos referidos pelo legislador, fator que poderia desfavorecer injustamente a participação dos aspirantes aos cargos em disputa na corrida eleitoral.

A apresentação da propaganda eleitoral gratuita será realizada segundo as regras extensivamente dispostas no § 1.º do art. 47 da Lei das Eleições.

Na distribuição do tempo de programa no rádio e na televisão devem ser observadas as regras previstas no § 2.º do art. 47 da Lei n. 9.504/1997. Dentre elas, sobreleva em importância o previsto no inciso I. Segundo o dispositivo, 90 por cento desse tempo será distribuído proporcionalmente ao número de representantes na Câmara dos Deputados, considerado, no caso de coligação para eleições majoritárias, o resultado da soma do número de representantes dos seis maiores partidos que a integrem e, nos casos de federação nas eleições proporcionais, o resultado da soma do número de representantes de todos os partidos que a integrem. Trata-se de grande inovação no que toca à distribuição do tempo entre os candidatos a cargos majoritários. Somente os seis maiores partidos integrantes da coligação influenciarão na definição do tempo final da propaganda no rádio e na TV, não importando quantos partidos a integrem. Foi uma das modificações da legislação oriunda da Minirreforma Eleitoral de 2015.

O § 6.º do art. 45 da LE permite aos partidos políticos a utilização, na propaganda eleitoral, de seus candidatos em âmbito regional, inclusive no horário eleitoral gratuito, de imagem e voz de candidato ou militante de partido político que integre a sua coligação em âmbito nacional. O *caput* do art. 55 da LE estende ao partido, coligação ou candidato as vedações indicadas nos incisos I e II do art. 45 no que se refere à sua participação em programas eleitorais gratuitos no rádio e na televisão. Ficam **proibidos**, assim, a transmissão de imagens de realização de **pesquisa** ou qualquer outro tipo de consulta popular de natureza eleitoral em que **seja possível identificar o entrevistado** ou em que haja **manipulação de dados** e o uso de **trucagem**, montagem ou outro recurso de **áudio ou vídeo** que, de qualquer forma, degradem ou **ridicularizem os adversários**.

Segundo o art. 23 da Resolução do TSE n. 23.600/2019 fica proibida, desde o dia 16 de agosto do ano da eleição, a realização de enquetes relacionadas ao processo eleitoral.

Enquete ou sondagem é o levantamento de opiniões **sem plano** amostral, que dependa da **participação espontânea** da parte interessada, e que **não utilize** método científico para sua realização. Tal tipo de levantamento de dados levado a efeito sem a metodologia da investigação científica utilizada em pesquisas de opinião pública (*surveys*) é facilmente **realizável** por meios das **redes sociais**, o que a torna frequente em períodos eleitorais. Entretanto, **quando realizada** dentro do interregno definido por lei para a realização de **campanhas** eleitorais, **sujeita** o infrator a pesadas **cominações legais**, recebendo o **mesmo tratamento** conferido à **pesquisa de opinião** pública **sem registro** na Justiça Eleitoral.

Além da transmissão do programa eleitoral gratuito, que é obrigatório para todas as concessionárias de rádio e teledifusão, a legislação faculta às emissoras a transmissão de debates sobre as eleições majoritária ou proporcional, desde que assegurada a participação de candidatos dos partidos com representação na Câmara dos Deputados, e facultada a dos demais (art. 46 da LE, alterado pela Lei n. 13.488/2017).

Em tais circunstâncias devem ser observadas as seguintes normas:

> **Art. 46.** Independentemente da veiculação de propaganda eleitoral gratuita no horário definido nesta Lei, é facultada a transmissão por emissora de rádio ou televisão de debates sobre as eleições majoritária ou proporcional, assegurada a participação de candidatos dos partidos com representação no Congresso Nacional, de, no mínimo, cinco parlamentares, e facultada a dos demais, observado o seguinte:
> I — nas eleições majoritárias, a apresentação dos debates poderá ser feita:
> *a*) em conjunto, estando presentes todos os candidatos a um mesmo cargo eletivo;
> *b*) em grupos, estando presentes, no mínimo, três candidatos;
> II — nas eleições proporcionais, os debates deverão ser organizados de modo que assegurem a presença de número equivalente de candidatos de todos os partidos a um mesmo cargo eletivo e poderão desdobrar-se em mais de um dia, respeitada a proporção de homens e mulheres estabelecida no § 3.º do art. 10 desta Lei; (Redação dada pela Lei n. 14.211, de 2021)
> III — os debates deverão ser parte de programação previamente estabelecida e divulgada pela emissora, fazendo-se mediante sorteio a escolha do dia e da ordem de fala de cada candidato, salvo se celebrado acordo em outro sentido entre os partidos e coligações interessados.

O § 1.º do art. 46 da LE torna possível a realização de debate sem a presença de candidato de algum partido, desde que o veículo de comunicação responsável comprove havê-lo convidado com a antecedência mínima de 72 horas da realização do evento.

As regras do debate devem ser estabelecidas em acordo celebrado entre os partidos políticos e a pessoa jurídica interessada na realização do evento, dando-se ciência à Justiça Eleitoral (art. 46, § 4.º, da LE). O § 5.º do art. 46 da LE foi atualizado pela Lei n. 14.211/2021, passando a ter o seguinte conteúdo:

> **Art. 46.** [...]
> § 5.º Para os debates que se realizarem no primeiro turno das eleições, serão consideradas aprovadas as regras, inclusive as que definirem o número de participantes, que obtiverem a concordância de pelo menos 2/3 (dois terços) dos candidatos aptos, no caso de eleição majoritária, e de pelo menos 2/3 (dois terços) dos partidos com candidatos aptos, no caso de eleição proporcional.

A distribuição do tempo de propaganda no rádio e na televisão deve ser feita com observância dos seguintes critérios definidos no art. 47, § 2.º, I e II, da Lei n. 9.504/1997:

> **Art. 47.** [...]
> § 2.º [...]
> I — 90% (noventa por cento) distribuídos proporcionalmente ao número de representantes na Câmara dos Deputados, considerado, no caso de coligação para as eleições majoritárias, o resultado da soma do número de representantes dos 6 (seis) maiores partidos que a integrem; (Redação dada pela Lei n. 14.211, de 2021)
> II — 10% (dez por cento) distribuídos igualitariamente.

Trata-se de medida — a prevista no inciso I do § 2.º do art. 47 da LE — que diminui o peso de partidos pequenos marcados pelo fisiologismo. Alcança do número de seis partidos maiores, a presença de partidos pequenos na coligação não terá mais o efeito prático de aumentar o tempo disponível para propaganda no rádio e na televisão.

A decisão proferida pelo Tribunal Superior Eleitoral (TSE) nos autos n. 0601283-34.2022.6.00.0000, durante a sessão do dia **7 de março de 2024**, é um marco importante na jurisprudência eleitoral brasileira. O TSE, por unanimidade, estabeleceu que a competência para **julgar casos de ataques a cônjuges de candidatas ou candidatos, quando há conexão com o conteúdo eleitoral em contexto de campanha, pertence à Justiça Eleitoral.** O precedente foi firmado durante a análise de representação proposta pela Coligação Brasil da Esperança contra a Rádio Jovem Pan e Pietra Bertolazzi, apontada como responsável pelas palavras ofensivas à honra da esposa do candidato. A acusação era de veiculação de desinformação durante a campanha eleitoral de 2022, envolvendo Rosângela da Silva, conhecida como Janja, esposa do então candidato à Presidência da República Luiz Inácio Lula da Silva.

O presidente do TSE, Ministro Alexandre de Moraes, enfatizou a decisão, declarando: "**Assim, toda ofensa, todo discurso discriminatório, de ódio em relação ao cônjuge de companheiras ou companheiros dos candidatos a cargo executivo que atingem a integridade do processo eleitoral serão de competência da Justiça Eleitoral**". Esta afirmação sublinha a importância atribuída pelo tribunal à integridade do processo eleitoral e à proteção contra discursos ofensivos ou discriminatórios que possam impactá-lo.

O precedente firmado pelo TSE representa um avanço significativo na regulamentação da conduta eleitoral, especialmente em um contexto marcado pelo aumento da polarização e da disseminação de desinformação. Ao estender a competência da Justiça Eleitoral para incluir ataques a cônjuges de candidatos que estejam conectados ao conteúdo eleitoral, o tribunal reforça a seriedade com que abordará qualquer forma de discurso de ódio ou desinformação que possa afetar a equidade e a legitimidade das eleições.

4.6.5. A propaganda na internet

4.6.5.1. *A chegada da inovação*

Grande inovação surgiu nas Eleições 2010 com a expressa admissão do uso da internet como veículo para a emissão de propaganda. A relevância desse ambiente de comunicação para os processos políticos é inegável, sendo a *internet* apresentada como "[...] uma forma de exercer bem e facilmente o poder"[26].

Até as eleições de 2008, o uso do ambiente virtual era restrito, cabendo aos candidatos interessados a alternativa de disponibilizar sítio eletrônico com a extensão ".can". Assim dispunha o art. 18 da Resolução n. 22.718/2008: "A propaganda eleitoral na internet somente será permitida na página do candidato destinada exclusivamente à campanha eleitoral".

A resolução chegava ao extremo de estabelecer a forma pela qual se deveria definir o endereço eletrônico do domínio. Isso serviu para adiar a chegada das eleições aos tempos da comunicação massiva permitida pela rede mundial de computadores, mas não impediu que o próprio legislador disponibilizasse o uso desse recurso pelas suas mais variadas formas.

4.6.5.2. O desenvolvimento das normas

O art. 57-B da Lei das Eleições, expressamente autorizou a propaganda eleitoral pelos seguintes meios:

> **Art. 57-B.** [...]
> I — em sítio do candidato, com endereço eletrônico comunicado à Justiça Eleitoral e hospedado, direta ou indiretamente, em provedor de serviço de internet estabelecido no País;
> II — em sítio do partido ou da coligação, com endereço eletrônico comunicado à Justiça Eleitoral e hospedado, direta ou indiretamente, em provedor de serviço de internet estabelecido no País;
> III — por meio de mensagem eletrônica para endereços cadastrados gratuitamente pelo candidato, partido ou coligação;
> IV — por meio de *blogs*, redes sociais, sítios de mensagens instantâneas e aplicações de internet assemelhadas cujo conteúdo seja gerado ou editado por: (Redação dada pela Lei n. 13.488, de 2017)
> *a*) candidatos, partidos ou coligações; ou (Incluído pela Lei n. 13.488, de 2017)
> *b*) qualquer pessoa natural, desde que não contrate impulsionamento de conteúdos. (Incluído pela Lei n. 13.488, de 2017)

Consoante dispõe o art. 57-A da LE, cuja redação foi definida pela Minirreforma Eleitoral de 2015: "É permitida a propaganda eleitoral na internet, nos termos desta Lei, após o dia 15 de agosto do ano da eleição".

O art. 57-D da Lei das Eleições estabelece que:

> **Art. 57-D.** É livre a manifestação do pensamento, vedado o anonimato durante a campanha eleitoral, por meio da rede mundial de computadores — internet, assegurado o direito de resposta, nos termos das alíneas *a*, *b* e *c* do inciso IV do § 3.º dos arts. 58 e 58-A, e por outros meios de comunicação interpessoal mediante mensagem eletrônica.

---

[26] TEINBERG, Gustavo. *Política em pedaços ou política em* bits. Brasília: Editora UnB, 2004, p. 201.

A redação final do dispositivo, que reafirma o primado da liberdade de expressão, foi fruto de uma renhida luta de segmentos organizados da sociedade contra o texto original do projeto de lei, que marchava em sentido inverso ao estender à *internet* as mesmas regras limitadoras aplicadas à televisão e ao rádio no art. 45 da Lei n. 9.504/1997.

Caso prevalecesse a redação inicial, a lei imporia rígido controle às atividades de comunicação social e limitaria a atuação dos provedores de acesso, submetendo-os às vedações hoje aplicáveis às empresas de rádio e teledifusão.

Estaria proibida, por exemplo, a emissão de "opinião favorável ou contrária a candidato, partido, coligação, a seus órgãos ou representantes" ou a veiculação de "consulta popular de natureza eleitoral em que seja possível identificar o entrevistado", dentre outras vedações igualmente contidas no referido art. 45. Matérias jornalísticas veiculadas em *sites* de comunicação social e nas páginas eletrônicas dos provedores de acesso, não importando o seu porte ou abrangência, teriam de se contentar com a divulgação de agendas dos candidatos e a elaboração de matérias sem qualquer juízo crítico ou valorativo. Pesadas multas estavam previstas para os transgressores dessas normas.

Analistas, cronistas e jornalistas investigativos estariam fora da comunicação social na *internet* nos períodos eleitorais, atentando-se, assim, contra a liberdade de exercício da comunicação e da manifestação do pensamento, em frontal desrespeito ao disposto no art. 5.º, I (liberdade de manifestação do pensamento) e II (liberdade dos meios de comunicação), da Constituição Federal.

Felizmente, o Senado Federal alterou o texto aprovado na Câmara para o art. 57-D da Lei das Eleições, conferindo-lhe a redação a final aprovada e sancionada pela Presidência da República. O art. 57-F, por outro lado, determina aplicação de multa aos provedores de conteúdo e de serviços multimídia que hospedam a divulgação da propaganda eleitoral de candidato, de partido ou de coligação as penalidades previstas na Lei, desde que estes, no prazo determinado pela Justiça Eleitoral, contado a partir da notificação de decisão sobre a existência de propaganda irregular, não tomem providências para a cessação dessa divulgação.

Quanto às mensagens de propaganda enviadas por meio de correio eletrônico (*e-mail*), estipulou-se que os programas utilizados para seu envio:

> [...] deverão dispor de mecanismo que permita seu descadastramento pelo destinatário, obrigado o remetente a providenciá-lo no prazo de quarenta e oito horas, cominando-se multa no valor de cem reais por cada *e-mail* enviado após o término desse prazo (art. 57-G da LE).

Foi também prevista a aplicação de pesada multa — de R$ 5.000,00 a R$ 30.000,00 — para o responsável por propaganda eleitoral na internet, em que se atribua indevidamente sua autoria a terceiro, inclusive a candidato, partido ou coligação (art. 57-H).

4.6.5.3. *A desinformação*

Desinformação, no contexto das disposições do art. 9.º da Resolução TSE n. 23.610/2019 e suas complementações, refere-se à **disseminação de informações que são falsas, enganosas ou descontextualizadas, com o propósito de manipular opiniões, promover confusão ou influenciar indevidamente o processo eleitoral.** Trata-se da propagação intencional de conteúdo inverídico ou distorcido, especialmente através da propaganda eleitoral, com o objetivo de afetar a percepção pública e o comportamento dos eleitores de maneira prejudicial à integridade e à legitimidade das eleições.

A expressão "Fake News", embora frequentemente utilizada para se referir à desinformação, tem algumas limitações e implicações que a tornam inadequada em certos contextos. Primeiramente, "Fake News" se traduz literalmente como "notícias falsas", sugerindo uma associação direta com os meios de comunicação e jornalismo. No entanto, a desinformação pode se originar e se espalhar por várias fontes e meios, não se limitando apenas às notícias.

Além disso, a expressão "Fake News" tem sido usada de **maneira pejorativa e politicamente carregada em debates públicos, muitas vezes para desacreditar informações verdadeiras ou desviar a atenção de questões importantes.** Isso pode levar a uma desconfiança geral do público em relação aos meios de comunicação e informações genuínas.

Por outro lado, **"desinformação" é um termo mais abrangente e neutro. Ele se refere não apenas à falsidade da informação, mas também à intenção de enganar e ao impacto potencialmente prejudicial dessa informação. Assim, "desinformação" é um termo mais preciso para descrever informações falsas ou enganosas que são disseminadas, independente da fonte ou do formato.**

O art. 9.º-B da Res.-TSE n. 23.610/2019, cuja redação foi definida pela Resolução n. 23.732/2024, introduz regulamentações específicas sobre o uso de conteúdo sintético multimídia gerado por inteligência artificial (IA) na propaganda eleitoral. Esta norma é uma resposta direta aos avanços tecnológicos na área de inteligência artificial e ao seu potencial uso em campanhas eleitorais.

O *caput* do art. 9.º-B estabelece que, na propaganda eleitoral de qualquer modalidade, **quando utilizado conteúdo sintético multimídia criado por Inteligência Artificial — IA para criar, substituir, omitir, mesclar, alterar a velocidade ou sobrepor imagens ou sons, é obrigatório informar de maneira explícita, destacada e acessível que o conteúdo foi fabricado ou manipulado, além de indicar a tecnologia utilizada.** Esta disposição tem como objetivo garantir a transparência na comunicação eleitoral e evitar que o eleitorado seja enganado por conteúdos artificiais que possam parecer autênticos.

O § 1.º detalha como as informações sobre a manipulação do conteúdo devem ser apresentadas, de acordo com o tipo de veiculação. As orientações variam desde anúncios de áudio e vídeo até material impresso, garantindo que a divulgação seja adequada e eficaz em diferentes formatos de mídia. Essas diretrizes são essenciais para assegurar que o público esteja ciente da natureza fabricada ou alterada do conteúdo que está consumindo.

Já o § 2.º esclarece situações em que as regras estabelecidas no *caput* e no § 1.º não se aplicam, como ajustes para melhorar a qualidade de imagem ou som, produção de elementos gráficos de identidade visual e recursos de marketing costumeiros em campanhas. Esta exceção reconhece a diferença entre o uso legítimo e transparente de tecnologias de IA e o uso potencialmente enganoso ou manipulativo.

O § 3.º **aborda o uso de** *chatbots*, **avatares e outros conteúdos sintéticos como ferramentas de comunicação de campanha, estipulando que esses também estão** sujeitos às regras do *caput*, **com uma proibição específica contra a simulação de interlocução com pessoas reais**. Este parágrafo visa prevenir o uso enganoso de IA para imitar candidatos ou outras pessoas reais em interações digitais.

Por fim, o § 4.º estabelece as consequências para o descumprimento das regras previstas, incluindo a remoção imediata do conteúdo ou a indisponibilidade do serviço de comunicação, seja por iniciativa do provedor de aplicação ou por determinação judicial. **Esta disposição reforça a seriedade com que a legislação eleitoral brasileira trata o uso responsável de tecnologias de IA na propaganda eleitoral.**

Demais disso, o art. 9.º-C proíbe a utilização de conteúdo fabricado ou manipulado para difundir informações inverídicas ou descontextualizadas na propaganda eleitoral, independentemente de sua forma ou modalidade. Esta norma tem como objetivo proteger o equilíbrio do pleito e a integridade do processo eleitoral contra os danos potenciais causados pela disseminação de *fake news* e desinformação.

A Resolução n. 23.610/2019, com os acréscimos promovidos pela Resolução n. 23.732/2024, introduz disposições significativas para combater o uso de tecnologias de manipulação digital, particularmente em relação a conteúdos sintéticos, conhecidas como *deep fakes*, no contexto eleitoral. Esses parágrafos representam uma resposta regulatória direcionada a um fenômeno tecnológico emergente que apresenta riscos potenciais ao processo eleitoral.

O § 1.º do art. 9.º-C **proíbe explicitamente o uso de conteúdo sintético em formato de áudio, vídeo ou ambos que tenha sido gerado ou manipulado digitalmente para criar, substituir ou alterar a imagem ou voz de pessoas vivas, falecidas ou fictícias, com o objetivo de prejudicar ou favorecer uma candidatura**. Esta proibição aborda a preocupação com o uso de *deep fakes*, que são reproduções altamente realistas e potencialmente enganosas, criadas por meio de inteligência artificial e outras tecnologias de manipulação digital. Esses conteúdos podem ser usados para disseminar desinformação e influenciar indevidamente a opinião pública, constituindo uma grave ameaça à integridade e equidade das eleições.

O § 2.º estabelece as consequências do descumprimento das normas estipuladas no *caput* e no § 1.º do artigo. Ele configura o uso indevido de *deep fakes* como abuso do poder político e uso indevido dos meios de comunicação social, sujeitando os responsáveis à cassação do registro ou do mandato. Além disso, impõe a apuração das responsabilidades nos termos do **§ 1.º do art. 323 do Código Eleitoral, prevê a responsabilização penal para quem "Divulgar, na propaganda eleitoral ou durante período de campanha eleitoral, fatos que sabe inverídicos em relação a partidos ou a candidatos e capazes de exercer influência perante o eleitorado"**. Essa disposição visa garantir não apenas a punição adequada para as infrações, mas também desencorajar proativamente o uso dessas tecnologias para fins eleitorais ilícitos.

O art. 9.º-D da Resolução do Tribunal Superior Eleitoral n. 23.610/2019, com sua redação definida pela Resolução n. 23.732/2024, introduz disposições específicas sobre o papel dos provedores de aplicação de internet na prevenção e no combate à disseminação de desinformação na propaganda eleitoral. Estas medidas são fundamentais para garantir a integridade do processo eleitoral na era digital.

O *caput* do art. 9.º-D estabelece que é dever dos provedores de aplicação de internet, que permitem a veiculação de conteúdo político-eleitoral, adotar e publicizar medidas para impedir ou reduzir a circulação de informações notoriamente inverídicas ou gravemente descontextualizadas que possam prejudicar a integridade do processo eleitoral. Isso inclui a elaboração e aplicação de termos de uso e políticas de conteúdo alinhados com esse objetivo, a implementação de sistemas eficazes para notificação e denúncia, e a execução de ações corretivas e preventivas, como o aprimoramento dos sistemas de recomendação de conteúdo.

Os incisos do artigo detalham as ações que os provedores de aplicação devem realizar para cumprir essa obrigação, como assegurar transparência em suas ações corretivas, realizar avaliações de impacto de seus serviços sobre a integridade do processo eleitoral, e aprimorar suas capacidades tecnológicas e operacionais. Em especial, o inciso V enfatiza a importância de considerar aspectos como a violência política de gênero na avaliação do impacto dos serviços.

O § 1.º proíbe explicitamente os provedores de aplicação de comercializar impulsionamento de conteúdo que seja notoriamente inverídico ou gravemente descontextualizado e que possa comprometer a integridade do processo eleitoral. Essa disposição visa prevenir a amplificação de desinformação por meios pagos. O § 2.º, por sua parte, estipula que, ao detectar conteúdo ilícito ou ser notificado de sua circulação, o provedor deve adotar medidas imediatas para interromper o impulsionamento, a monetização e o acesso ao conteúdo, além de realizar uma apuração interna e tomar medidas para impedir a reincidência.

No Agravo Regimental no Recurso Especial Eleitoral n. 0607928-52.2022.6.26.0000, o Tribunal Superior Eleitoral (TSE) manteve, por maioria, a multa de R$ 10 mil imposta pelo Tribunal Regional Eleitoral de São Paulo (TRE-SP) a Fernando Haddad (PT) e sua coligação Juntos por São Paulo. A penalidade foi devida ao impulsionamento de conteúdo na internet que utilizava indevidamente o nome de Rodrigo Garcia, adversário de Haddad na disputa eleitoral de 2022, interferindo na liberdade de informação dos eleitores.

O ministro Raul Araújo, cujo voto divergente foi seguido pela maioria, ressaltou a gravidade da prática, considerada uma manipulação dos resultados de busca e uma violação da transparência eleitoral. A ministra Cármen Lúcia destacou que a resolução sobre propaganda eleitoral para as Eleições 2024 proíbe tal impulsionamento, e o presidente do TSE, ministro Alexandre de Moraes, reforçou a crítica a essa conduta, classificando-a como "estelionato eleitoral". A decisão do TSE reafirma a necessidade de um processo eleitoral íntegro e transparente.

A Justiça Eleitoral pode ordenar que os provedores veiculem, por impulsionamento e sem custos, conteúdos informativos que esclareçam fatos inverídicos anteriormente impulsionados de forma irregular, nos mesmos moldes da contratação original. É o que indica o § 3.º da Resolução sob comento, enquanto que o § 4.º reforça que as ações dos provedores decorrem da função social e do dever de cuidado, orientando seus termos de uso e prevenção de ilícitos eleitorais, independendo de notificação judicial.

Finalmente, o § 5.º esclarece que as ordens judiciais de remoção de conteúdo ou outras medidas devem ser cumpridas pelos provedores, que devem informar quaisquer dados complementares necessários para o cumprimento integral das ordens.

No art. 9.º-E da Res.-TSE n. 23.610/2019 há uma importante evolução nas diretrizes que regem a atuação dos provedores de aplicação de internet, principalmente no que tange à responsabilidade destes durante o período eleitoral. Este artigo traz uma série de situações onde essa responsabilidade é especialmente enfatizada.

Inicialmente, **o artigo enfoca a responsabilidade solidária, tanto civil quanto administrativa, dos provedores quando estes não realizarem a indisponibilidade imediata de conteúdos e contas em casos específicos.** A inclusão de diferentes circunstâncias de risco, como descrito nos incisos, reflete uma abordagem abrangente e detalhada para lidar com potenciais ameaças ao processo eleitoral.

Conforme o inciso I, situações envolvendo condutas, informações e atos antidemocráticos, que configuram violações a artigos específicos do Código Penal, exigem ação rápida dos provedores. Essas infrações, ao atentarem contra os princípios democráticos, demandam uma atuação firme e imediata para evitar prejuízos ao sistema eleitoral.

Em seguida, no inciso II, a **resolução aborda a divulgação ou compartilhamento de informações falsas ou descontextualizadas, enfatizando o compromisso dos provedores com a manutenção da integridade do processo eleitoral.** Esta disposição busca impedir a propagação de desinformação que possa influenciar indevidamente o eleitorado.

O inciso III trata de ameaças de violência ou incitação à violência contra membros e servidores da Justiça Eleitoral e do Ministério Público Eleitoral, ou contra a infraestrutura física do Judiciário. Tal disposição visa proteger as pessoas e as instituições fundamentais para o funcionamento do processo eleitoral.

A questão do comportamento ou discurso de ódio é abordada no i**nciso IV, sublinhando a necessidade dos provedores de aplicação em agir contra conteúdos que promovam o racismo, a homofobia e outras formas de discriminação.** Esta medida ressalta a importância de um ambiente eleitoral inclusivo e respeitoso.

Por fim, o inciso V destaca a responsabilidade dos provedores em relação ao conteúdo fabricado ou manipulado digitalmente. Esse ponto enfatiza a importância da transparência no uso de tecnologias digitais, como a inteligência artificial, na criação de conteúdo eleitoral.

O art. 9.º-G da Resolução do Tribunal Superior Eleitoral n. 23.610/2019, atualizado pela Resolução n. 23.732/2024, contém outras diretrizes importantes para o controle de informações no ambiente digital durante períodos eleitorais. **Este artigo instrui a criação de um repositório público para armazenar decisões do TSE que determinem a remoção de conteúdos falsos ou descontextualizados, que possam prejudicar a integridade do processo eleitoral.**

O § 1.º especifica que o **repositório conterá detalhes cruciais como o número do processo e a íntegra da decisão, com ênfase no endereço eletrônico do conteúdo a ser removido e a descrição dos seus elementos essenciais.** Esta medida assegura que informações relevantes sobre decisões judiciais estejam acessíveis para avaliação pública e transparência. Já em seu § 2.º, **a resolução coloca sobre os provedores de aplicação a** responsabilidade de informar o cumprimento das ordens de remoção e de fornecer detalhes adicionais sobre o conteúdo removido. Isso inclui o fornecimento do arquivo do conteúdo removido, capturas de tela com comentários relacionados e metadados sobre a publicação e engajamento. Essa medida é vital para assegurar a eficácia das ações de remoção e para compreender o contexto e o impacto dos conteúdos removidos.

Adicionalmente, o § 3.º destaca que determinadas informações do repositório, como o número do processo, o conteúdo das decisões e os metadados de engajamento, estarão disponíveis publicamente, exceto quando houver exigências legais de sigilo. Essa disposição busca equilibrar a necessidade de transparência pública com a proteção de informações sensíveis.

São estipuladas, no § 4.º, as regras para a proteção e o acesso a dados sensíveis, limitando seu acesso a autoridades eleitorais autorizadas e mantendo essas informações sob sigilo. Essa abordagem visa proteger a privacidade e a segurança dos dados enquanto permite o acesso necessário para fins judiciais e de monitoramento eleitoral. O § 5.º, por seu turno, ressalta a importância das juízas e dos juízes eleitorais no acompanhamento da atualização do repositório. Este acompanhamento assegura que as determinações do TSE estejam sendo devidamente implementadas e respeitadas nas jurisdições locais, reforçando a consistência e a eficácia das medidas de combate à desinformação.

O § 6.º descreve as condições sob as quais dados sigilosos podem ser compartilhados, incluindo para investigações ou para defesa legal, estabelecendo protocolos claros para o uso adequado e legal dessas informações, enquanto o § 7.º estipula sanções para o compartilhamento ou publicização indevida de dados, sublinhando a seriedade com que o TSE trata a questão da desinformação e da proteção de dados. Essa disposição visa desencorajar a divulgação inapropriada de informações e promover um uso responsável das mesmas.

A última disposição desse artigo, presente no seu § 8.º, menciona que o repositório também conterá decisões do TSE que neguem a remoção de conteúdos, ampliando assim o escopo de informações disponíveis para consulta pública. Essa inclusão serve para oferecer um panorama completo das decisões relacionadas à remoção de conteúdos na internet, contribuindo para um entendimento mais amplo das ações judiciais no contexto das eleições.

NORMA LEGAL	CONTEÚDO
Art. 9.º-G	Criação de um repositório público para armazenar decisões do TSE sobre a remoção de conteúdos falsos ou descontextualizados
§ 1.º	Detalhamento no repositório sobre decisões judiciais, com ênfase no endereço eletrônico do conteúdo a ser removido
§ 2.º	Responsabilidade dos provedores de aplicação em informar o cumprimento das ordens de remoção e fornecer detalhes adicionais sobre o conteúdo removido
§ 3.º	Disponibilização pública de informações como o número do processo, conteúdo das decisões e metadados de engajamento, exceto em casos de sigilo

§ 4.º	Regras para a proteção e acesso a dados sensíveis, limitando o acesso a autoridades eleitorais autorizadas
§ 5.º	Importância das juízas e dos juízes eleitorais no acompanhamento da atualização do repositório
§ 6.º	Condições para o compartilhamento de dados sigilosos para investigações ou defesa legal
§ 7.º	Sanções para o compartilhamento ou publicização indevida de dados
§ 8.º	Inclusão no repositório de decisões do TSE que neguem a remoção de conteúdos

Para finalizar este tópico relativo à desinformação, o art. 9.º-H da Res.-TSE n. 23.610/2019, conforme definido pela Resolução n. 23.732/2024, aborda a questão das consequências legais decorrentes da remoção de conteúdos que violam certas disposições sobre propaganda eleitoral na internet.

Tal artigo especificamente destaca que **a remoção de conteúdos que infrinjam as regras estabelecidas no *caput* do art. 9.º e no *caput* e § 1.º do art. 9.º-C da Resolução não isenta os responsáveis da possibilidade de serem sujeitos à multa prevista no art. 57-D da Lei n. 9.504/1997**. O art. 9.º enfatiza a responsabilidade dos agentes políticos em verificar a fidedignidade das informações utilizadas em sua propaganda eleitoral, incluindo conteúdo veiculado por terceiros, enquanto o art. 9.º-C, § 1.º, proíbe o uso de conteúdo sintético, como *deep fakes*, que tenham sido manipulados digitalmente para criar, substituir ou alterar a imagem ou voz de pessoas, seja para prejudicar ou favorecer candidaturas.

A inclusão do art. 9.º-H ressalta que, além da necessidade de remover conteúdos que violem estas normas, as partes responsáveis estarão ainda sujeitas a penalidades financeiras conforme determinado pela lei. Isso indica que, mesmo após a remoção de conteúdo inadequado ou ilegal, ainda sobrevirão consequências legais adicionais, incluindo multas, como forma de desincentivar a violação das regras eleitorais voltadas a assegurar a lisura do debate público eleitoral.

4.6.5.4. *A propaganda eleitoral nas redes sociais*

O debate sobre a possibilidade, ou não, da utilização das redes sociais para divulgação de propagandas eleitorais iniciou-se ainda em 2012, quando o Tribunal Superior Eleitoral decidiu pela ilicitude do envio de mensagem por meio do Twitter, antes do dia 6 de julho do ano do pleito, em que o candidato faça expressa menção às suas pretensões eleitorais. A decisão, tomada por apertada maioria (foram quatro votos a três), mereceu o voto contrário do ministro Gilson Dipp, que na oportunidade emitiu o seguinte pronunciamento:

> No Twitter não há a divulgação de mensagem para o público em geral, para destinatários imprecisos, indefinidos, como ocorre no rádio e na televisão, mas para destinatários certos, definidos. Não há no Twitter a participação involuntária ou desconhecida dos seguidores. Não há passividade das pessoas nem generalização, pois a mensagem é transmitida para quem realmente deseja participar de um diálogo e se cadastrou para isso (Recl. na Rep. n. 182.524).

Com efeito, não é cabível a comparação do Twitter com o rádio e a televisão. Nos dois últimos veículos, a mensagem é emitida de forma unidirecional, não sendo dado ao receptor interagir sob a forma de concordância, crítica ou questionamento. É o oposto do que ocorre no Twitter, em que não há emissão univetorial de informações, sujeitan-do-se o candidato à conquista de adeptos ou, no outro extremo, até mesmo à execração pública imediata.

Contudo, passados dez anos do início dos debates e atuações jurisdicionais, a Legislação Eleitoral se atualizou drasticamente, diante da nova realidade fática de utilização das redes sociais, prevendo expressamente a possibilidade de realizar a propaganda eleitoral nas redes sociais.

A Resolução do TSE n. 23.610/2019 prevê expressamente a autorização de difundir a propaganda eleitoral na internet por meio das redes sociais:

> **Art. 28.** A propaganda eleitoral na internet poderá ser realizada nas seguintes formas:
> [...]
> IV — por meio de *blogs*, redes sociais, sítios de mensagens instantâneas e aplicações de internet assemelhadas, dentre as quais aplicativos de mensagens instantâneas, cujo conteúdo seja gerado ou editado por:

A Resolução citada acima traz, inclusive, em seu art. 37, inciso XV, o conceito de *rede social na internet*: "a estrutura social composta por pessoas ou organizações, conectadas por um ou vários tipos de relações, que compartilham valores e objetivos comuns".

De igual forma, ante a flexibilização quanto à utilização das redes sociais, na rede mundial de computadores, com viés de propagação de propagandas políticas, foram adotadas, na Resolução do TSE n. 23.610/2019 meios hábeis a repelir utilizações indevidas, como, por exemplo, a possibilidade de ordenar a remoção de propagandas em desacordo com a legislação, como, por exemplo, o que dispõe o art. 6.º e seguintes da Resolução mencionada.

4.6.6. Direito de resposta

De acordo com o que prevê o art. 58 da LE:

> **Art. 58.** A partir da escolha de candidatos em convenção, é assegurado o direito de resposta a candidato, partido ou coligação atingidos, ainda que de forma indireta, por conceito, imagem ou afirmação caluniosa, difamatória, injuriosa ou sabidamente inverídica, difundidos por qualquer veículo de comunicação social.

Trata-se de **aplicação** do direito fundamental previsto no art. 5.º, V, da CF, que **assegura** a todos o **direito de resposta**, proporcional ao agravo. O exercício do direito de resposta perante a Justiça Eleitoral deverá ser **promovido pelo ofendido**, diretamente ou por procurador, nos seguintes prazos, contados a partir da veiculação da ofensa, conforme § 1.º do art. 58 da LE:

INCISO	CONTEÚDO
I	Vinte e quatro horas, para o horário eleitoral gratuito
II	Quarenta e oito horas, para a programação normal das emissoras de rádio e televisão
III	Setenta e duas horas, para órgãos da imprensa escrita
IV	A qualquer tempo, para conteúdo divulgado na internet, ou em 72 horas, após a sua retirada

Assim que recebido o pleito de uso do direito de resposta, a Justiça Eleitoral notificará, desde logo, o ofensor para que se defenda em 24 horas, devendo a decisão ser prolatada no prazo máximo de 72 horas da data da formulação do pedido.

O § 3.º do art. 58 da Lei n. 9.504/1997 dispõe sobre diversas regras a serem observadas segundo o veículo por meio do qual a ofensa tenha sido veiculada:

Art. 58. [...]
§ 3.º [...]
I — em órgão da imprensa escrita:
a) o pedido deverá ser instruído com um exemplar da publicação e o texto para resposta;
b) deferido o pedido, a divulgação da resposta dar-se-á no mesmo veículo, espaço, local, página, tamanho, caracteres e outros elementos de realce usados na ofensa, em até quarenta e oito horas após a decisão ou, tratando-se de veículo com periodicidade de circulação maior que quarenta e oito horas, na primeira vez em que circular;
c) por solicitação do ofendido, a divulgação da resposta será feita no mesmo dia da semana em que a ofensa foi divulgada, ainda que fora do prazo de quarenta e oito horas;
d) se a ofensa for produzida em dia e hora que inviabilizem sua reparação dentro dos prazos estabelecidos nas alíneas anteriores, a Justiça Eleitoral determinará a imediata divulgação da resposta;
e) o ofensor deverá comprovar nos autos o cumprimento da decisão, mediante dados sobre a regular distribuição dos exemplares, a quantidade impressa e o raio de abrangência na distribuição;
II — em programação normal das emissoras de rádio e de televisão:
a) a Justiça Eleitoral, à vista do pedido, deverá notificar imediatamente o responsável pela emissora que realizou o programa para que entregue em vinte e quatro horas, sob as penas do art. 347 da Lei n. 4.737, de 15 de julho de 1965 — Código Eleitoral, cópia da fita da transmissão, que será devolvida após a decisão;
b) o responsável pela emissora, ao ser notificado pela Justiça Eleitoral ou informado pelo reclamante ou representante, por cópia protocolada do pedido de resposta, preservará a gravação até a decisão final do processo;
c) deferido o pedido, a resposta será dada em até quarenta e oito horas após a decisão, em tempo igual ao da ofensa, porém nunca inferior a um minuto;
III — no horário eleitoral gratuito:
a) o ofendido usará, para a resposta, tempo igual ao da ofensa, nunca inferior, porém, a um minuto;
b) a resposta será veiculada no horário destinado ao partido ou coligação responsável pela ofensa, devendo necessariamente dirigir-se aos fatos nela veiculados;

c) se o tempo reservado ao partido ou coligação responsável pela ofensa for inferior a um minuto, a resposta será levada ao ar tantas vezes quantas sejam necessárias para a sua complementação;

d) deferido o pedido para resposta, a emissora geradora e o partido ou coligação atingidos deverão ser notificados imediatamente da decisão, na qual deverão estar indicados quais os períodos, diurno ou noturno, para a veiculação da resposta, que deverá ter lugar no início do programa do partido ou coligação;

e) o meio magnético com a resposta deverá ser entregue à emissora geradora, até trinta e seis horas após a ciência da decisão, para veiculação no programa subsequente do partido ou coligação em cujo horário se praticou a ofensa;

f) se o ofendido for candidato, partido ou coligação que tenha usado o tempo concedido sem responder aos fatos veiculados na ofensa, terá subtraído tempo idêntico do respectivo programa eleitoral; tratando-se de terceiros, ficarão sujeitos à suspensão de igual tempo em eventuais novos pedidos de resposta e à multa no valor de duas mil a cinco mil Ufir;

IV — em propaganda eleitoral na internet:

a) deferido o pedido, o usuário ofensor deverá divulgar a resposta do ofendido em até quarenta e oito horas após sua entrega em mídia física, e deverá empregar nessa divulgação o mesmo impulsionamento de conteúdo eventualmente contratado nos termos referidos no art. 57-C desta Lei e o mesmo veículo, espaço, local, horário, página eletrônica, tamanho, caracteres e outros elementos de realce usados na ofensa; (Redação dada pela Lei n. 13.488, de 2017)

b) a resposta ficará disponível para acesso pelos usuários do serviço de internet por tempo não inferior ao dobro em que esteve disponível a mensagem considerada ofensiva;

c) os custos de veiculação da resposta correrão por conta do responsável pela propaganda original.

Prevê ainda o art. 58, em seu § 4.º, que:

Art. 58. [...]

§ 4.º Se a ofensa ocorrer em dia e hora que inviabilizem sua reparação dentro dos prazos estabelecidos nos parágrafos anteriores, a resposta será divulgada nos horários que a Justiça Eleitoral determinar, ainda que nas quarenta e oito horas anteriores ao pleito, em termos e forma previamente aprovados, de modo a não ensejar tréplica.

Os §§ 5.º a 7.º do art. 58 da LE contêm diversas disposições que objetivam conceder a devida celeridade à marcha dos pedidos de resposta.

O art. 58-A da Lei das Eleições, por seu turno, assegura **tramitação preferencial** aos pedidos de direito de resposta e as representações por propaganda eleitoral irregular em rádio, televisão e internet.

4.6.7. Propaganda eleitoral e igualdade

A Resolução do TSE n. 23.610/2019, a qual dispõe sobre diversas modalidades de propaganda, fixou normas diretamente relacionadas ao tema das candidaturas afro-brasileiras nos seus arts. 77 e 116.

O primeiro deles tem o seguinte teor:

> **Art. 77. [...]**
> **§ 1.º A distribuição do tempo de propaganda eleitoral gratuita no rádio e na televisão para as candidaturas proporcionais deve observar os seguintes parâmetros:**
> [...]
> II — **destinação proporcional ao percentual de candidaturas de mulheres negras e não negras, calculado com base no total de pedidos de registro apresentados** pelo partido ou pela federação **na circunscrição** (Consulta n. 60.030.647, *DJe* de 05.10.2020);
> III — destinação proporcional ao percentual de candidaturas de **homens negros e não negros**, calculado com base no total de pedidos de registro apresentados pelo partido ou pela federação na circunscrição (Consulta n. 60.030.647, *DJe* de 05.10.2020).
> **§ 3.º Os percentuais de candidatas negras e de candidatos negros serão definidos,** a cada eleição, **com base na autodeclaração da cor preta e da cor parda, lançada no formulário do registro de candidatura**.

O Tribunal Superior Eleitoral assegurou, assim, a devida observância ao **princípio da proporcionalidade**, a ser assegurado levando-se em conta os percentuais de candidaturas negras dentro de cada sexo.

Já no art. 116, a Resolução assim dispôs:

> **Art. 116. O Tribunal Superior Eleitoral, no período compreendido entre 1.º de abril e 30 de julho dos anos eleitorais, promoverá, em até 5 (cinco) minutos diários,** contínuos ou não, requisitados às emissoras de rádio e televisão, **propaganda institucional**, em rádio e televisão, **destinada a incentivar a participação** feminina, das(os) jovens e **da comunidade negra na política**, bem como a esclarecer as cidadãs e os cidadãos sobre as regras e o funcionamento do sistema eleitoral brasileiro (Lei n. 9.504/1997, art. 93-A).

Trata-se de materializar a opção do legislador firmada no art. 93-A da Lei das Eleições de assegurar o fomento dessas candidaturas, estimulando-se a participação política de grupos sub-representados.

Na primeira edição deste livro, que veio a lume em 2023, foi consignada a seguinte reflexão de minha autoria:

> "No meu sentir, nas próximas eleições se mostra razoável pretender comissões de heteroverificação, a fim de aquilatar a veracidade das declarações raciais, ao menos quando houver notícia de infração às normas ou de ofício pela autoridade judiciária que preside o processo de registro da candidatura, quando houver fundada dúvida quanto ao ponto".

Tais palavras ganharam vida nas eleições de 2024 por intermédio do art. 24 da Res.-TSE n. 23.609/2019, alterado pela Res.-TSE n. 23.729/2024, o qual se encontra analisado nos itens 4.5.2 e 4.5.3 deste capítulo.

4.7. PESQUISAS E TESTES PRÉ-ELEITORAIS

A realização de pesquisas segundo metodologia própria das ciências sociais é inerente à atividade política. São diversos os **métodos e técnicas de pesquisa de interesse direto de partidos, candidatos, empresas e meios de comunicação, que as realizam a fim de orientar as suas atividades.** O autor, ao se referir a empresas, lembra a frequência com que a iniciativa privada contrata a realização de pesquisas objetivando antecipar-se aos eventos eleitorais obtendo informações estratégicas sobre os possíveis cenários.

O registro das pesquisas eleitorais é obrigatório a partir de 1.º de janeiro do ano da eleição. Conforme estabelecido no art. 2.º da Resolução n. 23.600, de 12 de dezembro de 2019, as entidades e empresas que realizam pesquisas de opinião pública relacionadas às eleições ou candidatos devem registrar cada pesquisa no Sistema de Registro de Pesquisas Eleitorais (PesqEle) até cinco dias antes da sua divulgação. Esta exigência é aplicável a todas as pesquisas destinadas ao conhecimento público.

De acordo com o disposto no art. 2.º, § 6.º, é possível registrar pesquisas e complementar informações no sistema PesqEle a qualquer momento, independentemente do horário de funcionamento da Justiça Eleitoral. Isso agregou maior flexibilidade ao processo de registro de pesquisas.

De fato, as pesquisas eleitorais permitem a obtenção de informações importantes para o debate público. Até mesmo a oscilação dos resultados faz parte dessas discussões, devendo-se ter presente, sempre, que o resultado de uma _survey_ corresponde a uma "fotografia" do momento em que se deu a sua realização. E o tempo faz com que variem as opções políticas, o que ocorre às vezes drasticamente e em lapso temporal diminuto.

Cioso da importância da matéria, o Supremo Tribunal Federal declarou inconstitucional norma que limitava a 15 dias antes do pleito a divulgação de pesquisas eleitorais, oportunidade em que restou lavrada a seguinte ementa:

> AÇÃO DIRETA DE INCONSTITUCIONALIDADE. LEI 11.300/2006 (MINIRREFORMA ELEITORAL). ALEGADA OFENSA AO PRINCÍPIO DA ANTERIORIDADE DA LEI ELEITORAL (CF, Art. 16). INOCORRÊNCIA. MERO APERFEIÇOAMENTO DOS PROCEDIMENTOS ELEITORAIS. INEXISTÊNCIA DE ALTERAÇÃO DO PROCESSO ELEITORAL. PROIBIÇÃO DE DIVULGAÇÃO DE PESQUISAS ELEITORAIS QUINZE DIAS ANTES DO PLEITO. INCONSTITUCIONALIDADE. GARANTIA DA LIBERDADE DE EXPRESSÃO E DO DIREITO À INFORMAÇÃO LIVRE E PLURAL NO ESTADO DEMOCRÁTICO DE DIREITO. PROCEDÊNCIA PARCIAL DA AÇÃO DIRETA. I — Inocorrência de rompimento da igualdade de participação dos partidos políticos e dos respectivos candidatos no processo eleitoral. II — Legislação que não introduz deformação de modo a afetar a normalidade das eleições. III — Dispositivos que não constituem fator de perturbação do pleito. IV — Inexistência de alteração motivada por propósito casuístico. V — Inaplicabilidade do postulado da anterioridade da lei eleitoral. VI — Direto à informação livre e plural como valor indissociável da ideia de democracia. VII — Ação direta julgada parcialmente procedente para declarar a inconstitucionalidade do art. 35-A da Lei introduzido pela Lei 11.300/2006 na Lei 9.504/1997 (TP, ADI 3741, rel. Ricardo Lewandowski, j. 06.08.2006, _DJ_ 23.02.2007, p. 16, ement v. 2265-01, p. 171).

Em se tratando de partidos ou candidatos, estes podem livremente contratar a realização de pesquisas eleitorais internas, como usualmente são chamadas aquelas que não serão divulgadas ao grande público, reservando-se a orientar a tomada de decisões na definição dos rumos da campanha. Essas pesquisas podem assumir a metodologia que mais interesse ao contratante, para isso se prestando uma grande gama de metodologias qualitativas, tais como grupos de discussão.

Entretanto, qualquer que seja o responsável pela contratação, caso essa pesquisa se destine à divulgação, deverão ser observados os estritos limites do que dispõem os arts. 33 a 35 da Lei das Eleições.

Com as recentes alterações introduzidas pela Resolução-TSE n. 23.727/2024, que modificou a Resolução-TSE n. 23.600/2019, destaca-se o acréscimo do parágrafo único ao art. 1.º, estabelecendo que o controle judicial de pesquisa eleitoral depende de provocação do Ministério Público Eleitoral, de partido político, federação, coligação, candidata ou candidato, observando os limites da lei e da referida Resolução.

Em primeiro lugar, a pesquisa que se presta a registro perante a Justiça Eleitoral e divulgação pública será aquela realizada segundo a metodologia de pesquisa de opinião e segundo o critério quantitativa (*survey*), pois é essa a técnica descrita no art. 33 da LE, que obriga as entidades e empresas que realizarem pesquisas de opinião a registrar, para cada uma delas, as seguintes informações:

> **Art. 33.** [...]
> I — quem contratou a pesquisa;
> II — valor e origem dos recursos despendidos no trabalho;
> III — metodologia e período de realização da pesquisa;
> IV — plano amostral e ponderação quanto a sexo, idade, grau de instrução, nível econômico e área física de realização do trabalho a ser executado, intervalo de confiança e margem de erro;
> V — sistema interno de controle e verificação, conferência e fiscalização da coleta de dados e do trabalho de campo;
> VI — questionário completo aplicado ou a ser aplicado;
> VII — nome de quem pagou pela realização do trabalho e cópia da respectiva nota fiscal.

O registro será sempre requerido perante os órgãos da Justiça Eleitoral aos quais compete fazer o registro dos candidatos, que afixará em 24 horas no local de costume e divulgará em seu sítio na internet aviso comunicando o registro das informações a que se refere este artigo, colocando-as à disposição dos partidos ou coligações com candidatos ao pleito, os quais a elas terão livre acesso pelo prazo de 30 dias. É o que se colhe da leitura dos §§ 1.º e 2.º do art. 33 da Lei n. 9.504/1997.

Importante ressaltar as inovações trazidas pelos §§ 6.º e 7.º-A do art. 2.º da Resolução-TSE n. 23.600/2019, modificada pela Resolução-TSE n. 23.727/2024, exige que a empresa ou o instituto envie o relatório completo com os resultados da pesquisa, detalhando aspectos como período de realização, tamanho da amostra, margem de erro, entre outros. Além disso, o § 7.º-B introduz que a publicização desses relatórios completos ocorrerá, salvo determinação contrária da Justiça Eleitoral, após as eleições.

A nova resolução, em seu art. 12, regula a divulgação de pesquisas no dia da eleição, permitindo-a apenas após as 17h do horário de Brasília.

A fiscalização, pelos partidos, da metodologia de pesquisa e dos dados coletados é assegurada pela disponibilização de "[...] acesso ao sistema interno de controle, verificação e fiscalização da coleta de dados das entidades que divulgaram pesquisas de opinião relativas às eleições, incluídos os referentes à identificação dos entrevistadores e, por meio de escolha livre e aleatória de planilhas individuais, mapas ou equivalentes, confrontar e conferir os dados publicados, preservada a identidade dos respondentes" (art. 34, § 1.º, da LE).

Conforme anota Gonçalves[27]:

Se a pesquisa contrariar as exigências legais ou da Resolução, estes mesmos legitimados poderão impugnar seu registro e sua divulgação. O prazo para fazê-lo é de cinco dias, período mínimo exigido entre o pedido de registro e sua divulgação, art. 33, *caput*, da Lei n. 9.504/97. O juiz poderá suspender cautelarmente a divulgação da pesquisa ou determinar a inclusão de esclarecimentos na divulgação.

A divulgação de pesquisa fora dos parâmetros legais sujeita o infrator às seguintes sanções:

Divulgação de pesquisa sem o prévio registro das informações de que trata o art. 33 da LE	Multa no valor de cinquenta mil a cem mil UFIR (§ 3.º do art. 33 da LE)
Divulgação de pesquisa fraudulenta	Crime, punível com detenção de seis meses a um ano e multa no valor de cinquenta mil a cem mil UFIR (§ 4.º do art. 33 da LE)
Desrespeito aos direitos dos partidos de exercer fiscalização sobre as pesquisas ou qualquer ato que vise a retardar, impedir ou dificultar a ação fiscalizadora dos partidos	Crime, punível com detenção, de seis meses a um ano, com a alternativa de prestação de serviços à comunidade pelo mesmo prazo, e multa no valor de dez mil a vinte mil UFIR (§ 2.º do art. 34 da LE)
Comprovação de irregularidade nos dados da pesquisa publicados	Crime, punível com detenção, de seis meses a um ano, com a alternativa de prestação de serviços à comunidade pelo mesmo prazo, e multa no valor de dez mil a vinte mil UFIR sem prejuízo da obrigatoriedade da veiculação dos dados corretos no mesmo espaço, local, horário, página, caracteres e outros elementos de destaque, de acordo com o veículo usado (§ 3.º do art. 34 da LE).

Em relação ao processo de impugnação de pesquisas, o art. 13, § 3.º, e o art. 16, §§ 1.º, 1.º-A, 1.º-B e 1.º-C, da Resolução-TSE n. 23.600/2019 estabelecem procedimentos e requisitos específicos, incluindo a tramitação obrigatória no Sistema Processo Judicial Eletrônico (PJe) e a necessidade de apresentar alegações de deficiência técnica ou indícios de manipulação com suporte de elementos concretos.

O § 1.º do art. 16 estabelece que, demonstrando-se a plausibilidade do direito e o perigo de dano, pode ser concedida uma liminar para suspender a divulgação dos

---

[27] GONÇALVES, 2021.

resultados da pesquisa impugnada ou exigir que esclarecimentos sejam incluídos na divulgação de seus resultados. Essa disposição oferece um mecanismo judicial rápido e eficaz para lidar com pesquisas potencialmente enganosas ou prejudiciais, e a possibilidade de imposição de multa em caso de descumprimento da decisão judicial reforça a seriedade dessa medida.

O § 1.º-A adiciona uma nova dimensão de responsabilidade para o impugnante. **Este parágrafo exige que o impugnante indique, com clareza e precisão, os elementos que fundamentam o pedido de não divulgação da pesquisa, sejam eles a falta de um requisito necessário, uma deficiência técnica, ou indícios de manipulação.** A exigência de objetividade e precisão visa evitar impugnações frívolas ou infundadas, assegurando que apenas questões legítimas sejam levadas à apreciação judicial.

O § 1.º-B trata dos casos em que são alegadas deficiência técnica ou manipulação da pesquisa. Neste contexto, **a petição inicial deve ser instruída com provas que demonstrem a alegação ou um pedido de prazo para a produção de prova técnica, que ocorrerá às custas da parte autora.** Isso impõe um ônus probatório ao impugnante, garantindo que as alegações sejam substanciadas com evidências concretas. Adicionalmente, este parágrafo referencia o art. 91 do Código de Processo Civil, que se aplica em casos envolvendo o Ministério Público Eleitoral.

Por fim, o § 1.º-C estabelece consequências para a não aceitação da impugnação baseada nos parágrafos anteriores ou em outras hipóteses de conduta temerária ou de má-fé. Nessas situações, as informações serão encaminhadas ao Ministério Público Eleitoral para apuração de possíveis crimes ou ilícitos eleitorais. Este dispositivo visa desencorajar ações judiciais abusivas ou mal-intencionadas, contribuindo para a integridade do processo eleitoral.

Segundo dispõe o art. 35 da LE: **"Pelos crimes definidos nos arts. 33, § 4.º, e 34, §§ 2.º e 3.º, podem ser responsabilizados penalmente os representantes legais da empresa ou entidade de pesquisa e do órgão veiculador".**

A realização de enquetes relacionadas ao processo eleitoral é proibida em período eleitoral (art. 33, § 5.º, da LE).

Enquete, conforme definido no art. 23, § 1.º, da Resolução n. 23.727 de 2024, é um tipo de levantamento de opiniões que não se baseia em um plano amostral científico. Essencialmente, enquetes dependem da participação espontânea dos interessados e são suscetíveis a vieses cognitivos de autosseleção. Elas não empregam métodos científicos rigorosos na coleta e análise de dados. As enquetes permitem aos participantes expressar suas opiniões, mas devido à sua natureza informal e à falta de um plano amostral representativo, os resultados não podem ser considerados como reflexo preciso da opinião geral.

A principal **diferença entre uma enquete e uma pesquisa eleitoral** reside na metodologia utilizada. As pesquisas eleitorais são projetadas e realizadas com base em métodos científicos rigorosos. Elas empregam uma amostragem representativa, o que significa que a seleção dos participantes é feita de modo a refletir com precisão a população em estudo. Além disso, as pesquisas eleitorais incluem margem de erro e nível de confiança, elementos que são cruciais para interpretar os resultados corretamente.

Em contraste, as enquetes não utilizam uma amostragem representativa. Qualquer pessoa pode participar de uma enquete, e geralmente são os indivíduos mais motivados ou interessados no assunto que escolhem responder. Isso cria um viés de autosseleção, pois não há garantia de que os participantes da enquete representem adequadamente o grupo mais amplo cuja opinião se deseja inferir. Como resultado, as enquetes tendem a ser menos confiáveis do que as pesquisas científicas para determinar a opinião pública ou prever resultados eleitorais.

Em resumo, enquanto as pesquisas eleitorais são ferramentas rigorosas e científicas usadas para capturar a opinião pública de maneira representativa e precisa, as enquetes são meios mais informais e menos confiáveis de coletar opiniões, suscetíveis a diversos tipos de distorções.

Por fim, o art. 23, § 1.º, define claramente o que constitui uma enquete ou sondagem, diferenciando-as das pesquisas eleitorais científicas, pela ausência de métodos científicos e pela dependência de participação espontânea.

ETAPA	DESCRIÇÃO
Tipos de Pesquisas Eleitorais	Pesquisas Internas (Partidos/Candidatos) — desnecessário o registro Pesquisas Públicas (Empresas/Mídia) — obrigatório o registro a partir de 1.º de janeiro do ano da eleição
Regulamentações Legais	Lei 9.504/1997: arts. 33 a 35 Resoluções-TSE n. 23.600/2019 e 23.727/2024
Processo de Registro e Divulgação	Registro na Justiça Eleitoral (sistema PesqEle) Informações obrigatórias (contratante, metodologia, período, amostra, etc.)
Fiscalização e Impugnação	Direitos de fiscalização do Ministério Público Eleitoral, de partido político, federação, coligação, candidata ou candidato Impugnação de pesquisa (prazo de 5 dias) Possibilidade de suspensão liminar da publicação da pesquisa ou de obrigatoriedade de divulgar informações complementares
Sanções por Irregularidades	Multas (por divulgação sem registro, pesquisa fraudulenta, etc.) Penalidades criminais (por irregularidades nos dados, impedimento de fiscalização)
Proibições Específicas	Publicação de pesquisa sem registro em ano eleitoral Enquetes durante o período eleitoral

4.8. VOTAÇÃO

4.8.1. O voto

A votação constitui um dos mais importantes momentos da ritualística democrática. Conquanto não se possa resumir a experiência democrática à expressão do voto, é certo que este é um dos seus principais elementos de caracterização, já que é inerente ao autoritarismo a supressão da manifestação eleitoral.

Note-se, contudo, que não é na simples possibilidade de comparecimento à urna para emissão de um comando eletrônico ou para a aposição de um escrito sobre uma cártula aquilo em que consiste o voto em sua dimensão mais ampla. O **voto** é o **instrumento** por meio do qual se **materializa** o **direito** fundamental de **sufrágio**. Nesse sentido, a Constituição e as leis preveem diversas garantias para o seu exercício.

Conquanto seja exercido individualmente, o voto constitui **direito público subjetivo**, não se referindo à esfera privada do eleitor, mas à dimensão em que exercita os direitos relativos ao seu pertencimento à *Polis*. Daí que não se pode reputar o voto como um direito individual. É, antes, um direito público, ainda que exercitado por cada cidadão em particular.

Trata-se, ademais, de um **direito fundamental**. É sabido que os direitos fundamentais se encontram afirmados em diversas partes do texto constitucional. De qualquer forma, convém lembrar que o Título II da Constituição, que trata "dos direitos e garantias fundamentais" possui várias outras disposições além das contidas no seu Capítulo I, que elenca os direitos e garantias individuais e coletivos. O Capítulo IV, no qual estão enunciados os "direitos políticos" também se encontra no título da Lei Maior alusivo aos direitos fundamentais.

O voto é uma das formas mais aprimoradas da expressão política dos cidadãos, dirigindo-se não apenas à seleção de mandatários, mas à definição de opções legislativas em temas passíveis de submissão a referendo ou iniciativa popular.

Segundo dispõe o **art. 14** da CF: "A **soberania popular** será **exercida** pelo **sufrágio** universal e pelo **voto** direto e **secreto**, com **valor igual** para **todos**, e, nos termos da lei, **mediante**; I — plebiscito; II — referendo; III — iniciativa popular".

Como se vê, o voto é forma de manifestação da soberania, que numa república democrática é detida pelo conjunto dos cidadãos (povo).

4.8.2. O voto eletrônico

A Lei das Eleições estabelece diretrizes para o **sistema eletrônico de votação** e para a totalização dos votos, bem como regras para o processo de **votação convencional**, quando necessário.

De acordo com o art. 59-A da Lei das Eleições, acrescentado pela Lei n. 13.165/2015: "No processo de votação eletrônica, a urna imprimirá o registro de cada voto, que será depositado, de forma automática e sem contato manual do eleitor, em local previamente lacrado". O parágrafo único do mesmo dispositivo estipula que: "O processo de votação não será concluído até que o eleitor confirme a correspondência entre o teor de seu voto e o registro impresso e exibido pela urna eletrônica".

A regra chegou a receber veto presidencial, mas este foi derrubado em sessão do Congresso nacional realizada em 18 de novembro de 2015.

Posteriormente, o tema fora objeto de questionamento de Constitucionalidade em juízo, perante o Supremo Tribunal Federal, na ADI 5.889, que fora julgada procedente, entendendo o relator, Ministro Gilmar Mendes, que o art. 59-A da Lei n. 9.054/1997 viola o sigilo e a liberdade do voto.

O art. 59 da Lei das Eleições determina que a votação e a totalização dos votos devem ser realizadas por sistema eletrônico. Contudo, em caráter excepcional, o Tribunal Superior Eleitoral pode autorizar a aplicação das regras fixadas nos arts. 83 a 89, que se referem à votação convencional, utilizando cédulas de papel.

Os arts. 83 a 85 e 87 a 89 **delineiam o processo de votação convencional. O art. 83 especifica a confecção das cédulas oficiais pela Justiça Eleitoral, detalhando suas características e a diferenciação entre cédulas para eleições majoritárias e proporcionais.** Os parágrafos desse artigo tratam da identificação dos candidatos, da ordem de aparição nas cédulas e da divulgação dos modelos das cédulas. O art. 84 estabelece o procedimento de votação, determinando que o eleitor se dirija à cabina duas vezes, uma para cada tipo de eleição, com cédulas de cores distintas.

O art. 88 obriga o Juiz Presidente da Junta Eleitoral a recontar a urna em determinadas circunstâncias, como discrepâncias no número de votantes ou evidências de erros na atribuição de votos. O art. 89 permite o uso de instrumentos auxiliares para eleitores analfabetos, sem obrigar a Justiça Eleitoral a fornecê-los.

O art. 62 da LE aborda a utilização da urna eletrônica, estipulando que apenas eleitores listados nas folhas de votação correspondentes podem votar nessa seção. Além disso, o Tribunal Superior Eleitoral é responsável por disciplinar situações de falhas na urna eletrônica que afetem o processo de votação.

A Resolução TSE n. 23.736, de 27 de fevereiro de 2024, por sua vez, estabelece normas importantes para a utilização e a segurança dos sistemas informatizados nas eleições. O art. 5.º determina que, nas eleições, devem ser utilizados exclusivamente os sistemas informatizados desenvolvidos pelo Tribunal Superior Eleitoral (TSE), sob sua encomenda ou por ele autorizados. Esta disposição visa garantir que os sistemas usados sejam confiáveis, seguros e eficazes, estando sob o controle e supervisão direta do TSE.

O § 1.º do art. 5.º especifica que o sistema eletrônico de votação será utilizado exclusivamente nas urnas eletrônicas da Justiça Eleitoral, reforçando a exclusividade e a segurança do processo de votação eletrônica. O § 2.º do mesmo artigo ressalta que os sistemas referidos serão usados apenas em equipamentos de posse da Justiça Eleitoral, observando as especificações técnicas definidas pelo TSE. Contudo, o parágrafo faz exceções para os sistemas eleitorais disponibilizados ao público externo, o Transportador Web e o JE-Connect, que são sistemas específicos para a transmissão de arquivos da urna pela internet e para conexão segura para transmissão de arquivos, respectivamente.

O § 3.º do art. 5.º proíbe a utilização, pelos órgãos da Justiça Eleitoral, de qualquer outro sistema que substitua ou tenha finalidade análoga aos desenvolvidos ou autorizados pelo TSE. Esta vedação é essencial para manter a integridade, a segurança e a uniformidade dos sistemas eleitorais em todo o território nacional.

O art. 6.º aborda a oficialização dos sistemas eleitorais, estipulando que esta deverá seguir um cronograma técnico definido pelo TSE e ser realizada pela autoridade eleitoral ou por servidor delegado, utilizando-se código de acesso individualizado. A oficialização é uma etapa técnica crucial, na qual o sistema passa a admitir apenas o tráfego de arquivos assinados por outros sistemas já oficializados. O § 1.º do art. 6.º especifica esse processo, enquanto o § 2.º esclarece que não se exigirá formalidade ou solenidade para a oficialização dos sistemas.

4.8.3. A contingência na votação

A Resolução TSE n. 23.736/2024 aborda de maneira detalhada os procedimentos de contingência na votação, essenciais para lidar com eventuais falhas nas urnas eletrônicas durante o processo eleitoral. Esses procedimentos, estabelecidos nos arts. 118 a 130 da Resolução, garantem a continuidade da votação e preservam a integridade do processo eleitoral.

O art. 118 especifica que, diante de uma falha na urna, o presidente da Mesa deve inicialmente tentar desligar e religar a urna. Se a falha persistir, uma equipe técnica designada pela justiça eleitoral é chamada para adotar medidas como reposicionar a mídia de votação ou substituir a urna ou a mídia defeituosa. O procedimento inclui a reposição e assinatura de lacres rompidos durante o processo, garantindo a segurança da urna.

Em casos específicos, como falhas no teclado ou discrepâncias na lista de candidaturas, a equipe técnica pode realizar testes adicionais ou substituir a urna, conforme estipulado no art. 119.

O art. 120 permite a carga de urnas para contingência no dia da votação, seguindo procedimentos detalhados nos arts. 69 e 72, com registro em ata. Se a falha na urna ocorrer antes que o segundo eleitor conclua seu voto, o primeiro eleitor deve votar novamente em outra urna ou em cédulas, como prevê o art. 121.

Se os procedimentos de contingência falharem, a votação prossegue por cédulas até o encerramento, conforme descrito no art. 122. Esse artigo também aborda a preservação da urna defeituosa e o tratamento das mídias de contingência.

O art. 123 ressalta a importância de registrar todas as ocorrências e soluções adotadas na Ata da Mesa Receptora. Já o art. 124 estabelece que, uma vez iniciada a votação por cédulas, não é possível retornar ao processo eletrônico na mesma seção eleitoral. Além disso, o art. 125 proíbe a manutenção de urnas eletrônicas na seção no dia da votação, com exceções específicas.

Os arts. 127 a 129 detalham a votação por cédulas de uso contingente, a ser realizada apenas na impossibilidade de utilização do sistema eletrônico. Esses artigos descrevem os materiais necessários, o processo de entrega das cédulas e as normas para sua utilização.

Por fim, o art. 130 trata das providências a serem tomadas pelo presidente da Mesa Receptora ao término da votação por cédulas, incluindo a vedação da urna de lona e a entrega dos materiais de votação.

Esses procedimentos de contingência são vitais para assegurar que a votação possa continuar de maneira segura e eficaz, mesmo diante de falhas técnicas, mantendo a integridade e a confiabilidade do processo eleitoral.

A segurança da urna eletrônica pode ser atestada, dentre outros motivos, pelas cautelas adotadas, expressas na tabela abaixo:

FASE	PRAZO	ATIVIDADE
Antes da Eleição	A 12 meses da eleição	Abertura do código fonte
Antes da Eleição	A 11 meses da eleição	Teste Público de Segurança (TPS)
Antes da Eleição	A 6 meses da eleição	Teste de Confirmação do TPS

Antes da Eleição	A cerca de 1 mês da eleição	Cerimônia de Assinatura Digital e Lacração dos Sistemas
Antes da Eleição	A 1 mês da eleição	Cerimônia de Geração de Mídias
Antes da Eleição	A 1 mês da eleição	Cerimônia de Preparação de Urnas
Antes da Eleição	Véspera da eleição	Verificação dos sistemas eleitorais instalados no TSE e dos destinados à transmissão dos BUs
No dia da Eleição	—	Auditoria de funcionamento das urnas eletrônicas (Teste de Integridade)
No dia da Eleição	—	Teste de Autenticidade dos Sistemas Eleitorais
No dia da Eleição	—	Zerésima
No dia da Eleição	—	Registro Digital do Voto (RDV)
No dia da Eleição	—	Boletim de Urna (BU)
No dia da Eleição	—	Boletim na Mão
Depois da eleição	Até 3 dias	Publicação de arquivos na internet
Depois da eleição	Até 100 dias	Entrega dos dados, arquivos e relatórios

4.8.4. O sufrágio universal

O voto é assegurado a todos os integrantes da comunidade dos cidadãos. Remetemos o leitor à leitura do item "Princípio do sufrágio universal" no Capítulo 1 deste livro.

4.8.5. Voto obrigatório

De acordo com o § 1.º do art. 14 da Constituição de 1988: "O alistamento eleitoral e o voto são: I — obrigatórios para os maiores de dezoito anos; II — facultativos para: *a*) os analfabetos; *b*) os maiores de setenta anos; *c*) os maiores de dezesseis e menores de dezoito anos".

Discute-se sobre a conveniência de manter-se a obrigatoriedade do voto. Argumenta-se que a democracia deve estar sempre ligada à liberdade de manifestação política, o que inclui o direito à abstenção. A **obrigatoriedade do voto**, no entanto, é **adotada** no Brasil como **estímulo à participação** eleitoral, na **busca** da **inclusão política** de todos os setores da **sociedade**. De outra parte, teme-se que a implantação do voto facultativo favoreça a desmobilização política de segmentos independentes, ao passo que as parcelas mais dependentes de vínculos clientelistas continuariam submetidas a determinações de comparecimento à urna. Com menos eleitores, seria mais fácil monitorar o conteúdo do voto. Além disso, a prova do comparecimento às urnas poderia ser exigida como requisito para a doação de bens ou vantagens de natureza pessoal.

4.8.6. Atos preparatórios

Mencionamos, a esta altura, que o Código Eleitoral, a partir do seu art. 114, dispõe acerca dos "atos preparatórios da votação", os quais aludem às providências a cargo da Justiça Eleitoral no sentido de viabilizar a ocorrência do pleito.

Os atos **preparatórios à votação** são medidas de evidente **caráter administrativo**, que têm em mira o cumprimento de uma das principais missões institucionais da **Justiça Eleitoral**, qual seja, aquela relativa à **concessão** ao eleitor da **oportunidade** de exercer livremente o seu **direito de votar**.

Assim, dispõe o Código Eleitoral sobre o fechamento da lista dos votantes e a definição das seções eleitorais; composição e os trabalhos das mesas receptoras de votos; a fiscalização perante tais mesas; o material usado para a votação e sobre o lugar onde esta deverá ser realizada; a polícia dos trabalhos eleitorais; o início e o término da votação e a apuração dos votos.

Registre-se que grande parte das cautelas adotadas pelo Código Eleitoral estão superadas por avanços legislativos, tecnológicos e institucionais, que remodelaram profundamente as eleições desde o advento do referido diploma legal, ainda em 1965. Tudo está a reclamar a revisão dessa codificação.

4.8.7. Garantias eleitorais

As garantias eleitorais estão relacionadas — de modo não exaustivo — no Título I da Parte V do Código Eleitoral, entre os arts. 234 a 239. O tópico tem por finalidade elencar diversas cláusulas de proteção para os eleitores, candidatos e para os serviços eleitorais.

Segundo dispõe o art. 234 do Código Eleitoral: "Ninguém poderá impedir ou embaraçar o exercício do sufrágio". Para que o comando normativo se revele eficiente, a legislação eleitoral prevê diversas garantias ao exercício do voto.

4.8.7.1. Salvo conduto

Estipula o art. 235 do CE que o juiz eleitoral, ou o presidente da mesa receptora, pode expedir salvo-conduto com a cominação de prisão por desobediência até cinco dias, em favor do eleitor que sofrer violência, moral ou física, na sua liberdade de votar, ou pelo fato de haver votado.

Aqui claramente se objetiva acautelar a liberdade de manifestação eleitoral dos cidadãos, a fim de qualquer deles não se veja limitado em sua capacidade de exercer o direito de voto.

O parágrafo único do mesmo dispositivo estipula que a medida será válida para o período compreendido entre 72 horas antes até 48 horas depois do pleito.

4.8.7.2. Imunidade provisória

É nesse sentido que se estabelece a imunidade provisória para os candidatos e candidatas, o que vem previsto no art. 236 do CE, cujo teor é o seguinte:

> **Art. 236.** Nenhuma autoridade poderá, desde 5 (cinco) dias antes e até 48 (quarenta e oito) horas depois do encerramento da eleição, prender ou deter qualquer eleitor, salvo em flagrante delito ou em virtude de sentença criminal condenatória por crime inafiançável, ou, ainda, por desrespeito a salvo-conduto.

4.8.7.3. Proteção contra abusos

Perseguem o mesmo objetivo que garantir o livre exercício do voto as normas que coíbem a captação ilícita de sufrágio (art. 41-A da LE), as condutas vedadas aos agentes públicos em períodos eleitorais (arts. 73 e s. da LE) e reprimem o abuso de poder sob todas suas formas (art. 237 do CE e arts. 1.º, I, *d*, e 22 da Lei de Inelegibilidades).

Para assegurar a eficiência da atuação das instituições eleitorais na defesa do exercício livre do direito de voto, o § 1.º do art. 237 do CE deixa certo que:

> **Art. 237.** [...]
> § 1.º O eleitor é parte legítima para denunciar os culpados e promover-lhes a responsabilidade, e a nenhum servidor público, inclusive de autarquia, de entidade paraestatal e de sociedade de economia mista, será lícito negar ou retardar ato de ofício tendente a esse fim.

Além disso, o § 2.º do mesmo dispositivo legal estatui que:

> **Art. 237.** [...]
> § 2.º Qualquer eleitor ou partido político poderá se dirigir ao Corregedor-Geral ou Regional, relatando fatos e indicando provas, e pedir abertura de investigação para apurar uso indevido do poder econômico, desvio ou abuso do poder de autoridade, em benefício de candidato ou de partido político.

O art. 91 da Lei das Eleições estabelece, em seu parágrafo único, que:

> **Art. 91.** [...]
> Parágrafo único. A retenção de título eleitoral ou do comprovante de alistamento eleitoral constitui crime, punível com detenção, de um a três meses, com a alternativa de prestação de serviços à comunidade por igual período, e multa no valor de cinco mil a dez mil Ufir.

O art. 91-A da mesma Lei n. 9.504/1997, acrescentado pela Lei n. 12.034/2009, estipula que, além da exibição do respectivo título, o eleitor, no momento da votação, deverá apresentar documento de identificação com fotografia.

Trata-se de elogiável medida adotada pelo legislador, que visa suprir a falta de maiores dados de identificação pessoal no título de eleitor. Assim, evita-se que um eleitor vote em lugar em outro, em autêntico ato de fraude que, infelizmente, nunca foi raro em nossos pleitos eleitorais.

A tal respeito, o Tribunal Superior Eleitoral emitiu o seguinte pronunciamento:

> Documento de identificação com foto. Incorporação. Funcionalidade. Sistema Elo. Reimpressão. Cédula eleitoral. 1. A Lei n. 12.034, de 2009, acrescentando o art. 91-A à Lei n. 9.504, de 1997, trouxe como inovação a obrigatoriedade de exibição do título de eleitor e de documento de identificação com foto para o exercício do voto. 2. À Justiça Eleitoral incumbe a adoção de providências para garantir, com o maior alcance possível, a plenitude do gozo dos direitos políticos positivos ao eleitorado, inclusive aos que, embora preservem o direito de voto, se encontrem com restrições à quitação eleitoral, impeditivas da obtenção de segunda via da cédula eleitoral. 3. Implementação, no Sistema Elo, de

funcionalidade que possibilite a reimpressão, em caráter excepcional e temporário, de títulos eleitorais, a partir de requerimento padronizado, com dados idênticos aos do documento extraviado ou inutilizado em qualquer cartório ou posto de atendimento eleitoral, observada a data limite para o requerimento de segunda via (Resolução n. 23.281, de 16.06.2010, rel. Min. Aldir Passarinho Junior).

De acordo com o parágrafo único do mesmo art. 91-A da LE, por outro lado, fica proibido ao eleitor portar aparelho de **telefonia celular**, máquinas fotográficas e filmadoras dentro da cabina de votação. A norma dificulta a adoção de técnicas modernas de monitoramento do voto. Quase todos os aparelhos celulares modernos e máquinas fotográficas digitais dispõem de mecanismos de filmagem que facilmente permitiram a documentação em vídeo do ato de votar. Daí a conveniência da cautela adotada pelo legislador.

4.8.7.4. Distanciamento da força pública

O art. 238 do CE estipula ser proibida, durante o ato eleitoral, a presença de força pública no edifício em que funcionar mesa receptora, ou nas imediações.

O ato eleitoral a que se refere o dispositivo é o próprio exercício do voto; a força pública corresponde às polícias civil e militar e às Forças Armadas. Aqui o que se protege é uma vez mais a liberdade do eleitor, a fim de que as armas do Estado não possam ser utilizadas para intimidar ou constranger os cidadãos e cidadãs.

Isso não quer dizer que a legislação eleitoral prescinde do concurso da força pública para assegurar a segurança dos processos eleitorais. Daí o Código Eleitoral, em seu art. 141, dispor que a **força armada** conservar-se-á a cem metros da seção eleitoral e não poderá aproximar-se do lugar da votação, ou nele penetrar, sem ordem do presidente da mesa.

Tal disposição é compatível com o disposto no art. 127, III, do CE, que confere ao presidente da mesa receptora, e, em sua falta, a quem o substituir, poderes para manter a ordem dos serviços eleitorais, para o que disporá de força pública necessária.

4.8.7.5. Prioridade postal

O art. 239 do CE assegura aos partidos políticos a prioridade postal durante os 60 dias anteriores à realização das eleições, para remessa de material de propaganda de seus candidatos registrados.

Convém deixar registrado quanto a este ponto que o § 4.º do art. 10 da Resolução do TSE n. 23.620/2019 estipula que o tratamento de dados pessoais por qualquer controlador ou operador para fins de propaganda eleitoral deverá respeitar a finalidade para a qual o dado foi coletado, observados os demais princípios e normas previstas na Lei Geral de Proteção de Dados (LGPD) e as disposições desta Resolução.

A seguir veremos outras garantias não constantes do rol acima apresentado, mas igualmente relevantes para assegurar o cumprimento das finalidades ali descritas.

4.8.7.6. Pessoas com deficiência

A Resolução do TSE n. 23.381, de 19 de junho de 2012, institui, no âmbito da Justiça Eleitoral, programa de acessibilidade destinado à implementação gradual de medidas para a redução de barreiras físicas, arquitetônicas, de comunicação e de atitudes, tudo com o objetivo de promover o "[...] acesso amplo e irrestrito, com segurança e autonomia de pessoas portadoras de deficiência ou com mobilidade reduzida" (art. 2.º).

Esta Resolução apresenta no parágrafo único do seu art. 1.º os conceitos de "pessoa com deficiência", "pessoa com mobilidade reduzida" e "acessibilidade". No art. 3.º, determina a adoção de plano de ação voltado ao alcance de medidas que assegurem a participação do seu público-alvo nos processos eleitorais.

Com efeito, é **dever do poder público velar pela estrita observância do que dispõe o § 2.º do art. 227 da CF, que determina a adoção de providências legislativas no sentido de fixarem normas de construção dos logradouros e dos edifícios de uso público e de fabricação de veículos de transporte coletivo, a fim de garantir acesso adequado às pessoas deficiência.** Cumprindo sua parte do dever de velar pelo direito fundamental — e, portanto, dotado de eficácia imediata plena —, deve a Justiça Eleitoral adotar cautelas especiais na seleção dos locais de votação e até no estabelecimento de seções especiais, assegurando às pessoas com mobilidade reduzida o livre e facilitado acesso à urna.

Como bem preconiza a aludida Resolução, não se trata de remover apenas barreiras físicas, como igualmente de mudar a postura dos agentes encarregados da administração dos processos eleitorais, em todos os níveis, assegurando o pleno exercício da cidadania àqueles submetidos a limitações biológicas.

O art. 57 da Res.-TSE n. 23.736/2024 aborda a transferência temporária para eleitores com deficiência ou mobilidade reduzida. Este artigo permite que, caso não tenham realizado a transferência para seções eleitorais adaptadas às suas necessidades até 8 de maio de 2024 , esses eleitores possam solicitar a transferência temporária para votar em qualquer seção de sua escolha e conveniência.

Os parágrafos do art. 57 detalham o processo de solicitação de transferência, que pode ser feito em qualquer cartório eleitoral ou por meio virtual, e a necessidade de apresentação de documentos comprobatórios da deficiência ou dificuldade de locomoção. Isso facilita o acesso ao voto para eleitores com necessidades especiais, garantindo que possam votar em locais acessíveis e adequados.

4.8.7.7. *O voto do preso*

Não existe exceção normativa para a obrigatoriedade do voto do preso provisório. A despeito de eventual discussão sobre a conveniência de se admitir também o voto do condenado, não há lugar para qualquer discussão quanto ao dever do Estado de assegurar por todos os meios o comparecimento eleitoral dos que estejam provisoriamente segregados enquanto respondem a feitos criminais.

O TSE já vinha afirmando que: **"A possibilidade de presos provisórios virem a votar depende da instalação de seções especiais, bem como de os interessados terem efetuado pedido de transferência eleitoral" (Resolução n. 21.804, de 08.06.2004, rel. Min. Humberto Gomes de Barros).**

A Resolução TSE n. 23.736, de 27 de fevereiro de 2024, aborda de forma detalhada a questão da **transferência temporária de presas, presos provisórios e adolescentes em unidades de internação para garantir seu direito ao voto,** uma importante medida para assegurar a inclusão e a participação democrática desses grupos na sociedade.

O art. 42 estipula que as juízas e os juízes eleitorais, coordenados pelos tribunais regionais eleitorais, devem disponibilizar seções eleitorais em estabelecimentos penais e unidades de internação, conforme o Estatuto da Criança e do Adolescente (ECA), para que presos provisórios e adolescentes internados possam exercer seu direito constitucional ao voto. Isso demonstra um esforço para assegurar que a privação de liberdade não resulte na privação do direito de voto.

O art. 43 detalha o processo de alistamento ou regularização da inscrição eleitoral desses indivíduos, dispensando a comprovação do tempo de domicílio eleitoral e o prazo mínimo para transferência de inscrição. Este artigo facilita o processo de alistamento eleitoral para presos provisórios e adolescentes internados, reconhecendo as circunstâncias especiais de seu confinamento.

Os arts. 44 e 45 tratam da organização e do funcionamento das seções eleitorais, estabelecendo o número mínimo de eleitores necessários para a formação de uma seção eleitoral e os procedimentos para a transferência de eleitores. Estas disposições garantem que as seções eleitorais sejam viáveis e funcionais, permitindo que os detidos exerçam seu direito de voto.

O art. 46 destaca a importância de selecionar locais apropriados para as mesas receptoras de votos, enquanto os arts. 47 e 48 incentivam a cooperação e parcerias com diversos órgãos e entidades para a realização efetiva das eleições nesses locais. Isso sublinha a necessidade de uma abordagem colaborativa para garantir que as eleições ocorram de forma segura e acessível nos estabelecimentos penais e unidades de internação.

O art. 49 define as responsabilidades da Justiça Eleitoral na criação de locais de votação, nomeação das mesas receptoras, capacitação, fornecimento de urnas e materiais necessários, e na facilitação da justificativa de ausência à votação.

O art. 50 estabelece que pessoas presas com condenação criminal transitada em julgado estão impedidas de votar, respeitando o princípio legal de que a perda ou suspensão de direitos políticos ocorre apenas em casos de condenação criminal definitiva.

Os arts. 51 a 53 regulamentam a presença de fiscais e candidatos nas seções eleitorais, a listagem de candidatos e a propaganda eleitoral nos estabelecimentos penais e unidades de internação, garantindo que a campanha eleitoral alcance esses eleitores de maneira regulamentada e segura.

Tal resolução contém um significativo avanço, dispondo sobre os meios e fixando prazos para a tomada de medidas necessárias ao respeito ao direito de voto dos presos provisórios. Infelizmente, na prática, o tema ainda suscita preconceitos, ocultos sob a argumentação pública de que regras de segurança inviabilizam a observância dessa garantia eleitoral decorrente da própria Constituição.

Cumpre registrar que **adolescentes internados provisoriamente** ou já em cumprimento de medida socioeducativa de internação não podem ser privados do direito ao alistamento e ao voto. Se o adolescente já tem idade para o exercício da cidadania eleitoral, é dever do Estado assegurar-lhe o devido respeito à sua vontade de participar como votante na democracia do seu País. O alistamento e o voto são faculdades do adolescente, não do poder público.

4.8.7.8.   *Transferência temporária de militares e agentes de segurança pública*

A Resolução TSE n. 23.736, de 27 de fevereiro de 2024, estabelece normas específicas para a **transferência temporária de militares e agentes de segurança pública**, incluindo guardas municipais, que estarão em serviço no dia das eleições. Essas disposições são essenciais para assegurar que esses profissionais, que desempenham um papel crucial na manutenção da ordem e segurança durante as eleições, possam exercer seu direito de voto.

O art. 54 permite que eleitores pertencentes às Forças Armadas, Polícia Federal, Polícia Rodoviária Federal, Polícia Ferroviária Federal, Polícia Civil, Polícia Militar, Polícia Penal (Federal, Estadual e Distrital), Polícia Judicial, Corpos de Bombeiros Militares, Guardas Municipais e agentes de trânsito solicitem transferência temporária para um local de votação que facilite o exercício do voto. Isso é crucial, pois esses profissionais frequentemente são designados para trabalhar em locais diferentes de seus domicílios eleitorais no dia da eleição.

O art. 55 instrui as juízas e os juízes eleitorais a contatar os comandos locais desses órgãos de segurança para estabelecer os procedimentos necessários que viabilizem o voto desses profissionais em serviço eleitoral. Isso evidencia a necessidade de cooperação entre a Justiça Eleitoral e os órgãos de segurança para garantir a eficácia desse processo.

O art. 56 detalha o processo de transferência temporária, que deve ser feito mediante o preenchimento de um formulário fornecido pela Justiça Eleitoral. Esse formulário deve conter informações essenciais, como número do título eleitoral, nome, local de votação de destino, turnos em que votará, manifestação de vontade e assinatura do eleitor, bem como a identificação e assinatura do responsável pelo preenchimento. O parágrafo primeiro deste artigo estabelece que as chefias ou comandos dos órgãos envolvidos devem encaminhar esse formulário à Justiça Eleitoral até 22 de agosto de 2024, acompanhado da cópia dos documentos de identificação com foto.

Os parágrafos seguintes abordam a possibilidade de indeferimento da solicitação em caso de inconsistências e a realocação para um local de votação mais próximo, caso não haja vagas no local escolhido inicialmente. Essas disposições garantem que o processo de transferência seja realizado de forma organizada e eficiente, permitindo que esses profissionais possam votar sem que isso interfira em suas obrigações de serviço no dia da eleição.

4.8.7.9.   *Transferência temporária dos militares e agentes de segurança pública*

Nos arts. 54 a 56, a Res.-TSE n. 23.736/2024 aborda a transferência temporária para eleitores que são membros das forças armadas, diversas categorias de polícia, corpos de bombeiros, guardas municipais e agentes de trânsito que estarão em serviço no dia das eleições. Essas normas visam assegurar que esses profissionais, que desempenham funções essenciais e muitas vezes estão destacados longe de seus domicílios eleitorais, possam votar.

O art. 54 lista as categorias de profissionais que podem solicitar essa transferência, enquanto o art. 55 instrui juízas e juízes eleitorais a trabalhar em conjunto com os comandos locais desses órgãos para facilitar o voto desses profissionais. O art. 56

especifica o procedimento de transferência, que inclui o preenchimento de um formulário e a apresentação de documentação de identificação. Este procedimento simplificado e adaptado reconhece as circunstâncias especiais desses eleitores.

4.8.7.10. *Transferência temporária de eleitores indígenas, quilombolas e de comunidades tradicionais*

Em seu art. 58, a Res.-TSE n. 23.736/2024 assegura **a eleitores indígenas, quilombolas, integrantes de comunidades tradicionais ou residentes em assentamentos rurais o direito de solicitar transferência temporária para um local de votação que seja mais conveniente**, respeitando suas escolhas e necessidades. Isso é crucial para garantir o acesso ao voto para essas comunidades, muitas vezes situadas em locais remotos ou de difícil acesso.

4.8.7.11. *Transferência temporária de mesários e apoio logístico*

Os arts. 59 e 60 da Res.-TSE n. 23.736/2024 tratam da transferência temporária para mesários e pessoas convocadas para atuar como apoio logístico. Essa transferência é essencial para assegurar que esses indivíduos, que desempenham um papel vital no processo eleitoral, possam votar no local em que estão prestando serviço, especialmente se estiverem atuando em uma seção eleitoral diferente da sua original.

4.8.7.12. *Transferência temporária de membros da Justiça Eleitoral*

Já os arts. 62 e 63, também da Res.-TSE n. 23.736/2024, abordam a transferência temporária de juízas, juízes, promotoras, promotores eleitorais, juízes auxiliares e servidores da Justiça Eleitoral. Esses profissionais, que são fundamentais para a condução das eleições, podem solicitar transferência temporária para votar em um local distinto do de origem, devido às suas obrigações profissionais no dia da eleição.

Em todos esses casos, a resolução detalha os procedimentos para a solicitação de transferência, que incluem o preenchimento de formulários específicos e a apresentação de documentos oficiais com foto. As solicitações podem ser feitas presencialmente ou por meios virtuais, facilitando o processo para os eleitores. A resolução também prevê situações em que a transferência pode ser indeferida ou ajustada, garantindo a adequação do processo às necessidades eleitorais e de segurança.

4.8.7.13. *Preparação das urnas*

A preparação das urnas eletrônicas para as eleições no Brasil é um processo multifacetado que envolve diversas etapas, desde a geração de mídias até a cerimônia de lacração das urnas. Este artigo visa apresentar uma análise detalhada desses procedimentos, conforme estabelecido na Resolução TSE n. 23.736/2024 (arts. 64 a 88), destacando a importância de cada fase para a integridade e segurança do processo eleitoral.

Inicialmente, é essencial compreender a relevância da fase de geração das mídias (art. 64). Durante este período, a Resolução assegura a presença de representantes de entidades como o Ministério Público, a Ordem dos Advogados do Brasil, partidos políticos, federações e coligações, visando garantir a transparência e a fiscalização dos dados inseridos nas urnas. Esta etapa assegura que todos os sistemas eleitorais instalados nas urnas eletrônicas estejam íntegros e autênticos, conferindo confiabilidade ao processo eleitoral.

A Resolução destaca a importância da emissão do relatório "Ambiente de Votação" pelo Sistema de Gerenciamento da Totalização (SISTOT) (art. 65). Este relatório permite a conferência dos dados relativos ao eleitorado e às seções a serem instaladas em cada município, garantindo que as informações estejam corretas e atualizadas. A assinatura desse relatório pelo juiz eleitoral e a inclusão na Ata da Junta Apuradora são passos cruciais para a validação do processo.

Na geração das mídias, a Resolução determina a criação de dispositivos utilizados para a carga da urna, votação, ativação de aplicativos de urna e gravação de resultado (art. 66). Estes dispositivos são essenciais para o funcionamento adequado das urnas no dia da eleição. A geração das mídias ocorre em uma cerimônia pública, presidida por uma autoridade designada pelo tribunal regional eleitoral, e é documentada por uma ata circunstanciada, assinada por todos os representantes presentes (art. 67).

A preparação das urnas, realizada em cerimônia pública (art. 70), envolve a preparação, teste e lacração das urnas de votação e de contingência. Este processo é meticuloso e visa garantir o funcionamento adequado e a segurança das urnas no dia da eleição. Cada urna é identificada com sua zona eleitoral, município, local e seção destinatários, e os procedimentos são registrados em uma ata detalhada (art. 76).

Um aspecto crucial da Resolução é a inclusão de procedimentos específicos para o segundo turno das eleições (arts. 78 a 83). Estes procedimentos seguem, em grande parte, as mesmas formalidades do primeiro turno, mas com ajustes específicos para a situação. Isso inclui a preparação das urnas por inserção da mídia de resultado para o segundo turno e a observância de todos os procedimentos de segurança e integridade já mencionados.

Por fim, a Resolução prevê procedimentos pós-preparação das urnas (arts. 84 a 86), incluindo conferências visuais dos dados e ajustes de horário ou do calendário interno da urna. Estes procedimentos asseguram que as urnas estejam prontas para uso no dia da eleição e que qualquer problema identificado seja prontamente resolvido.

Todo esse processo de preparação das urnas eletrônicas para as eleições no Brasil encontra-se delineado nos arts. 64 a 88 da Resolução TSE n. 23.736/2024.

A tabela abaixo contém uma síntese dessas disposições:

NORMA LEGAL	CONTEÚDO
Art. 64	Geração das mídias com presença de representantes de entidades para garantir a transparência e fiscalização dos dados inseridos nas urnas
Art. 65	Emissão do relatório "Ambiente de Votação" pelo SISTOT para conferência dos dados do eleitorado e seções
Art. 66	Criação de dispositivos utilizados para a carga da urna, votação, ativação de aplicativos de urna e gravação de resultado
Art. 67	Realização de cerimônia pública para a geração das mídias, presidida por autoridade do tribunal regional eleitoral e documentada por ata

Art. 70	Preparação, teste e lacração das urnas de votação e de contingência em cerimônia pública
Art. 76	Identificação de cada urna com zona eleitoral, município, local e seção destinatários, registrada em ata detalhada
Arts. 78 a 83	Procedimentos específicos para o segundo turno das eleições, incluindo a preparação das urnas e ajustes necessários
Arts. 84 a 86	Procedimentos pós-preparação das urnas, incluindo conferências visuais dos dados e ajustes de horário ou calendário interno da urna

4.8.7.14. Dos procedimentos de votação

No contexto das eleições brasileiras, a preparação e condução dos procedimentos de votação são cruciais para a integridade do processo eleitoral. A Resolução TSE n. 23.736/2024, especificamente em sua Seção I sobre as Providências Preliminares, estabelece normas detalhadas para garantir que a votação ocorra de forma eficiente e segura.

Conforme o art. 92, no dia da votação, antes do início dos trabalhos, as mesas receptoras, compostas por membros previamente designados, devem verificar se todo o material necessário está em ordem. **Essa verificação inclui a integridade da urna, dos lacres, dos cadernos de votação e o funcionamento adequado do teclado da urna.** A presença de fiscais dos partidos políticos, federações e coligações também é verificada, e a eventual ausência de tais fiscais é registrada na Ata da Mesa Receptora, não impedindo o início dos trabalhos.

O art. 93 trata da emissão do relatório **"zerésima"** pela urna, um procedimento fundamental que confirma que a urna está vazia antes do início da votação. Este relatório é assinado pelo presidente da Mesa Receptora, pelas demais mesárias e mesários e, se assim desejarem, pelos fiscais presentes. O relatório "Resumo da zerésima" também é emitido e assinado, sendo afixado em local visível da seção eleitoral.

De acordo com o art. 94, **antes do início da votação, a presença das mesárias e dos mesários é registrada no Terminal do Mesário, e qualquer membro que chegar após o início da votação terá seu horário de chegada registrado na Ata da Mesa Receptora.** Essa norma assegura a correta documentação da presença dos responsáveis pela condução da votação.

O art. 95 aborda a **presença obrigatória do presidente da Mesa Receptora nos atos de abertura e encerramento da votação**, salvo em casos de força maior. Caso o presidente não compareça até um horário específico, um dos mesários assumirá a presidência, conforme detalhado nos parágrafos subsequentes.

Na eventualidade de ausência de membros da Mesa Receptora, **o art. 96 estipula que o presidente da Mesa, ou quem assumir a presidência, deve comunicar o fato ao juiz eleitoral.** Este, por sua vez, pode tomar medidas como o remanejamento de componentes de outra Mesa, a substituição por pessoa nomeada como apoio logístico, ou a nomeação *ad hoc* de eleitores presentes, respeitando as vedações específicas.

Estas normas (arts. 92 a 96) são fundamentais para assegurar a regularidade e a transparência do processo de votação. Elas estabelecem um **protocolo rigoroso para verificar a prontidão e integridade do material de votação**, garantindo que as urnas estejam prontas para uso e que o processo de votação possa ser iniciado e conduzido de forma eficiente e conforme as regras eleitorais. **A presença de fiscais e a documentação adequada de todas as ações tomadas pelas mesas receptoras são essenciais para manter a confiança pública no processo eleitoral.**

4.8.7.15. *Alimentação e transporte de eleitores*

Ao analisar a Lei n. 6.091/1974 em conjunto com a Resolução TSE n. 23.736, de 27 de fevereiro de 2024, observa-se uma complementaridade e continuidade nas normas que regulamentam o transporte e a alimentação de eleitores durante o período eleitoral.

A Lei n. 6.091/1974, especificamente nos arts. 1.º a 5.º e 8.º a 10, estabelece diretrizes para o fornecimento gratuito de transporte a eleitores em zonas rurais em dias de eleição. Esta lei define a responsabilidade da Justiça Eleitoral na organização e execução do transporte de eleitores, incluindo a utilização de veículos públicos e, se necessário, veículos particulares. O art. 5.º, em particular, restringe o transporte de eleitores desde o dia anterior até o posterior à eleição, com exceções semelhantes às indicadas na Resolução TSE n. 23.736/2024, como serviços da Justiça Eleitoral, linhas regulares de transporte coletivo e uso individual para o exercício do próprio voto.

A Resolução TSE n. 23.736/2024, por sua vez, no art. 21, **proíbe o fornecimento de transporte ou refeições aos eleitores no dia da votação, com exceções para refeições fornecidas pela Justiça Eleitoral a mesários e pessoas de apoio logístico, e pelos partidos e federações a fiscais cadastrados.** Essa resolução reforça a proibição já estabelecida na Lei n. 6.091/1974 (art. 10) de fornecer transporte ou refeições aos eleitores da zona urbana. Além disso, **o art. 22 da Resolução permite a fiscalização por partidos políticos e federações nos locais de transporte de eleitores,** alinhando-se ao art. 9.º da Lei n. 6.091/1974, que faculta aos partidos a fiscalização nos locais de transporte e fornecimento de refeições a eleitores.

O art. 23 da Resolução TSE n. 23.736/2024, que regula o transporte de eleitores no período eleitoral, está em harmonia com o art. 5.º da Lei n. 6.091/1974, apresentando regulamentações similares sobre as exceções ao transporte de eleitores. Diz o citado dispositivo:

> **Art. 23.** Nenhum veículo ou embarcação poderá fazer transporte de eleitoras e eleitores desde o dia anterior até o posterior à eleição, salvo se (Lei n. 6.091/1974, art. 5.º):
>
> I — a serviço da Justiça Eleitoral;
>
> II — coletivos de linhas regulares e não fretados;
>
> III — de uso individual da proprietária ou do proprietário, para o exercício do próprio voto e de sua família; ou
>
> IV — serviço de transporte público ou privado como táxi, aplicativos de transporte e assemelhados.

O acórdão do TSE no REspe n. 18564, de 17 de dezembro de 2015, ressalta a gravidade da violação das normas de transporte de eleitores, destacando as consequências legais significativas para aqueles que infringem essas regras. Segundo o Tribunal Superior Eleitoral:

[...] 3. O transporte de eleitores no dia das eleições — art. 11, inciso III, da Lei n. 6.091/1974 — é um dos tipos de crimes mais graves da legislação eleitoral, cuja pena mínima é de quatro anos de reclusão. O TRE, soberano na análise das provas dos autos, concluiu que a conduta é grave o suficiente a ensejar a severa sanção de cassação de diploma [...] (Ac. de 17.12.2015 no REspe n. 18564, rel. Min. Luciana Lóssio, red. designado Min. Gilmar Mendes.)

4.8.7.16. O voto no exterior

A Resolução-TSE n. 23.658, de 21 de outubro de 2021, no seu art. 10, aborda as penalidades para eleitores que, estando no exterior no dia do pleito, não votam, oferecendo mecanismos para a emissão de boletos de multas e a possibilidade de solicitar dispensa de recolhimento, evidenciando a busca por flexibilidade e adaptação às circunstâncias individuais dos eleitores que se encontram fora do Brasil.

Em seu Capítulo IV, intitulado "Da Justificativa Eleitoral", a Resolução destaca a necessidade de justificar a ausência nas urnas, apresentando diferentes métodos para fazê-lo, tanto no dia da eleição quanto depois, reforçando a importância do cumprimento dos deveres eleitorais. Tais formas de exercício da justificativa estão expostas na tabela abaixo:

MOMENTO DA JUSTIFICATIVA	MÉTODO DE JUSTIFICATIVA	OBSERVAÇÕES
No dia da eleição	◼ Mesas Receptoras de Votos no exterior	Conforme art. 12, § 1.º, da Res.-TSE n. 23.658/2021.
Após o dia da eleição	◼ Aplicativo eletrônico da Justiça Eleitoral, mediante Requerimento em cartório pessoalmente ou por via postal	Justificativa em até 60 dias após cada turno. Necessário para cada turno em que o eleitor estiver ausente. V. art. 12, §§ 2.º e 3.º, da Res.-TSE n. 23.658/2021.
Retorno ao Brasil	◼ Cartório de inscrição eleitoral, por intermédio de Aplicativo eletrônico da Justiça Eleitoral	Prazo de 30 dias após o retorno ao Brasil para eleitores que estiveram no exterior no dia da eleição. V. art. 13 da Res.-TSE n. 23.658/2021.

4.8.7.17. A mesa receptora de votos

O art. 39-A da Lei n. 9.504/97 estabelece a proibição do uso de vestuário ou objetos que contenham propaganda de partido político, coligação ou candidato no recinto das seções eleitorais e juntas apuradoras. Esta medida visa assegurar a imparcialidade e a isenção dos servidores da Justiça Eleitoral, dos mesários e dos escrutinadores, elementos fundamentais para a integridade do processo eleitoral.

O art. 63 da mesma lei **permite que qualquer partido político possa questionar a nomeação da Mesa Receptora perante o Juiz Eleitoral** dentro de um prazo de **cinco dias**, com a decisão sendo proferida em 48 horas. Este dispositivo assegura a participação e o controle dos partidos sobre o processo eleitoral, contribuindo para a transparência e a legitimidade das eleições.

O § 1.º do art. 63 e o art. 64 tratam, respectivamente, do processo de recurso contra decisões do Juiz Eleitoral sobre a nomeação da Mesa Receptora e da vedação da participação de parentes ou de servidores da mesma repartição ou empresa na mesma Mesa, Turma ou Junta Eleitoral. Estas normas buscam prevenir conflitos de interesse e garantir a isenção no processo eleitoral.

O art. 65 estipula que **fiscais e delegados de partidos ou coligações não podem ser menores de dezoito anos ou integrantes da mesa receptora nomeados pelo juiz eleitoral**. Este artigo busca assegurar a maturidade e a independência dos fiscais e delegados partidários.

Por sua vez, o art. 68 especifica que o boletim de urna deve conter os nomes e números dos candidatos votados e obriga o presidente da mesa receptora a fornecer cópia do boletim aos partidos e coligações concorrentes ao pleito, se solicitado. Este artigo é fundamental para a transparência e a verificação dos resultados eleitorais.

Por fim, o art. 98 prevê a dispensa do serviço dos eleitores nomeados para compor as mesas receptoras ou juntas eleitorais e dos **requisitados para auxiliar seus trabalhos, sem prejuízo do salário, vencimento ou outra vantagem, pelo dobro dos dias de convocação**. Este dispositivo é essencial para assegurar a disponibilidade e a participação dos eleitores no processo eleitoral sem prejuízo financeiro.

Além disso, conforme a Portaria TSE n. 63, de 2 de fevereiro de 2023, os mesários recebem auxílio-alimentação no valor de R$ 60,00 para os trabalhos realizados em 2024. Este benefício visa reconhecer o esforço e a dedicação dos mesários, que desempenham um papel crucial na condução das eleições. Ademais, os mesários também têm direito a dois dias de folga por cada dia trabalhado e ao concluir o treinamento, sem perder o salário, sendo importante a negociação dessas folgas com a empresa ou instituição onde trabalham. Estes incentivos reforçam a importância do papel dos mesários no processo eleitoral e estimulam a participação cidadã nas eleições.

As atribuições da Mesa Receptora de Votos são fundamentais para o bom andamento do processo eleitoral, como estabelecido na Resolução TSE n. 23.736/2024, especificamente em seus arts. 97 a 99. Estas atribuições delineiam as responsabilidades de seus membros, garantindo a organização, segurança e eficiência na condução da votação.

Conforme o art. 97, cabe ao presidente da Mesa Receptora de Votos uma série de tarefas essenciais. Essas incluem **verificar as credenciais dos fiscais dos partidos políticos, federações e coligações; realizar o teste de funcionamento do teclado da urna; adotar procedimentos para emissão dos relatórios "Zerésima" e "Resumo da Zerésima"; e afixar o Resumo da Zerésima em local visível da seção eleitoral. Além disso, o presidente é responsável por autorizar os eleitores a votar ou justificar, resolver dificuldades ou dúvidas, manter a ordem na seção e comunicar ao juiz eleitoral as ocorrências relevantes**. Outras responsabilidades incluem receber impugnações relacionadas à identidade dos eleitores e zelar pela preservação da urna, dos lacres e da cabina de votação.

O art. 98 aborda as competências do presidente da Mesa Receptora ao final dos trabalhos. Essas responsabilidades são cruciais para assegurar o encerramento correto e seguro do processo de votação. Incluem proceder ao encerramento da votação na urna, emitir as vias do Boletim de Urna (BU) e do Boletim de Justificativa (BUJ), assinar todas as vias do BU e do BUJ juntamente com as demais mesárias, mesários e fiscais presentes, e afixar uma cópia do BU assinada em local visível da seção. O presidente também deve desligar a urna, desconectar a urna da tomada ou da bateria externa, acondicionar a urna na embalagem própria e remeter diversos documentos à junta eleitoral.

Por fim, o art. 99 descreve as funções das mesárias e dos mesários, que incluem identificar eleitores, conferir o preenchimento dos Requerimentos de Justificativa Eleitoral (RJE), orientar sobre o uso do **"Formulário para Identificação de Eleitora ou de Eleitor com Deficiência ou Mobilidade Reduzida"**, distribuir senhas de acesso à seção eleitoral, lavrar a Ata da Mesa Receptora e observar as prioridades na organização da fila de votação.

O Capítulo V da Resolução-TSE n. 23.737/2024, relacionado à convocação para os trabalhos eleitorais, aborda procedimentos fundamentais para a administração e fiscalização das atividades eleitorais. No art. 12, a Resolução determina que todas as atividades ligadas à convocação para trabalhos eleitorais, incluindo treinamentos, devem ser registradas no Cadastro Eleitoral, utilizando o módulo de convocação de mesários do Sistema ELO ou códigos de ASE específicos. Isto assegura uma documentação detalhada e rastreável de todas as ações realizadas nesse âmbito. Os tribunais regionais eleitorais têm autonomia para adotar ferramentas auxiliares para facilitar a convocação e o controle de presença, conforme estabelece o § 1.º do art. 12. Contudo, o uso dessas ferramentas não substitui a necessidade de registro das informações no histórico da inscrição eleitoral por meio dos códigos de ASE, conforme detalhado no § 2.º do mesmo artigo.

O art. 13 complementa o capítulo, estabelecendo que os registros de ausência aos trabalhos eleitorais sejam feitos utilizando códigos de ASE próprios, imediatamente após a constatação da ausência. Isso permite uma atualização rápida e precisa do *status* dos eleitores e mesários no sistema eleitoral.

Essas normas reforçam a importância do controle e documentação precisos das atividades eleitorais, garantindo a integridade e a eficácia do processo eleitoral. A utilização de sistemas informatizados, como o Sistema ELO e os códigos de ASE, evidencia o comprometimento do TSE com a modernização e a transparência das operações eleitorais no Brasil.

A Resolução-TSE n. 23.737/2024 aborda aspectos cruciais dos trabalhos eleitorais, especialmente no que tange à convocação e ao registro de atividades relacionadas aos mesários e às ausências aos trabalhos eleitorais. De acordo com o art. 12, as atividades ligadas à convocação para os trabalhos eleitorais, incluindo o treinamento respectivo, são registradas no Cadastro Eleitoral, no módulo de convocação de mesários do Sistema ELO, ou mediante código de Atualização da Situação Eleitoral (ASE) próprio, logo após os eventos ocorrerem.

Essa disposição ressalta a importância de um registro eficiente e atualizado das atividades eleitorais, assegurando a organização e a transparência do processo eleitoral. O uso do Sistema ELO e dos códigos ASE reflete a integração de tecnologias e procedimentos administrativos para gerenciar de maneira eficiente as tarefas eleitorais.

Já o art. 13 da mesma resolução detalha que os registros de ausência aos trabalhos eleitorais devem ser efetuados imediatamente após a constatação da falta, utilizando um código ASE específico para cada turno eleitoral. Essa disposição evidencia a necessidade de um controle rigoroso sobre a participação nos trabalhos eleitorais, crucial para a manutenção da integridade e eficiência do processo eleitoral.

CÓDIGO ASE	De acordo com a Resolução TSE n. 23.659/2021, os códigos de Atualização da Situação do Eleitor (ASE) são utilizados para registrar informações no histórico de inscrição no CadastroEleitoral. Esses códigos são parte de uma tabela provida pela Corregedoria-Geral Eleitoral, que inclui instruções detalhadas para sua correta utilização. O art. 2.º da resolução especifica que os códigos ASE devem possibilitar o registro claro e inequívoco de informações relacionadas a eventos que impactam o exercício dos direitos políticos e civis dos eleitores. Isso inclui mudanças na situação eleitoral do indivíduo, como alterações de domicílio eleitoral, regularizações, cancelamentos ou suspensões da inscrição eleitoral.
SISTEMA ELO	O Sistema ELO, utilizado pelo Tribunal Superior Eleitoral (TSE), é um repositório centralizado e avançado para a gestão do cadastro eleitoral no Brasil. Este sistema armazena e processa uma ampla gama de dados cadastrais e informações sobre o eleitorado, incluindo, mas não se limitando, a dados pessoais e biométricos, histórico de votação e justificativas eleitorais, bem como informações sobre a participação como mesário e quaisquer débitos pendentes com a Justiça Eleitoral. O sistema também é responsável por atualizações necessárias no cadastro, como alterações de dados pessoais, recadastramento biométrico e solicitações de transferência de domicílio eleitoral. A fiscalização e manutenção da integridade e segurança desses dados são realizadas pela Corregedoria-Geral da Justiça Eleitoral, em âmbito nacional, e pelas Corregedorias Regionais Eleitorais em suas respectivas áreas de competência geográfica, garantindo que o cadastro eleitoral seja atual e confiável.

4.9. APURAÇÃO

Apuração é o meio pelo qual os votos são totalizados e submetidos ao tratamento definido em lei para a determinação dos eleitos. Trata-se de ato complexo que demanda duas distintas atividades:

a) contabilização numérica dos votos obtidos por cada candidato (totalização);
b) submissão desses números às fórmulas acolhidas pelo sistema eleitoral para a identificação final dos eleitos.

A apuração dos votos sofreu profundas alterações após a introdução do **voto eletrônico**, processo iniciado em meados dos anos 1990. No sistema eletrônico de votação, a apuração é feita por intermédio de programas de computador (*softwares*), produzidos segundo as determinações do sistema de preenchimento das cadeiras parlamentares. Segundo dispõe o art. 66 da Lei n. 9.504/1997, os partidos e coligações têm o direito de fiscalizar todas as fases do processo de votação e apuração das eleições e o processamento eletrônico da totalização dos resultados.

A lei assegura, ademais, que:

> **Art. 66.** [...]
> § 1.º Todos os programas de computador de propriedade do Tribunal Superior Eleitoral, desenvolvidos por ele ou sob sua encomenda, utilizados nas urnas eletrônicas para os processos de votação, apuração e totalização, poderão ter suas fases de especificação e de desenvolvimento acompanhadas por técnicos indicados pelos partidos políticos, Ordem dos Advogados do Brasil e Ministério Público, até seis meses antes das eleições.

Segundo o § 5.º do mesmo art. 66 da LE, a carga ou preparação das urnas eletrônicas deverá ser realizada em sessão pública, com prévia convocação dos fiscais dos partidos e coligações para a assistirem e procederem aos atos de fiscalização.

A lei prevê, ainda, para assegurar maior fidedignidade ao processo de apuração eletrônica, a realização de uma votação paralela, também sob a fiscalização de partidos e coligações, no dia da eleição, em urnas colhidas por amostragem segundo critérios definidos pelo TSE (art. 66, § 6.º, da LE). É permitido, e por tudo recomendável, que os partidos concorrentes ao pleito constituam:

> [...] sistema próprio de fiscalização, apuração e totalização dos resultados contratando, inclusive, empresas de auditoria de sistemas, que, credenciadas junto à Justiça Eleitoral, receberão, previamente, os programas de computador e os mesmos dados alimentadores do sistema oficial de apuração e totalização (art. 66, § 7.º, da LE).

O §§ 1.º e 2.º do art. 68 da Lei das Eleições estabelece que:

> **Art. 68.** [...]
> § 1.º O Presidente da Mesa Receptora é obrigado a entregar cópia do boletim de urna aos partidos e coligações concorrentes ao pleito cujos representantes o requeiram até uma hora após a expedição.
> § 2.º O descumprimento do disposto no parágrafo anterior constitui crime, punível com detenção, de um a três meses, com a alternativa de prestação de serviço à comunidade pelo mesmo período, e multa no valor de um mil a cinco mil UFIR.

Além disso, o art. 72 da Lei n. 9.504/1997 ainda incrimina, com previsão de pena de reclusão de cinco a dez anos, as seguintes condutas:

> **Art. 72.** [...]
> I — obter acesso a sistema de tratamento automático de dados usado pelo serviço eleitoral, a fim de alterar a apuração ou a contagem de votos;
> II — desenvolver ou introduzir comando, instrução, ou programa de computador capaz de destruir, apagar, eliminar, alterar, gravar ou transmitir dado, instrução ou programa ou provocar qualquer outro resultado diverso do esperado em sistema de tratamento automático de dados usados pelo serviço eleitoral;
> III — causar, propositadamente, dano físico ao equipamento usado na votação ou na totalização de votos ou a suas partes.

4.10. PROCLAMAÇÃO DOS RESULTADOS

À vista dos dados obtidos no processo de apuração dos votos, compete à Justiça Eleitoral **proclamar o resultado** da votação. A proclamação dos eleitos consiste na divulgação oficial, pela Justiça Eleitoral, dos resultados alcançados na apuração após a aplicação do sistema majoritário, nas eleições para o Executivo e para o Senado da República, e proporcional, nas eleições para a Câmara dos Deputados, Assembleias Legislativas, Câmara Distrital e Câmaras de Vereadores.

José Jairo Gomes destaca, com razão, que:

[...] embora feita formalmente, não há previsão de recurso para atacar a "proclamação dos eleitos". As questões aí ocorrentes poderão ser discutidas no recurso contra a diplomação.

A jurisprudência do TSE afirma que:

> O erro de cálculo das vagas à Câmara Municipal não fica sujeito à preclusão nas diversas fases do processo eleitoral, porquanto a emenda, até de ofício, pode ser efetuada. Mas uma vez "Proclamados e diplomados os vereadores sem que tenha havido recurso — encerrado o processo eleitoral —, o erro não mais pode ser corrigido, sob pena de se negar estabilidade jurídica à decisão que diplomou o recorrente" (Ac. n. 11.943, de 30.06.1995, rel. Min. Jesus Costa Lima).

Segundo o que dispõe o art. 49 da LE, alterado pela Lei n. 13.488/2017:

> **Art. 49.** Se houver segundo turno, as emissoras de rádio e televisão reservarão, a partir da sexta-feira seguinte à realização do primeiro turno e até a antevéspera da eleição, horário destinado à divulgação da propaganda eleitoral gratuita, dividida em dois blocos diários de dez minutos para cada eleição, e os blocos terão início às sete e às doze horas, no rádio, e às treze e às vinte horas e trinta minutos, na televisão.

De acordo com o precedente do TSE:

> A Junta Eleitoral deve proclamar eleito o candidato que obtiver a maioria dos votos válidos, não computados os votos nulos e os em branco. Todavia, não há prejuízo de que nova proclamação seja feita em razão de superveniente deferimento do registro de candidato que se encontrava *sub judice.* (Resolução n. 22.992, de 19.12.2008, rel. Min. Felix Fischer).

4.11. AS CONTAS DE CAMPANHA

O tema também integra o processo eleitoral em sentido amplo. **Por razões didáticas, trataremos dele mais amiúde no capítulo seguinte.**

4.12. DIPLOMAÇÃO DOS ELEITOS

Chegamos, então, à última fase do processo administrativo eleitoral: a diplomação. A importância desse momento do iter que tem início com o alistamento do eleitorado vem sendo cada vez mais reconhecida.

No texto a seguir veremos que:

a)	A diplomação é uma decisão que põe termo ao processo de seleção dos candidatos
b)	A diplomação é uma decisão tomada em sessão realizada pelo tribunal (art. 202, § 1.º, do CE). O diploma eleitoral é apenas subscrito, não outorgado pelo presidente
c)	A diplomação é uma decisão final, similar a uma sentença ou acórdão, marcada até mesmo pelo alcance do trânsito em julgado (expressa dicção do CE)

Para que alcancemos uma conclusão válida acerca da natureza jurídica da diplomação, é inicialmente imprescindível que realizemos uma incursão pelo estudo desse importante ato que põe termo ao processo eleitoral.

Preocupemo-nos, então, com a diplomação, o seu conteúdo e a sua extensão no universo jurídico pátrio.

Trata-se de providência adotada pela presidência do Tribunal ou da Junta Eleitoral. Assim estipula o art. 215 do Código Eleitoral: "Os candidatos eleitos, assim como os suplentes, receberão diploma assinado pelo Presidente do Tribunal Regional ou da Junta Eleitoral, conforme o caso".

Como se depreende da leitura do dispositivo, o diploma não é, todavia, formalmente "outorgado" pelo presidente do Tribunal ou da Junta, mas tão somente "assinado" por este. Isso porque, observando essa particularidade desde uma perspectiva mais precisa, o que verificamos é que a concessão do diploma diz respeito a toda a Corte ou Junta, em nome de quem, representativa e simbolicamente, age aquele que a preside.

Não fosse assim, a lei não se referiria ao presidente da Junta Eleitoral, mas ao juiz eleitoral. Enquanto aquele é o órgão de representação da Junta, este atua em nome próprio. Se o ato fosse verdadeiramente singular, mencionaria a lei a sua expedição pelo juiz, não pelo presidente do colegiado.

O próprio Código Eleitoral põe fora de dúvida ser a diplomação um ato a cargo do colegiado quando, no § 1.º do art. 202, estipula: "§ 1.º Na mesma sessão o Tribunal Regional proclamará os eleitos e os respectivos suplentes e marcará data para a expedição solene dos diplomas em sessão pública [...]".

Como se vê, a decisão pela outorga do diploma é tomada pelo Tribunal e apenas executada pelo seu presidente.

A diplomação é, portanto, um ato administrativo-judicial realizado pela presidência do Tribunal ou Junta Eleitorais em nome do colegiado por um deles dirigido.

Esse ato não se apresenta isolado, estanque, dissociado de qualquer contexto. Ele diversamente vem a lume como corolário de um encadeamento de providências administrativas que têm por meta a superação das diversas fases do processo eleitoral até que ele atinja o seu apogeu, que se dá justamente pela outorga do diploma.

Ultrapassadas diversas etapas que vão desde a escolha prévia em convenção partidária e chegam à proclamação dos eleitos, só assim é dado ao candidato ver considerada a validade de toda essa trajetória, o que ocorre por via da realização de um juízo pleno de valorações ao qual o Código Eleitoral denomina diplomação.

Trata-se, por conseguinte, de um ato judicial em que se afirma a validade da utilização dos critérios levados em conta ao dar-se a alguém por eleito. Não é, portanto — dentre os diversos atos judiciais —, algum destituído de carga decisória.

Outorgar o diploma é afirmar a validade do pleito. É dizer, no caso das eleições proporcionais, a cuja imagem aqui recorro exemplificativamente, que os critérios adotados para a verificação dos quocientes eleitoral e partidário (arts. 106 a 108 do CE) foram aplicados de modo escorreito.

Um candidato pode ter sido eleito segundo as regras atualmente utilizadas para o preenchimento das sobras. Sua diplomação quer dizer que a Corte ou Junta Eleitorais admite que esses critérios foram observados acertadamente, não havendo outros reparos a realizar. É que eventuais imprecisões no cálculo dos quocientes e no preenchimento das sobras nem sequer dependeriam de provocação por terceiros para que o Tribunal pudesse revê-los. Trata-se de matérias passíveis de revisão de ofício, conforme se depreende a análise atenta do Código Eleitoral. Segundo o art. 199, § 5.º, a Junta Apuradora constituída pelo Tribunal Regional Eleitoral deve apresentar-lhe relatório acompanhado dos seguintes documentos:

Art. 199. [...]

§ 5.º [...]

I — o número de votos válidos e anulados em cada Junta Eleitoral, relativos a cada eleição;

II — as seções apuradas e os votos nulos e anulados de cada uma;

III — as seções anuladas, os motivos por que o foram e o número de votos anulados ou não apurados;

IV — as seções onde não houve eleição e os motivos;

V — as impugnações apresentadas às Juntas e como foram resolvidas por elas, assim como os recursos que tenham sido interposto:

VI — a votação de cada partido;

VII — a votação de cada candidato;

VIII — o quociente eleitoral;

IX — os quocientes partidários;

X — a distribuição das sobras.

A lei dispõe, minudentemente, sobre essa lista de providências. Tal fato ocorre porque é justamente a partir da análise de todo o conteúdo apresentado pela Comissão Apuradora que o Tribunal adotará uma das seguintes providências:

a) antes de aprovar o relatório da Comissão Apuradora e, em três dias improrrogáveis, julgará as impugnações e as reclamações não providas pela Comissão Apuradora, e, se as deferir, voltará o relatório à Comissão para que sejam feitas as alterações resultantes da decisão (art. 200, § 2.º, do CE);

b) determinará a realização de eleições suplementares na hipótese de verificar que os votos das seções anuladas e daquelas cujos eleitores foram impedidos de votar, poderão alterar a representação de candidato eleito pelo princípio majoritário (art. 201 do CE);

c) não havendo vícios a suprir no relatório, o Tribunal Regional "na mesma sessão" proclamará os eleitos e os respectivos suplentes e marcará a data para a expedição solene dos diplomas em sessão pública (art. 202, § 1.º, do CE).

Como se vê, ao deparar-se com o relatório final apresentado pela Comissão Apuradora, o Tribunal Eleitoral, não apenas o seu presidente, fica diante de três opções: a) determinar a realização de eleições suplementares; b) ordenar a realização de retificações no dito relatório ou proclamar os eleitos; c) marcar data para a diplomação.

No âmbito do Tribunal Superior ocorre algo similar. O art. 208 do Código Eleitoral se reporta ao relatório referente às eleições havidas em cada estado, o qual ficará na Secretaria do Tribunal, pelo prazo de dois dias, para exame dos partidos e candidatos interessados, que poderão apresentar alegações ou documentos no prazo de dois dias.

A razão de ser da apresentação desse relatório e da abertura de prazo para alegações e juntada de documentos é que, após essa oportunidade, o Tribunal Superior Eleitoral realizará sessão em que esse relatório será submetido a julgamento com preferência sobre todas as demais matérias. É o que estipula a cabeça do art. 209.

Pode ser que, na verificação dos relatórios oriundos dos Tribunais Regionais Eleitorais, decida o Tribunal pela alteração nas apurações do § 2.º do art. 209. É possível ainda, nessa oportunidade, que o TSE decida ordenar a realização de eleições suplementares, desde que verifique que os votos das seções anuladas e daquelas cujos eleitores foram impedidos de votar, em todo o País, poderão alterar a classificação de candidato (art. 212). Só quando superadas todas essas providências poderá finalmente o Tribunal Superior Eleitoral aprovar em sessão a apuração geral (art. 212). Sem essa decisão colegiada o presidente do Tribunal Superior Eleitoral ficará impedido de subscrever o diploma a ser concedido ao presidente da República e ao respectivo vice. Isso serve ao mesmo tempo para deixar fora de dúvidas as peculiaridades do processo eleitoral:

a) a diplomação é ato marcadamente decisório;

b) o diploma eleitoral é tão somente subscrito pelo Presidente do Tribunal ou Junta, sendo sua concessão decorrente de uma decisão alvitrada pelo órgão colegiado que ambos integram.

A revisibilidade dos cálculos que autorizam concluir-se pela eleição de um dado candidato se prende ao fato de esta constituir matéria de ordem pública. Sobre ela não incide preclusão, não chegado o momento em que, afirmando a validade de todo o processo, dá-se a concessão do diploma eleitoral. Sobre o tema, se manifestou a Procuradoria Geral Eleitoral quando do julgamento do Mandado de Segurança n. 3.123/ES, julgado pelo Tribunal Superior Eleitoral em acórdão publicado no *Diário da Justiça* em 14.11.2003:

> Destarte, caem por terra as argumentações da impetrante, ditas fundamentadas no art. 63, §§ 1.º e 2.º, da Resolução n. 21.000/2002, do art. 200, §§ 1.º e 2.º, do Código Eleitoral, e do art. 5.º, inciso LV, da Constituição Federal, pois sendo a matéria tratada de ordem pública e tendo o TRE/ES procedido à devida correção de erro nos quocientes eleitoral e partidário em procedimento iniciado com a notícia descrita em petição, demonstra-se evidente a inexistência de prazo a ser superado que implique em preclusão, bem como a inexigibilidade da instauração de contraditório que viesse a oportunizar a ampla defesa, uma vez que competia à Corte Eleitoral praticar tal ato, acaso não provocada, de ofício.

Nesse sentido, já se decidiu no âmbito do Tribunal Superior Eleitoral que, "se ainda estiver aberto o processo eleitoral, é possível ao juiz, mesmo de ofício, proceder à correção do erro material [...]". (Ac. n. 15.218, de 08.08.2000, rel. Min. Fernando Neves).

Bem diverso é o que ocorre quando, já operada a diplomação, reconhece-se o encerramento do processo eleitoral. Nesse sentido, o TSE já decidiu que:

> [...] proclamados e diplomados os vereadores sem que tenha havido recurso — encerrado o processo eleitoral —, o erro não mais pode ser corrigido, sob pena de se negar estabilidade jurídica a decisão que diplomou o recorrente [...]. [...] Na hipótese dos autos a preclusão é inarredável. [...] O erro de cálculo não se sujeita à preclusão apenas para efeito de sua

> arguição nas diferentes fases do processo eleitoral. Estando em aberto o processo eleitoral [...] pode ser corrigido até de ofício pelo juiz ou Tribunal. Encerrado o processo eleitoral [...] com o trânsito em julgado da diplomação, não nos parece mais possível a correção. [...] (Ac. n. 11.979, de 22.06.1995, rel. Min. Jesus Costa Lima).

Nota-se, assim, que o saneamento das imprecisões verificadas no encerramento do processo eleitoral constitui matéria de ordem pública, apta a ensejar a adoção, de ofício ou por requerimento, das providências que se fizerem necessárias.

Ao Tribunal ou Junta toca a atribuição de velar pela observância de todas as etapas do processo administrativo eleitoral. É seu o dever constitucional de empreender, sem necessidade de provocação, a superação de cada fase do processo de seleção de mandatários até que possa, lançando seus olhos sobre os atos sucessivamente realizados, dar por finda a sua missão pela via da outorga dos diplomas aos candidatos.

Conceder um diploma significa afirmar que o processo eleitoral por si realizado foi, em toda sua inteireza, marcado pela aplicação acertada das normas que informam o processo eleitoral. Trata-se, portanto, de um ato judicial com carga decisória, que põe fim ao denominado "processo administrativo eleitoral". É este um ato decisório de natureza declaratória, como já reconheceu o Tribunal Superior Eleitoral. É o que vê do precedente a seguir:

> [...] 1. A diplomação tem natureza jurídica declaratória, tendo o eleito direito de exercer seu mandato em razão da vontade popular externada nas urnas (AgR-REspe 060080218, Acórdão, rel. Min. Ricardo Lewandowski, *DJe* de 24.08.2022, t. 162).

E explico: o diploma eleitoral é a expressão factual, externa, de uma decisão tomada por uma autoridade judicial ao cabo de um complexo processo administrativo. A diplomação é, assim, em parte ato da Administração, em parte decisão de um órgão do Judiciário. Em ambas as dimensões prevalece, como marca mais evidente, uma inegável carga de ato decisório.

E essa decisão possui efeitos declaratórios. Se, de um lado, por seu intermédio a autoridade que presidiu o processo eleitoral efetivamente declara a validade dos atos por si praticados, de outro ela inaugura um novo tempo de direitos para o diplomado.

Resta dizer que ele se reporta a uma decisão final. Nem sequer se trata de uma decisão interlocutória, a qual estaria passível de alterações futuras por parte do órgão prolator.

A diplomação é, diversamente, decisão que põe termo a um processo, nesse ponto confundindo-se com as sentenças ou acórdãos judiciais. Isso é deixado fora de dúvidas pelo Código Eleitoral. Em seu art. 183 ele se reporta claramente ao trânsito em julgado da diplomação. Transcrevo o dispositivo:

> **Art. 183.** Concluída a apuração, e antes de se passar à subsequente, as cédulas serão recolhidas à urna, sendo esta fechada e lacrada, não podendo ser reaberta senão depois de transitada em julgado a diplomação, salvo nos casos de recontagem de votos.

E, logo em seguida, o Código Eleitoral volta a reafirmar essa particularidade:

> **Art. 185.** Sessenta dias após o trânsito em julgado da diplomação de todos os candida-
> tos, eleitos nos pleitos eleitorais realizados simultaneamente e prévia publicação de
> edital de convocação, as cédulas serão retiradas das urnas e imediatamente incinera-
> das, na presença do Juiz Eleitoral e em ato público, vedado a qualquer pessoa inclusive
> ao Juiz, o seu exame na ocasião da incineração.

Não há dúvida, portanto, de que ao falar em diplomação estamos efetivamente diante de uma **decisão de natureza declaratória**, que põe fim a um processo. É como se conclui o processo administrativo eleitoral.

4.13. NULIDADE E ANULABILIDADE DOS VOTOS: CARACTERIZAÇÃO E EFEITOS

4.13.1. Distinção entre nulidade e anulabilidade em matéria eleitoral

O voto, segundo a dicção do Código Eleitoral, pode ser **nulo ou anulável**. Ambas as figuras, juntamente com o voto reputado juridicamente inexistente, constituem espécies do gênero "**voto inválido**". Diz-se inválido o voto inapto a constituir pronunciamento político lícito do eleitor em favor de qualquer partido ou candidato em virtude de preteri-ção de formalidade legal. O voto reputado inválido não integrará o cômputo da votação final nominal ou de legenda em proveito de nenhum postulante ou agremiação.

Seja ele nulo ou anulável, o voto não produzirá efeitos positivos para o candidato ou partido a que se destinou. Como bem registra José Jairo Gomes: "Na prática, em uma visão geral, ambas rendem a ineficácia do ato, pois implicam recusa dos efeitos da de-claração de vontade: *quod nullum est nullum effectum producit*". Entretanto, como será demonstrado a seguir, o Código Eleitoral reservou consequências diversas para uma hipótese ou outra. Sob a genérica denominação "voto inválido" encontramos, como afirmado, as figuras do inexistente, nulo ou anulável. Interessam aos fins deste trabalho apenas as duas últimas categorias. A nulidade absoluta do voto, na notável lição de José Jairo Gomes, é pautada pelo "interesse público, geral, da sociedade". Já na anulabilidade (nulidade relativa), tem-se por tônica o interesse menos genérico e a necessária irresig-nação das partes ou do Ministério Público Eleitoral ante o ilícito observado.

De outra parte, "a sentença que afirma a nulidade tem natureza meramente decla-ratória, enquanto a que afirma a anulabilidade tem natureza constitutiva, ou melhor, constitutivo-negativa". Prevalência do interesse geral, desnecessidade de provocação das partes para seu reconhecimento e reconhecimento em decisão, administrativa ou judicial, de natureza declaratória são, pois, o tripé conceitual sobre o qual se assenta o voto imanentemente nulo. O voto anulável, por sua vez, se notabiliza pela prevalência do interesse das partes concorrentes no prélio eleitoral (partidos, candidatos e coliga-ções). Por isso mesmo, não pode ser reconhecido de ofício, possuindo a sentença que o reconhece presente carga claramente constitutiva negativa. O Código Eleitoral falta pro-fundamente com a boa técnica ao dispor sobre votos nulos e anuláveis. É preciso, pois, perquirir a essência de cada hipótese jurídica à luz das premissas aqui demonstradas para verificar se se está diante de um caso ou outro.

O art. 175 do CE parece indicar todas as **hipóteses em que o voto será nulo**. Uma interpretação literal — por isso mesmo insuficiente e superficial — nos levaria a essa conclusão, ante o modo como está redigido o dispositivo. Entretanto, o que temos até aqui diz respeito tão somente à nulidade das cédulas de votação.

Outro rol de nulidades absolutas está contido no art. 220 do Código Eleitoral, este agora referente à invalidade da votação. Diz o referido dispositivo:

> **Art. 220.** É nula a votação:
> I — quando feita perante mesa não nomeada pelo juiz eleitoral, ou constituída com ofensa à letra da lei;
> II — quando efetuada em folhas de votação falsas;
> III — quando realizada em dia, hora, ou local diferentes do designado ou encerrada antes das 17 horas;
> IV — quando preterida formalidade essencial do sigilo dos sufrágios.
> V — quando a seção eleitoral tiver sido localizada com infração do disposto nos §§ 4.º e 5.º do art. 135.

Na sequência, o art. 221 traz uma série de infrações ao Código Eleitoral que o próprio dispositivo afirma tratar-se de causas de nulidade relativa:

> **Art. 221.** É anulável a votação:
> I — quando houver extravio de documento reputado essencial;
> II — quando pôr negado ou sofrer restrição o direito de fiscalizar, e o fato constar da ata ou de protesto interposto, por escrito, no momento:
> III — quando votar, sem as cautelas do art. 147, § 2.º.
> *a*) eleitor excluído por sentença não cumprida por ocasião da remessa das folhas individuais de votação à mesa, desde que haja oportuna reclamação de partido;
> *b*) eleitor de outra seção, salvo a hipótese do art. 145;
> *c*) alguém com falsa identidade em lugar do eleitor chamado.

O dispositivo apresenta um rol de circunstâncias em que o voto pode ser tido como "anulável". Todavia, considerados os marcos teóricos até aqui estudados devemos concluir que o art. 221 também contém um rol de matérias aptas a caracterizar hipóteses de **nulidade absoluta**. Todos os temas tratados no art. 221 do CE são de interesse notadamente público. Não se pode, por exemplo, considerar de menor gravidade a negativa ou restrição ao exercício de fiscalizar ou autorização para voto de eleitores excluídos por sentença ou com identidade falsa. Trata-se de exemplos em que é inegável o interesse público no reconhecimento da nulidade. Por isso mesmo, o art. 223 reconhece que também as nulidades dessa ordem podem ser "decretadas de ofício pela Junta".

A própria localização tópica desse art. 223 permite essa conclusão: tanto as nulidades previstas no art. 220, quanto as relacionadas no art. 221, apesar da errônea redação dada a este último dispositivo de lei, são de natureza absoluta. Se estamos diante de matéria em que fica evidente o interesse público e que podem ser reconhecidas de ofício, como claramente quer o Código Eleitoral, não podemos concluir pela existência de meras nulidades relativas nos arts. 220 e 221. Outra é a situação do art. 222 do CE, transcrito a seguir:

> **Art. 222.** É também anulável a votação, quando viciada de falsidade, fraude, coação, uso de meios de que trata o art. 237, ou emprego de processo de propaganda ou captação de sufrágios vedado por lei.

Aqui, não há que se falar em reconhecimento *ex officio* de nulidades. As matérias versadas no art. 222 são exclusivamente veiculáveis por meio de ações e representações judiciais.

Aí reside outra **diferença** entre as nulidades absolutas e relativas em matéria eleitoral: as primeiras podem ser reconhecidas de ofício e em decisões de natureza administrativa ou judicial, enquanto as segundas demandarão sempre a existência de abertura da via judicial para que, eventualmente, possam ter a sua ocorrência admitida.

VOTO INVÁLIDO	
Nulidades absolutas	Nulidades relativas
Interesse público	Interesse das partes
Reconhecimento de ofício	Necessidade de provocação
Decisão declaratória	Decisão constitutiva negativa
Via administrativa ou judicial	Sempre por via judicial
Alcança seções em particular	Compromete toda a votação dada a um candidato
Nova votação dentro do mesmo pleito	Abertura de um novo pleito
Eleição suplementar (art. 187 do CE)	Novas eleições ou posse do segundo colocado (art. 224 do CE).

Pode-se afirmar, assim, que as nulidades a que se referem os arts. 220 e 221 do CE são absolutas, apesar da atecnia do legislador. As nulidades relativas são apenas as relacionadas no art. 222 do CE. Isso quer dizer que, enquanto as nulidades absolutas podem ser reconhecidas em Juízo ou de ofício, as nulidades relativas só podem ser reconhecidas em sede de ação judicial. Verificada a nulidade, proferir-se-á sentença dotada de carga constitutiva negativa. O diploma, o registro de candidato ou o mandato são desconstituídos por força de comando judicial.

E, uma vez ocorrente essa ordem desconstitutiva, terá lugar, sempre, a aplicação do art. 224. Se, todavia, estivermos diante de uma nulidade absoluta, não teremos hipótese de aplicação do art. 224 do CE, mas do art. 187 do mesmo dispositivo, que expressamente dispõe:

Art. 187. Verificando a Junta Apuradora que os votos das seções anuladas e daquelas cujos eleitores foram impedidos de votar, poderão alterar a representação de qualquer partido ou classificação de candidato eleito pelo princípio majoritário, nas eleições municipais, fará imediata comunicação do fato ao Tribunal Regional, que marcará, se for o caso, dia para a renovação da votação naquelas seções.

§ 1.º Nas eleições suplementares municipais observar-se-á, no que couber, o disposto no art. 201.

§ 2.º Essas eleições serão realizadas perante novas mesas receptoras, nomeadas pelo juiz eleitoral, e apuradas pela própria Junta que, considerando os anteriores e os novos resultados, confirmará ou invalidará os diplomas que houver expedido.

§ 3.º Havendo renovação de eleições para os cargos de prefeito e vice-prefeito, os diplomas somente serão expedidos depois de apuradas as eleições suplementares.

§ 4.º Nas eleições suplementares, quando ser referirem a mandatos de representação proporcional, a votação e a apuração far-se-ão exclusivamente para as legendas registradas.

Isso ocorre por conta de outra **distinção** entre as nulidades absolutas e relativas: estas contaminam a seção ou as seções em que se observou a falha, demandando a realização de eleições suplementares (art. 187 do CE). Já aquelas comprometem os votos atribuídos ao candidato contra quem versa a demanda, o que reclama a adoção do art. 224 do CE.

No art. 220, por exemplo, teremos a nulidade dos votos colhidos perante mesa não nomeada pelo juiz eleitoral ou quando localizada em local vedado pela lei (incisos I e V). Mas a nulidade também se abate sobre a seção em que votar alguém com identidade falsa (art. 221, III, *c*, do CE). Nos exemplos extraídos dos mencionados arts. 220 e 221, a nulidade sempre incidirá sobre a seção. E reclamará, quando os votos ali coletados puderem alterar o resultado do pleito, a eleição e eleições suplementares que atingirão exclusivamente as seções afetadas.

José Jairo Gomes preleciona sobre o tema:

Ressalte-se que o fato de alguns atos serem invalidados pode não ter efeito relevante no processo eleitoral ou numa dada eleição. A despeito da invalidação de alguns votos de uma seção, pode ocorrer de os demais se manterem rígidos. É que a extensão dos efeitos da invalidação à eleição requer a presença de outros fatores. Na verdade, dependendo do tipo de eleição, a invalidação de alguns votos de uma seção eleitoral ou de dada circunscrição não significa que toda a eleição se encontra maculada, pois o evento é restrito e localizado. [...] Daí dispor o Código em seu art. 187, referindo-se às eleições municipais, que, sendo verificado pela junta eleitoral que os votos das seções invalidadas podem alterar a representação de qualquer partido ou classificando de candidato eleito pelo princípio majoritária, deverá aquele órgão fazer imediata comunicado do fato ao Tribunal Regional, que marcará, se for o caso, dia para a renovação da votação naquelas seções (CE, art. 187). Da nova votação só participam os eleitores que hajam comparecido ao escrutínio invalidado.

Como se vê, a consequência da **nulidade de seções eleitorais** é sempre — quando possível a alteração da representação — a realização de votação suplementar dentro do mesmo pleito.

Já nas ações judiciais, quando reconhecida a nulidade relativa e desconstituído o registro, diploma ou mandato, sempre será aplicável o disposto no art. 224 do CE.

Observe-se a seguinte situação hipotética: o que ocorre se o julgamento condenando o candidato a prefeito e vice-prefeito por corrupção eleitoral se der após a eleição, e eles tiverem sido eleitos? Será necessário saber a porcentagem de votos válidos que o candidato destituído do seu cargo recebeu na eleição. Isso porque todos os seus votos serão considerados nulos. Se essa nulidade atingir mais de 50% dos votos válidos, nova eleição será marcada (art. 224 do CE). Com menos de 50% dos votos válidos, o segundo colocado será proclamado eleito.

Assim decidiu o TSE nos casos de pleito majoritário (eleição para prefeito e vice-prefeito):

> Recurso especial eleitoral. Ação de investigação judicial eleitoral. Captação ilegal de sufrágio (art. 41-A da Lei n. 9.504/1997). [...]. 3. O TSE entende que, nas eleições majoritárias, é aplicável o art. 224 do CE aos casos em que, havendo a incidência do art. 41-A da Lei n. 9.504/1997, a nulidade atingir mais de metade dos votos. Recursos Providos em parte para tornar insubsistente a diplomação do segundo colocado e respectivo vice e determinar que o TRE, nos termos do art. 224 do CE, marque data para a realização de novas eleições. [...] a condenação do prefeito eleito com base no art. 41-A da Lei n. 9.504/1997 impõe a anulação dos votos a ele conferidos. Tendo obtido 50,06% dos votos válidos, a anulação implica a realização de nova eleição, por força do art. 224 do CE. [...] (Ac. n. 21.169, de 10.06.2003, rel. Min. Ellen Gracie).

Aplica-se, em tais hipóteses, o disposto no art. 224 do CE:

> **Art. 224.** Se a nulidade atingir a mais de metade dos votos do País nas eleições presidenciais, do Estado nas eleições federais e estaduais ou do município nas eleições municipais, julgar-se-ão prejudicadas as demais votações e o Tribunal marcará dia para nova eleição do prazo de 20 (vinte) a 40 (quarenta) dias.

Essas são as situações previstas para o caso de candidatos a prefeito, governador, presidente e seus respectivos vices. No caso das eleições proporcionais, os votos do candidato submetido a medida de cassação serão computados ao partido ou à coligação a que pertence. Têm lugar os mesmos efeitos que sobreviriam caso os eleitores houvessem votado apenas na legenda partidária.

> Declarada a nulidade de voto de candidato a vereador, em razão da captação ilícita, aplica-se o disposto no art. 175, § 4.º, do CE (Ac. n. 19.759, de 10.12.2002, rel. Min. Luiz Carlos Madeira).

Segundo o § 3.º do art. 175 do CE: "Serão nulos, para todos os efeitos, os votos dados a candidatos inelegíveis ou não registrados". Já o § 4.º transcrito estipula que:

> **Art. 175.** [...]
> § 4.º O disposto no parágrafo anterior não se aplica quando a decisão de inelegibilidade ou de cancelamento de registro for proferida após a realização da eleição a que concorreu o candidato alcançado pela sentença, caso em que os votos serão contados para o partido pelo qual tiver sido feito o seu registro.

Então, registre-se que **a aplicação do art. 224 estará sempre vinculada à ocorrência de casos de perda de mandato e diploma por via judicial**. São a essas situações específicas que o dispositivo se dirige. A invalidação de seções eleitorais sempre acarretará a aplicação do art. 187 do CE, com a realização de eleições. Ocorrente a nulidade absoluta, o caso será de nova votação nas seções afetadas, tudo no contexto do mesmo pleito. Havendo nulidade relativa, ocorrerá um novo pleito, sendo reaberto todo o processo eletivo, até mesmo com novo período para o registro de candidatos, ou, dependendo do caso, a posse do segundo colocado.

4.13.2. Nulidades de seções e de votações: soluções distintas

Considere-se, porém, que se discorde das considerações até aqui tecidas sobre o tema do voto nulo ou anulável e se considere, por apego à literalidade do dispositivo, que o art. 221 do CE de fato elenca hipóteses de anulabilidade. Mesmo nesse caso se deve admitir que o Código Eleitoral previu duas distintas consequências para o reconhecimento da nulidade relativa.

POSSÍVEIS CONSEQUÊNCIAS	
Eleições suplementares	**Novas eleições**
Previsão no art. 187 do CE	Precisão no art. 224 do CE
Reconhecimento de ofício	Apenas em ação judicial
Nulidade de seções eleitorais	Nulidade da votação atribuída a um candidato
Via administrativa ou judicial	Sempre por via judicial
Não há um novo pleito	Há um novo pleito
Só votam os que concederão voto nas seções anuladas	Votam todos os eleitores, mesmo os que faltaram no pleito anulado

Nas hipóteses do art. 221 do CE não se pode falar em nulidade de toda a votação, mas apenas nas cédulas e seções comprometidas pelas falhas relacionadas no dispositivo. Não se pode pretender, por exemplo, que toda a votação seja anulada porque em uma sessão votou "alguém com falsa identidade em lugar do eleitor chamado" (art. 221, III, *c*).

A diferença entre as consequências previstas no Código Eleitoral para os casos de nulidade reside na **seguinte fórmula**:

a) ocorrente a nulidade de votos, cédulas e sessões eleitorais (arts. 165, 166, 220 e 221 do CE), realizam-se eleições suplementares, com a convocação dos eleitores inscritos nas sessões atingidas;

b) se, entretanto, a nulidade se abate sobre toda a votação atribuída a um candidato, aí o caso se resolve nos termos do *caput* do art. 224 do CE.

Como se observa, a nulidade capaz de acarretar a renovação das eleições ou a posse do segundo colocado sempre será aquela "que importe o indeferimento do registro, a cassação do diploma ou a perda do mandato de candidato eleito", já que a isso se refere todo o art. 222 do CE.

4.14. QUESTÕES

QUESTÕES DE CONCURSOS
http://uqr.to/1yrow

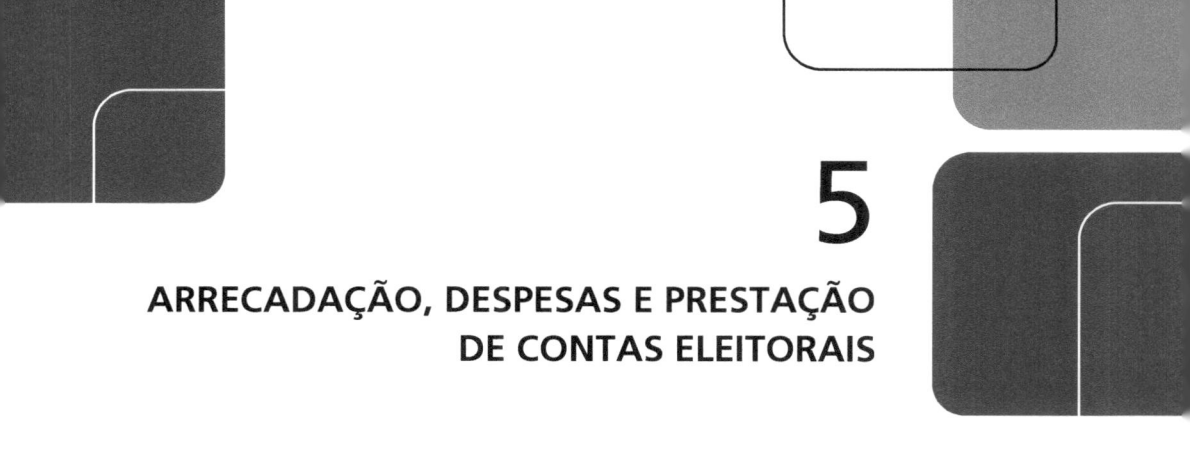

5
ARRECADAÇÃO, DESPESAS E PRESTAÇÃO DE CONTAS ELEITORAIS

5.1. ASPECTOS GERAIS

A prestação de contas de campanha é um tema que ganhou muito relevo nos últimos anos. Pode-se afirmar que a atividade consistia mais numa formalidade sem maiores repercussões que um instrumento real de monitoramento, transparência e controle da legitimidade dos processos eleitorais. Desde a edição da Lei n. 11.300/2006, todavia, a legislação passou a conferir maior importância a esse importante momento do processo eleitoral.

Trata-se de tema da mais alta envergadura, considerada a premissa inafastável de que todos os partidos e candidatos devem prestar contas, mesmo não realizando quaisquer atividades de arrecadação ou gastos e, quanto a estes últimos, **mesmo que desistam da candidatura antes da data da eleição**.

A introdução do Fundo Especial de Financiamento de Campanha (FEFC), implementado pela Lei n. 13.487/2017, acarretou em mudança significativa no cenário eleitoral brasileiro dada a origem pública desses recursos, refletindo diretamente sobre as prestações de contas. Com o FEFC, o legislador buscou não apenas garantir recursos para as campanhas eleitorais no contexto de proibição do financiamento empresarial, mas também impor fiscalização mais rigorosa a aplicação desses recursos, visando a maior transparência, integridade no processo eleitoral e aplicação correta de recursos públicos em prol da democracia.

Esse mecanismo — por tratar de **financiamento público** — exige dos partidos políticos e candidatos atenção redobrada às suas obrigações contábeis e fiscais, uma vez que os critérios de distribuição e aplicação dos recursos são minuciosamente detalhados pela legislação. A fiscalização tornou-se mais rigorosa, com a Justiça Eleitoral aplicando **sanções severas** em casos de descumprimento das regras estabelecidas.

Dessa forma, a prestação de contas eleitoral, em especial após a criação do FEFC, deixou de ser mera formalidade burocrática para se tornar efetivo instrumento de fiscalização e garantia da probidade eleitoral e da transparência no financiamento das campanhas. A evolução da legislação reflete a crescente preocupação com a integridade dos processos eleitorais, buscando assegurar que a representação política seja o resultado legítimo da vontade popular, livre de influências indevidas do poder econômico.

A prestação de contas, agora, demanda dos partidos e candidatos não apenas a transparência, mas também integridade na gestão dos recursos eleitorais, o que contribui para o fortalecimento da democracia e a confiança no sistema eleitoral. Assim, a rigidez trazida pelo FEFC nas prestações de contas eleitorais é reflexo da necessidade de se aprimorar constantemente os mecanismos de controle e fiscalização, visando à preservação e à legitimidade do processo eleitoral no Brasil.

5.2. FINANCIAMENTO DAS CAMPANHAS ELEITORAIS

Para compreensão adequada do modelo de prestação de contas, nosso ponto de partida deve ser as normas que informam o levantamento dos fundos necessários ao financiamento da campanha. Se a arrecadação não é efetuada em consonância com a lei, não poderá haver prestação de contas válida.

A Constituição de 1988 não estabelece a forma pela qual deve ocorrer o financiamento das campanhas eleitorais. A matéria está toda regulada pela legislação ordinária. Como vimos, o tema está tratado na Lei das Eleições (Lei n. 9.504/1997). O Brasil adota o sistema de financiamento predominantemente — mas não exclusivamente — privado.

O art. 20 da LE estipula que: "O candidato a cargo eletivo fará, diretamente ou por intermédio de pessoa por ele designada, a administração financeira de sua campanha usando recursos repassados pelo partido, inclusive os relativos à cota do Fundo Partidário, recursos próprios ou doações de pessoas físicas, na forma estabelecida nesta Lei", conforme a redação conferida ao dispositivo pela Lei n. 13.165/2015.

As **fontes de recursos** materiais para a **promoção das campanhas**, nos termos do que disciplina o art. 15 da Resolução do TSE n. 23.607/2019, são as seguintes:

Art. 15. [...]
I — recursos próprios das candidatas ou dos candidatos;
II — doações financeiras ou estimáveis em dinheiro de pessoas físicas;
III — doações de outros partidos políticos e de outras candidatas ou de outros candidatos;
IV — comercialização de bens e/ou serviços ou promoção de eventos de arrecadação realizados diretamente pela candidata ou pelo candidato ou pelo partido político;
V — recursos próprios dos partidos políticos, desde que identificada a sua origem e que sejam provenientes:
a) do Fundo Partidário, de que trata o art. 38 da Lei n. 9.096/1995;
b) do Fundo Especial de Financiamento de Campanha (FEFC);
c) de doações de pessoas físicas efetuadas aos partidos políticos;
d) de contribuição das suas filiadas ou dos seus filiados;
e) da comercialização de bens, serviços ou promoção de eventos de arrecadação;
f) de rendimentos decorrentes da locação de bens próprios dos partidos políticos;
VI — rendimentos gerados pela aplicação de suas disponibilidades.

FONTES DE VERBAS PARA AS CAMPANHAS ELEITORAIS
I — recursos próprios das candidatas ou dos candidatos;
II — doações financeiras ou estimáveis em dinheiro de pessoas físicas;

III — doações de outros partidos políticos e de outras candidatas ou de outros candidatos;	
IV — comercialização de bens e/ou serviços ou promoção de eventos de arrecadação realizados diretamente pela candidata ou pelo candidato ou pelo partido político;	
V — recursos próprios dos partidos políticos, desde que identificada a sua origem e que sejam provenientes:	a) do Fundo Partidário, de que trata o art. 38 da Lei n. 9.096/1995 ;
	b) do Fundo Especial de Financiamento de Campanha (FEFC);
	c) de doações de pessoas físicas efetuadas aos partidos políticos;
	d) de contribuição das suas filiadas ou dos seus filiados;
	e) da comercialização de bens, serviços ou promoção de eventos de arrecadação;
	f) de rendimentos decorrentes da locação de bens próprios dos partidos políticos;
VI — rendimentos gerados pela aplicação de suas disponibilidades.	

Trataremos, a seguir, de cada uma das fontes de recursos financeiros para as campanhas eleitorais.

5.2.1. Recursos próprios dos candidatos

De acordo com o que estipulam os arts. 23, § 2.º-A, da Lei n. 9.504/1997 e 27, § 1.º, da Resolução do TSE n. 23.607/2019, "a candidata ou o candidato poderá usar recursos próprios em sua campanha até o total de **10% (dez por cento) dos limites previstos para gastos de campanha no cargo em que concorrer**".

Havendo pluralidade de candidatos em chapas majoritárias, devem ser somados os recursos utilizados pelos **vices ou suplentes** com os dos titulares (cabeças de chapa), para o fim da verificação do limite estabelecido no parágrafo acima. Trata-se de comando dimanado do art. 27, § 1.º-A, da Resolução do TSE n. 23.607/2019.

5.2.2. Doações de pessoas físicas

Segundo dispõe o art. 27, *caput*, da Resolução do TSE n. 23.607/2019, forte no que dita o art. 23, § 1.º, da Lei das Eleições, as doações realizadas por pessoas físicas ficam sujeitas ao limite de **10% dos rendimentos brutos** auferidos pela doadora ou pelo doador no ano-calendário anterior à eleição.

Essa verificação é realizada tomando-se como base a Declaração do Imposto de Renda da Pessoa Física, como está assente na jurisprudência do Tribunal Superior Eleitoral, consoante se vê do excerto a seguir transcrito:

[...] 1. Nos pleitos mais recentes, somente a pessoa física pode fazer doação eleitoral, limitada a 10% de seu rendimento bruto relativo ao ano anterior à eleição, comprovados por meio da declaração de imposto de renda, sob pena de sofrer, se houver descumprimento, penalidade de multa (art. 23, §§ 1.º e 3.º, da Lei n. 9.504/1997) e, conforme o caso, se ocorrer também a interferência na normalidade e na legitimidade do processo eleitoral, de inelegibilidade (art. 1.º, I, *p*, da LC n. 64 /1990). 2. A imposição da penalidade, em processos referentes à doação acima do limite legal, decorre da simples inobservância ao limite expresso na lei. Em outras palavras, a verificação do excesso é feita de forma objetiva, bastando o simples extrapolamento da quantia doada, sendo irrelevante perquirir qualquer elemento subjetivo advindo da conduta do doador, como a boa-fé. 3. O parâmetro para o cálculo do limite das doações eleitorais para as pessoas físicas é o rendimento bruto do doador auferido no ano anterior às eleições, e não a sua capacidade financeira ou o valor de seu patrimônio (bens e direitos). 4. Extratos de conta-poupança são meras informações acerca de transações bancárias realizadas em curto período, não tendo o condão de comprovar a existência de rendimento bruto anual superior, na hipótese, ao parâmetro utilizado pela Receita Federal aos isentos. De fato, o agravante era beneficiário do programa Bolsa Família e estava inscrito como desempregado no Cadastro Geral de Empregados e Desempregados (Caged). 5. A Lei n. 13.488/2017, apesar de ter alterado a fórmula de cálculo da multa aplicável à pessoa física que efetua doação para campanhas em quantia superior ao limite legal, não pode ter aplicação retroativa para alcançar o momento em que o vício da doação eleitoral irregular foi praticado, em consonância com o princípio do *tempus regit actum*. 6. É possível, nas representações por doação acima do limite legal, determinar a anotação, no Cadastro Nacional de Eleitores, do nome do doador que não observou o limite legal, para fins da ocorrência da inelegibilidade prevista no art. 1.º, I, *p*, da LC n. 64/1990, possuindo tal registro caráter meramente informativo (não implica declaração de inelegibilidade, tampouco ausência de quitação eleitoral). 7. Negado provimento ao agravo interno (AgI n. 50.082, Acórdão, rel. Min. Og Fernandes, *DJe* de 24.08.2020, t. 168, p. 122-127).

Quanto à comprovação do rendimento bruto do ano anterior, o TSE vem admitindo a apresentação de declaração retificadora do Imposto de Renda da Pessoa Física, desde que realizada já com a contestação ou, posteriormente, desde que se comprove circunstância grave que justifique o impedimento da apresentação anterior.

Em um dos seus julgados, o TSE pontificou o seguinte:

[...] 2. Esta Corte fixou tese para as Eleições 2014 no sentido de que, "conquanto a declaração retificadora garanta a possibilidade de correção dos dados pelo próprio contribuinte perante o fisco, para que tal documento surta efeitos perante a Justiça Eleitoral, sua juntada deve ser apresentada na defesa ou na primeira oportunidade em que couber à parte se manifestar, ressalvada a existência de justo impedimento anterior, devidamente comprovado, consoante o disposto nos arts. 5.º e 435 do CPC/2015, sob pena de preclusão" (REspe 138-07/SP, redator para acórdão Min. Tarcisio Vieira de Carvalho Neto, *DJe* de 02.05.2018). 3. Na espécie, a pessoa física realizou declaração retificadora do imposto de renda de 2013, alegadamente apta a comprovar regularidade de doação eleitoral à campanha em 2014, apenas em 20.07.2017, e juntou-a aos autos em 03.08.2017, um dia depois de proferida a sentença, sem demonstrar justo impedimento para a anterior juntada, circunstância que, segundo ressaltado em voto vencido proferido na origem, denotou oportunismo que visou unicamente afastar o ilícito. 4. A moldura fática delineada no voto vencido viabiliza o reenquadramento jurídico dos fatos, nos termos do disposto no § 3.º do art. 941 do CPC/2015 e da jurisprudência desta Corte. 5. Agravo regimental desprovido, mantendo-se a determinação de retorno dos autos ao TRE/AL para que examine a declaração originária de imposto de renda (REspe 10.061, Acórdão, rel. Min. Jorge Mussi, *DJe* de 24.05.2019).

Em outro julgado, o TSE admitiu a juntada da retificada enquanto não ultrapassadas as vias ordinárias. Mas isso ocorreu devido ao fato de que a Receita Federal havia apresentado informações incompletas. Transcreve trecho do *decisum*:

> [...] Com mais razão, se deve admitir a juntada da declaração original de imposto de renda enquanto não exaurida a instância ordinária, quando as informações fornecidas ao juízo eleitoral pela Receita Federal estavam incompletas. Nesse caso, não há qualquer abuso por parte da representada na apresentação do documento, estando evidenciada a sua boa-fé. III — CONCLUSÃO 5. Agravo interno a que se nega provimento (AgI n. 5.778, Acórdão, rel. Min. Luís Roberto Barroso, *DJe* de 20.09.2019).

Além da hipótese da doação em dinheiro, há outra modalidade de contribuição à campanha eleitoral. Refiro-me à doação de valores estimáveis em dinheiro, ou simplesmente "doações estimáveis", as quais dizem respeito à disponibilização de bens ou à realização de serviços em benefício da candidatura.

O limite de doação fixado, o qual tivemos oportunidade de analisar há pouco, não é aplicável a doações estimáveis em dinheiro relativas à utilização de bens móveis ou imóveis de propriedade da doadora ou do doador ou a prestação de serviços próprios. Neste caso, o valor estimado **não pode ultrapassar R$ 40.000,00. Vide, a respeito, o art. 23, § 7.º, da Lei das Eleições.**

A sanção prevista para o doador que descumprir o referido limite consiste no pagamento de multa no valor de até 100% da quantia em excesso, o que não impede que candidata ou candidato beneficiados venham a responder por abuso do poder econômico, assegurando-se-lhes a ampla defesa e o contraditório, nos tempos do que estatui o art. 23, § 3.º, da Lei das Eleições.

Segundo estabelece o art. 27, § 8.º, da Resolução do TSE n. 23.607/2019: "A aferição do limite de doação da(o) contribuinte dispensada(o) da apresentação de Declaração de Ajuste Anual do Imposto de Renda deve ser realizada com base no limite de isenção previsto para o exercício financeiro do ano da eleição".

Salienta-se a importância de que, na apuração dos 10% referentes ao autofinanciamento, deve-se incluir tanto recursos financeiros quanto bens patrimoniais do candidato, os quais devem, quando utilizados em campanha, ser registrados como estimáveis.

Quanto à utilização de bens e recursos, é permitido o emprego daqueles declarados no Imposto de Renda ou na declaração efetuada no ato de registro da candidatura. Considerando que as informações presentes na declaração do Imposto de Renda referem-se ao ano anterior ao pleito eleitoral. Portanto, na hipótese de aquisição de novos bens ou recursos no ano eleitoral, esses devem ser declarados no momento do registro da candidatura.

Essa orientação decorre da existência de cruzamento de dados entre o Sistema de Prestação de Contas Eleitorais (SPCE) e o Sistema de Candidatura (CANDEx). Caso se verifique que o candidato fez uso de recursos e bens que não constam na declaração do Imposto de Renda e nem no registro de candidatura, poderá acarretar em irregularidade contábil eleitoral.

A partir de inovação introduzida na Lei das Eleições pela Lei n. 12.034/2009, que alterou a redação do § 4.º do art. 23, tornou-se possível a **doação realizada por**

intermédio de mecanismo disponível em sítio do candidato, partido ou coligação na internet, permitindo inclusive o uso de cartão de crédito, e que deverá atender aos seguintes requisitos: **a) identificação do doador; b) emissão obrigatória de recibo eleitoral para cada doação realizada.**

Já a **arrecadação por meio de sítio do candidato**, partido ou coligação na internet, por meio de serviço de financiamento coletivo de arrecadação, ou *crowdfundig*, deverá atender aos seguintes requisitos: a) cadastro prévio na Justiça Eleitoral, que estabelecerá regulamentação para prestação de contas, fiscalização instantânea das doações, contas intermediárias, se houver, e repasses aos candidatos; b) identificação obrigatória, com o nome completo e o número de inscrição no Cadastro de Pessoas Físicas (CPF) de cada um dos doadores e das quantias doadas; c) disponibilização em sítio eletrônico de lista com identificação dos doadores e das respectivas quantias doadas, a ser atualizada instantaneamente a cada nova doação; d) emissão obrigatória de recibo para o doador, relativo a cada doação realizada, sob a responsabilidade da entidade arrecadadora, com envio imediato para a Justiça Eleitoral e para o candidato de todas as informações relativas à doação; e) ampla ciência a candidatos e eleitores acerca das taxas administrativas a serem cobradas pela realização do serviço; f) não incidência em quaisquer das hipóteses listadas no art. 24 da LE; g) observância do calendário eleitoral, especialmente no que diz respeito ao início do período de arrecadação financeira, nos termos dispostos no § 2.º do art. 22-A da LE; h) observância dos dispositivos na Lei das Eleições relacionados à propaganda na internet (art. 22 da Res.-TSE n. 23.607/2019).

A tabela abaixo contém os requisitos para a arrecadação por meio de sítio do candidato, partido ou coligação na internet, utilizando o serviço de financiamento coletivo ou *crowdfunding*:

ITEM	DESCRIÇÃO
a)	Cadastro prévio na Justiça Eleitoral, com regulamentação para prestação de contas e fiscalização das doações
b)	Identificação obrigatória dos doadores com nome completo e CPF, e das quantias doadas
c)	Disponibilização em sítio eletrônico de lista de doadores e quantias doadas, atualizada a cada nova doação
d)	Emissão obrigatória de recibo para cada doação, responsabilidade da entidade arrecadadora, com envio imediato para a Justiça Eleitoral e para o candidato
e)	Ampla ciência a candidatos e eleitores sobre taxas administrativas cobradas pelo serviço de arrecadação
f)	Não incidência em quaisquer das hipóteses listadas no art. 24 da LE
g)	Observância do calendário eleitoral, especialmente quanto ao início do período de arrecadação financeira
h)	Observância dos dispositivos da Lei das Eleições relacionados à propaganda na internet

A respeito do *crowdfunding* assim se pronunciam Vasconcelos e Silva:

O *crowdfunding* eleitoral consiste no uso dessas ferramentas de arrecadação para captação de doações para financiar campanhas eleitorais, como forma de fomento à participação popular no processo eleitoral, colaborando com os candidatos em que o eleitor deposita sua fé. O Tribunal Superior Eleitoral, até a edição da Lei n. 13.488/2017, reputava ilícita referida modalidade de financiamento de campanha[1].

O quadro abaixo apresenta uma síntese dos requisitos necessários para a realização do *crowdfunding*.

REQUISITOS PARA A ARRECADAÇÃO POR MEIO DE SERVIÇO DE FINANCIAMENTO COLETIVO
◼ cadastro prévio na Justiça Eleitoral, que estabelecerá regulamentação para prestação de contas, fiscalização instantânea das doações, contas intermediárias, se houver, e repasses aos candidatos;
◼ identificação obrigatória, com o nome completo e o número de inscrição no Cadastro de Pessoas Físicas (CPF) de cada um dos doadores e das quantias doadas;
◼ disponibilização em sítio eletrônico de lista com identificação dos doadores e das respectivas quantias doadas, a ser atualizada instantaneamente a cada nova doação;
◼ emissão obrigatória de recibo para o doador, relativo a cada doação realizada, sob a responsabilidade da entidade arrecadadora, com envio imediato para a Justiça Eleitoral e para o candidato de todas as informações relativas à doação;
◼ ampla ciência a candidatos e eleitores acerca das taxas administrativas a serem cobradas pela realização do serviço;
◼ não incidência em quaisquer das hipóteses listadas no art. 24 da LE;
◼ observância do calendário eleitoral, especialmente no que diz respeito ao início do período de arrecadação financeira, nos termos dispostos no § 2.º do art. 22-A da LE;
◼ observância dos dispositivos na Lei das Eleições relacionados à propaganda na internet.

De acordo com a Resolução n. 23.607/2019, art. 22, § 4.º, os pré-candidatos estão autorizados a iniciar a arrecadação coletiva de recursos para suas campanhas eleitorais a partir do dia 15 de maio do ano eleitoral.

É imperativo que qualquer plataforma utilizada para essa finalidade seja uma das cadastradas junto ao TSE e contratada sob o CPF do próprio pré-candidato. Na eventualidade de a contratação ocorrer utilizando CPF distinto (familiar ou amigo), os recursos arrecadados por meio dessa plataforma tornam-se irregulares para uso na campanha. Nestes casos, é mandatório o reembolso dos valores aos respectivos doadores.

Além disso, a utilização desses recursos, mesmo após identificação de tal irregularidade, implicará penalidades durante o processo de análise e julgamento da prestação de contas da campanha, uma vez que serão classificados como recursos de origem vedada ou não identificada.

---

[1] VASCONCELOS, Clever; SILVA, Marco Antonio da. *Direito Eleitoral*. 3. ed. São Paulo: Saraiva-Jur, 2022. E-book Kindle.

Ressalta-se que os partidos também podem arrecadar por meio do financiamento coletivo, ou *crowdfunding*, desde que o façam só após o dia 15 de agosto do ano da eleição.

Qualquer eleitor pode, ainda, realizar gastos, em apoio a candidato de sua preferência, até a quantia equivalente a um mil Ufir, não sujeitos à contabilização, desde que não reembolsados (art. 27 da LE). As doações realizadas por pessoas físicas a partidos e candidatos no Brasil ainda são proporcionalmente diminutas. De fato, não há cultura de participação cívica que leve em conta a necessidade de sustentação de candidaturas a partir do apoio material fornecido pelos próprios eleitores. Ao introduzir expressamente a possibilidade de as doações serem efetuadas por meio da rede mundial de computadores, a Lei n. 12.034/2009 buscou facilitar essa importante forma de participação dos cidadãos na vida democrática do seu País.

5.2.3. Doações de outros partidos políticos e de outras candidatas ou de outros candidatos

As doações de recursos captados para campanha eleitoral realizadas entre partido político e candidata ou candidato e entre candidatas ou candidatos estão sujeitas à emissão de recibo eleitoral, mas não se submetem ao limite previsto de 10% da renda bruta do ano anterior, exceto quando se tratar de doação realizada pela pessoa física da candidata ou do candidato, com recursos próprios, para outra candidata ou outro candidato ou partido político.

O **CNPJ** de campanha do candidato **pode**, pois, **doar** até o limite de **arrecadação do donatário**. Mas a **pessoa física** do doador se submete ao mesmo **limite de doação** a todos imposto.

Tais determinações constam do art. 27, *caput* e § 1.º, da Resolução do TSE n. 23.607/2019.

5.2.4. Comercialização de bens e/ou serviços ou promoção de eventos de arrecadação

Conforme estabelecido pelo art. 30 da Resolução do TSE n. 23.607/2019, é permitido aos partidos políticos, candidatas e candidatos engajar-se na comercialização de bens, serviços e na promoção de eventos com o propósito de angariar fundos para a campanha eleitoral. Para tanto, é exigido que cumpram com certas diretrizes fundamentais, incluindo a notificação formal à Justiça Eleitoral com pelo menos cinco dias úteis de antecedência, possibilitando a fiscalização por meio de fiscais *ad hoc* pela Justiça Eleitoral. Adicionalmente, é necessário manter toda a documentação relativa à realização, custos, despesas e receitas do evento à disposição para comprovação junto à Justiça Eleitoral. É o que expressamente declaram os incisos I e II do art. 30 da Resolução n. 23.610/2019, transcritos abaixo:

I — comunicar sua realização, formalmente e com antecedência mínima de 5 (cinco) dias úteis, à Justiça Eleitoral, que poderá determinar sua fiscalização;

II — manter à disposição da Justiça Eleitoral a documentação necessária à comprovação de sua realização e de seus custos, despesas e receita obtida.

Os recursos obtidos por meio dessas atividades devem ser tratados conforme as normas aplicáveis às doações eleitorais, o que implica a emissão de recibos e a adesão aos limites de recebimento estabelecidos pela legislação.

Além disso, destaca-se que atividades que possam conferir benefícios aos eleitores são estritamente proibidas, especialmente aquelas que impliquem na entrega de brindes ou similares. É crucial sublinhar que, em evento realizado pelo partido, ao distribuírem verbas provenientes de eventos de captação ou venda para os candidatos, os partidos políticos precisam garantir a identificação completa de todos os doadores envolvidos. Enfatiza-se, igualmente, a necessidade de que os fundos coletados sejam depositados na conta bancária designada para "Doações para campanha", antes de serem empregados pelo partido ou repassados ao candidato.

Em relação à realização de eventos com artistas para a captação de fundos, é importante enfatizar a continuidade da vedação a showmícios. Contudo, esclarece-se que a inclusão de artistas em atividades destinadas à angariação de verbas é aceitável, contanto que não sejam o foco principal do evento. É crucial que as campanhas eleitorais evitem coordenar, planejar ou promover atuações artísticas como estratégia de propaganda ou financiamento. Tal entendimento se sustenta no fato de que o texto do art. 17, § 1.º, inciso II, da Resolução n. 23.610/2019 expressa o seguinte:

> **Art. 17.** É proibida a realização de showmício e de evento assemelhado, presencial ou transmitido pela internet, para promoção de candidatas e candidatos e a apresentação, remunerada ou não, de artistas com a finalidade de animar comício e reunião eleitoral, respondendo a pessoa infratora pelo emprego de processo de propaganda vedada e, se for o caso, pelo abuso de poder (STF: ADI n. 5.970/DF, j. em 7.10.2021, e TSE: CTA n. 0601243-23/DF, *DJe* de 23.09.2020).
>
> § 1.º A proibição de que trata o *caput* deste artigo não se estende:
>
> (...)
>
> II — às apresentações artísticas ou shows musicais em eventos de arrecadação de recursos para campanhas eleitorais previstos no art. 23, § 4.º, V, da Lei n. 9.504/1997 (STF: ADI n. 5.970/DF, j. em 07.10.2021). (Incluído pela Resolução n. 23.671/2021)

Conclui-se que shows são permitidos durante "eventos de arrecadação de recursos para campanhas eleitorais", o foco deve estar no propósito de arrecadação (que pode ser um leilão), e não na apresentação ou no artista como o fator principal para arrecadação. Desrespeitar essas diretrizes pode acarretar processos legais eleitorais (AIJE).

Porém, os artistas podem realizar tais eventos visando à doação dos lucros para candidatos, sendo essa organização e contribuição financeira realizada através do CPF do artista. Isso se dá para evitar a interpretação de que se trata de uma contribuição empresarial, caso a doação se efetue via CNPJ do artista.

É imperativo aderir rigorosamente a estas instruções a fim de prevenir desvios nas contas eleitorais, garantindo, assim, a clareza e a conformidade na obtenção de recursos para as campanhas.

O tema ainda não conta com detalhamentos já firmados pelo TSE, porém, está tramitando a AIJE de n. 0601271-20.2022.6.00.0000, e quando julgada poderá ajudar a dar mais parâmetros e segurança jurídica sobre o tema.

5.2.5. O Fundo Especial de Financiamento de Campanha (FEFC)

O Fundo Especial de Financiamento de Campanha, popularmente conhecido como **Fundo Eleitoral**, foi **criado** em **2017** como **alternativa** à retirada da possibilidade de **financiamento** de campanhas políticas por **pessoas jurídicas**.

Trata-se, junto com a destinação de parte do Fundo Partidário, da institucionalização do financiamento público de campanhas, em oposição ao modelo baseado em recursos provenientes de corporações privadas anteriormente predominante no Brasil.

A composição do Fundo Eleitoral está descrita no art. 16-C da LE, incluído pela Lei n. 13.487/2017, o qual dispõe:

> **Art. 16-C.** O Fundo Especial de Financiamento de Campanha (FEFC) é constituído por dotações orçamentárias da União em ano eleitoral, em valor ao menos equivalente:
>
> I — ao definido pelo Tribunal Superior Eleitoral, a cada eleição, com base nos parâmetros definidos em lei;
>
> II — ao percentual do montante total dos recursos da reserva específica a programações decorrentes de emendas de bancada estadual impositiva, que será encaminhado no projeto de lei orçamentária anual.

Note-se que a Resolução do TSE n. 23.605/2019, fundada no que estipulou o art. 2.º da Emenda Constitucional n. 111, firmou no § 3.º-A do seu art. 5.º que: "Para fins de distribuição entre os partidos políticos dos recursos do Fundo Partidário e do FEFC, os votos dados a candidatas ou a candidatos negras(os) para a Câmara dos Deputados nas eleições realizadas de 2022 a 2030 serão contados em dobro". Para esse fim devem ser consideradas as retotalizações ocorridas até o primeiro dia útil de junho do ano da eleição. Ou seja, decisões judiciais que acarretam na nulidade de votações ou que validem os votos obtidos por candidatos à Câmara dos Deputados também devem ser consideradas para esse fim, desde que corram até 1.º de junho do ano da eleição. Veja-se a respeito o § 1.º do art. 5.º da Resolução do TSE n. 23.605/2019.

Como a norma constitucional determina a **contagem em dobro dos votos alcançados por mulheres e por pessoas negras**, pode surgir dúvida a respeito do cálculo a se adotar em caso de a candidata ser, além de mulher, afro-brasileira. Tal possível impasse foi antevisto pelo TSE, que estipulou no § 3.º-B do art. 5.º da Resolução do TSE n. 23.605/2019 que a referida contagem em dobro de votos somente se aplica uma única vez.

Cuida-se de medida alvissareira, que terá uso inédito nas eleições que se avizinham, voltada a estimular os dirigentes partidários a estimular e valorizar estrategicamente as candidaturas de pessoas negras e de mulheres.

Assim, ao passo em que se assegura às candidaturas afro-brasileiras recursos aptos a dar-lhes suporte econômico, cuidou o constituinte derivado de premiar os partidos que asseguraram efetividade a essa franquia financeira. Assim, o partido que mais converter em votos o incentivo financeiro que haverá de destinar às candidaturas negras e a mulheres mais fruirá dos benefícios pecuniários que defluirão desse êxito.

O montante total disponibilizado para o FEFC é definido na Lei Orçamentária Anual aprovada no ano que antecede a data do pleito.

A Resolução do TSE n. 23.605/2019 determina que, em se tratando de Federação, os recursos devidos do Fundo Eleitoral devem ser distribuídos aos diretórios nacionais na exata proporção do direito de cada um dos partidos que a constituem (art. 1.º, § 3.º).

Caso desejem, os partidos e/ou federações podem comunicar ao TSE a renúncia ao Fundo Eleitoral, devendo este ato ser formalizado até o primeiro dia útil do mês de junho. Nessa hipótese, fica vedada a redistribuição deste valor a outros partidos (art. 2.º, § 2.º).

Os critérios para distribuição dos valores do Fundo Eleitoral estão dispostos na Resolução do TSE n. 23.605/2019, em seu art. 5.º, cujo teor o seguinte:

INCISO	CRITÉRIO DE DISTRIBUIÇÃO DO FEFC
I	2% divididos igualitariamente entre todos os partidos com estatutos registrados no TSE
II	35% divididos entre os partidos com ao menos um representante na Câmara dos Deputados, proporcional ao percentual de votos obtidos na última eleição para a Câmara
III	48% divididos entre os partidos, proporcional ao número de representantes na Câmara dos Deputados, considerando as legendas dos titulares
IV	15% divididos entre os partidos, proporcional ao número de representantes no Senado Federal, considerando as legendas dos titulares

Já a distribuição das **verbas originárias do FEFC** que chegam a cada partido constitui matéria interna das agremiações, competindo-lhes, por sua Comissão Executiva Nacional, a fixação dos critérios adotados para a divisão dos valores. É o que dispõe a Lei n. 9.504/1997, em seu art. 16-C, § 7.º. Definidos tais critérios, estes devem comunicar o decidido à Presidência do Tribunal Superior Eleitoral, nos termos do que preceitua o art. 6.º, § 4.º, da Resolução do TSE n. 23.605/2019, que assim dispõem:

> **Art. 6.º** [...]
> § 4.º Após a reunião da executiva nacional que deliberar sobre os critérios de distribuição do FEFC, os diretórios nacionais dos partidos políticos devem encaminhar petição pelo Processo Judicial eletrônico (PJe) à presidência do TSE, indicando os critérios fixados para distribuição do FEFC, acompanhado de: (Redação dada pela Resolução n. 23.730/2024)
> I — ata da reunião, subscrita por integrantes da executiva nacional do partido, com reconhecimento de firma em Cartório ou certificação digital;
> II — prova material de ampla divulgação dos critérios de distribuição do FEFC; e
> III — indicação dos dados bancários de uma única conta-corrente, aberta exclusivamente em nome do diretório nacional do partido político para movimentação dos recursos do FEFC.
> [...]
> *§ 6.º Após o recebimento dos recursos financeiros do FEFC, o diretório nacional do partido político deverá providenciar imediatamente a divulgação, em sua página de internet, do valor total do FEFC e os critérios de distribuição desses recursos aos seus candidatos. (Incluído pela Resolução n. 23.730/2024)*

A Resolução do TSE n. 23.607/2019 inova ao estabelecer, em seu art. 19, § 10, que os recursos destinados às candidaturas afro-brasileiras e de mulheres devem ser distribuídos pelos partidos políticos até o dia 30 de agosto do ano eleitoral.

Tal prazo visa garantir que as candidaturas beneficiadas pelas cotas tenham tempo suficiente para utilizar os recursos apropriadamente.

É importante destacar que a alocação de recursos para candidaturas de cotas raciais e de gênero após essa data pode ser considerada prática irregular. Portanto, os partidos devem planejar a distribuição desses recursos com antecedência, assegurando sua aplicação integral dentro do período estipulado.

Em se tratando de partidos reunidos em federação, os recursos do FEFC devem ser distribuídos aos diretórios nacionais na proporção do direito de cada um dos partidos que a integram, observados aquilo que acima foi dito quanto ao art. 16-C da Lei das Eleições[2]. É o que dita o § 3.º do art. 1.º da Resolução do TSE n. 23.605/2019.

5.2.5.1. *Observância da proporção de mulheres e de pessoas negras*

Trata-se de decisão política *interna corporis*, não podendo ser sindicada pela Justiça Eleitoral, salvo no tocante à distribuição por grupos sociais brindados por políticas afirmativas normativamente reconhecidas, como ocorre com as mulheres e com as pessoas negras.

No caso das mulheres, o § 8.º do art. 17 da Constituição estipula o seguinte:

> **Art. 17.** [...]
>
> § 8.º O montante do Fundo Especial de Financiamento de Campanha e da parcela do fundo partidário destinada a campanhas eleitorais, bem como o tempo de propaganda gratuita no rádio e na televisão a ser distribuído pelos partidos às respectivas candidatas, deverão ser de no mínimo 30% (trinta por cento), proporcional ao número de candidatas, e a distribuição deverá ser realizada conforme critérios definidos pelos respectivos órgãos de direção e pelas normas estatutárias, considerados a autonomia e o interesse partidário.

Note-se que o **dispositivo** constitucional reserva **30%** no **mínimo** para as **candidaturas femininas**. Caso a **proporção** de mulheres na lista de candidatos e candidatas seja **superior** a tal percentual, faz-se **necessário o ajuste** a fim que se observe a **mesma proporcionalidade** na **distribuição** dos recursos.

5.2.5.2. *Reserva de fundos para candidaturas de afro-brasileiros e de mulheres no FEFC*

a) Candidaturas de afro-brasileiros(as): pertencimento racial e sua declaração

Segundo dispõe o art. 24 da Resolução do TSE n. 23.609/2019:

---

[2]   É possível verificar os critérios fixados pelos partidos políticos para a distribuição dos recursos do FEFC em: 1:https://www.tse.jus.br/comunicacao/noticias/2024/Fevereiro/eleicoes-2024-confira-6-pontos-essenciais-sobre-o-fundo-eleitoral; 2:https://www.tse.jus.br/eleicoes/eleicoes-2022/pres tacao-de-contas/fundo-especial-de-financiamento-de-campanha-fefc. Acesso em: 2 mar. 2024.

Art. 24. O formulário RRC deve ser preenchido com as seguintes informações:

I — dados pessoais: inscrição eleitoral, nome civil ou, se houver, nome social declarado no Cadastro Eleitoral, data de nascimento, unidade da Federação e Município de nascimento, nacionalidade, gênero, identidade de gênero, cor ou raça, **etnia indígena ou pertencimento a comunidade quilombola**, se pessoa com necessidade especial ou deficiência e qual o tipo, estado civil, ocupação, grau de instrução, indicação de ocupação de cargo em comissão ou função comissionada na Administração Pública, número da carteira de identidade com o órgão expedidor e a unidade da Federação, número de registro no Cadastro de Pessoa Física (CPF); (Redação dada pela Resolução n. 23.729/2024)

O inciso IX do mesmo dispositivo estatui que o candidato deve firmar "declaração de ciência da candidata ou do candidato de que as informações prestadas quanto a nome social, identidade de gênero, gênero, cor ou raça, etnia indígena, pertencimento a comunidade quilombola, deficiência, estado civil, ocupação e dados para contato serão utilizados para atualização dos seus dados no Cadastro Eleitoral. (Redação dada pela Resolução n. 23.729/2024)".

Veja-se que, embora o art. 24 da Resolução do TSE n. 23.609/2019 se refira a cor ou raça, a Resolução n. 23.605/2019 se reporta a "candidaturas de pessoas negras". Fica evidente que o critério a ser utilizado não é apenas o da cor da pele — embora ele também seja relevante — quando se trata de financiamento de campanhas para pessoas negras. Isso se explica pelo fato de que a norma objetiva reparar prejuízos históricos impostos a certa parte de pessoas não brancas: os afrodescendentes, assim compreendidos os descendentes de pessoas escravizadas originárias do continente africano.

Considerando-se que o objetivo da norma é alavancar a candidatura de pessoas submetidas a risco de discriminação em virtude do pertencimento à comunidade afro-brasileira, afigura-se adequada a adoção do critério fenotípico, assim compreendido o conjunto de características ostensivas do postulante, tais como a cor da sua pele, a forma do rosto, lábios e nariz, bem como do seu cabelo.

A existência de **políticas afirmativas** no âmbito da gestão e aplicação das verbas públicas destinadas ao financiamento de campanhas eleitorais, como exemplificado pela Resolução do TSE n. 23.609/2019 e suas atualizações, **é fundamental para promover a equidade e a representatividade na política**. Essas normas, que enfatizam o apoio a candidaturas de afro-brasileiros e de mulheres, buscam reparar históricas desigualdades e garantir uma maior diversidade nas esferas de poder.

A determinação do TSE de incluir informações detalhadas sobre cor ou raça, gênero e identidade de gênero no formulário RRC reflete um compromisso com a inclusão e a justiça social. Ao reconhecer a importância do financiamento de campanhas para pessoas negras e mulheres, o TSE está agindo proativamente para mitigar as barreiras sistêmicas que esses grupos enfrentam na política.

A adoção do critério fenotípico para a definição de candidaturas afro-brasileiras é uma medida importante para assegurar que os recursos sejam direcionados para aqueles que efetivamente vivenciam as consequências do racismo estrutural. Isso vai além da cor da pele, abordando aspectos como ancestralidade e características físicas, que historicamente foram usados para marginalizar e discriminar.

Essas **políticas afirmativas** são passos essenciais para construir um sistema político mais representativo e equitativo. Ao promover a diversidade entre os candidatos e apoiar aqueles que tradicionalmente foram excluídos ou subrepresentados, tais políticas ajudam a fortalecer a democracia, garantindo que todas as vozes e experiências sejam ouvidas e valorizadas. Assim, as políticas afirmativas no financiamento de campanhas eleitorais não são apenas uma questão de justiça social, mas também um meio de enriquecer o processo democrático, permitindo que uma gama mais ampla de perspectivas e experiências contribua para a formação das políticas públicas.

b) Proporcionalidade e percentuais mínimos do FEFC para mulheres e pessoas negras

Possuem relevância para o tema aqui tratado duas distintas Resoluções editadas pelo Tribunal Superior Eleitoral.

A Resolução n. 23.605, de 17 de dezembro de 2019 — que estabelece diretrizes gerais para a gestão e distribuição dos recursos do Fundo Especial de Financiamento de Campanha (FEFC) —, sofreu diversas alterações definidas pela Resolução n. 23.664, de 9 de dezembro de 2021, de forma a amoldar-se às decisões tomadas pelo Supremo Tribunal Federal na ADPF n. 738.

Em seu art. 6.º, § 1.º, ficam estipulados os critérios para a aplicação do total dos recursos que tem como fonte o FEFC. Para tanto foram definidos os seguintes percentuais mínimos obrigatórios no tocante a candidaturas femininas e de pessoas negras:

INCISO	CRITÉRIO DE DISTRIBUIÇÃO
I	Para candidaturas femininas, o percentual corresponderá à proporção dessas candidaturas em relação à soma das candidaturas masculinas e femininas do partido, não podendo ser inferior a 30%
II — a)	Para candidaturas de mulheres negras e não negras, o percentual corresponderá à proporção dentro do gênero feminino do partido
II — b)	Para candidaturas de homens negros e não negros, o percentual corresponderá à proporção dentro do gênero masculino do partido
III	Os percentuais de candidaturas femininas e de pessoas negras serão obtidos pela razão dessas candidaturas em relação ao total de candidaturas do partido em âmbito nacional

ATENÇÃO: A Emenda Constitucional n. 133 de 2024, ao incluir o § 9.º ao art. 17 da Constituição Federal, todavia, **redefiniu os critérios de destinação dos recursos do Fundo Especial de Financiamento de Campanha e do fundo partidário, estabelecendo a aplicação mínima de 30% desses valores em candidaturas de pessoas pretas e pardas**. Essa inovação altera a disciplina anteriormente fixada pelo Tribunal Superior Eleitoral, que tratava da distribuição proporcional desses recursos com base em critérios menos rígidos.

O tema foi tratado em maior profundidade no Capítulo 2, no tópico atinente à *"Igualdade racial"*, onde abordamos os diferentes aspectos dessa política afirmativa no contexto eleitoral brasileiro.

c) Apuração nacional da proporcionalidade de candidaturas femininas e de pessoas negras

Outra particularidade também inaugurada pela Resolução n. 23.664, de 9 de dezembro de 2021, clama por particular atenção. Ela inseriu o inciso III no § 1.º do art. 6.º da Resolução n. 23.605, de 17 de dezembro de 2019, do Tribunal Superior Eleitoral:

> **Art. 6.º** [...]
>
> III — os percentuais de candidaturas femininas e de pessoas negras serão obtidos pela razão dessas candidaturas em relação ao total de candidaturas do partido em âmbito nacional.

Não se pode duvidar da expressa decisão do Tribunal Superior Eleitoral de determinar que as direções nacionais dos partidos verifiquem a proporção dessas candidaturas, considerada a totalidade daquelas apresentadas pela agremiação em âmbito nacional.

Assim, tem-se que o partido primeiro verifica o **número global** dos candidatos(as), levando em conta o País como espaço de amostragem para em seguida, também nacionalmente, totalizar as candidaturas femininas e de pessoas negras a todos os cargos em disputa pelo ente partidário: presidente, vice-presidente, governador, vice-governador, senador, suplentes de senador, deputados federais e deputados estaduais. Só após isso se pode calcular o **percentual de candidaturas de pessoas afro-brasileiras** dentro do cômputo global de candidatos.

Os partidos políticos, por suas direções nacionais, poderão definir estrategicamente em quais candidaturas femininas e negras aplicar os recursos do FEFC, sempre considerando o País como circunscrição para esse fim específico, desde que observe atentamente a proporcionalidade acima mencionada.

d) Quem define o destino das verbas do FEFC destinadas a candidaturas femininas e afro-brasileiras

Assim como a apuração dos valores é procedida em âmbito nacional, tem-se que a **instância partidária responsável** pela definição das candidaturas a serem beneficiadas pelo **destaque do FEFC destinado a candidatos(as) negros(as) é o órgão de direção nacional**.

Essa interpretação é coerente com o que dispõe a Resolução n. 23.607, de 17 de dezembro de 2019, a qual dispõe sobre a arrecadação e os gastos de recursos por partidos políticos e candidatas ou candidatos e sobre a prestação de contas nas eleições.

No § 5.º-A do seu art. 17, a referida Resolução dispõe expressamente que: "A regularidade da aplicação mínima dos percentuais mencionados nos incisos I e II do § 4.º deste artigo será apurada na prestação de contas do diretório nacional do partido político, que deverá abrir contas bancárias específicas para comprovar a regularidade da destinação dos recursos". Isso se refere, todavia, apenas ao uso do FEFC. Quanto ao Fundo Partidário, como se verá adiante, o tratamento da matéria, ainda na mesma Resolução, é diverso.

Em suma, **a destinação dos recursos do FEFC a candidaturas negras será feita sob responsabilidade direta do órgão partidário nacional**, que também terá a

responsabilidade indelegável de prestar contas perante o Tribunal Superior Eleitoral com relação a essas quantias.

De qualquer sorte, os partidos políticos precisam definir os critérios para a distribuição, entre seus candidatos, das verbas do FEFC. Quem o estabelece é o art. 6.º da Resolução n. 23.605/2019, cujo teor é o seguinte:

> **Art. 6.º** Os recursos do FEFC ficarão à disposição do partido político somente após a definição dos critérios para a sua distribuição, os quais devem ser aprovados pela maioria absoluta de integrantes do órgão de direção executiva nacional do partido (Lei n. 9.504/1997, art. 16-C, § 7.º).

Esse plano obrigatoriamente observará as reservas de recursos para candidaturas de pessoas negras, assim como também ocorre com as femininas.

Em síntese, temos que as regras previstas na Resolução do TSE n. 23.605/2019 constroem em seu conjunto o seguinte cenário para ao FEFC em relação às candidaturas de afro-brasileiros:

i) em primeiro lugar, cabe ao partido político, por meio do seu órgão de direção nacional, antes mesmo de receber os recursos do FEFC, fixar internamente os critérios de distribuição dos valores aos seus respectivos candidatos (art. 6.º, *caput*), devendo observar os termos da Resolução do TSE n. 23.605/2019 quanto aos "percentuais de candidaturas femininas e de pessoas negras [...] obtidos pela razão dessas candidaturas em relação ao total de candidaturas do partido em âmbito nacional" (art. 6.º, § 1.º, III);

ii) definidos esses critérios pela legenda, o TSE realizará a distribuição dos recursos do FEFC ao diretório nacional (arts. 1.º, *caput*, 4.º, 5.º, *caput*, e 6.º, § 5.º);

iii) feita a distribuição pelo TSE, os candidatos filiados ao partido, para fim de acesso aos recursos, devem formular requerimento escrito ao diretório nacional, que então procederá à devida destinação conforme os critérios internos e percentuais referidos no item "a" acima (art. 8.º, *caput*, e parágrafo único);

iv) nos termos do art. 9.º da Resolução do TSE n. 23.605/2019, tem-se que "a regularidade dos gastos eleitorais realizados com recursos do FEFC por candidatas ou candidatos e por partidos políticos será analisada na respectiva prestação de contas de campanha eleitoral".

a)	A apuração dos percentuais do FEFC para candidaturas negras e femininas é realizada considerando-se o total de candidatos do partido em âmbito nacional
b)	A destinação do FEFC pela legenda a seus candidatos é definida pelo diretório nacional, observando-se suas normas internas e os critérios percentuais da Resolução do TSE n. 23.605/2019
c)	A prestação de contas de campanha acerca da regularidade da aplicação dos recursos é de responsabilidade de quem efetuou os gastos
d)	A responsabilidade pela prestação de contas da transferência dos recursos aos candidatos é da direção executiva nacional do partido

Feitas essas considerações, conclui-se que:

A regra apenas corporifica o pronunciamento definitivo do Supremo Tribunal Federal sobre a matéria, mas, como veremos, muitos outros aspectos dessa e de outras resoluções do TSE vieram dissipar dúvidas quanto à aplicação prática dessas diretrizes.

e) Desnecessidade de consideração da proporcionalidade nos estados e no Distrito Federal

Ao definir que a proporcionalidade das candidaturas de pessoas se dará na dimensão nacional, a norma deixa claro não haver necessidade de que a distribuição dos recursos leve em conta o percentual observado em cada estado ou no Distrito Federal.

É o **diretório ou comissão provisória nacional** quem detém o poder de decidir quais candidaturas de mulheres e de pessoas afro-brasileiras receberão aporte de recursos oriundos do FEFC. Os critérios que orientarão essa destinação são de natureza política, dizendo respeito à estratégia eleitoral definida pelo partido. Na alocação dos valores não será levada em conta a proporção observada nas circunscrições estadual e distrital. Por razões óbvias, o partido deverá observar o limite máximo de arrecadação previsto para cada candidatura.

Isso se justifica pela necessidade de conceder ao partido político a possibilidade de definir toda a sua estratégia nacional para a eleição efetiva de mulheres e de pessoas negras, com liberdade para carrear mais recursos para regiões do País onde a vitória eleitoral de afro-brasileiros seja mais provável.

Isso não se dá da mesma maneira com o Fundo Partidário, onde existe tratamento diferenciado para a matéria, segundo expressa definição legal consoante se verá seguir.

5.2.5.3. Uso restrito das verbas do FEFC e do Fundo Partidário destinadas a mulheres e a pessoas negras

É importante que se tenha presente que a Resolução do TSE n. 23.607/2019 estipula no § 6.º do seu art. 17 o seguinte:

> **Art. 17.** [...]
> § 6.º A verba do Fundo Especial de Financiamento das Campanhas (FEFC) destinada ao custeio das campanhas femininas e de pessoas negras **deve ser aplicada exclusivamente nestas campanhas, sendo ilícito o seu emprego no financiamento de outras campanhas não contempladas nas cotas a que se destinam**.

Como se vê, o uso das verbas do FEFC, **quando destinado ao fomento das candidaturas de pessoas negras e de mulheres, restringe-se à realização de despesas realizadas pelas campanhas a que foram originariamente destinadas**. Não se admite, por expressa vedação normativa, que a qualquer pretexto sejam tais valores totalmente ou em parte transferidos para outras candidaturas, salvo as contempladas pelas políticas afirmativas relativas ao sexo feminino.

Tampouco é possível que candidato negro contemplado com recursos em virtude dessa peculiaridade transfira recursos para candidatura feminina, a não ser que esta seja mulher negra. Os recursos concedidos à política de incentivo às candidaturas às pessoas negras e de mulheres não se comunicam entre si.

Sem embargo, essa regra admite temperamentos expressamente previstos no § 7.º do mesmo artigo acima citado. São duas as situações, que não chegam a representar exceções à regra firmada pelo § 6.º:

> **Art. 17.** [...]
>
> § 7.º O disposto no § 6.º deste artigo não impede: o pagamento de despesas comuns com candidatos do gênero masculino e de pessoas não negras; a transferência ao órgão partidário de verbas destinadas ao custeio da sua cota-parte em despesas coletivas, desde que haja benefício para campanhas femininas e de pessoas negras.

Aqui se entende claramente que **as despesas haverão de ser compartilhadas entre os candidatos** que decidiram realizar as despesas em conjunto, ficando cada um responsável pelo pagamento da parte que lhe toca em proporções igualitárias. Assim se evitam atos de mera simulação voltados a proporcionar a transferência de recursos vedada pela Resolução, como ocorreria, por exemplo, se candidato afro-brasileiro pagasse mais do que o não negro pela confecção de peça publicitária conjunta.

5.2.5.4. Sanções

a) Desvio de finalidade das verbas do FEFC destinadas às políticas afirmativas

A Resolução n. 23.607/2019 fixou sanções previstas para os casos de transferência de verbas do FEFC para outras candidaturas não inseridas na política afirmativa específica prevista nas normas.

Se o partido político deixou de transferir devidamente e na exata extensão do seu dever legal os recursos do FEFC para as candidaturas de afro-brasileiros, disso derivarão sérias consequências.

Segundo a primeira delas, contida no § 8.º do art. 17 da referida Resolução,

> **Art. 17.** [...]
>
> § 8.º O emprego ilícito de recursos do Fundo Especial de Financiamento das Campanhas (FEFC) nos termos dos §§ 6.º e 7.º deste artigo, inclusive na hipótese de desvio de finalidade, sujeitará os(as) responsáveis e beneficiárias ou beneficiários às sanções do art. 30-A da Lei n. 9.504/1997, sem prejuízo das demais cominações legais cabíveis.

Trata-se da representação por captação e gastos de recursos de campanha realizados ao arrepio da lei, conduta que sujeita o infrator à cassação do diploma eventualmente conquistado, nos termos do que dispõe o § 2.º do art. 30-A da Lei das Eleições.

Candidato branco que tenha declarado no momento do registro da sua candidatura possuir essa condição ficará sujeito à perda do diploma caso tenha sido beneficiado pelo FEFC ou pelo Fundo Partidário com recursos destinados a pessoas negras. A simples declaração falsa acerca da identidade racial não constitui razão suficiente para a aplicação do § 2.º do art. 30-A da LE. Mas se a essa manifestação se seguiu o recebimento de recursos destinados a candidaturas negras, então estaremos diante de um caso em que se reclama a cassação do diploma eleitoral.

A Resolução n. 23.729/2024 implementou diversas alterações na Resolução n. 23.609/2019, que disciplina o processo de registro de candidaturas, visando coibir discrepâncias em autodeclarações raciais e instituiu mecanismos de fiscalização para impedir que autodeclarações sejam empregadas estrategicamente para acessar indevidamente os fundos de cotas raciais. Dessa forma, garante-se que os recursos destinados às cotas raciais sejam efetivamente alocados a candidatos autenticamente negros.

Tais aperfeiçoamentos normativos estão amiúde tratados no capítulo deste livro, atinente ao *Processo Administrativo Eleitoral*, no tópico que trata do registro das candidaturas.

b) Outros veículos processuais

Observados os casos concretos, é de admitir em tese a possibilidade do manejo da ação de investigação judicial eleitoral (AIJE) (art. 22 da Lei de Inelegibilidades) e da ação de impugnação de mandato eletivo (art. 14, § 10, da CF).

A AIJE pode ter lugar, por exemplo, caso se comprove a ocorrência de abuso de poder político e econômico pelo dirigente partidário responsável pela transferência indevida de recursos originariamente destinadas a afro-brasileiros(as).

A ação de impugnação de mandato eletivo (AIME), por sua vez, é, a princípio, cabível desde que se comprove a ocorrência de corrupção, fraude ou de abuso de poder econômico. A fraude, aqui, pode se dar ante a falsificação de declarações sobre a matriz racial do candidato; o abuso de poder econômico radicaria, em tal hipótese, na destinação de verba destinada a candidatos que por ela não poderiam ser beneficiados.

c) A prova da fraude em matéria racial

À medida que as regulamentações evoluem, o processo de autodeclaração para identificação racial de candidatas e candidatos incorporou verificações rigorosas, como se pode ver no estudo do registro das candidaturas, tal como tratado em item próprio do presente livro. Contudo, na eventualidade de recursos das cotas serem indevidamente alocados a candidaturas que tenham manipulado sua autodeclaração, a situação poderá ser objeto de questionamento com base nas normas que disciplinam o abuso de poder político e econômico ou até mesmo por aplicação do disposto no § 2.º do art. 30-A da Lei das Eleições.

Nesse contexto, a avaliação da precisão da declaração racial será realizada por meio de **exame pericial**, com o magistrado responsável determinando a condução dessa forma de investigação.

d) Devolução de verbas

Além disso, assim dispõe o § 9.º do art. 17 da Resolução n. 23.607/2019:

> **Art. 17.** [...]
>
> § 9.º Na hipótese de repasse de recursos do FEFC em desacordo com as regras dispostas neste artigo, configura-se a aplicação irregular dos recursos, devendo o valor repassado irregularmente ser recolhido ao Tesouro Nacional pelo órgão ou candidata ou candidato que realizou o repasse tido por irregular, respondendo solidariamente pela devolução a pessoa recebedora, na medida dos recursos que houver utilizado.

Nesse caso a reprimenda é de ordem pecuniária, afetando diretamente tanto o ente partidário ou candidato(a) que operou a transferência ilícita da verba quanto aquele(a) que a recebeu, este último na dimensão exata do montante que o(a) beneficiou.

Portanto, sempre que houver redistribuição e uso indevido dos fundos designados para candidaturas contempladas pelas cotas, seja a cota para mulheres ou racial, a consequência para tais atos será a rejeição ou não aprovação das contas, conforme a severidade do caso, além da exigência de retorno ao Tesouro Nacional dos montantes indevidamente utilizados.

No tocante às candidatas que destinaram recursos especificamente alocados para mulheres a candidatos masculinos, **há precedentes no sentido de não considerar tais ações como irregulares, desde que evidenciado o benefício mútuo da parceria**. Um exemplo disso foi observado nos Embargos de Declaração no processo de análise das contas n. 0601039-94.2018.6.27.0000 pelo TRE-TO:

> ELEIÇÕES GERAIS 2018. EMBARGOS DE DECLARAÇÃO. PRESTAÇÃO DE CONTAS. CANDIDATA. DEPUTADA FEDERAL. MÉRITO. EFEITOS INFRINGENTES. IRREGULARIDADE AFASTADA. PROVIMENTO DOS EMBARGOS. APROVAÇÃO COM RESSALVAS.
>
> 1. Os embargos declaratórios destinam-se à supressão de omissão, contradição, obscuridade ou erro material do julgado (art. 275 do Código Eleitoral e art. 1.022 do novo CPC). Porém, quando a supressão de omissão, contradição, obscuridade ou erro material implicar na alteração do teor do julgado, aplicam-se os efeitos infringentes aos embargos.
>
> 2. A verba oriunda da reserva de recursos do Fundo Especial de Financiamento das Campanhas (FEFC), destinada ao custeio das candidaturas femininas, deve ser aplicada pela candidata no interesse de sua campanha ou de outras campanhas femininas, sendo ilícito o seu emprego, no todo ou em parte, exclusivamente para financiar candidaturas masculinas (art. 19, § 5.º, da Resolução TSE n. 23.553/2017).
>
> 3. Entretanto, o § 6.º do mesmo dispositivo, prevê exceções para a utilização de recursos do FEFC, sendo elas: pagamento de despesas comuns com candidatos do gênero masculino; transferência ao órgão partidário de verbas destinadas ao custeio da sua cota-parte em despesas coletivas; outros usos regulares dos recursos provenientes da cota de gênero, desde que, em todos os casos, haja benefício para campanhas femininas.
>
> 4. O recurso proveniente do FEFC, destinado ao custeio das candidaturas femininas, doados pela prestadora de contas aos candidatos do sexo masculino, na forma de "dobradinhas", com votação expressiva, demonstra nos autos o benefício da verba aplicada em prol da eleição da referida candidata (art. 19, § 6.º, RES/TSE n. 23.553/2017).
>
> 5. O Acórdão embargado foi contraditório, quando não considerou que os recursos repassados a outros candidatos, resultaram em aproveitamento deles no interesse da campanha da doadora, em benefício para a candidatura feminina, que no presente caso, contribuíram efetivamente para a eleição da candidata em questão.
>
> 6. Conhecidos os embargos de declaração e dado-lhes provimento, com efeitos infringentes, para suprimir a contradição apontada e aprovar, com ressalvas, as contas da candidata (TRE-TO, PC n. 06010399420186270000, Acórdão 060103994, Palmas-TO, rel. Des. Adelmar Aires Pimenta da Silva, j. 13.02.2019, *DJe* 15.02.2019).

Em caso similar, o TSE decidiu não admitir o Recurso Eleitoral Especial apresentado pelo Ministério Público:

> DIREITO ELEITORAL. RECURSO ESPECIAL ELEITORAL. ELEIÇÕES 2018. PRES-
> TAÇÃO DE CONTAS. APROVAÇÃO COM RESSALVAS. FUNDO ESPECIAL PARA
> FINANCIAMENTO DE CAMPANHA. DOAÇÃO A CANDIDATOS DO SEXO MAS-
> CULINO. NEGATIVA DE SEGUIMENTO. 1. Recurso especial eleitoral interposto con-
> tra acórdão que, em sede de embargos de declaração, aprovou com ressalvas as contas de
> campanha para o cargo de deputada federal nas Eleições 2018. 2. De início, não prospera
> a tese de violação ao art. 275 do Código Eleitoral e art. 1.022 do Código de Processo Civil,
> porquanto o acórdão recorrido reconheceu a existência de contradição na decisão embar-
> gada, tendo em vista o permissivo contido no art. 19, § 6.º, da Res.-TSE n. 23.553/2017.
> 3. No caso, o TRE/TO assentou que as doações feitas pela prestadora de contas com re-
> cursos do Fundo Especial de Financiamento das Campanhas — FEFC a candidatos do
> sexo masculino, para o financiamento de "dobradinhas" com deputados estaduais, de-
> monstrou o benefício da verba em prol de sua campanha, resultando, inclusive, em sua
> eleição. 4. Para chegar às conclusões pretendidas pelo recorrente, no sentido de que não
> houve benesse à candidata com as doações realizadas, seria necessário o revolvimento do
> acervo fático-probatório dos autos. Referido procedimento é vedado nesta instância espe-
> cial, nos termos da Súmula n. 24/TSE, segundo a qual "não cabe recurso especial eleitoral
> para simples reexame do conjunto fático-probatório". 5. Recurso especial eleitoral a que
> se nega seguimento (TSE, REspe 06010399420186270000, Palmas/TO, rel. Min. Luís
> Roberto Barroso, j. 07.11.2019, *DJe* 11.11.2019, n. 217).

Nesse mesmo contexto, a questão foi avaliada em uma Representação sob o art.
30-A da Lei das Eleições, resultando em um veredito de improcedência:

> REPRESENTAÇÃO. CAPTAÇÃO E GASTO ILÍCITO DE RECURSOS. ELEIÇÕES
> GERAIS 2018. ART. 30-A DA LEI N. 9.504/97. PRELIMINAR DE PERDA DO OBJETO
> E FALTA DE INTERESSE PROCESSUAL. REJEITADA. USO INDEVIDO DE RE-
> CURSOS DO FUNDO ESPECIAL DE FINANCIAMENTO DE CAMPANHA DA MU-
> LHER PARA CANDIDATURAS MASCULINAS SEM O CORRESPONDENTE BE-
> NEFÍCIO DA CANDIDATURA DA REPRESENTADA. ILICITUDE NÃO
> CARACTERIZADA. APLICAÇÃO DA TERCEIRA EXCEÇÃO DO § 6.º DO ART. 19
> DA RESOLUÇÃO TSE N. 23.553/2017. RECIPROCIDADE DE BENEFÍCIOS ENTRE
> CANDIDATURAS "DOBRADAS". IMPROCEDÊNCIA DA REPRESENTAÇÃO. Tra-
> ta-se de Representação Eleitoral por suposta infringência da Lei n. 9.504/97 e da Resolu-
> ção TSE n. 23.553/2017. As alegações lastreiam-se no fato da Representada Dulce Ferreira
> Pagani Miranda ter distribuído recursos do Fundo Especial de Financiamento de Campa-
> nha específico para mulheres (FEFC-MULHER) para as candidaturas masculinas de
> Antônio Jair Abreu Farias, Nilton Bandeira Franco e José Haroldo Nunes de Azevedo, nas
> Eleições de 2018, sem o correspondente benefício para a candidata doadora, segundo o
> Representante, contrariando o disposto nos §§ 5.º e 6.º do art. 19 da Resolução TSE n.
> 23.553/2017, e consequentemente a incidência ao § 7.º do referido dispositivo. Sobre a te-
> mática em questão, necessário é destacar o entendimento do Ministro Jorge Mussi do
> Tribunal Superior Eleitoral esboçado no Recurso Especial n. 0601702-71.2018.6.08.0000,
> oriundo do Estado do Espírito Santo, por meio do qual ampliou-se o escopo das chamadas
> candidaturas "dobradas" para além do que seria o pagamento de despesas comuns às can-
> didaturas, conferindo peso e importância à reciprocidade do apoio político conjunto, ma-
> terializado nas caminhadas, reuniões, comícios e outras atividades conjuntas de campa-
> nha. No presente caso em análise, há provas das "dobradinhas" entre a Representada e os

candidatos a deputado estadual, Antônio Jair Abreu Farias, Nilton Bandeira Franco e José Haroldo Nunes de Avezedo, nas Eleições de 2018, por meio das matérias jornalísticas divulgadas em *sites* e fotos com os candidatos em campanha eleitoral, bem como de acordo com a descrição feita no Relatório de Doações a Outros Candidatos (SPCE) constante da prestação de contas da Representada, em que restou demonstrado que o material gráfico doado (doações estimáveis, não as doações financeiras objeto do imbróglio) fez divulgação da candidata em conjunto com os candidatos beneficiados e, ainda, em consonância à oitiva das testemunhas inquiridas em juízo, atendendo, assim, ao que dispõe o art. 19, § 6.º, da citada Resolução. Portanto, a reciprocidade de benefícios restou demonstrada e o amoldamento da conduta à terceira exceção contida no § 6.º do art. 19 da Resolução TSE n. 23.553/2017 sobre "outros usos regulares dos recursos provenientes da cota de gênero; desde que, em todos os casos, haja benefício para campanhas femininas". Julgados colacionados. Improcedência. Unanimidade (TRE-TO, RP 06014669120186270000, Palmas-TO, Acórdão 060146691, rel. Des. Rubem Ribeiro de Carvalho, j. 28.05.2020, *DJe* 02.06.2020, Tomo 96).

A situação mencionada teve como referência uma decisão do Tribunal Regional Eleitoral do Espírito Santo (TRE-ES) durante a análise da Prestação de Contas de n. 0601702-71.2018.6.08.0000:

ELEIÇÕES 2018. PRESTAÇÃO DE CONTAS DE CANDIDATO. VERBAS DO FUNDO PARTIDÁRIO E FEFC. ALTERAÇÃO DA RESOLUÇÃO N. 23.553/2017. RESOLUÇÃO N. 23.575/2018. INCLUSÃO DOS ARTS. 19, §§ 5.º A 7.º, E 21, §§ 6.º A 8.º. COMPROVAÇÃO NA PRESTAÇÃO DE CONTAS DOS BENEFÍCIOS À CANDIDATURA FEMININA. REGULARIDADE. APROVAÇÃO COM RESSALVAS.

1. Com a edição da Resolução n. 23.575/2018, alterando a Resolução n. 23.553/2017, foram criados os arts. 19, §§ 5.º a 7.º, e 21, §§ 6.º a 8.º, dispondo sobre a utilização de verbas do Fundo Partidário e Fundo Especial de Financiamento Coletivo.

2. Tal alteração garante, de início, que a candidata seja a senhora, a dona do recurso e, nessa discricionariedade, levando em consideração a dinâmica da política, cabe única e exclusivamente à mulher tomar essa decisão, no sentido de definir se será vantajosa uma casadinha com determinado candidato. Releva destacar que o Relator da Res. n. 23.575/2018, que alterou a Res. n. 23.553/2017, Min. Luís Roberto Barroso, entendeu que somente é ilegítimo o uso dos recursos com benefício exclusivo da candidatura masculina. Isso porque a razão da lei é fazer com que as mulheres possam ter dinheiro para financiar as suas campanhas e consigam se eleger. Então não é só fornecer recursos financeiros, mas também dar condições para que elas possam tomar essas decisões, serem eleitas e representar o parlamento de uma maneira mais isonômica.

3. Havendo legítimo interesse da sua candidatura — o que, por si só, afasta o "benefício exclusivo da campanha masculina" —, as candidatas poderão realizar todas as despesas eleitorais lícitas, como inclusive dispôs a Resolução n. 23.553/2017 (art. 19, § 6.º; e art. 21, § 7.º), ao estabelecer uma cláusula aberta que legitima "outros usos regulares dos recursos provenientes da cota de gênero". Portanto, se a cota de gênero é destinada ao custeio de despesas de campanha das candidatas, o melhor ponto de partida para a compreensão do significado e alcance do aludido permissivo é o art. 37 da Resolução n. 23.553/2017, que enumera exemplificativamente os gastos eleitorais legítimos.

4. O que a norma pretende evitar são as candidaturas ditas "laranjas", isto é, pretende evitar a consecução de fraude, por meio de interposta candidatura, que ocorreria na situação de a candidata receber os recursos e repassá-los no todo ou em parte, mas se observa, nitidamente, que o objetivo não seria elegê-la. Derradeiramente, essa não é a hipótese dos autos. A candidata LAURIETE foi eleita. Extremamente bem votada e obteve votos consideráveis em redutos eleitorais onde não milita ou milita pouco politicamente de forma inexpressiva. Os votos obtidos pela candidata eleita em algumas regiões — parece-me — foram fruto do apoio de candidatos do sexo masculino que possuem identidade histórica nesses redutos, que são os mesmos que foram beneficiados com as doações desses recursos.

5. A campanha casada (candidata + candidato) se revela real e fidedigna com a comprovação razoável desses materiais de campanha. Todavia, ela não se aperfeiçoa somente dessa forma. É lícito que o candidato do sexo masculino tenha certa liberdade para que, de acordo com sua experiência e tirocínio político, possa usar os recursos recebidos a título de doação, para sua própria campanha, estrategicamente. O benefício à candidatura feminina se dá, por exemplo, com uma simples caminhada em determinados redutos ou discurso em benefício da sua parceira eleitoral. O simples ato de pedir votos já denota essa parceria, que não se faz sem deslocamentos e dispêndios de recursos.

4. No caso ora analisado, entendo, sem qualquer dúvida, que o desiderato da norma foi atingido. A candidata recebeu, do Fundo Partidário, a quantia de R$ 2.000.000,00 (dois milhões de reais), bem como o valor de R$ 300.000,00 (trezentos mil reais) do Fundo Especial de Financiamento Coletivo. Desse total, a prestadora fez doação de R$ 97.200,00, provenientes do Fundo Partidário, e R$ 108.000,00 decorrentes do FEFC, aos candidatos do sexo masculino. Entendo que, com as alianças firmadas com os candidatos beneficiados com as referidas doações, foram adotados critérios razoáveis e proporcionais, de forma que não há que se cogitar de desvirtuamento ou desvio de finalidade no uso desses recursos.

5. Contas aprovadas com ressalvas (TRE-ES, PC 060170271, Resolução n. 344, VitóRIA-ES, rel. Des. Rodrigo Marques de Abreu Júdice, j. 18.12.2018, *DJe* 18.12.2018).

Em um cenário distinto, o TSE recusou dar prosseguimento ao Agravo de Instrumento referente ao processo de n. 0602137-77.2018.6.14.0000, preservando a determinação previamente estabelecida pelo Tribunal Regional Eleitoral do Pará (TRE-PA).

A decisão tomada levou em consideração as particularidades regionais empregadas nas estratégias de campanha para o sucesso eleitoral:

"A seu turno, das premissas fáticas delineadas nestes autos depreendo a adoção de estratégia eleitoral relacionada ao financiamento cruzado de campanhas, com vistas a impulsionar a candidatura da agravada nos diversos municípios do estado.

Entender de modo contrário eventualmente resultaria em desconsiderar peculiaridades regionais, assim como prejudicaria a autonomia das candidatas mulheres em estabelecer ligações políticas a fim de se lançarem candidatas e obterem maior projeção por meio de parcerias (candidaturas casadas) com candidatos do gênero masculino, conforme assinala a PGE".

Identifica-se que decisões já foram tomadas excluindo a irregularidade em situações pontuais, nas quais se evidenciaram vantagens para as campanhas de candidatas femininas, levando, consequentemente, à eleição dessas candidatas.

Em circunstâncias nas quais os benefícios não são comprovados e não resultam em êxito eleitoral, a conduta pode ser considerada irregular, implicando na necessidade de restituição dos valores utilizados.

Ressalto, todavia, que esse precedentes não se aplicam às eleições de 2022 em diante, tendo em vista as rigorosas regras introduzidas nos §§ 6.º e 7.º da Resolução do TSE n. 23.607/2019, anteriormente estudados.

5.2.5.5. *Contagem em dobro dos votos*

A já referida Resolução do TSE n. 23.605/2019, fundada no que estipulou o art. 2.º da Emenda Constitucional n. 111, firmou no § 3.º-A do seu art. 5.º que: "Para fins de distribuição entre os partidos políticos dos recursos do Fundo Partidário e do FEFC, os votos dados a candidatas ou a candidatos negras(os) para a Câmara dos Deputados nas eleições realizadas de 2022 a 2030 **serão contados em dobro.**

Cuida-se de medida alvissareira, que terá uso inédito nas eleições que se avizinham, voltada a incentivar os dirigentes partidários a estimular e valorizar estrategicamente as candidaturas de pessoas negras e de mulheres.

Assim, **ao passo em que se assegura às candidaturas afro-brasileiras recursos aptos a dar-lhes suporte econômico,** cuidou o constituinte derivado de premiar os partidos que asseguraram efetividade a essa franquia financeira. Assim, o partido que mais converter em votos o incentivo financeiro que haverá de destinar às candidaturas negras, mais fruirá dos benefícios pecuniários que defluirão desse êxito.

5.2.6. O Fundo Partidário

Quanto ao Fundo Especial de Assistência Financeira aos Partidos Políticos, ou Fundo Partidário, o tema vem tratado nos arts. 38 a 44 da Lei dos Partidos Políticos (Lei n. 9.096/1997). São as seguintes as origens dos recursos integrantes do Fundo:

> **Art. 38.** [...]
> I — multas e penalidades pecuniárias aplicadas nos termos do Código Eleitoral e leis conexas;
> II — recursos financeiros que lhe forem destinados por lei, em caráter permanente ou eventual;
> III — doações de pessoa física ou jurídica, efetuadas por intermédio de depósitos bancários diretamente na conta do Fundo Partidário;
> IV — dotações orçamentárias da União em valor nunca inferior, cada ano, ao número de eleitores inscritos em 31 de dezembro do ano anterior ao da proposta orçamentária, multiplicados por trinta e cinco centavos de real, em valores de agosto de 1995.

A Lei dos Partidos Políticos admite, expressamente, a possibilidade de os **recursos do Fundo Partidário** serem utilizados para o **financiamento de candidaturas.** Essa destinação está presente no seu art. 44, inciso III. A legislação **não fixa,** todavia, **critérios** para a distribuição de tais verbas entre os diversos candidatos apresentados por cada partido. Trata-se, pois, de **matéria reservada à vida interna dos partidos** políticos, que pode livremente dispor sobre a forma como deverá ser feita essa distribuição.

O tema do financiamento público de candidaturas de mulheres e de pessoas negras ganha contornos diferentes daqueles que orientam o FEFC quando se tem em conta o uso de verbas do Fundo Especial de Assistência Financeira aos Partidos Políticos (Fundo Partidário).

Aqui a situação é distinta: para esses recursos específicos, observa-se a **circunscrição do pleito, e não o espectro nacional**. É o que consta do art. 19 da Resolução do TSE n. 23.607/2019, que dispõe sobre a arrecadação e gastos de recursos e prestação de contas:

> **Art. 19.** Os partidos políticos podem aplicar nas campanhas eleitorais os recursos do **Fundo Partidário**, inclusive aqueles recebidos em exercícios anteriores.
>
> [...]
>
> § 3.º Para o financiamento de candidaturas femininas e de pessoas negras, a representação do partido político na circunscrição do pleito deve destinar os seguintes percentuais relativos aos seus gastos contratados com recursos do Fundo Partidário: (Redação dada pela Resolução n. 23.665/2021)
>
> [...]
>
> II — para as candidaturas de pessoas negras o percentual corresponderá à proporção de:
>
> *a*) mulheres negras e não negras do gênero feminino do partido; e
>
> *b*) homens negros e não negros do gênero masculino do partido;
>
> III — os percentuais de candidaturas femininas e de candidaturas de pessoas negras serão obtidos pela razão dessas candidaturas em relação ao total de candidaturas do partido em âmbito nacional, sendo os percentuais apurados pelo Tribunal Superior Eleitoral ao término do registro de candidatura, observado o calendário eleitoral, e divulgados na página sua página da internet. (Redação dada pela Resolução n. 23.731/2024)
>
> [...]
>
> § 4.º-A A regularidade da aplicação mínima dos percentuais mencionados nos incisos I e II do § 3.º deste artigo será apurada na prestação de contas da representação do partido político na circunscrição do pleito.

Como se vê da redação do § 4.º-A do art. 19 da Resolução do TSE n. 23.607/2019, enquanto os recursos do FEFC são geridos e sujeitos à prestação de contas pelos órgãos partidários nacionais, as verbas do **Fundo Partidário**, quando em uso para financiamento de campanhas, são movimentadas e submetidas a prestação de contas pelos órgãos partidários aos quais tais verbas foram dirigidas.

Vale ressaltar que a proporcionalidade nacional observada nos recursos do FEFC não se aplica às normas atinentes à prestação de contas sobre as verbas de campanha provenientes do Fundo Partidário. Na apreciação da Consulta n. 0600401-72.2022.6.00.0000 — Brasília/DF, o Tribunal Superior Eleitoral, na sessão de 18 de agosto de 2022, respondeu negativamente à seguinte indagação:

> Questionamento 1: "Pode-se adotar o âmbito nacional de fiscalização de recursos do Fundo Partidário destinados às candidaturas de mulheres e pessoas negras, tal como feito pelo art. 17 da Resolução do TSE n. 23.607/2019, com as alterações promovidas pela Res. 23.665/2021, no tocante ao Fundo Especial de Financiamento de Campanhas (FEFC),

possibilitando que a regularidade da aplicação mínima dos referidos percentuais sejam apurados na prestação de contas somente do diretório nacional do partido político, dispensando-se os órgãos dirigentes estaduais de tal incumbência no tocante aos recursos que eventualmente tenham recebido?"

Isso nos permite afirmar que **a prestação de contas eleitorais alusiva ao Fundo Partidário não se submete à verificação em âmbito nacional**, devendo, por conseguinte, ser julgada na esfera de competência originária do órgão do Poder Judiciário Eleitoral correspondente à espécie de cargo eletivo disputado.

5.2.7. Fonte de financiamento vedada

5.2.7.1. *Proibição de doação por pessoas jurídicas*

a) Revogação e declaração de inconstitucionalidade

O art. 81 da Lei das Eleições, que **autorizava** a realização de **doações** por **pessoas jurídicas**, restou expressamente **revogado** por determinação expressa do art. 15 da Lei n. 13.165/2015. Além disso, o Supremo Tribunal Federal já havia declarado **inconstitucional** o referido dispositivo, quando do julgamento da **ADI n. 4.650**. A decisão, por oito votos a três, foi tomada em 17 de setembro de 2015. Diversos fundamentos presentes na Constituição foram invocados, mas podem ser destacados aqueles que negam às pessoas jurídicas a titularidade de direitos políticos. Empresas não detêm cidadania; não podem, por conseguinte, influir decisivamente nos pleitos eleitorais por meio do uso das suas riquezas.

Chama a atenção, quanto à fundamentação do julgamento (democracia, princípio republicado, cidadania etc.), a sua condição de direitos fundamentais. Em suma, **o STF concluiu que o financiamento empresarial de campanhas viola preceitos que a própria Constituição trata como irrevogáveis ao assegurar-lhes a condição de cláusulas pétreas**. Isso implica dizer que, assim como pontuado pelo Ministro Marco Aurélio de Mello, nem mesmo uma proposta de emenda à Constituição pode reavivar a chama do dinheiro empresarial desequilibrando os pleitos eleitorais.

Até agora, segmentos numericamente diminutos vinham controlando com a sua fortuna a sorte das candidaturas. Estudos recentes demonstram que os eleitos gastam onze vezes mais que o total despendido pelos derrotados.

Não é de fato o empresariado brasileiro quem abastece as campanhas eleitorais, senão percentual irrelevante de megaempresas que se nutrem dos cofres públicos. Empreiteiras, bancos e grandes beneficiários de verbas do BNDES encimam as listas de grandes doadores. Resultado: apenas 10 empresas financiaram as campanhas de 70% dos deputados eleitos em 2014. Planos de saúde, universidades privadas e outras instituições submetidas ao controle governamental de suas atividades também estão entre os "generosos" campeões de verbas de campanha.

Esse fenômeno inibe a livre concorrência ao afastar as empresas em geral da possibilidade de contratar com o governo. Além disso, facilita a concessão de suborno a autoridades por formas lícitas, dificultando o trabalho dos órgãos de fiscalização.

Por outro lado, o argumento de que o fim do financiamento empresarial aumentará o caixa dois é pueril: parte da visão preconceituosa de que nosso empresariado é composto por foras da lei. A maioria se deterá pela decisão do Supremo Tribunal Federal de banir essa prática. Os segmentos não afetos à observância da lei, minoritários, terão que se deparar com a norma penal em caso de persistirem na conduta.

O financiamento das campanhas deve estar a cargo dos próprios cidadãos, aos quais a Constituição devota a titularidade do poder político. A política deve ser exercida pela cidadania. As empresas devem seguir na sua imprescindível função de dar sustentabilidade econômica ao País, disputando em condições de igualdade os contratos governamentais.

Felizmente, a Lei das Eleições prevê o modelo plural de fontes de financiamento, no qual a participação individual dos cidadãos está contemplada. Assim, é plenamente possível obter verbas para campanhas num quadro de vedação de fontes empresariais.

Fato é que, desde as Eleições Municipais de 2016, não houve mais de se falar em doação de empresas para campanhas políticas.

b) Outras fontes vedadas

O art. 24 da Lei estipula expressa **vedação de recebimento** de recursos em dinheiro ou estimáveis em moeda corrente, direta ou indiretamente, inclusive por meio de publicidade de qualquer espécie, procedente de:

INCISO	ENTIDADES PROIBIDAS DE DOAR
I	Entidade ou governo estrangeiro
II	Órgão da administração pública direta e indireta ou fundação mantida com recursos do poder público
III	Concessionário ou permissionário de serviço público
IV	Entidade de direito privado que receba contribuição compulsória em virtude de disposição legal
V	Entidade de utilidade pública
VI	Entidade de classe ou sindical
VII	Pessoa jurídica sem fins lucrativos que receba recursos do exterior
VIII	Entidades beneficentes e religiosas
IX	Entidades esportivas
X	Organizações não governamentais que recebam recursos públicos
XI	Organizações da sociedade civil de interesse público

5.2.7.2. Sanções para a arrecadação ilícita de verbas de campanha

a) Configuração de abuso do poder econômico

O uso de **verbas** de origem ilegal para o **financiamento** de campanhas eleitorais deve conduzir ao **reconhecimento** da presença do abuso do poder econômico.

É importante registrar que, desde o advento da Lei da Ficha Limpa (LC n. 135/2010), não há mais que se falar em demonstração da potencialidade de impacto do ato no resultado do pleito para a demonstração da sua abusividade. Basta, nos termos do que dispõe o inciso XVI do art. 22 da Lei de Inelegibilidades (LI), demonstrar a conduta.

O recebimento de recursos de fontes ilícitas para incrementar as verbas de campanha constitui ato abusivo, flagrante e induvidoso. É evidente o desequilíbrio entre as forças em disputa provocado pelo acesso a verbas vedadas pela lei. Se o candidato se vale desse meio para embalar a sua campanha estará forçosamente incidindo no quanto dispõem os arts. 1.º, I, *d*, e 22, XIV, da Lei de Inelegibilidades.

O uso de fontes vedadas de financiamento — o que inclui o uso de verbas de ordem empresarial — foi rechaçado pelo legislador e, com forte fundamentação, pelo Supremo Tribunal Federal, justamente por caracterizar meio de influência indevida nas eleições, com o fito de suprimir a sua lisura. O tema é de tamanha transcendência e gravidade que mereceu tratamento na Declaração Universal dos Direitos Humanos, que, em seu art. XXI, 3, proclama o direito de todo ser humano a eleições não apenas periódicas, mas fundamentalmente legítimas.

A falta de reconhecimento do caráter abusivo da conduta, quando demonstrado o acesso a verbas de campanha não autorizadas por lei, dependerá da comprovação de que não se vislumbra qualquer gravidade. Não será grave o recebimento de quantia ínfima, insuscetível de gerar vantagem para o candidato. Mas mesmo isso deve ser aferido contextualmente: quantia que nada representa de significativo em uma campanha para senador da República pode ser relevante numa campanha para vereador.

Os precedentes do TSE já afirmam que o denominado "caixa dois" configura a prática de abuso do poder econômico:

> [...] 1. A utilização de "caixa dois" configura abuso de poder econômico, com a força de influenciar ilicitamente o resultado do pleito. [...] 3. A aprovação das contas de campanha não obsta o ajuizamento de ação que visa a apurar eventual abuso de poder econômico. Precedentes. [...] NE: Trecho do voto do relator: "[...] para a caracterização de abuso do poder econômico levam-se em conta elementos e requisitos diferentes daqueles observados no julgamento das contas [...]" (Ac. de 19.12.2007 no REspe 28.387, rel. Min. Carlos Ayres Britto).

Segundo o acórdão recorrido, estaria sobejamente demonstrada a prática de captação e gasto ilícito de recursos, apto a configurar abuso do poder econômico, **tendo sido ressaltada a existência de caixa dois, em razão da movimentação de todos os gastos eleitorais sem transitar pela conta bancária de campanha**, aberta tardiamente, além de terem sido apresentadas contas retificadoras com alteração substancial dos valores sem justificativa para tal, prática punível na forma do disposto nos arts. 30-A da Lei das Eleições e 14, § 10, da CF (REspe n. 131.064, Ac. 17.11.2015, rel. Min. Maria Thereza Rocha de Assis Moura, *DJe* de 14.12.2015, v. 1, t. 235, p. 168-169).

Presente o abuso de poder econômico decorrente do recebimento de doações empresariais ou de outras fontes vedadas, aplicam-se, com alicerce no inciso XIV do art. 22 da LI, as seguintes medidas:

a) cassação do diploma eventualmente outorgado ao candidato que a praticou ou por ela foi beneficiado;

b) inelegibilidade de todos os que participaram da conduta.

Até mesmo o **candidato derrotado** que tenha se **valido** de meios **inidôneos** para **financiar sua campanha** pode ser objeto de **investigação** judicial com o objetivo de atribuir-lhe a **inelegibilidade**. Como a lei **não exige** mais a **potencialidade** de impacto no resultado do pleito, descabe **discutir** se o praticante do abuso foi **bem-sucedido ou não** em seu objetivo de atingir o mandato.

A norma se ocupa dos meios empregados pelo candidato em sua campanha, não dos resultados que atingiu em decorrência. Trata-se de importante mecanismo de inibição de abusos na captação de verbas de campanha.

b) Aplicação do art. 30-A da Lei das Eleições

O reconhecimento de que o uso em campanha de verbas provenientes de fontes ilícitas constitui evidente ato de abuso econômico não afasta a incidência do comando legal inserto no art. 30-A da Lei das Eleições, a seguir transcrito:

> **Art. 30-A.** Qualquer partido político ou coligação poderá representar à Justiça Eleitoral, no prazo de 15 (quinze) dias da diplomação, relatando fatos e indicando provas, e pedir a abertura de investigação judicial para apurar condutas em desacordo com as normas desta Lei, relativas à arrecadação e gastos de recursos.
>
> § 1.º Na apuração de que trata este artigo, aplicar-se-á o procedimento previsto no art. 22 da Lei Complementar n. 64, de 18 de maio de 1990, no que couber.
>
> § 2.º Comprovados captação ou gastos ilícitos de recursos, para fins eleitorais, será negado diploma ao candidato, ou cassado, se já houver sido outorgado.
>
> § 3.º O prazo de recurso contra decisões proferidas em representações propostas com base neste artigo será de 3 (três) dias, a contar da data da publicação do julgamento no *Diário Oficial*.

Trata-se de representação que, conquanto siga o mesmo rito definido para a Investigação Judicial Eleitoral, com esta não se confunde. A Ação de Investigação Judicial Eleitoral (AIJE) será sempre utilizada para a discussão em Juízo das práticas de abuso de poder. Aqui, cuida-se de **infração** à Lei das Eleições, naquilo em que esta dispõe sobre as normas a serem observadas **quando da obtenção de receitas** ou da realização de **gastos** eleitorais, reclamando a aplicação da sanção previstas no § 2.º do mesmo art. 30-A da LE, ou seja, negativa de concessão do diploma ou sua desconstituição.

Registre-se que a aplicação do art. 30-A da LE, quando proferida ou confirmada por órgão jurisdicional colegiado, induz à inelegibilidade prevista no art. 1.º, I, *j*, da Lei de Inelegibilidades.

5.2.8. O início da arrecadação

Dispõe o § 1.º do art. 22 da LE que os bancos são obrigados a:

INCISO	OBRIGAÇÕES BANCÁRIAS EM CAMPANHAS ELEITORAIS
I	Acatar, em até três dias, o pedido de abertura de conta de qualquer candidato escolhido em convenção, sem condicionar a depósito mínimo e à cobrança de taxas ou outras despesas de manutenção
II	Identificar, nos extratos bancários das contas correntes, o CPF ou o CNPJ do doador
III	Encerrar a conta bancária no final do ano da eleição, transferindo a totalidade do saldo para a conta bancária do órgão de direção indicado pelo partido e informar o fato à Justiça Eleitoral

Deve-se ter em mente que a exigência de abertura de conta de campanha não se aplica aos casos de candidatura para prefeito e vereador em municípios onde não haja agência bancária ou posto de atendimento bancário. É o que dispõe o § 2.º do art. 22 da LE, acrescentado pela Lei n. 13.165/2015.

Admite-se, também, a abertura de tal conta em bancos digitais.

Destaca-se que a abertura da conta bancária deve ocorrer em até 10 dias após a obtenção do CNPJ da campanha. Considerando que as instituições bancárias dispõem de até 3 dias úteis para abrir a conta, não é recomendável adiar esse procedimento até o limite do prazo. Idealmente, a solicitação para abertura da conta deve ser iniciada até o sétimo dia do prazo estabelecido, requerendo ao banco o protocolo dessa requisição, incluindo a data, para assegurar, em caso de não abertura, a prova de que o pedido foi feito de maneira oportuna à Justiça Eleitoral.

Ao fazer a solicitação junto ao banco, **é importante levar consigo a legislação que estipula o prazo (art. 12, inciso I, da Resolução n. 23.607/2019) e também o Comunicado BACEN n. 35.979/20**. Qualquer **recusa ou demora na abertura da conta por parte do banco pode implicar em responsabilidade criminal para o gerente da agência**, conforme previsto no art. 347 do Código Eleitoral.

> **Art. 347.** Recusar alguém cumprimento ou obediência a diligências, ordens ou instruções da Justiça Eleitoral ou opor embaraços à sua execução:
>
> Pena — detenção de três meses a um ano e pagamento de 10 a 20 dias-multa.

Além disso, para solicitar a abertura da conta bancária é necessário o RAC — Requerimento de Abertura de Conta, que fica disponibilizado no site do TSE[3].

5.2.9. A forma da arrecadação

Diz o § 4.º do art. 23 da LE que as **doações** de recursos financeiros somente poderão ser **efetuadas** na **conta** bancária aberta para o fim **exclusivo** de servir à movimentação de **recursos** financeiros pelo candidato. Tomando decisão em questão de ordem, em 2002, o TSE revogou a Súmula 16, cujo teor era o seguinte:

> **SÚMULA 16 DO TSE:** A falta de abertura de conta bancária específica não é fundamento suficiente para a rejeição de contas de campanha eleitoral, desde que, por outros meios, se possa demonstrar sua regularidade (art. 34 da Lei n. 9.096, de 19.09.1995).

Desde então, o Tribunal Superior Eleitoral passou a afirmar que: "É obrigatório para o partido político e para os candidatos abrir conta bancária específica para registrar todo o movimento financeiro da campanha (art. 22 da Lei n. 9.504/1997). [...]". (Ac. de 17.04.2007 no AgRgAg n. 6.226, rel. Min. Gerardo Grossi).

Os depósitos em tais contas só poderão ser efetuados por uma das seguintes formas:

---

[3] Disponível em: https://www.tse.jus.br/eleicoes/eleicoes-2022/prestacao-de-contas/requerimento-de-abertura-de-conta-bancaria-rac-e-autenticacao.

> I. cheques cruzados e nominais ou transferência eletrônica de depósitos;
>
> II. depósitos em espécie devidamente identificados até o limite fixado no inciso I do § 1.º do mesmo art. 23 da LE;
>
> III. mecanismo disponível em sítio do candidato, partido ou coligação na internet, como já mencionado no item 4.4.

De acordo com o § 1.º do art. 21 da Resolução do TSE n. 23.607/20219, "As **doações** financeiras de **valor igual ou superior** a R$ 1.064,10 (mil e sessenta e quatro reais e dez centavos) só poderão ser realizadas **mediante transferência eletrônica** entre as contas bancárias da doadora ou do doador e da beneficiária ou do beneficiário da doação ou **cheque cruzado e nominal**".

Admite-se também, para tal finalidade, o uso do PIX, desde que o dinheiro provenha de conta ostentada por pessoa física e utilize como chave o CNPJ da campanha.

Aliás, uma das falhas mais frequentes na prática das prestações de contas eleitorais é justamente a falta de identificação precisa do doador. Trata-se de irregularidade grave que inviabiliza o alcance das finalidades de transparência pretendidas pelo legislador.

A lei isenta candidatos, partidos e coligações de qualquer responsabilidade por fraudes ou erros cometidos pelo doador sem conhecimento daqueles, na hipótese de doações realizadas por meio das modalidades previstas nos incisos III e IV do § 4.º (art. 23, § 6.º, da LE).

5.3. AS DESPESAS DE CAMPANHA

5.3.1. Aspectos gerais

Segundo dispõe o art. 17 da Lei das Eleições: "As despesas da campanha eleitoral serão realizadas sob a responsabilidade dos partidos, ou de seus candidatos, e financiadas na forma desta Lei".

Com efeito, a candidatura é a véspera do exercício do mandato. Está, pois, impregnada por eloquente vocação publicística, mantendo, assim, maior proximidade com a Administração do que com o universo eminentemente privado para vida partidária interna. Nesse campo, como em diversos outros, as atividades político-partidárias são marcadas pelo interesse público em seu controle pelas vias institucionais. Por isso mesmo, a atividade partidária, apesar de tipicamente privada, está envolta em contornos de matriz social que autorizam a responsabilização daqueles que falham com os deveres impostos pelas leis.

A arrecadação de fundos e a realização das respectivas despesas de campanha não pode se dar de modo arbitrário. Ambas as atividades devem se ater aos princípios da moralidade, da legalidade e da publicidade.

Maria Sylvia Zanella Di Pietro afirma que o princípio da moralidade resta negativamente afetado

> [...] quando o conteúdo de determinado ato contrariar o senso comum de honestidade, retidão, equilíbrio, justiça, respeito à dignidade do ser humano, à boa-fé, ao trabalho, à ética das instituições. A moralidade exige proporcionalidade entre os meios e os fins a atingir; entre os sacrifícios impostos à coletividade e os benefícios por ela auferidos;

entre as vantagens usufruídas pelas autoridades públicas e os encargos impostos à maioria dos cidadãos.

Essa lição, extraída da seara do Direito Administrativo, bem se amolda aos domínios do Eleitoral. Desborda da moralidade jurídica a conduta do partido ou candidato que implique ofensa às finalidades próprias do processo eleitoral, resultando em quebra da igualdade de oportunidades ou na adoção de condutas incompatíveis com a legitimidade de que devem se revestir os pleitos. A busca de meios inidôneos — ainda que não especificamente vedados pela lei — para a obtenção de verbas para a campanha basta para fazer surgir a necessidade de responsabilização do agente.

Adota-se, por outro lado, o princípio da legalidade. Aqui, refere-se à legalidade estrita. Como veremos nas disposições a seguir, a lei estabelece vários limites à arrecadação e aos gastos de campanha. Não se trata de atividades livres, mas vinculadas por força de lei. O conceito pode ser mais bem afirmado segundo a máxima: a obtenção e movimentação de fundos de campanha só pode ocorrer no tempo e na forma expressamente autorizados pela legislação de referência.

O terceiro princípio é o da **publicidade**. Os recursos angariados pelos partidos políticos e candidatos não integram a sua reserva de privacidade. Estão todos, desde logo, submetidos a pressupostos que banem todo sigilo. A surpresa e o segredo não são instrumentos de campanha. Não há como negar aplicação a todos os primados da Lei Federal n. 12.527, de 18 de novembro de 2011, cognominada Lei de Acesso à Informação Pública (LAI). No momento a partir do qual a Lei dos Partidos Políticos lhes destinou verbas públicas para a sua manutenção (arts. 38 a 44 da Lei n. 9.096/1995) e autorizou a destinação de parte desses recursos para as campanhas eleitorais (art. 44, III, da mesma lei partidária), passam a ter incidência as regras que informam a Lei de Acesso à Informação Pública. Assim, qualquer cidadão pode se valer dos instrumentos contidos na Lei n. 12.527/2011 para verificar, a qualquer tempo, como se dá a destinação dos recursos pelos partidos durante as campanhas eleitorais.

Essa tese não está imune à controvérsia. Algum intérprete pode entender que a legislação partidária e eleitoral é a única a reger as atividades dos partidos e candidatos. Entretanto, a nova legislação que assegura plena acessibilidade a toda informação de interesse público é, ademais de posterior, aplicável, por sua expressa dicção, a todos os entes, públicos ou privados, que movimentam recursos provenientes do orçamento.

As normas que regulam o financiamento das campanhas não podem, entretanto, autorizar a invasão sobre as razões das opções dos partidos ou candidatos na hora de contratar serviços de apoio às campanhas. O controle das verbas de campanha não permite a invasão do mérito das decisões partidárias e dos candidatos, salvo se essas contrastam com a moralidade político-administrativa e as prescrições legais.

5.3.2. Despesas lícitas

O art. 26 da Lei das Eleições estabelece o rol taxativo das despesas que licitamente podem ser realizadas nas campanhas eleitorais. Tais gastos estão sintetizados na tabela a seguir:

GASTOS ELEITORAIS
Confecção de material impresso de qualquer natureza e tamanho, devendo ser observado, no caso dos adesivos, que tenham a dimensão máxima de 50 (cinquenta) centímetros por 40 (quarenta) centímetros.
Propaganda e publicidade direta ou indireta, por qualquer meio de divulgação, destinada a conquistar votos
Aluguel de locais para a promoção de atos de campanha eleitoral
Despesas com transporte ou deslocamento de candidato e de pessoal a serviço das candidaturas, aí não se incluindo despesas com combustível e manutenção de veículo automotor usado pelo candidato na campanha nem com a remuneração, alimentação e hospedagem do condutor do veículo.
Correspondência e despesas postais
Despesas de instalação, organização e funcionamento de Comitês e serviços necessários às eleições
Remuneração ou gratificação de qualquer espécie a pessoal que preste serviços às candidaturas ou aos comitês eleitorais
Montagem e operação de carros de som, de propaganda e assemelhados
Realização de comícios ou eventos destinados à promoção de candidatura
Produção de programas de rádio, televisão ou vídeo, inclusive os destinados à propaganda gratuita
Realização de pesquisas ou testes pré-eleitorais
Custos com a criação e inclusão de sítios na internet e com o impulsionamento de conteúdos contratados diretamente com provedor da aplicação de internet com sede e foro no País, o que inclui a priorização paga de conteúdos resultantes de aplicações de busca na internet.
Consultoria, assessoria e pagamento de honorários realizadas em decorrência da prestação de serviços advocatícios e de contabilidade

Tais despesas quando pagas por recursos públicos sofrem fiscalização criteriosa, dessa forma, é necessário que a elaboração dos contratos seja feita de forma criteriosa e detalhada dos serviços que serão prestados. Da mesma forma, deve haver especificação detalhada nas notas fiscais eletrônicas. Caso não haja tais informações ou que o Órgão Técnico julgue necessário, devem ser apresentados elementos probatórios adicionais que comprovem a entrega dos produtos contratados ou a efetiva prestação dos serviços declarados. Tal mecanismo já era solicitado, mas agora está devidamente regulamentado na Res. TSE n. 23.607/2019 no art. 60, § 3.º.

Sendo assim, é necessário que sejam produzidas evidências concretas do trabalho realizado, como vídeos, fotografias e quaisquer outros materiais gerados pelos fornecedores. Tais precauções são fundamentais para, se necessário, comprovar a execução legítima dos serviços, evitando assim acusações de irregularidades e a potencial necessidade de reembolsar os fundos recebidos do FEFC.

> **ATENÇÃO:** O § 11 do art. 35 da Res-TSE n. 23.607/2019 acrescenta mais uma forma de despesa lícita: Distribuição de combustíveis em carreatas, limitada a 10 litros por veículo, condicionada à apresentação, na prestação de contas, dos detalhes referentes à quantidade de veículos e de combustível consumidos por evento.

Ressalta-se essa outra inovação presente na Resolução do TSE n. 23.607/2019, o acréscimo do § 11-A ao art. 35, que estabelece a **exigência de notificação à Justiça Eleitoral sobre a realização de carreatas com, no mínimo, 24 horas de antecedência**. O descumprimento dessa determinação **resultará na classificação dos gastos com combustível como irregulares.**

5.3.2.1. *Restrições a gastos eleitorais*

O § 1.º do art. 26 da LE estabelece os seguintes limites com relação ao total do gasto da campanha:

> **Art. 26.** [...]
> I — alimentação do pessoal que presta serviços às candidaturas ou aos comitês eleitorais: 10% (dez por cento);
> II — aluguel de veículos automotores: 20% (vinte por cento).
> O § 3.º do art. 26 da LE não considera gastos eleitorais nem sujeita a prestação de contas as seguintes despesas pessoais do candidato:
> **Art. 26.** [...]
> *a*) combustível e manutenção de veículo automotor usado pelo candidato na campanha;
> *b*) remuneração, alimentação e hospedagem do condutor do veículo a que se refere a alínea *a* deste parágrafo;
> *c*) alimentação e hospedagem própria;
> *d*) uso de linhas telefônicas registradas em seu nome como pessoa física, até o limite de três linhas.

Ao tratar das despesas com alimentação, é essencial que o contrato detalhe explicitamente os beneficiários, tais como os militantes ou assistentes administrativos do comitê. Havendo contrato de fornecimento de alimentação, deve-se comprovar a existência de militantes contratados ou que tenham prestado serviços voluntários à campanha. De maneira similar, em relação ao material impresso, se houver aquisição, deve-se evidenciar que havia militantes responsáveis pela sua distribuição.

5.3.2.2. *Fogos de artifício*

Pode-se discutir, por outro lado, a legalidade da utilização de verbas eleitorais para a aquisição de fogos de artifício. A princípio se admite tratar-se de "propaganda e publicidade direta ou indireta, por qualquer meio de divulgação, destinada a conquistar votos".

Não há norma eleitoral expressa que vede o uso de tais elementos presentes na cultura política brasileira, especialmente nas menores cidades. Entretanto, quando se leva em consideração outros marcos normativos, veremos que a matéria pode vir a receber tratamento restritivo por resolução a ser editada pelo Tribunal Superior Eleitoral.

Mas o art. 225 da CF, ao dispor que "todos têm direito ao meio ambiente ecologicamente equilibrado, bem de uso comum do povo e essencial à sadia qualidade de vida [...]", não se dirige exclusivamente à tutela dos direitos dos animais humanos, como também tutela a esfera jurídica dos animais não humanos. No caso, sobrelevam em interesse a integridade e rigidez de pessoas enfermas e idosas, mas também daquelas que simplesmente são incomodadas nos seus afazeres por tais estratégias de alto impacto sonoro.

Prova disso é que o § 1.º, VII, do mesmo art. 225 estipula que: "Para assegurar a efetividade desse direito, incumbe ao Poder Público: [...] VII — proteger a fauna e a flora, vedadas, na forma da lei, as práticas que coloquem em risco sua função ecológica, provoquem a extinção de espécies ou submetam os animais a crueldade".

A Lei n. 9.605/1998, que dentre outras matérias dispõe sobre as sanções penais e administrativas derivadas de condutas e atividades lesivas ao meio ambiente, tipifica em seu art. 32 a conduta de "praticar ato de abuso, maus-tratos, ferir ou mutilar animais silvestres, domésticos ou domesticados, nativos ou exóticos", impondo ao autor da conduta delitiva pela de detenção, de três meses a um ano, e multa. O § 1.º-A da referida lei, incluído pela Lei n. 14.064/2020, amplia a pena criminal para dois a cinco anos de reclusão, acrescida de multa e proibição da guarda quando se tratar de cão, gato ou ser submetido a maus tratos.

No Distrito Federal, a Lei n. 6.647, de 17 de agosto de 2020, proíbe o manuseio, a utilização, a queima e a soltura de fogos ou qualquer artefato pirotécnico que produza estampidos. O art. 1.º da referida lei apresenta uma exceção, referindo-se aos que produzem efeitos visuais sem estampido ou barulho de baixa intensidade. O parágrafo único da referida lei dispõe que: "A exceção prevista no *caput* não se aplica aos eventos realizados com a participação de animais, em áreas próximas a zoológicos, santuários e abrigos de animais, em parques públicos e em áreas de preservação permanente".

No estado de São Paulo, a Lei n. 17.389/2021 igualmente proíbe a soltura, comercialização, armazenagem e transporte de fogos de artifício com estampido. A Lei Municipal n. 16.897/2018, de São Paulo-SP, igualmente proíbe o manuseio, a utilização, a queima e a soltura de fogos de estampidos e de artifício, assim como de quaisquer artefatos pirotécnicos de efeito sonoro ruidoso. Esta lei foi submetida à apreciação do Supremo Tribunal Federal no julgamento da Arguição de Descumprimento de Preceito Fundamental (ADPF n. 567/SP). Parte da ementa do julgado foi assim redigida: A jurisprudência desta Corte admite, em matéria de proteção da saúde e do meio ambiente, que os estados e municípios editem normas mais protetivas, com fundamento em suas peculiaridades regionais e na preponderância de seu interesse. "A Lei Municipal 16.897/2018, ao proibir o uso de fogos de artifício de efeito sonoro ruidoso no Município de São Paulo, promoveu um padrão mais elevado de proteção à saúde e ao meio ambiente, tendo sido editada dentro de limites razoáveis do regular exercício de competência legislativa pelo ente municipal."

Trata-se de estratégia de mobilização baseada em artefatos que causam graves riscos para a saúde, especialmente de pessoas idosas, e que provocam graves consequências para pessoas autistas, além de impactar duramente o sensível aparelho auditivo de inúmeras espécies animais, o que inclui cães e gatos.

As normas eleitorais devem atentar para com os direitos dos animais, matéria em que o Direito tem evoluído consideravelmente. Daí não haver como não considerar inadequada, desnecessária e lesiva a direitos a prática de produzir estampidos por meio de fogos de artifício. Se necessário, podem ser usadas versões que prestigiem a imagem em lugar da poluição sonora, salvaguardando a saúde de pessoas enfermas ou idosas, pessoas com deficiência e animais domésticos, além de evitar a perturbação da tranquilidade de muitos que se incomodam com tal estratégia.

O julgamento do **REspe 0600930-37 pelo Tribunal Superior Eleitoral (TSE)** representa um exemplo relevante da aplicação rigorosa das normas sobre a utilização de recursos eleitorais. No caso em análise, **o TSE manteve a decisão do Tribunal Regional Eleitoral de Sergipe (TRE-SE) que determinou que Lucimara Dantas Passos, candidata a deputada federal nas eleições de 2018, devolvesse R$ 30 mil do Fundo Partidário utilizados na compra de fogos de artifício.**

O relator do caso, Ministro Tarcisio Vieira de Carvalho Neto, enfatizou que **a legislação eleitoral não permite que recursos da campanha, especialmente dinheiro público**, sejam usados para a compra de itens como fogos de artifício. Esta decisão sublinha a necessidade de assegurar que os gastos de campanha sejam direcionados para atividades que efetivamente contribuam para o debate político e para a informação do eleitorado.

A decisão também abordou outros aspectos da prestação de contas da candidata, negando recursos que pediam o afastamento das falhas identificadas em outras despesas, como locação de veículos, aluguel de imóveis e serviços alimentícios. Contudo, o Ministro Tarcisio acolheu parcialmente o recurso para afastar a devolução de R$ 50 mil relacionadas ao pagamento de uma pesquisa eleitoral, reconhecendo que a inconsistência foi um erro material e que a candidata demonstrou boa-fé.

O uso de recursos públicos para gastos que não guardam relação com o objetivo do processo eleitoral, como a aquisição de fogos de artifício, é visto como um desvio de finalidade, desrespeitando o propósito da alocação desses fundos. Essa posição do TSE reitera o compromisso com a integridade do processo eleitoral e com a adequada aplicação dos recursos destinados às campanhas, enfatizando a responsabilidade dos candidatos na gestão de suas contas de campanha.

5.3.3. Limites de gastos

Os gastos eleitorais não podem ser realizados de forma ilimitada. Entretanto, o legislador, ao dispor sobre o tema, deu a seguinte redação, conforme extrai-se do art. 18 da LE:

> **Art. 18. Os limites de gastos de campanha serão definidos em lei e divulgados pelo Tribunal Superior Eleitoral.**

O comando legislativo delegou ao TSE a incumbência de, anteriormente ao pleito, fixar os limites de gastos para cada campanha eleitoral.

Além do teto geral de gastos fixado pela lei, agora estão fixados os limites de movimentação de recursos estabelecidos para cada cargo em disputa. Assim, nas eleições municipais, as normas definem valores máximos de gastos para o candidato a prefeito e para os candidatos a vereador. No caso das candidaturas proporcionais, foi definido o teto que balizará as despesas realizadas pela totalidade dos concorrentes em cada município. A fixação de limites diferentes para candidatos de uma mesma agremiação a um mesmo caso implicaria odiosa discriminação, malferindo os princípios democrático e da igualdade.

Pode ocorrer que o teto definido seja extrapolado. Hipótese como essa pode ocorrer, por exemplo, quando são descobertas despesas de campanhas não devidamente contabilizadas. Tais valores devem ser somados ao legitimamente declarado, podendo ocorrer que o somatório implique superação do limite fixado pelo partido. Nessa hipótese, deve ser observado o que estatui o art. 18-B da Lei n. 9.504/1997, com redação conferida pela Lei n. 13.165/2015. Diz o dispositivo:

> **Art. 18-B.** O descumprimento dos limites de gastos fixados para cada campanha acarretará o pagamento de multa em valor equivalente a 100% (cem por cento) da quantia que ultrapassar o limite estabelecido, sem prejuízo da apuração da ocorrência de abuso do poder econômico.

Em igual sentido dispõe o art. 4.º da Resolução TSE n. 23.607/2019:

> **Art. 4.º** Os limites de gastos de campanha serão definidos em lei e divulgados pelo Tribunal Superior Eleitoral.
> [...]
> § 2.º A Presidência do Tribunal Superior Eleitoral publicará portaria até 20 de julho do ano das eleições para divulgação dos limites de gastos de campanha.
> § 2.º-A O limite de gastos fixado para o cargo da eleição majoritária é único e inclui os gastos realizados pela candidata ou pelo candidato ao cargo de vice ou suplente.

Assim, adiante, o TSE publicou a Portaria n. 647/2022, a qual fixou os seguintes valores, para disputa do cargo de Presidente da República, nas Eleições Presidenciais de 2022:

CARGO	LIMITE DE GASTOS	ACRÉSCIMO 2.º TURNO
Presidente da República	R$ 88.944.030,80	R$ 44.472.015,40

Como se pode observar, o ato exarado pelo TSE regulamenta o estabelecimento de limites para as despesas de campanha, sendo que os limites atribuídos aos demais cargos pleiteados, como Governador, Senador, Deputado Federal, Distrital e Estadual, por exemplo, variam de estado para estado.

A referida Portaria do TSE n. 647/2022 se fazia acompanhar por anexo que já antecipa os valores de gastos para cada cargo em disputa em todos os estados do Brasil nas eleições realizadas de 2022. Portaria similar será editada para a definição dos limites a serem observados nas eleições de 2024.

5.4. A PRESTAÇÃO DE CONTAS ELEITORAIS

5.4.1 Responsabilidade pela prestação de contas

O **art. 20** da LE estipula que: "O **candidato** a cargo eletivo **fará**, **diretamente** ou por **intermédio** de **pessoa** por ele designada, a **administração financeira** de sua campanha usando recursos repassados pelo partido, inclusive os relativos à cota do Fundo

Partidário, recursos próprios ou doações de pessoas físicas, na **forma estabelecida nesta Lei**". Trata-se de inovação contida na Minirreforma Eleitoral de 2015.

A **Minirreforma Eleitoral de 2015 aboliu a figura dos "comitês financeiros"**, atribuindo aos candidatos a responsabilidade pessoal pela gestão dos recursos de campanha.

O fim dos comitês financeiros está patenteado tanto pela revogação do art. 19 da LE — que é previsão expressa do art. 15 da Lei n. 13.165/2015 — quanto pela inserção dos novos §§ 1.º e 2.º do art. 28 da LE, também fruto da Minirreforma de 2015. Dizem os dispositivos legais:

> **Art. 28.** [...]
> § 1.º As prestações de contas dos candidatos às eleições majoritárias serão feitas pelo próprio candidato, devendo ser acompanhadas dos extratos das contas bancárias referentes à movimentação dos recursos financeiros usados na campanha e da relação dos cheques recebidos, com a indicação dos respectivos números, valores e emitentes.
> § 2.º As prestações de contas dos candidatos às eleições proporcionais serão feitas pelo próprio candidato.

Como se vê, a **responsabilidade pela prestação das contas de campanha é sempre do próprio candidato**. Essa orientação parece ser contrariada pelo disposto no art. 29 da LE, que ainda faz menção ao comitê. Diz o artigo que: "Ao receber as prestações de contas e demais informações dos candidatos às eleições majoritárias e dos candidatos às eleições proporcionais que optarem por prestar contas por seu intermédio, os comitês deverão [...]".

Ao intérprete pode parecer que o candidato ainda dispõe da faculdade de optar por prestar contas por meio do comitê financeiro. Entretanto, essa faculdade se encerrou com a revogação do art. 19 da LE, base normativa na qual se assentava a existência dessa controvertida figura jurídica. Além disso, não faria sentido a lei atribuir responsabilidade expressa aos candidatos pela prestação das suas contas para, depois, manter existentes os comitês financeiros de campanha.

Registre-se, por fim, que encerrando qualquer debate sobre o tema, as resoluções do TSE que dispõem sobre a arrecadação e os gastos de recursos por partidos políticos e candidatos e sobre a prestação de contas nas eleições, não trazem mais qualquer menção a comitês financeiros desde a Minirreforma Eleitoral de 2015, atribuindo toda a responsabilidade pela prestação de contas a partidos e candidatos.

5.4.2. Administração das contas pelos candidatos

Como já vimos, o candidato detém responsabilidade pessoal pela administração das suas contas de campanha. O art. 20 da Lei n. 9.504/1997 expressamente autoriza o candidato a designar uma pessoa para movimentar, em nome daquele, a conta única de campanha. Embora a lei silencie a esse respeito, a "pessoa" a quem pode ser delegada a tarefa de empreender a movimentação financeira haverá de ser pessoa física, não jurídica. Como a lei comete ao candidato a missão de promover os gastos de campanha, apenas outro indivíduo haverá de receber eventual delegação, o que favorece a responsabilização pessoal pretendida pelo dispositivo. Entendo que o cometimento dessa função a pessoa jurídica desafia a rejeição das contas de campanha pela Justiça Eleitoral.

Segundo o que expressamente prevê o art. 21 da LE: "O candidato é solidariamente responsável com a pessoa indicada na forma do art. 20 desta Lei pela veracidade das informações financeiras e contábeis de sua campanha, devendo ambos assinar a respectiva prestação de contas". A lei não exige que a delegação recaia sobre o profissional da contabilidade. O candidato poderá optar por não o fazer, escolhendo para tal posição alguém da sua direta confiança.

5.4.3. Atuação obrigatória de contadores e advogados na prestação de contas

De qualquer sorte, a prestação de contas não prescindirá da atuação de um contabilista, eis que assim o exige o § 4.º do art. 45 da Resolução do TSE n. 23.607/2019, cujo teor é o seguinte:

> **Art. 45.** [...]
>
> § 4.º A arrecadação de recursos e a realização de gastos eleitorais devem ser acompanhadas por profissional habilitada(o) em contabilidade desde o início da campanha, a(o) qual realizará os registros contábeis pertinentes e auxiliará a candidata ou o candidato e o partido na elaboração da prestação de contas, observando as normas estabelecidas pelo Conselho Federal de Contabilidade e as regras estabelecidas nesta Resolução.

Ainda segundo a mesma resolução, é obrigatória a constituição de advogada ou de advogado para a prestação de contas (art. 45, § 5.º).

Mesmo que não haja movimentação de recursos financeiros ou estimáveis em dinheiro, a prestação de contas deve ser composta, dentre outras informações, pelos nomes da(o) profissional habilitada(o) em contabilidade e da advogada ou do advogado, consoante determina o art. 53, II, da Resolução do TSE n. 23.607/2019.

Essa regra não é escanteada pelo permissivo contido no art. 62 da mesma Resolução, que trata do **sistema simplificado de prestação de contas** para candidatas ou candidatos que apresentarem movimentação financeira correspondente, no máximo, ao valor de R$ 20.000,00. De acordo com o disposto no § 1.º do mesmo dispositivo, o sistema simplificado também se aplica às eleições para cargo de prefeito e vereador em municípios com menos de 50 mil eleitores. Ali não se faz menção a contadores ou advogados, mas sua presença continua a ser obrigatória

Despesas com os pagamentos da remuneração de contador e advogado devem ser lançadas na prestação de contas, ainda que não influenciem o limite de gastos. Se realizadas por partido político em favor de vários candidatos, cada um deve individualmente declará-las, incluindo a sua cota-parte no limite de gastos, como estabelece os arts. 5.º, *caput*, e 20, II, da Resolução do TSE n. 23.607/2019.

Ainda que sejam realizadas *pro bono* pelos profissionais, devem ser lançadas na prestação de contas, mas não serão consideradas para a aferição do limite de gastos nem constituirão doação de bens e serviços estimáveis em dinheiro (art. 23, § 10, da LE).

Em julgado recentíssimo, o Tribunal Regional Eleitoral do Rio Grande do Sul não encontrou irregularidade na definição de honorários *ad exitum* fixados em favor de contador e de advogados, ou seja, pagos em montante maior a final em caso de pleno alcance das obrigações contratuais. Eis o precedente:

> [...] 3. Aplicação de verbas públicas para pagamento de cláusula de êxito em contrato de serviços contábeis e de honorários advocatícios. Valor total previsto desde o início da contratação, quando formalizado o documento, com pagamento vinculado entre o trabalho que seria desempenhado por advogados e contador durante a campanha. Firmados acordos, dentro da esfera privada de vontade e interesses, estabelecendo que os serviços prestados seriam remunerados com uma gratificação em caso de vitória na eleição, procedimento usual no âmbito de contratos advocatícios, não se evidenciando vedação de sua aplicabilidade também para o pacto de prestação de serviços contábeis. Inexistência de qualquer inovação ou despesa adicional na contratação. Tampouco há vedação na legislação eleitoral de que o pagamento de honorários por serviços advocatícios e contábeis relativos à cláusula de êxito — devidamente prevista no contrato de prestação de serviços — seja realizado com a utilização de verbas públicas do Fundo Especial de Financiamento de Campanha Eleitoral (FEFC). [...] 5. Aprovação das contas, na forma do art. 74, inc. I, da Resolução TSE n. 23.607/19 (Prestação de Contas Eleitorais n. 060249508, Acórdão, rel. Des. Kalin Cogo Rodrigues, PSESS — Publicado em Sessão, de 15.12.2022).

De acordo com o § 8.º do art. 41 da Resolução do TSE n. 23.607/2019, os valores despendidos com a contratação de contadores e advogados nas campanhas eleitorais são excluídos dos limites de gastos. A norma está em concordância com o que estabelece o art. 26, § 4.º, da Lei das Eleições, segundo o qual: "As despesas com consultoria, assessoria e pagamento de honorários realizadas em decorrência da prestação de serviços advocatícios e de contabilidade no curso das campanhas eleitorais serão consideradas gastos eleitorais, mas serão excluídas do limite de gastos de campanha".

5.4.4. Despesas e custos comuns assumidos pelo partido

A Resolução do TSE n. 23.607/2019, em seu art. 20, dispões que:

> **Art. 20.** As despesas e os custos assumidos pelo partido político e utilizados em benefício de uma ou mais candidaturas devem ser registrados, observado o disposto no art. 38, § 2.º, da Lei n. 9.504/1997:
>
> Quando o material impresso veicular propaganda conjunta de diversos candidatos, os gastos relativos a cada um deles deverão constar na respectiva prestação de contas, ou apenas naquela relativa ao que houver arcado com os custos. (Incluído pela Lei n. 12.034, de 2009)

Essas despesas devem ser declaradas na prestação de contas pelo ente que efetivamente incorreu nelas. No entanto, se determinado candidato tiver adquirido como única forma o material impresso especificamente para ação conjunta com outro (dobradinha), a declaração deve ser feita como valor estimável.

Caso exista contratação de militantes sem que haja despesas correspondentes com material, tal situação pode ser considerada irregular no tocante às despesas com militância e passível de recolhimento, se a contratação foi realizada com recursos do FEFC.

5.4.5. Contas bancárias específicas

A lei obriga os partidos e candidatos a abrirem contas bancárias específicas para registrar todo o movimento financeiro da campanha (art. 22 da LE).

A Resolução do TSE n. 23.607/2019 estabelece a necessidade da abertura das seguintes contas de campanha:

TIPO DE CONTA	FINALIDADE
Conta bancária genérica	Recebimento de doações e outras formas de transferência voluntária de recursos, tais como as ligadas à comercialização de itens (art. 8.º)
Conta para recursos do Fundo Partidário	Recebimento de recursos provenientes do Fundo Partidário (art. 9.º)
Conta para valores do Fundo Especial de Financiamento de Campanhas	Recebimento de valores do Fundo Especial de Financiamento de Campanhas (art. 9.º)

O partido político e os candidatos devem obrigatoriamente dispor de contas bancárias para realizar a movimentação financeira. A cada candidato devem corresponder contas bancárias específicas, a fim de facilitar a fiscalização e auditoria. A não abertura das contas tornará impossível a prestação de contas final, condenando-as à rejeição. Robustece esse entendimento o fato de o Tribunal Superior Eleitoral já haver reconhecido ser obrigatória a abertura da conta bancária mesmo que não haja movimentação financeira.

Tal entendimento é confirmado pelo seguinte precedente:

> Nos termos do art. 22, *caput,* da Lei n. 9.504/1997 e do art. 7.º, § 2.º, da Res.-TSE n. 23.463/2015, a abertura de conta bancária específica de campanha é obrigatória, ainda que não haja arrecadação ou movimentação de recursos financeiros. Dessa forma, essa omissão constitui irregularidade grave e insanável que acarreta a desaprovação das contas. [...] (Ac. de 21.02.2019 no REspe 71.110, rel. Min. Luís Roberto Barroso).

Há uma exceção a essa regra prevista no § 2.º do art. 22 da Lei n. 9.504/1997, segundo a qual "não será necessária a adoção da providência apenas nas candidaturas a prefeito e vereador em municípios onde não haja agência bancária ou posto de atendimento bancário".

A Resolução-TSE n. 23.607/2019 estabelece em seu art. 9.º a obrigatoriedade da abertura de contas específicas de campanha tanto para partidos políticos quanto para candidatos.

Além disso, a Resolução introduz nova regulamentação para o órgão de direção nacional dos partidos, **exigindo a criação de contas bancárias específicas para movimentação dos recursos do FEFC destinados às candidaturas afro-brasileiras** (§ 5.º-A do art. 17). Anteriormente, era exigida apenas conta específica para a movimentação de recursos destinados às candidaturas femininas.

Exceções à regra da necessidade de abertura de contas bancárias são apresentadas no art. 8.º, § 4.º, II e III, da Res.-TSE n. 23.607/2019, o qual prevê as seguintes hipóteses:

CONDIÇÃO
Em circunscrição sem agência bancária ou posto de atendimento bancário.
Candidata ou candidato que renunciou ao registro, desistiu da candidatura, teve registro indeferido ou foi substituída(o) antes do fim do prazo de 10 (dez) dias a contar da emissão do CNPJ de campanha.
Candidata ou candidato teve o registro não conhecido pela Justiça Eleitoral a qualquer tempo.

Os incursos em todas estas hipóteses estão isentos da obrigação de abrir contas bancárias de campanha.

> **ATENÇÃO:** Essas isenções ao dever de abrir as contas bancárias de campanha só se aplicam se não houver indícios de que o candidato tenha arrecadado recursos ou realizado gastos eleitorais.

A partir das eleições municipais de 2024, haverá uma nova flexibilidade na abertura de contas bancárias para fins eleitorais, possibilitando a utilização de bancos digitais, também conhecidos como *fintechs*. Esta mudança é delineada pelo art. 8.º, § 1.º, da Resolução-TSE n. 23.607/2019, que foi atualizada para permitir a abertura de contas bancárias por meios eletrônicos, incluindo a opção de bancos digitais.

Essa inovação facilita significativamente o processo de abertura de contas para campanhas eleitorais, já que oferece métodos alternativos para a validação de assinaturas e identificação dos titulares das contas. Entre as novas opções disponíveis, destacam-se: a assinatura eletrônica que utiliza certificados não emitidos pela ICP-Brasil, a assinatura avançada ou qualificada, em conformidade com a Lei n. 14.063/2020, e a confrontação de informações de identificação e qualificação com bancos de dados públicos ou privados.

Os bancos, por sua vez, são obrigados a acatar no prazo de três dias o pedido de abertura de conta de qualquer candidato escolhido em convenção. Não é admitido que se condicione a abertura dessas contas a depósito mínimo e à cobrança de taxas ou outras despesas de manutenção (art. 22, § 1.º, da LE).

Diz o § 3.º do art. 22 da LE:

> **Art. 22.** [...]
> § 3.º O uso de recursos financeiros para pagamentos de gastos eleitorais que não provenham da conta específica de que trata o *caput deste* artigo implicará a desaprovação da prestação de contas do partido ou candidato; comprovado abuso de poder econômico, será cancelado o registro da candidatura ou cassado o diploma, se já houver sido outorgado.

O art. 38, V, da Resolução do TSE n. 23.607/2019, acrescentado pela Resolução n. 23.731/2024, confere autorização para a realização de pagamentos das despesas de campanha através do PIX. É aconselhável que sejam registradas informações como o CPF e o CNPJ do beneficiário do pagamento, assim como também é necessário identificar o doador que está contribuindo com recursos via PIX. É a interpretação que guarda maior consonância com o que resta estipulado no art. 21, inciso I, da mesma Resolução, acerca das movimentações realizadas por transferência bancária.

É grande a importância das contas específicas de campanha. **A movimentação de valores fora desse mecanismo acarreta, nos termos do dispositivo, a desaprovação das contas de campanha.** A realização de despesas não contabilizadas de campanha deve, pois, acarretar a rejeição das contas. Essa hipótese fica mais evidente nos casos de não abertura da conta bancária, o que submete todo fluxo de recursos à ilegalidade, com seus consectários legais.

Merece discussão o tema relativo ao veículo processual por cujo intermédio se deve discutir o cancelamento do registro ou a cassação do diploma daquele que se houve fora das prescrições legais quanto à necessidade de movimentação de todos os recursos de campanha por meio da conta única.

O dispositivo é claro ao prever essa sanção, correlacionando-a com a realização de despesas de modo diverso do prescrito pela lei.

A referência à **comprovação** do abuso de poder econômico **exige** que o **debate** sobre a aplicação da medida de **cassação** deva ocorrer em **ação diversa**, manejada nos moldes do **art. 22** da Lei de Inelegibilidades. Por isso, **ocorrendo** a **reprovação das contas** eleitorais em que se verifiquem **presentes** indícios da ocorrência de **ilícitos**, os autos deverão ser **remetidos** ao Ministério Público Eleitoral e até mesmo, **conforme o caso**, para a Polícia Federal, a fim de que ali se promova a **devida apuração**.

A Resolução do TSE n. 23.607/2019 possibilita à Justiça Eleitoral que, existindo indícios de crime na prestação de contas do candidato, determine a instauração de investigação policial. Vejamos:

> **Art. 75.** O julgamento da prestação de contas pela Justiça Eleitoral não afasta a possibilidade de apuração por outros órgãos quanto à prática de eventuais ilícitos antecedentes e/ou vinculados, verificados no curso de investigações em andamento ou futuras.
>
> Parágrafo único. A autoridade judicial responsável pela análise das contas, ao verificar a presença de indícios de irregularidades que possam configurar ilícitos, remeterá as respectivas informações e documentos aos órgãos competentes para apuração de eventuais crimes (Lei n. 9.096/1995, art. 35; e Código de Processo Penal, art. 40).

Quanto ao abuso de poder econômico, não é de se exigir para a sua configuração a prova da potencialidade de impacto no resultado do pleito, algo expressamente vedado pela lei desde a alteração da redação do inciso XVI do art. 22 da Lei de Inelegibilidades por força da Lei Complementar n. 135/2010 (Lei da Ficha Limpa).

Segundo expressamente dispõe a redação do dispositivo acima citado, "para a configuração do ato abusivo, não será considerada a potencialidade de o fato alterar o resultado da eleição, mas apenas a gravidade das circunstâncias que o caracterizam".

Assim, presente a prova de que gastos foram efetuados sem que o dinheiro necessário para sua satisfação seja proveniente das contas de campanha, o caso é de reprovação das contas, salvo se a quantia for irrisória, segundo o prudente critério do julgador. Nesse caso, porém, não será possível a fixação da inelegibilidade prevista no inciso XV do art. 22 da Lei de Inelegibilidades, já que tal consequência não está prevista na lei.

A norma estipula que, em caso de rejeição das contas de campanha, a Justiça Eleitoral remeterá cópia de todo o processo ao Ministério Público Eleitoral para os fins previstos no art. 22 da Lei Complementar n. 64, de 18 de maio de 1990. É o que determina o § 4.º do art. 22 da LE. Para que se considere presente o abuso de poder econômico como critério de inelegibilidade é necessário que o tema seja veiculado por meio da AIJE instituída pelo art. 22 da Lei Complementar n. 64/1990. Essa é a razão pela qual o § 4.º do art. 22 da Lei das Eleições manda remeter ao Ministério Público cópia das prestações de contas rejeitadas.

5.4.6. Registro de candidatos no CNPJ

Candidatos estão obrigados à inscrição no Cadastro Nacional da Pessoa Jurídica — CNPJ. É o que dispõe o art. 22-A da LE.

Segundo o art. 4.º, § 7.º, da Instrução Normativa n. 1.863/2018, que dispõe sobre o Cadastro Nacional da Pessoa Jurídica (CNPJ): "A inscrição dos partidos políticos no CNPJ ocorre por meio de seus órgãos de direção nacional, regional e local, cadastrados exclusivamente na condição de estabelecimento matriz".

Já o § 8.º da mesma Instrução Normativa estatui que: "Não são inscritas no CNPJ as coligações de partidos políticos".

O § 1.º do art. 22-A da LE estabelece que "após o recebimento do pedido de registro da candidatura, a Justiça Eleitoral deverá fornecer em até 3 (três) dias úteis, o número de registro de CNPJ".

De conformidade com o Calendário das Eleições de 2024 (Resolução n. 23.738, de 27 de fevereiro de 2024), o dia 20 de julho será a "Data a partir da qual a Justiça Eleitoral encaminhará à Secretaria da Receita Federal do Brasil os pedidos de inscrição no CNPJ das candidaturas, cujos registros tenham sido requeridos pelos partidos políticos, federações ou coligações, os quais deverão ser atendidos em até 3 (três) dias úteis". O TSE disponibiliza em seu site uma ferramenta para monitorar a emissão dos CNPJ e para ter acesso ao respectivo número.

Só após abertura da conta bancária e o registro no CNPJ poderão os candidatos realizar a arrecadação de doações e realizar gastos de campanha (art. 22-A, § 2.º, da LE).

Há uma única exceção prevista no art. 36, § 2.º, da Resolução n. 23.607/2019, que determina que a contratação para efetivar a preparação dos comitês de campanha, sejam eles físicos ou virtuais, pode ocorrer a partir da data em que se realizou a respectiva convenção partidária. No entanto, o pagamento por tais serviços só pode ser efetuado após a obtenção do CNPJ e a abertura da conta bancária da campanha.

> **Art. 36.**
> § 2.º Os gastos destinados à preparação da campanha e à instalação física ou de página de internet de comitês de campanha de candidatas ou de candidatos e de partidos políticos poderão ser contratados a partir da data efetiva da realização da respectiva convenção partidária, desde que, cumulativamente:
> I — sejam devidamente formalizados; e
> II — o desembolso financeiro ocorra apenas após a obtenção do número de inscrição no CNPJ, a abertura de conta bancária específica para a movimentação financeira de campanha e a emissão de recibos eleitorais, na forma do art. 7.º desta Resolução.

5.4.7. Despesas não contabilizadas de campanha

Importante inovação decorrente da edição da Lei n. 11.300/2006 é a constante do § 3.º do art. 22 da Lei das Eleições. Já o analisamos inicialmente no item 5.4.5, em que tratamos da conta bancária específica. Porém, há mais a considerar sobre essa norma. A instituição do referido dispositivo se deveu ao escândalo que marcou o cenário político em 2005, no episódio que foi denominado pela grande mídia como "Mensalão". Na oportunidade, elaborou-se a tese de que os recursos cuja movimentação fora descoberta pelos órgãos de investigação eram, na verdade, referentes a "despesas de campanha não contabilizadas", como forma de evitar a leitura dos fatos como relativas ao cometimento de crimes graves, tais como peculato e concussão.

Como na época não havia norma na legislação eleitoral que previsse sanção específica para os que **movimentaram recursos financeiros de campanha fora da conta bancária aberta pelo candidato**, descobriu-se um meio de isentar os autores das transações de qualquer responsabilidade legal.

Com a alteração legislativa acima mencionada, a conduta de movimentar valores de campanha fora da respectiva conta passou a constituir fundamento para o cancelamento do registro da candidatura ou a cassação do diploma. Em 2007, **o TSE já firmava o entendimento de que a formação do denominado "caixa dois", ou o uso de verbas de campanha não contabilizadas, constitui forma de abuso de poder econômico**. É o que se vê no seguinte julgado:

> ELEIÇÕES 2020. AGRAVOS EM RECURSO ESPECIAL. AIJE E AIME. JULGAMENTO CONJUNTO. ABUSO DO PODER ECONÔMICO, USO INDEVIDO DOS MEIOS DE COMUNICAÇÃO SOCIAL, FRAUDE E GASTOS ILÍCITOS DE CAMPANHA. CASSAÇÃO DOS CANDIDATOS ELEITOS A PREFEITO E VICE. INELEGIBILIDADE DO TITULAR DA CHAPA MAJORITÁRIA. CONVOCAÇÃO DE NOVAS ELEIÇÕES. DESPROVIMENTO. 1. Inexistência de violação aos arts. 275 do Código Eleitoral, 489, § 1.º, e 1.022 do Código de Processo Civil, uma vez que os alegados vícios denotam tão somente insurgência afeta à solução jurídica empregada, o que não se coaduna com a via dos aclaratórios, de cognição estreita, vocacionada ao aprimoramento do julgamento. 2. A fraude disposta no art. 14, § 10, da Constituição Federal apresenta conceito elastecido a fim de que nele se subsuma todo tipo de simulação com a finalidade de interferir no processo eleitoral, criar-lhe embaraço ou dano, repercutindo maliciosamente na isonomia entre os candidatos. Precedente. 3. A gravidade da fraude perpetrada foi extraída dos elementos juntados aos autos analisados em sua integralidade, a tratar-se de efetiva espionagem de agente político à frente da municipalidade, cargo que os ora agravantes pretendiam galgar na disputa das eleições, utilizando-se, no afã de se apresentarem como opção mais vantajosa aos eleitores, de estratégias de campanha ardilosas, em clara quebra da boa-fé e da ética que se esperam daqueles que buscam ocupar os mais altos cargos de gestão da administração pública. 4. Inequívoca a prática de caixa dois na campanha, acrescida da notória má-fé dos recorrentes, a comprometer a moralidade e a legitimidade do pleito, sendo irrelevante a acuidade do percentual considerado pela Corte de origem na definição do valor total omitido na prestação de contas para aferir a gravidade da conduta. 5. Agravos providos e recursos especiais desprovidos (AgR-REspe 060030710, Acórdão, rel. Min. Carlos Horbach, *DJe* de 23.05.2022, t. 93).

Convém lembrar que, de conformidade com o disposto no § 4.º do art. 22 da LE, também já referido anteriormente: "Rejeitadas as contas, a Justiça Eleitoral remeterá cópia de todo o processo ao Ministério Público Eleitoral para os fins previstos no art. 22 da Lei Complementar n. 64, de 18 de maio de 1990".

5.4.8. Legitimidade para a prestação de contas

Os §§ 1.º e 2.º do art. 28 da Lei das Eleições atribuem aos candidatos a responsabilidade pela prestação de suas contas de campanha. Estas devem ser acompanhadas dos extratos das contas bancárias referentes à movimentação dos recursos financeiros usados na campanha e da relação dos cheques recebidos, com a indicação dos respectivos números, valores e emitentes.

Enfatiza-se que, no processo de prestação de contas, é imprescindível a apresentação de procuração outorgando advogados, visto que a ausência da representação legal resultará no julgamento das contas como não prestadas.

No caso de uma entidade partidária enfrentar tal situação, seu registro será suspenso devido à falha na entrega das contas anuais, o que resultará na proibição de sua participação nas eleições da circunscrição, a menos que a situação seja corrigida até a data da convenção partidária.

Salienta-se que, caso essa suspensão incida sobre um partido membro de federação, a proibição de participar do pleito eleitoral será aplicada de maneira semelhante, vetando sua participação nas eleições da circunscrição em destaque.

No cenário em que envolva candidato ou candidata, a consequência será a negativa da quitação eleitoral pelo período do mandato ao qual concorria, ou até que a situação da prestação de contas seja devidamente regularizada.

5.4.9. O tempo da prestação de contas

É preciso analisar com perspectiva crítica as disposições da lei sobre o momento em que devem ser apresentadas as prestações de contas de campanha.

A Lei das Eleições estipula que o dever de prestar contas deve ser observado em três diferentes estágios, sendo eles:

a) relatórios financeiros;
b) prestação de contas provisória ou parcial;
c) prestação de contas definitiva ou final.

Trata-se de matéria que sofreu ampla alteração por meio da Minirreforma Eleitoral de 2015. A primeira etapa da prestação de contas consiste na apresentação contínua de relatórios financeiros. Ela vem definida no art. 28, § 4.º, I, da LE. Por seu intermédio são apresentados os dados relativos aos recursos em dinheiro recebidos para financiamento de sua campanha eleitoral, em até 72 horas contadas do recebimento.

ESTÁGIOS DO DEVER DE TRANSPARÊNCIA
1. relatórios financeiros
2. prestação de contas provisória ou parcial
3. prestação de contas definitiva ou final

De acordo com o § 2.º do art. 47 da Resolução do TSE n. 23.607/2019, os relatórios financeiros de campanha serão informados à Justiça Eleitoral, por meio do Sistema de Prestação de Contas Eleitorais, em até 72 horas contadas a partir da data do crédito da doação financeira na conta bancária sempre que a arrecadação for realizada por cartão de crédito ou mecanismo de financiamento coletivo.

O segundo momento é a prestação de contas provisória ou parcial. Ela vem prevista no art. 28, § 4.º, II, da LE e se constitui em relatório discriminando as transferências do Fundo Partidário, os recursos em dinheiro e os estimáveis em dinheiro recebidos, bem como os gastos realizados. A Resolução do TSE n. 23.607/2019, no § 1.º do seu art. 47, estipula que a prestação de contas parcial deve ser realizada exclusivamente em meio eletrônico, por intermédio do Sistema de Prestação de Contas Eleitorais, com a discriminação dos recursos financeiros ou estimáveis em dinheiro para financiamento da campanha eleitoral, contendo, cumulativamente:

> **Art. 47.** [...]
> I — a indicação dos nomes, do CPF das pessoas físicas doadoras ou do CNPJ dos partidos políticos ou das candidatas ou dos candidatos doadoras ou doadores;
> II — a especificação dos respectivos valores doados;
> III — a identificação dos gastos realizados, com detalhamento das fornecedoras ou dos fornecedores;
> IV — a indicação da advogada ou do advogado.

Nesse passo andou muito bem o TSE quanto à extensão do primado da transparência. O art. 28, § 4.º, II, da LE não exige a publicização dos nomes dos doadores individuais e partidos de onde provêm as doações. Mas a medida tem ampla justificação constitucional e legal.

De acordo com o §§ 3.º e 4.º do art. 47 da Resolução do TSE n. 23.607/2019, a prestação de contas parcial de campanha deve ser encaminhada por meio do SPCE pela internet entre os dias 9 a 13 de setembro do ano eleitoral, dela constando o registro da movimentação financeira e/ou estimável em dinheiro ocorrida desde o início da campanha até o dia 8 de setembro do mesmo ano. Demais disso, no dia 15 de setembro, o Tribunal Superior Eleitoral divulgará, na sua página, na internet, a prestação de contas parcial de campanha de candidatos e partidos políticos com a indicação dos nomes, do CPF ou CNPJ dos doadores e dos respectivos valores doados.

Uma novidade foi inserida no § 2.º do art. 71 da Resolução-TSE n. 23.607, de 17 de dezembro de 2019, por meio da Resolução n. 23.731/2024: após o final da eleição, quando se inicia o prazo para apresentar a prestação final, a parcial não mais poderá ser retificada. Caso haja alguma modificação que interfira nos dados da parcial, deve ser feita na final com nota explicativa sobre a retificação.

A **prestação de contas parcial** foi instituída pela Lei n. 11.300/2006, com o aparente propósito de aumentar o grau de transparência das campanhas eleitorais. Entretanto, a medida não logrou atingir esse objetivo. Pecou a nova determinação legal por excluir da prestação de contas provisória a indicação específica dos nomes dos doadores e dos valores de suas contribuições para os esforços de campanha.

Ribeiro, acerca desse ponto, teceu as seguintes considerações:

[...] A possibilidade de ocultação do nome dos doadores nas divulgações parciais é incoerente com a transparência objetivada pela norma. Por outro lado, mesmo que fosse obrigatória a identificação dos doadores ou, pelo menos, dos principais, as datas previstas para divulgação poderiam incentivar certas doações somente a partir de 6 de setembro, para evitar seu conhecimento pelo público antes da data da votação[4].

Ocorre que, sendo prevista a realização dessa prestação de contas por meio da internet, nada impediria que os candidatos fossem compelidos a indicar em tempo real os seus doadores e as respectivas quantias recebidas, o que atingiria mesmo as doações recebidas de última hora. Tal procedimento garantiria a devida observância ao princípio da publicidade, que, encetado no art. 37 da Constituição de 1988, alcança inegavelmente a Justiça Eleitoral em todas as atividades de gestão dos processos administrativos eleitorais, como é o caso da prestação de contas.

À vista da falha contida na legislação, o eleitorado ficava impedido de tomar ciência dos nomes daqueles que apoiam os candidatos em quem pretende votar, o que esmaece a sua capacidade de escolha. Da forma como estava redigida, a norma tornava possível o conhecimento dos nomes dos doadores apenas depois de superado o pleito, o que favorecia a conquista de apoio entre doadores de comportamento público duvidoso.

Desde 2012, entretanto, por determinação da presidente do Tribunal Superior Eleitoral, Cármen Lúcia, amparada na Lei de Acesso à Informação, foi aberta a lista de doadores e fornecedores contratados ainda durante as campanhas.

A tese nasceu na Zona Eleitoral de João Lisboa (MA), a partir do Provimento n. 1/2012, por mim editada como Juiz Eleitoral da 58.ª Zona Eleitoral do Maranhão. Àquele tempo, ainda magistrado, fui o primeiro juiz brasileiro a exigir divulgação antecipada dos doadores de campanha eleitoral. Nos municípios correspondentes à Zona, os dados contendo nomes de pessoas, empresas doadoras, valores e seus respectivos CPFs e CNPJs estão disponíveis desde a primeira parcial, através do *link*: www. doadoreseleicoes2012.blogspot.com.br.

Após essa iniciativa, Juízes Eleitorais de vários Estados — como Paraná, Tocantins, Amazonas e Mato Grosso — também passaram a exigir a medida de transparência em suas Zonas de competência. Até então, a declaração detalhada das doações era exigida apenas no final do pleito eleitoral, impedindo que o eleitor tivesse acesso a informações que podem, inclusive, vir a decidir o seu voto.

É fundamental que o eleitor tenha conhecimento de que pessoas e empresas financiam os candidatos, já que quem banca a campanha dita o perfil do futuro mandato.

Já a prestação de contas definitiva deve ser apresentada à Justiça Eleitoral até o trigésimo dia posterior à realização das eleições. Havendo segundo turno, o encaminhamento da prestação relativa aos dois turnos deve ocorrer até o vigésimo dia posterior à sua realização. É o que expressamente determinam os incisos III e IV do art. 29 da Lei das Eleições.

---

[4] RIBEIRO, Renato Ventura. *Lei Eleitoral comentada*. São Paulo: Quartier Latin, 2006, p. 209.

5.4.10. Restos a pagar e sobras de campanha

Os §§ 3.º e 4.º do art. 29 da LE estipulam que eventuais débitos de campanha não quitados até a data de apresentação da prestação de contas poderão ser assumidos pelo partido político, por decisão do seu órgão nacional de direção partidária. Nesse caso, o órgão partidário da respectiva circunscrição eleitoral passará a responder por todas as dívidas solidariamente com o candidato. Em tal hipótese, a existência do débito não poderá ser considerada como causa para a rejeição das contas.

Se, ao contrário, verificar-se ao término da campanha a ocorrência de sobra de recursos financeiros, esta deve ser declarada na prestação de contas e, após julgados todos os recursos, transferida ao órgão do partido na circunscrição do pleito ou à coligação, neste caso, para divisão entre os partidos que a compõem.

As sobras de recursos financeiros de campanha serão utilizadas pelos partidos políticos, devendo tais valores ser declarados em suas prestações de contas perante a Justiça Eleitoral, com a identificação dos candidatos. Tais disposições constam do art. 31 da LE, tendo sido introduzidas pela Lei n. 12.891/2013, e do § 1.º do art. 50 da Resolução do TSE n. 23.607/2019.

A regra comporta, entretanto, uma exceção: é preciso ter presente que na hipótese ocorrência de sobras de recursos originários do FEFC, por disposição expressa dos arts. 11 e 17, § 3.º, da Resolução do TSE n. 23.607/2019, deve-se proceder a sua devolução ao Tesouro Nacional por meio de Guia de Recolhimento da União (GRU).

O art. 12, IV, traz inovação significativa relacionada à gestão de recursos do FEFC. A norma determina que, ao final do ano eleitoral, as contas bancárias utilizadas tanto por candidatas ou candidatos quanto por partidos políticos para a movimentação dos recursos do FEFC devem ser encerradas. Além disso, a totalidade do saldo remanescente nestas contas deve ser transferida de forma unificada ao Tesouro Nacional.

5.4.11. O julgamento da prestação de contas

Ao apreciar as contas de campanha, a Justiça Eleitoral pode decidir, segundo o art. 30 da LE:

I	Pela aprovação, quando estiverem regulares
II	Pela aprovação com ressalvas, quando verificadas falhas que não comprometam a regularidade
III	Pela desaprovação, quando verificadas falhas que comprometam a regularidade
IV	Pela não prestação, quando não apresentadas as contas após a notificação emitida pela Justiça Eleitoral, com obrigação expressa de prestar as contas no prazo de 72 horas (art. 30 da LE)

Diz a lei expressamente que meros erros formais e materiais corrigidos não autorizam a rejeição das contas e a cominação de sanção a candidato ou partido. É nesse mesmo sentido a orientação jurisprudencial do TSE:

Divergências de pouca importância, na movimentação bancária e na alimentação de dados do SPCE, não permitem a desaprovação de contas, havendo de ser relevadas como erros materiais. [...]. (Resolução n. 22.499, de 13.12.2006, rel. Min. Gerardo Grossi).

Como se observa, **os erros formais ou materiais irrelevantes no conjunto da prestação de contas, que não comprometam o seu resultado, não acarretam a rejeição das contas** (art. 30, §§ 2.º e 2.º-A, da LE). De acordo com o novo § 1.º do art. 30 da LE: "A decisão que julgar as contas dos candidatos eleitos será publicada em sessão até três dias antes da diplomação".

Por outro lado, se houver indício de irregularidade na prestação de contas, a Justiça Eleitoral poderá requisitar do candidato as informações adicionais necessárias, bem como determinar diligências para a complementação dos dados ou o saneamento das falhas. É o que preconiza o § 4.º do art. 30 da LE.

A Res.-TSE n. 23.607/2019, em seu art. 69, § 1.º, estipula o prazo de 3 (três) dias para que ocorra o cumprimento da diligência. Por ser prazo curto, houve novidade de efetiva utilidade no foro, incluída pela Resolução n. 23.731/2024, presente no novo § 7.º, o qual autoriza a dilação do prazo quando requerido pelo prestador desde que diante de justo motivo.

5.4.12. As contas julgadas não prestadas

A questão da não prestação de contas eleitorais por candidatos e, particularmente, suas consequências desproporcionais sobre grupos vulneráveis, como pessoas hipossuficientes, pessoas negras e mulheres, é um aspecto preocupante do processo eleitoral. De acordo com o art. 80, inciso I, da Res.-TSE n. 23.607/2019, "A decisão que julgar as contas eleitorais como não prestadas acarreta à candidata ou ao candidato o impedimento de obter a certidão de quitação eleitoral até o fim da legislatura, persistindo os efeitos da restrição após esse período até a efetiva apresentação das contas". Essa norma pode ter um impacto significativo e duradouro na vida civil dos candidatos, afetando desde a emissão de passaporte até a matrícula em universidades públicas e a posse em empregos ou cargos públicos.

Essa realidade não só prejudica as atividades civis cotidianas desses indivíduos, **mas também limita suas oportunidades de participação em futuros pleitos eleitorais por todo o período do mandato inicialmente postulado.**

O problema se agrava quando consideramos que muitas vezes **candidatos hipossuficientes**, que geralmente têm menos acesso a recursos e suporte, são deixados à mercê de suas próprias limitações pelos partidos após as eleições. Com a falta de orientação e assistência adequadas, esses candidatos podem enfrentar dificuldades para cumprir os requisitos da prestação de contas, o que acarreta a negação da quitação eleitoral.

Uma sugestão para mitigar esse problema seria a implementação de uma intimação pessoal para candidatos e candidatas afro-brasileiros(as) e mulheres em relação à prestação de contas de campanha. Este procedimento poderia ser realizado em um prazo de três dias úteis, caso seus advogados não cumpram essa obrigação. Tal medida asseguraria que esses grupos, frequentemente mais vulneráveis a falhas no sistema de apoio partidário, recebam uma notificação direta e específica para cumprir com suas obrigações eleitorais.

Isso não apenas ajudaria a garantir que os candidatos estejam cientes de suas responsabilidades e possam tomar as medidas necessárias para evitar a negativa da quitação eleitoral, mas também contribuiria para um processo eleitoral mais justo e inclusivo, onde todos os candidatos, independentemente de sua condição socioeconômica, tenham igualdade de oportunidades e suporte. Essa abordagem representaria um passo significativo em direção a um sistema eleitoral que verdadeiramente respeite e promova a diversidade e a equidade.

A aplicação subsidiária do Código de Processo Civil (CPC) ao Processo Eleitoral, conforme estabelecido pelo art. 15 do CPC, traz à luz importantes considerações sobre a necessidade de intimação pessoal em casos de desinteresse aparente pela demanda. Especificamente, o art. 485, inciso III, do CPC, juntamente com o § 1.º do mesmo artigo, estabelece um procedimento relevante que poderia ser aplicado ao contexto da prestação de contas eleitorais.

O art. 485, III, do CPC dispõe que "O juiz não resolverá o mérito quando: III — por não promover os atos e as diligências que lhe incumbir, o autor abandonar a causa por mais de 30 (trinta) dias".

Já o § 1.º do mesmo dispositivo define que "Nas hipóteses descritas nos incisos II e III, a parte será intimada pessoalmente para suprir a falta no prazo de 5 (cinco) dias".

A sobredita norma do CPC estipula que, antes de uma decisão que possa considerar o autor como tendo abandonado a causa (por exemplo, por não realizar os atos e diligências necessários), é imperativo que a parte seja intimada pessoalmente para corrigir a falta dentro de um prazo especificado para só então ser admitida a sua recalcitrância. A aplicação deste princípio ao Processo Eleitoral, e em particular à questão da prestação de contas, poderia oferecer uma salvaguarda importante para candidatos, especialmente aqueles em situações de vulnerabilidade.

No contexto eleitoral, isso implicaria que, antes de se julgar as contas como não prestadas — uma decisão que tem graves consequências para o candidato, como a perda da quitação eleitoral —, o candidato deveria ser intimado pessoalmente para apresentar as contas ou corrigir as falhas identificadas. Tal abordagem asseguraria que os candidatos tenham a oportunidade de remediar a situação antes de enfrentarem as severas sanções associadas à não prestação de contas.

Essa interpretação estaria alinhada aos princípios do contraditório, da ampla defesa e do devido processo legal, garantindo que todos os candidatos, independentemente de seu *status* socioeconômico ou acesso a recursos, recebam comunicação adequada e tenham a oportunidade de atender às suas obrigações legais. Essa constituiria uma medida especialmente significativa para proteger candidatos de grupos historicamente subrepresentados ou desfavorecidos, contribuindo para um sistema eleitoral mais justo e inclusivo.

A adoção de uma **abordagem mais transparente e informativa no mandado de intimação** para a prestação de contas eleitorais, que destaque expressamente as consequências do não atendimento à ordem judicial, é uma medida prudente e alinhada aos princípios do devido processo legal. Considerando as graves consequências que podem advir do julgamento das contas como não prestadas, tal abordagem se mostra não apenas de bom tom, mas essencial para garantir que os candidatos estejam plenamente cientes dos riscos e impactos de sua inércia.

Ao serem intimados para a prestação de contas, os candidatos devem receber informações claras sobre as consequências do não cumprimento dessa obrigação. Isso incluiria a menção explícita à possibilidade de perda da quitação eleitoral, com as implicações decorrentes disso, como a inabilitação para obter passaporte, matricular-se em universidades públicas, tomar posse em empregos ou cargos públicos, além da impossibilidade de candidatar-se em futuras eleições durante o período do mandato almejado, ou seja, pelos dois pleitos subsequentes.

O mandado de intimação poderia, assim, incluir exemplos práticos do impacto negativo que tal inércia pode causar na vida civil e política do candidato, enfatizando a importância do cumprimento dessa obrigação legal. Uma comunicação clara e detalhada não apenas aumenta a conscientização sobre as responsabilidades eleitorais, mas também promove a transparência e a justiça no processo eleitoral.

Essa medida seria particularmente benéfica para candidatos hipossuficientes, que muitas vezes não dispõem dos mesmos recursos e apoio jurídico que outros candidatos. Ao garantir que todos os candidatos recebam informações completas e compreensíveis sobre suas obrigações e as consequências de não cumpri-las, contribui-se para um sistema eleitoral mais equitativo e inclusivo.

5.4.13. Exceções à necessidade de registro na prestação de contas

Walber Agra relaciona as despesas que, por expressa disposição de lei, não necessitam constar da prestação de contas. É o que se vê da citação a seguir:

Excluem-se da regra da necessidade de registro na prestação de contas três hipóteses: a cessão de bens imóveis, limitada ao valor de quatro mil reais por pessoa cedente; as doações estimáveis em dinheiro entre candidatos ou partidos, decorrentes do uso comum tanto de sedes quanto de materiais de propaganda eleitoral, cujo gasto deverá ser registrado na prestação de contas do responsável pelo pagamento da despesa; e a cessão de automóvel de propriedade do candidato, do cônjuge e de seus parentes até o terceiro grau para seu uso pessoal durante a campanha, consonante o § 6.º do art. 28 da Lei Eleitoral[5].

INCISO	NÃO NECESSITAM CONSTAR DA PRESTAÇÃO DE CONTAS
I	Cessão de bens móveis, limitada ao valor de R$ 4.000,00 por pessoa cedente (Incluído pela Lei n. 12.891, de 2013)
II	Doações estimáveis em dinheiro entre candidatos ou partidos, decorrentes do uso comum de sedes e materiais de propaganda eleitoral, com registro na prestação de contas do responsável pelo pagamento da despesa (Redação dada pela Lei n. 13.165, de 2015)
III	Cessão de automóvel de propriedade do candidato, do cônjuge e de seus parentes até o terceiro grau para uso pessoal durante a campanha (Incluído pela Lei n. 13.488, de 2017)

[5] AGRA, Walber de Moura. *Manual Prático de Direito Eleitoral*. Belo Horizonte: Forum, 2022. E-book Kindle.

5.4.14. O Núcleo de Inteligência da Justiça Eleitoral — NIJE

Desde as eleições de 2016, o TSE tem contado com o suporte valioso do **Núcleo de Inteligência da Justiça Eleitoral (NIJE), uma iniciativa desenvolvida com o objetivo de identificar e investigar possíveis irregularidades nas campanhas eleitorais.** Este esforço colaborativo envolve uma equipe interdisciplinar, reunindo especialistas e representantes de diversas instituições renomadas, incluindo o próprio TSE, Tribunais Regionais Eleitorais (TREs), Tribunal de Contas da União (TCU), Receita Federal (RF), Polícia Federal (PF), Ministério Público Federal (MPF) e o Conselho de Controle de Atividades Financeiras (COAF).

O papel do NIJE é fundamental na garantia da integridade e transparência do processo eleitoral, através da análise aprofundada de transações financeiras e doações que possam suscitar dúvidas quanto à sua legalidade. Entre os critérios utilizados para avaliar as movimentações estão: doações provenientes de indivíduos inscritos em programas sociais, doadores com renda incompatível com o valor doado, ausência de vínculo empregatício prévio à doação, registros de óbito de doadores, e a prática de doações empresariais indiretas, realizadas por pessoas físicas ligadas a uma mesma empresa.

Além disso, o NIJE dedica-se à avaliação dos gastos e dos fornecedores das campanhas, cruzando informações para detectar inconsistências que possam indicar irregularidades. Isso inclui a análise da compatibilidade entre a Classificação Nacional de Atividades Econômicas (CNAE) e os serviços ou produtos fornecidos, a capacidade operacional dos fornecedores frente ao volume de serviços ou produtos contratados, e a recência na abertura de empresas fornecedoras, especialmente aquelas criadas no ano eleitoral. Fornecedores sem registros comerciais ou fiscais adequados, bem como aqueles com ligações pessoais ou políticas com candidatos ou partidos, também são foco de escrutínio.

> O Núcleo de Inteligência da Justiça Eleitoral (NIJE) é uma iniciativa interdisciplinar do TSE destinada a identificar e investigar possíveis irregularidades nas campanhas eleitorais, com o objetivo de garantir a integridade e transparência do processo eleitoral brasileiro.

Portanto, é imperativo exercer rigor na seleção de colaboradores e prestadores de serviços, especialmente se estes possuem laços familiares ou são filiados ao partido político. A Justiça Eleitoral está propensa a inspecionar com detalhe esses acordos, exigindo a apresentação de notas fiscais eletrônicas e a confirmação da efetiva prestação dos serviços contratados.

Nesse contexto, **a elaboração criteriosa dos contratos torna-se essencial, assim como a especificação detalhada nas notas fiscais eletrônicas** e a manutenção de evidências concretas do trabalho realizado, como vídeos, fotografias e quaisquer outros materiais gerados pelos fornecedores. Tais precauções são fundamentais para, se necessário, comprovar a execução legítima dos serviços, evitando assim acusações de irregularidades e a potencial necessidade de reembolsar os fundos recebidos do FEFC.

O trabalho realizado pelo NIJE é crucial para prevenir e coibir práticas que comprometam a equidade e a justiça das eleições, contribuindo para um ambiente eleitoral mais justo e transparente. Ao identificar e investigar possíveis fraudes e irregularidades, o núcleo ajuda a fortalecer a democracia e a confiança do público no sistema eleitoral brasileiro.

5.5. QUESTÕES

QUESTÕES DE CONCURSOS
http://uqr.to/1yrox

6

CONDIÇÕES DE ELEGIBILIDADE E INELEGIBILIDADES

6.1. CONSIDERAÇÕES PRELIMINARES

A **elegibilidade** não é um direito inato. **Adquire-se** o direito de registrar-se candidato e postular **mandato eletivo** por intermédio do preenchimento de condições estipuladas na **Constituição e nas leis**.

Apenas os **brasileiros — natos ou naturalizados** — que preencherem certas **condições** de elegibilidade e não incidirem em causas de **inelegibilidade** têm o direito de postular mandato eletivo, **disputando** validamente o voto dos eleitores.

Condições de elegibilidade e causas de inelegibilidade são requisitos para a obtenção do **registro de candidatura**, inexistindo diferença ontológica entre elas. Em todos os casos estamos diante de condições impostas pelas normas para o alcance do direito de lançar-se candidato.

As condições de elegibilidade são apresentadas em forma positiva, uma vez que é **dever** do pretenso candidato **demonstrar** o preenchimento dessas **condições**. Já as inelegibilidades, ao revés, apresentam-se sob a forma de um dever (o de desincompatibilizar-se de certos cargos e funções) ou de uma condição negativa em razão da qual aquele que nele incide vê-se alijado do direito à candidatura.

Alguns autores, como Edson de Resende Castro, referem-se às condições de elegibilidade extraconstitucionais como "condições de registrabilidade". Diz o prestigiado autor mineiro:

> Como "condições de registrabilidade" podem-se considerar, na verdade, aquelas exigências fixadas na Lei Eleitoral ou nas resoluções do TSE, que nada têm a ver com a elegibilidade do candidato, mas que apenas proporcionam meios de instrumentação da candidatura. Assim, a apresentação de fotografias do candidato, nas dimensões estabelecidas em instrução para sua aparição na urna eletrônica, e a autorização do candidato para que o partido requeira seu registro[1].

Com efeito, além das condições de elegibilidade e das causas de inelegibilidade, temos outras normas cuja observância é imprescindível para a obtenção do registro.

---

[1] CASTRO, Edson de Resende. *Teoria e prática do Direito Eleitoral*. Belo Horizonte: Mandamentos, 2010, p. 130-131.

A prévia **aprovação** do nome em **convenção partidária**, por exemplo, não é lembrada como condição **constitucional** de elegibilidade. Contentou-se a CF, como veremos, com a exigência da prévia filiação a partido político, calando-se quanto à convenção. Entretanto, a necessidade da sujeição da pretendida candidatura à referida instância de deliberação é explicitamente exigida pelos arts. 7.º e seguintes da Lei n. 9.504/1997.

Muitas outras **exigências** devem ser preenchidas pelo **postulante** à candidatura. Diversas delas estão elencadas no **art. 11 da Lei das Eleições**, tais como apresentação de declaração de bens, certidões negativas, fotografia e até o programa de governo, este para os candidatos ao Executivo.

É, de fato, um tema de grande interesse para o Direito Eleitoral, ladeando em importância com as condições de elegibilidade e as causas de inelegibilidade.

6.2. CONDIÇÕES DE ELEGIBILIDADE

As condições de elegibilidade estão previstas na Constituição, no art. 14, § 3.º, da CF. Transcreve-se:

> **Art. 14.** [...]
> § 3.º São condições de elegibilidade, na forma da lei:

ITEM	CONDIÇÕES DE ELEGIBILIDADE
I	Nacionalidade brasileira
II	Pleno exercício dos direitos políticos
III	Alistamento eleitoral
IV	Domicílio eleitoral na circunscrição
V	Filiação partidária
VI	a) Idade mínima de trinta e cinco anos para Presidente e Vice-Presidente da República e Senador b) Idade mínima de trinta anos para Governador e Vice-Governador de Estado e do Distrito Federal c) Idade mínima de vinte e um anos para Deputado Federal, Deputado Estadual ou Distrital, Prefeito, Vice-Prefeito e juiz de paz d) Idade mínima de dezoito anos para Vereador

Passaremos a estudar, a seguir, cada uma dessas condições.

6.2.1. Nacionalidade brasileira

O inciso I do § 3.º do art. 14 da Constituição insere entre as condições de inelegibilidade a ostentação de nacionalidade brasileira.

Decerto que **aos brasileiros** — tanto os natos quanto os naturalizados — é assegurado **o direito à elegibilidade**. O acesso aos mandatos de presidente e vice-presidente da República, todavia, é restrito aos brasileiros natos (art. 12, § 3.º, I, da CF). Embora possam ser eleitos para os cargos de deputado federal e senador, os naturalizados esbarram na vedação constitucional do seu acesso à presidência de qualquer das Casas integrantes do Congresso Nacional (art. 12, § 3.º, II e III, da CF).

Convém considerar-se também que:

São brasileiros natos os nascidos no estrangeiro, de pai brasileiro ou mãe brasileira, desde que sejam registrados em repartição brasileira competente ou venham a residir na República Federativa do Brasil e optem, em qualquer tempo, depois de atingida a maioridade, pela nacionalidade brasileira (CF, art. 12, I, *c*, com redação definida pela EC n. 54/2007).

A respeito do mencionado dispositivo constitucional, proclama a jurisprudência que:

A opção expressa pela nacionalidade brasileira, homologada pela Justiça Federal, é requisito constitucional para aquisição da nacionalidade brasileira por aqueles que estão na situação prevista no art. 12, I, *c*, da CF (TSE, Ac. de 09.09.2008 no REspe 29.266, rel. Min. Eros Grau; no mesmo sentido o Ac. de 09.09.2008, no REspe 29.200, rel. Min. Eros Grau).

Aos estrangeiros é negado até mesmo o **exercício do voto**, porquanto são estes declarados inalistáveis pelo § 2.º do art. 14 da CF.

Em consonância com o que estipula o § 1.º do art. 12 da CF: "Aos portugueses com residência permanente no País, se houver reciprocidade em favor de brasileiros, serão atribuídos os direitos inerentes ao brasileiro, salvo os casos previstos nesta Constituição".

O Decreto n. 3.927/2001, que: "Promulga o Tratado de Amizade, Cooperação e Consulta, entre a República Federativa do Brasil e a República Portuguesa, celebrado em Porto Seguro em 22 de abril de 2000", dispõe, dentre outros temas, sobre o "Estatuto de Igualdade entre Brasileiros e Portugueses", revogando a Convenção sobre Igualdade de Direitos e Deveres entre Brasileiros e Portugueses aprovada pelo Decreto n. 70.436/1972.

O art. 17 do Decreto n. 3.927/2001 dispõe o seguinte:

Art. 17.
1. O gozo de direitos políticos por brasileiros em Portugal e por portugueses no Brasil só será reconhecido aos que tiverem três anos de residência habitual e depende de requerimento à autoridade competente.
2. A igualdade quanto aos direitos políticos não abrange as pessoas que, no Estado da nacionalidade, houverem sido privadas de direitos equivalentes.
3. O gozo de direitos políticos no Estado de residência importa na suspensão do exercício dos mesmos direitos no Estado da nacionalidade.

Note-se que: "No momento do alistamento eleitoral, o português deve comprovar a condição de igualdade" (RO n. 1.122, Ac. de 29.09.2006, rel. Min. Carlos Augusto Ayres de Freitas Britto, PSESS — publicado em sessão, em 29.09.2006).

Tenha-se presente, todavia, que no mesmo precedente concluiu-se pela inexigência de apresentação de portaria do Ministério da Justiça no momento do registro de candidato, pois a posse do título de eleitor gera presunção de que tal documento tenha sido apresentado no alistamento eleitoral.

Mas é preciso ter em conta que:

[...] o fato de o recorrente ter disputado o cargo de vereador nas eleições de 2004 não o exime de demonstrar sua condição de português com igualdade de direitos, a qual deveria ter sido comprovada com a juntada da portaria expedida pelo Ministério da Justiça [...] (TSE, Ac. de 28.09.2006 no REspe 26.583, rel. Min. Carlos Ayres Britto).

De acordo com o § 4.º do art. 12 da CF:

> **Art. 12.** [...]
> § 4.º Será declarada a perda da nacionalidade do brasileiro que:
> I — tiver cancelada sua naturalização, por sentença judicial, em virtude de atividade nociva ao interesse nacional;
> II — adquirir outra nacionalidade, salvo nos casos:
> *a)* de reconhecimento de nacionalidade originária pela lei estrangeira;
> *b)* de imposição de naturalização, pela norma estrangeira, ao brasileiro residente em Estado estrangeiro, como condição para permanência em seu território ou para o exercício de direitos civis.

Vale mencionar, quanto aos que optem pela nacionalidade brasileira, a eficácia *ex tunc* dessa iniciativa. A esse respeito merece transcrição o seguinte excerto:

[...] Homologação de opção pela nacionalidade brasileira (art. 12, inciso I, alínea *c*, da CB). Efeitos *ex tunc.* Convalidação alistamento e filiação partidária. 1. O STF reconhece que a homologação, por sentença judicial, de opção pela nacionalidade brasileira (art. 12, inciso I, alínea *c*, da Constituição do Brasil) possui efeitos *ex tunc.* 2. A sentença homologatória da opção pela nacionalidade brasileira deve ser considerada fato novo suficiente para convalidar o alistamento eleitoral e a filiação partidária, em razão de seus efeitos retroativos, que são absolutos. 3. Embargos acolhidos, com efeitos infringentes. Registro de candidatura da embargante ao cargo de Vereador deferido. NE: Assim, embora a opção e respectiva homologação tenham ocorrido após o pedido de registro de candidatura, a embargante há de ser tida como brasileira desde o seu nascimento. Já não pende a condição suspensiva da nacionalidade brasileira (Ac. de 12.11.2008 no ED-REspe 29.200, rel. Min. Eros Grau).

6.2.2. Pleno exercício dos direitos políticos

6.2.2.1. *Cassação, perda e suspensão dos direitos políticos*

O art. 15 da Constituição Federal **proíbe** a cassação de direitos políticos, assim entendido o ato promovido fora do devido processo legal ou motivado por **causas ideológicas**, filosóficas ou **partidárias** adotado com o fim de silenciar a **dissidência**. A história brasileira registra diversos momentos em que os regimes de exceção trataram de retirar dos **opositores** qualquer forma de expressão política oficial, lançando-os forçosamente à ação oficiosa ou clandestina.

Os direitos políticos, nos termos da Constituição de 1988, podem, sem embargo, ser perdidos ou suspensos, o que nada tem a ver com a sua cassação. A **perda** e a **suspensão** só podem ocorrer nos estritos limites do permissivo **constitucional** (art. 15), no qual são elencados fundamentos idôneos, objetivos, a autorizar a tomada dessa **medida extrema**. Na cassação, os motivos são sempre subjetivos, destituídos de sustentação válida, por serem **desamparados** pelos princípios **democrático e republicano**. A cassação dos direitos políticos, por outro lado, destina-se a atingir pessoas ou grupos predeterminados, ainda quando tal desiderato procura ser ocultado sob a forma de um edito dotado de aparente abstração e generalidade.

6.2.2.2. Hipóteses de perda ou suspensão

A perda e a suspensão de direitos políticos autorizada pela **Constituição** Cidadã derivam, sim, de previsão normativa não destinada a alguém em **particular**, senão a situações **específicas** que, segundo a ordem fundamental, aconselha a negação provisória ou permanente da detenção dos **direitos políticos**.

Passemos à sua análise.

6.2.2.2.1. Cancelamento da naturalização por sentença transitada em julgado

Não podem alistar-se como eleitores os estrangeiros. É o que expressamente dispõe a primeira parte do § 2.º do art. 14 da CF. Por conseguinte, a **perda** da condição de **brasileiro** implica, necessariamente, a **exclusão** do colégio de cidadãos.

Corresponde ao **cancelamento** da naturalização a perda da **nacionalidade**, a qual ocorre sempre que se dá a opção por outra nacionalidade, **salvo** nos casos de reconhecimento de nacionalidade originária pela lei estrangeira ou de imposição de naturalização, pela norma estrangeira, ao brasileiro residente em outro país, como condição para **permanência** em seu território ou para o exercício de **direitos civis** (art. 12, § 4.º).

Assim, conquanto o inciso I do art. 15 da Constituição se reporte apenas à desconstituição judicial definitiva da naturalização como causa de perda dos direitos políticos, também possui esse condão o abandono opcional da nacionalidade. Não se realiza, aqui, uma interpretação extensiva do texto constitucional para restringir o exercício dos direitos políticos, mas uma interpretação sistêmica, que leva em conta, e não se detém pelas imperfeições redacionais da Constituição de 1988.

6.2.2.2.2. Incapacidade civil absoluta

Os absolutamente incapazes de exercer pessoalmente os atos da vida civil não se encontram na detenção de direitos políticos, dos quais podem estar destituídos provisoriamente, conforme a natureza da enfermidade ou deficiência que os acomete. Os interditos, ou seja, aqueles **submetidos** a curatela em virtude de **sentença judicial**, submetem-se a forma de **suspensão** dos direitos políticos. Caso superem a circunstância **pessoal** que os levou à interdição, readquirem desde logo o direito de **compor** o colégio eleitoral.

Mas atentem para a seguinte observação de Dias, Junqueira e Andrade:

> Sobre a relação entre capacidade civil e os direitos políticos das pessoas com deficiência, é imprescindível notar que, a partir da alteração do art. 3.º do Código Civil pela Lei Brasileira de Inclusão (LBI) — art. 114 —, somente os menores de 16 (dezesseis) anos são considerados absolutamente incapazes de exercerem pessoalmente os atos da vida civil, não mais alcançando as pessoas com deficiência. Assim, a alteração promovida pela LBI não apenas esvaziou de conteúdo o disposto no art. 15, inciso II, da Constituição, que prevê a incapacidade civil absoluta como uma das hipóte-

ses de perda ou suspensão dos direitos políticos, como, depois de toda sua histórica exclusão, finalmente assegurou, também às pessoas com deficiência, o direito fundamental de votarem e ser votadas[2].

Trata-se, pois, de norma que possui reflexo imediato sobre a suspensão dos direitos políticos em virtude de incapacidade civil absoluta, para o qual eu chamo a devida atenção.

6.2.2.2.3. Condenação criminal transitada em julgado, enquanto durarem seus efeitos

■ **Aspectos gerais**

A **condenação** criminal **transitada** em julgado implica ausência de condição de elegibilidade e do **exercício** de qualquer dos demais direitos políticos por todo o período em que durarem os seus efeitos **principal ou secundário**.

Não fica **suspensa** apenas a **elegibilidade** (*jus honorum*), mas também a **capacidade eleitoral** ativa (direito de voto) e até mesmo a fruição de outros direitos decorrentes do pertencimento ao **corpo de cidadãos**.

O Tribunal Superior Eleitoral já assentou o entendimento segundo o qual:

> A suspensão de direitos políticos implica a automática suspensão da filiação partidária por igual período, circunstância que interdita o cidadão privado de seus direitos políticos de exercer cargos de natureza política ou de direção dentro da agremiação partidária (REspe n. 17.396, Acórdão, rel. Min. Luiz Fux, *DJe* de 03.04.2017, t. 66, p. 77-78).

É efeito principal da sentença penal condenatória a imposição de pena criminal.

Segundo o art. 91 do CP, são efeitos secundários genéricos da condenação:

> **Art. 91.** [...]
> I — tornar certa a obrigação de indenizar o dano causado pelo crime;
> II — a perda em favor da União, ressalvado o direito do lesado ou de terceiro de boa-fé:
> *a)* dos instrumentos do crime, desde que consistam em coisas cujo fabrico, alienação, uso, porte ou detenção constitua fato ilícito;
> *b)* do produto do crime ou de qualquer bem ou valor que constitua proveito auferido pelo agente com a prática do fato criminoso.

O art. 92, por seu turno, alinha os seguintes efeitos secundários específicos:

> **Art. 92.** [...]
> I — a perda de cargo, função pública ou mandato eletivo:
> *a)* quando aplicada pena privativa de liberdade por tempo igual ou superior a um ano, nos crimes praticados com abuso de poder ou violação de dever para com a Administração Pública;

---

2   DIAS, Joelson; JUNQUEIRA, Ana Luísa Junqueira; ANDRADE, Bruno. *O direito à acessibilidade nas eleições*. Disponível em: https://www.conjur.com.br/2022-abr-04/direito-eleitoral-direito-acessibilidade-eleicoes. Acesso em: 9 jan. 2023.

b) quando for aplicada pena privativa de liberdade por tempo superior a 4 (quatro) anos nos demais casos.

II — a incapacidade para o exercício do poder familiar, da tutela ou da curatela nos crimes dolosos sujeitos à pena de reclusão cometidos contra outrem igualmente titular do mesmo poder familiar, contra filho, filha ou outro descendente ou contra tutelado ou curatelado; (Redação dada pela Lei n. 13.715, de 2018)

III — a inabilitação para dirigir veículo, quando utilizado como meio para a prática de crime doloso.

De qualquer sorte, é preciso ter em mente que: "A suspensão de direitos políticos decorrente de **condenação criminal** transitada em julgado cessa com o cumprimento ou a extinção da pena, independendo de reabilitação ou de prova de reparação dos danos". É o que expressamente diz a **Súmula 9 do TSE**.

É de Gonçalves a seguinte e importante lição:

O *sursis*, suspensão condicional da pena, substituição da pena por medida alternativa ou o livramento condicional, por terem como pressuposto a condenação transitada em julgado, obstam o exercício dos direitos políticos. Já a suspensão condicional do processo, o *sursis* processual, ou a transação penal previstos na Lei 9.099/1995, por serem medidas que evitam o trâmite do processo-crime e a formação da coisa julgada condenatória, não suspendem os direitos políticos[3].

Por outra parte: "**Não compete** à Justiça Eleitoral, em processo de registro de candidatura, **verificar** a prescrição da pretensão punitiva ou executória do **candidato** e declarar a **extinção** da pena imposta pela **Justiça Comum**", consoante deixa certa a **Súmula 58 do TSE**.

O Agravo Regimental em Recurso Contra Expedição de Diploma n. 060186437, julgado pelo Ministro Raul Araujo Filho e publicado no *Diário de Justiça Eletrônico* em 13.09.2023, aborda um aspecto crucial na determinação da inelegibilidade com base na suspensão dos direitos políticos devido a uma condenação criminal.

A decisão foca na análise da condição de elegibilidade relacionada ao pleno gozo dos direitos políticos, conforme previsto no art. 15, III, da Constituição Federal. A questão central era se a suspensão dos direitos políticos do candidato havia se concretizado, dada a existência de uma condenação criminal. O ponto crucial neste caso foi que o acórdão condenatório proferido pelo Tribunal Regional Federal não transitou em julgado para ambas as partes. Embora não tenha havido recurso pelo réu, o órgão acusador interpôs um recurso especial.

O TSE, alinhado com a jurisprudência atual do Supremo Tribunal Federal, afirmou que para a suspensão dos direitos políticos do condenado, é exigível o trânsito em julgado para ambas as partes. Isso significa que enquanto houver recursos pendentes de decisão final por qualquer uma das partes, não se pode considerar que a condenação tenha atingido o grau de definitividade necessário para suspender os direitos políticos do indivíduo.

---

[3]   GONÇALVES, 2021.

Esse entendimento reforça o princípio da presunção de inocência e o direito ao duplo grau de jurisdição, garantindo que ninguém seja privado de seus direitos políticos enquanto ainda tiver meios legais de contestar sua condenação. A decisão também se alinha à noção de que a execução da pena, incluindo a suspensão dos direitos políticos, só pode ocorrer após o esgotamento de todas as vias recursais, em respeito aos direitos e garantias individuais.

Portanto, o TSE negou provimento ao agravo interno, mantendo a elegibilidade do candidato, já que não foi demonstrado o trânsito em julgado da condenação criminal para ambas as partes. Essa decisão é um exemplo de como o Tribunal Superior Eleitoral aplica criteriosamente as normas constitucionais e legais que regem as condições de elegibilidade no Brasil.

◼ Correntes teóricas

a) Eficácia automática

Segundo a linha de pensamento aceita pelos nossos tribunais, apenas após o exaurimento de todos os efeitos da pena, aí incluídos os secundários, ocorre o restabelecimento dos direitos políticos, que até então estavam suspensos.

A suspensão dos direitos políticos pela superveniência da sentença penal condenatória transitada em julgado dispensa expressa determinação do julgado proferido pela Justiça Criminal. Trata-se de consequência da condenação, decorrendo de expressa previsão constitucional.

Não faria sentido exigir-se expresso pronunciamento em sede de sentença criminal a esse respeito, uma vez que tal exigência não ocorre em relação aos julgados relativos à desconstituição da naturalidade ou ao reconhecimento da incapacidade civil absoluta. Em todas essas hipóteses é conveniente que a sentença determine que, após o exaurimento dos recursos, seja a providência comunicada ao Cartório Eleitoral para a devida anotação. Não é isso, entretanto, obrigatório. Se a sentença silenciou a tal respeito, nem por isso o registro eleitoral da ocorrência restará obstado, bastando que a medida venha a ser requerida a qualquer tempo à Justiça Eleitoral por qualquer interessado.

Tampouco é necessário que a sentença contenha os fundamentos pelos quais os direitos políticos do acusado restam suspensos. Essa suspensão deriva automaticamente do comando constitucional, sendo desnecessária fundamentação específica a tal respeito.

A **sentença** que conclua pela convolação da pena privativa de liberdade em pena privativa de direitos **implica** igualmente a **suspensão** dos direitos políticos. Primeiro, porque a **Constituição** não fixou tal circunstância como hábil ao excepcionamento da medida. Em segundo, porque a pena restritiva de direitos é, igualmente, **fixada** por sentença penal condenatória, como exigido pela **Constituição** para a suspensão da cidadania.

É discutível a extensão da medida de suspensão dos direitos políticos em decorrência de sentença penal condenatória transitada em julgado. Eventual correção, todavia, deverá se dar em sede de Emenda à Constituição, não sendo dado ao legislador substituir-se ao constituinte originário ou derivado para emprestar ao texto constitucional sentido que este efetivamente não alberga.

Tampouco se mostra necessária a edição de lei a fim de que se regulamente a aplicação do disposto no art. 15, III, da Constituição.

É essa a posição adotada pelo Tribunal Superior Eleitoral, consoante se vê dos seguintes excertos:

> ELEIÇÕES 2018. AGRAVO REGIMENTAL. REGISTRO DE CANDIDATURA. DEPU-TADO FEDERAL. INDEFERIMENTO. RECURSO ORDINÁRIO. FUNGIBILIDADE. RECURSO ESPECIAL. SENTENÇA CRIMINAL TRANSITADA EM JULGADO. SUSPENSÃO DOS DIREITOS POLÍTICOS. CONDIÇÃO DE ELEGIBILIDADE. ART. 15, III, DA CF. AUSÊNCIA. DECISÃO AGRAVADA. FUNDAMENTOS. NÃO IMPUG-NAÇÃO. SÚMULA N. 26/TSE. DESPROVIMENTO. [...] 3. No caso vertente, o próprio candidato trouxe aos autos o acórdão referente à condenação criminal e a certidão com o respectivo trânsito em julgado que deram ensejo à suspensão de seus direitos políticos, após regular intimação. 4. A decisão monocrática do relator, em que indeferido o registro do candidato, foi exarada com fulcro no art. 52 da Res.-TSE n. 23.548/2017, diploma normativo que rege especificamente os registros de candidatura nas eleições 2018. Segundo o referido instrumento normativo, "o relator poderá decidir monocraticamente os pedidos de registro de candidatura nos quais não tenha havido impugnação". 5. O colegiado do TRE/DF confirmou o indeferimento do registro de candidatura no julgamento dos aclaratórios, recebidos como agravo regimental, nos quais o candidato apresentou suas razões de maneira ampla, abordando, inclusive, as teses ventiladas no recurso especial. 6. *In casu*, o registro foi indeferido na Corte de origem, porquanto o candidato, ora agravante, foi condenado pela prática dolosa de crimes de lesão corporal e de ameaça em violência doméstica, descritos nos arts. 129, § 9.º, e 147 do Código Penal, conforme acórdão transitado em julgado em 10.04.2018. Segundo consta do acórdão regional, a pena ainda não foi cumprida. 7. Para a incidência do art. 15, III, da CF, é irrelevante a espécie de crime, a natureza da pena, bem como a suspensão condicional do processo, conforme iterativa jurisprudência desta Corte Superior. O aludido dispositivo constitucional é autoaplicável, sendo efeito automático do trânsito em julgado do decreto condenatório criminal. Precedentes. 8. Quanto ao impedimento de praticar qualquer ato de campanha determinado pelo Tribunal *a quo* em 04.10.2018 e sua eventual caracterização como abuso de direito, evidencia-se a prejudicialidade do tema ante a impossibilidade de obtenção de provimento judicial eficaz, haja vista a realização do pleito em 07.10.2018. Assim, eventual caracterização de prática ilícita deverá ocorrer na seara adequada, caso necessário. 9. Agravo regimental desprovido (REspe 060108893, Acórdão, rel. Min. Tarcisio Vieira de Carvalho Neto, PSESS — publicado em sessão, de 13.11.2018).

> O reconhecimento da causa de inelegibilidade descrita no art. 1.º, I, l, da Lei Complementar n. 64/1990, segundo a jurisprudência do Tribunal Superior Eleitoral, reafirmada nas Eleições de 2016, demanda a condenação à suspensão dos direitos políticos, por meio de decisão transitada em julgado ou proferida por órgão colegiado, em razão de ato doloso de improbidade administrativa que importe, cumulativamente, dano ao erário e enriquecimento ilícito (REspe 23.184, Acórdão, rel. Min. Luiz Fux, *DJe* de 12.03.2018, t. 49, p. 109-111).

A sentença que, aplicando pena criminal, exclua expressamente a suspensão dos direitos políticos por qualquer fundamento é nula quanto a tal ponto. Não pode um julgado infirmar a ordem constitucional, carecendo de eficácia, nessa parte, o julgado que incida nessa errônea orientação. Tal premissa não se aplica obviamente ao comando sentencial que haja transitado em julgado sem a reforma de uma tal determinação.

b) Motivação necessária

A **suspensão** dos direitos políticos pela **superveniência** da sentença penal condenatória transitada em julgado não **dispensa** expressa determinação no julgado proferido pela **Justiça Criminal**. Não se trata de mera consequência da condenação, exigindo expressa fixação no julgado.

A perda ou suspensão dos direitos políticos só pode se **operar** por via de pronunciamento **judicial**. Todas as demais causas previstas no **art. 15 da CF** têm esse mesmo ponto em comum: a necessidade de **fixação** por meio de **sentença**. O cancelamento da naturalização e a perda da nacionalidade, a incapacidade civil absoluta, a recusa ao cumprimento de obrigação a todos imposta e a improbidade administrativa demandam, sempre, **pronunciamento** judicial.

No caso da condenação criminal é necessário que a sentença revele os fundamentos pelos quais os direitos políticos do acusado devem restar suspensos. Essa suspensão não deriva automaticamente do comando constitucional, sendo necessária fundamentação específica a tal respeito.

Isso é assim em virtude do princípio constitucional da individualização da pena (**art. 5.º, XLVI, da CF**). Não há pena — e a suspensão dos direitos políticos nessa hipótese é efeito secundário da sanção penal — que não se submeta à necessidade de que sejam consideradas as peculiaridades do fato incriminado e dos atributos pessoais do agente para sua aplicação.

Concluir pela aplicação transversal da suspensão dos direitos políticos para toda e qualquer condenação criminal constituiria uma forma de responsabilização penal objetiva, execrada por nosso ordenamento jurídico.

A plena inclusão na comunidade dos cidadãos é a regra decorrente da presença da cidadania entre os **fundamentos da República** (art. 1.º, II, da CF). O afastamento dessa regra demanda apreciação individual de cada caso sujeito à apreciação da Justiça Criminal, em observância ao princípio constitucional da individualização da pena.

Não faz sentido a supressão temporária dos direitos políticos de alguém que cometeu delito de menor relevância, em nada conectado com a esfera de relações do apenado com as instituições democráticas. Assim, não é razoável privar da participação política o condenado à pena restritiva de direitos por uma infração de menor potencial ofensivo.

Para os condenados a pena privativa de liberdade, o caso ganha outras particularidades. Parece desnecessário concluir-se pela suspensão da capacidade eleitoral passiva (uma das esferas dos direitos políticos do indivíduo) durante o período em que o condenado estiver submetido à segregação.

Não é isso, todavia, o que ocorre nos demais delitos, quando não se conclui pela necessidade do afastamento da liberdade de deambulação. Aqui, a suspensão dos direitos políticos será possível, mas como caracteriza **efeito secundário da sentença** por se tratar de forma de interdição temporária de direitos, reclamará declaração motivada por parte do órgão jurisdicional (art. 92, parágrafo único, do CP).

Não parece razoável, sob essa ótica, por exemplo, que em sede de sentença condenatória pela prática do crime de corrupção eleitoral, estabeleça o julgado a suspensão dos direitos políticos do réu, ainda que não seja cominada pena privativa de liberdade.

Será necessário, todavia, que nesse caso o Judiciário fundamente sua opção pela aplicação desse efeito da condenação criminal.

Na mesma linha de raciocínio, a extensão dos limites da suspensão deveria ser definida no julgado. Por vezes, bastará a suspensão da capacidade eleitoral passiva; por vezes, em casos extremos, será necessário também o impedimento provisório ao exercício do voto.

c) Necessidade de regulamentação legal

Para uma terceira e última corrente: "O art. 15, III, da Constituição Federal está disposto de forma genérica, não tendo sido regulamentado pelos arts. 91 e 92 do Código Penal nem por outra lei, não ficando claros os seus limites e forma de aplicação, de forma que descabe a restrição do exercício do direito de cidadania do condenado, até que o legislador regulamente a matéria" (TJMG, Processo n. 1.0153.07.065787-6/001 (1). Numeração única: 0657876-09.2007.8.13.0153, rel. Des. Doorgal Andrada, j. 10.03.2010, publicado em 14.04.2010).

Segundo esse entendimento, seria necessária a edição de lei que regulasse a forma e os limites de aplicação dessa medida, não devidamente tratada como efeito secundário da pena pelos arts. 91 e 92 do CP.

d) Admissão de situações excepcionais

São também cabíveis argumentos sugerindo a possibilidade de situações excepcionais em que uma condenação criminal não deveria automaticamente resultar na suspensão dos direitos políticos de um candidato, ideia que se baseia na ideia de proporcionalidade e na natureza do delito cometido.

Pode-se argumentar que delitos menores, especialmente aqueles que não envolvem violência contra a pessoa ou não resultam em condenação à pena privativa de liberdade, devem ser tratados diferentemente no que diz respeito à suspensão dos direitos políticos.

A lei que cuida dos Juizados Especiais Criminais (Lei n. 9.099/1995), aqui tomada como exemplo, já prevê tratamentos diferenciados para crimes de menor potencial ofensivo, focando na conciliação e na aplicação de penas alternativas. Estender esse princípio ao contexto eleitoral significaria reconhecer que nem todas as condenações criminais são indicativas de uma ameaça à integridade do processo eleitoral ou da administração pública.

Esta abordagem hermenêutica considera a gravidade do delito e sua relação com a moralidade e a probidade administrativa exigidas para o exercício de um cargo eletivo. Delitos de menor gravidade, que não apontem o condenado como uma pessoa que representa risco social ou que não comprometam a confiança pública, não deveriam levar à restrição de participação eleitoral.

Essencialmente, essa perspectiva busca um equilíbrio entre a necessidade de preservar a integridade das instituições públicas e o direito ao sufrágio universal e à participação política, garantindo que as sanções eleitorais sejam proporcionais à natureza e à gravidade do delito cometido.

Em precedente estabelecido pelo Supremo Tribunal Federal (STF) no RE 1.282.553, sob a relatoria do Ministro Alexandre de Moraes e julgado em 04.10.2023, travou-se uma discussão significativa no tocante aos direitos de pessoas condenadas criminalmente e aprovadas em concursos públicos.

No referido caso, o STF decidiu que a suspensão dos direitos políticos decorrente de uma condenação criminal não impede automaticamente a nomeação e posse em um cargo público obtido por meio de concurso. A decisão majoritária (foram 7 votos a 2) destacou que a nomeação e a posse são possíveis, desde que não haja relação entre o crime cometido e as funções do cargo a ser ocupado, e que não exista conflito de horários entre a jornada de trabalho e o regime de cumprimento da pena.

A tese de julgamento formulada pelo Ministro Alexandre de Moraes foi a seguinte:

> A suspensão dos direitos políticos prevista no art. 15, III da Constituição Federal ("condenação criminal transitada em julgado, enquanto durarem seus efeitos") não impede a nomeação e posse de candidato aprovado em concurso público, em respeito aos princípios da dignidade da pessoa humana e do valor social do trabalho (CF, art. 1.º, III e IV) e do dever do Estado em proporcionar as condições necessárias para a harmônica integração social do condenado, objetivo principal da execução penal, nos termos do art. 1.º da LEP (Lei n. 7.210/84). O início do efetivo exercício do cargo ficará condicionado ao regime da pena ou à decisão judicial do juízo de execuções, que analisará a compatibilidade de horários.

Essa decisão reflete uma interpretação constitucional que equilibra a aplicação de sanções decorrentes de condenações criminais com os direitos fundamentais, como o direito ao trabalho e à dignidade da pessoa humana. O STF enfatizou a importância da ressocialização dos condenados, destacando que o trabalho e o estudo são elementos cruciais nesse processo.

Além disso, o julgamento reafirma que a suspensão dos direitos políticos não deve ser entendida como uma restrição automática a outros direitos fundamentais, principalmente quando estes podem contribuir para a reintegração do condenado à sociedade. Assim, o STF, ao negar provimento ao recurso, confirmou a decisão do Tribunal Regional Federal da 1.ª Região, assegurando o direito à posse do candidato aprovado em concurso público, condicionado à análise de compatibilidade de horários com o regime da pena.

A aplicação do precedente acima citado — estabelecido pelo Supremo Tribunal Federal no caso do RE 1.282.553 — aos postulantes a candidatura que, embora condenados criminalmente, não estiveram envoltos em fatos de maior gravidade, resultando em penas não privativas de liberdade, segue uma linha de raciocínio semelhante. Essa perspectiva considera a proporcionalidade da sanção em relação à natureza do delito e alinha-se com os princípios da dignidade da pessoa humana e da reintegração social.

Primeiramente, é importante destacar que a inelegibilidade e a suspensão dos direitos políticos são medidas drásticas, que visam proteger a integridade do processo eleitoral e a confiança na administração pública. No entanto, a aplicação indiscriminada dessas medidas pode ser desproporcional em casos de condenações por delitos menores, especialmente aqueles que não envolvem violência e resultam em penas alternativas.

O princípio da dignidade da pessoa humana (art. 1.º, III, da CF88), um dos fundamentos da República Federativa do Brasil, proclama uma sociedade inclusiva, solidária e antidiscriminatória. Impedir a participação política de indivíduos apenados por crimes de menor gravidade, mas que não representam uma ameaça significativa à sociedade ou ao processo eleitoral, pode ser visto como uma afronta a esse princípio.

Além disso, a reintegração social dos condenados é um objetivo central da execução penal, conforme estabelecido na Lei de Execução Penal (Lei n. 7.210/84). Permitir a participação eleitoral de indivíduos condenados por delitos menores pode ser um passo importante na sua reintegração, contribuindo para a ressocialização e a redução da estigmatização.

Portanto, seguindo a lógica do julgamento do STF, candidatos condenados criminalmente em delitos não violentos e que receberam penas não privativas de liberdade poderiam, em princípio, ser elegíveis, desde que a natureza de sua condenação não implique riscos significativos à sociedade. Esse entendimento promove um equilíbrio entre a proteção da sociedade e do processo eleitoral, por um lado, e o respeito aos direitos individuais e à proporcionalidade das sanções, por outro.

A reflexão sobre a aplicabilidade do entendimento do Supremo Tribunal Federal (STF) ao caso de condenados criminalmente que postulem mandato eletivo, não lhes sendo atribuídos atos de violência ou que tampouco tenham recebido penas privativas de liberdade, ganha profundidade quando contrastada com o § 4.º do art. 1.º da Lei de Inelegibilidades, acrescentado pela Lei da Ficha Limpa. Referido parágrafo estabelece que "**A inelegibilidade prevista na alínea *e* do inciso I deste artigo não se aplica aos crimes culposos e àqueles definidos em lei como de menor potencial ofensivo, nem aos crimes de ação penal privada**".

Esse dispositivo legal faz uma distinção clara entre tipos de ilícitos penais e suas consequências no que diz respeito à elegibilidade. Os crimes culposos, os de menor potencial ofensivo e os de ação penal privada são considerados de natureza menos grave e, portanto, não acarretam inelegibilidade.

Cotejando-se esse dispositivo com o precedente do STF sobre posse de aprovados em concurso, mesmo ante a suspensão dos direitos políticos, observa-se uma congruência nos princípios subjacentes: a ideia de proporcionalidade e a consideração da gravidade do delito. Assim como o STF reconheceu que a suspensão dos direitos políticos não deve ser um impedimento automático para a posse em cargos públicos, exceto em casos específicos, a Lei da Ficha Limpa reconhece que nem todas as condenações criminais devem levar à inelegibilidade.

Essa abordagem reflete uma compreensão matizada, justa e equilibrada do nosso ordenamento jurídico, reconhecendo que a imposição de restrições aos direitos políticos em geral e à elegibilidade em particular deve ser proporcional à gravidade do ato cometido. Assim, há uma diferenciação entre crimes de gravidade maior, que justificam a imposição de tais restrições, e delitos de menor gravidade, onde a inelegibilidade ou a suspensão dos direitos políticos podem ser medidas excessivas.

Como se pode ver, tanto a jurisprudência do STF quanto o § 4.º do art. 1.º da Lei de Inelegibilidades operam sob a premissa de que a Justiça Eleitoral deve equilibrar a proteção da integridade dos processos eleitorais e administrativos com o respeito aos direitos individuais, adotando uma abordagem proporcional que leva em conta a natureza e a gravidade dos crimes cometidos.

É esta a posição que defendo.

◼ **Composição civil e transação penal**

A **composição** civil dos danos e a transação penal entabuladas consoante autorizam os arts. 74 e 76 da Lei dos Juizados Especiais **não** implicam **suspensão** dos direitos políticos, eis que não estão definidas por **sentença** penal **condenatória** em sentido **estrito**, ainda que na segunda hipótese ocorra a aplicação imediata de pena **restritiva** de direitos ou multas.

6.2.2.2.4. Recusa de cumprir obrigação a todos imposta ou prestação alternativa

Segundo dispõe o inciso VIII do art. 5.º da CF:

> **Art. 5.º** [...]
>
> VIII — ninguém será privado de direitos por motivo de crença religiosa ou de convicção filosófica ou política, salvo se as invocar para eximir-se de obrigação legal a todos imposta e recusar-se a cumprir prestação alternativa, fixada em lei.

O art. 143, § 1.º, da **Constituição**, por seu turno, estipula que às Forças Armadas **compete**, na forma da lei, atribuir serviço **alternativo** aos que, em tempo de paz, após alistados, alegarem **imperativo** de consciência, entendendo-se como tal o decorrente de crença religiosa e de **convicção** filosófica ou política, para se eximirem de atividades de **caráter** essencialmente **militar**.

Já o § 2.º do mesmo dispositivo dispõe que as mulheres e os eclesiásticos ficam isentos do serviço militar obrigatório em tempo de paz, sujeitos, porém, a outros encargos que a lei lhes atribuir.

A Lei n. 8.239, de 4 de outubro de 1991, regulamentou o art. 143, §§ 1.º e 2.º, da Constituição Federal, dispondo sobre a prestação de Serviço Alternativo ao Serviço Militar Obrigatório.

Segundo os §§ 2.º e 3.º do art. 3.º da referida lei, **entende-se** por serviço alternativo o **exercício** de atividades de caráter administrativo, assistencial, filantrópico ou mesmo produtivo, em substituição às atividades de caráter **essencialmente militar**. Tais atividades deverão ser prestadas em organizações militares da ativa e em órgãos de formação de **reservas** das **Forças Armadas** ou em órgãos subordinados aos Ministérios Civis, mediante convênios entre estes e os Ministérios Militares, desde que haja interesse **recíproco** e, também, sejam atendidas as **aptidões** do convocado.

6.2.2.2.5. Improbidade administrativa

Dispõe o § 4.º do art. 37 da Constituição Federal que:

> **Art. 37.** [...]
>
> § 4.º Os atos de improbidade administrativa importarão a suspensão dos direitos políticos, a perda da função pública, a indisponibilidade dos bens e o ressarcimento ao erário, na forma e gradação previstas em lei, sem prejuízo da ação penal cabível.

A Lei n. 8.429/1992 dispõe sobre as sanções aplicáveis aos agentes públicos nos casos de enriquecimento ilícito no exercício de mandato, cargo, emprego ou função na Administração pública direta, indireta ou fundacional e dá outras providências.

A **imposição da suspensão** dos direitos políticos está explicitamente prevista no art. 12, I a III, da **Lei de Improbidade Administrativa**. Ali a aplicação da medida é escalonada, variando de três até o máximo quatorze anos:

> **Art. 12.** Independentemente do ressarcimento integral do dano patrimonial, se efetivo, e das sanções penais comuns e de responsabilidade, civis e administrativas previstas na legislação específica, está o responsável pelo ato de improbidade sujeito às seguintes cominações, que podem ser aplicadas isolada ou cumulativamente, de acordo com a gravidade do fato:
>
> I — na hipótese do art. 9.º desta Lei, perda dos bens ou valores acrescidos ilicitamente ao patrimônio, perda da função pública, suspensão dos direitos políticos até 14 (catorze) anos, pagamento de multa civil equivalente ao valor do acréscimo patrimonial e proibição de contratar com o poder público ou de receber benefícios ou incentivos fiscais ou creditícios, direta ou indiretamente, ainda que por intermédio de pessoa jurídica da qual seja sócio majoritário, pelo prazo não superior a 14 (catorze) anos;
>
> II — na hipótese do art. 10 desta Lei, perda dos bens ou valores acrescidos ilicitamente ao patrimônio, se concorrer esta circunstância, perda da função pública, suspensão dos direitos políticos até 12 (doze) anos, pagamento de multa civil equivalente ao valor do dano e proibição de contratar com o poder público ou de receber benefícios ou incentivos fiscais ou creditícios, direta ou indiretamente, ainda que por intermédio de pessoa jurídica da qual seja sócio majoritário, pelo prazo não superior a 12 (doze) anos;
>
> III — na hipótese do art. 11 desta Lei, pagamento de multa civil de até 24 (vinte e quatro) vezes o valor da remuneração percebida pelo agente e proibição de contratar com o poder público ou de receber benefícios ou incentivos fiscais ou creditícios, direta ou indiretamente, ainda que por intermédio de pessoa jurídica da qual seja sócio majoritário, pelo prazo não superior a 4 (quatro) anos;

Segundo assente na jurisprudência do TSE:

> A suspensão dos direitos políticos apenas se dá após o trânsito em julgado de sentença condenatória proferida pela autoridade competente, nos termos do que prevê o art. 20 da Lei 8.429/1992, o que não ocorreu na hipótese dos autos (TSE, Ac. de 15.10.2009 no RCED n. 762, rel. Min. Ricardo Lewandowski).

E neste mesmo sentido fora incluído o § 9.º do art. 12 da Lei de Improbidade Administrativa, com o advento da Lei n. 14.230/2021, que prevê que: "§ 9.º As sanções previstas neste artigo somente poderão ser executadas após o trânsito em julgado da sentença condenatória".

A referida Lei n. 14.230/2021 foi analisada pelo Supremo Tribunal Federal no julgamento de recurso extraordinário, o ARE 843.989, com repercussão geral, onde foram fixadas as seguintes teses:

> 1) É necessária a comprovação de responsabilidade subjetiva para a tipificação dos atos de improbidade administrativa, exigindo-se a presença do elemento subjetivo dolo;

2) A norma benéfica da Lei n. 14.230/2021, que trata da revogação da modalidade culposa do ato de improbidade, é irretroativa, não tendo incidência em relação à eficácia da coisa julgada, tampouco durante o processo de execução das penas;

3) A nova Lei n. 14.230/2021 aplica-se aos atos de improbidade administrativa culposos praticados na vigência do texto anterior, porém sem condenação transitada em julgado, em virtude da revogação expressa do tipo culposo, devendo o juízo competente analisar eventual dolo por parte do agente; e

4) O novo regime prescricional previsto na Lei n. 14.230/2021 é irretroativo, aplicando-se os novos marcos temporais a partir da publicação da lei.

Por outro lado, o Tribunal Superior Eleitoral já decidiu que:

> A sanção de suspensão dos direitos políticos, por meio de ação de improbidade administrativa, não possui natureza penal e depende de aplicação expressa e motivada por parte do juízo competente, estando condicionada a sua efetividade ao trânsito em julgado da sentença condenatória, consoante expressa previsão legal do art. 20 da Lei n. 8.429/1992 [...]. (TSE, Ac. de 22.09.2004 no REspe 23.347, rel. Min. Caputo Bastos).

Além disso:

> [...] 3. Conforme pacífica jurisprudência do Tribunal, a suspensão de direitos políticos por ato de improbidade depende de decisão expressa e motivada do juízo competente. 4. A condenação de candidato por ato de improbidade administrativa — ainda que decorrente de afronta à Lei de Licitações — não gera inelegibilidade, se a sentença, em sede de ação civil pública, não impôs expressamente a suspensão de direitos políticos [...]. (TSE, Ac. de 10.03.2009 no AgR-REspe 34.303, rel. Min. Eros Grau).

6.2.3. Alistamento eleitoral, domicílio eleitoral na circunscrição e filiação partidária

Remetemos o leitor ao já discorrido sobre o tema no capítulo relativo ao "Processo Administrativo Eleitoral".

6.2.4. Limites etários mínimos

Os candidatos, segundo o inciso VI do § 3.º do art. 14 da CF, devem ter a idade mínima de:

IDADE	CARGO PLEITEADO
35 anos	Presidente e Vice-presidente da República e Senador
30 anos	Governador e Vice-governador de Estado e do DF
21 anos	Deputado Federal, Deputado Estadual ou Distrital, Prefeito, Vice-Prefeito e Juiz de Paz
18 anos	Vereador

Segundo o art. 11, § 2.º, da Lei n. 9.504, com redação conferida pela Lei n. 13.165/2015: "A **idade mínima** constitucionalmente estabelecida como **condição** de **elegibilidade** é verificada tendo por referência a data da posse, salvo quando fixada em dezoito anos, hipótese em que será aferida na **data-limite** para o pedido de **registro**". Esta é a base normativa em vigor e a que deve ser considerada em caso de concurso oficial.

Trata-se, entretanto, de norma de duvidosa constitucionalidade. As idades mínimas a que se refere o art. 14, § 3.º, VI, da CF são condições para a candidatura, não para a posse em cargo eletivo. **O legislador,** ao dispor do modo como o fez no § 2.º do art. 11 da Lei n. 9.504, contrariou o **mandamento** constitucional, tornando **possível** a candidatura de quem ainda não preenche **condição** de elegibilidade baseada em aspectos **etários**.

Esse equívoco se agravou após a mudança do texto da norma, que ocorreu na Minirreforma Eleitoral de 2015. Agora, há duas formas distintas de contagem: uma para o cargo de vereador — único caso em que a idade mínima é de 18 anos —; e outra para os demais cargos. Tampouco tem o condão de afastar o texto constitucional o § 10 do mesmo art. 11, de acordo com o qual:

> **Art. 11.** [...]
> § 10 As condições de elegibilidade e as causas de inelegibilidade devem ser aferidas no momento da formalização do pedido de registro da candidatura, ressalvadas as alterações, fáticas ou jurídicas, supervenientes ao registro que afastem a inelegibilidade.

O TSE pontificou o entendimento segundo o qual:

> Indefere-se pedido de registro de candidato que não possui, na data da posse, a idade mínima para o cargo que pretende disputar, por ausência da condição de elegibilidade prevista no art. 14, § 3.º, VI, da Constituição Federal. [...]. NE: Alegação pelo candidato de que estaria pendente de julgamento ação de retificação da data de seu nascimento (Ac. de 29.08.2006 no AgRgRO n. 911, rel. Min. Marcelo Ribeiro).

Do mesmo modo, não preenche a condição de elegibilidade o candidato com idade inferior às exigências da Constituição Federal, ainda que emancipado. Confirma-se, a respeito, o teor do Ac. de 03.09.2002 no REspe 20.059, TSE, rel. Min. Fernando Neves.

6.3. INELEGIBILIDADES

6.3.1. Considerações iniciais

6.3.1.1. Conceito

Inelegibilidades são **condições** jurídicas **negativas** que, quando verificadas, **impedem** o acesso à **candidatura**. Elas suprimem **temporariamente** a capacidade eleitoral passiva, ou seja, o direito de ser **votado**.

Vasconcelos e Silva esclarecem o seguinte quanto ao ponto:

> A inelegibilidade é a impossibilidade jurídica do exercício da capacidade eleitoral passiva (direito de ser votado), em nada se confundindo com a perda da capacidade eleitoral ativa (direito de votar). Deveras, quando há a restrição de ambas as capacidades

eleitorais estamos nos deparando com situação de perda ou suspensão dos direitos políticos e não de mera inelegibilidade[4].

A natureza das inelegibilidades foi discutida de modo aprofundado no julgamento proferido pelo Supremo Tribunal Federal quando da apreciação das Ações Declaratórias de Constitucionalidade n. 29 e 30, propostas pelo Partido Popular Socialista e pelo Conselho Federal da Ordem dos Advogados do Brasil, respectivamente, com a finalidade de afirmar a total compatibilidade da Lei da Ficha Limpa (Lei Complementar n. 135/2010) com os princípios afirmados pela Constituição Cidadã.

No centro do debate estava a discussão acerca de consistir a inelegibilidade em pena (ou sanção) ou condição para o registro da candidatura.

A resposta a essa pergunta conduziria à solução dos dois principais impasses finalmente resolvidos pelo Supremo Tribunal Federal. Um era relativo à aplicabilidade do princípio da presunção de inocência; outro se referia à incidência do princípio da irretroatividade da lei penal.

Ambos os princípios são inerentes ao Direito Penal. O saber jurídico possui muitos campos (Administrativo, Ambiental, Penal, Trabalhista, Civil, Eleitoral etc.), cada um dos quais regido por uma principiologia própria. É justamente no campo dos princípios que as disciplinas jurídicas se distinguem.

Enquanto no Direito Penal uma sentença só pode ser executada quando se esgotam os recursos, no Direito Processual Civil, por exemplo, é comum a execução provisória dos julgados (art. 520 do CPC).

Então, o que de fato é uma inelegibilidade? Qual é a sua natureza jurídica?

Os que afirmam ser a inelegibilidade uma sanção se apegam a seus aspectos exteriores. Consideram que o fato de ela impedir o acesso de alguém ao registro válido da candidatura constitui uma punição, a reprovação de uma conduta baseada num juízo de perfil condenatório.

Não é isso, todavia, o que ocorre. **Inelegibilidade não é uma sanção**, mas sim uma **condição** jurídica. Condição é um requisito para o exercício de um direito. Em muitas situações o direito permite que se exija o preenchimento de certos requisitos. Elas **permitem** verificar se o **pretendente** possui as **qualidades esperadas** para deter a titularidade do bem ao qual quer ter **acesso**.

Isso acontece em muitos campos. Se alguém pretende vender uma casa e aceita receber o valor em parcelas, pode estipular que só negociará com quem se predispuser a adiantar certo montante. Trata-se do estabelecimento de uma condição. Se alguém oferece uma vaga de emprego, pode exigir do pretendente a prova de habilitação técnica.

Seguindo a mesma linha de raciocínio, o Tribunal Superior Eleitoral acolheu, na CTA n. 1147-09.2010.6.00.0000/DF, o seguinte entendimento:

> Realmente, não há, a meu ver, como se imaginar a inelegibilidade como pena ou sanção em si mesma, na medida em que a ela se aplica a determinadas categorias, por exemplo, a

---

[4] VASCONCELOS, Clever; SILVA, Marco Antonio da. *Direito Eleitoral.* 3. ed. São Paulo: SaraivaJur, 2022. *E-book Kindle.*

de juízes ou a de integrantes do Ministério Público, não porque eles devam sofrer essa pena, mas, sim, porque o legislador os incluiu na categoria daqueles que podem exercer certo grau de influência no eleitorado. Daí, inclusive, a necessidade de prévio afastamento definitivo de suas funções. O mesmo se diga a respeito dos parentes de titular de cargo eletivo, que também sofrem a mesma restrição de elegibilidade. Ainda os inalistáveis e os analfabetos padecem de semelhante inelegibilidade, sem que se possa falar de imposição de pena. A inelegibilidade, assim como a falta de qualquer condição de elegibilidade, nada mais é do que uma restrição temporária à possibilidade de qualquer pessoa se candidatar, ou melhor, de exercer algum mandato. Isso pode ocorrer por eventual influência no eleitorado, ou por sua condição pessoal, ou pela categoria a que pertença, ou, ainda, por incidir em qualquer outra causa de inelegibilidade (rel. Min. Arnaldo Versiani).

Uma **inelegibilidade** é justamente um **requisito** cujo preenchimento **impede** alguém de ver-se **registrado** determinado **candidato** na Justiça Eleitoral. **Não há** nisso qualquer **caráter punitivo**. A Constituição foi emendada em 1994 para determinar ao legislador que editasse lei complementar fixando inelegibilidades que levassem em conta a "**vida pregressa**" do candidato.

Como o Congresso não adotou essa providência, mantendo inalterada a Lei de Inelegibilidades (publicada em 1990), a sociedade lançou mão do instrumento da iniciativa popular de projeto de lei (art. 14, III, da CF) para reclamar a adoção da providência legislativa.

As inelegibilidades são condições negativas impostas aos postulantes a candidatos. Por meio dessas cláusulas se estabelece o perfil que a sociedade espera dos aspirantes a cargos eletivos. Quando se afirma que alguém já condenado por um órgão colegiado por narcotráfico, pedofilia, homicídio ou corrupção não pode lançar-se candidato, não se leva em conta sua eventual culpa pelo delito que lhe é atribuído, mas tão somente a existência de um dado objetivo: a condenação.

A tal respeito, assim se pronunciou o Ministro Luiz Fux, quando do voto que conduziu o julgamento do STF sobre a constitucionalidade da LC n. 135/2010:

> Questiona-se, então: é razoável a expectativa de candidatura de um indivíduo já condenado por decisão colegiada? A resposta há de ser negativa. Da exigência constitucional de moralidade para o exercício de mandatos eletivos (art. 14, § 9.º) se há de inferir que uma condenação prolatada em segunda instância ou por um colegiado no exercício da competência de foro por prerrogativa de função, a rejeição de contas públicas, a perda de cargo público ou o impedimento do exercício de profissão por violação de dever ético-profissional excluirão a razoabilidade da expectativa. A rigor, há de se inverter a avaliação: é razoável entender que um indivíduo que se enquadre em tais hipóteses qualificadas não esteja, *a priori*, apto a exercer mandato eletivo.

Note-se, por outro lado, que, segundo as normas brasileiras, os analfabetos e os cônjuges de mandatários (estes em certas situações) são inelegíveis. É uma boa demonstração de que a inelegibilidade não possui caráter punitivo.

Da mesma forma, os **condenados** por tribunais nos casos **gravíssimos** que a lei menciona, são afastados pela lei de acesso a candidatura, pouco importando se são culpados ou não. A **culpa** — elemento subjetivo — haverá de **interessar** apenas à **Justiça Criminal**.

À **Justiça Eleitoral**, no momento de processar o **pedido** de **registro** do candidato, importam apenas **dados** de natureza **objetiva** (se é alfabetizado, se atingiu a idade mínima exigida, se não possui condenações em certas hipóteses).

Observe-se que a Lei de Inelegibilidades mesmo antes das profundas alterações operadas pela Lei da Ficha Limpa já considerava inelegíveis:

> [...] os que, em estabelecimentos de crédito, financiamento ou seguro, que tenham sido ou estejam sendo objeto de processo de liquidação judicial ou extrajudicial, hajam exercido, nos 12 (doze) meses anteriores à respectiva decretação, cargo ou função de direção, administração ou representação, enquanto não forem exonerados de qualquer responsabilidade (art. 1.º, I, _i,_ LC n. 64/1990).

Ou seja, o gestor de empresa que "esteja sendo objeto de processo de liquidação" em certas condições é considerado inelegível. Curiosamente, tal dispositivo jamais teve a sua constitucionalidade questionada. Não há nessa norma qualquer traço de pena. Não se está penalizando o administrador da empresa, mas prevenindo a gestão pública de recebê-lo em seus quadros. Enquanto a pena tem suas lentes voltadas para o passado (um fato que torna o responsável passível de punição), a inelegibilidade tem sua vista projetada para o futuro: interessa-lhe a proteção dos mandatos, dificultando o seu acesso por parte de pessoas que ostentem indicadores objetivos de pô-los em risco.

É a própria Constituição quem afirma essa particularidade:

> Lei Complementar estabelecerá outros casos de inelegibilidade e os prazos de sua cessação, a fim de proteger a probidade administrativa, a moralidade para o exercício do mandato, considerada a vida pregressa do candidato [...].

Como se vê, enquanto a **pena** tem propósitos **punitivos**, a **inelegibilidade** tem por meta o **estabelecimento do perfil** esperado dos candidatos. Essa é a **finalidade** de todas as **exigências** fixadas na **Lei da Ficha Limpa**. Ou seja, nos domínios eleitorais prevalece o **princípio da proteção** afirmado expressamente no citado § 9.º do art. 14 da Constituição Federal.

Visto que inelegibilidade não é pena, o que atrairia o princípio da presunção de inocência, afasta-se, desde logo, a exigência do trânsito em julgado.

Podemos **afirmar**, pois, que **inelegibilidade** não é **pena**, mas sim uma **condição**. Não há nisso nada de novo. Essa já é a posição adotada pelo Supremo Tribunal Federal.

Veja-se, a respeito, o precedente transcrito oriundo do TRE/MG:

> [...] Inelegibilidade não constitui pena, logo, não há violação da presunção de inocência (art. 5.º, inciso LVII, da CF/1988) (TRE-MG, RCAND n. 476.074, rel. Des. Luciana Diniz Nepomuceno, PSESS em 26.07.2010).

Observe-se a posição do Supremo Tribunal Federal. Afasta-se da inelegibilidade a natureza de pena. Por razões lógicas, reconhece-se sua aptidão para alcançar fatos ocorridos no pretérito. É a própria Constituição quem o declara: a inelegibilidade levará em conta a "vida pregressa" do candidato.

Digamos que a norma até aqui não considerasse que as pessoas casadas com atuais mandatários fossem inelegíveis. Se ela passasse a fazê-lo a partir de hoje, seria razoável imaginar que os que se casaram antes da edição da regra permaneceriam elegíveis? É a esse raciocínio absurdo que se chega ao adotar-se a ideia de que a inelegibilidade não pode considerar fatos ocorridos no passado.

Na verdade, não ocorre na edição de novas causas de inelegibilidade qualquer aplicação retroativa de normas. A referida lei estipulou novas condições (causas de inelegibilidade) que passaram a ser aplicadas nas eleições de 2012.

Trata-se de uma inovação que não altera fatos ocorridos no passado nem deles lança mão para finalidades punitivas. Observam-se apenas os dados escolhidos pelo legislador como relevantes para, cumprindo a missão constitucional, verificar-se a "vida pregressa dos candidatos".

Só haveria retroatividade, nesse caso, se a nova lei pretendesse alterar o resultado de eleições realizadas sob o pálio de normas diversas. Nada disso ocorre neste caso.

6.3.1.2. *Inelegibilidade, condição, sanção*

Não existe **direito adquirido** a um dado regime de inelegibilidades, nem mesmo a um prazo de duração desse óbice à candidatura.

Muito se tem perguntado sobre o que ocorre com aquele que, tendo incidido em causa de **inelegibilidade no passado**, já viu o prazo anteriormente definido fluir completamente.

Respondendo a essa **indagação**, afirmamos que qualquer prazo de inelegibilidade, **superado** ou em **andamento**, deve ceder lugar aos novos limites temporais definidos pela LC n. 135/2010 (Lei da Ficha Limpa).

Assim, alguém que, tomando-se por exemplo, teve suas **contas** públicas **rejeitadas** estava antes sujeito a **inelegibilidade** por **três** anos. Pelas novas regras, o prazo passou a ser de **oito** anos. Por isso, mesmo que aquele triênio inicialmente definido tenha sido integralmente ultrapassado, voltará o postulante ao mandato a incidir em vedação à candidatura.

Isso é assim porque a Lei da Ficha Limpa **introduziu** prazos mais **longos** que as normas por ela revogadas. E não se adquire o direito a estar submetido a certo **conjunto** de condições jurídicas para a **candidatura**.

Questão um pouco mais delicada é a referente aos condenados por abuso de poder político, econômico ou dos meios de comunicação. Segundo o inciso XIV do art. 22 da Lei de Inelegibilidades, estes serão submetidos à "sanção" de inelegibilidade e à cassação do registro ou diploma outorgados ao candidato beneficiado.

Muitos se apressaram a ver nisso uma forma de "inelegibilidade-sanção" ou, para Adriano Soares da Costa, uma "inelegibilidade cominada simples"[5]. Tais figuras, todavia, não existem no Direito Eleitoral.

---

[5] COSTA, Adriano Soares da. *Instituições de Direito Eleitoral*. 6. ed. rev., ampl. e atual. Belo Horizonte: Del Rey, 2006, p. 163.

A inelegibilidade é sempre uma condição jurídica, nunca uma sanção. E julgo desnecessário argumentar contra o recurso ao mais indigente dos recursos interpretativos que é o apego desmedido à literalidade da lei.

As inelegibilidades não possuem natureza penal, devo insistir. Elas são, como brilhantemente, preleciona Dalmo Dallari[6], condições sem cuja observância não se pode alcançar o *status* jurídico de candidato.

Também se observa isso no abuso de poder. Quando o candidato é descoberto na prática desse desvio, incorre em uma condição negativa de eficácia futura (para as eleições que se realizarão nos próximos oito anos) e numa sanção expressamente prevista pelo art. 22, XIV, da Lei de Inelegibilidades: a cassação do diploma. A referida norma contém, frise-se, uma condição (a inelegibilidade) e uma sanção à cassação do registro ou diploma.

O inciso XIV do art. 22 sequer precisaria, aliás, mencionar a inelegibilidade que se abate sobre o praticante do abuso de poder. A alínea *d* do inciso I do art. 1.° da Lei de Inelegibilidades já o faz ao estabelecer a inelegibilidade de todos:

> **Art. 1.° [...]**
>
> *d*) os que tenham contra sua pessoa representação julgada procedente pela Justiça Eleitoral, em decisão transitada em julgado ou proferida por órgão colegiado, em processo de apuração de abuso do poder econômico ou político, para a eleição na qual concorrem ou tenham sido diplomados, bem como para as que se realizarem nos 8 (oito) anos seguintes;Então, pode-se afirmar que aquele condenado por abuso de poder nas eleições está, desde logo, submetido a prazo de inelegibilidade de oito anos, o que independe de qualquer sentença ou acórdão que "imponha" essa restrição eleitoral. Não é o órgão judicial quem fixa tal inelegibilidade, mas a lei. Se alguma referência ao prazo de inelegibilidade faz-se constar do julgado, ele não substitui a fonte da sua fixação: a expressa disposição legal.

Esse entendimento acabou sendo definitiva e expressamente albergado pelo Supremo Tribunal Federal no seguinte julgado:

> RECURSO EXTRAORDINÁRIO. REPERCUSSÃO GERAL. DIREITO CONSTITUCIONAL E ELEITORAL. ELEIÇÕES 2012. PREFEITO. HIPÓTESES DE INELEGIBILIDADE. ART. 14, § 9.°, DA CONSTITUIÇÃO DA REPÚBLICA DE 1988. MORALIDADE PARA O EXERCÍCIO DE MANDATOS ELETIVOS, CONSIDERADA A VIDA PREGRESSA DO CANDIDATO. CONDENAÇÃO EM AÇÃO DE INVESTIGAÇÃO JUDICIAL ELEITORAL POR ABUSO DE PODER COMETIDO NA CONDIÇÃO DE DETENTOR DE CARGO ELETIVO. DECLARAÇÃO DE INELEGIBILIDADE POR TRÊS ANOS. APLICABILIDADE DOS PRAZOS PREVISTOS NA LC N. 135/2010. INEXISTÊNCIA DE ULTRAJE À IRRETROATIVIDADE DAS LEIS E À COISA JULGADA. MODIFICAÇÃO DO REGIME JURÍDICO ELEITORAL. INEXISTÊNCIA DE REGIME DUAL DE INELEGIBILIDADES NA LEI COMPLEMENTAR N. 64/1990. TODAS AS CAUSAS RESTRITIVAS CONTEMPLADAS NO ART. 1.°, INCISO I, DA

---

6 DALLARI, Dalmo. *A gramática da ficha suja*. Disponível em: https://www.gentedeopiniao.com.br/politica-nacional/a-gramatica-da-ficha-suja-por-dalmo-de-abreu-dallari. Acesso em: 3 jan. 2023.

LC N. 64/1990, CONSUBSTANCIAM EFEITOS REFLEXOS A SEREM AFERIDOS QUANDO DA FORMALIZAÇÃO DO REGISTRO DE CANDIDATURA. O ART. 22, XIV, DA LC N. 64/1990, NÃO TRADUZ HIPÓTESE AUTÔNOMA DE INELEGIBILIDADE (SANÇÃO). REPRODUÇÃO NO RITO PROCEDIMENTAL DA AIJE DA CAUSA CONSTANTE DO ART. 1.º, INCISO I, ALÍNEA *D*, DA LC N. 64/1990. INTERPRETAÇÃO SISTÊMICO-TELEOLÓGICA DO ESTATUTO DAS INELEGIBILIDADES. RECURSO EXTRAORDINÁRIO DESPROVIDO. 1. O exercício legítimo do *ius honorum* (i.e., direito de ser votado) encontra balizamentos e limites no modelo insculpido pelo constituinte de 1988, que não contemplou um direito amplo de elegibilidade, ao consignar, de um lado, a necessidade de preenchimento das condições de elegibilidade, e, de outro, a não incursão em quaisquer das hipóteses de inelegibilidade, constitucionais ou legais complementares. 2. As limitações ao direito de ser votado fundam-se nos princípios constitucionais da moralidade e da probidade, considerada a vida pregressa do candidato, da normalidade e da legitimidade das eleições contra a influência do poder econômico ou o abuso do exercício de função, cargo ou emprego na administração direta ou indireta, a teor do que preconiza o art. 14, § 9.º, da Lei Fundamental de 1988. 3. A inelegibilidade do art. 22, XIV, da Lei Complementar n. 64/1990, não encerra sanção, porquanto a procedência dos pedidos deduzidos em ação de investigação judicial eleitoral se assemelha, quanto aos efeitos jurídico-eleitorais, às demais hipóteses das alíneas do art. 1.º, I. 4. A causa restritiva ao exercício do *ius honorum* judicialmente reconhecida, com espeque no art. 22, XIV, produz seus efeitos na esfera jurídico-eleitoral do condenado, se — e somente se — o pretenso candidato formalizar requerimento de registro de candidatura em pleitos vindouros, ou, em se tratando de recurso contra a expedição do diploma, nas hipóteses de inelegibilidades infraconstitucionais supervenientes. 5. O art. 22, XIV, da LC n. 64/1990, reproduz no rito procedimental da Ação de Investigação Judicial Eleitoral (AIJE) a inelegibilidade da alínea *d*, especificamente indicando os comandos impostos ao juiz nas hipóteses de condenação por abuso de poder econômico, abuso de poder de autoridade e pelo uso indevido dos meios de comunicação (i.e., cassação do diploma e declaração de inelegibilidade), sem introduzir qualquer hipótese autônoma de inelegibilidade. 6. O legislador eleitoral complementar incorreu em manifesta atecnia ao afirmar que a inelegibilidade do art. 22, XIV, encerraria sanção, máxime porque a natureza jurídica de instituto é efetivamente perquirida a partir da análise dos efeitos jurídicos que efetivamente dele advêm. 7. O art. 22, XIV, da LC n. 64/1990, em sua exegese literal, não veicula peremptoriamente inelegibilidade-sanção, na medida em que referido dispositivo apresenta — e impõe — dois comandos contraditórios ao magistrado, em eventual condenação por abuso de poder político e econômico: de um lado, determina que seja declarada a inelegibilidade, o que pressupõe que essa situação jurídica preexiste e está apenas sendo reconhecida judicialmente; e, por outro lado, comina a sanção de inelegibilidade, pressupondo que é a sentença que constituirá esse novo estado jurídico, pressupondo que é a sentença que declarará esse novo estado jurídico (RE 929.670, rel. Ricardo Lewandowski, rel. p/ Ac. Luiz Fux, TP, j. 1.º.03.2018, Acórdão Eletrônico Repercussão Geral — Mérito *DJe*-076, divulg 11.04.2019, public 12.04.2019).

Outro argumento se presta à demonstração de que não se está diante de uma sanção. O art. 22 da Lei de Inelegibilidades fala, em seu inciso XIV, sobre a incidência de uma inelegibilidade e sobre a imposição de uma cassação de registro ou de diploma. A segunda medida, esta sim de caráter sancionatório, incide apenas sobre "o candidato beneficiado". A inelegibilidade recai sobre os responsáveis pelo abuso.

Se o candidato não praticou ele próprio o abuso, estará submetido apenas à cassação do registro ou diploma, não à inelegibilidade. Já os responsáveis pelo ato estarão submetidos apenas à inelegibilidade, que os acompanhará pelos oito anos que virão. Então, não se pode dizer em relação a estes que sofrerão qualquer sanção. Incidiram, isso sim, em uma hipótese de inelegibilidade dotada da mesma natureza jurídica que caracteriza qualquer outra: a de condição.

A inelegibilidade nesse caso, repetimos, deriva não de imposição judicial, mas de determinação contida na lei. Sujeita-se, pois, às mudanças legislativas que sobrevenham. Sendo assim, se o prazo de uma inelegibilidade é expandido, é irrelevante que tenha constado do julgado qualquer determinação em sentido diverso.

Sendo objetivo, os que tiveram contra si definida judicialmente uma inelegibilidade por três anos em virtude de abuso de poder estão submetidos agora ao novo prazo de oito anos fixado pela Lei da Ficha Limpa. Se esse prazo — agora de oito anos — ainda não fluiu completamente, então o candidato seguirá inelegível até que isso ocorra.

Essa matéria foi expressamente resolvida pelo Supremo Tribunal Federal quando do julgamento da Lei da Ficha Limpa, que chegou a essa mesma conclusão. Em julgamento que vincula todo o Poder Judiciário brasileiro, a Suprema Corte afirmou nem mesmo haver ofensa à coisa julgada em tais hipóteses.

Para que não reste dúvida, pedimos licença para transcrever parte substancial do voto do relator, acolhido pela maioria dos ministros:

> É essa característica continuativa do enquadramento do cidadão na legislação eleitoral, aliás, que também permite concluir pela validade da extensão dos prazos de inelegibilidade, originariamente previstos em 3 (três), 4(quatro) ou 5 (cinco) anos, para 8 (oito) anos, nos casos em que os mesmos encontram-se em curso ou já se encerraram. Em outras palavras, é de se entender que, mesmo no caso em que o indivíduo já foi atingido pela inelegibilidade de acordo com as hipóteses e prazos anteriormente previstos na Lei Complementar n. 64/1990, esses prazos poderão ser estendidos — se ainda em curso — ou mesmo restaurados para que cheguem a 8 (oito)anos, por força da *lex nova*, desde que não ultrapassem esse prazo.
>
> Explica-se: trata-se, tão somente, de imposição de um novo requisito negativo para que o cidadão possa candidatar-se a cargo eletivo, que não se confunde com agravamento de pena ou com *bis in idem*. Observe-se, para tanto, que o legislador cuidou de distinguir claramente a inelegibilidade das condenações — assim é que, por exemplo, o art. 1.º, I, *e*, da Lei Complementar n. 64/1990 expressamente impõe a inelegibilidade para período posterior ao cumprimento da pena.
>
> Tendo em vista essa observação, haverá, em primeiro lugar, uma questão de isonomia a ser atendida: não se vislumbra justificativa para que um indivíduo que já tenha sido condenado definitivamente (uma vez que a lei anterior não admitia inelegibilidade para condenações ainda recorríveis) cumpra período de inelegibilidade inferior ao de outro cuja condenação não transitou em julgado.
>
> Em segundo lugar, não se há de falar em alguma afronta à coisa julgada nessa extensão de prazo de inelegibilidade, nos casos em que a mesma é decorrente de condenação judicial. Afinal, ela não significa interferência no cumprimento de decisão judicial anterior: o Poder Judiciário fixou a penalidade, que terá sido cumprida antes do momento em que,

unicamente por força de lei — como se dá nas relações jurídicas *ex lege* —, tornou-se inelegível o indivíduo. A coisa julgada não terá sido violada ou desconstituída.

Demais disso, tem-se, como antes exposto, uma relação jurídica continuativa, para a qual a coisa julgada opera sob a cláusula *rebus sic stantibus.* A edição da Lei Complementar n. 135/2010 modificou o panorama normativo das inelegibilidades, de sorte que a sua aplicação, posterior às condenações, não desafiaria a autoridade da coisa julgada (voto condutor proferido no julgamento das ADCs n. 29 e 30 e da ADI n. 4.578).

Como se vê, a Lei da Ficha Limpa promoveu alteração substancial nos prazos de duração das inelegibilidades. Mais que isso, suas novas disposições se aplicam a todas as hipóteses de inelegibilidade verificadas anteriormente à sua vigência, cujos prazos, mesmo os eventualmente mencionados em decisões judiciais transitadas em julgado, estão agora dilargados por força da vontade do soberano popular convertida em lei já declarada constitucional pelo STF. Está superada, assim, a antes já precária teoria que acolhia o mito da "inelegibilidade-sanção" ou da "inelegibilidade cominada simples".

Ditas tais palavras iniciais, passemos ao estudo das inelegibilidades em espécie.

6.3.2. Inelegibilidades em espécie

6.3.2.1. *Inelegibilidades constitucionais*

6.3.2.1.1. *Inalistabilidade*

Segundo o § 4.º do art. 14 da CF: "São inelegíveis os inalistáveis e os analfabetos". Inalistável é o que não está apto a integrar o colégio de eleitores, inscrevendo-se e qualificando-se para participar do cadastro de votantes mantido pela Justiça Eleitoral.

Remetemos o leitor ao quanto dissemos sobre o ponto no item "Alistamento eleitoral", no capítulo destinado ao estudo do Processo Administrativo Eleitoral.

6.3.2.1.2 *Analfabetismo*

■ Considerações gerais

A inelegibilidade do analfabeto está definida na Constituição Federal.

Em 1985, os analfabetos recuperaram o direito de voto, com a promulgação da Emenda Constitucional n. 25, mas seguiram impedidos de pleitear o registro das suas candidaturas.

Não há consenso sobre o significado do vocábulo "analfabeto". Comumente se utiliza a palavra para designar aquele que não sabe ler nem escrever, mesmo de forma elementar.

Diz-se, por outro lado, analfabeto funcional aquele que, mesmo sabendo ler e escrever frases simples, não possui as habilidades necessárias para satisfazer às suas demandas pessoais cotidianas e se desenvolver pessoal e profissionalmente.

Para o fim previsto na Constituição, considera-se analfabeto e, portanto, inapto a lançar-se candidato aquele que não possui a aptidão da escrita rudimentar e é incapaz de decodificar sinais linguísticos escritos.

Segundo precedente firmado pelo Tribunal Superior Eleitoral, é de indeferir-se o registro de candidatura no caso em que o candidato:

> [...] para comprovar a condição de alfabetizado, o candidato apresentou declaração de próprio punho autenticada, mas produzida sem a presença de servidor da Justiça Eleitoral (REspe 060051298, Acórdão, rel. Min. Luis Felipe Salomão, *DJe* de 08.03.2021, t. 41).

Do mesmo modo: "A mera participação em programa de alfabetização de jovens e adultos não gera a presunção de que o agravante foi alfabetizado [...]". (Ac. de 25.11.2008 no AgR-REspe 30.131, rel. Min. Eros Grau). No entanto, é de se reconhecer a elegibilidade do candidato que "apresentou comprovantes de escolaridade, fornecidos por secretaria municipal de educação, consistentes em boletim escolar [...]". (TSE, Ac. de 13.10.2008 no AgR-REspe 29.976, rel. Min. Arnaldo Versiani).

De outra parte: "O **exercício** de mandato eletivo não é circunstância **capaz**, por si só, de **comprovar** a condição de **alfabetizado** do candidato" (Súmula 15 do TSE), mas: "A Carteira Nacional de Habilitação gera a presunção da escolaridade necessária ao deferimento do registro de candidatura" (Súmula 55 do TSE).

▨ Teste de alfabetização

A jurisprudência **admite** a rejeição da candidatura do "candidato que, submetido a teste de alfabetização, não demonstrou possuir habilidades mínimas para ser **considerado** alfabetizado" (REspe 13.180), assim considerado "o candidato que se mostra incapaz de esboçar um mínimo de sinais gráficos compreensíveis" (REspe 12.804), ou "que não mostre **aptidão** para leitura" (REspe 12.952).

Com efeito, ante a existência de dúvida, o **juiz** eleitoral **pode** realizar **testes** objetivando **aferir** a alfabetização do **candidato**, desde que o faça de forma individual e reservada, de modo a **não lhe causar** qualquer **constrangimento**, em respeito à dignidade da pessoa humana, autêntico fundamento em que se assenta a nossa República (art. 1.º, III, da CF).

Neste sentido o TSE tem sua jurisprudência uníssona

> [...] [a] prova de alfabetização de que trata o inciso IV pode ser suprida por declaração de próprio punho preenchida pelo interessado, em ambiente individual e reservado, na presença de servidor de qualquer Cartório Eleitoral do território da circunscrição em que o candidato disputa o cargo, ainda que se trate de eleições gerais (Ac. de 11.02.2021 no AgR-REspe n. 060051298, rel. Min. Luis Felipe Salomão).

Afigura-se recomendável, sempre que possível, a nomeação de perito para auxiliar a Justiça Eleitoral na identificação de eventual caso de analfabetismo. O apoio de um pedagogo pode favorecer a descoberta de situações tais, reservando-se a palavra final sobre o acolhimento ou não do seu laudo à autoridade judiciária.

Note-se que, segundo a Súmula 15 do TSE: "O exercício de cargo eletivo não é circunstância suficiente para, em recurso especial, determinar-se a reforma de decisão mediante a qual o candidato foi considerado analfabeto".

Seguindo essa linha de entendimento, o Tribunal Superior Eleitoral já assentou que:

Não se admite o registro de candidato que, embora já tenha ocupado a vereança, declarou-se analfabeto, não tendo sucesso na prova a que se submeteu, na presença do juiz. É inelegível para qualquer cargo o analfabeto (Constituição, art. 14, § 4.º, e Lei Complementar n. 64/1990, art. 1.º, I, *a* (Ac. TSE n. 13.069/SP, decisão de 16.09.1996).

Registre-se, por oportuno, que: "O rigor da aferição no que tange à alfabetização do candidato não pode configurar um cerceio ao direito atinente à inelegibilidade" (Ac. n. 30.071, de 14.10.2008, rel. Min. Arnaldo Versiani). Não se afigura razoável, pois, a imposição de teste que demande do postulante ao registro da candidatura qualquer nível mais complexo de saber. Exige-se apenas a alfabetização, não a detenção do saber na forma culta.

A existência de prova documental de escolarização afasta desde logo a necessidade do teste de aferição. Assim, se:

[...] o candidato apresentou comprovantes de escolaridade, fornecidos por secretaria municipal de educação, consistentes em boletim escolar, declaração e certificado, é de se reconhecer que o candidato é alfabetizado e, portanto, elegível (AgR-REspe 29.976, Ac. de 13.10.2008, rel. Min. Arnaldo Versiani Leite Soares, PSESS — publicado em sessão, em 13.10.2008).

Entretanto, havendo dúvida razoável quanto à existência de fraude e não havendo tempo hábil para a realização de outras diligências, torna-se possível a submissão do pretendente a candidato ao competente teste de alfabetização.

A esse respeito o Tribunal Superior Eleitoral já afirmou que:

Conforme já decidido pelo Tribunal (Recurso Especial n. 21.920, rel. Min. Caputo Bastos), para comprovação de alfabetização, é facultado ao candidato, na ausência de comprovante de escolaridade, apresentar declaração de próprio punho. Não obstante, é permitido ao juiz, se for o caso, determinar a aferição da alfabetização, por outros meios, o que será feito caso persista dúvida quanto à declaração apresentada (AgR-REspe 31.511, Ac. de 6.10.2008, rel. Min. Arnaldo Versiani Leite Soares, PSESS — publicado em sessão, em 6.10.2008).

▣ Estrangeiros, indígenas e língua portuguesa

A alfabetização a que se refere a Constituição é aquela que torna possível a expressão escrita e a leitura em língua portuguesa, não se justificando a candidatura daquele que cultiva exclusivamente o saber de qualquer língua estrangeira.

Convém lembrar o teor do art. 13 da CF: "A língua portuguesa é o idioma oficial da República Federativa do Brasil". Não nos parece razoável, todavia, negar-se a elegibilidade, por essa razão, àquele que tem o domínio exclusivo de língua historicamente falada em nosso território desde tempos anteriores à ocupação colonialista.

Diz o art. 231 da Constituição Federal:

Art. 231. São reconhecidos aos índios sua organização social, costumes, línguas, crenças e tradições, e os direitos originários sobre as terras que tradicionalmente ocupam, competindo à União demarcá-las, proteger e fazer respeitar todos os seus bens.

O Tribunal Superior Eleitoral reconhece o direito de voto aos indígenas alfabetizados, como se vê no seguinte precedente:

> PROCESSO ADMINISTRATIVO. ALISTAMENTO. VOTO. INDÍGENA. CATEGORIZAÇÃO ESTABELECIDA EM LEI ESPECIAL. "ISOLADO". "EM VIAS DE INTEGRAÇÃO". INEXISTÊNCIA. ÓBICE LEGAL. CARÁTER FACULTATIVO. POSSIBILIDADE. EXIBIÇÃO. DOCUMENTO. REGISTRO CIVIL DE NASCIMENTO OU ADMINISTRATIVO DA FUNAI. 1. A atual ordem constitucional, ao ampliar o direito à participação política dos cidadãos, restringindo o alistamento somente aos estrangeiros e aos conscritos, enquanto no serviço militar obrigatório, e o exercício do voto àqueles que tenham suspensos seus direitos políticos, assegurou-os, em caráter facultativo, a todos os indígenas, independentemente da categorização estabelecida na legislação especial infranconstitucional anterior, observadas as exigências de natureza constitucional e eleitoral pertinentes à matéria, como a nacionalidade brasileira e a idade mínima. 2. Os índios que venham a se alfabetizar, devem se inscrever como eleitores, não estando sujeitos ao pagamento de multa pelo
> alistamento extemporâneo, de acordo com a orientação prevista no art. 16, parágrafo único, da Res.-TSE 21.538, de 2003. 3. Para o ato de alistamento, faculta-se aos indígenas que não disponham do documento de registro civil de nascimento a apresentação do congênere administrativo expedido pela Fundação Nacional do Índio (FUNAI) (Processo Administrativo n. 180.681, Acórdão, rel. Min. Nancy Andrighi, *RJTSE — Revista de Jurisprudência do TSE*, v. 23, t. 1, de 06.12.2011, p. 77).

Como se vê, não se impõe aos indígenas, desde que nativos deste país, o dever de assimilar a língua portuguesa. Antes, se lhes concede o direito de preservar sua língua, como uma das partes mais essenciais à sua própria cultura, preexistente até mesmo ao Estado brasileiro.

No meu entender, todavia, eventual indagação quanto ao direito de voto do indígena brasileiro não educado na língua portuguesa deve ser respondida afirmativamente, sob pena de desrespeito à regra constitucional especial que, afastando o comando genérico que afirma a oficialidade única da língua portuguesa, reconhece proteção particular às línguas presentes neste continente desde tempos imemoriais.

Trata-se, ao assegurar-se a candidatura aos integrantes de tribos não submetidas à língua aqui introduzida pelos colonizadores portugueses, de aplicar concretamente o princípio democrático, garantindo às minorias étnicas a devida participação no corpo de representantes políticos do soberano popular.

6.3.2.1.3. *Limitação à reelegibilidade*

O § 5.º do art. 14 da **Constituição** Federal **estabelece** que o presidente da República, os governadores de estado e do Distrito Federal, os prefeitos e quem os houver sucedido, ou substituído no curso dos mandatos, **poderão** ser reeleitos para um **único** período **subsequente**. Trata-se de norma submetida inicialmente a grande crítica, mas que após sucessivas aplicações parece estar estavelmente firmada entre os nossos institutos eleitorais. **Baseia-se**, antes de tudo, numa **ideia** razoável: a de que os governos devem ser dotados de **tempo mínimo hábil** para o desenvolvimento de **políticas** de longo prazo.

É certo que, entre nós, a medida recebeu merecidos questionamentos, ante o risco que traz, em si, de favorecer o uso eleitoral dos bens e serviços do governo. Sem embargo da seriedade e da plausibilidade dessas críticas, parece-nos que daí deve resultar não a revogação pura e simples do instituto, mas o fortalecimento da atividade das instituições encarregadas de fiscalizar o correto andamento das campanhas eleitorais, a fim de evitar o abuso de poder e a ocorrência de condutas vedadas aos agentes públicos, em desprestígio da igualdade de chances entre os pretendentes ao mandato eletivo em disputa.

É possível, por outro lado, afirmar-se a inadmissibilidade de qualquer inovação normativa que objetive permitir reeleições indeterminadas ou, simplesmente, a conquista de um terceiro mandato sucessivo. Trata-se de medida que colide frontalmente com os princípios republicano e democrático, suprimindo ou, pelo menos, reduzindo inaceitavelmente a alternância de cidadãos no governo do nosso país.

A vedação à conquista de um terceiro mandato sucessivo para a chefia do Poder Executivo já foi invocada para negar elegibilidade a alguém que buscava manter-se sucessivamente no exercício do cargo de prefeito. É o caso dos denominados "prefeitos itinerantes", cuja afirmação pelo Tribunal Superior Eleitoral pode ser verificada no seguinte precedente:

> Inelegibilidade. Prefeito. Reeleição. Candidatura. Município diverso.
>
> 1. De acordo com a orientação firmada para as eleições de 2008, o exercício de dois mandatos consecutivos no cargo de prefeito torna o candidato inelegível para o mesmo cargo, ainda que em município diverso.
>
> 2. As condições de elegibilidade e as causas de inelegibilidade devem ser aferidas a cada eleição, na conformidade das regras aplicáveis no pleito, não cabendo cogitar-se de coisa julgada, direito adquirido ou segurança jurídica.
>
> Agravo regimental não provido (AgR-REspe 35.880, Ac. de 28.04.2011, rel. Min. Arnaldo Versiani Leite Soares, *DJe* de 27.05.2011, t. 100, p. 38).

Note-se que a vedação de um terceiro mandato sucessivo não impede que candidatos eleitos por duas vezes para vice-prefeito, vice-governador ou vice-presidente postulem uma nova eleição, desta feita para figurar na condição de titular do cargo eletivo (Resolução do TSE n. 21.026/2002). Mas ao ocupante de dois mandatos consecutivos de vice veda-se a disputa de uma terceira candidatura sequencial ao mesmo cargo (Resolução n. 22.761/2008).

Se o vice, por outra parte, vier substituir ao titular, ainda que eventualmente, dentro dos seis meses anteriores ao pleito, não poderá concorrer ao cargo deste (Resolução n. 22.758/2008).

O Chefe do Executivo que renuncia ao segundo mandato, ainda que após havê-lo exercido por breve tempo, não pode concorrer ao mesmo cargo no pleito subsequente, sob pena de configurar-se um terceiro mandato sucessivo. Assim se manifestou o TSE por meio da Resolução n. 22.529/2007.

Diferente é a seguinte situação:

> [...] Registro de candidatura. Substituição. Prefeito. Curto período. Decisão judicial. Recondução do titular. NE: É Reelegível o prefeito que na eleição anterior, na qualidade de segundo colocado, assumiu a titularidade por alguns dias, não caracterizando terceiro mandato (TSE, Ac. de 11.10.2008 no REspe 32.831, rel. Min. Fernando Gonçalves).

Por outra parte, registra-se que o vice-prefeito reeleito pode se candidatar ao cargo de prefeito nas eleições seguintes ao segundo mandato (Resolução n. 22.625, de 13.11.2007, rel. Min. Arnaldo Versiani).

6.3.2.1.4. Renúncia para disputa de outro cargo

Segundo o § 6.° do art. 14 da Constituição:

> **Art. 14.** [...]
>
> § 6.° Para concorrerem a outros cargos, o Presidente da República, os Governadores de Estado e do Distrito Federal e os Prefeitos devem renunciar aos respectivos mandatos até seis meses antes do pleito.

Nessa **situação** incide o **prefeito** que deseje, num **mandato subsequente**, postular a posição de vice. Nessa hipótese, será **imperiosa** a **renúncia** até os seis meses que antecedem o pleito, **sob pena** de ver-se inviabilizada a candidatura, por presente uma **causa** constitucional de **inelegibilidade**. Edson de Resende Castro (2010, p. 143) lembra que ao vice não se aplica a regra da renúncia prévia. "Este poderá candidatar-se não só ao mesmo cargo (reeleição), como também a outros cargos, sem renúncia, desde que, nos últimos seis meses anteriores ao pleito, não tenha sucedido ou substituído o titular".

Mas "o prefeito, em primeiro mandato, não pode candidatar-se ao cargo de vice-prefeito se não houver se desincompatibilizado no período de seis meses que antecede o pleito [...]" (Resolução n. 22.763, de 15.04.2008, rel. Min. Caputo Bastos). Na mesma linha, temos que:

Nos termos do art. 14, § 6.°, da Constituição Federal e na linha da jurisprudência desta Corte (Cta n. 841/RJ, rel. Min. Fernando Neves, _DJ_ de 27.02.2003, e 893/DF, rel. Min. Barros Monteiro, sessão de 12.08.2003), o prefeito pode candidatar-se ao cargo de vereador, no mesmo município, desde que renuncie ao seu mandato até seis meses antes do pleito, sendo irrelevante, no caso, se o Chefe do Executivo Municipal está no primeiro ou no segundo mandato (TSE, Resolução n. 21.482, de 02.09.2003, rel. Min. Peçanha Martins).

Não basta, todavia, o mero afastamento de fato do cargo ou função. O TSE já afirmou que "[...] o simples afastamento fático não é suficiente para atender o interstício de 6 (seis) meses do afastamento do cargo de que dispõe o art. 14, § 6.°, da CF [...]" (Ac. n. 24.069, de 16.12.2004, rel. Min. Humberto Gomes de Barros).

6.3.2.1.5. Inelegibilidade de cônjuges e parentes

São **inelegíveis**, no **território** de jurisdição do **titular**, o cônjuge e os parentes consanguíneos ou afins, até o **segundo grau ou por adoção**, do presidente da República, de governador de estado ou território, do Distrito Federal, de prefeito ou de quem os haja **substituído** dentro dos **seis** meses anteriores ao pleito, **salvo** se já titular de mandato eletivo e candidato à reeleição. É o que estatui o § 7.° do art. 14 da Constituição Federal.

Tal **regra** desde logo comporta a **seguinte exceção**: se o titular do mandato pode candidatar-se à reeleição, nada obsta que seu cônjuge ou seu parente venha a disputar, em seu lugar, a sua sucessão. A esse respeito o TSE já pontificou na Súmula 6 da sua jurisprudência, cujo texto é o seguinte:

São inelegíveis para o cargo de Chefe do Executivo o cônjuge e os parentes, indicados no § 7.º do art. 14 da Constituição Federal, do titular do mandato, salvo se este, reelegível, tenha falecido, renunciado ou se afastado definitivamente do cargo até seis meses antes do pleito.

Em linha equivalente, a **Súmula 12** do TSE definiu que: "São inelegíveis, no município desmembrado, e ainda não instalado, o cônjuge e os parentes consanguíneos ou afins, até o segundo grau ou por adoção, do prefeito do município-mãe, ou de quem o tenha substituído, dentro dos seis meses anteriores ao pleito, salvo se já titular de mandato eletivo".

De acordo com a **Súmula Vinculante 18, do Supremo Tribunal Federal**: "A dissolução da sociedade ou do vínculo conjugal, no curso do mandato, não afasta a inelegibilidade prevista no § 7.º do art. 14 da Constituição Federal".

Mas o irmão do chefe do Executivo continua inelegível para o mesmo cargo, no território onde este exerceu suas funções, ainda que este tenha falecido em data anterior aos seis meses da realização do pleito (REspe 17.199). A relação conjugal não é apenas aquela decorrente do matrimônio. A união estável basta para a incidência da norma, uma vez que esta é constitucionalmente reconhecida como entidade familiar (art. 226, § 4.º, da CF).

Note-se, por outro lado, que:

Cônjuge de prefeito que exerceu mandato entre 2001 e 2004, eleita prefeita em eleição suplementar, em 2007, não poderá ser reeleita, sob pena de se caracterizar o terceiro mandato no mesmo grupo familiar (AgR-REspe 31.765, Ac. de 12.02.2009, rel. Min. Joaquim Benedito Barbosa Gomes, *DJe* de 16.03.2009, p. 33).

No mesmo sentido, já se decidiu que:

O cônjuge ou parente de prefeito reeleito que teve o diploma cassado no segundo mandato não pode se candidatar ao pleito seguinte, sob pena de se configurar o exercício de três mandatos consecutivos por membros de uma mesma família (Precedentes: Cta n. 1.548/DF, rel. Min. Marcelo Ribeiro, *DJ* de 15.05.2008; REspe 25.275/SP, rel. Min. José Delgado, *DJ* de 09.06.2006; Cta n. 1.031/DF, rel. Min. Carlos Velloso, *DJ* de 28.06.2004; Cta n. 915, rel. Min. Ellen Gracie Northfleet, *DJ* de 19.09.2003).

O Tribunal Superior Eleitoral já equiparou a união homoafetiva à sociedade conjugal para o fim de aplicar a restrição contida no § 7.º do art. 14 da CF. Veja-se a ementa do julgado:

Registro de candidato. Candidata ao cargo de prefeito. Relação estável homossexual com a prefeita reeleita do município. Inelegibilidade. Art. 14, § 7.º, da Constituição Federal. Os sujeitos de uma relação estável homossexual, à semelhança do que ocorre com os de relação estável, de concubinato e de casamento, submetem-se à regra de inelegibilidade prevista no art. 14, § 7.º, da Constituição Federal. Recurso a que se dá provimento (REspe 24.564, Ac. n. 24.564, de 1.º.10.2004, rel. Min. Gilmar Ferreira Mendes, PSESS — publicado em sessão, em 1.º.10.2004, *RJTSE — Revista de Jurisprudência do TSE*, v. 17, t. 1, p. 234).

Nessa mesma linha de **raciocínio**, o Tribunal Superior Eleitoral tem **acolhido** na sua jurisprudência o **reconhecimento** das relações familiares **socioafetivas**. Por isso, a **adoção** de fato já vem sendo entendida como vínculo suficiente para a incidência da **inelegibilidade** decorrente do vínculo de **parentesco**.

É o que se vê no seguinte julgado:

Recurso contra expedição de diploma. Adoção de fato. Inelegibilidade.

1. Para afastar a conclusão do TRE/PI, de que ficou comprovada a relação socioafetiva de filho de criação de antecessor do ex-prefeito, seria necessário o revolvimento do acervo probatório, inviável em sede de recurso especial, a teor da Súmula n. 279 do Supremo Tribunal Federal.

2. Advínculo Relações Socioafetivas, em razão de sua influência na realidade social, gera direitos e deveres inerentes ao parentesco, inclusive para fins da inelegibilidade prevista no § 7.º do art. 14 da Constituição Federal. 3. A inelegibilidade fundada no art. 14, § 7.º, da Constituição Federal pode ser arguida em recurso contra a expedição de diploma, por se tratar de inelegibilidade de natureza constitucional, razão pela qual não há falar em preclusão. Recurso não provido (REspe 5.410.103, Ac. de 15.02.2011, rel. Min. Arnaldo Versiani Leite Soares, *DJe* de 22.03.2011, t. 55, p. 34).

De outra banda, o irmão do presidente da Câmara que, interinamente, assumiu o cargo de prefeito nos seis meses anteriores ao pleito é inelegível (REspe 34.243, Ac. de 19.11.2008, rel. Min. Felix Fischer, PSESS — publicado em sessão, em 19.11.2008).

Quando do fechamento desta edição o Tribunal Superior Eleitoral ainda não havia se pronunciado sobre consulta que lhe fora dirigida pelo Senador Efraim de Araújo Morais Filho e seu primeiro suplente, André Augusto Castro do Amaral, eleitos pelo Estado da Paraíba pelo Partido União Brasil. Essa consulta, conforme o Código Eleitoral vazada nos termos dos arts. 23, inciso XII, e 30, inciso VIII, e o Regimento Interno do TSE, questiona uma situação hipotética relacionada à elegibilidade em um contexto de dissolução de vínculo matrimonial. Eis a indagação nela formulada:

O questionamento central é se um cidadão, denominado "A", que é parente por afinidade em segundo grau de "B" (atual prefeito reeleito), estaria impedido de se candidatar ao cargo de prefeito no mesmo município, após o término do mandato de "B". Especificamente, questiona-se se a inércia de "B" em formalizar a dissolução do casamento, que originou o parentesco por afinidade com "A", afetaria a elegibilidade de "A".

É importante analisar a situação à luz do ordenamento jurídico brasileiro, especificamente no contexto das disposições constitucionais sobre inelegibilidade reflexa e as normas do Código Civil sobre afinidade. A inelegibilidade reflexa, conforme a dicção da Constituição Federal, visa prevenir a perpetuação de poder político dentro de um mesmo núcleo familiar, abrangendo, em determinadas situações, os cunhados.

No entanto, a questão crucial nesta consulta é a dissolução "de fato" da sociedade conjugal, que, embora não formalizada juridicamente, ocorreu efetivamente, conforme apresentado. Segundo o art. 1.595 do Código Civil, a afinidade é o vínculo que se estabelece entre um cônjuge e os parentes do outro. Porém, o § 2.º do mesmo artigo estabelece que, na linha reta, a afinidade não se extingue com a dissolução do casamento ou da união estável. Ou seja, essa mesma dissolução põe fim à afinidade na linha colateral.

Isso significa que, em linhas gerais, a afinidade na linha reta é perene, mesmo após o término do casamento. Contudo, na linha colateral, como é o caso de cunhados, a afinidade se extingue com o fim do vínculo matrimonial.

Diante desse quadro normativo, argumenta-se que a dissolução da sociedade conjugal ocorrida no plano fático, desde que devidamente comprovada, impede a aplicação da inelegibilidade reflexa no caso em tela. Afinal, se o vínculo matrimonial que deu origem ao parentesco por afinidade foi desfeito, não mais subsiste a base para a aplicação da inelegibilidade, segundo a interpretação aqui conferida ao art. 1.595 do Código Civil.

Analisando precedentes judiciais relevantes no âmbito do Tribunal Superior Eleitoral, percebe-se uma tendência de valorização das relações familiares e sociais efetivas no plano da realidade, transcendendo a mera formalidade burocrática, especialmente no contexto da inelegibilidade reflexa.

No Agravo Regimental em Recurso Especial Eleitoral n. 13866, relatora a Ministra Rosa Weber, a relação de paternidade socioafetiva entre os pais biológicos do atual prefeito e o cônjuge da agravante, tratados publicamente como irmãos, foi suficiente para configurar inelegibilidade, apesar da ausência de um vínculo formal. Este caso demonstra a importância atribuída pelo TSE à realidade social e afetiva em detrimento das formalidades legais.

Similarmente, no Recurso Especial Eleitoral n. 5410103, relatado pelo Ministro Arnaldo Versiani, foi reconhecido que o vínculo de relações socioafetivas exerce influência na realidade social, gerando direitos e deveres equivalentes aos do parentesco consanguíneo, inclusive para fins de inelegibilidade conforme previsto no § 7.º do art. 14 da Constituição Federal. Este entendimento reafirma que as relações socioafetivas são consideradas pelo TSE para determinar questões de elegibilidade.

Além disso, o caso Viseu, sob o relato do Ministro Gilmar Mendes em 2004 (RESPE n. 24.564-PA), onde o TSE enfrentou a questão da inelegibilidade reflexa em decorrência de uma relação estável homoafetiva, é outro marco importante.

Diante desses precedentes, aplicando-se essa lógica ao caso apresentado na consulta, que se reporta a um casamento desfeito no plano fático, mas não formalizado, pode-se argumentar que, se tal dissolução é reconhecida socialmente e devidamente comprovada, há de ser considerada para afastar a inelegibilidade por parentesco. Seguindo o raciocínio dessas decisões, onde a realidade social e as relações efetivas prevalecem sobre a ausência de formalização, a inexistência de um vínculo matrimonial efetivo caracteriza a ausência de fundamento para a inelegibilidade reflexa.

A abordagem do Tribunal Superior Eleitoral em relação às questões de inelegibilidade reflexa, como ilustrado pelos precedentes citados, baseia-se no princípio de que a Constituição busca evitar o uso indevido de relações e vínculos intersubjetivos dentro de uma família para influenciar o processo eleitoral. A preocupação central é preservar a integridade e a equidade das eleições, evitando que o poder e a influência se perpetuem dentro de um mesmo núcleo familiar, comprometendo assim a democracia representativa.

Nesse contexto, a Constituição, ao estabelecer normas de inelegibilidade reflexa, visa impedir que as relações familiares sejam utilizadas como ferramenta para manter ou ampliar o poder político de um determinado grupo ou família. O entendimento do

TSE, ao considerar a realidade social e afetiva das relações em detrimento de formalizações burocráticas, reflete essa preocupação. Quando uma união familiar existe apenas no plano dos fatos, sem formalização legal, mas é reconhecida e comprovada socialmente, ela é suficiente para influenciar a elegibilidade, evidenciando que o que realmente importa é a substância da relação e não apenas sua forma jurídica.

Por outro lado, a ausência de formalização de uma dissolução de casamento, como no caso apresentado na consulta, não desnatura o reconhecimento da natureza familiar das relações quando estas já deixaram de existir no plano real. Se uma relação conjugal é efetivamente desfeita no plano fático, e isso é reconhecido socialmente, então a manutenção de vínculos jurídicos formais não é suficiente para manter a inelegibilidade reflexa, pois o risco de influência indevida no processo eleitoral, que a norma busca prevenir, não mais existe.

Em resumo, o TSE reconhece que o espírito das normas constitucionais sobre inelegibilidade reflexa é o de prevenir a influência indevida e a concentração de poder político dentro de núcleos familiares, seja pela presença ou ausência de formalizações. As decisões do tribunal autorizam a conclusão de que se deve avaliar cada caso à luz da realidade social e dos fatos comprovados, assegurando assim a integridade dos processos eleitorais e a verdadeira representatividade democrática.

A questão, todavia, já foi devidamente considerada em precedente do Supremo Tribunal Federal (STF), lavrado no Recurso Extraordinário (RE) 446.999, relatado pela Ministra Ellen Gracie, o qual aborda de forma direta a questão da inelegibilidade reflexa e a importância da realidade fática das relações familiares. Ali ficou patenteado o seguinte entendimento:

> A regra estabelecida no art. 14, § 7.º, da CF/1988, iluminada pelos mais basilares princípios republicanos, visa obstar o monopólio do poder político por grupos hegemônicos ligados por laços familiares. Precedente. 2. Havendo a sentença reconhecido a ocorrência da separação de fato em momento anterior ao início do mandato do ex-sogro do recorrente, não há falar em perenização no poder da mesma família (Consulta 964/DF — Res./TSE 21.775, de minha relatoria). 3. Recurso extraordinário provido para restabelecer o registro de candidatura. [RE 446.999, rel. min. Ellen Gracie, 2.ª T, j. 28.06.2005, *DJ* de 09.09.2005].

Esta decisão esclarece que a norma de inelegibilidade reflexa, conforme definida no art. 14, § 7.º, da Constituição Federal de 1988, tem como objetivo principal prevenir a concentração de poder político nas mãos de famílias ou grupos hegemônicos. A intenção é garantir a renovação política e a democracia representativa, impedindo que relações familiares sejam usadas para perpetuar o poder político de um determinado grupo.

O ponto crucial deste precedente é o reconhecimento judicial da separação de fato ocorrida antes do início do mandato do ex-sogro do recorrente. Este aspecto é especialmente relevante, pois indica que a realidade das relações familiares e sua dinâmica devem ser levadas em consideração na aplicação das regras de inelegibilidade. O STF, ao acolher o recurso e restabelecer o registro de candidatura, ressalta que uma separação de fato, mesmo que não formalizada, pode afastar a inelegibilidade reflexa, desde que seja reconhecida judicialmente e tenha ocorrido antes do início do mandato do familiar em questão.

A extensão desse raciocínio ao contexto da inelegibilidade por relação de cunhadio é ainda mais pertinente. Conforme discutido anteriormente, o § 2.º do art. 1.595 do Código Civil estabelece que na linha reta a afinidade não se extingue com a dissolução do casamento ou da união estável. No entanto, na linha colateral, como é o caso de cunhados, a afinidade cessa com o fim do vínculo conjugal. Portanto, uma separação de fato entre um indivíduo e seu cônjuge, ocorrida antes do alcance do mandato por um outrora familiar eleito, implica que o cunhadio já não mais existe no momento do início do mandato eletivo, afastando a aplicação da inelegibilidade reflexa.

A Consulta n. 964, Rel. TSE 21.775, de 27.05.2004, relatada pela Ministra Ellen Gracie, traz um importante precedente do Tribunal Superior Eleitoral (TSE) sobre a aplicabilidade da inelegibilidade reflexa em casos de separação de fato reconhecida judicialmente. A ementa da decisão é a seguinte:

> CONSULTA. CANDIDATURA DE EX-CÔNJUGE. SEPARAÇÃO DE FATO OCORRIDA HÁ MAIS DE DEZ ANOS RECONHECIDA NA SENTENÇA DA SEPARAÇÃO JUDICIAL. POSSIBILIDADE Quando a separação judicial ocorre durante o exercício do segundo mandato do titular do cargo eletivo, o ex-cônjuge não poderá eleger-se, no mesmo município, na eleição imediatamente subsequente, sob pena de infringir o dispositivo constitucional do art. 14, § 7.º, que busca impedir a permanência indefinida de uma mesma família no poder. "Porém quando a separação de fato ocorreu há mais de dez anos havendo sido reconhecida na Sentença da separação, o ex-cônjuge pode candidatar-se na eleição subsequente pois a ruptura do vínculo conjugal se deu antes mesmo do primeiro mandato sem haver portanto, violação ao preceito constitucional".

Esta decisão do TSE evidencia a diferenciação crucial entre as situações em que a separação conjugal ocorre durante o mandato e quando ocorre muito antes do início do primeiro mandato do titular do cargo eletivo. O TSE reconhece que, no caso de uma separação de fato que ocorreu há mais de dez anos e foi reconhecida judicialmente, o ex-cônjuge tem a possibilidade de se candidatar na eleição subsequente. Isso ocorre porque, nesse cenário, a ruptura do vínculo conjugal antecede o primeiro mandato, eliminando preocupações sobre a perpetuação de poder dentro de uma mesma família, que é a finalidade do art. 14, § 7.º, da Constituição Federal.

A Consulta também reforça a interpretação de que as normas de inelegibilidade devem ser aplicadas com um entendimento contextualizado e sensível às realidades familiares específicas de cada caso, sem prejuízo dos princípios republicanos que fundamentam essas normas. Portanto, o caso em análise sugere que, em situações semelhantes onde a separação de fato ocorreu muito antes do início do mandato do familiar, a inelegibilidade reflexa pode não ser aplicável.

Nesse precedente do TSE, embora a decisão faça referência à existência de uma sentença de separação judicial — mecanismo processual vigente à época —, a parte mais relevante do julgado é justamente aquela que reconhece o impacto da separação de fato na afastamento da inelegibilidade de parentes e cônjuges. Esta ênfase na separação de fato é crucial porque, embora a separação judicial naquele momento não produzisse os mesmos efeitos do divórcio, ela servia como um meio para comprovar a existência da separação no plano factual.

Essa diferenciação é importante, pois a separação judicial, ao contrário do divórcio, não dissolvia o veículo conjugal, mas sim suspendia alguns de seus efeitos, como a coabitação. No entanto, no contexto da inelegibilidade reflexa, o que realmente importa é a comprovação da separação de fato, demonstrando que a relação conjugal já não existia efetivamente, independentemente do *status* legal do casamento.

Importante destacar que essa prova da separação no plano factual pode ser produzida por quaisquer meios admitidos em lei. Não é estritamente necessário que exista uma sentença judicial declarando-a, conquanto sua existência — desde que acobertada pelo manto da coisa julgada — torne o tema insuscetível de questionamento; outras formas de evidência podem ser utilizadas para demonstrar a descontinuidade da relação conjugal antes do início do mandato do titular do cargo eletivo.

Portanto, o precedente estabelece um entendimento significativo: a separação de fato é um fator determinante para afastar a inelegibilidade de parentes e cônjuges, conforme previsto no art. 14, § 7.º, da Constituição Federal. Essa interpretação alinha-se ao objetivo de prevenir a perpetuação do poder político dentro de uma mesma família, ao mesmo tempo em que reconhece a realidade das relações familiares e suas mudanças ao longo do tempo.

Portanto, considerando o contexto dos precedentes da Suprema Corte e do Tribunal Superior Eleitoral, é plausível concluir que a dissolução fática do casamento que originou o parentesco por afinidade deve ser suficiente para afastar a inelegibilidade reflexa de, permitindo, desde que devidamente comprovada, o exercício da capacidade eleitoral passiva pelo postulante ao mandado.

6.3.2.2. Inelegibilidades infraconstitucionais

6.3.2.2.1. Considerações preliminares

Aqui se inicia o estudo da Lei das Inelegibilidades, a LC n. 64/1990, que contém a relação das novas hipóteses de afastamento provisório da capacidade eleitoral passiva nos termos reclamados pelo § 9.º do art. 14 da Constituição Federal.

6.3.2.2.2. Perda do mandato parlamentar

São **inelegíveis**, nos termos do que estatui o art. 1.º, I, *b*, da Lei de Inelegibilidades, os membros do Congresso Nacional, das Assembleias Legislativas, da Câmara Legislativa e das Câmaras Municipais, que hajam perdido os respectivos mandatos por infringência do disposto nos incisos I e II do art. 55 da Constituição Federal, dos dispositivos equivalentes sobre perda de mandato das Constituições Estaduais e Leis Orgânicas dos Municípios e do Distrito Federal, **para as eleições** que se realizarem durante o **período remanescente do mandato** para o qual foram eleitos e nos **oito anos** subsequentes ao término da legislatura.

Os dois incisos mencionados do art. 55 da CF estipulam como causas para a perda do mandato de deputado ou senador a infração a qualquer das proibições estabelecidas no art. 54 da Lei Fundamental ou o procedimento declarado incompatível com o decoro parlamentar.

As normas do art. 54 que autorizam a decretação da perda do mandato parlamentar são as seguintes:

> **Art. 54.** Os Deputados e Senadores não poderão:
> I — desde a expedição do diploma:
> *a*) firmar ou manter contrato com pessoa jurídica de direito público, autarquia, empresa pública, sociedade de economia mista ou empresa concessionária de serviço público, salvo quando o contrato obedecer a cláusulas uniformes;
> *b*) aceitar ou exercer cargo, função ou emprego remunerado, inclusive os de que sejam demissíveis *ad nutum*, nas entidades constantes da alínea anterior;
> II — desde a posse:
> *a*) ser proprietários, controladores ou diretores de empresa que goze de favor decorrente de contrato com pessoa jurídica de direito público, ou nela exercer função remunerada;
> *b*) ocupar cargo ou função de que sejam demissíveis *ad nutum*, nas entidades referidas no inciso I, *a*;
> *c*) patrocinar causa em que seja interessada qualquer das entidades a que se refere o inciso I, *a*;
> *d*) ser titulares de mais de um cargo ou mandato público eletivo.

A destituição do mandato de deputado federal ou senador com base nos mencionados incisos do art. 55 da CF será decidida pela Câmara dos Deputados ou pelo Senado Federal, por voto secreto e maioria absoluta, mediante provocação da respectiva Mesa ou de partido político representado no Congresso Nacional, assegurada ampla defesa. É o que expressamente prevê o § 2.º do mesmo dispositivo. Uma vez aplicada a medida de perda do mandato, opera-se a inelegibilidade do atingido para as eleições que se realizarem durante o período remanescente do mandato para o qual foi eleito e pelos oito anos subsequentes ao término da legislatura.

Em **2020**, o Supremo Tribunal Federal rechaçou Ação Declaratória de Inconstitucionalidade em que se **atacou** o marco temporal definido para o início da **contagem** do prazo de **inelegibilidade** por aplicação o art. 1.º, I, *b*, da Lei de Inelegibilidades. Isso ocorreu no julgamento da ADI n. 4.089. Transcreve-se, a seguir, ementa do julgado:

> 1. Ação direta de inconstitucionalidade. 2. Art. 1.º, inciso I, alínea *b*, da Lei de Inelegibilidades (LC 64/1990), com as alterações promovidas pela LC 81/1994. Alegação de inconstitucionalidade do marco inicial da contagem do prazo de oito anos de inelegibilidade, a partir do término da legislatura aplicado a agentes políticos que vierem a perder seus mandatos. Inocorrência. 3. Violação ao princípio da igualdade, com fundamento em suposto tratamento diferenciado conferido ao Presidente da República pelo art. 52, parágrafo único da Constituição. Não configuração. 4. Diversidade da natureza jurídica dos institutos da inelegibilidade e da inabilitação. Ausência de liame conceitual entre os dois institutos capaz de sustentar o tratamento igualitário perseguido pelo requerente. Inelegibilidade: *status* eleitoral, configuração imediata. Inabilitação: sanção decorrente de condenação do Chefe do Poder Executivo por crime de responsabilidade. 5. Marco inicial da contagem do prazo de inelegibilidade. Liberdade de conformação do legislador extraída diretamente de autorização constitucional. Art. 14, § 9.º, da Constituição. 6. Preponderância da proteção ao bem comum e ao interesse público em relação aos interesses meramente individuais ou privados. Fortalecimento do sistema democrático e representativo.

Incidência dos princípios da moralidade e da probidade administrativa. 7. Ação direta de inconstitucionalidade julgada improcedente (TP, ADI n. 4.089, rel. Edson Fachin, j. em 18.08.2020, processo eletrônico *DJe*-254, divulg 20.10.2020, public 21.10.2020).

Restou assim mantido hígido o texto original desse ponto do Estatuto das Inelegiblidades.

6.3.2.2.3. *Perda do mandato de chefe do Executivo*

Dispõe a alínea *c* do inciso I do art. 1.º da Lei de Inelegibilidades, com a redação que lhe deu a **Lei da Ficha Limpa**, que o governador e o vice-governador de estado e do Distrito Federal e o prefeito e o vice-prefeito que perderem seus cargos eletivos por infringência a dispositivo da Constituição Estadual, da Lei Orgânica do Distrito Federal ou da Lei Orgânica do Município **ficam inelegíveis** para as eleições que se realizarem durante o **período** remanescente e nos **oito** anos subsequentes ao término do mandato para o qual tenham sido **eleitos**.

Em sua redação anterior, o dispositivo restringia a candidatura "durante o período remanescente e nos 3 (três) anos subsequentes ao término do mandato para o qual tenham sido eleitos". A inovação, nesse ponto, consistiu apenas na extensão do prazo anteriormente fixado pela lei, considerado insuficiente. Além disso, adotou-se o mesmo padrão temporal já fixado, antes mesmo da Lei Complementar n. 135/2010, pela alínea *b* do inciso I do art. 1.º da Lei de Inelegibilidades.

A perda do mandato a que se refere o dispositivo é a decorrente de decisão do Senado nos processos por crime de responsabilidade. Convém lembrar que, em conformidade com o art. 52, I, da Constituição, compete privativamente ao Senado Federal processar e julgar o presidente e o vice-presidente da República nos crimes de responsabilidade.

6.3.2.2.4. *Abuso de poder econômico ou político*

■ **Aspectos gerais**

A lei declara **inelegíveis** os que tiverem contra sua pessoa **representação** considerada **procedente** pela Justiça Eleitoral, em decisão transitada em julgado ou proferida por **órgão colegiado**, em processo de apuração de abuso do poder econômico ou político, para a eleição na qual **concorrem** ou tenham sido **diplomados**, bem como para as que se realizarem nos oito anos seguintes (art. 1.º, I, *d,* da Lei de Inelegibilidades). A alínea *h* do mesmo art. 1.º, inciso I, volta a tratar do tema apenas para abranger especialmente detentores de cargo na administração pública direta, indireta ou fundacional que beneficiarem a si ou a terceiros pelo abuso do poder econômico ou político.

Trata-se de **inovação** introduzida pela Lei da Ficha Limpa. **Antes**, a **inelegibilidade** só atingia aquele que, tendo sido descoberto na prática do abuso de poder nas eleições, via tal fato reconhecido em **julgado** não mais passível de **recurso**.

Abreviou-se a chegada da inelegibilidade ante a conclusão de que a candidatura da pessoa a quem um tribunal já atribui o cometimento dessa grave violação deve, desde logo, ter a sua elegibilidade restrita. Não se trata de antecipar qualquer aplicação de pena, pois, como vimos, as inelegibilidades nada mais são que condições para a futura obtenção de um registro de candidatura.

Evita-se, com isso, o manejo **abusivo** de medidas **protelatórias** por meio das quais se visava obter o **transcurso** integral do **prazo** de **inelegibilidade**, que antes era de apenas **três** anos, sem que se pudesse ver findo o processo de apuração da **prática abusiva**.

A decisão proferida por um juiz eleitoral, agindo isoladamente em primeiro grau de jurisdição, não será capaz de deflagrar a hipótese de inelegibilidade cuja superveniência depende de pronunciamento de um órgão jurisdicional colegiado. Exceção se faça à decisão judicial transitada em julgado, que acaso tenha concluído pela presença do abuso de poder bastará para a restrição à elegibilidade, mesmo que proferida por órgão jurisdicional singular.

Em conformidade com o que conclui a **Súmula 69 do TSE**: "Os prazos de inelegibilidade previstos nas alíneas *j* e *h* do inciso I do art. 1.º da LC n. 64/1990 têm termo inicial no dia do primeiro turno da eleição e termo final no dia de igual número no oitavo ano seguinte".

▣ Representação

A Lei de Inelegibilidades reclama a existência de uma "representação julgada procedente pela Justiça Eleitoral, em decisão transitada em julgado ou proferida por órgão colegiado, em processo de apuração de abuso do poder econômico ou político".

Interpretar literalmente o texto legal para concluir que apenas uma representação pode ocasionar uma decisão geradora de inelegibilidade constitui grave equívoco.

O termo "representação", presente no dispositivo desde a sua redação originária, corresponde a toda e qualquer ação ou representação eleitoral na qual se reconheça a prática do abuso de poder. Tal pode se dar na ação de impugnação de mandato eletivo, no recurso contra a expedição de diploma ou na investigação judicial eleitoral. É, em suma, irrelevante o veículo processual manejado, tendo de verificar-se apenas se houve o reconhecimento, pela Justiça Eleitoral, da prática do abuso de poder econômico ou político.

Adotar-se uma interpretação literal, neste caso, levaria o dispositivo à inocuidade, podendo ser reconhecido em várias modalidades processuais distintas.

Infelizmente, num primeiro momento, o TSE adotou a interpretação mais estreita, recusando dar ao dispositivo a profundidade e o sentido definidos pelo legislador.

Perfeito foi, a esse respeito, o seguinte voto proferido pelo Ministro Ricardo Lewandowski:

> Devemos investigar, portanto, se a expressão "representação julgada procedente", contida no art. 1.º, 1, alínea *d*, pode ser interpretada no sentido de que outras ações que também apurem abuso de poder — como, no caso, o Recurso Contra Expedição de Diploma (RCED) — têm por efeito a hipótese de inelegibilidade prevista na alínea *d*.
>
> Antes de qualquer passo interpretativo da nova redação da alínea *d*, assento que sou conhecedor da jurisprudência estabelecida nesta Corte que historicamente concedeu à palavra "representação" o sentido de que incluiria apenas a ação de Investigação Judicial eleitoral. Precedente: RCED n. 669-AL, rel. Min. Ari Pargendier.

Entendo, contudo, que a complexidade das alterações introduzidas pela LC n. 135/2010 demanda uma reanálise da matéria. Tal afirmação assenta-se no pressuposto de que a inelegibilidade é um efeito secundário da condenação, o qual é determinado, em diversas hipóteses, pela causa de pedir da ação e não pelo instrumento manejado para tanto, sob pena de ferir, entre outros princípios, o postulado da isonomia.

Com efeito, penso que a referência à "representação", como inserida na alínea *d*, não se limita à ação de investigação judicial eleitoral (AIJE). Três são os fundamentos que arrimam tal afirmação: i) a sistemática da própria Lei n. 64/1990; ii) a natureza dos instrumentos disponíveis para investigação do abuso de poder; iii) o princípio da isonomia.

Nesse sentido, extraio da LC n. 64/1990 que, quando se utiliza a palavra "representação" como instrumento para viabilizar a abertura "de ação de investigação judicial" (AIJE), a norma o faz expressamente. É o caso do art. 22, *caput*, que dispõe a respeito da "representação" ajuizada especificamente para "pedir abertura de investigação judicial para apurar uso indevido, desvio ou abuso do poder econômico ou do poder de autoridade, ou utilização indevida de veículos ou meios de comunicação social".

É de se notar, pois, a substancial diferença existente entre a norma do art. 22 da LC n. 64/1990 e o disposto na alínea *d*, em que não há menção a nenhum pedido ou ação específica, mas apenas às causas de pedir "abuso de poder político e econômico".

Corrobora com essa tese a interpretação sistemática da legislação eleitoral, da qual se extrai que o termo "representação" não revela o *nomen juris* de uma ação específica.

[...] Ocorre que dentre todas as vedações existentes na Lei das Eleições não se encontra regulação quanto ao abuso de poder político, econômico ou ao uso indevido dos meios de comunicação. Tal regulação está prevista na LC n. 64/1990. Por consequência lógica, é indubitável que o vocábulo "representação" contido no art. 1.º, 1, alínea *d*, da LC n. 64/1990 deverá ser aplicado com significação que cumpra a finalidade da norma, qual seja, afastar da vida pública políticos condenados por abuso de poder político e econômico.

Nessa linha, reafirmo que ao termo "representação" atribuo o sentido de "ação". Assim, quando o legislador refere-se à hipótese de "representação", devemos entender que ele não se refere a um tipo específico de ação, mas faz alusão às ações intentadas com o fim de se apurar abuso de poder econômico ou político.

Essa conclusão é reforçada pela análise da natureza das ações cujo objeto é apurar e sancionar o abuso de poder: ação de investigação judicial eleitoral (AIJE), ação de impugnação de mandato eletivo (AIME) e recurso contra expedição de diploma (RCED). Todas servem à apuração de abuso de poder, alcançadas, portanto, pelo art. 1, 1, alínea *d*.

[...] Nota-se, no tocante à inelegibilidade, que a diferença entre as ações residia no fato de que apenas a AIJE tinha como consequência direta sua declaração. Penso, contudo, que a partir da LC n. 135/2010 tais consequências foram profundamente alteradas.

A jurisprudência anterior do TSE, que afirmava não ser possível aplicar inelegibilidade como consequência na AIME, não mais se sustenta diante das novas causas de inelegibilidade e do disposto no art. 1.º, *d*, da LC n. 64/1990.

De fato, a inelegibilidade existirá como efeito natural da condenação, seja em ação de impugnação de mandato eletivo (AIME), seja em recurso contra expedição de diploma (RCED).

[...] Reitero, pois, que apenas na hipótese de AIJE cabe à Justiça Eleitoral declarar inelegibilidade na sentença ou no acórdão. Entretanto, nos demais casos, incluindo aqueles em que se apura o abuso, a inelegibilidade será consequência da condenação.

(Voto vencido da lavra do Min. Ricardo Lewandowski, RO n. 312.894, Ac. de 30.09.2010, rel. Min. Hamilton Carvalhido, TSE, PSESS — publicado em sessão, em 30.09.2010).

Verifica-se, pois, a necessidade de uma evolução da jurisprudência do Tribunal Superior Eleitoral, a fim de que não se perca a vitalidade de tão importante instituto de proteção dos mandatos eletivos.

◼ Abuso de poder econômico

O abuso de poder econômico é uma categoria aberta, cuja presença deve ser considerada em cada caso segundo prudente arbítrio. Com efeito, não seria razoável que o legislador pretendesse descrever minuciosamente todas as situações em que se pode verificar tal desvio eleitoral, ante a magnitude atingida pela matéria no plano fático.

Segundo o Glossário do TSE[7], o **conceito** de abuso de poder econômico "em matéria **eleitoral** se refere à utilização **excessiva**, antes ou durante a campanha eleitoral, de recursos materiais ou humanos que representem **valor** econômico, buscando **beneficiar** candidato, partido ou coligação, **afetando** assim a normalidade e a **legitimidade das eleições**".

Para a caracterização do abuso de poder econômico, faz-se necessária a demonstração do "mau uso de recursos patrimoniais" (Ac. de 06.08.2009 no RO n. 1.445, rel. Min. Marcelo Ribeiro, red. designado Min. Felix Fischer).

Segundo Luiz Carlos dos Santos Gonçalves:

> O abuso supõe ilegalidade. O exercício regular do poder político, econômico ou social, ainda que possa acarretar vantagens eleitorais para determinado grupo, partido ou candidato, não prejudica a lisura do pleito. Mas nem toda ilegalidade merece a conceituação de abusiva. Um cartaz eleitoral afixado em local proibido é ilegal, mas não será um abuso de poder. Exige-se uma aptidão, intensidade ou peso suficientes para pôr em risco a normalidade, a retidão, a legitimidade e a competitividade do pleito[8].

É preciso ter presente desde logo que o abuso de poder a que se refere o dispositivo é só aquele dotado de finalidade eleitoral. É preciso que se dirija a eleitores, ainda que não se exija que estes possam ser individualmente identificados. Por conseguinte, o abuso de poder pode mobilizar uma comunidade certa ou até um número indefinido de eleitores, sem que isso descaracterize os seus objetivos eleitorais.

Por isso já se considerou que:

> Configura abuso de poder econômico a ampla divulgação, em programa de televisão apresentado por candidato, da distribuição de benefícios à população carente por meio de programa social de sua responsabilidade, acompanhado de pedidos de votos e do condicionamento da continuidade das doações à eleição de candidato no pleito vindouro (TSE, Ac. de 25.05.2010 no RO n. 2.369, rel. Min. Arnaldo Versiani).

Assim, a vantagem econômica dirigida aos habitantes de um bairro, ainda que não se possa identificar quais eleitores foram especificamente contemplados, basta para a configuração do abuso.

---

[7] Disponível em: https://www.tse.jus.br/eleitor/glossario/termos-iniciados-com-a-letra-a. Acesso em: 3 jan. 2023.

[8] GONÇALVES, 2021.

Não se pode considerar abusivo o ato não concretizado. Para que ocorra um abuso, é preciso que a conduta vista como ilícita tenha sido concretizada. Assim, a mera tentativa de abuso não acarreta a inelegibilidade, embora possa merecer tratamento legal no campo da vedação à captação ilícita de sufrágio, matéria extensivamente tratada nesta obra.

Diversa é a situação do ato abusivo que se configura mesmo sem a concessão de benefícios diretos para os eleitores. Analisando caso ocorrido em uma pequena cidade do interior do Ceará, o Tribunal Regional Eleitoral considerou abusivo, dentro das especificidades do caso, o uso de um helicóptero para a realização de propaganda eleitoral, com a realização de voos rasantes sobre as casas dos eleitores. O caso chegou ao Tribunal Superior Eleitoral, que no REspe 21.403 decidiu pela execução imediata da medida de desconstituição do diploma.

Do mesmo modo, já se concluiu que: "A utilização de 'caixa dois' em campanha eleitoral configura, em tese, abuso de poder econômico [...]" (TSE, Ac. de 29.06.022 no REsp n. 45.262, rel. Min. Benedito Gonçalves).Para que ocorra abuso de poder econômico ou de autoridade é preciso que se verifique, desde logo, um desnível entre o agente que promove o ilícito e os eleitores a quem este se destina. Não se imagina a presença desse instituto senão onde ocorre uma relação em que de um lado está um detentor de riquezas — pertencentes a si ou a seus apoiadores — e do outro, um ou mais eleitores em situação de hipossuficiência econômica.

▣ Abuso de poder político ou de autoridade

O abuso de poder político também não encontra definição minuciosa no texto legal, que se contenta com incluí-lo, como cláusula aberta, entre as hipóteses cujo reconhecimento faz incidir uma causa de inelegibilidade.

O **TSE** em seu Glossário **define** o abuso de poder político ou de autoridade como ocorrendo "nas **situações** em que o detentor do poder, [...] **vale-se** de sua posição para agir de modo a **influenciar** o eleitor, em detrimento da **liberdade** de **voto**. Caracteriza-se dessa forma, como ato de autoridade exercido em detrimento do voto".

Tira-se, por exemplo, a situação de abuso de poder político aquele prefeito candidato a reeleição que, às vésperas da eleição, ordena que agentes públicos, fiscais, façam varreduras em empresas e/ou locais ligados a adversários políticos e deixem de realizá-las em locais vinculados a seus correligionários.

É na realidade dos fatos que se deve buscar a verificação do eventual ato abusivo. É preciso, na hipótese, que o próprio candidato ou qualquer dos seus apoiadores esteja no exercício de cargo, função ou emprego público que lhes possibilitem demonstrar capacidade para a solução de problemas pessoais dos eleitores ou carrear recursos materiais ou serviços para a campanha.

No primeiro caso, **evita-se** que a Administração Pública **seja utilizada** como fator de favorecimento do **clientelismo**. Com efeito, a disponibilização de serviços a eleitores em particular ou a concessão de **vantagens** especiais para certos **eleitores** em detrimento dos demais basta para a configuração do abuso de poder político. **O uso do mandato** eletivo, por exemplo, com o fim de **obter** para o eleitor posição privilegiada em fila de atendimento ao Sistema Único de Saúde **basta** para a **caracterização** do abuso de poder político, a reclamar a declaração da inelegibilidade do **praticante** dessa conduta.

Na **segunda hipótese**, temos o **favorecimento** da própria campanha eleitoral, mediante a **utilização** de prédios, recursos financeiros, impressos ou quaisquer bens e serviços **provenientes da Administração**.

O abuso do poder político pode ser praticado por integrantes do Executivo, Legislativo e Judiciário. Tanto os integrantes da Administração direta como indireta estão submetidos à mesma vedação.

Já se decidiu no âmbito do TSE que:

Configura abuso de autoridade a utilização, por parlamentar, para fins de campanha eleitoral, de correspondência postada, ainda que nos limites da quota autorizada por ato da Assembleia Legislativa, mas cujo conteúdo extrapola o exercício das prerrogativas parlamentares (Ac. de 25.04.2000 no REspe 16.067, rel. Min. Maurício Corrêa).

Mas:

O aparecimento de parlamentar em programa televisivo em período anterior ao destinado à veiculação da propaganda eleitoral, em circunstâncias que não revelam caráter nitidamente eleitoral, não constitui abuso de poder ou utilização indevida dos meios de comunicação social [...]. (TSE, Ac. de 07.04.2005 na Rp n. 373, rel. Min. Peçanha Martins).

Registre-se que para a prática do abuso de poder político mostra-se desnecessário que o candidato beneficiado seja ele próprio detentor de cargo ou função perante o órgão público. Nesse sentido, já se firmou o seguinte entendimento:

[...]. 3. Embora não fosse agente público, o recorrente foi beneficiário direto da conduta abusiva de seu irmão, servidor da Funai, que agindo nessa qualidade desequilibrou e comprometeu a legitimidade do pleito. É o quanto basta para a configuração do abuso de poder político com a cassação de seu registro de candidatura, tal como previsto no art. 22, XIV, da LC n. 64/1990. 4. Conforme jurisprudência do e. TSE, o abuso de poder pode ser apurado tanto em relação ao beneficiário como em relação ao autor, porquanto o que se busca preservar é a lisura do pleito (AAG n. 7.191/BA, rel. Min. Joaquim Barbosa, *DJe* de 26.09.2008) [...]. (Ac. de 1.º.06.2010 no ED-REspe 37.250, rel. Min. Aldir Passarinho Junior).

▪ Da potencialidade à gravidade das circunstâncias

Até bem recentemente, a jurisprudência exigia para a configuração do ato abusivo que este pudesse ter qualquer impacto no resultado do pleito. Embora se reconhecesse a impossibilidade de uma aferição matemática desse impacto, afastava-se a aplicação da regra quando o ato atingia número reduzido de eleitores em comparação com a diferença numérica entre os votos obtidos por cada candidato.

Essa orientação, não decorrente de qualquer dispositivo legal, vinha sendo pacificamente aceita pela jurisprudência, servindo de base para decisões que, mesmo reconhecendo a prática de graves ilegalidades, deixavam de declarar a inelegibilidade ante a falta da demonstração do impacto potencial no resultado do pleito.

Por tal razão, o legislador popular, por meio da Lei da Ficha Limpa, fez inserir no inciso XVI do art. 22 da Lei de Inelegibilidades a seguinte determinação: "para a configuração do ato abusivo, não será considerada a potencialidade de o fato alterar o resultado da eleição, mas apenas a gravidade das circunstâncias que o caracterizam".

Assim, está o Judiciário proibido, por expressa vedação legal, de considerar o possível efeito do ato abusivo sobre o número de votos alcançado pelo seu beneficiário imediato.

Em lugar da ideia de potencialidade de impacto, o legislador introduziu o conceito de "gravidade das circunstâncias". Cada caso deve ser analisado segundo o prudente arbítrio do Poder Judiciário, a fim de que não se aplique a medida de inelegibilidade em casos irrelevantes. O simples uso de um aparelho de fax pertencente ao poder público para a comunicação à Polícia quanto à realização de um comício constitui uma irregularidade passível de repressão no âmbito administrativo, mas não será capaz de autorizar a decretação de uma inelegibilidade.

A gravidade da conduta deve ser analisada de forma contextual, sendo admissível qualquer reflexão quanto ao número de votos possivelmente alcançado por meio daquela atividade. A entrega de vantagem econômica a um eleitor em troca de votos constitui fato grave. Do mesmo modo, a utilização do mandato para a concessão de vantagem pessoal a alguém em troca do seu voto deve ser seguida pela declaração da sua inelegibilidade.

A gravidade das circunstâncias não pode ser buscada no seu impacto eleitoral, mas no plano da ética, da legalidade e da moralidade jurídica, dispensado apenas aqueles cuja reprovabilidade é ínfima.

Para se compreender a alteração normativa é preciso ter em mente que o legislador popular inseriu no Direito Eleitoral uma mudança filosófica, impedindo que a Justiça Eleitoral se preocupasse com o resultado dos pleitos e analisasse a sua atenção para a forma como os candidatos se conduzem na busca pelo voto. O TSE superou em sua jurisprudência as exigências passadas de averiguação da potencialidade:

> A teor da jurisprudência deste Tribunal Superior, endossada pelo acórdão recorrido, a configuração do ato abusivo não depende da potencialidade de o fato alterar o resultado da eleição, mas da gravidade das circunstâncias que caracterizam, consoante o inciso XVI do art. 22 da Lei Complementar n. 64/1990. (REspe 82.911, Ac. de 17.11.2015, rel. Min. Admar Gonzaga Neto, *DJe* de 03.12.2015, t. 229, p. 196).
>
> O art. 22 da LC n. 64190, com a redação conferida pela LC n. 135/2010, com a inclusão do inciso XVI, consoante a exegese emprestada pelo E. TSE não mais considera a potencialidade de o fato alterar o resultado da eleição, mas apenas a gravidade das circunstâncias que o caracterizam (AgR-AgI n. 44.432, Ac. de 29.09.2015, rel. Min. Luiz Fux, *DJe* de 09.12.2015).

Indo além, o Tribunal Superior Eleitoral reconhece que a apreciação conjunta de fatos que isoladamente não teriam essa força pode levar ao reconhecimento da gravidade para o fim de ser reconhecer a prática abusiva. É o que se vê do seguinte aresto:

> A apuração do abuso do poder econômico, nos feitos em que os fatos apontados são múltiplos, deve ser aferida a partir do conjunto de irregularidades apontadas. Assim, ainda que algumas delas não possua, em si, gravidade suficiente para autorizar a cassação do registro ou do diploma dos representados, é possível que, no conjunto, a gravidade seja reconhecida. Precedentes (REspe 57.046, Ac. de 05.11.2015, rel. Min. Henrique Neves da Silva, *DJe* de 10.12.2015, t. 233, p. 127-128).

Todo ato abusivo será, em regra, grave. A ilicitude é suficiente para atestar a gravidade da conduta, tanto é que a lei a leva em conta para excluí-la do campo do aceitável. Se a conduta é ilegal, só não ensejará o reconhecimento da abusividade se sua expressão for desmerecedora de qualquer consideração, por incapaz que seja de gerar sequer uma reprovação mínima. Mas só o ato de proporções irrisórias será considerado de gravidade insuficiente para reclamar a aplicação da inelegibilidade decorrente do abuso de poder.

A jurisprudência recente do Tribunal Superior Eleitoral (TSE) demonstra uma abordagem mais aprofundada e diferenciada na avaliação da gravidade das práticas abusivas no contexto eleitoral, enfatizando tanto a gravidade qualitativa quanto a quantitativa. Este desenvolvimento é evidente nas decisões, como a citada Ação de Investigação Judicial Eleitoral n. 060081485, rel. Min. Benedito Gonçalves, *DJe* 02.08.2023.

A **gravidade qualitativa** se relaciona com o alto grau de reprovabilidade da conduta. Esta análise se concentra no comportamento em si e na sua severidade em termos de violações às normas e princípios eleitorais. Por exemplo, condutas que afetam a integridade do processo eleitoral ou que representam manipulação grave do eleitorado podem ser consideradas de alta reprovabilidade.

Por outro lado, a **gravidade quantitativa** diz respeito à significativa repercussão da conduta no contexto de um determinado pleito. É importante destacar que a avaliação quantitativa não deve se confundir com a consideração do resultado do pleito como fator determinante da gravidade da conduta, uma interpretação que seria contrária ao inciso XVI do art. 22 da LC n. 64/1990. A única conclusão possível é aquela segundo a qual, ao avaliar a gravidade quantitativa, o que se tem em mira é a quantidade de vezes que a conduta se repetiu, não a sua influência real ou potencial sobre o resultado da votação. Assim, uma conduta que se verifique irrelevante pela quantidade de vezes que se repetiu, não seria apta a caracterizar a gravidade exigida pelo dispositivo legal.

O TSE, portanto, busca equilibrar a análise das práticas abusivas, considerando não apenas a natureza da conduta, mas também a sua repercussão no contexto eleitoral. Essa abordagem assegura uma avaliação mais holística e justa, garantindo que as penalidades impostas sejam proporcionais não apenas à natureza da conduta, mas também ao seu impacto no processo eleitoral. Assim, o Tribunal reafirma seu compromisso com a preservação da integridade e da equidade nas eleições, sem desconsiderar o princípio de que o resultado do pleito, por si só, não define a gravidade de uma conduta abusiva.

◾ Aplicação aos derrotados no pleito eleitoral

Uma das maiores **implicações** da Lei da Ficha Limpa para o Direito Eleitoral está na supressão da análise do possível **impacto** do ato abusivo no **resultado** do **pleito**. Ao retirar das considerações da Justiça Eleitoral qualquer atenção para com o benefício eleitoral auferido pelo beneficiário do abuso de poder, logrou a Lei da Ficha Limpa, pelo texto do inciso XVI do art. 22 da Lei de Inelegibilidades, permitir que a **inelegibilidade** decorrente desse **ilícito** se abata também sobre os que foram **derrotados** no pleito.

É **razoável** admitir que mesmo o candidato derrotado pode haver incidido em **práticas ilícitas** voltadas à consecução deletéria do voto. Se buscássemos qualquer potencialidade de **impacto eleitoral** da sua conduta, afastariam desde logo a ocorrência do abuso ante a simples observância de que o fato não teve proporções **suficientes** para colaborar para a conquista da **vitória** nas urnas.

Agora, em que pese a lei reputar irrelevante e inadequada a análise do impacto eleitoral do ato abusivo, verificado o ato grave, qual seja, a conduta ilícita não relevável, estará presente o abuso de poder, a **reclamar** o surgimento da **inelegibilidade** mesmo para os que eventualmente não tenham logrado **êxito** na disputa eleitoral.

■ Período de verificação

Diferente do que ocorre com a captação ilícita de sufrágio, cuja identificação só ocorre após a apresentação do pedido de registro de candidatura por força do que estatui o art. 41-A da Lei das Eleições, a configuração do abuso de poder econômico pode ocorrer antes mesmo desse marco temporal, antecedendo até mesmo a escolha dos candidatos em convenções.

Plenamente cabível a ocorrência de abuso de poder econômico quando ainda da realização de pré-campanha, onde nem sequer existe a figura regular do candidato, constando, ao tempo, somente pré-candidatos.

O TSE inclusive já determinou a cassação do diploma e a declaração de inelegibilidade de determinado pré-candidato, pela constatação de abuso de poder econômico durante a pré-campanha, por entender ocorrer, no caso em questão, desigualdade na disputa eleitoral:

> ELEIÇÕES 2018. RECURSO ORDINÁRIO. AÇÃO DE INVESTIGAÇÃO JUDICIAL ELEITORAL. ABUSO DO PODER ECONÔMICO. FILANTROPIA. ASSISTENCIALISMO. PRESTAÇÃO DE SERVIÇO MÉDICO GRATUITO À POPULAÇÃO CARENTE EM ANO ELEITORAL. EXALTAÇÃO DA FIGURA DO MÉDICO, TAMBÉM DEPUTADO ESTADUAL E PRÉ-CANDIDATO. VEÍCULO DE TRANSPORTE DE PASSAGEIROS PLOTADO COM A FOTO E O NOME DO PRÉ-CANDIDATO. DESIGUALDADE NA DISPUTA. DESEQUILÍBRIO DO PLEITO. REFORMA DO ARESTO REGIONAL. PROCEDÊNCIA DA AIJE. CASSAÇÃO DO DIPLOMA E DECLARAÇÃO DE INELEGIBILIDADE. Art. 22, XIV, DA LC 64/1990. Recurso ordinário interposto pelo Ministério Público Eleitoral provido, para cassar o diploma de deputado estadual do investigado, em decorrência da prática de abuso do poder econômico, impondo-lhe a sanção de inelegibilidade para as eleições a se realizarem nos oito anos subsequentes ao pleito de 2018, nos termos do art. 22, XIV, da LC 64/1990. Recurso ordinário manejado pelo investigado não conhecido, por ausência de interesse recursal (RO Eleitoral n. 060390065, Acórdão, rel. Min. Sergio Silveira Banhos, *DJe* de 26.11.2020, t. 245).

■ Contagem do prazo de inelegibilidade

De **conformidade** com o que estipula a **Súmula 19** do Tribunal Superior Eleitoral: "O prazo de inelegibilidade decorrente da condenação por abuso do poder econômico ou político tem **início** no dia da eleição em que este se verificou e finda no dia de igual número no oitavo **ano** seguinte (art. 22, XIV, da LC n. 64/1990)".

6.3.2.2.5. *Condenação criminal*

■ Considerações preliminares

A Lei Complementar n. 64/1990 já considerava inelegíveis pessoas condenadas criminalmente em virtude de certas condutas. Segundo o dispositivo original da Lei de Inelegibilidades, agora revogado, eram considerados inelegíveis os:

[...] condenados criminalmente, com sentença transitada em julgado, pela prática de crime contra a economia popular, a fé pública, a administração pública, o patrimônio público, o mercado financeiro, pelo tráfico de entorpecentes e por crimes eleitorais, pelo prazo de 3 (três) anos, após o cumprimento da pena.

Com a edição da Lei Complementar n. 135/2010, o dispositivo passou a ter a seguinte redação:

> **Art. 1.º**
> [...]
> *e*) os que forem condenados, em decisão transitada em julgado ou proferida por órgão judicial colegiado, desde a condenação até o transcurso do prazo de 8 (oito) anos após o cumprimento da pena, pelos crimes:
> 1. contra a economia popular, a fé pública, a administração pública e o patrimônio público;
> 2. contra o patrimônio privado, o sistema financeiro, o mercado de capitais e os previstos na lei que regula a falência;
> 3. contra o meio ambiente e a saúde pública;
> 4. eleitorais, para os quais a lei comine pena privativa de liberdade;
> 5. de abuso de autoridade, nos casos em que houver condenação à perda do cargo ou à inabilitação para o exercício de função pública;
> 6. de lavagem ou ocultação de bens, direitos e valores;
> 7. de tráfico de entorpecentes e drogas afins, racismo, tortura, terrorismo e hediondos;
> 8. de redução à condição análoga à de escravo;
> 9. contra a vida e a dignidade sexual; e
> 10. praticados por organização criminosa, quadrilha ou bando.

O dispositivo bem se presta a demonstrar a distinção entre suspensão dos direitos políticos e inelegibilidade. A suspensão dos direitos políticos possui natureza de pena secundária, estando por isso submetido ao princípio penal da presunção de inocência. Já a inelegibilidade é uma condição para o registro da candidatura, submetendo-se, assim, ao princípio constitucional da proteção, enunciado no § 9.º do art. 14 da CF.

A **suspensão** dos direitos políticos em virtude da **condenação** criminal cessa quando se opera o **exaurimento** dos efeitos da pena. Já a **inelegibilidade** ultrapassa esse **marco**, para limitar a candidatura por prazo maior que o previsto quando da imposição da **pena** pela **Justiça Criminal**.

A inelegibilidade decorrente de condenação criminal prescinde do trânsito em julgado da pena. A matéria propiciou denso debate no âmbito do Supremo Tribunal

Federal, tendo sido vitoriosa, por ampla margem, a tese segundo a qual, por não constituir pena, as inelegibilidades não estão submetidas ao princípio da presunção de inocência.

A tal respeito, assim se pronunciou o Ministro Luiz Fux:

> Destarte, reconduzir a presunção de inocência aos efeitos próprios da condenação criminal se presta a impedir que se aniquile a teleologia do art. 14, § 9.º, da Carta Política, de modo que, sem danos à presunção de inocência, seja preservada a validade de norma cujo conteúdo, como acima visto, é adequado a um constitucionalismo democrático (trecho do voto do Min. Luiz Fux, julgamento das ADCs n. 29 e 30 e da ADI n. 4.578).

Estamos diante de nova hipótese de inelegibilidade que não demanda, pois, como já afirmado, o trânsito em julgado da sentença penal condenatória para que possa ser observada.

Tampouco é necessário que da sentença criminal conste qualquer menção à inelegibilidade prevista na alínea *e* do inciso I do art. 1.º da Lei de Inelegibilidades. A inelegibilidade, aqui, se opera por força de lei, sendo prescindível e mesmo inadequada qualquer menção a ela na esfera penal.

Ocorrendo a condenação penal proferida por órgão colegiado, nasce, desde logo, a inelegibilidade, cuja cessação só se dará pela reforma ou rescisão do julgado, suprimindo-se a decisão condenatória ou pelo transcurso do prazo de oito anos, desde o exaurimento dos efeitos da pena.

A condenação criminal proferida nos termos da alínea e servirá como título comprobatório da inelegibilidade, sendo vedado ao órgão da Justiça Eleitoral apreciar o mérito do julgado criminal para aferir a correção do seu mérito. É que a inelegibilidade não decorre da possível culpabilidade do postulante ao registro — elemento que só interessa ao âmbito da Justiça Criminal —, mas da simples existência do pronunciamento jurisdicional dotado de carga condenatória.

A Súmula 61 do Tribunal Superior Eleitoral, por seu turno, pontifica que: "O prazo concernente à hipótese de inelegibilidade prevista no art. 1.º, I, *e*, da LC n. 64/1990 projeta-se por oito anos após o cumprimento da pena, seja ela privativa de liberdade, restritiva de direito ou multa".

■ Critérios adotados

Os **crimes** mencionados na alínea *e* foram **escolhidos** pelo legislador segundo critérios de **gravidade**. Ademais, a própria LC n. 135/2010 tratou de excluir da aplicação da inelegibilidade prevista na alínea *e*: os crimes **culposos** e aqueles definidos em lei como de **menor potencial ofensivo**, bem como os crimes de ação penal **privada**.

Evitou-se, assim, que **crimes** socialmente considerados como de **menor impacto** pudessem dar azo à **inelegibilidade**. Do mesmo modo, foram excluídas eventuais condenações decorrentes de ações penais privadas. Com isso, desestimula-se a busca da imposição de inelegibilidade a desafetos por meio da propositura privada de ações penais. Além disso, ao **assegurar** que a condenação **geradora** de inelegibilidade deve, necessariamente, ser proferida em **ação penal de natureza pública**, assegurou-se a necessidade da submissão da demanda a um importante **crivo** inicial: o convencimento do órgão de representação do **Ministério Público**.

Nem mesmo da ação penal privada subsidiária da pública poderá surgir condenação capaz de implicar inelegibilidade prevista no art. 1.º, I, *e*, da Lei de Inelegibilidades.

◼ Órgão colegiado

Por **órgão colegiado**, para o fim da aplicação do dispositivo legal aqui estudado, **compreende-se** todo **grupo** de **magistrados** encarregado de emitir pronunciamento em **matéria** criminal. Nessa figura se incluem **todos** os tribunais — por suas turmas, câmaras e plenário —, bem como o **Tribunal do Júri Popular** e as Auditorias Militares.

Não **reclama** a Lei da Ficha Limpa que a **condenação criminal** tenha sido definida em **segundo grau de jurisdição**, mas apenas que sua **emissão** não decorra do pronunciamento de um **magistrado singular**, a não ser que sobre este **recaia** o trânsito em julgado.

Assim, **por exemplo**, nos **crimes** dolosos contra a vida, da **decisão** condenatória **proferida** pelo **Conselho de Sentença** do Tribunal do Júri Popular decorrerá forçosamente a incidência da **causa** de **inelegibilidade** a que alude o art. 1.º, I, *e*, da Lei de Inelegibilidades.

◼ Condenação penal e prescrição

As inelegibilidades previstas na alínea *e* do inciso I do art. 1.º da Lei de Inelegibilidades dependem, para sua ocorrência, exclusivamente da existência de um pronunciamento condenatório oriundo de um órgão colegiado. A efetiva imposição de pena é irrelevante para o surgimento da restrição à candidatura. Sendo assim, dentre as formas de prescrição, a única que impede o surgimento da inelegibilidade é aquela que impede até mesmo a emissão do juízo condenatório, doutrinariamente conhecida como prescrição da pretensão punitiva propriamente dita (art. 109 do CP). Já a prescrição superveniente (art. 110, § 1.º, c/c art. 109 do CP), a prescrição retroativa (art. 110, §§ 1.º e 2.º, c/c art. 109 do CP) e a prescrição da pretensão executória (art. 110, *caput*, do CP) não impedem o surgimento da inelegibilidade decorrente da condenação criminal por órgão colegiado. É que em todos esses casos há um juízo condenatório. Se ele vier a ser proferido por órgão jurisdicional colegiado, presente estará a restrição à capacidade eleitoral passiva. Afigura-se irrelevante para a geração da inelegibilidade que, por razão de política criminal, a lei crie óbices, nos três últimos casos, à efetiva aplicação da pena, já que a Lei da Ficha Limpa não faz tal exigência, nascendo a restrição à candidatura do simples pronunciamento condenatório colegiado.

Explica-se essa afirmação. Como já extensivamente demonstrado, inelegibilidade não é pena, mas condição para o registro de candidatura. A eventual aplicação de pena interessa tão somente à Justiça Criminal. À Justiça Eleitoral compete a verificação da presença das hipóteses albergadas pelo art. 1.º, I, *e*, da Lei de Inelegibilidades. Presente a condenação por órgão colegiado, mostra-se necessário o reconhecimento da restrição à capacidade eleitoral passiva. Se o legislador quisesse abrir exceções, tê-lo-ia feito expressamente, não sendo dado ao intérprete abrandar o espírito da norma para atingir finalidade indesejada pela legislação decorrente da iniciativa popular.

Nesse sentido, é o seguinte precedente do Tribunal Regional Eleitoral de São Paulo:

> *In casu,* o impugnado A.G.F. foi condenado às penas de 1 ano e 2 meses de reclusão e multa de 10 salários mínimos, por violação do art. 50, inciso I, e art. 51, todos da Lei n. 6.776/1979, com trânsito em julgado em 30.08.2002 (processo n.566- 01.1996.011234 — 767/1996 da 1a Vara Criminal da Comarca de São Carlos). Em 03.12.2003, foi declarada a extinção das penas impostas ao réu, por ter o Estado decaído do direito de executá-las, permanecendo os efeitos secundários da condenação (fls. 10, 51 e 63/1968).
>
> Não se pode olvidar que, tratando-se de crime contra a administração pública, está o pretendente inelegível desde a data da condenação transitada em julgado, ou seja, 30.08.2002, até o transcurso do prazo de oito anos após o cumprimento da pena (art. 1.º, inciso I, alínea *e*, item 1, da Lei Complementar n. 64/1990). No caso, foi declarada a extinção da punibilidade do pretendente em 03.12.2003, estando inelegível, portanto, até 03.12.2011 (TRE-SP, Registro de Candidato n. 235.857, Acórdão de 23.08.2010, rel. Penteado Navarro, PSESS — publicado em sessão, em 23.08.2010).

Plenamente acertado o acórdão regional. A prescrição declarada após a emissão do decreto condenatório tem, para o fim da aplicação das regras sobre inelegibilidade, apenas o condão de deflagrar a contagem do prazo de oito anos durante o qual o registro de candidatura restará inacessível. O reconhecimento da prescrição põe fim a todos os efeitos da pena, do que decorre a abertura da contagem do prazo de inelegibilidade.

Registre-se, contudo, que a jurisprudência do Tribunal Superior Eleitoral firmou-se no sentido de que:

> [...] o reconhecimento da prescrição da pretensão punitiva de forma retroativa afasta a incidência de hipótese de inelegibilidade, pois possui os mesmos efeitos da absolvição ou da reabilitação [...]. (TSE, RO n. 160.446, Decisão Monocrática de 13.10.2010, rel. Min. Cármen Lúcia, PSESS — publicado em 18.10.2010).

Compreende-se a orientação da nossa mais alta Corte Eleitoral, uma vez que, sobrevindo o reconhecimento da prescrição da pretensão punitiva, não há falar-se no nascimento de uma condenação criminal apta a produzir qualquer efeito na esfera de direitos do réu.

Em sua **Súmula** de número **59**, o TSE afirma que: "O **reconhecimento** da prescrição da pretensão **executória** pela Justiça Comum não afasta a **inelegibilidade** prevista no art. 1.º, I, *e*, da LC n. 64/1990, porquanto **não** extingue os efeitos **secundários** da condenação". Isso implica reconhecer que, enquanto a **prescrição** da pretensão punitiva **impede** o surgimento do título judicial que **embasa** a inelegibilidade, o mesmo não ocorre com a **prescrição** da pretensão punitiva, que **não** exerce o mesmo **impacto** de restituir ou assegurar a elegibilidade ao que sofreu a condenação.

Ainda tratando de prescrição da pretensão executória, na Súmula 60 do TSE deixa certo que: "O prazo da causa de inelegibilidade prevista no art. 1.º, I, *e*, da LC n. 64/1990 deve ser contado a partir da data em que ocorrida a prescrição da pretensão executória e não do momento da sua declaração judicial".

▣ Contagem do prazo de inelegibilidade

A **contagem** do prazo para o fluxo da inelegibilidade **decorrente** de sentença penal condenatória **difere** marcantemente das demais hipóteses **previstas** na Lei Complementar n. 64/1990, nele devendo ser observados os diferentes marcos: a) o prazo passa a fluir com a publicação do edito judicial condenatório lançado em torno dos temas albergados pelo art. 1.º, I, *e*, da LI; b) esse fluxo se encerra com o trânsito em julgado da sentença penal onde imposta a condenação; c) passa a observar-se, então, a suspensão dos direitos políticos, tal como previsto no art. 15, III, da CF; d) concluído o cumprimento da pena, passar a fluir um prazo final de oito anos de privação do *ius honorum*.

Esse entendimento foi **respaldado** pelo Supremo Tribunal Federal quando do recente julgamento da **ADI n. 5.630**, em que o relator designado para o acórdão, Ministro Alexandre de Moraes, lançou a seguinte ementa:

CONSTITUCIONAL. ELEITORAL. AÇÃO DIRETA. ART. 1.º, I, ALÍNEA "E", DA LEI COMPLEMENTAR 64/1990 (REDAÇÃO DA LC 135/2010). INELEGIBILIDADE DE-CORRENTE DE CONDENAÇÃO CRIMINAL. INÍCIO DA CONTAGEM DO PRAZO DE 8 ANOS A PARTIR DA DATA DO CUMPRIMENTO DA PENA. DETRAÇÃO DO TEMPO DE INELEGIBILIDADE ENTRE O JULGAMENTO COLEGIADO E O TRÂNSITO EM JULGADO DA CONDENAÇÃO. DETRAÇÃO DO PERÍODO ENTRE O TRÂNSITO EM JULGADO E O FIM DO CUMPRIMENTO DA PENA. ALEGAÇÃO DE VIOLAÇÃO AOS ARTS. 14, § 9.º, E 15, CAPUT E INCISO III, DA CF. VITUAL CASSAÇÃO DE DIREITOS POLÍTICOS E INDETERMINAÇÃO DO PRAZO DA INE-LEGIBILIDADE. PEDIDO JULGAGO IMPROCEDENTE. 1. A Lei Complementar 135/2010 modificou o regime das inelegibilidades, majorando o prazo para 8 (oito) anos e estabelecendo inelegibilidade no curso do processo judicial, após o julgamento colegiado em segunda instância, visando a conferir efetividade à tutela da moralidade administrativa e à legitimidade dos processos eleitorais, como reconhecido pela CORTE no julgamento das ADCs 29 e 30 e da ADI 4578, em que se afirmou a constitucionalidade do tratamento rigoroso da matéria, inclusive em relação à inelegibilidade efetivada antes do trânsito em julgado da ação. 2. Carece de fundamento legal a pretensão a subtrair do prazo de 8 (oito) anos de inelegibilidade posterior ao cumprimento da pena o tempo em que a capacidade eleitoral passiva do agente foi obstaculizada pela inelegibilidade anterior ao trânsito em julgado e pelos efeitos penais da condenação, conforme expressamente debatido e rejeitado pela CORTE no julgamento das ADCs 29 e 30 e da ADI 4578. 3. A fluência integral do prazo de 8 anos de inelegibilidade após o fim do cumprimento da pena (art. 1.º, I, "e", da LC 64/1990, com a redação da LC 135/2010) é medida proporcional, isonômica e necessária para a prevenção de abusos no processo eleitoral e para a proteção da moralidade e probidade administrativas. 4. Ação Direta julgada improcedente (TP, ADI n. 6.630, rel. Nunes Marques, rel. p/ Ac. Alexandre de Moraes, j. 09.03.2022, processo eletrônico *DJe*-122, divulg 23.06.2022, public 24.06.2022).

Com efeito, reputo acertada a posição da Suprema Corte. A proporcionalidade e a razoabilidade estão presentes na definição da inelegibilidade decorrente da condenação criminal. Os prazos são superados mais ou menos rapidamente na proporção da pena aplicada, o que, por seu turno, depende da gravidade do delito e da dosimetria da pena.

6.3.2.2.6. Crimes contra a ordem tributária

Segundo já assentado pela jurisprudência do TSE:

> Não procede a alegação de que a lei não contempla como hipótese de inelegibilidade os crimes contra a ordem tributária. Os crimes contra a administração pública devem ser interpretados em sentido amplo, não abrangendo apenas aqueles previstos no Código Penal, mas também aqueles em que há ofensa ao patrimônio público, como ocorreu na hipótese, em razão da diminuição na receita tributária (TSE, RO n. 534.481, Decisão Monocrática de 15.12.2010, rel. Min. Cármen Lúcia, *DJe* 04.02.2011).

6.3.2.2.7. Indignidade para o oficialato

São também inelegíveis os que forem declarados indignos do oficialato, ou com ele incompatíveis. A medida se estenderá pelo prazo de oito anos contado da decisão.

A indignidade para o oficialato é pena criminal acessória prevista no art. 98, II, do CPM. Segundo o art. 100 do mesmo diploma legal, fica sujeito à declaração de indignidade para o oficialato o militar condenado, qualquer que seja a pena, nos crimes de traição, espionagem ou covardia, ou em qualquer dos definidos nos arts. 161, 235, 240, 242, 243, 244, 245, 251, 252, 303, 304, 311 e 312.

Também os Conselhos de Justiça Especiais e Permanentes das Auditorias Militares proferirão decisões que, acaso condenatórias, acarretarão a inelegibilidade decorrente de condenação criminal, desde que a imputação contenha matéria mencionada na alínea *e*. Trata-se de órgãos jurisdicionais colegiados, preenchendo por isso as exigências da Lei da Ficha Limpa. Também na indignidade para o oficialato, a inelegibilidade nasce com a só decisão condenatória, ainda que proferida em primeiro grau de jurisdição, sendo inexigível, por falta de estipulação legal que a reclame, o trânsito em julgado.

6.3.2.2.8. Rejeição de contas públicas

■ **Aspectos gerais**

Trataremos, a seguir, das **profundas** mudanças que a Lei da Ficha Limpa realizou no tema da inelegibilidade dos que tiveram **contas públicas rejeitadas**. A nova redação da alínea *g* do art. 1.º, inciso I, da Lei de Inelegibilidades, declara inelegíveis:

> **Art. 1.º** [...]
>
> *g*) os que tiverem suas contas relativas ao exercício de cargos ou funções públicas rejeitadas por irregularidade insanável que configure ato doloso de improbidade administrativa, e por decisão irrecorrível do órgão competente, salvo se esta houver sido suspensa ou anulada pelo Poder Judiciário, para as eleições que se realizarem nos 8 (oito) anos seguintes, contados a partir da data da decisão, aplicando-se o disposto no inciso II do art. 71 da Constituição Federal, a todos os ordenadores de despesa, sem exclusão de mandatários que houverem agido nessa condição.

Em primeiro lugar, é preciso registrar que o referido dispositivo fora objeto de questionamentos de constitucionalidade, tendo, ao final, decidido que não havia qualquer dúvida sobre a constitucionalidade de qualquer aspecto desse dispositivo. segundo expressamente decidido pelo Supremo Tribunal Federal, sendo a disposição plenamente compatível em todos os seus termos com a nossa Constituição.

Ao iniciar seu voto, o ministro Luiz Fux deixou certo que a decisão da Suprema Corte nas ADCs n. 29 e 30 e na ADI n. 4.578 trataria de todas as "hipóteses de inelegibilidade introduzidas nas alíneas *c, d, e, f, g, h, j, k, l, m, n, o, p* e *q* do art. 1.º, inciso I, da Lei Complementar n. 64/1990, por força da Lei Complementar n. 135/2010".

A ampla maioria dos membros do Supremo Tribunal Federal, acolhendo o voto do relator, decidiu por "declarar a constitucionalidade das hipóteses de inelegibilidade instituídas pelas alíneas *c, d, f, g, h, j, m, n, o, p* e *q* do art. 1.º, inciso I, da Lei Complementar n. 64/1990, introduzidas pela Lei Complementar n. 135/10".

Como se vê, a alínea *g* consta explicitamente do rol dos dispositivos declarados constitucionais pelo STF. Para que não paire dúvida sobre a tomada consciente dessa decisão pela Suprema Corte, convém lembrar que o Ministro Dias Toffoli chegou a abrir divergência com relação a esse ponto específico. Segundo o ministro:

> [...] a parte final da alínea *g* ora em discussão, ao determinar a aplicação do inciso II do art. 71 da Constituição aos mandatários (incluem-se aqui, por óbvio, os Chefes do Poder Executivo) quando atuarem na condição de ordenador de despesa e, portanto, subtraindo o julgamento político pelo Poder Legislativo previsto no inciso I do art. 71 da Carta Federal, afigura-se inconstitucional.

Diante dessa sua leitura, propôs o ministro Toffoli que fosse:

> [...] conferida interpretação conforme à parte final da alínea *g,* ora em discussão, para esclarecer que os Chefes do Poder Executivo, ainda quando atuam como ordenadores de despesa, submetem-se aos termos do inciso I do art. 71 da Carta Federal.

Esse entendimento divergente foi acolhido pelos ministros Gilmar Mendes, Cezar Peluso e Celso de Mello. Todos os demais seguiram o relator na declaração da plena compatibilidade do disposto na alínea g com os princípios e normas constantes da nossa Constituição Federal, sem a necessidade de realização da interpretação, conforme a proposta pelo prolator do primeiro voto divergente. Trata-se, assim, de aplicar o dispositivo nos termos em que foi aprovado pelo Congresso Nacional. Serão destacados, a seguir, os principais aspectos a serem observados quando da verificação da inelegibilidade dos que tiveram contas públicas rejeitadas.

É preciso ter presente, desde logo, à mente do legislador que, movimentado por iniciativa popular de projeto de lei, pretendeu restringir a candidatura de pessoas que ostentam graves máculas na sua vida pregressa, como determinava desde 1994 o § 9.º do art. 14 da CF. Assim, ao interpretar o dispositivo deve-se ter presente que se trata de uma norma de garantia que dá concretude ao princípio da proteção. A atitude do intérprete deve ser, pois, a de buscar no texto legal a leitura que mais se amolde à proteção da sociedade contra o alcance de mandatos por pessoas que levem consigo qualquer indicador de que sejam capazes de conspurcá-lo por práticas de improbidade.

Convém ressaltar que a LC n. 184/2021 acrescentou um § 4.º-A ao art. 1.º da Lei de Inelegibilidades com o seguinte teor:

> **Art. 1.º** [...]
>
> § 4.º-A. A inelegibilidade prevista na alínea *g* do inciso I do *caput* deste artigo não se aplica aos responsáveis que tenham tido suas contas julgadas irregulares sem imputação de débito e sancionados exclusivamente com o pagamento de multa.

Vejamos, a seguir, outras questões que merecem destaque nessa matéria.

◼ Mandatários que atuaram como ordenadores de despesa

A norma **transformou** em texto legal a opinião de respeitável **doutrina** que já verificava que, quando opera diretamente movimentando dinheiro público, abandona o mandatário a sua **condição de governante** para rebaixar-se à **condição** de mero **ordenador de despesas**. Opera como ordenador de despesas toda e qualquer autoridade de cujos atos resultem emissão de empenho, autorização de pagamento, suprimento ou dispêndio de recursos da União, dos estados e dos municípios. É o que decorre do disposto no § 1.º do art. 80 do Decreto-Lei n. 200/1967.

O papel do chefe do Executivo não é o de realizar tais atividades. Há casos, sobretudo nos menores municípios, em que prefeitos levam consigo o talonário de cheques com os quais movimentam, sem qualquer solenidade, os valores econômicos pertencentes ao erário. A realização, pelo chefe do Executivo, de atos típicos dos ordenadores de despesa não faz sentido em uma Administração dotada de um mínimo de organização, formalismo e respeito às normas. Ela revela, antes de tudo, a confusão entre a tarefa de elaborar políticas públicas e a ação de realizar pessoalmente as despesas públicas, tarefa que sempre deveria ser cometida a setores técnicos.

A frequência com que particularmente os prefeitos das menores cidades persistem na realização pessoal de atos típicos dos ordenadores de despesa pode ser explicada pelos vícios culturais inerentes ao clientelismo e pelo favorecimento da corrupção. No primeiro caso, muitos se sentem fortalecidos ao demonstrar seu poder imediato sobre a destinação dos recursos públicos, agindo como os grandes provedores de quem todos dependem e a quem todos devem, portanto, sujeição. No segundo, considera-se conveniente que a prática do desvio de verbas seja procedida como conhecimento do menor número de testemunhas.

Essa é a explicação pela qual o legislador popular quis desestimular essa prática, fazendo com que a inelegibilidade incida desde o momento em que o Tribunal de Contas se pronunciou contra a aprovação. Esse pronunciamento, dotado de força decisória e apto a promover a imputação ao gestor do dever de restituir os valores indevidamente aplicados, é agora capaz de gerar restrição à elegibilidade de todos os responsáveis, inclusive dos mandatários que atuaram como ordenadores de despesa.

O ponto foi tratado literalmente no novo disciplinamento legal conferido à matéria: chefes do Executivo tornam-se inelegíveis após a rejeição das contas pelo Tribunal, desde que hajam atuado como ordenadores de despesas, conforme disposto na alínea *g, in fine*. Seguiu-se, assim, robusta orientação doutrinária, acolhida e propagada por muitos, por exemplo, pelo notável conselheiro do Tribunal de Contas do Estado do Maranhão e professor da Universidade Federal daquele estado, José de Ribamar Caldas Furtado.

Caldas Furtado preleciona existirem dois regimes jurídicos de contas públicas:

[...] o que abrange as denominadas contas de governo, exclusivo para a gestão política do Chefe do Poder Executivo, que prevê o julgamento político levado a efeito pelo Parlamento, mediante auxílio do Tribunal de Contas, que emitirá parecer prévio (CF, art. 71, I, c/c art. 49, IX);

b) o que alcança as intituladas contas de gestão, prestadas ou tomadas, dos administradores de recursos públicos, que impõe o julgamento técnico realizado em caráter definitivo pela Corte de Contas (CF, art. 71, II), consubstanciado em acórdão, que terá eficácia de título executivo (CF, art. 71, § 3.º), quando imputar débito (reparação de dano patrimonial) ou aplicar multa (punição)[9].

A Lei da Ficha Limpa acolheu expressamente a existência dessa distinção presente no texto da Constituição. E foi além, ao dispor ser aplicável "[...] o disposto no inciso II do art. 71 da Constituição Federal, a todos os ordenadores de despesa, sem exclusão de mandatários que houverem agido nessa condição".

O tema ganhou novo tratamento com a realização de importante guinada hermenêutica havida já nas eleições gerais de 2014. A nova leitura realizada pelo Tribunal Superior Eleitoral resgata o propósito do legislador popular, além de assegurar respeito à Constituição e aos julgados do Supremo Tribunal Federal.

Cita-se, a seguir, de forma mais extensiva o julgado:

1. O regime jurídico-fiscalizatório da tomada de contas dos Prefeitos reclama a leitura sob um viés material, atinente ao conteúdo das contas prestadas (*i.e.*, se anuais ou de gestão), e não meramente formal e subjetivo (*i.e.,* pelo simples fato de ser o chefe do Poder Executivo) (FERRAZ, Luciano. *Controle da Administração Pública*: elementos para a compreensão dos Tribunais de Contas. Belo Horizonte: Mandamentos, 1999, p. 143-152).

2. O Prefeito, ao atuar como ordenador de despesas, não desempenha função eminentemente política, mas, ao revés, sua atuação diz respeito diretamente ao funcionamento da máquina administrativa municipal, equiparável, bem por isso, aos demais administradores de recursos públicos. Consectariamente, não se coaduna com a leitura constitucionalmente adequada fiscalização das suas contas que a responsabilidade específica e individualizável do Prefeito pela execução de despesas públicas recaia única e exclusivamente sobre a Câmara Municipal.

3. A exegese literal das disposições constitucionais evidencia que não cuidou o constituinte, desde logo, de excepcionar os chefes do Poder Executivo do âmbito de incidência do inciso II do art. 71, aludindo apenas e tão somente a "administradores e demais responsáveis por dinheiros, bens e valores públicos".

4. O processo de tomada de decisões por órgãos judiciais não pode prescindir de uma análise consequencialista, máxime porque a decisão mais adequada a determinado caso concreto é aquela que, dentro dos limites semânticos da norma, promove os corretos e necessários incentivos ao aperfeiçoamento das instituições democráticas, e a repercussão dos impactos da decisão na realidade social.

---

9 FURTADO, José de Ribamar Caldas. *O caso do prefeito ordenador de despesas*. Disponível em: https://www.atricon.org.br/wp-content/uploads/2014/08/O-CASO-DO-PREFEITO-ORDENA DOR-DE-DESPESAS.pdf. Acesso em: 4 jan. 2022.

5. O consequencialismo como postura judicial reclama eficiência administrativa, na medida em que o julgamento das contas pontuais (*i.e.*, de gestão) do Executivo municipal pela Corte de Contas tende a gerar os incentivos corretos, promovendo com maior eficiência a realização dos gastos públicos e adequando as condutas dos Prefeitos às diretrizes normativas balizadoras da atuação dos responsáveis pela gestão das despesas públicas.

6. A cláusula final da alínea *g* ("[...] aplicando-se o disposto no inciso II do art. 71 da Constituição Federal, a todos os ordenadores de despesa, sem exclusão de mandatários que houverem agido nessa condição") é inequívoca em asseverar que as Cortes de Contas são a autoridade competente para julgar as contas dos Prefeitos, nas hipóteses em que eles atuarem na qualidade de ordenadores de despesa (*i.e.*, contas de gestão).

7. A Suprema Corte é a única instância judicial autorizada a realizar o rejulgamento da matéria, adstrita às hipóteses, "[de] mudanças no ordenamento constitucional, na situação de fato subjacente à norma ou até mesmo na própria percepção do direito que deve prevalecer em relação a determinada matéria" (BARROSO, Luís Roberto. *O controle de constitucionalidade no direito brasileiro*: exposição sistemática da doutrina e análise crítica da jurisprudência. 5. ed. São Paulo: Saraiva, p. 264).

8. A causa de inelegibilidade veiculada na alínea *g* do inciso I do art. 1.º da LC n. 64/1990, na novel redação dada pela LC n.135/2010, recebeu a chancela de sua constitucionalidade no julgamento das ADCs n. 29 e n. 30, ambas de minha relatoria.

9. O pronunciamento da Suprema Corte, nas ADCs n. 29 e n. 30, deve ser compulsoriamente observado por juízes e Tribunais, posto ser revestido de eficácia *erga omnes* e efeitos vinculantes, não se revelando possível proceder-se a reduções teleológicas no âmbito de incidência das disposições declaradas constitucionais.

10. *In casu*, ao afastar-se o chefe do Executivo municipal do âmbito de incidência da parte final da alínea *g*, o Tribunal Superior Eleitoral procede a uma redução teleológica que não se coaduna com o pronunciamento do Supremo Tribunal Federal, no julgamento das ADCs n. 29 e n. 30: o alcance subjetivo do efeito vinculante interdita a reanálise da questão constitucional decidida pelo Supremo Tribunal por juízes e Tribunais, o que, na espécie, importa a alteração da orientação que prevalecia nesta Corte Superior, de que competiria às Câmaras Municipais, e não às Cortes de Contas, o julgamento das contas de gestão dos Prefeitos.

(AgR-RO n. 36.778, Ac. 23.10.2014, rel. Min. Luiz Fux, PSESS — publicado em sessão, de 23.10.2014).

Esse julgado assegura ampla eficácia à alínea *g*. Ele projeta para as Eleições a alvissareira condição de momento ímpar na aplicação da Lei da Ficha Limpa. Ato contínuo, o TSE reafirmou a correção dessa tese, como se vê do aresto abaixo transcrito:

ELEIÇÕES 2014. RECURSO ORDINÁRIO. IMPUGNAÇÃO COM MAIS DE UM FUNDAMENTO. REGISTRO NEGADO POR APENAS UM DOS FUNDAMENTOS. RECURSO DO IMPUGNANTE. AUSÊNCIA DE SU- CUMBÊNCIA. INVIABILIDADE. FIXAÇÃO DE TESE PELA POSSIBILIDADE DO EXAME DOS FUNDAMENTOS AFASTADOS E REITERADOS EM CONTRARRAZÕES. INELEGIBILIDADES. AÇÃO DE IMPROBIDADE. DUPLO REQUISITO DE DANO AO ERÁRIO E ENRIQUECIMENTO ILÍCITO. CONDENAÇÃO POR CONDUTA VEDADA APENADA APENAS COM MULTA. AUSÊNCIA DE INELEGIBILIDADES. INELEGIBILIDADE

POR REJEIÇÃO DE CONTAS. ORDENADOR DE DESPESAS. DECISÃO DA CORTE DE CONTAS. SUFICIÊNCIA. RETORNO DOS AUTOS AO REGIONAL. ANÁLISE DOS DEMAIS REQUISITOS.

[...] Consoante pacificado para as eleições de 2014, a partir do julgamento do RO n. 401-37/CE: "a inelegibilidade prevista na alínea *g* do inciso I do art. 1.º da LC n. 64, de 1990, pode ser examinada a partir de decisão irrecorrível dos tribunais de contas que rejeitam as contas do prefeito que age como ordenador de despesas".

Estando ausente a inelegibilidade reconhecida pelo acórdão regional e a arguida em contrarrazões (condenação por conduta vedada), assim como tendo sido afastada a tese da Corte regional que impedia o exame da inelegibilidade por rejeição de contas, os autos devem retornar ao TRE para análise dos demais requisitos caracterizadores da inelegibilidade prevista no art. 1.º, I, *g*, da LC n. 64, de 1990.

(AgR-RO n. 260.409, Ac. 23.04.2015, rel. Min. Henrique Neves da Silva, *DJe* 23.06.2015, t. 117, p. 87-88).

Os Tribunais de Contas saíram com ainda maior poder. Nada de que não sejam credores por expressa decisão do Poder Constituinte.

Sinal disso é o que se expressa na Súmula 41 do TSE, pela qual se define que: "Não cabe à Justiça Eleitoral decidir sobre o acerto ou desacerto das decisões proferidas por outros Órgãos do Judiciário ou dos Tribunais de Contas que configurem causa de inelegibilidade".

Se consideramos que àquele tempo a orientação do TSE não reconhecia inelegíveis os prefeitos ordenadores de despesa após a rejeição das contas pelo órgão técnico, veremos o quão promissora será a ampliação da efetividade da norma nas próximas eleições municipais. Afinal, todos sabemos, é nos pleitos eleitorais locais que se apresenta a maior "clientela" da Lei da Ficha Limpa.

▣ Órgão competente

As **contas políticas** (ou contas de governo) do presidente da República, dos governadores e prefeitos, continuam a ser **julgadas** pelo **Poder Legislativo** nos termos do que dispõem o inciso I do art. 71 e ainda os dispositivos correlatos das Constituições estaduais e Leis Orgânicas do Distrito Federal e dos municípios, mesmo quando estes atuem na qualidade de ordenadores de despesa.

Esse é o entendimento pacífico do Tribunal Superior Eleitoral, amparado em precedentes do Supremo Tribunal Federal, como se vê do aresto a seguir transcrito:

[...] 1. Conforme decidido pelo STF em 17.08.2016, no RE n. 848.826, sob a sistemática da repercussão geral, "Para os fins do art. 1.º, inciso I, alínea "g", da Lei Complementar 64, de 18 de maio de 1990, alterado pela Lei Complementar 135, de 4 de junho de 2010, a apreciação das contas de prefeitos, tanto as de governo quanto as de gestão, será exercida pelas Câmaras Municipais, com o auxílio dos Tribunais de Contas competentes, cujo parecer prévio somente deixará de prevalecer por decisão de 2/3 dos vereadores" (Tema 835).

2. No caso em exame, a Prefeitura de Itabaiana/SE, em período no qual o recorrente exercia o mandato de prefeito, foi submetida à Inspeção Ordinária realizada pelo TCE/SE, razão pela qual, segundo a tese fixada pelo STF, a ausência de julgamento das contas pelo

Poder Legislativo Municipal elide a incidência da cláusula de inelegibilidade prevista no art. 1.º, I, *g*, da LC n. 64/1990
(RO n. 44.880, Acórdão, rel. Min. Luciana Lóssio, *DJe* 06.10.2016, t. 193, p. 28-29).

Registre-se, por fim, que as transferências de valores entre entes distintos da Federação já excepcionavam o pronunciamento do órgão político. Assim, não compete à Câmara de Vereadores, por exemplo, discutir decisão tomada pelo Tribunal de Contas da União em desfavor de prefeitos e outros agentes públicos que malversaram recursos federais transferidos ao município. O mesmo se aplica às transferências realizadas da União para os estados e destes para os municípios.

Da mesma forma, valores procedentes de consórcios intermunicipais demandam julgamento das contas diretamente pelo Tribunal de Contas, afigurando-se desnecessária e incabível a apreciação pelas Câmaras de Vereadores. Nesse sentido:

ELEIÇÕES 2016. RECURSO ELEITORAL. REGISTRO DE CANDIDATURA. PREFEITO. INELEGIBILIDADE DO ART. 1.º, I, *g*, DA LC 64/1990. CONSÓRCIO INTERMUNICIPAL. RESPONSÁVEL LEGAL. CONTAS REJEITADAS PELO TRIBUNAL DE CONTAS DO ESTADO. ÓRGÃO COMPETENTE. DOLO NÃO CARACTERIZADO. INELEGIBILIDADE AFASTADA. PROVIMENTO. 1. O Supremo Tribunal Federal, ao julgar os Recursos Extraordinários nos 848.826/CE e 729.744/MG, em 17.08.2016, fixou a atribuição exclusiva da Câmara Municipal para o exame das contas, sejam de governo ou de gestão, dos Chefes do Poder Executivo. No entanto, tais decisões não abrangeram a competência para o julgamento das contas relativas aos convênios firmados entre diferentes entes federativos, entendimento que deve ser estendido ao caso dos autos. 2. *In casu*, o entendimento perfilhado no acórdão regional, segundo o qual o Tribunal de Contas do Estado de São Paulo é o órgão competente para julgamento das contas de prefeito relativas à atuação como representante legal de consórcio público intermunicipal não contradiz o atual posicionamento adotado pelo STF sob o regime de repercussão geral. [...]
(REspe 7.751, Acórdão, rel. Min. Luciana Lóssio, *DJe* 07.04.2017, t. 70, p. 82-83).

▣ Irregularidade insanável por ato doloso de improbidade administrativa

A lei passou a declarar o que é "irregularidade insanável". Não havia na redação anterior do dispositivo qualquer preocupação em indicar ao intérprete quais os aspectos que caracterizariam a insanabilidade do vício.

Agora, **considera-se** insanável a **irregularidade**, ainda no texto da alínea *g*, "que **configure** ato doloso de **improbidade** administrativa".

Antes de adentrar no mérito dessa temática, convém registrar que o Tribunal Superior Eleitoral tem **entendimento firmado** no sentido de que o **prejuízo** ao erário e o enriquecimento ilícito decorrente de **ato doloso** de improbidade administrativa não precisam estar expressamente reconhecidos na sentença que **origina** a **inelegibilidade**. É da Justiça Eleitoral o papel de verificar o preenchimento desses requisitos. É o que se vê no seguinte precedente:

Consoante explicitado no acórdão regional, foram reconhecidas nas decisões proferidas pela Justiça comum o dano erário, diante dos pagamentos ilegais de subsídios, o enriquecimento ilícito dos agentes públicos — dentre os quais o próprio recorrente, sendo todos eles condenados a restituir os valores — e a conduta dolosa. 16. Recurso especial a que se nega provimento, comunicando-se de imediato ao TRE/MS para os fins dos arts. 224 do Código Eleitoral e 220 da Res.-TSE 23.611/2020 (REspe 060022535, Acórdão, rel. Min. Luis Felipe Salomão, *DJe* 08.04.2021, t. 62, p. 0).

Uma leitura superficial do texto poderia levar o intérprete à conclusão de que houve uma redução do escopo do instituto jurídico. Mas não foi o que ocorreu. A jurisprudência do Tribunal Superior Eleitoral já havia firmado há tempos o entendimento de que "irregularidade insanável é aquela que indica ato de improbidade administrativa" (Ver Acórdão n. 588, JTSE 1/2003).

No mesmo sentido são os seguintes e elucidativos julgados:

A irregularidade que enseja a aplicação da alínea *g*, inciso I do art. 1.º da LC n. 64/1990 é insanável, que tem a ver com atos de improbidade (CF, arts. 15, V, e 37, § 4.º) não se prestando para tal finalidade aquela de caráter meramente formal (Referências: Acórdãos n. 9.816, 10.136 e 11.976).

[...] irregularidade insanável é aquela que indica ato de improbidade administrativa ou qualquer forma de desvio de valores (Ac. n. 21.896, de 26.08.2004, rel. Min. Peçanha Martins).

Com a recente alteração da LIA, foram acrescentados os seguintes parágrafos ao art. 1.º da referida lei:

Art. 1.º [...]
§ 1.º Consideram-se atos de improbidade administrativa as condutas dolosas tipificadas nos arts. 9.º, 10 e 11 desta Lei, ressalvados tipos previstos em leis especiais.
§ 2.º Considera-se dolo a vontade livre e consciente de alcançar o resultado ilícito tipificado nos arts. 9.º, 10 e 11 desta Lei, não bastando a voluntariedade do agente.

Resta dizer que, **tanto** para o fim de **aplicação** da Lei de Improbidade Administrativa **quanto** da Lei de Inelegibilidades, o **ato doloso** pode ser tanto comissivo como **omissivo**. A omissão **dolosa** também atrai a **aplicação** da lei, **não** havendo como ser **confundida** com **ato culposo**, que demanda imperícia, imprudência ou negligência.

Com a nova redação da Lei da Improbidade Administrativa, conferida pela Lei n. 14.230, de 25 de outubro de 2021, passou-se a exigir a caracterização do dolo específico. Isso implica que, para configurar um ato de improbidade administrativa, é necessário demonstrar que o agente público agiu com a intenção específica de obter um benefício ilícito para si ou para terceiros, ou de causar prejuízo ao erário. Essa mudança eleva o patamar de prova necessário para a condenação por improbidade, exigindo uma demonstração mais clara da intenção específica de praticar o ato ímprobo.

Em decisão recente, o Tribunal Superior Eleitoral assim se pronunciou:

ELEIÇÕES 2024. AGRAVO REGIMENTAL. RECURSO ESPECIAL ELEITORAL. REQUERIMENTO DE REGISTRO DE CANDIDATURA. VEREADOR. ART. 1.º, INC. I, AL. *G*, DA LEI COMPLEMENTAR N. 64/1990. REVALORAÇÃO. DOLO ESPECÍFICO NÃO DEMONSTRADO. MANUTENÇÃO DA DECISÃO. REGISTRO DEFERIDO. NÃO PROVIMENTO. 1. Agravo regimental interposto contra decisão pela qual dei provimento a recurso especial eleitoral de acórdão do TRE/AM, que concluiu pela incidência da inelegibilidade do art. 1.º, I, *g*, da LC n. 64/90, com o consequente indeferimento do requerimento de registro de candidatura (RRC) da ora agravada ao cargo de vereador no Município de Barreirinha/AM, nas eleições de 2024. 2. À luz da jurisprudência desta Corte Superior, "o art. 1.º, inciso I, alínea *g*, do Estatuto das Inelegibilidades reclama, para a sua caracterização, o preenchimento, cumulativo, dos seguintes pressupostos fático-jurídicos: (i) o exercício de cargos ou funções públicas; (ii) a rejeição das contas pelo órgão competente; (iii) a insanabilidade da irregularidade apurada, (iv) o ato doloso de improbidade administrativa; (v) a irrecorribilidade do pronunciamento que desaprovara; e (vi) a inexistência de suspensão ou anulação judicial do aresto que rejeitara as contas" (AgR-REspe n. 130-08/RJ, Rel. Min. Luiz Fux, *DJe* de 22.05.2018). 3. **Na espécie, ficou consignado na decisão agravada que as irregularidades detectadas pelo TCE/AM, conquanto graves e/ou insanáveis na instância própria em que sindicadas, não comprovam o dolo específico consistente na vontade dirigida a causar dano ao patrimônio público, a partir da nota de desonestidade ínsita ao ato de improbidade administrativa, conforme a nova configuração trazida pela Lei n. 14.230/2021, razão pela qual não há como prosperar a aventada incidência da inelegibilidade da alínea *g*. Este pronunciamento está em consonância com a atual jurisprudência desta Corte Superior**: AgR-RO-El n. 060032968/PB, rel. Min. Ricardo Lewandowski, *DJe* de 25.04.2023; e REspEl n. 060071911/SP, rel. Min. Ricardo Lewandowski, *DJe* de 04.08.2022.4. Agravo regimental ao qual se nega provimento (Agravo Regimental no Recurso Especial Eleitoral n. 060011971, Acórdão, Min. André Mendonça, Publicação: PSESS — Publicado em Sessão, 12.12.2024).

O TSE alinha-se com essa nova abordagem, destacando a necessidade da presença de um dolo específico para a caracterização da improbidade administrativa conforme o art. 1.º, I, *g*, da Lei Complementar n. 64/1990. Essa mudança impõe um critério mais rigoroso para a comprovação de atos de improbidade, refletindo uma visão mais restritiva em relação à responsabilização de agentes públicos e políticos.

Os casos constante da tabela abaixo exemplificam situações em que o TSE considerou que o dolo específico estava presente nas condenações judiciais por atos de improbidade administrativa, concluindo pela presença da inelegibilidade:

#	CASO	DESCRIÇÃO	DOLO ESPECÍFICO	REFERÊNCIA DO CASO
1	Déficit Público	Inércia do gestor em reduzir o déficit público, apesar dos alertas da Corte de Contas, evidenciando descumprimento deliberado de obrigações legais.	Sim	Agravo Regimental no Recurso Ordinário Eleitoral n. 060032968
2	Esquema de Rachadinha	Prática de "rachadinha", preenchendo requisitos de enriquecimento ilícito e lesão ao Erário, configurando dolo específico.	Sim	Agravo Regimental no Recurso Ordinário Eleitoral n. 060195434
3	Omissão na Fiscalização de Contrato	Omissão do chefe do Poder Legislativo Municipal em fiscalizar a execução de contrato em desconformidade com os termos ajustados, causando dano ao Erário.	Sim	Recurso Ordinário Eleitoral n. 060205129
4	Falta de Recolhimento de Encargos Sociais	Reiterada falta de recolhimento de encargos sociais ao regime de previdência do município, evidenciando falha insanável e ato doloso de improbidade.	Sim	Recurso Ordinário Eleitoral n. 060259789

Toda improbidade produz, por outro lado, lesão ao patrimônio público, que não pode ser reduzida ao seu âmbito material. Também integra esse conceito o patrimônio moral da Administração Pública, o qual estará sempre afetado sempre que alguém faltar com os deveres constitucional e legalmente impostos aos gestores.

O enriquecimento ilícito a que alude o dispositivo pode ser o próprio ou de terceiro. Segundo já definiu o TSE: "O ato doloso de improbidade administrativa pode implicar o enriquecimento ilícito tanto do próprio agente, mediante proveito pessoal, quanto de terceiros por ele beneficiados" (AgR-REspe 19.440, São José do Vale do Rio Preto/RJ. Ac. de 08.11.2012, rel. Min. Arnaldo Versiani Leite Soares).

Esse enriquecimento indevido, por outro lado, acontecerá sempre que verbas públicas forem manejadas ao arrepio da lei. A licitação fraudulenta, simulada ou indevidamente dispensada ou considerada inexigível sempre acarretará o enriquecimento sem causa do seu beneficiário.

Veja-se, a esse respeito, o que eu analiso tratando do **dolo específico no item referente à inelegibilidade decorrente de condenação por ato de improbidade administrativa.**

■ O que são vícios sanáveis

Para que estejamos diante de irregularidades sanáveis — **incapazes de gerar inelegibilidade** —, teremos de ter presentes irregularidades menores, de cunho meramente procedimental, que não sejam capazes de afastar a substância do ato, tirando a sua moralidade e probidade perante as normas que informam a Administração Pública.

Anteriormente, a lei se **contentava** em reclamar a presença de **vícios** insanáveis para que se **verificasse** a inelegibilidade por **rejeição** de contas públicas. A jurisprudência já afirmava que a insanabilidade do vício estava presente quando constatada a **ocorrência** da improbidade administrativa. O legislador popular simplesmente erigiu a texto normativo aquilo que já se preconizava em âmbito jurisprudencial. Há, a esse respeito, um didático precedente proferido pelo Tribunal Regional Eleitoral de São Paulo:

> Já quanto à insanabilidade dos vícios apontados na decisão do TCE, consigno que esta Corte Regional, em inúmeras deliberações já realizadas acerca do assunto, assentou que só é possível entender como sanáveis as irregularidades quando demonstrada a possibilidade de convalidação dos atos espúrios, quer por decorrência de sua forma, quer por seu conteúdo, afastando-se prejuimízo irreparável ao cidadão e à administração pública (nesse sentido: RE n. 28.214, rel. Juiz Paulo Alcides) (TRE-SP, Registro de Candidato n. 349.744, Ac. de 23.08.2010, rel. Moreira de Carvalho, PSESS — publicado em sessão, em 23.08.2010).

■ Ato de improbidade administrativa

Ao fazer referência à improbidade administrativa, a lei obviamente não exigiu de qualquer modo a propositura da ação correspondente na órbita civil como requisito para a ocorrência da inelegibilidade.

Para que o administrador com contas rejeitadas fique inelegível, basta que a irregularidade apurada pelo Tribunal de Contas corresponda abstratamente a uma das formas de improbidade relacionadas nos arts. 9.º a 11 da Lei de Improbidade Administrativa.

Essa equação é feita a partir da leitura do parecer ou acórdão proferido pelo Tribunal de Contas, confrontando-se os fatos ali narrados com as figuras previstas nos referidos dispositivos da Lei n. 8.429/1992.

☐ Revisão judicial da rejeição de contas

No regime da anterior redação da alínea _g_ sob estudo, baixou o Tribunal Superior Eleitoral a sua contestada Súmula 1, segundo a qual: "Proposta a ação para desconstituir a decisão que rejeitou as contas, anteriormente à impugnação, fica suspensa a inelegibilidade".

Essa orientação da jurisprudência seguiu firme até o ano de 2006, quando o TSE passou a decidir pela necessidade de que a decisão sobre as contas tenha sido suspensa ou anulada pelo Poder Judiciário como condição para o resgate da elegibilidade[10].

Entretanto, o Tribunal Superior Eleitoral revogou explicitamente o Enunciado n. 1 da sua súmula jurisprudencial por via do Ac.-TSE, de 10.05.2016, no PA n. 32.345, _DJe_ de 24, 27 e 28.06.2016.

Ocorre que, com a redação conferida pela LC n. 135/2010 à alínea _g_ do art. 1.º, I, da LI, **não** há qualquer **dúvida** sobre a necessidade da **anulação** ou da suspensão judicial da decisão que implicou a **rejeição** das contas para que esta deixe de produzir seus efeitos no plano das **inelegibilidades**, não bastando a simples **propositura** de ação judicial.

6.3.2.2.9. _Dirigentes de instituições em fase de liquidação_

A Lei Complementar n. 64/1990 sempre **considerou** inelegíveis os que, em estabelecimentos de crédito, financiamento ou seguro, que tenham sido ou estejam sendo **objeto** de processo de **liquidação** judicial ou extrajudicial, hajam exercido, nos doze meses anteriores à respectiva decretação, cargo ou função de direção, administração ou representação, enquanto não forem exonerados de qualquer **responsabilidade**. O prazo da inelegibilidade neste caso é também de **oito anos**, estes contados da **abertura** do processo de liquidação (art. 1.º, I, _i_, da LI).

Tal dispositivo já havia contemplado, antes mesmo da Lei da Ficha Limpa, hipótese de inelegibilidade não baseada em sentença transitada em julgado. Só com a conclusão judicial de que o detentor de cargo ou função de direção, administração e representação não tem qualquer responsabilidade pela liquidação judicial ou extrajudicial do estabelecimento é que sobrevém o resgate da elegibilidade.

---

[10] "A partir das eleições 2006, este Tribunal firmou jurisprudência no sentido de que o ajuizamento de ação desconstitutiva não é suficiente para suspender a inelegibilidade apurada no momento do registro de candidatura, em razão da rejeição de prestação de contas" (AgReg no REspe 34.352/PE, rel. Min. Joaquim Barbosa, em 17.02.2009).

6.3.2.2.10. *Condenações em matéria eleitoral*

São também **inelegíveis** os que forem **condenados**, em decisão transitada em julgado ou proferida por órgão colegiado da **Justiça Eleitoral**, por corrupção eleitoral, por captação ilícita de sufrágio, por doação, captação ou gastos ilícitos de recursos de campanha ou por **conduta vedada** aos agentes públicos em campanhas eleitorais que impliquem cassação do registro ou do diploma, pelo **prazo** de oito anos, a contar da eleição.

Com a inserção desse dispositivo pela via da Lei da Ficha Limpa, a Lei de Inelegibilidades passou a considerar relevantes decisões da Justiça Eleitoral que antes acarretavam apenas a perda do registro ou do diploma eleitoral, sem que disso ocorresse a inelegibilidade do atingido pela medida judicial.

Causava perplexidade a participação eleitoral daquele que acabava de ser destituído de outro cargo eletivo em virtude do cometimento de graves ilícitos contra a administração das eleições e a formação livre da vontade do eleitor.

As condenações mencionadas pelo dispositivo podem ser de natureza criminal, como no caso do delito de corrupção eleitoral previsto no art. 299 do CE, ou cível-eleitoral, nas demais hipóteses.

De acordo com a **Súmula 69** do Tribunal Superior Eleitoral: "Os prazos de inelegibilidade previstos nas alíneas *j* e *h* do inciso I do art. 1.º da LC n. 64/1990 têm termo inicial no dia do primeiro turno da eleição e termo final no dia de igual número no oitavo ano seguinte".

6.3.2.2.11. *Renúncia*

O presidente da República, o governador de estado e do Distrito Federal, o prefeito, os membros do Congresso Nacional, das Assembleias Legislativas, da Câmara Legislativa e das Câmaras Municipais **que renunciarem** a seus mandatos **desde** o oferecimento de representação ou petição **capaz** de autorizar a abertura de **processo** por **infringência** a dispositivo da Constituição Federal, da Constituição Estadual, da Lei Orgânica do Distrito Federal ou da Lei Orgânica do Município, **ficam inelegíveis** para as eleições que se realizarem durante o **período** remanescente do **mandato** para o qual foram eleitos **e** nos **oito anos subsequentes** ao término da legislatura (art. 1.º, I, *k*, da Lei de Inelegibilidades).

Essa é mais uma das inovações advindas da edição da Lei da Ficha Limpa.

A Constituição autoriza o legislador a fixar, por lei complementar, quais hipóteses são consideradas suficientemente relevantes ao ponto de se impedir desde logo a participação eleitoral, evitando-se o lançamento de candidaturas consideradas de risco para as instituições democráticas e para a sociedade. É o que dispõe o art. 14, § 9.º, da CF.

A atenção ao dispositivo constitucional citado foi finalmente disciplinada por meio da edição da Lei Complementar n. 135/2010, já conhecida como a Lei da Ficha Limpa.

Não descuidou a referida lei de dar tratamento legal a uma prática tão infamante quanto presente na vida política brasileira: a renúncia ao mandato eletivo como forma de evitar a apuração de denúncias.

Muitos foram aqueles que se **valeram da fragilidade** da nossa legislação eleitoral para **renunciar** ao mandato obtido pelo voto, dele dispondo como se um bem particular fosse, pelo vil **propósito** de **impedir** a descoberta de graves **atos** de **corrupção ou fraude**. E a República teve que assistir a tudo isso inerte, como se todos fôssemos estupefatos assistentes de uma comédia de mau gosto. A nova norma é clara ao afastar do pleito qualquer um que — estando às voltas com a apresentação de qualquer **pedido** que possa **implicar** aplicação de **sanções** políticas — **abandone** o mandato popular para satisfazer seu interesse pessoal de **impunidade**.

Trata-se de nova causa de inelegibilidade, a atingir não apenas aqueles que vierem a incidir nessa conduta, como todos os que, já havendo renunciado no passado, o tenham feito nos limites temporais fixados pela norma.

Isso acontece porque, como afirmado à unanimidade pelo Supremo Tribunal Federal, inelegibilidade não é pena, atingindo, por isso, fatos praticados anteriormente à sua vigência (MS n. 22.087-2, rel. Min. Carlos Velloso). Trata-se de um critério jurídico-político a ser observado pela autoridade responsável pela apreciação do pedido de registro de candidatura.

O fato é que quem renunciou antes da vigência da Lei da Ficha Limpa também será por ela atingido, a não ser que tenha feito isso há muito tempo. Explica-se: é que o prazo de inelegibilidade definido pela lei nesse caso não é de apenas oito anos. A restrição acompanha o renunciante pelo resto do prazo do mandato. Exemplificando, imaginemos a hipótese de um deputado federal que, eleito em 2002, tenha renunciado ao seu cargo em 2003. Sua inelegibilidade começou no momento da renúncia, mas perdurou até 2014 (término do mandado em 2006, mais oito anos). No caso de senador eleito em 2006 que haja renunciado ao seu cargo eletivo em 2007, sua inelegibilidade só chegará ao fim em 2022, já que seu mandato deveria terminar em 2014, havendo-se de acrescentar a este ano o período extra de oito anos de restrição adotado pela Lei da Ficha Limpa.

Como se vê, também nesse aspecto a LC n. 135/2010 trouxe para a sociedade brasileira um excelente instrumento de prevenção de afrontas aos mandatos. Ao instituir a inelegibilidade do renunciante de má-fé, a lei de iniciativa popular apresentou à sociedade importante e pedagógica disposição legal que, desde logo, robustece a ideia de República, impedindo o acesso aos mandatos por aqueles que nem mesmo tiveram a dignidade de se defenderem de graves acusações de corrupção.

Segundo o § 5.º do art. 1.º da LI, acrescentado pela Lei da Ficha Limpa:

> **Art. 1.º** [...]
>
> § 5.º A renúncia para atender à desincompatibilização com vistas a candidatura a cargo eletivo ou para assunção de mandato não gerará a inelegibilidade prevista na alínea *k*, a menos que a Justiça Eleitoral reconheça fraude ao disposto nesta Lei Complementar.

A norma deixa fora de dúvida que a renúncia dissociada da apresentação de notícia formal de fato capaz de conduzir à perda do mandato não é capaz, por si só, de levar à inelegibilidade do renunciante.

6.3.2.2.12. *Improbidade administrativa*

Já vimos na parte atinente às condições de elegibilidade que a condenação por ato de improbidade implica, nos termos do que dispõem o art. 37, § 4.º, da CF e a Lei n. 8.429/1992, a suspensão dos direitos políticos.

Ocorre que aqueles **condenados** à suspensão dos direitos políticos, em **decisão** transitada em julgado ou proferida por órgão judicial **colegiado**, por ato doloso de improbidade administrativa que importe lesão ao patrimônio público enriquecimento ilícito, desde a condenação ou o trânsito em julgado até o transcurso do prazo de oito anos após o cumprimento da pena, estarão, ademais, inelegíveis por força do que estatui a alínea *l* do art. 1.º da Lei de Inelegibilidade, introduzida pela Lei da Ficha Limpa:

> **Art. 1.º** [...]
>
> *l*) os que forem condenados à suspensão dos direitos políticos, em decisão transitada em julgado ou proferida por órgão judicial colegiado, por ato doloso de improbidade administrativa que importe lesão ao patrimônio público e enriquecimento ilícito, desde a condenação ou o trânsito em julgado até o transcurso do prazo de 8 (oito) anos após o cumprimento da pena; (Incluída pela Lei Complementar n. 135, de 2010)

Estamos diante de mais um caso em que a suspensão dos direitos políticos demanda o prévio trânsito em julgado, aqui por força do que estatui o art. 20 da Lei n. 8.429/1992, enquanto para o surgimento da inelegibilidade basta a prolação de decisão condenatória por parte de órgão jurisdicional colegiado.

Como analisamos ao tratar da inelegibilidade decorrente da rejeição de contas públicas, a cujo texto remetemos o leitor, não há um só ato de improbidade administrativa que possa ser praticado culposamente. É evidente que o legislador não está a exigir o dolo a que se refere a lei penal, mas a cautela e a vigilância inerentes aos deveres dos administradores públicos.

O administrador que não cumpre com seus deveres não pode ser considerado negligente, mas praticante de omissão dolosa.

No Agravo Regimental no Recurso Ordinário Eleitoral n. 060032968, relatado pelo Ministro Ricardo Lewandowski e publicado no *Diário de Justiça Eletrônico* em 25.04.2023, ficou marcada a linha jurisprudencial adotada pelo Tribunal Superior Eleitoral (TSE) em relação à Lei de Improbidade Administrativa e suas implicações no Direito Eleitoral.

O acórdão pontua que, "Na linha do que foi decidido por esta Corte, a nova redação da Lei de Improbidade Administrativa exige a presença do dolo específico para a configuração do ato de improbidade administrativa previsto no art. 1.º, I, *g*, da Lei Complementar 64/1990".

Essa decisão reflete a mudança trazida pela nova Lei de Improbidade Administrativa, a Lei n. 14.230, de 25 de outubro de 2021, que alterou o panorama da responsabilização por atos de improbidade. Antes dessa mudança, a jurisprudência admitia o dolo genérico como suficiente para configurar um ato de improbidade. Isso significava que bastava provar que o agente público agiu com intenção (dolo) de cometer a conduta proibida, mesmo sem especificar a intenção de obter uma vantagem indevida ou causar dano ao erário.

6.3.2.2.13. *Expulsos do exercício de profissão regulamentada*

São inelegíveis, nos termos do art. 1.º, I, *m*, da LI, os que forem **excluídos** do exercício da profissão, por **decisão** sancionatória do **órgão profissional** competente, em decorrência de **infração** ético-profissional, pelo prazo de **oito anos**, salvo se o ato houver sido **anulado ou suspenso** pelo Poder Judiciário.

Trata-se de norma que não constava originalmente do texto do projeto de lei de iniciativa popular que deu origem à Lei da Ficha Limpa, tendo sido acrescentada durante a sua tramitação no âmbito da Câmara dos Deputados.

São alcançados os integrantes de profissões regulamentadas que tenham sido expulsos da sua atividade em virtude de sanção disciplinar aplicada por Conselho Profissional.

Os conselhos federais e regionais de profissões regulamentadas são autarquias públicas que têm o dever de velar pela higidez das atividades profissionais desenvolvidas por aqueles que estão sob sua fiscalização por força de lei. Ocorrendo a exclusão, ainda poderá o submetido a essa medida lançar-se candidato, desde que obtenha perante o Poder Judiciário ordem que anule ou suspenda a eficácia da medida.

6.3.2.2.14. Simulação de desfazimento de vínculo conjugal

A **inelegibilidade** dos que forem **condenados**, em decisão transitada em julgado ou proferida por órgão judicial **colegiado**, em razão de terem desfeito ou **simulado** desfazer **vínculo conjugal** ou de união estável para evitar caracterização de inelegibilidade, pelo prazo de **oito anos** após a decisão que reconhecer a fraude, está definida pela alínea *n* do inciso I do art. 1.º da Lei de Inelegibilidades.

A lei se refere aos casos em que a Justiça Eleitoral reconhece a simulação do divórcio ou da separação de fato, quando praticada para afastar a incidência do § 7.º do art. 14 da Constituição, o qual estabelece hipótese de inelegibilidade que afeta os cônjuges de mandatários.

Antes, o reconhecimento da tentativa de burlar a norma constitucional (art. 14, § 7.º) acarretava apenas o indeferimento do registro. A partir da edição da LC n. 135/2010 passou a implicar também a inelegibilidade dos envolvidos pelo prazo de oito anos contados da decisão.

A recorrência da simulação de ruptura do vínculo matrimonial sempre foi tão frequente no foro eleitoral que o Supremo Tribunal Federal editou a sua Súmula Vinculante, cujo teor é o seguinte:

> A dissolução da sociedade ou do vínculo conjugal, no curso do mandato, não afasta a inelegibilidade prevista no § 7.º do art. 14 da Constituição Federal.

Se ficar verificado que a dissolução foi apenas simulada, sobrevivendo a união conjugal no plano fático, pode ser invocada, ademais, a cláusula de inelegibilidade prevista no art. 1.º, I, n, da Lei de Inelegibilidades.

A Súmula Vinculante 18 do Supremo Tribunal Federal (STF), acima citada, foi criada com o objetivo de inibir práticas fraudulentas ou simuladas de dissolução conjugal como meio de contornar a norma de inelegibilidade reflexa, reforçando a integridade do processo eleitoral.

No entanto, em situações específicas, como evidenciado no Recurso Extraordinário 758.461 da Paraíba, relatado pelo Ministro Teori Zavascki, o STF considerou a necessidade de afastamento dessa súmula. No caso em questão, tratava-se da morte de um prefeito no curso do mandato, mais de um ano antes do término, e a consequente inelegibilidade do cônjuge sobrevivente.

A decisão do STF ressaltou que a preocupação central na edição da Súmula Vinculante 18 e nos precedentes recentes era prevenir que dissoluções conjugais simuladas ou fraudulentas fossem utilizadas para burlar a regra de inelegibilidade reflexa. No entanto, quando a extinção do vínculo conjugal ocorre devido à morte de um dos cônjuges, essa preocupação não se aplica. A morte, sendo um evento definitivo e incontestável, não se enquadra nos casos de dissolução simulada ou fraudulenta que a súmula visa coibir.

Assim, o STF reconheceu que a aplicação rigorosa da Súmula Vinculante 18 em casos de morte do cônjuge mandatário não seria apropriada. Essa decisão evidencia uma interpretação mais flexível e contextualizada da norma, considerando a natureza não fraudulenta da dissolução do vínculo conjugal por morte. Portanto, nessas circunstâncias, o cônjuge sobrevivente não está sujeito à inelegibilidade prevista no § 7.º do art. 14 da Constituição Federal, marcando uma exceção importante ao entendimento geral da súmula.

6.3.2.2.15. Servidores demitidos

A Lei Complementar n. 135/2012 incluiu na LC n. 64/1990 nova hipótese de inelegibilidade para atingir "os que forem demitidos do serviço público em decorrência de processo administrativo ou judicial, pelo prazo de 8 (oito) anos, contado da decisão, salvo se o ato houver sido suspenso ou anulado pelo Poder Judiciário" (art. 1.º, I, o).

A LC n. 135/2010 **reputa inelegíveis** os servidores que, submetidos a processo administrativo ou judicial, tiveram contra si ordenada a aplicação da pena de **demissão**.

A **exoneração** de cargo comissionado ou função de confiança, a pedido ou determinada pelo superior hierárquico, obviamente **não sujeita** o agente público atingido à vedação **temporária** de acesso ao registro da candidatura.

Preocupou-se o legislador com a situação daquele que, tendo praticado falta considerada grave, tenha sido punido com a sanção administrativa máxima. Não se ocupou o legislador de dirigir a inelegibilidade a fatos específicos. Todo processo que culmine com a pena de demissão tornará incidente a hipótese de inelegibilidade.

Assim, o servidor que praticar desvios graves estará sempre sujeito à privação temporária da capacidade eleitoral passiva, bastando para isso que tenha sido punido com pena de demissão. A hipótese do servidor que se viu demitido por abandonar o cargo a que estava vinculado não é excepcionada pela norma, que considera grave tal conduta. Com efeito, alguém que não se mostre apto a exercer atividade pública e que a deixa por meio do abandono, pratica falta que autoriza a conclusão de que pode não dispor de condições para assumir as altas responsabilidades inerentes ao mandato político.

A Constituição autoriza a edição de inelegibilidades exatamente para que estas atuem de forma preventiva, delineando o perfil esperado dos candidatos. Servidores que praticaram faltas tão graves a ponto de merecerem a demissão não estão entre as pessoas cuja apresentação da candidatura é desejada.

6.3.2.2.16. *Realizadores de doações ilícitas*

As **pessoas físicas** responsáveis por **doações eleitorais** tidas por ilegais por **decisão** transitada em julgado ou proferida por órgão **colegiado** da Justiça Eleitoral ficam **inelegíveis** pelo prazo de **oito anos** após a decisão, observando-se o procedimento previsto no art. 22 da Lei de Inelegibilidades (art. 1.º, I, *p*).

Sempre que ocorrente a doação ilegal de campanha, assim entendida aquela realizada fora dos parâmetros legais, o doador será submetido a período de afastamento da elegibilidade pelo prazo de oito anos.

Assim, se na apreciação das contas de campanha ou no julgamento da representação a que alude o art. 30-A da Lei das Eleições encontram-se indícios ou provas da ocorrência de doações fora dos limites estabelecidos pela lei, mostra-se necessária a propositura de representação contra o responsável, a fim de que se lhe assegure o direito de defesa. Julgada procedente tal representação, sobrevirá a inelegibilidade.

6.3.2.2.17. *Magistrados e membros do Ministério Público aposentados compulsoriamente*

Também são **inelegíveis** os magistrados e os membros do Ministério Público que tenham sido **submetidos** à **pena** administrativa de **aposentadoria compulsória**, que tenham perdido o cargo por sentença ou que tenham pedido exoneração ou aposentadoria voluntária na pendência de processo administrativo disciplinar, pelo prazo de **oito anos** (art. 1.º, I, *q*, da LI, acrescentado pela LC n. 135/2010). A norma impede a candidatura de membros da Magistratura ou do Ministério Público da União ou dos estados que venham a sofrer a medida sancionatória máxima em sede administrativa.

Nos Embargos de Declaração no Recurso Ordinário Eleitoral n. 060140770, sob o relato do Ministro Benedito Gonçalves e publicado no *Diário de Justiça Eletrônico* em 21.09.2023, definiu-se *leading case* em que o Tribunal Superior Eleitoral (TSE) reconheceu a ocorrência de fraude à lei na conduta de um membro do Ministério Público que pediu exoneração antes da abertura de qualquer procedimento visando a aplicação de penalidade administrativa.

O acórdão destacou que o candidato, visando frustrar a incidência da inelegibilidade e disputar as Eleições 2022, cometeu fraude à lei ao se exonerar do cargo de procurador da República. Essa ação foi interpretada como um meio de impedir que 15 procedimentos administrativos em trâmite no Conselho Nacional do Ministério Público (CNMP) se transformassem em processos administrativos disciplinares (PAD), que poderiam resultar em aposentadoria compulsória ou perda do cargo.

O TSE identificou que a antecipação do pedido de exoneração tinha o claro intuito de evitar uma inelegibilidade certa, configurando uma burla às normas eleitorais. Isso demonstra uma manipulação deliberada do sistema jurídico para obter vantagem eleitoral, caracterizando fraude à lei.

Este caso é emblemático, pois evidencia como condutas aparentemente lícitas podem ser utilizadas de maneira fraudulenta para contornar restrições legais e ganhar vantagem em um contexto eleitoral.

6.4. INCOMPATIBILIDADES

O inciso II do art. 1.º da Lei de Inelegibilidades **estabelece** a necessidade de **desincompatibilização** dos detentores de cargos públicos para que se verifique possível a postulação do registro de candidatura. O não atendimento às **regras de afastamento** dos cargos e funções leva à **verificação** de causa de **inelegibilidade**, fulminando a pretensão eleitoral.

Devemos ter em mente, por conseguinte, que as regras sobre desincompatibilização se inserem no contexto das hipóteses de inelegibilidade, não se constituindo, pois, em categoria autônoma. Seu tratamento em item apartado nesta obra se deve exclusivamente a aspectos didáticos, dada a sua particular relevância.

Para que o candidato se desincompatibilize das suas atividades não basta o mero afastamento formal ou documental. "O afastamento de fato das atividades laborais é imprescindível para caracterizar a desincompatibilização" (TSE, Ac. de 25.11.2010 no AgR-RO n. 132.527, rel. Min. Cármen Lúcia).

Note-se que:

> [...] a desincompatibilização, *stricto sensu*, é denominação que se deve reservar ao afastamento definitivo, por renúncia, a exoneração, dispensa ou aposentadoria, do mandato eletivo, cargo ou emprego público gerador de inelegibilidade [...] (Res.-TSE n. 18.019, de 02.04.1992, rel. Min. Sepúlveda Pertence).

Há tempos assentou-se no TSE o entendimento de que é desnecessária a "demonstração de que o exercício do cargo influenciou no resultado do pleito. [...] para que se reconheça a inelegibilidade por falta de desincompatibilização tempestiva" (Ac. n. 16.590, de 04.02.2003, rel. Min. Nelson Jobim).

É irrelevante, para o fim de verificar-se a inelegibilidade por ausência tempestiva de desincompatibilização, que a função pública exercida não seja remunerada. A esse respeito, o TSE já decidiu no seguinte sentido:

> Conselho de autoridade portuária. Conselheiro sem remuneração. Necessidade de desincompatibilização formal. O membro do Conselho de Autoridade Portuária deve desincompatibilizar-se no prazo do art. 1.º, II, l, da Lei Complementar n. 64/1990, com pedido de exoneração formal, não bastando o abandono ou o afastamento do serviço. [...] NE: Trecho do voto do relator: A simples declaração de ausência do pré-candidato nas sessões do conselho não prova desincompatibilização, que deve ser formal. O ônus da prova, a respeito, é do pré-candidato, e não, do impugnante (Ac. de 11.09.2007 no AREspe 26.871, rel. Min. Cezar Peluso).

O art. 1.º, II, *a*, da LC n. 64/1990 declara inelegíveis para presidente e vice-presidente da República até seis meses depois de afastados definitivamente de seus cargos e funções:

> **Art. 1.º**
> [...]
> 1. os Ministros de Estado:

2. os chefes dos órgãos de assessoramento direto, civil e militar, da Presidência da República;

3. o chefe do órgão de assessoramento de informações da Presidência da República;

4. o chefe do Estado-Maior das Forças Armadas;

5. o Advogado-Geral da União e o Consultor-Geral da República;

6. os chefes do Estado-Maior da Marinha, do Exército e da Aeronáutica;

7. os Comandantes do Exército, Marinha e Aeronáutica;

8. os Magistrados[11];

9. os Presidentes, Diretores e Superintendentes de autarquias, empresas públicas, sociedades de economia mista e fundações públicas e as mantidas pelo poder público;

10. os Governadores de Estado, do Distrito Federal e de Territórios;

11. os Interventores Federais;

12. os Secretários de Estado;

13. os Prefeitos Municipais;

14. os membros do Tribunal de Contas da União, dos Estados e do Distrito Federal[12];

15. o Diretor-Geral do Departamento de Polícia Federal;

16. os Secretários-Gerais, os Secretários-Executivos, os Secretários Nacionais, os Secretários Federais dos Ministérios e as pessoas que ocupem cargos equivalentes.

São igualmente inelegíveis:

■ os que tenham exercido, nos 6 (seis) meses anteriores à eleição, nos Estados, no Distrito Federal, Territórios e em qualquer dos poderes da União, cargo ou função, de nomeação pelo presidente da República, sujeito à aprovação prévia do Senado Federal (art. 1.º, II, *b*, da LC n. 64/1990);

■ os que, até 6 (seis) meses antes da eleição, tiverem competência ou interesse, direta, indireta ou eventual, no lançamento, arrecadação ou fiscalização de impostos, taxas e contribuições de caráter obrigatório, inclusive para fiscais, ou para aplicar multas relacionadas com essas atividades (art. 1.º, II, *d*, da LI);

■ os que, até 6 (seis) meses antes da eleição, tenham exercido cargo ou função de direção, administração ou representação nas empresas de que tratam os arts. 3.º e 5.º da Lei n. 4.137, de 10 de setembro de 1962, quando, pelo âmbito e natureza de suas atividades, possam tais empresas influir na economia nacional também são declarados inelegíveis (art. 1.º, II, *e*, da LC n. 64/1990);

■ os que, detendo o controle de empresas ou grupo de empresas que atuem no Brasil, nas condições monopolísticas previstas no parágrafo único do art. 5.º da lei citada na alínea anterior, não apresentarem à Justiça Eleitoral, até 6 (seis) meses antes do pleito, a prova de que fizeram cessar o abuso apurado, do poder econômico, ou

---

[11] Os magistrados, os membros dos tribunais de contas e os do Ministério Público devem filiar-se a partido político e afastar-se definitivamente de suas funções até seis meses antes das eleições (art. 13 da Res.-TSE n. 22.156, de 13.03.2006).

[12] "Magistrados e membros do Tribunal de Contas. Elegibilidade. Desincompatibilização e filiação partidária. 1. Para concorrer às eleições, o membro do Tribunal de Contas terá que estar afastado de forma definitiva do seu cargo pelo menos por 6 (seis) meses (LC n. 64/1990, art. 1.º, II, *a*, 14), devendo satisfazer a exigência constitucional de filiação partidária nesse mesmo prazo. 2. Precedentes" (Resolução n. 20.539, de 16.12.1999, rel. Min. Edson Vidigal).

de que transferiram, por força regular, o controle de referidas empresas ou grupo de empresas (art. 1.º, II, *f*, da LC n. 64/1990);

■ os que tenham, dentro dos 4 (quatro) meses anteriores ao pleito, ocupado cargo ou função de direção, administração ou representação em entidades representativas de classe, mantidas, total ou parcialmente, por contribuições impostas pelo poder Público ou com recursos arrecadados e repassados pela Previdência Social (art. 1.º, II, *g*, da LC n. 64/1990)[13];

■ os que, até 6 (seis) meses depois de afastados das funções, tenham exercido cargo de presidente, diretor ou superintendente de sociedades com objetivos exclusivos de operações financeiras e façam publicamente apelo à poupança e ao crédito, inclusive através de cooperativas e da empresa ou estabelecimentos que gozem, sob qualquer forma, de vantagens asseguradas pelo poder público, salvo se decorrentes de contratos que obedeçam a cláusulas uniformes (art. 1.º, II, *h*, da LC n. 64/1990);

■ os que, dentro de 6 (seis) meses anteriores ao pleito, hajam exercido cargo ou função de direção, administração ou representação em pessoa jurídica ou em empresa que mantenha contrato de execução de obras, de prestação de serviços ou de fornecimento de bens com órgão do Poder Público ou sob seu controle, salvo no caso de contrato que obedeça a cláusulas uniformes (art. 1.º, II, *i*, da LC n. 64/1990);

■ os que, membros do Ministério Público, não se tenham afastado das suas funções até 6 (seis) meses anteriores ao pleito (art. 1.º, II, *j*, da LC n. 64/1990)[14];

■ os que, servidores públicos, estatutários ou não, dos órgãos ou entidades da Administração direta ou indireta da União, dos Estados, do Distrito Federal, dos Municípios e dos Territórios, inclusive das fundações mantidas pelo Poder Público, não se afastarem até 3 (três) meses anteriores ao pleito, garantido o direito à percepção dos seus vencimentos integrais (art. 1.º, II, *l*, da LC n. 64/1990).

A matéria contemplada no último item acima relacionado consta até mesmo de **Súmula do TSE**. Trata-se do verbete **n. 54**, cujo teor é o seguinte:

> **SÚMULA 54 DO TSE:** A desincompatibilização de servidor público que possui cargo em comissão é de três meses antes do pleito e pressupõe a exoneração do cargo comissionado, e não apenas seu afastamento de fato.

Em conformidade com o art. 1.º, III, *a*, da LI, **aplicam-se** para governador e vice-governador de estado e do Distrito Federal as mesmas regras de inelegibilidade previstas na

---

[13] "Dirigente ou representante de associação profissional não reconhecida legalmente entidade sindical e que não receba recursos públicos. Candidatura a prefeito ou vereador. Não está sujeito a desincompatibilização" (Resolução n. 20.590, de 30.03.2000, rel. Min. Eduardo Alckmin).

[14] "[...] Registro de candidatura. Membro do Ministério Público Estadual. 1. O recorrente não é membro do Ministério Público Estadual afastado da carreira, tampouco detentor de mandato parlamentar em busca de reeleição. 2. Todavia, tendo o recorrente optado pelo regime jurídico anterior à promulgação da Constituição Federal de 1988, imperioso se revela o deferimento do registro de sua candidatura, na direção do novel entendimento do TSE. [...]" (Ac. de 20.09.2006 no REspe 26.768, rel. Min. José Delgado).

alínea *a* do inciso II do mesmo dispositivo, referentes aos candidatos a presidente e vice-presidente da República. No tocante às demais alíneas, quando se tratar de repartição pública, associação ou empresas que operem no território do estado ou do Distrito Federal, deverão ser observados o mesmo prazo de seis meses a que alude referida alínea *a*.

Segundo a alínea *b* do inciso III do art. 1.º da LI, para viabilizarem suas candidaturas a governador e vice-governador devem se desincompatibilizar em até seis meses de seus cargos ou funções:

> **Art. 1.º [...]**
> 1. os chefes dos Gabinetes Civil e Militar do Governador do Estado ou do Distrito Federal;
> 2. os comandantes do Distrito Naval, Região Militar e Zona Aérea;
> 3. os diretores de órgãos estaduais ou sociedades de assistência aos Municípios;
> 4. os secretários da administração municipal ou membros de órgãos congêneres.

Aos postulantes ao registro de candidatura aos cargos de prefeito e vice-prefeito aplicam-se, no que for pertinente, por identidade de situações, as mesmas regras de desincompatibilização previstas para os cargos de presidente e vice-presidente da República, governador e vice-governador de estado e do Distrito Federal, observado o prazo de quatro meses (art. 1.º, IV, *a*, da LI).

Quando possível a sua candidatura, os membros do Ministério Público[15] que pretendam lançar-se candidatos aos cargos de prefeito e vice-prefeito devem estar afastados dos seus cargos antes dos quatro meses anteriores ao pleito, sem prejuízo dos vencimentos integrais. As mesmas regras são aplicáveis aos membros da Defensoria Pública em exercício na Comarca (art. 1.º, IV, *b*, da LI). Para a candidatura aos mesmos cargos, as autoridades policiais, civis ou militares, com exercício no município, deverão afastar-se dos seus cargos antes dos quatro meses anteriores ao pleito (art. 1.º, IV, *c*, da LI).

O inciso V do art. 1.º da Lei de Inelegibilidade nega elegibilidade para o Senado Federal às seguintes pessoas:

> **Art. 1.º [...]**
> *a*) os inelegíveis para os cargos de Presidente e Vice-Presidente da República especificados na alínea *a* do inciso II deste artigo e, no tocante às demais alíneas, quando se tratar de repartição pública, associação ou empresa que opere no território do Estado, observados os mesmos prazos;
> *b*) em cada Estado e no Distrito Federal, os inelegíveis para os cargos de Governador e Vice-Governador, nas mesmas condições estabelecidas, observados os mesmos prazos.

---

[15] Caso diverso é o membro do Ministério Público que ingressou na instituição após 1988: "[...] Registro de candidatura. Membro do Ministério Público Estadual. 1. Noticiam os autos que o recorrente é promotor de justiça afastado de suas funções desde 25.09.2005, em gozo de licença remunerada, para filiação partidária e disputa de cargo eletivo no próximo pleito eleitoral. 2. O recorrente ingressou no Ministério Público Estadual após à promulgação da Constituição Federal e não se exonerou do cargo. Desta forma, imperioso se revela o indeferimento do registro de sua candidatura, na direção da novel jurisprudência desta Corte. [...]" (Ac. de 20.09.2006 no REspe 26.673, rel. Min. José Delgado).

Para a Câmara dos Deputados, Assembleia Legislativa e Câmara Legislativa, no que lhes for aplicável, por identidade de situações, os inelegíveis para o Senado Federal, nas mesmas condições estabelecidas, observados os mesmos prazos (art. 1.º, VI, da LI). Aos postulantes ao cargo de vereador aplicam-se as seguintes regras de desincompatibilização:

> **Art. 1.º** [...]
>
> *a*) adotam-se as mesmas regras de afastamento de cargos e funções exigidas para os candidatos ao Senado Federal e à Câmara dos Deputados, observado o prazo de 6 (seis) meses de antecedência (art. 1.º, VII, da LI);
>
> *b*) devem ser observadas, em cada Município, as regras de desincompatibilização para os cargos de Prefeito e Vice-Prefeito, observado o prazo de 6 (seis) meses para o afastamento (art. 1.º, VII, da LI).

Encontra-se, ademais, na jurisprudência, a indicação da necessidade de incompatibilização das seguintes atividades:

◼ Presidente do Conselho Regional de categoria profissional (Ac. de 03.11.2008 no AgR-REspe 33.986, rel. Min. Arnaldo Versiani).

◼ Membro de Conselho Municipal de Saúde (Ac. de 30.10.2008 no AgR-REspe 30.155, rel. Min. Eros Grau).

◼ Conselheiro tutelar (Ac. n. 16.878, de 27.09.2000, rel. Min. Nelson Jobim).

◼ Presidentes de autarquias (Res. n. 14.182, de 10.03.1994, rel. Min. Carlos Velloso).

◼ Diretor de autarquias, empresas públicas, sociedade de economia mista e fundações públicas e as mantidas pelo poder público (Res. n. 19.519, de 18.04.1996, rel. Min. Diniz de Andrada).

◼ Presidente e Conselheiros do Cade (autarquia) (Res. n. 14.435, de 1.º.07.1994, rel. Min. Diniz de Andrada).

◼ Delegado da Polícia Federal (Ac. de 20.09.2006 no RO n. 1.003, rel. Min. Carlos Ayres Britto).

◼ Delegado de Polícia Civil (Ac. n. 16.479, de 29.08.2000, rel. Min. Garcia Vieira).

◼ Subdelegado de polícia (Ac. n. 14.757, de 25.02.1997, rel. Min. Ilmar Galvão).

◼ Comandante de companhia da Polícia Militar (Ac. n. 16.743, 21.09.2000, rel. Min. Waldemar Zveiter, red. designado Min. Fernando Neves).

◼ Policial Rodoviário (Ac. n. 14.358, de 25.02.1997, rel. Min. Ilmar Galvão).

◼ Chefe de Missão Diplomática (Res. n. 22.096, de 06.10.2005, rel. Min. Marco Aurélio).

◼ Defensor Público (Res. n. 21.074, de 23.04.2002, rel. Min. Luiz Carlos Madeira).

6.5. A SUSPENSÃO DA INELEGIBILIDADE

Segundo dispõe o *caput* do art. 26-C da Lei de Inelegibilidades, acrescentado pela Lei da Ficha Limpa:

> **Art. 26-C.** O órgão colegiado do tribunal ao qual couber a apreciação do recurso contra as decisões colegiadas a que se refere as alíneas *d*, *e*, *h*, *j*, *l* e *n* do inciso I do art. 1.º poderá, em caráter cautelar, suspender a inelegibilidade sempre que existir plausibilidade da pretensão recursal e desde que a providência tenha sido expressamente requerida, sob pena de preclusão, por ocasião da interposição do recurso.

A medida se aplica aos condenados por abuso de poder econômico ou político, por fato definido como crime, por corrupção eleitoral, captação ilícita de sufrágio, doação, captação ou gastos ilícitos de recursos de campanha, conduta vedada aos agentes públicos em campanhas eleitorais, improbidade administrativa ou simulação de desfazimento de vínculo conjugal. Compete ao recorrente, caso pretenda lançar-se candidato, declarar tal desiderato quando da interposição do seu recurso, pleiteando que o órgão colegiado ao qual este se dirige afirme cautelarmente a inviabilidade do uso do julgado recorrido como adequado a macular-lhe a vida pregressa.

Se o recurso for silente quanto ao pedido mencionado pelo art. 26-C da Lei de Inelegibilidades, considerar-se-á precluso, sendo inadmissível qualquer emenda ou aditamento.

O pedido a ser dirigido ao tribunal, quando da interposição do recurso, não é o de suspensão da inelegibilidade, mas de vedação de que o julgado impugnado seja levado em conta para o fim de macular a vida pregressa do recorrente. A suspensão da inelegibilidade será um efeito desse pronunciamento cautelar.

Apreciando a CTA n. 1147-09.2010.6.00.0000/DF, o Tribunal Superior Eleitoral firmou o seguinte entendimento:

> A meu ver, aliás, não se trata propriamente de suspensão da inelegibilidade, mas, sim, de verificar se a decisão por órgão colegiado que condenou o cidadão em qualquer daquelas espécies de processos poderá ser revertida pela instância superior, vindo, daí, a não incidência da respectiva causa de inelegibilidade.

O relator não tem poderes para adotar isoladamente tal medida suspensiva. Deverá pleitear a inclusão do pedido em pauta, a fim de que o órgão colegiado competente por si integrado (Câmara, Turma ou Plenário, conforme o caso) aprecie o pedido de afastamento provisório da condenação recorrida entre os dados que marcam a vida pregressa do candidato.

A simples concessão de efeito suspensivo a recurso já previsto na legislação processual, sem observância estrita dos requisitos elencados pelo art. 26-C da LI, não possui o condão de afastar a inelegibilidade. Tal suspensividade dirá respeito exclusivamente à não aplicação de quaisquer medidas sancionatórias decorrentes do julgado recorrido. Como já demonstrado, inelegibilidade não é pena. Seu afastamento não segue a suspensão da execução de medidas punitivas, submetendo-se ao critério mais rigoroso expressamente previsto no art. 26-C da LC n. 64/1990, ali inserido pela LC n. 135/2010. Daí a imprescindibilidade do estrito cumprimento do que dita tal dispositivo, que reclama pronunciamento colegiado para o afastamento do dado negativo do histórico pessoal do recorrente.

Demonstra tal assertiva o fato de que o recurso tomado contra acórdão penal condenatório já conta com natural eficácia suspensiva. Nem por isso a simples interposição do recurso obstará o surgimento da inelegibilidade, cujo afastamento não poderá ser pleiteado senão pela via estreita do art. 26-C da LI.

Falece completamente qualquer competência à Justiça Eleitoral para afastar os efeitos de julgado condenatório proferido por outros âmbitos do Poder Judiciário. Nem o juízo responsável pelo julgamento do pedido de registro de candidatura poderá decidir sobre a eventual suspensão da inelegibilidade. A Justiça Eleitoral somente poderá se pronunciar — sempre de forma colegiada — sobre a suspensão dos efeitos que as suas próprias decisões condenatórias (por corrupção eleitoral, abuso de poder nas eleições ou captação ilícita de sufrágio, por exemplo) venham a implicar para a elegibilidade do pretendente a candidato.

De acordo com o que enuncia o § 1.º do art. 26-C da LI: "Conferido efeito suspensivo, o julgamento do recurso terá prioridade sobre todos os demais, à exceção de mandado de segurança e de *habeas corpus*". Isso significa que o recurso terá julgamento privilegiado, precedendo a todos os outros, à exceção das garantias constitucionais expressamente mencionadas no dispositivo. Recomenda-se a adaptação dos regimentos internos de todos os tribunais para que considerem a referida inovação processual. Até lá, devem ser seguidas as orientações legais e regimentais que asseguram julgamento prioritário aos remédios constitucionais.

Mantida a condenação de que derivou a inelegibilidade ou revogada a suspensão liminar mencionada na cabeça do art. 26-C, será desconstituído o registro ou o diploma eventualmente concedido ao recorrente. É o que preconiza o § 2.º desse dispositivo. Disso decorre que o pretenso postulante a mandato eletivo, caso lance mão da medida prevista no art. 26-C da Lei de Inelegibilidades, sujeitar-se-á a triplo risco: o de ver seu recurso julgado com a celeridade determinada pela lei, antecipando a perda do seu mandato e a aplicação das sanções contra cujo estabelecimento recorrerá.

Entretanto, o **TSE** editou a sua **Súmula 66**, cujo teor é o seguinte: "A incidência do § 2.º do art. 26-C da LC n. 64/1990 **não acarreta** o imediato indeferimento do **registro** ou o cancelamento do diploma, sendo necessário o **exame** da presença de todos os **requisitos** essenciais à **configuração** da inelegibilidade, observados os princípios do contraditório e da ampla defesa".

Aquele que recorre de condenação criminal, *v. g.*, poderá, caso eleito após valer-se da medida prevista no art. 26-C da LI, ser sujeito à desconstituição do mandato ao mesmo tempo em que se lhe impõe a privação da liberdade. Trata-se, pois, de medida a ser manejada com grande responsabilidade, sendo recomendada apenas aos que se sabem capazes de demonstrar grave erro de julgamento praticado pela instância recorrida. Fora dessa hipótese, a adoção da medida mostrar-se-á temerária, por antecipar um pronunciamento do qual pode decorrer a aplicação das severas sanções fixadas no julgado de que se originou a inelegibilidade.

Confirmado o julgamento condenatório do qual decorre a inelegibilidade, desde logo sobrevém a perda do registro ou do diploma eleitoral, mesmo que essa nova decisão ainda comporte recurso. Mantém-se, assim, a lógica da Lei da Ficha Limpa, que demanda juízes que nada têm a ver com a aplicação de pena, mas com o estabelecimento de critérios mais rigorosos para o acesso ao mandato eletivo.

Convém registrar que, nos termos do que preceitua o § 3.º do art. 26-C: "A prática de atos manifestamente protelatórios por parte da defesa, ao longo da tramitação do recurso, acarretará a revogação do efeito suspensivo". Trata-se de medida voltada a assegurar a devida responsabilização aos praticantes de atos protelatórios ou de manifesta má-fé processual. Suspensa a liminar, opera-se desde logo a desconstituição do mandato eventualmente outorgado ao recorrente, eis que fulminado o diploma eleitoral que lhe servia de alicerce.

Merece particular atenção o seguinte precedente da lavra do Superior Tribunal de Justiça:

> [...] 7. A edição da Lei Complementar n. 135/2010 cognominada "Lei da Ficha Limpa" impõe a discussão dos efeitos das decisões do STJ no exercício de sua jurisdição especial quando da apreciação de recursos (e de suas respectivas medidas cautelares) tendentes a questionar a legitimidade de condenações, sobretudo em razão das inovações normativas introduzidas pela aludida Lei e os seus reflexos no tocante à inelegibilidade de candidatos condenados por ato de improbidade administrativa (art. 1.º, inciso I, alínea *l*, da LC n. 64/1990). 8. A expressão contida no *caput* do art. 26-C, de que o tribunal, no caso o STJ, "poderá, em caráter cautelar, suspender a inelegibilidade" deverá ser compreendida como a possibilidade de esta Corte, mediante concessão de efeito suspensivo ao recurso especial, ou por outro remédio processual semelhante, suspender os efeitos da condenação de improbidade administrativa, que, pela nova lei, também constitui causa de inelegibilidade. Precedentes: TSE, Consulta n. 1147-09.2010.6.00.0000, Classe 10, Brasília, Distrito Federal, Relator Ministro Arnaldo Versiani; e Supremo Tribunal Federal, Ag 709.634/DF, decisão monocrática do Ministro Dias Toffoli, *DJ* de 2 agosto de 2010. 9. Dessa forma, ainda que o STJ venha a suspender os efeitos de eventual condenação de improbidade administrativa, não lhe caberá deliberar quanto à elegibilidade do candidato, pois envolve, naturalmente, outras questões estranhas às ordinariamente aqui decididas. Nessa esteira, cabe comentar, por oportuno, que, pela nova lei, não é qualquer condenação por improbidade que obstará a elegibilidade, mas, tão somente, aquela resultante de ato doloso de agente público que, cumulativamente, importe em comprovado dano (prejuízo) ao erário e correspondente enriquecimento ilícito.
>
> 10. A decisão tomada pelo STJ com base no art. 26-C da LC n. 64/1990 não implica comando judicial que vincule a Justiça Eleitoral ao deferimento do registro da candidatura (não há hierarquia jurisdicional ou funcional entre o TSE e o STJ), mas, sim, importante ato jurídico a respaldar o deferimento dessa pretensão junto à própria Justiça Eleitoral ou, em última análise, ao Supremo Tribunal Federal. 11. Da decisão da Justiça Eleitoral que indefere registro de candidato não cabe reclamação ao tribunal que proferiu a decisão cautelar emanada com base no art. 26-C da LC n. 64/1990, mas recurso inerente ao âmbito da própria Justiça Eleitoral (TRE ou TSE) ou, se o caso, ao Supremo Tribunal Federal. [...] (STJ, Medida Cautelar n. 17.110/PE, 2010/0124569-5, rel. Min. Benedito Gonçalves).

Como se vê, o Superior Tribunal de Justiça enfrentou no referido julgado diversos pontos sobre os quais pode recair questionamento quanto à aplicação do novo art. 26-C da Lei de Inelegibilidades. Situação peculiar é a da suspensão do decreto condenatório em sede de *habeas corpus*, mesmo em âmbito de liminar concedida monocraticamente pelo relator. Analisando o tema, o Tribunal Superior Eleitoral chegou ao seguinte entendimento:

Eleições 2010. Recurso ordinário. Registro de candidatura ao cargo de deputado federal. Suspensão de causa de inelegibilidade por decisão proferida em *habeas corpus*. Possibilidade. Recurso ao qual se nega provimento. Aquela Decisão suspendeu, sem ressalvas, os efeitos do acórdão condenatório proferido nos autos da Ação Penal n. 2006.01.00.033454-5/TO, até o julgamento de mérito da impetração. Não houve julgamento de mérito do *habeas corpus*, mantendo-se, portanto, hígida (a meu ver, para todos os efeitos) a decisão suspensiva da decisão condenatória do ora Recorrido. [...] Também não prospera a alegação de contrariedade ao art. 26-C da Lei Complementar n. 64/1990. A medida liminar, conforme ressaltado, foi deferida em *habeas corpus,* no exercício da competência acautelatória geral. [...] Preliminarmente, tem-se que a norma em questão refere-se à suspensão da própria inelegibilidade e não da decisão judicial que acarretaria aquela situação do candidato. Daí referir-se a recurso e ao órgão colegiado do Tribunal Competente para apreciar o recurso contra as decisões colegiadas nas alíneas mencionadas. Por essa razão, tenho que não se estaria a excluir a competência do Superior Tribunal de Justiça para apreciar liminar em *habeas corpus* e negar ao Relator o que, decorrente da competência constitucional daquele órgão e da atribuição que é conferida aos Juízes daquele Tribunal, é garantido como direito do jurisdicionado. Nem se há de mitigar a força da decisão proferida pelo Relator naquele Superior Tribunal por legislação infraconstitucional, ainda que de natureza complementar. De outra parte, a restrição dos efeitos de decisão proferida em *habeas corpus* negaria a força dessa ação constitucional importaria em contrariedade aos direitos constitucionais dos jurisdicionados. É de se relevar também que, no caso em pauta, a liminar antecedeu o pedido de registro (sendo ela de 30.06.2010 e o pedido de registro de 05.07.2010), pelo que, quando feito o requerimento, já estavam suspensos os efeitos da decisão condenatória. A escolha do *habeas corpus* (ação constitucional de vigor fundamental) não pode ser negada ao jurisdicionado, nem me parece possível a restrição dos efeitos das decisões judiciais neles proferidas. Também não tenho como juridicamente razoável que sejam restringidas as competências constitucionais de Tribunal Superior pela via da legislação infraconstitucional, o que se teria obtido se vingasse a tese esposada pelo Ministério Público (TSE, RO n. 51.190, Ac. de 09.11.2010, rel. Min. Cármen Lúcia Antunes Rocha, PSESS — publicado em sessão, em 09.11.2010).

Note-se que, no caso, não houve a mera interposição de um recurso dotado de eficácia suspensiva, mas o deferimento de liminar em sede de *habeas corpus* suspendendo a própria condenação. Daí a correção do julgado que afastou a incidência da hipótese de inelegibilidade.

De qualquer sorte, convém ter presente que o **verbete n. 44** da Jurisprudência Sumulada do Tribunal Superior Eleitoral **firmou** o entendimento segundo o qual: "O disposto no art. 26-C da LC n. 64/1990 **não afasta** o poder geral de cautela conferido ao **magistrado** pelo Código de Processo Civil".

6.6. QUESTÕES

QUESTÕES DE CONCURSOS
http://uqr.to/1yroy

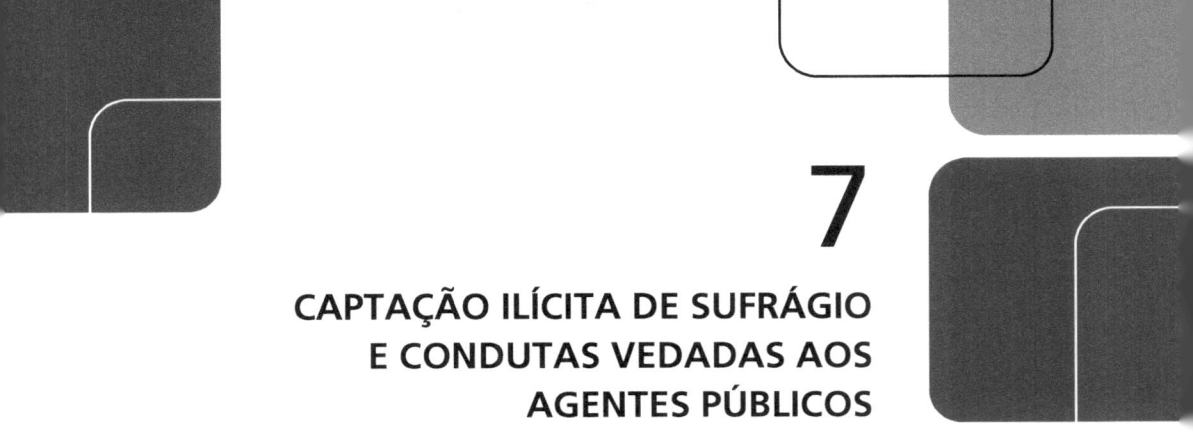

7

CAPTAÇÃO ILÍCITA DE SUFRÁGIO E CONDUTAS VEDADAS AOS AGENTES PÚBLICOS

7.1. CONSIDERAÇÕES INICIAIS

Neste capítulo, trataremos de um tema que ganhou relevância profissional e acadêmica apenas na última década, quando à Justiça Eleitoral passaram a chegar grande número de feitos alicerçados em normas introduzidas na legislação eleitoral brasileira pela via de um projeto de lei de iniciativa popular.

Da mobilização da sociedade civil surgiu a Lei n. 9.840, de 29 de setembro de 1999, que com apenas seis artigos dispôs sobre os fundamentos e os mecanismos de que a Justiça Eleitoral deveria se valer para cumprir a sua missão constitucional de velar pela lisura dos pleitos.

Setenta e sete anos haviam se passado desde a criação da Justiça Eleitoral, sem que se lhe houvessem sido concedidos alicerces normativos para a imposição de sanções adequadas aos praticantes de atos tão graves como a captação ilícita de sufrágio e o uso deletério do aparato de governo para fins eleitorais.

Após a mobilização que deu origem à referida lei, decisões do Poder Judiciário desconstituindo registros, diplomas e mandatos eleitorais deixaram de ser raras e passaram a ser constantes.

Hoje, é sabido que a presença de feitos em que se discute a correção dos modos pelos quais se alcançou o mandato é constante nas pautas de julgamento de todos os tribunais eleitorais. Daí a necessidade de nos aprofundarmos no estudo dos dispositivos legais mais usualmente discutidos no foro. Por razões propedêuticas, foi concedida grande ênfase aos arts. 41-A e 73 e seguintes da Lei n. 9.504, de 30 de setembro de 1997, conhecida como a Lei das Eleições.

7.2. CAPTAÇÃO ILÍCITA DE SUFRÁGIO

7.2.1. Definições

Captação ilícita de sufrágio é a **expressão** jurídica que designa o uso de meios vedados pela lei para **influenciar indevidamente** a formação da vontade do eleitor.

Prevista no Código Eleitoral desde 1965, em seu art. 222, a expressão carecia de definição legal mais explícita, o que só veio a ocorrer com a inserção, na Lei das Eleições, do seu art. 41-A. Esse dispositivo refere-se à captação ilícita de sufrágio por meio de atos de incentivo ou estímulo mercenário à concessão do voto. Nesse sentido, a expressão se reporta ao fenômeno da "compra de votos", ou seja, à alienação ou tentativa de alienação do direito de opção eleitoral em troca de um valor manifestado sob a forma de bem ou vantagem de qualquer natureza.

Com a edição da Lei n. 12.034/2009, o art. 41-A da Lei das Eleições **passou** a também **considerar** captação ilícita de sufrágio a **prática** de violência ou grave ameaça ao **eleitor** com a **finalidade** de obter votos. Para tal fim, acrescentou-se o § 2.º ao referido artigo de lei. Sobre ele voltaremos a falar mais adiante.

Temos, então, que a captação ilícita de sufrágio possui dúplice significado, um de estímulo, outro de intimidação ao eleitor. No significado do estímulo, busca-se satisfazer o eleitor com a outorga real ou potencial de benesses, enquanto na intimidação busca-se suprimir a liberdade de escolha do eleitor por meio da prática de violência física ou moral.

Estudaremos essas duas distintas modalidades nos itens a seguir.

7.2.2. Captação ilícita de sufrágio por meio da compra de votos

7.2.2.1. Conceito

Na sua **expressão** "positiva", em que alguém mobiliza um ou mais eleitores **mediante** a oferta de benefícios, a **captação ilícita** de sufrágio se confunde com o que se denomina "**compra de votos**".

A **expressão** "compra de votos" concentra uma **diversidade de situações** fáticas que têm em comum a presença de um eleitor e de um candidato ou partido político que **oferta** ao eleitor um **proveito ilícito** como estímulo para o direcionamento **intencional** do voto.

Por meio do voto, o eleitor materializa e expressa suas opções políticas. O conteúdo do voto exterioriza as propensões daquele que o exercita, prestando-se em primeira análise à aprovação ou reprovação de pessoas, condutas, partidos ou ideologias. É imensa a gama de motivos que pode conduzir à concessão do voto, mas seria possível estabelecer como ponto de partida que as opções eleitorais variam segundo condicionantes que podem ser mais ou menos abstratas.

Às vezes, **o voto manifesta a aprovação de um projeto ou bandeira genérica** que prevê ou promete benefícios para todos ou pelo menos para um grupo amplo de membros da sociedade: os empresários, os operários, os defensores do meio ambiente, as mulheres vítimas de violência doméstica, os enfermos, os consumidores, os pacifistas etc. Nessas circunstâncias, o voto possui um conteúdo relativamente abstrato, revelando a preferência do eleitor por temas que envolvem soluções mais amplas e complexas a problemas que afetam a um número indeterminado de pessoas. Aqui, o voto é dirigido mais a ideias que especificamente aos agentes encarregados de concretizá-las.

Em outra hipótese, **o eleitor é levado a emitir seu voto em favor de alguém por razões mais pragmáticas**, como livrar-se de uma situação de ameaça ou receber dinheiro em pagamento, por exemplo. Com base nos estudos de James Scott, Bruno Wilhelm Speck (2003) sistematiza uma possível evolução do comportamento eleitoral em uma cadeia de três etapas: o voto imposto, o voto negociado e a confiança ou censura expressadas mediante o voto.

O voto imposto é derivado de situações extremas de ameaça ou da submissão do eleitor a um patrono ou chefe local. O voto assim emitido tem por objetivo evitar represálias ou atos de vingança, ou ainda preservar vínculos cuja ruptura poderia provocar consequências imprevisíveis e indesejadas. Essa forma de expressão do voto está normalmente relacionada com as circunstâncias em que é factível a identificação do seu conteúdo, ou porque não seja protegido pelo sigilo ou porque pode ser desvendado por outra via, pela cooptação de administradores do processo eleitoral ou pelo monitoramento coletivo dos votos, como o que ocorre em sessões rurais isoladas em que a totalização é revelada por urna.

Referindo-se às eleições de 1889, Joaquim Nabuco[1] nos deixou o seguinte relato:

> Uma vez, por exemplo, entrei na casa de um operário, empregado em um dos arsenais, para pedir-lhe o voto. Chamava-se Jararaca, mas só tinha de terrível o nome. Estava pronto a votar por mim, tinha simpatia pela causa, disse-me ele; mas votando, era demitido, perdia o pão da família; tinha recebido a chapa de caixão (uma cédula marcada com um segundo nome, que servia de sinal), e se ela não aparecesse na urna, sua sorte estava liquidada no mesmo instante.

Em tais hipóteses, a liberdade do eleitor é inexistente. Ele se move sob forças externas invencíveis, atuando em razão de ser coagido (física, econômica, moral) irresistivelmente.

Já **no voto negociado o eleitor dispõe de uma certa liberdade de opção, mas, mesmo assim, está disposto a aliená-la em troca de bens ou vantagens materiais ou imateriais, potenciais ou imediatas**. O eleitor não está compelido diretamente a votar de uma ou outra forma, mas concebe o voto como um possível meio para a satisfação de carências e, por isso, opta por tratá-lo como objeto de negócio.

A etapa evolutiva seguinte é a do **voto como expressão de confiança e censura**. Aqui, o eleitor não é motivado por violência, ameaça ou suborno, senão por suas convicções no que atine ao grau de merecimento do candidato. O voto é concedido por razões filosóficas, interesses abstratos ou genéricos ou por alternativas programáticas, e se dirige à escolha consciente entre posições políticas que gerarão efeitos para toda a sociedade.

O *caput* do 41-A da **Lei das Eleições outorga** tratamento normativo ao fenômeno sociojurídico **caracterizado** pela **segunda** das **etapas** mencionadas: **a do voto comprado**.

A expressão "compra de votos", com sua aparente conotação econômica, obscurece uma diversidade de contextos e significados comportados no seu interior. Certamente, não se pode limitar o sentido da expressão a um simples intercâmbio de valores materiais por votos, ainda que, sob situações específicas, uma negociação de semelhante natureza possa ser observada.

Em um sentido puramente economicista, "nós poderíamos definir a compra de votos na arena eleitoral como transações de mercado nas quais partidos, candidatos ou intermediários pagam (em espécie ou *in natura*) por "serviços eleitorais" prestados por cidadãos individuais — um voto ou uma abstenção favoráveis". É, entretanto, necessário analisar concretamente o entorno do fato sociológico e até como é entendido e assimilado pelos que o praticam. Daí a necessidade de cautela para que o uso do termo "compra" não dê origem a interpretações equivocadas.

---

[1] NABUCO, Joaquim. *Minha formação*. Rio de Janeiro: Topbooks, 1999.

É necessário, desde logo, ter presente que não somente bens concretos, mas também vantagens imateriais, podem gerar o compromisso de votar. Chamo de vantagens imateriais aqueles benefícios não passíveis de mensuração econômica, mas que possuem valor bastante para que se tornem atrativos. É o caso do candidato que oferece, em troca dos votos de uma determinada família, seu serviço futuro como parlamentar para a aprovação de uma lei que dê a um logradouro público o nome de um antepassado querido. É também essa a situação do candidato que oferece títulos e honrarias solenes para o eleitor ou chefe partidário assediado.

Outra distinção evidente entre a compra e a venda como ação tradicional de mercado e a captação ilícita de sufrágio reside na impossibilidade ou dificuldade de monitoramento da conduta daquele de quem se espera a contraprestação sob a forma de voto. Enquanto a primeira atividade é lícita e está amparada pelo aparato do Estado, a segunda é ilícita e, portanto, demanda estratégias alternativas e antijurídicas para a garantia de sua eficácia. Speck afirma que "[...] a prática da compra de votos se depara com a questão prática de garantir que o eleitor cumpra a contrapartida e vote no candidato indicado"[2]. Para escapar às dificuldades proporcionadas por essa defasagem no monitoramento, faz-se necessário o desenvolvimento de estratégias. Uma delas consiste em buscar meios para a descoberta do conteúdo do voto, mesmo em uma sociedade como a nossa, em que este é coberto pelo sigilo. Sabe-se, todavia, que esse sigilo é apenas parcial, principalmente em pequenas comunidades rurais isoladas, como já mencionado. Se não se sabe o conteúdo específico do voto de cada um, se sabe a inclinação da comunidade, o que pode ser o suficiente para garantir certo monitoramento. Outra estratégia utilizada é a de desenvolver "[...] relações de confiança, ou compromisso moral, compensando dessa forma a falta de mecanismos de sanção", segundo o referido autor.

Há, ainda, **outra forma fraudulenta de monitoramento do conteúdo do voto comprado, identificada em pelo menos uma demanda judicial no Brasil, já adaptada ao modelo eletrônico de votação adotado**. Um postulante a deputado federal pelo estado do Mato Grosso condicionava o pagamento pelo voto à identificação, num cartaz em que o candidato figurava em diversas fotos com poses e trajes diferentes, da exata imagem exibida pela urna eletrônica após a digitação do número de registro da sua candidatura.

Temos também um curioso precedente que se reporta a um falso caso de monitoramento, no qual um candidato a deputado estadual distribuiu cartões magnéticos para que os eleitores os passassem sobre a urna eletrônica, afirmando que desse modo se poderia documentar a efetiva concessão do voto. O caso deu origem ao seguinte julgado:

> Representação. Captação ilícita de sufrágio (Lei n. 9.504/1997, art. 41-A). Controle de votos mediante ardil (uso de cartão simulando um *chip*). O candidato que encomenda cartões simulando um *chip* que registraria magneticamente os votos, e faz por distribuí-los entre eleitores mediante a promessa de que, contra a respectiva devolução, receberam dinheiro, incorre na penalidade do art. 41-A da Lei n. 9.504, de 1997, por captação ilícita de sufrágios. [...] (Ac. de 27.03.2008 no REspe n. 28.242, rel. Min. Ari Pargendler).

---

[2] SPECK, Bruno Wilhelm. A compra de votos: uma aproximação empírica. *Opinião Pública*, n. 1, v. IX, Campinas, 2003.

Frederic C. Schaffer e Andreas Schedler[3] chamam a atenção para outra diferença, esta presente nos aspectos psicológicos da "negociação" do voto. É que na compra e venda usual, aquela presente nas relações típicas de mercado, o sentido do negócio é fácil e diretamente assimilável por ambas as partes: uma quer obter um bem ou serviço e por ele dá algo em pagamento ao fornecedor; este, por sua parte, deseja prestar o serviço ou vender o bem, operação imprescindível para a obtenção dos lucros essenciais à manutenção ou desenvolvimento de sua empresa.

Na compra de votos, diversamente, não existe uma relação tão simples. Múltiplos sentidos podem ser atribuídos pelos personagens envolvidos na operação, os quais variam segundo aspectos culturais e sociais vigentes em distintos tempos e localidades. Assim, pode-se afirmar que a expressão "compra de votos" engloba uma ampla variedade de significados.

Os mesmos autores mencionam os seguintes sentidos atribuíveis a uma conduta similar de compra de votos:

CATEGORIA	SIGNIFICADO
Retribuição antecipada	Ocorre nas relações em que os eleitores percebem as ofertas como um pagamento adiantado pelos "serviços eleitorais", aproximando-se do sentido econômico de uma operação convencional de compra e venda.
Salário	As ofertas materiais são vistas como a conclusão de uma relação de troca, frequentemente materializadas mediante salários pagos a trabalhadores da campanha.
Presente	A compra de votos é vista como uma transferência unilateral para gerar obrigações de reciprocidade, estimulando sentimentos de débito moral e simpatia para com o benfeitor.
Ressarcimento	A oferta pode ser percebida como uma correção por erros passados dos políticos, como se fosse uma oportunidade para obter ajuda dos que antes desviaram recursos públicos.
Ofensa	Uma oferta pode ser interpretada como um ataque à dignidade do eleitor, gerando efeitos contrários aos desejados pelo candidato.
Ameaça	A oferta pode conter um conteúdo implícito de medo ou ameaça, espalhando o receio de retaliações por não votar no candidato.
Sinal de virtude	A oferta transmite qualidades pessoais positivas do candidato, como generosidade ou responsabilidade, não pelo valor da oferta em si, mas pelos valores positivos agregados à imagem do candidato.
Sinal de vício	A conduta pode indicar defeitos pessoais do candidato, como arrogância ou inconfiabilidade.
Sinal de força	A oferta sugere a capacidade efetiva de vitória do candidato, transmitindo a ideia de um candidato poderoso cujo apoio seria conveniente. A concessão do voto, neste caso, deriva da conveniência de acompanhar o candidato poderoso, favorecendo a manutenção da proximidade com quem demonstrou tamanha facilidade de acesso aos recursos materiais disponíveis.

---

[3] SCHAFFER, Frederic C.; SCHEDLER, Andreas. *What is vote buying. The limits of the market model*. Paper to de delivered at the conference at the conference "Poverty, Democracy and Clientelism: The Political Economy of Vote Buying". Stanford Universtiy, Department of Political Science, Bellagio Center, Rockefeller Foundation, 28 November-2 December 2005.

Como se vê, há uma considerável gama de sentidos diversos para a mesma expressão linguística que é "compra de votos". A descrição objetiva da hipótese sobre a qual incide a lei para sujeitar o autor da captação ilícita de sufrágio às medidas punitivas que prevê é suficientemente clara para indicar qual a ação indesejada pelo legislador, mas é também ampla o bastante para contemplar todas as formas de expressão social da compra de votos analisadas. Isso importa dizer que todos os sentidos sociológicos emprestados à ação dirigida a comprar votos são abrangidos e reprimidos pelas normas provenientes da iniciativa popular que tratam da captação ilícita de sufrágio, consoante veremos a partir de agora.

Ao **firmar** a captação ilícita de sufrágio como **conduta lesiva** à administração das **eleições**, o legislador não restringiu sua incidência sobre quaisquer das hipóteses de expressão social do **fenômeno** da compra de votos. **Não** exigiu a **aceitação** da oferta pelo eleitor, a efetiva concessão do sufrágio, ou tampouco que o candidato verbalize o pedido de voto. A redação do art. 41-A da Lei das Eleições, que **traz a expressão** "o fim de obter-lhe o voto", veremos mais adiante, pode se expressar com clareza de múltiplas maneiras. Também **não afastou** da sujeição à norma aquele que atribuísse à conduta o conteúdo anexo de **ameaça** ou de **afirmação** de poder ou força.

7.2.2.2. Caracterização

Segundo o art. 41-A, *caput*, da Lei n. 9.504/1997, captação ilícita de sufrágio é a conduta cujo aperfeiçoamento requer a presença conjunta dos seguintes elementos:

ELEMENTO	DESCRIÇÃO
Ação	Doação, oferta, promessa ou entrega
Objeto	De um bem ou vantagem de qualquer natureza, inclusive emprego ou função pública
Agente	Por parte de um candidato
Destinatário	Ao eleitor
Finalidade especial	Com o fim de obter-lhe o voto

A captação ilícita de sufrágio é uma infração eleitoral grave definida no art. 41-A da Lei n. 9.504/97. O Recurso Especial Eleitoral n. 060008347, com acórdão do Min. Benedito Gonçalves publicado no *Diário de Justiça Eletrônico* em 04.12.2023, fornece um entendimento claro sobre os requisitos necessários para sua configuração.

Conforme o art. 41-A da Lei n. 9.504/97, constitui captação ilícita de sufrágio a ação do candidato — diretamente ou por intermédio de terceiros — de doar, oferecer, prometer ou entregar qualquer bem ou vantagem a um eleitor com o intuito de obter seu voto.

A jurisprudência do Tribunal Superior Eleitoral (TSE) estabelece quatro requisitos essenciais para a caracterização da captação ilícita de sufrágio:

REQUISITO	DESCRIÇÃO
Prática das condutas do art. 41-A	Prática de qualquer das condutas previstas no art. 41-A, incluindo doação, oferta, promessa ou entrega de algum bem ou vantagem ao eleitor
Dolo específico de obter o voto	A conduta deve ser realizada com a intenção clara de influenciar o eleitor a votar em um determinado candidato
Ocorrência dos fatos entre registro e eleição	A conduta deve acontecer no intervalo entre o registro oficial da candidatura e o dia da eleição
Participação ou conhecimento do candidato	É necessário que o candidato beneficiado esteja envolvido ou, pelo menos, ciente das práticas ilícitas, seja de forma direta ou indireta

É o que se colhe do acórdão proferido no julgamento do Recurso Especial Eleitoral n. 060008347, Acórdão, Min. Benedito Gonçalves, *DJe* 04.12.2023.

Estes requisitos visam garantir a integridade e a legitimidade do processo eleitoral, prevenindo a influência indevida nos votos dos eleitores. A captação ilícita de sufrágio é considerada uma afronta ao princípio da livre escolha do eleitor, e sua identificação e punição são fundamentais para a manutenção de eleições justas e democráticas.

Doação é forma de alienação. Por seu intermédio, o candidato transfere para o patrimônio do eleitor um bem móvel ou imóvel. É o caso da dentadura, do terreno urbano, da caixa d'água, do metro de pano, da ferramenta etc., desde que efetivamente entregues ou transmitidos ao eleitor para seu uso, gozo e fruição. No sentido que lhe empresta o Código Civil de 2002, doação é o contrato em que uma pessoa, por liberalidade, transfere do seu patrimônio bens ou vantagens para o de outra (art. 538). É nessa acepção que a conduta descrita pelo dispositivo em estudo deve ser interpretada.

Na oferta, diversamente, não se exige a efetiva transmissão da propriedade. A ação se aperfeiçoa pela simples disponibilização, não demandando a efetiva tradição do bem. Para que se caracterize a captação ilícita de sufrágio sob essa modalidade é irrelevante a aceitação da dádiva por parte do eleitor. Também a simples vantagem pode ser oferecida. Um benefício imaterial, ainda que não apreciável em dinheiro, pode ser ofertado ao eleitor para restringir a liberdade das suas opções eleitorais.

No Agravo Regimental no Recurso Especial Eleitoral n. 24645, julgado pela Ministra Cármen Lúcia e publicado no *Diário de Justiça Eletrônico* em 06.12.2023, registra-se um caso em que o Tribunal de origem confirmou a ocorrência de captação ilícita de sufrágio, tendo como base um conjunto de provas que incluíam documentos, depoimentos de testemunhas, interceptações telefônicas e transcrições de conversas pelo aplicativo WhatsApp. Essas provas indicavam que houve oferta de valores a eleitores em troca de votos, com o conhecimento dos agravantes. Desnecessária qualquer perquirição quanto à efetiva aceitação da oferta pelos eleitores.

Prometer é vincular-se com a satisfação futura de uma necessidade alheia. A ação benéfica é apenas anunciada, comprometendo-se o candidato ou seu interlocutor autorizado (implícita ou explicitamente) a implementá-la no futuro. A promessa reveste-se de ilicitude quando se relaciona à concessão de benefícios para indivíduos ou grupos de indivíduos de forma direta, sem que se refira a ações gerais de governo. A promessa é o meio pelo qual o candidato expressa seus projetos e programas de ação. Sendo assim, é de se esperar que muitas promessas sejam feitas ao longo da campanha.

Enquanto se referem a temas gerais, assuntos abstratos ou programas de ação, nada há de ilícito. A promessa do desenvolvimento de políticas públicas de saneamento básico constitui estratégia lícita de convencimento, mas a promessa da doação de encanamento para uma pessoa ou a um grupo determinado constitui captação ilegal de sufrágio.

A respeito do tema, o **TSE já concluiu** até mesmo pela irrelevância do **fato** de o candidato **ter meios ou não** para cumprir o prometido. É o que se vê do seguinte julgado:

> A despeito de o serviço de abastecimento de água no município depender de viabilidade técnica a ser aferida pela empresa responsável, ficou assentado no acórdão que o ato cometido pelo prefeito em relação ao eleitor, a respeito de pedido dirigido à concessionária, foi motivado por intuito de compra de voto, tornando-se irrelevante a discussão se seria possível ou não a efetivação de tal providência. Agravos regimentais desprovidos (Ac. de 04.05.2010 no AgR-REspe n. 36.151, rel. Min. Arnaldo Versiani).
>
> Mas: "[...] As promessas genéricas, sem o objetivo de satisfazer interesses individuais e privados, não são capazes de atrair a incidência do art. 41-A da Lei n. 9.504/1997. [...]" (Ac. n. 5.498, de 27.09.2005, rel. Min. Gilmar Mendes).

Entregar é passar algo ao **domínio**, ainda que provisório, do eleitor. Na entrega, o **candidato** torna **disponível** o uso ou a posse de um bem para que um eleitor dele tire proveito. A entrega em definitivo se **confunde** com a doação. Não é necessário que o bem entregue provenha do patrimônio do candidato, bastando que por seu intermédio ou por sua autorização chegue ao eleitor. A venda ou aluguel de um bem por preço irrisório podem ser meios para se proceder a uma entrega de bens com a finalidade de gerar o compromisso do voto.

O **benefício** ou dádiva por meio do qual se **pretende** influir sobre o destino a ser dado ao voto pode se **materializar** sob a forma de bem ou vantagem. **Bem** é coisa corpórea ou incorpórea passível de apropriação. **Vantagem** é a circunstância que gera proveito para o eleitor. Assim, se a apropriação ou o uso de um bem representa uma vantagem, há vantagens que possuem forma diversa das que pode assumir qualquer espécie de bem. Assim, a **simples homenagem**, por exemplo, é fato insusceptível de apropriação, embora possa ser atrativa o **suficiente** para importar na **alteração** do direcionamento eleitoral. Ainda que **não** produza desdobramentos **economicamente** mensuráveis, constitui um proveito suficiente para gerar efeitos na esfera das **intenções** do seu beneficiário.

Essa distinção é essencial para afastar qualquer confusão entre os conteúdos jurídicos da captação ilícita de sufrágio e do abuso do poder econômico. Aqui, o desequilíbrio entre o patrimônio do candidato e do eleitor favorece a utilização das formas de expressão econômicas como meio para influir sobre o resultado dos pleitos. Ali, na compra de votos, nem sequer é necessário esse desequilíbrio, já que mesmo candidatos de parcos recursos podem oferecer ou prometer dádivas capazes de gerar alterações eleitorais significativas (como no exemplo da homenagem mencionado ou na promessa de assistência material futura em caso de eleição etc.). Ao longo da tramitação do projeto de lei na Câmara dos Deputados, por emenda apresentada pelo deputado José Antônio Almeida (PSB/MA), incluiu-se no texto da lei a menção explícita a "emprego ou função pública" entre as vantagens cuja oferta, entrega ou promessa sujeitariam o candidato às sanções previstas pelo art. 41-A (Câmara dos Deputados, 1999). A finalidade era ressaltar uma vantagem sempre mencionada nas campanhas, cujo efeito entre os eleitores possui incomensurável repercussão, considerados os graves índices de desemprego existentes em nosso País.

A Lei n. 11.300, de 10 de maio de 2006, ao estipular que: "Ficam vedadas quaisquer doações em dinheiro, bem como de troféus, prêmios, ajudas de qualquer espécie feitas por candidato, entre o registro e a eleição, a pessoas físicas ou jurídicas", claramente acrescentou conteúdo ao art. 41-A, fixando certas situações concretas, que, sem prejuízo de outras, caracterizam condutas voltadas a influir indevidamente sobre a formação da vontade do eleitorado.

A mesma lei também excluiu a validade da "confecção, aquisição e distribuição de camisetas, chaveiros e outros brindes de campanha", antes prevista no inciso XIII do art. 26 da Lei das Eleições. O propósito do legislador foi evidentemente o de proscrever condutas reiteradamente utilizadas para mascarar a captação ilícita de sufrágio. Ao excluir referidos itens do permissivo contido no art. 26, o legislador expressamente submeteu aqueles que promovam a sua distribuição às prescrições do art. 41-A da Lei das Eleições.

De igual forma, a **Resolução do TSE n. 23.610/2019** prevê expressamente em seu art. 18 que: "São vedadas na campanha eleitoral **confecção, utilização, distribuição** por comitê, candidata, candidato, ou com a sua autorização, de camisetas, chaveiros, bonés, canetas, brindes, cestas básicas ou quaisquer outros bens ou materiais que possam proporcionar vantagem a eleitora ou eleitor, respondendo a infratora ou o infrator, conforme o caso, pela **prática** de captação ilícita de sufrágio, emprego de processo de **propaganda vedada** e, se for o caso, **pelo** abuso de poder"

Outro dispositivo da referida lei estatui ser "vedada na campanha eleitoral a confecção, utilização, distribuição por comitê, candidato, ou com a sua autorização, de camisetas, chaveiros, bonés, canetas, brindes, cestas básicas ou quaisquer outros bens ou materiais que possam proporcionar vantagem ao eleitor". Como se vê, o legislador equiparou à doação de cestas básicas — gesto clássico de captação ilícita de sufrágio — a distribuição de toda sorte de brindes. Não há dúvida de que o recebimento de qualquer brinde representa uma vantagem para o eleitor. O legislador não entendeu relevante procurar dimensionar a importância relativa dessa vantagem. Contentou-se com proscrever em toda hipótese essa conduta, ante a evidência de que qualquer liberalidade poderia dar lugar à tentativa de burla aos objetivos isonômicos contidos na lei.

Não há dúvida, então, de que a partir do ingresso em vigor da Lei n. 11.300/2006 a distribuição, efetiva ou prometida, de brindes, agora não mais presente entre os gastos ilícitos de campanha, constitui forma de captação ilícita de sufrágio, punível na forma do art. 41-A da Lei n. 9.504/1997. Além disso, a simples produção desses itens já caracteriza o gasto ilegal de campanha, o que acarreta a aplicação das rigorosas medidas administrativas previstas no § 2.º do art. 30-A da Lei das Eleições.

Agora, veja-se o seguinte precedente:

> [...]. Ação de impugnação de mandato eletivo. Captação ilícita de sufrágio (art. 41-A da Lei n. 9.504/1997). Descaracterização. Deputado Federal. Candidato. Oferecimento. Churrasco. Bebida. [...]. 3. Para a caracterização da captação ilícita de sufrágio, é necessário que o oferecimento de bens ou vantagens seja condicionado à obtenção do voto, o que não ficou comprovado nos autos. 4. Não obstante seja vedada a realização de propaganda eleitoral por meio de oferecimento de dádiva ou vantagem de qualquer natureza (art. 243 do CE), é

de se concluir que a realização de churrasco, com fornecimento de comida e bebida de forma gratuita, acompanhada de discurso do candidato, não se amolda ao tipo do art. 41-A da Lei n. 9.504/1997 [...] (Ac. de 18.03.2010 no RO n. 1.522, rel. Min. Marcelo Ribeiro; no mesmo sentido, o RCED n. 766, de 18.03.2010, rel. Min. Marcelo Ribeiro).

Na mesma linha o seguinte precedente, ainda mais recente:

2. O simples fato de o candidato se fazer presente em festividade não gera a presunção de que se trata de evento com fins eleitorais, mormente por não ser vedado, na legislação eleitoral aplicável, o comparecimento de candidato em evento festivo que não envolva a inauguração de obra pública nos 3 meses que antecedem o pleito ou a realização de show-mício. 3. A realização de churrasco, com o fornecimento de comida e bebida de forma gratuita, acompanhada de discurso do candidato, não se amolda ao tipo do art. 41-A da Lei n. 9.504/1997. Precedente: RCEd 766 [31791-37]/SP, Rel. Min. MARCELO RIBEIRO, *DJe* 10.05.2010. 4. Para que seja caracterizada a captação ilícita de sufrágio, é necessária a demonstração do especial fim de agir consistente no condicionamento da entrega da vantagem ao voto do eleitor. 5. Na espécie, depreende-se do acervo probatório que o recebimento da vantagem — materializada na distribuição gratuita de comida e bebida — não foi condicionado à obtenção do voto, o que afasta a incidência do art. 41-A da Lei das Eleições, porquanto não demonstrado o especial fim de agir da conduta. 6. Agravo Regimental a que se nega provimento (RO n. 796.257, Acórdão, rel. Min. Napoleão Nunes Maia Filho, *DJe* 09.02.2017, t. 29, p. 49-50).

Tais entendimentos foram alicerçados na falta de evidências de que houve pedido explícito ou implícito de votos. Daí que não se aperfeiçoou a conduta descrita no art. 41-A da Lei das Eleições.

A norma legal estabelece, por outro lado, como contrária à administração das eleições a ação tendente a alterar a vontade do eleitor pela via da oferta de um estímulo externo ilícito. Enquanto a propaganda lícita opera como forma de conquista legítima do voto, a captação ilícita de sufrágio se materializa por meio da utilização de mecanismos artificiais alheios ao universo da legalidade para produzir resultados eleitorais adulterados. A conquista do voto se dá por intermédio de formas ilícitas de busca de adesão. A adulteração que na fraude se realiza após a outorga do voto, aqui é promovida antes mesmo da emissão do voto, nos domínios psíquicos do eleitor.

Aqui, podem estar incluídas uma série de medidas adotadas no denominado *pork barrel* ou política paroquial[4], a qual se define pela ação política que escapa aos interesses genéricos ou secionais para objetivar a promoção de interesses microssecionais ou individuais. Segundo Brinkerhoff e Goldsmith: "Esta expressão se refere a projetos custeados com recursos públicos promovidos por legisladores para carrear dinheiro e trabalho para seus próprios distritos, como um favor político para políticos locais ou cidadãos"[5]. Na política paroquial, os instrumentos democráticos de exercício do poder são

---

4   RICCI, Paolo. O conteúdo da produção legislativa brasileira: leis nacionais ou políticas paroquiais? *Dados* [online], n. 4, v. 46, 2003.

5   BRINKERHOFF, Derick W.; GOLDSMITH, Arthur A. *Clientelism, Patrimonialism and Democratic Governance*: an overview and framework for assessment and programming. Cambridge, USA: Abt Associates Inc., dez. 2002.

utilizados para o fim de favorecer a indivíduos ou a grupos específicos em prejuízo de políticas sociais mais igualitárias. O *pork barrel,* a depender do conteúdo específico da política adotada e desde que exercitado no período em que é defesa a captação ilícita de sufrágio, pode dar ensejo à aplicação positiva das sanções previstas na norma administrativa repressiva eleitoral.

Também é importante para a compreensão do fato social definido pelo fluxo de bens e vantagens com propósitos eleitorais a compreensão dos mecanismos modernos de manutenção de relações clientelísticas.

De um lado

[...] muitos patronos não figuram como atores independentes, mas são *links* dentro de um grande leque de contatos, servindo usualmente como intermediários que providenciam intercâmbios entre o nível local e o centro nacional[6].

E, de outra parte,

[...] os membros pobres e marginalizados da sociedade estão inseridos em suas "redes de solução de problemas" (*problem-solving networks*) como um meio pragmático para encontrar soluções para seus assuntos diários, uma vez que geralmente têm acesso apenas limitado às fontes formais de assistência[7].

Os candidatos figuram no interior ou nas cercanias dessas "redes", normalmente operando não apenas no período eleitoral, embora nele intensifique a sua atividade, intermediando trocas úteis à massa de eleitores.

O **pork barrel** muitas vezes se aproxima — mas não se confunde — com o uso eleitoral da máquina administrativa, pelo menos sob o prisma adotado pela Lei n. 9.504/1997. As condutas vedadas aos agentes públicos estão todas previstas —*numerus clausus* — nos arts. 73 a 77 da referida lei, não estando diretamente voltados a cobrir o leque de atividades sociologicamente denominadas de políticas paroquiais. Essas operam como fonte pública de recursos para o financiamento de campanhas e para a concessão de bens ou vantagens individuais aos eleitores, situando-se por essa segunda razão, na maior parte das vezes, entre os fatos caracterizadores da captação ilegal de sufrágio.

Nisso reside o fundamento mais central para a repressão normativa à prática da compra de votos: para ser bem-sucedida, a conquista comprada do voto precisa ser capaz de mobilizar amplas massas de eleitores. Para que isso ocorra é necessário o consumo de amplos volumes de recursos, que por essa razão não podem ser oriundos de fonte lícita. Um dos modos de alimentação desse modo de proceder político está na utilização de proveitos transferidos para públicos predeterminados em troca da adesão política dos

6   BRINKERHOFF, Derick W. & GOLDSMITH, Arthur A. *Clientelism, Patrimonialism and Democratic Governance*: an overview and framework for assessment and programming. Cambridge, USA: Abt Associates Inc., dez. 2002.

7   BRINKERHOFF, Derick W. & GOLDSMITH, Arthur A. *Clientelism, Patrimonialism and Democratic Governance*: an overview and framework for assessment and programming. Cambridge, USA: Abt Associates Inc., dez. 2002.

beneficiários e, ao mesmo tempo, na busca de doações por parte das empresas contratadas para prestar os serviços demandados pelos políticos.

Scott Desposato esclarece:

Diretamente, eles proveem benefícios públicos locais que os eleitores podem pretender — pontes, estradas pavimentadas e outros projetos de trabalhos públicos. Indiretamente, eles podem contar com retornos (*kickbacks*) e gerar contribuições de campanha a partir dos beneficiários desses contratos; tais pagamentos se convertem em bens privados que os candidatos podem destinar aos eleitores[8].

Daí advém que a compra de votos é apenas a expressão observável de um fenômeno complexo que, às vezes, movimenta mais de uma ilicitude, mais de uma ofensa a normas contidas em âmbitos distintos do universo jurídico. A captação ilícita de sufrágio está inserta num contexto em que circulam a elisão fiscal, a lavagem e a falsificação de dinheiro, a improbidade administrativa, as doações ilícitas de campanha, as quais figuram como fontes de recursos necessários para o seu financiamento.

A compra de votos, segundo Schaffer[9], tem por objetivo gerar uma das três seguintes formas de compromisso por parte do eleitor:

◼ Compromisso instrumental — em que os destinatários mudam, ou não, seu comportamento eleitoral em troca de recompensas tangíveis.

◼ Compromisso normativo — em que a influência sobre o comportamento eleitoral depende de a oferta convencer os eleitores quanto à bondade ou ao merecimento do candidato, ou de criar a "obrigação moral" de retribuir com o voto.

◼ Compromisso coercitivo — se operacionaliza por intimidação como forma de compelir os eleitores a alterar suas intenções de voto. Nesse caso, os destinatários temem sofrer represálias se não aceitarem a oferta ou não votarem como definido após a oferta haver sido aceita.

Como não se trata de uma **operação** de natureza **puramente econômica**, a compra de votos deve ser **analisada** no âmbito do **comportamento** político, para o qual são preciosos os lindes definidos pelo arquétipo representado pelo art. 41-A. Assim, devem ser **afastadas** as opções interpretativas que limitem a aplicação do dispositivo em estudo, tais como aquelas que **pretendem** submetê-la à existência de **pedido expresso do voto**. O legislador em nenhum momento estabeleceu essa exigência, senão a demonstração de que a conduta teria o "fim de obter-lhe o voto". Esse aspecto, por sua importância, será tratado em um apartado próprio. Adiante-se, **entretanto**, que a **finalidade** eleitoral do **ato** pode ser **expressa** de diversas formas **além** do pedido **verbalizado** de

---

[8] DESPOSATO, Scott W. *How vote buying shapes the political arena*. Paper prepared for the Comparative Politics of Vote Buying Conference, Massachusetts Institute of Technology, Cambridge, Massachusetts, ago. 26-27, 2002.

[9] SCHAFFER, Frederic C.; SCHEDLER, Andreas. *What is vote buying. The limits of the market model*. Paper to de delivered at the conference at the conference "Poverty, Democracy and Clientelism: The Political Economy of Vote Buying". Stanford Universtiy, Department of Political Science, Bellagio Center, Rockefeller Foundation, 28 November-2 December 2005.

voto. Considerando-se o caráter ilícito da conduta, que demanda cautelas para permanecer oculta, é pouco provável que referências expressas ao desejo de obter proveito eleitoral com essa ou aquela atitude venham a ser encontradas.

7.2.2.3. Classificação

A captação ilícita de sufrágio, quando praticada sob a forma da "compra de votos", pode ser discutida à luz da seguinte classificação:

a) quanto à forma:

▪ **compra de votos direta** — envolve o conteúdo típico do conceito de captação ilegal de sufrágio. Aqui, o candidato, diretamente ou valendo-se do concurso de terceiros, dirige ao eleitor uma oferta deixando claro, ainda que implicitamente, seu desejo de, em retribuição, receber o seu voto;

▪ **compra de votos indireta** — materializa-se mediante a adoção de ações voltadas a obter a adesão psíquica do eleitor e, por derivação, o seu voto. No mais das vezes, caracteriza-se pela manutenção de um vínculo inicialmente lícito, mas que é utilizado com o fim de atingir a conquista ilícita dos votos. A expressão típica dessa modalidade, segundo as normas atualmente em vigor, reside na contratação abusiva de agentes eleitorais, sob a chancela aparente do art. 26, VII, da Lei das Eleições, que autoriza "a remuneração ou gratificação de qualquer espécie a pessoal que preste serviços às candidaturas ou aos comitês eleitorais". Muitas vezes, essas contratações constituem meras simulações para justificar a entrega de valores monetários a eleitores. Já em outras ocasiões até chega a existir a contraprestação, embora a contratação de número excessivo de "prestadores de serviço" possa caracterizar a utilização abusiva do permissivo legal com a finalidade de obtenção de proveito eleitoral ao arrepio das normas. Casos há, não obstante, em que a compra de votos indireta é realizada por meio da prática de outro ato ilícito, como se dá com a contratação para a realização do ato ilícito conhecido como boca de urna. Sobre esse, posteriormente nos debruçaremos com mais vagar. É válida, aqui, uma remissão ao voto comprado em sua forma social de salário.

b) quanto à pessoa:

▪ **compra de votos pessoal** — ocorre quando o próprio candidato, agindo diretamente, aborda ele próprio o eleitor com o incentivo indevido;

▪ **compra de votos por interposta pessoa** — se dá quando o candidato se vale do concurso de terceiros para apresentar ao eleitor o estímulo propagandístico proibido por lei;

▪ **compra de votos "por atacado" ou compra de apoio político** — o incentivo material ou imaterial é oferecido não ao eleitor diretamente, mas a líderes locais, comunitários, de classe ou de partido. São os denominados "cabos eleitorais", cuja posição política permite supor a detenção do controle de um dado número de votos, estando dispostos a tirar dessa particular situação proveito pessoal imediato ou futuro em troca da mobilização do eleitorado submetido aos seus comandos. A contratação dos cabos eleitorais já contém em si a compra dos votos. Mas aqui a outorga do voto é ainda mais garantida: tendo que trabalhar para cumprir com o avençado, devolvendo ao pagador o número de votos prometido, eles certamente dirigirão a ele o seu sufrágio. Essa hipótese terá de ser enfrentada agora sob outro prisma pelos nossos tribunais eleitorais. É que, com o advento do art. 30-A da Lei das Eleições, introduzido pela Lei n. 11.300/2006, e cujo texto foi posteriormente alterado pela Lei n. 12.034/2009, qualquer ilicitude relativa à arrecadação e gastos eleitorais tornará o candidato passível de perda do registro ou do diploma. Evidentemente, a lei não contempla a contratação mercenária de apoiadores eleitorais, capazes de mobilizar contingentes de votos com o fito de lucro. Daí por que essa conduta pode vir a fulminar a candidatura ou o diploma eleitoral obtido por quem dela se valeu para amealhar sufrágio, com espeque na aplicação integrada dos arts. 41-A e 30-A da Lei das Eleições[10].

c) quanto à conduta do eleitor:

■ **compra de votos positiva** — a conduta ilícita se dirige à conquista do voto;

■ **compra de votos negativa** — a ação tem por finalidade conduzir o eleitor a abster-se do exercício do voto. O ato tem por finalidade desestimular o comparecimento às urnas. É mais usual em sociedades em que vigora o voto facultativo, como forma de minorar os índices de votação em redutos eleitorais de adversários.

7.2.2.4. *Compra da abstenção*

A respeito da compra de votos negativa, ou compra da abstenção, o Tribunal Superior Eleitoral já decidiu que:

> [...] resta configurada a violação ao art. 41-A da Lei n. 9.504/1997 mesmo em caso de pagamento para abstenção do voto, posição que demonstra a preocupação desta Corte com a efetiva repressão do ilícito. [...] (Ac. de 22.03.2007 nos EAREspe 25.878, rel. Min. José Delgado).

Com efeito, **pagar alguém** que se sabe eleitor de outro candidato **para não votar** pode ser **decisivo** para a influência na regular **tramitação do pleito** eleitoral, com a particularidade de que a conduta esperada do beneficiário da oferta poderá ser facilmente monitorada, **bastando** para isso que o próprio **eleitor apresente** a **prova** de que não votou (justificação eleitoral, certidão de recolhimento de multa etc.). Essa facilidade de monitoramento, em regra, não existe quando se espera a concessão efetiva de um voto.

7.2.2.5. *Compra de votos indireta*

Já foi mencionado que o art. 26, VI, da Lei das Eleições, admite a "remuneração ou gratificação de qualquer espécie a pessoal que preste serviços às candidaturas ou aos

---

[10] "11. Cooptação de apoio de liderança política. Oferecimento de cargo no governo e entrega de dinheiro para compra de votos. Caracterização de captação de sufrágio. 12. Celebração de convênio entre Associação e Secretaria de Estado. Período Eleitoral. Utilização dos recursos do convênio para compra de votos. [...]" (Ac. de 03.03.2009 no RCED n. 671, rel. Min. Eros Grau).

comitês eleitorais". O dispositivo possui um conteúdo exageradamente amplo e capaz de conduzir a diversas distorções suficientemente graves para afetar o resultado dos pleitos.

É cada vez mais comum assistir ao desfile de carreatas ou a passeatas em que nada há de participação voluntária entre os presentes. Grupos imensos de pessoas são contratados para ostentar cartazes e agitar bandeiras substituindo, em troca de remuneração, os contingentes de voluntários que as campanhas deveriam ser capazes de conquistar.

A esse respeito, a jurisprudência do Tribunal Superior Eleitoral já reconheceu a presença da compra de votos na distribuição de combustível em atos de campanha:

> AGRAVO INTERNO. RECURSOS ESPECIAIS. ELEIÇÕES 2016. PREFEITO. VICE-PREFEITO. AÇÃO DE INVESTIGAÇÃO JUDICIAL ELEITORAL (AIJE). ABUSO DE PODER ECONÔMICO. CAPTAÇÃO ILÍCITA DE SUFRÁGIO. USO DE RECURSOS NÃO CONTABILIZADOS. OFERTA DE BENESSES A ELEITORES. COMPROVAÇÃO. GRAVIDADE. SÚMULA 24/TSE. NEGATIVA DE PROVIMENTO. [...] 4. Já a captação ilícita de sufrágio configura—se, nos termos do art. 41—A da Lei 9.504/1997, quando o candidato doar, oferecer, prometer ou entregar bem ou vantagem de qualquer natureza a eleitor com o fim de obter-lhe o voto. 5. No caso, demonstrou-se o uso de recursos não contabilizados para a oferta de benesses a eleitores durante o período de campanha, o que configura tanto o abuso de poder econômico quanto a captação ilícita de sufrágio. 6. É inequívoco que o agravante autorizou diversos eleitores a abastecerem seus veículos no Posto São Jorge localizado no Município de Poço Redondo/SE, exclusivamente nos meses de agosto e setembro de 2016 (durante o período eleitoral, portanto), ficando o pagamento das despesas a cargo do candidato. Conforme se extrai do aresto a quo, em procedimento de busca e apreensão, apurou—se a existência de 107 DANFEs (Documento Auxiliar de Nota Fiscal de Consumidor Eletrônica) no importe de R$ 22.100,50 provenientes dessas autorizações. [...] 10. Verifica-se, desse modo, que houve efetiva doação de combustível a eleitores com o emprego de recursos não contabilizados no ajuste de contas de campanha (caixa dois). E, considerando-se que foram realizadas apenas em período eleitoral, é inequívoco que se destinavam à obtenção de votos para o próprio candidato doador. [...] 15. Desse modo, demonstrado, também quanto ao pagamento de contas para eleitores, o abuso de poder econômico e a captação ilícita de sufrágio. 16. O Tribunal a quo reconheceu a gravidade das condutas, considerando os valores despendidos e o impacto perante o eleitorado com aptidão para desequilibrar o pleito. 17. Não é possível rever o contexto fático delineado pela Corte de origem, assim como as conclusões por ela expendidas no tocante à gravidade das práticas, em razão do óbice da Súmula 24/TSE. 18. Agravo interno a que se nega provimento (REspe 45.347, Acórdão, rel. Min. Benedito Gonçalves, *DJe* 02.08.2022, t. 145).

A par dessa realidade, outra vem ganhando presença cada vez mais constante nas campanhas: a contratação de número exacerbado de empregados para os comitês com a finalidade de amealhar o voto dos contratados e dos seus familiares pela concessão do emprego temporário.

Como a Lei Eleitoral não estipula pagamentos mínimos ou máximos e as garantias trabalhistas possuem contornos menos rigorosos, cada vez mais candidatos descobrem os proveitos que se pode obter com a contratação indiscriminada do maior número de pessoas que os recursos disponíveis possa custear.

Alguns casos, entretanto, têm demonstrado a aptidão da Justiça Eleitoral para identificar e reprimir condutas que, simulando a contratação de empregados para as campanhas, têm, na verdade, o condão de captar-lhes ilicitamente o voto.

O Tribunal Superior Eleitoral, pronunciando-se a respeito do tema, já decidiu que os dispositivos que autorizam a contratação remunerada de agentes eleitorais:

> [...] apenas estabelecem que o pagamento de pessoal que preste serviços às candidaturas ou aos comitês é considerado gasto eleitoral, sujeito a registro e aos limites legais, o que não quer dizer que eventual abuso não possa ser averiguado pela Justiça Eleitoral, como fez o Tribunal Regional Eleitoral, que concluiu que a contratação foi excessiva, configurando prática abusiva (REspe 19.587/GO).

No caso referido restou comprovado que o candidato foi responsável "pela contratação de 5% do eleitorado para trabalhar em sua campanha como cabo eleitoral" (REspe 19.587/GO). Como já vimos, essa conduta se insere no que se denomina compra de votos indireta, em que uma ação inicialmente havida como lícita é desvirtuada para induzir o eleitor a outorgar seu voto a quem a adotou. Claro está, entretanto, que a contratação de agentes eleitorais não é a única forma de promover a captação ilegal indireta de sufrágio. Outros permissivos contidos no mesmo art. 26 podem levar a distorções semelhantes. Era esse o caso, contido no inciso VI do art. 26, por exemplo, da autorização legal para o "pagamento de cachê de artistas ou animadores de eventos relacionados à campanha eleitoral".

O inciso se referia a atividades facilmente utilizáveis para mascarar a realização de pagamentos voltados verdadeiramente à conquista dos votos dos contratados. A Lei n. 11.300/2006 revogou o inciso XI do art. 26 da Lei das Eleições, proibindo, assim, a realização dos pagamentos outrora legalmente autorizados.

Mas a compra de votos indireta também pode se dar por outra via. Embora em regra nela se faça uso inicialmente de uma atividade lícita para encobrir a prática da captação ilegal de sufrágio, há pelo menos um caso em que outro ato ilícito pode ser utilizado para o mesmo fim: a prática da boca de urna foi proscrita pelo art. 39, § 5.º, da Lei n. 9.504, conforme se depreende do dispositivo a seguir reproduzido:

> **Art. 39.** [...]
> § 5.º Constituem crimes, no dia da eleição, puníveis com detenção, de seis meses a um ano, com a alternativa de prestação de serviços à comunidade pelo mesmo período, e multa no valor de cinco mil a quinze mil UFIR:
> II — a arregimentação de eleitor ou a propaganda de boca de urna;
> III — a divulgação de qualquer espécie de propaganda de partidos políticos ou de seus candidatos.

Entretanto, seja pelo tamanho diminuto da sanção fixada para o delito, seja pelo hábito de se deixar sem repressão às condutas nele previstas, amplos são os contingentes de eleitores periodicamente mobilizados para esse fim. Junto com o alimento e uma camiseta, os contratados para a prática delitiva recebem uma retribuição em espécie, muitas vezes paga sem qualquer controle ou prestação de contas por intermediários diretamente ligados ao candidato. Essa Intensa atividade ajuda a ocultar, sob o pálio de um ilícito diverso, o enorme proveito eleitoral obtido pelo candidato junto aos próprios contratados e seus familiares para operar a boca de urna, representado pelos votos que eles mesmos haverão de depositar. Quando o caso chega à Justiça Eleitoral, recebe no máximo o tratamento dispensado pelo sobredito § 5.º do art. 39 da Lei das Eleições, culminando com a aplicação de medidas alternativas definidas em sede de transação penal.

Com o início da vigência da Lei n. 11.300/2006, entretanto, o tratamento jurídico para a boca de urna ganhou um diferencial. É que segundo o § 2.º do art. 30-A da Lei das Eleições, "comprovados captação ou gastos ilícitos de recursos, para fins eleitorais, será negado diploma ao candidato, ou cassado, se já houver sido outorgado". Ora, a realização da boca de urna demanda necessariamente o dispêndio de recursos. Como já afirmado, não há como fazê-lo sem a produção de material gráfico, além do transporte e alimentação dos autores imediatos do ato ilícito. Além disso, mesmo que se pretenda negar esse fato, a atividade desses agentes é sempre realizada mediante pagamento. Tudo isso, cumulativa ou isoladamente, caracteriza os "gastos ilícitos de recursos para fins eleitorais" a que se refere o mencionado dispositivo. A nova solução normativa para o controle dessa modalidade de infração administrativa eleitoral é a cassação do registro ou do diploma, sem prejuízo da aplicação das sanções de natureza penal.

Por fim, a Lei n. 12.891/2013 instituiu limites para a contratação de pessoal por parte das campanhas eleitorais. Trata-se do art. 100-A da Lei das Eleições, com o seguinte teor:

> **Art. 100-A.** A contratação direta ou terceirizada de pessoal para prestação de serviços referentes a atividades de militância e mobilização de rua nas campanhas eleitorais observará os seguintes limites, impostos a cada candidato:
>
> I — em Municípios com até 30.000 (trinta mil) eleitores, não excederá a 1% (um por cento) do eleitorado;
>
> II — nos demais Municípios e no Distrito Federal, corresponderá ao número máximo apurado no inciso I, acrescido de 1 (uma) contratação para cada 1.000 (mil) eleitores que exceder o número de 30.000 (trinta mil).
>
> § 1.º As contratações observarão ainda os seguintes limites nas candidaturas aos cargos a:
>
> I — Presidente da República e Senador: em cada Estado, o número estabelecido para o Município com o maior número de eleitores;
>
> II — Governador de Estado e do Distrito Federal: no Estado, o dobro do limite estabelecido para o Município com o maior número de eleitores, e, no Distrito Federal, o dobro do número alcançado no inciso II do *caput*;
>
> III — Deputado Federal: na circunscrição, 70% (setenta por cento) do limite estabelecido para o Município com o maior número de eleitores, e, no Distrito Federal, esse mesmo percentual aplicado sobre o limite calculado na forma do inciso II do *caput*, considerado o eleitorado da maior região administrativa;
>
> IV — Deputado Estadual ou Distrital: na circunscrição, 50% (cinquenta por cento) do limite estabelecido para Deputados Federais;
>
> V — Prefeito: nos limites previstos nos incisos I e II do *caput*;
>
> VI — Vereador: 50% (cinquenta por cento) dos limites previstos nos incisos I e II do *caput*, até o máximo de 80% (oitenta por cento) do limite estabelecido para Deputados Estaduais.

§ 2.º Nos cálculos previstos nos incisos I e II do *caput* e no § 1º, a fração será desprezada, se inferior a 0,5 (meio), e igualada a 1 (um), se igual ou superior. § 3.º A contratação de pessoal por candidatos a Vice-Presidente, Vice-Governador, Suplente de Senador e Vice-Prefeito é, para todos os efeitos, contabilizada como contratação pelo titular, e a contratação por partidos fica vinculada aos limites impostos aos seus candidatos.

§ 4.º (Revogado.)

§ 5.º O descumprimento dos limites previstos nesta Lei sujeitará o candidato às penas previstas no art. 299 da Lei n. 4.737, de 15 de julho de 1965.

§ 6.º São excluídos dos limites fixados por esta Lei a militância não remunerada, pessoal contratado para apoio administrativo e operacional, fiscais e delegados credenciados para trabalhar nas eleições e os advogados dos candidatos ou dos partidos e coligações.

Como se vê, excessos na contratação de agentes e militantes de campanha pode acarretar até mesmo o oferecimento de denúncia criminal nos termos do art. 299 do CE. E claramente autoriza o manejo de representação por captação ilícita de sufrágio, esta calcada no art. 41-A da Lei das Eleições.

7.2.3. Captação ilícita de sufrágio por meio da coação

7.2.3.1. Inserção no Ordenamento Jurídico

A Lei n. 12.034/2009 **acresceu** o § 2.º ao art. 41-A da Lei das Eleições para **declarar** que: "As sanções previstas no *caput* aplicam-se contra quem praticar atos de violência ou grave ameaça à pessoa, com o fim de obter-lhe o voto". As **sanções mencionadas** são a cassação do registro e do diploma e multa. Até o advento dessa substancial alteração normativa, segundo a nossa proposta ao relator do projeto de lei na Câmara, deputado federal Flávio Dino, não havia dispositivo que expressamente cominasse qualquer sanção extrapenal ao candidato que, pessoalmente ou por meio de terceiro, se valesse da coação ao eleitor — com utilização de violência ou grave ameaça — como forma de obter votos.

A ideia foi originariamente cunhada no âmbito do projeto "Direito Processual Eleitoral: Análises e Perspectivas", desenvolvido pela Faculdade de Direito da Universidade de Brasília e pela Associação Brasileira dos Magistrados, Procuradores e Promotores Eleitorais (Abramppe), no contexto da iniciativa "Pensando o Direito" (Secretaria de Assuntos Legislativos do Ministério da Justiça e Programa das Nações Unidas para o Desenvolvimento). Assim, aquele que praticava um ato de agressão física ou moral contra o eleitor com o fim de compeli-lo a atribuir o voto a certo candidato ficava imune à aplicação das rigorosas medidas previstas para a infração eleitoral enunciada no art. 41-A da Lei das Eleições.

O problema foi resolvido com a expressa previsão da regra contida no referido § 2.º do art. 41-A da Lei n. 9.504/1997, o que foi possível graças ao acolhimento de sugestão minha ao relator.

7.2.3.2. Violência ou grave ameaça

A captação ilícita de sufrágio por atos "negativos" se aperfeiçoa pela realização de atos de violência ou grave ameaça.

7.2.3.2.1. Violência

Violência é o ato de agressão à integridade física, à liberdade de ir e vir, à liberdade de expressão e à liberdade de opção eleitoral. A violência máxima consiste na completa sujeição física do eleitor, no caso de este ser compelido a emitir o voto ou a deixar de emiti-lo. Mas também incide nessa conduta reprimível o candidato que impede o eleitor de externar sua opção por outro candidato, como se noticiou haver ocorrido em certas comunidades do Rio de Janeiro. Sujeitar eleitores a manterem-se segregados em grupo para facilitar o monitoramento do seu voto é outro modo pelo qual pode ocorrer essa conduta ilícita. Trata-se dos conhecidos "currais eleitorais" de triste memória, mas cuja prática ainda não se pode descartar.

7.2.3.2.2. Grave ameaça

Além da violência, também a ameaça torna necessária a aplicação do § 2.º do art. 41-A da Lei das Eleições. Pratica grave ameaça contra o eleitor aquele que alega, falsamente, ter meios para identificar a quem ele dirigiu o seu voto, deixando clara a superveniência de represálias em caso de comportamento eleitoral inadequado.

Idêntico caso ocorre quando o eleitor é abordado com a ameaça de que, ao não dirigir seu voto a certo candidato, ser-lhe-á impedido o acesso a um bem ou vantagem a que de outro modo teria direito. O exemplo clássico dessa modalidade é o da ameaça, explícita ou velada, de demissão ou de exclusão de um programa de distribuição de benefícios. Há aqui a oferta ou promessa de uma vantagem, consistente na manutenção do programa social, manutenção do emprego, entre outros, com a finalidade ilícita de estimular a concessão do voto.

O servidor público nomeado para cargo em comissão ou função de confiança, sendo, por isso, de livre exoneração e nomeação, está particularmente sujeito a essa conduta ilícita. O "convite" do superior hierárquico para participar da campanha será sempre visto como uma verdadeira determinação. No mais das vezes, a ameaça de exclusão do cargo em caso de não adesão à campanha se dá de modo implícito.

Situação peculiarmente grave é a dos contratados para atuar junto à Administração a pretexto de estarem realizando serviços emergenciais. Especialmente nas comunidades menos adiantadas, é comum o aumento expressivo do número de contratações provisórias, quase sempre ao arrepio da lei. Com efeito, dispõe o inciso IX do art. 37 da CF que: "a lei estabelecerá os casos de contratação por tempo determinado para atender a necessidade temporária de excepcional interesse público". A pretexto de aplicar as disposições legais decorrentes desse permissivo constitucional, são vistos muitos abusos, especialmente nos períodos que antecedem as eleições. Trata-se de um público flutuante, desrevestido de garantias, constituindo-se, por isso mesmo, em alvo fácil da ameaça de demissão em caso de derrota eleitoral. Da mesma forma, é grave a ameaça de demissão dirigida ao trabalhador contratado formal ou informalmente. Há registros de vários episódios em que os empregadores compeliram seus empregados com ameaças implícitas de demissão em caso de insucesso do seu candidato, muitas vezes eles próprios.

Nesse sentido, o TSE já emitiu o seguinte pronunciamento:

[...] 7. O Tribunal Regional Eleitoral manteve a sentença que reconheceu as práticas de abuso do poder econômico e captação ilícita de sufrágio, em razão de os recorrentes terem oferecido, em troca do voto, empregos no grupo empresarial de propriedade do irmão do prefeito eleito e, também, por terem ameaçado aqueles já empregados de modo a obrigá-los a votar nos candidatos e pedir votos aos seus familiares e amigos, sob pena de demissão. [...] 10. A prática da captação ilícita de sufrágio se caracteriza tanto pela promessa de emprego, como pela ameaça grave de demissão aos empregados que não votassem e trabalhassem em benefício da candidatura do candidato irmão do dono do grupo empresarial (REspe 48.454, Acórdão de 10.11.2015, rel. Min. Henrique Neves da Silva, *DJe* 26.11.2015, p. 75-77).

A **afirmação** de que o eleitor será **privado** do acesso a um direito, como o recebimento de bolsas sociais ou verbas previdenciárias, **constitui grave ameaça** para fins de aplicação do § 2.º do art. 41-A da Lei n. 9.504/1997.

É ampla a gama das circunstâncias em que se pode verificar a prática da grave ameaça contra o eleitor com fins eleitorais. Sempre que estiver presente o risco de imposição de um dano considerável e injusto, será necessária a aplicação das severas reprimendas extrapenais contidas no art. 41-A da Lei das Eleições.

Violência Eleitoral: É a utilização de força física ou coação para interferir na liberdade de escolha eleitoral do indivíduo, incluindo qualquer ato de agressão que comprometa a integridade física, a liberdade de expressão ou a liberdade de opção eleitoral do eleitor.

Grave Ameaça Eleitoral: Consiste na utilização de intimidação ou pressão psicológica para influenciar ou coagir a escolha eleitoral de um indivíduo, incluindo ameaças implícitas ou explícitas de consequências negativas em caso de não conformidade com as expectativas do intimidador em relação ao voto.

7.2.3.3. Verbalização da ameaça

Também **na captação de sufrágios** baseada na violência ou grave ameaça será **dispensável a verbalização** do pedido de votos, desde que do **contexto** fático seja possível extrair elementos de convicção bastantes para atestar a finalidade eleitoral do voto. As **circunstâncias** em que se dá o **pedido** de emissão do voto ou de adesão a atos de campanha **bastam** para permitir a **verificação** do grau de constrangimento que o ato implica para o **receptor da mensagem**. Quanto maior o grau desse constrangimento, mais **provável** a constatação de que houve a prática da **ameaça velada**, a demandar a ação repressiva da Justiça Eleitoral.

7.2.3.4. Abstenção

Compelir o eleitor a **não votar**, afastando-o das urnas **mediante** a prática de atos de agressão física ou moral, é outro meio pelo qual se exterioriza a **captação ilegal de sufrágio** com base no § 2.º do art. 41-A da Lei das Eleições. Busca-se a vitória eleitoral pelo **impedimento** da conquista do **voto** pelo adversário, o que em certas circunstâncias pode ser até mais eficiente do que confiar apenas na promessa de votos não passíveis de monitoramento.

Numa comunidade em que se supõe que a vitória eleitoral será conquistada por poucos votos de diferença, revela-se muito eficaz dirigir-se ao eleitorado já conhecido do candidato rival, compelindo-o por meio de violência ou grave ameaça à abstenção.

7.2.4. Participação direta ou indireta do candidato

A candidatura tem por principal finalidade a conquista de votos. Para isso, valem--se os candidatos de grande número de providências, todas voltadas à difusão da campanha e à obtenção de adesões e alianças. O uso dos meios de comunicação de massa por meio midiático, a contratação remunerada de agentes eleitorais, a distribuição de brindes, a abordagem direta ou indireta a eleitores, a realização de comícios e outros atos de concentração popular, dentre outras atividades inerentes à campanha trazem consigo reflexos para a esfera dos direitos de terceiros.

A multiplicidade dos atos de campanha demanda a formação de equipes comple-xas, integradas por agentes de múltipla formação. Além da coordenação de campanha, composta por membros dotados de compreensão da política defendida pelo candidato e das estratégias que se pretende utilizar para a garantia da conquista eleitoral, estão ge-ralmente envolvidos profissionais de propaganda, animadores, voluntários e agentes contratados para suporte infraestrutural (motoristas, carregadores, distribuidores de panfletos e coladores de cartazes etc.).

Evidentemente, nas **campanhas mais simples**, em que, por exemplo, **disputam-se** cargos de vereador em cidades **diminutas**, o tamanho e a heterogeneidade dessas equi-pes são bastante reduzidos. Isso **não desfaz** a constatação de que uma campanha eleito-ral é sempre uma obra coletiva. O risco é inerente a essa atividade. Do exercício dos direitos políticos por parte do candidato nasce para ele o **dever de responder** pelas in-frações que diretamente, ou valendo-se do concurso de terceiros, tenha praticado. Sem-pre que, agindo contrariamente às normas que informam o **processo eleitoral**, o candi-dato desborda do campo estrito dos seus direitos, repercute contra si, negativamente, o poder-dever do Estado, exercido por meio da Justiça Eleitoral, de aplicar as **sanções** extrapenais previstas em lei.

As normas de repressão à corrupção eleitoral representadas pelo art. 41-A da Lei das Eleições possuem natureza administrativa, o que afasta a exigência, típica em se tratando de normas penais, de comprovação da responsabilidade pessoal direta para a repressão do ato ilícito.

Assim, pode-se afirmar que o candidato é pessoalmente responsável pelos atos que seus subordinados pratiquem com o fim de amealhar votos em seu proveito, sujeitando--se à responsabilização eleitoral em virtude dos ilícitos administrativos eleitorais por estes praticados.

Em se tratando de Direito Eleitoral, essa responsabilidade por atos de terceiros não é inafastável, assumindo contornos próprios, inerentes a essa especialidade do conheci-mento jurídico. Aqui, o dano não é causado a uma pessoa física ou jurídica, mas à ad-ministração das eleições. Ademais disso, são exigidas cautelas para que adversários não consigam atribuir, ao candidato opositor, ilícitos eleitorais de fato inexistentes ou com cuja prática este jamais consentiu. A jurisprudência do Tribunal Superior Eleitoral refi-na essa matéria, afirmando ser desnecessária a intervenção pessoal e direta do candidato na prática da "compra de votos" para que sejam aplicáveis as penalidades previstas na lei. Mas submete essa regra à seguinte mitigação:

> [...] para a caracterização da infração ao art. 41-A da Lei das Eleições, é desnecessário que o ato de compra de votos tenha sido praticado diretamente pelo candidato, mostrando-se suficiente que, evidenciado o benefício, tenha participado de qualquer forma ou com ele consentido (REspe 21.792, rel. Min. Caputo Bastos, 15.09.2005).

Do mesmo modo, o TSE tem afirmado que:

> [...]. Conforme jurisprudência desta Corte Superior, para se configurar a captação ilícita de sufrágio, é necessária a presença dos seguintes elementos: (a) prática de qualquer das condutas previstas no art. 41-A; (b) dolo específico de obter o voto do eleitor; (c) ocorrência dos fatos entre a data do registro de candidatura e a eleição; (d) participação, direta ou indireta, do candidato beneficiado ou a sua concordância ou conhecimento dos fatos que caracterizam o ilícito (REspe 060077559, Acórdão, rel. Min. Benedito Gonçalves, *DJe* 21.10.2022, t. 210).

Mas não se pode deixar de levar em conta o seguinte entendimento:

> [...] Inelegibilidade. Abuso do poder econômico. Art. 22 da LC n. 64/1990. Captação ilícita de sufrágio. Art. 41-A da Lei n. 9.504/1997. Descaracterização. Anuência do candidato não comprovada. Ausência de provas robustas. Condenação por presunção. Impossibilidade. 1. A configuração da captação de sufrágio, não obstante prescindir da atuação direta do candidato beneficiário, requer a comprovação de sua anuência, ou seja, de sua participação efetiva, ainda que indireta, não sendo possível a condenação por mera presunção. [...] (Ac. de 20.10.2009 no REspe 35.589, rel. Min. Marcelo Ribeiro).

Quem pratica, comete o ato pessoalmente, por si próprio ou com o auxílio de terceiros; é ato pessoal, em que o candidato realiza diretamente, sozinho ou em grupo, a conduta contrária à lei. Participar é ação que se realiza por diversas formas, tais como estimular, auxiliar ou assistir passivamente às transgressões que lhe beneficiam. Consentir ou anuir é estar de acordo com a realização da conduta ilegal. Aqui, o candidato adota conduta capaz de demonstrar o conhecimento do fato, sem que a isso corresponda ação voltada a fazê-lo cessar. A omissão do candidato ante a lesão de direito demonstra a sua anuência.

A seleção de cabos eleitorais deve ser procedida com o zelo inerente às responsabilidades de campanha, sob pena de esta restar viciada. Se, todavia, um importante apoiador ou alguém a ele ligado por laços de confiança, parentesco ou proximidade, exerce, de forma pública e reiterada, ato capaz de caracterizar infração das regras que salvaguardam a formação livre da vontade do eleitor, pode ficar caracterizada a conivência do candidato.

Um candidato cuja esposa pratica a corrupção eleitoral em seu benefício não pode alegar desconhecimento do fato. Em um caso ocorrido em Sobral, no Ceará, a esposa de um candidato a vereador distribuía autorizações para a moldagem de dentaduras, o que sujeitou o marido candidato à perda do diploma.

No começo da aplicação da Lei n. 9.840/1999, o TSE exigia a prova da participação direta do candidato na prática do ato de corrupção eleitoral. Era preciso que o candidato fosse flagrado pessoalmente realizando a captação ilícita de sufrágio para que seu registro ou diploma fosse cassado. Logo, o TSE percebeu que essa posição não era a mais correta. Numa decisão que se tornou um importante precedente, tomada no julgamento do Recurso Especial Eleitoral n. 19.566, publicada em 26 de abril de 2001, o Ministro Sálvio de Figueiredo Teixeira afirmou o seguinte:

> Assim, tem-se por caracterizada a captação de sufrágios com a participação do candidato ou mesmo por sua explícita anuência às práticas ilícitas capituladas naquele artigo. Não fosse isso, em face da costumeira criatividade dos candidatos e dos seus colaboradores, correr-se-ia o risco de tornar inócua a citada norma, mantendo impunes e até mesmo estimulando os candidatos na prática de abusos e ilícitos que a sociedade, notadamente a mais próxima dos fatos, repudia com justificada veemência.

Essa evolução ficou patenteada no excerto adiante transcrito:

> Na ocasião do julgamento desse apelo, REspe n. 19.566-MG, *DJ* de 26.04.2001, assinalei: "Na MC n. 1.000 consignei que, em princípio, se poderia estender ao art. 41-A a interpretação que a Corte dá ao art. 299 do Código Eleitoral, segundo a qual o crime de corrupção eleitoral só é imputável ao autor da ação, e não ao beneficiário dela". Ao analisar a espécie nesta oportunidade, considerando não se tratar de crime eleitoral, bem como o escopo de manter-se a lisura dos pleitos eleitorais, garantindo o equilíbrio entre os candidatos, sem permitir que a interferência do poder econômico ou político venha a macular a disputa, melhor a aplicação do art. 41-A da Lei n. 9.504/1997, na mesma linha, aliás, adotada por esta Corte no RESPE n. 19.404, rel. Min. Fernando Neves, em 18.09.2001, que, ao apreciar matéria relativa à proibição de candidatos a cargos de Poder Executivo participarem de inauguração de obras públicas, concluiu ser "[...] irrelevante, para a caracterização da conduta, se o candidato compareceu como mero espectador ou se teve posição de destaque na solenidade". Assim, tem-se por caracterizada a captação de sufrágios com a participação do candidato ou mesmo por sua explícita anuência às práticas ilícitas capituladas naquele artigo. Não fosse isso, em face da costumeira criatividade dos candidatos e dos seus colaboradores, correr-se-ia o risco de tornar inócua a citada norma mantendo impunes e até mesmo estimulando os candidatos na prática de abusos e ilícitos que a sociedade, notadamente a mais próxima dos fatos, repudia com justificada veemência. (AgRgMC n. 1.229, rel. Min. Ellen Gracie, 17.10.2002).

Esses seriam alguns exemplos de atos de terceiros capazes de sujeitar o candidato a sanções administrativas decorrentes de ilícitos eleitorais promovidos mediante interposta pessoa:

- ▣ um candidato médico tem seu hospital funcionando como local de distribuição gratuita de medicamentos e de divulgação de material de campanha, ainda que ele não compareça ao local;
- ▣ a mulher do candidato distribui ou promete dentaduras, dinheiro, remédios ou qualquer bem em troca de votos;
- ▣ o comitê eleitoral opera como um local de distribuição de bens, mesmo sem a presença do candidato;
- ▣ a coordenação oficial da campanha promove, em nome do candidato, atos de corrupção eleitoral.

Será preciso, sempre, a demonstração de que o candidato tinha conhecimento do que ocorria, não sendo necessária a sua participação na execução dos atos de corrupção da vontade do eleitorado.

Exigir de qualquer sorte a participação ativa e pessoal dos próprios candidatos no cometimento dos atos havidos como de captação ilícita de sufrágio corresponderia a negar eficácia à lei, já que no mais das vezes para a realização da conduta estes se valem do concurso de terceiros vinculados à campanha. A interpretação da lei não pode conduzir ao absurdo, o que ocorreria se se afirmasse a inexistência de repressão administrativa para candidatos que praticam a corrupção valendo-se do concurso de terceiros.

Anote-se, por fim, que o TSE já decidiu que:

> A afinidade política existente entre o candidato a governador e o candidato a senador não acarreta, por si só, a ciência por aquele de todos os atos de campanha praticados por pessoas ligadas ao parlamentar, porquanto, do contrário, a responsabilidade no que tange ao art. 41-A da Lei n. 9.504/1997 não seria subjetiva, mas, sim, objetiva [...] (Ac. de 16.03.2010 no RCED n. 739, rel. Min. Arnaldo Versiani).

7.2.5. A caracterização do dolo

O **legislador** ordinário, por meio da Lei n. 12.034/2009, **acrescentou** ao art. 41-A o § 1.º para **estabelecer** que: "Para a caracterização da conduta ilícita, é **desnecessário** o **pedido explícito de votos**, bastando a **evidência do dolo**, consistente no especial **fim de agir**".

A inserção do referido dispositivo, à primeira vista, parece haver almejado a diminuição do rigor da norma, dificultando a caracterização da compra de votos.

Essa primeira impressão deve ser desde logo abandonada. O TSE já exigia o dolo para a caracterização da captação ilícita de sufrágio desde antes da inserção da nova disposição legal, sempre exigindo a presença do "[...] elemento subjetivo do tipo, consistente no dolo específico de angariar o voto pela entrega da vantagem" (Ac. de 21.02.2008 no AEAG n. 8.857, rel. Min. José Delgado).

Na verdade, a inovação legal nada mais fez do que afirmar o óbvio: a conduta capaz de levar à aplicação das sanções previstas no art. 41-A há de ser aquela intencional, por meio da qual o eleitor é abordado com uma dádiva real ou prometida em troca do voto. Não há meio de comprar votos culposamente.

Isso nada tem a ver, registre-se, com a realização direta da compra de votos pelo candidato. Como afirmamos, a campanha é sempre uma obra coletiva. O candidato age em conjunto com sua equipe e com os agentes eleitorais que o ajudam a organizar e propagar a sua campanha eleitoral. O dolo exigido pela norma é o dolo da pessoa que promove a abordagem ao eleitor, seu desejo efetivo de comprar votos.

A responsabilidade do candidato é decorrência do fato de este constituir e dirigir a sua equipe de campanha, por meio da qual atua.

Se o dispositivo fosse lido como se estivesse a exigir a prova de que o candidato orientou pessoalmente o seu cabo eleitoral a promover a oferta de bens ou vantagens com fins eleitorais, o art. 41-A teria a sua aplicação fulminada, já que se trata de ação que escapa à possibilidade de demonstração em juízo.

O objetivo da norma é o de exigir o dolo por parte de qualquer pessoa que, comprovadamente, integre a campanha do candidato, atuando em seu nome. A isso se refere a expressão "anuência", já acolhida pela jurisprudência. O candidato é responsável pela escolha dos seus auxiliares na sua busca pelo mandato, não sendo admissível que alegue não haver desejado uma conduta feita por alguém que ele próprio determinou que saísse a campo em busca de votos. Ciente disso, o TSE não viu no acréscimo do aludido § 1.º qualquer razão para alterar a sua linha jurisprudencial, continuando a afirmar que para a caracterização da captação ilícita de sufrágio, "exige-se prova robusta [...] da participação ou anuência do candidato beneficiado" (Ac. de 15.02.2011 no REspe 36.335, rel. Min. Aldir Passarinho Junior).

7.2.6. A finalidade eleitoral

A campanha eleitoral tem como fim primordial a conquista do voto. Mais que isso, a conquista de votos suficientes para superar os opositores e garantir a obtenção do mandato. Sendo assim, não há de pairar dúvidas de que todos os atos de uma campanha têm obrigatoriamente uma finalidade eleitoral.

Essa afirmativa aparentemente singela tem gerado certa **perplexidade** no momento da **aplicação** do art. 41-A da Lei das Eleições. Discute-se, a partir da locução "com o fim de obter-lhe o voto", presente na redação dada ao dispositivo, senão seria **necessário** que a outorga do bem ou da **vantagem** ao eleitor viesse acompanhada por um **pedido explícito** e verbalizado de votos. Somente assim, argumenta-se, seria possível ter por demonstrada a finalidade eleitoral do ato.

Interpretando a expressão sob análise, o **TSE afirma que**:

> Para a caracterização de conduta descrita no art. 41-A da Lei n. 9.504, de 1997, é imprescindível a demonstração de que ela foi praticada com o fim de obter o voto do eleitor (REspe 19.229, rel. Min. Fernando Neves, 15.02.2001).

Mas essa **demonstração** pode ser feita por diversos meios, não se exigindo que o **pedido de votos** tenha sido formulado **verbalmente**. É o que ficou patenteado no seguinte *leading case*:

> O SENHOR MINISTRO FERNANDO NEVES: Neste ponto está tipificada a hipótese do art. 41-A, porque é evidente a intenção de obter o voto. Não há dúvida de que a vontade popular foi aliciada.
> O SENHOR MINISTRO NELSON JOBIM (presidente): Porque não se exige a verbalização.
> O SENHOR MINISTRO FERNANDO NEVES: Exatamente, a conduta é que é punida. Então, embora realmente não haja aqui no acórdão a afirmação de que ele pediu voto, agiu na intenção de obtê-lo. Isto está registrado no acórdão recorrido, mas não podemos examinar sem rever a prova (REspe 19.566/MG).

Não há uma fórmula legal para a aferição dessa particular intenção. Cada caso demandará uma análise responsável e cuidadosa.

Por vezes, a finalidade eleitoral é expressa: oferece-se o bem ao tempo em que o voto é solicitado. Numa distribuição de cestas básicas em que são utilizadas sacolas plásticas com propagandas do candidato, a constatação é imediata. O mesmo ocorre quando são utilizados veículos que ostentam faixas ou cartazes de campanha para oferecer serviço de transporte a eleitores. Houve um caso em que foram distribuídas passagens de ônibus carimbadas com o número do candidato. O TSE já decidiu que "configura captação ilícita de votos, glosada no art. 41-A da Lei n. 9.504/1997, a manutenção de curso gratuito com entrega de material contendo propaganda eleitoral" (RO n. 882, rel. Min. Marco Aurélio, 24.05.2005).

Mas atente-se para o seguinte aresto:

> [...] Oferecimento de cestas básicas durante debate entre candidatos a prefeito. Não caracterização de captação ilícita de sufrágio. Desprovimento. I — Promessas de campanha dirigidas indistintamente a eleitores sem referência a pedido de voto não constituem captação ilícita de sufrágio, a que alude o art. 41-A da Lei n. 9.504/1997. [...] (Ac. de 08.04.2010 no REspe 35.352, rel. Min. Fernando Gonçalves).

Em outro aresto, todavia, afirma-se a desnecessidade do pedido explícito de votos:

> À luz dos critérios fixados por este Tribunal, a realização de propaganda, quando desacompanhada de pedido explícito e direto de votos, não enseja irregularidade per se. Todavia, caracteriza—se o ilícito eleitoral quando o veículo de manifestação se dá pela utilização de formas proscritas durante o período oficial de propaganda, como se depreende no caso ora analisado, cujo meio utilizado consistiu em showmício, nos termos do art. 39, § 7.º, da Lei 9.504/1997 (REspe 060144513, Acórdão, rel. Min. Sérgio Banhos, *DJe* 02.03.2020, t. 41).

No mesmo sentido da jurisprudência o TSE, ao formular a Resolução TSE n. 23.610/2019, previu, no § 1.º do art. 109, que: "Para a caracterização da conduta ilícita, é desnecessário o pedido explícito de votos, bastando a evidência do dolo, consistente no especial fim de agir", sedimentando o segundo entendimento acima apresentado.

Por vezes, são adotadas cautelas no sentido de dissimular a finalidade eleitoral do ato, na procura de evitar a produção de provas que possam vir a embasar uma representação por captação ilícita de sufrágio.

Verificado que o propósito era o de granjear a simpatia, temor, respeito, submissão ou qualquer outro sentimento de obrigação necessário à produção do comprometimento eleitoral, faz-se necessária a aplicação do art. 41-A da Lei das Eleições.

Como vimos no item II deste capítulo, a compra de votos se materializa e se realiza por diversas formas e com distintos significados sociológicos. A simples entrega do benefício, como um presente ofertado ao eleitor, pode servir para reforçar o sentimento de dívida ou de retribuição do favor por parte do votante. É necessário, pois, ter em mente o significado real da conduta, sob pena de, com grande facilidade, mascararem--se os verdadeiros propósitos de uma conduta de fins evidentemente ilícitos. Um instrumento que contribuiria para a análise dos fins poderia ser o cotejo dos fatos apurados na representação com a multiplicidade das formas sociais da compra de votos estudadas no capítulo inaugural deste módulo.

Ante a impossibilidade de sondagem do desejo do candidato, a finalidade do ato deve ser descoberta pela análise do conjunto das circunstâncias que o cercam.

Num interessante precedente, o TSE considerou ter havido captação ilícita de sufrágio no episódio em que se promoveu o depósito na conta corrente de diversos empregados de certa empresa, sem que houvesse justificativa para tanto. No caso, decidiu-se o seguinte:

> Representação. Captação ilícita de sufrágio e abuso do poder econômico. Cassação de diploma. Inelegibilidade. Candidato a senador e suplentes. 1. Caracteriza captação ilícita de sufrágio o depósito de quantia em dinheiro em contas-salário de inúmeros empregados de empresa de vigilância, quando desvinculado de qualquer prestação de serviços, seja para a própria empresa, que é administrada por irmão de candidato, seja para campanha eleitoral. 2. A atual jurisprudência do Tribunal não exige a prova da participação direta, ou mesmo indireta, do candidato, para fins de aplicação do art. 41-A da Lei das Eleições, bastando o consentimento, a anuência, o conhecimento ou mesmo a ciência dos fatos que resultaram na prática do ilícito eleitoral, elementos esses que devem ser aferidos diante do respectivo contexto fático. No caso, a anuência, ou ciência, do candidato a toda a significativa operação de compra de votos é fruto do envolvimento de pessoas com quem tinha forte ligação familiar, econômica, política e trabalhista. [...] (Ac. de 16.06.2009 no RO n. 2.098, rel. Min. Arnaldo Versiani).

Não se há de exigir, como visto, que o pedido de voto tenha sido verbalizado. Pede-se de muitas formas, explícitas ou implícitas. Um candidato que, em seu comitê, faz doação a eleitores, revela o seu propósito de obter votos como contrapartida de seu gesto. O mesmo acontece com um comitê oficial de campanha, mantido pelo candidato, em que são oferecidos bens ou vantagens a eleitores. Como decorrência do aperfeiçoamento da legislação e da jurisprudência eleitorais, as técnicas de conquista do voto tendem a se tornar cada vez mais aprimoradas, de modo a dificultar a atuação da Justiça. Esta deve, portanto, aprimorar-se para uma análise mais detalhada das circunstâncias envolvidas, qualificando-se para reconhecer a presença de ações dissimuladas e distingui-las de outras não reprimidas pelo art. 41-A.

Cumpre asseverar ser irrelevante para aplicação do art. 41-A da Lei das Eleições que a opção do eleitor tenha sido efetivamente alterada ou influenciada pelo ato ilícito praticado pelo candidato. Basta que se materializem os atos voltados à conquista ilegal dos votos para que se dê a aplicação das sanções definidas em lei, sendo insignificante a circunstância de o votante já haver demonstrado ou afirmado a intenção de dirigir seu voto ao candidato violador das normas eleitorais.

7.2.7. Identificação do eleitor

O art. 41-A da Lei das Eleições declara expressamente que a oferta, doação, entrega ou promessa do bem ou vantagem devem ser dirigidas ao eleitor. Com isso, o legislador enfatiza o universo fático em que a norma pretende incidir, vale dizer, aquele em que se procura conquistar o voto alheio a partir de instrumentos ilícitos de aliciamento. A liberdade na escolha entre as diversas alternativas de voto é maculada por meio da utilização de estímulos vedados pelas normas que regem a administração do processo eleitoral. Por isso, como já tivemos oportunidade de afirmar, o dispositivo em análise se presta à defesa da formação livre da vontade do eleitor. É isso que o legislador ressalta ao mencionar "o eleitor" como aquele a quem não se haverá de violentar por intermédio da captação ilícita de sufrágio.

Isso não significa que, para a aplicação do comando legal, seja necessária a identificação do eleitor ou do grupo de eleitores aos quais se pretendeu aliciar. Basta que se comprove a realização de condutas suficientes para que eleitores se vejam indevidamente incitados a dirigir seu voto ao captador ilegal.

Diversas circunstâncias podem impedir ou dificultar a identificação do eleitor. Isso pode ocorrer, por exemplo, na hipótese de o eleitor abordado na presença de testemunhas não vir a ser posteriormente localizado para a devida individualização. Mas há situações outras em que a inviabilidade da tarefa de destacar os eleitores atingidos pela captação ilícita de sufrágio deriva da maneira mesma com que a oferta tenha sido realizada. Os meios de comunicação de massa, quando utilizados para propagar estímulos ilícitos para o direcionamento das opções eleitorais, atingem um número incerto e indefinível de votantes. Trata-se de uma forma difusa de propagação dos resultados do ilícito administrativo eleitoral.

No município cearense de Tauá, nas eleições de 2000, um advogado, pleiteando o cargo de vereador, valeu-se de um programa de rádio para oferecer seus serviços gratuitos ao eleitorado local, tendo — em virtude dessa conduta — sido submetido às sanções previstas no art. 41-A. Neste exemplo mencionado, seria irrelevante a identificação de eleitores alcançados pelo programa, bastando a comprovação de que a oferta ilícita fora de fato pronunciada.

O TSE tem, a respeito do tema, posição bastante clara, reiterada em diversos acórdãos:

> Para a configuração da infração ao art. 41-A da Lei n. 9.504/1997 não é necessária a identificação do eleitor. Precedente: RESPE n. 21.022, rel. Min. Fernando Neves. Oferta feita a membros da comunidade. A pluralidade não desfigura a prática da ilicitude. (RESPE n. 21.120, 17.06.2003, rel. Min. Luiz Carlos Lopes Madeira). [...]. Estando comprovada a prática de captação ilegal de votos, não é imprescindível que sejam identificados os eleitores que receberam benesses em troca de voto (REspe n. 21.122, 05.12.2002, rel. Min. Fernando Neves).

Essa linha interpretativa foi confirmada no julgamento do Recurso Ordinário n. 787, que teve como relator o ministro Francisco César Asfor Rocha, publicado em 10 de fevereiro de 2006, no qual restou assentado que: "Não é indispensável, outrossim, a identificação dos eleitores que receberam os benefícios e vantagens". Trata-se, aliás, de tema já pacificado na jurisprudência do Tribunal Superior Eleitoral. Isso é o que se afirma no REspe 25.215: "Este Tribunal já pacificou entendimento de que, para a caracterização do art. 41-A da Lei das Eleições, não se faz indispensável a identificação do eleitor" (rel. Min. Caputo Bastos, 04.08.2005).

Existente a prova da captação ilegal de sufrágio, torna-se desnecessária a identificação do eleitor. É claro que se for obtida toda a prova relativa ao fato, inclusive com a revelação da identidade do eleitor, tanto melhor. Há casos, porém, em que a oferta é dirigida a membros de uma comunidade, situação ainda mais grave, por permitir repercussão maior da ilegalidade praticada. Em tal situação, pode ser difícil a identificação dos eleitores especificamente atingidos pela iniciativa. De qualquer forma, como vimos, já se decidiu que: "A pluralidade não desfigura a prática da ilicitude" (AMC n. 1.264, rel. Min. Luiz Carlos Madeira, 10.04.2003).

Há mesmo a hipótese de oferta ampla, como a divulgada por meio de rádio ou televisão. Se o candidato promete, por um desses meios, que quem nele votar será premiado com um bem ou vantagem, praticará um ato de que é vítima toda a sociedade.

E se a pessoa a quem se pretendeu corromper não era de fato um eleitor?

Uma oferta dirigida a um jovem não alistado, por exemplo, caracterizaria igualmente a infração administrativa eleitoral. Isso porque a norma possui conteúdo de proteção incidindo sempre que alguém procure captar indevidamente o voto, sendo irrelevante que seu intento seja ou não alcançado.

7.2.8. Influência no resultado da votação (desnecessidade)

O projeto de lei de iniciativa popular tinha por finalidade dotar o ordenamento jurídico brasileiro de normas mais simples, que de fato permitissem afastar da disputa os candidatos dispostos a praticar ato tão inaceitável como a compra de votos.

A exigência de prova da alteração efetiva ou potencial do resultado da eleição, nesse sentido, amputaria os efeitos da inovação legal. Reitere-se, a finalidade do art. 41-A é retirar da disputa eleitoral o praticante da captação ilegal de sufrágio, não a de resguardar o resultado do pleito. A proteção se volta ao eleitor, não ao resultado da corrida eleitoral.

Por isso, a prova da simples tentativa de compra de um único voto já basta para que a lei possa ser aplicada. Trata-se da aplicação de um raciocínio lógico: quem tenta subornar um eleitor para alterar o conteúdo do seu voto, certamente adota essa mesma conduta como, pelo menos, um dos padrões de campanha. Isso torna imprescindível a sua exclusão do certame.

A reflexão foi perfeitamente captada pelo Tribunal Superior Eleitoral, conforme se depreende da leitura do excerto a seguir reproduzido:

> Aqui, creio importante ter presente que a circunstância de ser encontrada e ser demonstrada uma conduta, duas condutas ou três condutas de um determinado candidato significa que essa é a conduta que ele usou em outros casos virtuais.

Ou seja, é o pico de um *iceberg*. E é exatamente este o sentido da alteração do art. 41-A, pois tornava-se absolutamente impossível caminharmos para as cassações de registro, considerando sempre aquela relação: proporcionalidade etc. (REspe 19.739/BA).

Por tais razões, o Tribunal Superior Eleitoral **concluiu** pela **desnecessidade** da **prova** da influência no resultado como **requisito** para a procedência da representação por **captação irregular de sufrágio**. O excerto acima transcrito foi colhido junto aos debates que conduziram à prolação de um precedente fundamental na construção desse entendimento: o caso "caixa d'água". Na cidade de Jussiape, no estado da Bahia, um dos candidatos a prefeito, afinal vitorioso, decidiu retomar para si, após o pleito, a caixa d'água e o padrão de luz que doará a uma eleitora durante a campanha, ante a suposição de que ela não lhe havia de fato retribuído com o voto. Tanto em primeiro grau como no Tribunal Regional da Bahia, o fato foi considerado insignificante, embora se reconhecesse provada a sua ocorrência. A conclusão do TSE foi de que:

[...] no caso de captação de votos vedada por lei, não há que se indagar sobre a potencialidade de o fato influir no resultado da eleição, conforme já decidiu este Tribunal no julgamento do Recurso Especial n. 19.553, na sessão de 21.03.2002, que teve como relator o Ministro Sepúlveda Pertence (REspe 19.739/BA).

Algumas outras passagens da jurisprudência do TSE quanto a esse tema merecem citação:

Para a configuração do ilícito inscrito no art. 41-A da Lei n. 9.504/1997, acrescentado pela Lei n. 9.840/1999, não é necessária a aferição da potencialidade de o fato desequilibrar a disputa eleitoral. Ademais, para que ocorra a violação da norma do art. 41-A, não se torna necessário que o ato de compra de votos tenha sido praticado diretamente pelo próprio candidato. É suficiente que, sendo evidente o benefício, do ato haja participado de qualquer forma o candidato ou com ele consentido: Ag n. 4.360/PB, Min. Luiz Carlos Madeira. RESPE n. 21.248/SC, Min. Fernando Neves. RESPE n. 19.566/MG, Min. Sálvio de Figueiredo. (RESPE n. 21.264, rel. Min. Carlos Velloso, 27.04.2004). [...] O TSE tem entendido que um simples ato — distribuição de cesta básica, caixa d'água etc. — é suficiente para caracterizar a conduta. (RESPE n. 21.120/ES). [...] Para a configuração do ilícito previsto no referido art. 41-A, não é necessária a aferição da potencialidade de o fato desequilibrar a disputa eleitoral, porquanto a proibição de captação de sufrágio visa resguardar a livre vontade do eleitor e não a normalidade e equilíbrio do pleito, nos termos da pacífica jurisprudência desta Corte (Acórdão n. 3.510). (RESPE n. 21.248/SC). [...] Por fim, ressalto que para a configuração do ilícito previsto no referido art. 41-A, não é necessária aferição da potencialidade de o fato desequilibrar a disputa eleitoral porque aqui o que se visa resguardar é a livre vontade do eleitor e não a normalidade e equilíbrio do pleito, nos termos de pacífica jurisprudência desta Corte. Nesse sentido: Acórdão n. 3.510, rel. Min. Luiz Carlos Madeira, de 27.03.2003. (RESPE n. 21.248/SC). [...] Desnecessário, por outro lado, apurar a potencialidade do fato no resultado da eleição, na linha firme jurisprudência desta Corte (REspe 19.739, 13.08.2002, de que fui relator, e REspe 19.553, de 21.03.2002, rel. Min. Sepúlveda Pertence). (REspe 21.022/CE).

Os textos apresentados são claros exemplos da aplicação do exato sentido conferido pelo legislador ao art. 41-A da Lei das Eleições. Se essas observações já eram válidas desde o início da aplicação do art. 41-A, agora o são com mais vigor, já que a possibilidade de considerar o potencial impacto do ilícito do resultado da campanha foi vedada pelo novo texto do inciso XIV do art. 22 da Lei de Inelegibilidades, com as alterações promovidas pela Lei Complementar n. 135/2010 (Lei da Ficha Limpa). O impacto de qualquer ato ilícito no resultado do pleito não é mais preocupação da Justiça Eleitoral, que deve deixar de aplicar a norma apenas em casos absolutamente destituídos de lesividade jurídica.

7.2.9. Período de caracterização

Questão bastante relevante é a referente ao período em que se opera a incidência das regras do art. 41-A da Lei n. 9.504/1997, ou seja, o espaço de tempo em que, praticados os atos repelidos por lei, fica caracterizada a infração eleitoral. Comecemos pela análise do texto legal. Diz o supracitado artigo que esse período vai "desde o registro da candidatura até o dia da eleição, inclusive".

Sabemos todos que a captação ilícita de sufrágio pode se dar a qualquer tempo. É possível que alguém esteja praticando o ato quando ainda falta muito tempo para as eleições. Mas a lei se preocupa apenas com o período em que essa conduta se torna mais intensa, o que normalmente ocorre após o registro das candidaturas.

Quanto ao dia em que tem início a possibilidade da aplicação do art. 41-A da Lei das Eleições, que permite a imposição da multa e da cassação, a questão não é tão fácil. Isso porque o registro não é um ato simples, que se dá de uma vez só. É, na verdade, um procedimento. Compõe-se, portanto, de uma série de atos que vão desde o pedido (requerimento) até a decisão da Justiça Eleitoral.

As dúvidas suscitadas com o início da vigência da Lei n. 9.840/1999, que incluiu o art. 41-A na Lei das Eleições, foram fulminadas pelo Tribunal Superior Eleitoral, que concluiu que, ao falar em "registro da candidatura", quis o legislador mencionar de fato "o pedido de registro". Há, pelo menos três motivos plausíveis para que assim seja:

a) Não seria razoável a fixação de um termo de início para o período de proibição que não servisse de parâmetro para todos os candidatos. A Justiça Eleitoral não está obrigada a deferir todos os registros num mesmo dia, nem isso é possível na hipótese sempre presente de impugnação ao registro de candidatura.

Por vezes, as discussões judiciais, eventualmente em múltiplas instâncias, levam um dado registro a ser finalmente deferido muito tempo após os primeiros. Não seria, então, possível, por óbvio, afirmar que mesmo depois de haver sido escolhido em convenção e ter requerido o registro da candidatura, algum candidato pudesse estar oferecendo, prometendo ou entregando, sem a verificação de infração eleitoral, bens ou vantagens a eleitores.

Imagine-se a hipótese de alguém que teve contra si formulada impugnação ao registro de candidatura e que, beneficiando-se disso, promove a captação de sufrágio, quando os demais estão proibidos de fazê-lo em virtude do deferimento do seu registro. Essa distinção afigurar-se-ia visivelmente insustentável.

b) É tradição do nosso Direito Eleitoral a concessão de *status* de candidato àquele que teve seu nome aprovado em convenção partidária. É assim, por exemplo, no que toca à legitimação para propor ação de impugnação ao registro de candidatura. Candidato, para o fim previsto no art. 3.º da Lei das Inelegibilidades, é o concorrente cujo nome foi aprovado em convenção. E a razão de ser desse entendimento é óbvia: se fosse considerado candidato apenas aquele que já teve o seu registro deferido, nem mesmo seria possível a impugnação entre candidatos, já que o prazo para o ataque ao pedido de registro começa a correr a partir da sua simples publicação.

Pode parecer, então, que a jurisprudência devesse ter conferido ao art. 41-A a incidência "desde a convenção" em lugar de "desde o registro". Não haveria, assim, confronto algum com o sistema eleitoral. Como a lei usou expressamente o registro como termo inicial da incidência, o TSE contentou-se com a afirmativa de que a candidatura tem início com o seu requerimento.

c) Segundo a sistemática em vigor, o processo eleitoral propriamente dito tem início com a convenção para escolha dos candidatos. Logo após, principia a contagem do prazo para o requerimento dos registros de candidatura. Terminado esse prazo, passa-se à fase da propaganda eleitoral, que, segundo a lei em vigor (Lei n. 13.165/2015), tem data definida: o dia 15 de agosto.

Não se poderia, então, deixar de admitir que uma das normas que tratam da propaganda, justamente a que trata da captação ilegal de sufrágio, pudesse ter o início de sua incidência diferido para além do momento em que já é plenamente possível a divulgação das candidaturas. Quem já pode se apresentar como candidato, deve se comportar como tal. E não seria admissível que a propaganda viesse acompanhada de métodos abusivos de angariação de votos apenas por amor à letra fria da lei, que apenas aparentemente posterga o momento a partir do qual se torna defesa a "compra de votos".

No precedente São Lourenço, o Ministro Fernando Neves **firmou o entendimento hoje pacífico** no Tribunal Superior Eleitoral. Em seu voto condutor ficou **definido** o seguinte:

> Entendo que o termo inicial do interregno estabelecido no art. 41-A da Lei n. 9.504/1997, "desde o registro da candidatura até o dia da eleição, inclusive", é a data em que o registro da candidatura é requerido, e não aquela em que veio a ser deferido. Desde que o candidato está autorizado a desenvolver sua campanha eleitoral antes do deferimento do registro de sua candidatura, não me parece legítimo isentá-lo das penas aplicáveis pela eventual prática da grave conduta descrita no referido art. 41-A, se essa se der entre o pedido e o deferimento (REspe 19.229/MG, 15.02.2001).

No REspe 19.566/MG, de 18.12.2001, relator o Ministro Sálvio de Figueiredo Teixeira, o TSE voltou a afirmar que "quanto à aferição do ilícito previsto no art. 41-A, esta Corte já decidiu que o termo inicial é o pedido do registro da candidatura". Se a captação irregular de sufrágio ocorreu antes do pedido de registro, ainda cabe a ação penal pelo crime eleitoral previsto no art. 299 do CE ou, se for o caso, a investigação judicial para apuração de abuso de poder econômico (ver art. 22 da LC n. 64/1990).

7.2.10. Captação ilegal de sufrágio e propaganda

O art. 41-A da Lei n. 9.504/1997 encontra-se incrustado no capítulo denominado "Da Propaganda Eleitoral em Geral". Não foi por acaso que se lhe concedeu essa localização tópica. Para entender este dispositivo é preciso vê-lo não isoladamente, mas lançando mão do processo sistêmico ou orgânico de interpretação, cuja função, na inesquecível lição de Herkenhoff (1997), é a de "preservar a harmonia do sistema legal, zelar por sua coerência".

Sendo assim, é necessário reconhecer que todos os artigos integrantes do capítulo acima referido contêm normas cuja observância deve ser verificada durante o período de propaganda eleitoral. Aliás, a própria "compra de votos" é uma forma de propaganda, apesar da sua tão decantada ilegalidade. O professor Fávila Ribeiro (1998) nos ensina que a propaganda "é um conjunto de técnicas empregadas para sugestionar pessoas na tomada de decisão". Existe, assim, propaganda lícita e ilícita. E a captação de sufrágio vedada por lei se insere nesta última modalidade.

A captação ilícita de sufrágio é uma modalidade de propaganda ilícita caracterizada pela oferta efetiva ou potencial de bens ou vantagens como instrumento de motivação para a conquista de votos. Pode-se afirmar, então, que a captação ilícita de sufrágio é uma forma de propaganda ilegal, qualificada pela subministração ao eleitor de incentivos materiais ou imateriais como forma de estimular a outorga do voto. Dessa compreensão da compra de votos como forma de propaganda contrária ao direito derivam consequências práticas:

◼ favorece a atuação, mesmo de ofício, dos órgãos da Justiça Eleitoral para, com base no poder de polícia que lhe é inerente fazer cessar os atos de corrupção da vontade do eleitorado;

◼ facilita a definição do órgão da Justiça Eleitoral competente para apreciar as ofensas ao dispositivo de lei, sendo que nos tribunais as representações devem ser dirigidas aos juízes auxiliares incumbidos da fiscalização da propaganda;

◼ define, como prazo para a interposição de quaisquer recursos, o prazo de 24 horas previsto no art. 96, § 8.º, da Lei das Eleições.

Como se vê, a inserção tópica do art. 41-A no capítulo da Lei das Eleições destinado à disciplina da propaganda não é apenas acertada, como possui importantes consequências no plano da aplicação das normas eleitorais.

7.3. CONDUTAS VEDADAS AOS AGENTES PÚBLICOS

7.3.1. Considerações preliminares

Os arts. 73 a 77 da Lei n. 9.504/1997 **vedam** aos agentes públicos a **prática** de algumas **condutas** que a norma presume tendentes a **afetar** a igualdade de **oportunidades** entre candidatos nos **pleitos** eleitorais. Elas são as denominadas condutas **vedadas** aos agentes públicos. A matéria tem a sua relevância marcada pela adoção do **instituto da reeleição**, situação pela não exigência de **desincompatibilização** por parte dos chefes do Executivo ao longo das campanhas eleitorais.

O Agravo Regimental no Agravo em Recurso Especial Eleitoral n. 40523, julgado pelo Ministro Floriano de Azevedo Marques e publicado no *Diário de Justiça Eletrônico* em 16.02.2024, trata de uma questão importante na jurisprudência eleitoral relacionada às condutas vedadas durante o período eleitoral.

Colhe-se do aludido precedente o seguinte:

> Não há falar em indiferente eleitoral do fato em razão da alegada ausência de participação dos agravantes na conduta considerada ilícita, uma vez que o entendimento desta Corte superior é no sentido de que 'as condutas vedadas contidas no art. 73 da Lei n. 9.504/1997 se aperfeiçoam com a mera prática dos atos descritos na norma, independentemente da finalidade eleitoral, uma vez que constituem ilícitos de natureza objetiva. Precedentes' (RO-El 0608809-63, rel. Min. Raul Araújo Filho, *DJE* de 19.05.2023).

Essa decisão reafirma o entendimento de que, para a caracterização das condutas vedadas definidas pelo art. 73 da Lei n. 9.504/1997, não é necessário provar a finalidade eleitoral ou o impacto efetivo da conduta no pleito. A lei pressupõe que as ações descritas em si já têm o potencial de desequilibrar a disputa eleitoral. Dessa forma, a mera realização dos atos proibidos pela norma configura o ilícito, independentemente de outras considerações sobre a intenção subjacente ou o impacto eleitoral concreto.

Os dispositivos de lei contêm medidas que visam a impedir que os governantes façam uso, em proveito próprio ou de outro candidato por si apoiados, dos bens e valores públicos de modo a afetar a igualdade de oportunidades na disputa. O legislador optou por relacionar casuisticamente circunstâncias que entende merecerem especial repressão pela via judicial.

7.3.2. O art. 73 da Lei das Eleições

7.3.2.1. *Aspectos gerais*

Todas as **condutas** previstas no referido art. 73, segundo o que **dispõe** o § 4.º daquele dispositivo, **sujeitam** aqueles que **infringem** o comando legal a duas medidas distintas: **a)** suspensão imediata da conduta vedada, quando for o caso, e **b)** imposição de multa no valor de cinco a 100 mil Ufir. A partir da edição da Lei n. 9.840/1999, algumas dessas condutas passaram a merecer uma sanção mais grave que a pena de multa até então prevista: "o candidato beneficiado, agente público ou não, ficará sujeito à cassação do registro ou do diploma" (§ 5.º). Mas nem todas as condutas vedadas previstas no mencionado art. 73 contemplavam essa medida extrema, apenas as relacionadas nos incisos I, II, III, IV e VI.

Ocorre, todavia, que com a nova redação conferida ao § 5.º do art. 73 da Lei das Eleições pela Lei n. 12.034/2009, o dispositivo passou a estipular que a medida de cassação pode ser aplicada em todos os casos de descumprimento ao disposto nos incisos do *caput* e no § 10 do mesmo artigo de lei. Houve, pois, grande ampliação do leque de hipóteses em que pode ocorrer a perda do registro ou do diploma eleitorais como decorrência das condutas vedadas.

7.3.2.2. *Hipóteses de vedação de conduta*

A partir deste momento, para favorecer o alcance das pretensões deste módulo, as hipóteses legais referidas pelos incisos do art. 73 serão transcritas e submetidas a comentários breves, acompanhados de referências jurisprudenciais aptas a ilustrar como vêm sendo interpretadas pelos tribunais. Sujeita-se às sanções previstas para esse ilícito administrativo eleitoral o candidato que praticar ou for beneficiado pela prática de qualquer das seguintes ações:

7.3.2.2.1. *Cessão de bens públicos*

> **Art. 73.** [...]
>
> I — ceder ou usar, em benefício de candidato, partido político ou coligação, bens móveis ou imóveis pertencentes à administração direta ou indireta da União, dos Estados, do Distrito Federal, dos Territórios e dos Municípios, ressalvada a realização de convenção partidária.

A norma visa a preservar os bens que integram o patrimônio público, evitando seu uso com finalidade diversa da que se destinam para proveito eleitoral de alguém.

A expressão "pertencente" abrange tanto os bens definitivamente incorporados ao patrimônio público, como todos os demais a ele submetidos, por locação, cessão ou comodato.

Incide na hipótese, **exemplificativamente**, quem faz uso de **veículo** da **Administração** para transporte de eleitores ou de **integrantes** de sua campanha; quem utiliza **prédio público** para depósito, exibição ou distribuição de material de campanha; divulga atos de campanha por **intermédio** da intranet da **repartição**; **desvia** papéis, mobília ou equipamentos para **benefício** do seu comitê.

Segundo o TSE:

> A vedação a que se refere o inciso I do art. 73 da Lei n. 9.504/1997 não diz, apenas, com as coisas móveis ou imóveis, como veículos, casas e repartições públicas. A interdição está relacionada ao uso e à cessão de todos os bens patrimoniais indisponíveis ou disponíveis — bens do patrimônio administrativo — os quais, "pelo estabelecimento da dominialidade pública", estão submetidos à relação de administração — direta e indireta, da União, estados, Distrito Federal, territórios e municípios. Para evitar a desigualdade, veda-se a cessão e o uso dos bens do patrimônio público, cuja finalidade de utilização, por sua natureza, é dada pela impessoalidade. Recurso conhecido como ordinário a que se nega provimento (TSE, REspe 21.120, rel. Min. Luiz Carlos Lopes Madeira, 17.10.2003).

Mas, nota-se que: "A vedação do uso de bem público, em benefício de candidato, não abrange bem público de uso comum" (Ag n. 4.246, rel. Min. Luiz Carlos Madeira, 24.08.2005). Daí por que a utilização de praças, ruas ou outros espaços de uso comum, quando os mesmos espaços estão à disponibilidade, de forma igualitária, de todos os candidatos, não constitui forma de uso eleitoral da máquina administrativa.

O TRE do Ceará entendeu que:

> O transporte escolar por meio de veículo particular contratado pelo município e pago com recursos do Fundef constitui serviço público. Deixa de sê-lo, contudo, nos fins de semana e em dia de recesso escolar. Desvinculado do serviço público, o veículo retoma sua característica de domínio privado, podendo livremente ser utilizado por seu proprietário (RP n. 11.308/CE, rel. Francisco Roberto Machado).

Anotamos, sem embargo da posição manifestada no caso concreto pela Corte Regional, que a ausência de liberdade na formação da vontade do proprietário do veículo, caracterizada pela coação ou ameaça (da perda do contrato, por exemplo), faria incidir a regra inserta no inciso sob estudo, por quebra das prerrogativas legais e regulamentares.

A Ação de Investigação Judicial Eleitoral (AIJE) n. 060121232, julgada pelo Ministro Benedito Gonçalves e publicada no *DJE* em 22.02.2024, aborda uma questão fundamental no direito eleitoral: o uso de espaços e recursos públicos em campanhas eleitorais. O caso em análise tratou de uma *live* eleitoral realizada pelo então Presidente da República, durante a qual ele anunciou que passaria a fazer *lives* diárias com finalidade eleitoral e pediu votos para si e para candidatos aos cargos de governador e senador, transmitida dos Palácios da Alvorada e do Planalto.

A decisão reconheceu que o abuso de poder político ocorre quando agentes públicos, utilizando-se de prerrogativas do cargo, realizam atos com desvio de finalidade eleitoreira que afetam a isonomia entre candidaturas. Entretanto, a conduta observada na *live* de 21.09.2022 não foi considerada suficientemente grave para configurar abuso de poder político, embora tenha sido identificada como uma conduta vedada pela Lei n. 9.504/1997, que trata das normas para as eleições.

O julgamento destacou que o uso de espaços institucionais, como a biblioteca do Palácio da Alvorada, para fins eleitorais, constitui um desvio da finalidade pública desses espaços, especialmente quando não são acessíveis a outros candidatos. Essa prática pode criar uma vantagem desigual para os candidatos que a utilizam. Além disso, a decisão analisou o papel da intérprete de Libras, concluindo que, embora sua participação não fosse custeada com recursos públicos, havia indícios de omissão de doações estimáveis à campanha, relacionadas à prestação desse serviço.

O TSE, ao julgar o caso, fixou uma tese prospectiva, com aplicação a partir das Eleições de 2024, estabelecendo diretrizes para a realização de *lives* eleitorais por ocupantes de cargos públicos, com o objetivo de preservar a impessoalidade das instituições e assegurar a igualdade de condições entre as candidaturas.

O § 2.º do art. 73 da Lei das Eleições (Lei n. 9.504/1997) trata de exceções à proibição de uso de bens públicos para campanhas eleitorais. Este parágrafo permite, sob condições específicas, o uso de determinados bens públicos pelos candidatos à reeleição. Transcrevendo o trecho na íntegra, ele diz:

> **§ 2.º** A vedação do inciso I do *caput* não se aplica ao uso, em campanha, de transporte oficial pelo Presidente da República, obedecido o disposto no art. 76, nem ao uso, em campanha, pelos candidatos a reeleição de Presidente e Vice-Presidente da República, Governador e Vice-Governador de Estado e do Distrito Federal, Prefeito e Vice--Prefeito, de suas residências oficiais para realização de contatos, encontros e reuniões pertinentes à própria campanha, desde que não tenham caráter de ato público.

Este parágrafo estabelece duas exceções importantes:

a) **Uso de Transporte Oficial pelo Presidente da República**: Permite que o Presidente em exercício use o transporte oficial para fins de campanha, respeitando as normas estabelecidas no art. 76 da mesma lei, que trata das condições de uso desse transporte.

b) **Uso de Residências Oficiais**: Autoriza os candidatos à reeleição (Presidente, Vice-Presidente, Governadores, Vice-Governadores, Prefeitos e Vice-Prefeitos) a utilizar suas residências oficiais para contatos, encontros e reuniões relacionadas à campanha eleitoral. A condição principal é que essas atividades não tenham caráter de ato público, indicando que devem ser de natureza privada ou interna à campanha.

Essas exceções são fundamentais para equilibrar o direito dos candidatos à reeleição de conduzir suas campanhas com a necessidade de evitar o uso indevido de recursos públicos para benefício eleitoral. Ao estabelecer limites claros para essas atividades, a lei busca assegurar a igualdade de condições entre todos os candidatos, prevenindo vantagens indevidas para aqueles que já ocupam cargos públicos.

Por outro lado, a Ação de Investigação Judicial Eleitoral n. 060166527, com relato do Ministro Benedito Gonçalves publicado no *Diário de Justiça Eletrônico* em 22.02.2024, trata de uma questão relevante na jurisprudência do Tribunal Superior Eleitoral (TSE) relacionada ao uso de bens públicos em campanhas eleitorais.

Colhe-se a seguinte passagem da ementa do acórdão:

> A jurisprudência do TSE, interpretando a regra com atenção à finalidade de assegurar a igualdade de condições entre as candidaturas, permite a captura de imagens de bens públicos para serem utilizadas na propaganda, desde que realizada em espaços que sejam acessíveis a todas as pessoas. Veda-se, assim, que os agentes públicos se beneficiem da prerrogativa de adentrar os locais em razão do cargo e lá realizar gravações, conforme precedente das Eleições 2014, que resultou na aplicação de multa por conduta vedada à candidata à reeleição para o cargo de Presidente.

Este trecho reflete um princípio importante no direito eleitoral: a necessidade de garantir a igualdade de condições entre todas as candidaturas. A jurisprudência do TSE reconhece a possibilidade de utilizar imagens de bens públicos em materiais de propaganda eleitoral, mas apenas sob condições específicas que assegurem a isonomia entre os candidatos.

A principal condição é que as gravações sejam realizadas em locais públicos que estejam acessíveis a qualquer pessoa. Isso significa que nenhum candidato ou agente público pode se valer de sua posição ou cargo para acessar espaços exclusivos ou restritos para realizar gravações para fins eleitorais. Este entendimento visa prevenir que certos candidatos obtenham vantagens indevidas por meio do acesso a locais privilegiados ou simbólicos, garantindo assim uma disputa mais justa e equitativa.

7.3.2.2.2. *Excesso no uso de materiais e serviços*

> **Art. 73.** [...]
> II — usar materiais ou serviços, custeados pelos Governos ou Casas Legislativas, que excedam as prerrogativas consignadas nos regimentos e normas dos órgãos que integram.

Pune-se, aqui, o desvio de finalidade. O agente faz uso de bens e serviços a que tem direito. Entretanto, desborda dos limites da licitude para dar ao uso finalidade diversa, a fim de obter proveito eleitoral. Há, aqui, um desvio caracterizado pelo excesso de poder, que não se verifica, entretanto, em termos quantitativos, mas sim por seu conteúdo. Assim, a correspondência franqueada para os gabinetes parlamentares, por exemplo, não pode ser utilizada para a difusão de campanhas eleitorais. Da mesma forma, cotas de combustível ou de uso de telefonia não podem igualmente ser utilizadas para fim diverso do estrito desempenho das funções inerentes ao mandato.

Essa hipótese foi incluída na norma em virtude do episódio celebrizado por um senador da República, cassado em virtude da utilização da gráfica do Senado para a reprodução de calendários evocativos de sua nova candidatura. O caso, de dimensões antológicas, pode ser conhecido no acórdão proferido no Recurso Ordinário n. 12.244, relator o Ministro Marco Aurélio, publicado em 23 de setembro de 1994.

Registre-se, entretanto, que:

> O uso de uma única folha de papel timbrado da administração não pode configurar a infração do art. 73, II, da Lei n. 9.504/1997, dada a irrelevância da conduta, ao se tratar de fato isolado e sem prova de que outros tenham ocorrido (REspe 25.073, rel. Min. Humberto Gomes de Barros, 28.06.2005).

Quanto à prova da proveniência pública dos recursos que custearam o material cuja licitude se discute, afirma o TSE que: "Para a ocorrência de violação ao art. 73, II, da Lei n. 9.504/1997, é necessário que o serviço seja custeado peloerário" (Ag n. 4.246, rel. Min. Luiz Carlos Madeira, 24.05.2005).

7.3.2.2.3. *Cessão de servidor para campanha*

> **Art. 73.** [...]
>
> III — ceder servidor público ou empregado da administração direta ou indireta federal, estadual ou municipal do Poder Executivo, ou usar de seus serviços, para comitês de campanha eleitoral de candidato, partido político ou coligação, durante o horário de expediente normal, salvo se o servidor ou empregado estiver licenciado;

O propósito do legislador é o de prevenir a influência, por vezes invencível, dos superiores sobre os servidores e funcionários que lhes devem respeito hierárquico. Verifica-se na norma o claro propósito do legislador de afastar qualquer conduta voltada a sujeitar o servidor a participar da campanha, a não ser que fique provado que o fez de forma voluntária, fora do seu expediente normal.

O servidor não estará impedido de participar da campanha do seu candidato preferido, desde que o faça sem prejuízo de sua dedicação à própria carreira e sem confusão entre o que faz em campanha e seus afazeres no serviço público. Observada a atuação do servidor em horário de expediente, caso em que a ofensa à lei decorre do desvio de função, com prejuízos para o erário e para a prestação do serviço público e com a quebra do princípio constitucional da igualdade, descabe discutir-se sobre o caráter voluntário da adesão do servidor à campanha.

Durante os pleitos há sempre a possibilidade de os superiores hierárquicos tirarem proveito de sua ascendência sobre servidores e funcionários para compeli-los a aderir a uma candidatura específica.

Por expressa predisposição legal, o candidato beneficiário do serviço eleitoral indevidamente prestado por servidor ou empregado público, ainda que não seja ele próprio agente da administração pública, está sujeito às medidas aplicáveis a essa conduta vedada, estipuladas nos §§ 4.º e 5.º do art. 73 da Lei n. 9.504/1997.

O legislador foi muito tímido ao não estipular sanções expressas, entre as condutas vedadas aos agentes públicos, aos candidatos e agentes da Administração que façam uso de sua ascendência sobre servidores para granjear-lhes a participação na campanha, fora do horário de expediente. O simples "convite" feito pelo superior hierárquico a seu subordinado, muitas vezes posicionado em uma função de confiança, basta para gerar a conquista de sua adesão, gerando um compromisso coercitivo velado.

Ao aplicar o direito deve o intérprete aquilatar os fatos efetivamente verificados, de modo a considerar a possibilidade da presença de uma compra de votos inversa, caracterizada pela oferta da manutenção do cargo, emprego ou função pública como vantagem retributiva para o eleitor fiel. Também é necessário verificar se o servidor público não foi cooptado mediante ameaça de transferência de local de trabalho, de perda do cargo ou função ou qualquer outra forma de constrangimento grave. Se ocorrente tal hipótese, estaremos diante da figura da captação ilícita de sufrágio mediante violência ou grave ameaça (art. 41-A, § 2.º, da Lei n. 9.504/1997).

7.3.2.2.4. *Uso promocional de bens e serviços de caráter social*

> **Art. 73.** [...]
>
> IV — fazer ou permitir uso promocional em favor de candidato, partido político ou coligação, de distribuição gratuita de bens e serviços de caráter social custeados ou subvencionados pelo Poder Público;

A norma visa a evitar o uso eleitoral da grande gama de programas sociais em andamento em todas as esferas do poder público, sejam os realizados diretamente pela Administração, sejam aqueles levados a cabo por associações e fundações de caráter privado com recursos públicos carreados por meio de convênio ou termo de parceria.

O uso promocional afere-se a partir do contexto em que se dá a distribuição gratuita, sendo absolutamente dispensável o pedido expresso de votos.

Se a entidade realizadora do programa social, além de privada, age com recursos provenientes de fontes igualmente particulares, operando em benefício da promoção de uma candidatura, caracteriza-se a captação ilícita de sufrágio. Se os programas são promovidos ou custeados por recursos públicos, caracteriza-se a conduta vedada, reprimível com multa e cassação do registro ou do diploma.

Para o TSE:

> A mera disposição, aos cidadãos, de serviço de cunho social custeado pela prefeitura municipal, por meio de ampla divulgação promovida em prol de candidatos a cargos eletivos, importa na violação do art. 73, IV, da lei das eleições. A responsabilidade dos candidatos pela distribuição dos impressos deflui da circunstância de que tinham cabal conhecimento dos fatos, tanto que acompanharam pessoalmente a distribuição daquele material (TSE, AREspe 20.353/RS, rel. Min. Raphael de Barros Monteiro Filho).

Para a verificação dessa conduta vedada, é irrelevante a efetiva entrega de bens ou serviços, sendo bastante o uso promocional do programa. Se o candidato vincula sua campanha, ainda que apenas a título de propaganda, a certo programa social, desvirtua seu caráter geral e abstrato e quebra a igualdade de oportunidades no pleito, favorecendo-se eleitoralmente de maneira vedada pela lei. Por isso mesmo, o Tribunal Regional Eleitoral de Goiás entendeu que a: "Menção pública a manutenção de programa federal no caso de determinado candidato ser eleito enquadra-se na tipificação do art. 73, inciso IV, da Lei n. 9.504/1997".

A ilegalidade capaz de afetar a livre formação da vontade do eleitor é aquela que o atinge de modo direto, individual ou individualizável, sem relação específica com as políticas públicas anunciadas para o futuro. Prometer implantar políticas de distribuição de renda não afeta a licitude da campanha; prometer incluir um grupo determinado de eleitores num determinado programa social caracteriza, sim, o uso eleitoral do aparato de governo.

A Lei n. 11.300/2006 foi além, inserindo ao art. 73 o § 10, segundo o qual:

> **Art. 73.** [...]
>
> § 10. No ano em que se realizar eleição, fica proibida a distribuição gratuita de bens, valores ou benefícios por parte da Administração Pública, exceto nos casos de calamidade pública, de estado de emergência ou de programas sociais autorizados em lei e já em execução orçamentária no exercício anterior, casos em que o Ministério Público poderá promover o acompanhamento de sua execução financeira e administrativa.

Esse novo comando deve ser interpretado como uma extensão do conteúdo do inciso IV aqui estudado. O legislador instituiu uma presunção legal absoluta de que a distribuição gratuita de bens, valores ou benefícios (ou bens ou serviços) constitui forma de promoção ilícita de candidaturas, concedendo sentido complementar ao que já preconizava o sobredito inciso IV do art. 73. Conclui-se, por isso, que as condutas vedadas pelo novo § 10, quando não abarcadas pelas exceções nele previstas, acarretam as penalidades firmadas pelos §§ 4.º e 5.º do art. 73 da Lei das Eleições.

7.3.2.2.5. *Abuso no preenchimento de cargos e funções públicos*

O inciso V do art. 73 da Lei das Eleições descreve uma série de condutas vistas como abusivas. Todas se referem a abuso do poder de nomear, contratar, remover, exonerar e demitir servidores públicos. Servidores públicos, na acepção utilizada no dispositivo, são todos aqueles que exercem atribuições estáveis ou temporárias perante a administração pública direta e indireta. A norma objetiva visa impedir que o poder concedido aos agentes políticos para promover a gestão de pessoas seja utilizado com o fim de propiciar benefícios ou implicar ameaças aos eleitores na busca de vantagens eleitorais.

> **Art. 73.** [...]
>
> V — nomear, contratar ou de qualquer forma admitir, demitir sem justa causa, suprimir ou readaptar vantagens ou por outros meios dificultar ou impedir o exercício funcional e, ainda, *ex officio*, remover, transferir ou exonerar servidor público, na circunscrição do pleito, nos três meses que o antecedem e até a posse dos eleitos, sob pena de nulidade de pleno direito,ressalvados:
>
> *a*) a nomeação ou exoneração de cargos em comissão e designação ou dispensa de funções de confiança;
>
> *b*) a nomeação para cargos do Poder Judiciário, do Ministério Público, dos Tribunais ou Conselhos de Contas e dos órgãos da Presidência da República;
>
> *c*) a nomeação dos aprovados em concursos públicos homologados até o início daquele prazo;
>
> *d*) a nomeação ou contratação necessária à instalação ou ao funcionamento inadiável de serviços públicos essenciais, com prévia e expressa autorização do chefe do Poder Executivo;
>
> *e*) a transferência ou remoção *ex offcio* de militares, policiais civis e de agentes penitenciários.

7.3.2.2.6. *Vedação à transferência voluntária, propaganda institucional e pronunciamento em cadeia de rádio e televisão*

> **Art. 73.** [...]
> VI — nos três meses que antecedem o pleito:
> *a*) realizar transferência voluntária de recursos da União aos Estados e Municípios, e dos Estados aos Municípios, sob pena de nulidade de pleno direito, ressalvados os recursos destinados a cumprir obrigação formal preexistente para execução de obra ou serviço em andamento e com cronograma prefixado, e os destinados a atender situações de emergência e de calamidade pública;

O dispositivo legal tem por finalidade impedir que da transferência de recursos não previstos em lei como permanentes possa advir vantagem eleitoral para candidatos com maior influência nos destinos das verbas orçamentárias de recursos capazes de desequilibrar o pleito, seja pela via da demonstração de influência perante os órgãos centrais, seja pela utilização desses recursos para a conquista de adesões mercenárias.

No acórdão proferido nos autos do REspe 25.324, relator o Ministro Gilmar Mendes, publicado em 17 de fevereiro de 2006, se assentou o entendimento de que, havendo fracionamento da obra, caracteriza-se a conduta vedada o início de etapas dessa posteriormente ao início do período de três meses que antecede à data da votação. Constado voto do relator o seguinte: "[...] não os socorre a alegação de que a obra como um todo estava em andamento, exatamente porque o seu objeto fora desmembrado em etapas e a sua contratação se deu mediante procedimentos licitatórios distintos".

> **Art. 73.** [...]
> *b*) com exceção da propaganda de produtos e serviços que tenham concorrência no mercado, autorizar publicidade institucional dos atos, programas, obras, serviços e campanhas dos órgãos públicos federais, estaduais ou municipais, ou das respectivas entidades da administração indireta, salvo em caso de grave e urgente necessidade pública, assim reconhecida pela Justiça Eleitoral;

A utilização de campanhas publicitárias custeadas pelo poder público pode ter por meta a criação de estados psicológicos propícios à difusão da imagem do dirigente público como alguém capaz de alcançar realizações. Esse estado mental, fruto de propaganda indevida, concede a seu beneficiário condições privilegiadas de disputa, reforçando a ideia da força de sua campanha e transmitindo ao eleitor comum o receio de optar por candidaturas fadadas ao insucesso.

Por isso, a norma proíbe a publicidade de programas, obras, serviços e campanhas dos órgãos públicos, com exceção dos que dependam de propaganda para favorecer sua concorrência no mercado, tal como ocorre com os produtos industriais decorrentes da intervenção do Estado no domínio empresarial. Outra exceção refere-se a transferências realizadas com o propósito de permitir o enfrentamento de situações emergenciais, de perigo ou de calamidade pública.

Mas deve-se observar que:

> A distribuição de panfletos em que são destacados obras, serviços e bens públicos, associados a vários candidatos, em especial ao prefeito municipal, e que não foram custeados pelo erário, constitui propaganda de natureza eleitoral, não havendo de se falar na publicidade institucional a que se refere o art. 73, VI, *b*, da Lei n. 9.504/1997" (AgRg REspe 25.049, rel. Min. Caputo Bastos, 25.08.2005).

Note-se, por outro lado, que:

> Para que se configure a conduta vedada no art. 73, VI, *b*, da Lei n. 9.504/1997, basta a veiculação da propaganda institucional nos três meses anteriores ao pleito, independentemente de a autorização ter sido concedida ou não nesse período (REspe 25.086, rel. Min. Luiz Carlos Lopes Madeira, 09.08.2005).

Realizada a publicidade vedada, não se há de perquirir sobre a intensidade dos efeitos produzidos por ela no tocante ao resultado da eleição. A lei torna defesa a simples conduta, presumindo-se (*praesumptio iuris et de iuris*) a superveniência da quebra da isonomia entre os pretendentes ao mandato.

> **Art. 73.** [...]
> c) fazer pronunciamento em cadeia de rádio e televisão, fora do horário eleitoral gratuito, salvo quando, a critério da Justiça Eleitoral, tratar-se de matéria urgente, relevante e característica das funções de governo.

Aqui, mais uma vez a finalidade da lei é a de impedir a quebra da igualdade de condições na disputa eleitoral. A presença do dirigente governamental em meios de comunicação de massa, com a característica ainda mais abrangente da formação de cadeias, fulminaria a igualdade na disputa, contribuindo para expor de forma injusta e ilícita uma candidatura em detrimento das demais.

Pouco importa para a aplicação da norma o **conteúdo do pronunciamento**, já que a **vedação se dirige à sua própria realização**, salvo em se tratando de matéria cujo tratamento em cadeia de meios de comunicação seja considerada urgente, relevante e inerente à função de governo. Neste caso, caberá à Justiça Eleitoral, desde que devidamente provocada, analisar o conteúdo do pronunciamento, afastando do certame o candidato que se utilizar do permissivo com a finalidade desviada de burlar o conteúdo da lei.

A necessidade do pronunciamento, todavia, pode ser justificada pela ocorrência de fato relevante e urgente. As vedações do inciso VI do *caput*, alíneas *b* e *c*, aplicam-se apenas aos agentes públicos[11] das esferas administrativas cujos cargos estejam em disputa na eleição (art. 73, § 3.º).

---

[11] A lei considera agente público, para os efeitos do art. 73, quem exerce, ainda que transitoriamente ou sem remuneração, por eleição, nomeação, designação, contratação ou qualquer outra forma de investidura ou vínculo, mandato, cargo, emprego ou função nos órgãos ou entidades da Administração Pública direta, indireta, ou fundacional (§ 1.º).

7.3.2.2.7. Aumento de gastos com propaganda institucional

> **Art. 73.** [...]
>
> VII — empenhar, no primeiro semestre do ano de eleição, despesas com publicidade dos órgãos públicos federais, estaduais ou municipais, ou das respectivas entidades da administração indireta, que excedam a 6 (seis) vezes a média mensal dos valores empenhados e não cancelados nos 3 (três) últimos anos que antecedem o pleito.

A redação dada ao inciso VII pela Lei n. 14.356/2022 torna possível a imposição das rigorosas sanções previstas para as condutas vedadas àqueles que promovem o aumento das despesas com a publicidade dos órgãos públicos, empenhando valores que superam seis vezes a média mensal dos valores empenhados e não cancelados nos últimos três anos que antecederam a eleição.

A adoção da medida pode ser **justificada** por duas vias: primeira, porque o aumento da publicidade está normalmente voltado a influenciar a vontade do eleitor, desenvolvendo a sensação de empenho dos administradores na gestão da coisa pública; segunda, porque o desvio de recursos financeiros para campanhas por meio de empresas de publicidade é facilitado pelas dificuldades inerentes à auditoria desse tipo de atividade.

7.3.2.2.8. Revisão geral da remuneração dos servidores

> **Art. 73.** [...]
>
> VIII — fazer, na circunscrição do pleito, revisão geral da remuneração dos servidores públicos que exceda a recomposição da perda de seu poder aquisitivo ao longo do ano da eleição, a partir do início do prazo estabelecido no art. 7.º desta Lei e até a posse dos eleitos.

Entre o período que vai da convenção partidária para a escolha de candidatos até a diplomação dos eleitos é proibida a concessão de aumento ao funcionalismo, embora seja autorizada a composição de eventuais perdas do poder aquisitivo da remuneração.

Ao mencionar a expressão "revisão geral", não excluiu o legislador a possibilidade da aplicação das medidas de cassação do registro do diploma e multa para aquele que concede aumento para uma parte dos servidores. A norma se dirige a impedir que a concessão de aumento seja utilizada para a conquista do voto dos servidores públicos. A concessão de aumento a número reduzido de eleitores, em circunstância que demonstre o caráter eleitoral da medida, também consiste em ilegalidade, subsumindo-se na hipótese prevista pelo art. 41-A da Lei das Eleições.

7.3.2.3. A proporcionalidade e a aplicação das sanções

Tratando do tema da cassação, o Tribunal Superior Eleitoral decidiu em uma oportunidade que:

> O dispositivo do art. 73, § 5.º da Lei n. 9.504/1997, não determina que o infrator perca, automaticamente, o registro ou o diploma. Na aplicação desse dispositivo reserva-se ao magistrado o juízo de proporcionalidade. Vale dizer, se a multa cominada no § 4.º é proporcional à gravidade do ilícito eleitoral, não se aplica a pena de cassação (Ag n. 5.343, rel. Min. Humberto Gomes de Barros, 16.12.2004).

7.3.2.4. Improbidade administrativa e condutas vedadas

O uso da máquina administrativa para fins eleitorais constitui desvio de poder, qualificado pela finalidade dada ao ato. Por esse motivo, o § 7.º do art. 73 da Lei das Eleições estatui que:

> § 7.º As condutas enumeradas no *caput* caracterizam, ainda, atos de improbidade administrativa, a que se refere o art. 11, inciso I, da Lei n. 8.429, de 2 de junho de 1992, e sujeitam-se às disposições daquele diploma legal, em especial às cominações do art. 12, inciso III.

Como se vê, sempre que constatada a ofensa às normas contidas no art. 73 da Lei das Eleições presente também estará o ato de improbidade, do que deriva a necessidade de remessa de peças, mediante provocação ou de ofício, para o órgão do Ministério Público incumbido de deflagrar a medida legal correspondente.

7.3.2.5. Finalidade eleitoral do ato

Note-se, por outro lado, que o dispositivo em nenhum momento alude à manifestação expressa da finalidade eleitoral do ato. Esse fim é presumido pela simples prática da ação capaz de premiar ou coagir o servidor público, sujeitando-o ao abuso do poder de império da Administração.

7.3.2.6. Desnecessidade de verificação do potencial impacto no resultado

Também não há que se falar em necessidade de prova da influência no resultado da eleição. Essa influência se presume a partir da utilização, em benefício do candidato, por ele mesmo ou por outrem, dos recursos administrativos materiais e humanos para desequilibrar o pleito. Sobre tal aspecto, o Tribunal Superior Eleitoral já decidiu que:

> Para a caracterização de violação ao art. 73 da Lei n. 9.504/1997, não se cogita de potencialidade para influir no resultado do pleito. A só prática da conduta vedada estabelece presunção objetiva da desigualdade. Leva à cassação do registro ou do diploma. Pode ser executada imediatamente (REspe 24.826, rel. Min. Luiz Carlos Madeira, 09.06.2005).

Essa posição foi preservada ao longo do tempo pelo Tribunal Superior Eleitoral, que mais recentemente assentou ser "**Inexigível a demonstração de potencialidade lesiva** da conduta vedada, em razão de presunção legal" (Ac. de 28.10.2009 no RO n. 2.232, rel. Min. Ricardo Lewandowski) De qualquer forma, possível debate acerca desse ponto perdeu o sentido após a edição do inciso XIV do art. 22 da Lei de Inelegibilidades, com redação definida pela Lei Complementar n. 135/2010, segundo o qual "para a configuração do ato abusivo, não será considerada a potencialidade de o fato alterar o resultado da eleição, mas apenas a gravidade das circunstâncias que o caracterizam". Trata-se de norma aplicável não apenas ao tratamento do abuso de poder sob qualquer de suas formas, mas a todas as normas voltadas à proteção da lisura dos pleitos, alcançando, por óbvio, a aplicação das disposições relativas à vedação de condutas aos agentes públicos.

7.3.3. Abuso de poder na publicidade institucional

De acordo com o art. 74 da Lei das Eleições:

> **Art. 74.**
> [...] configura abuso de autoridade, para os fins do disposto no art. 22 da Lei Complementar n. 64, de 18 de maio de 1990, a infringência do disposto no § 1.º do art. 37 da Constituição Federal, ficando o responsável, se candidato, sujeito ao cancelamento do registro ou do diploma.

O dispositivo constitucional mencionado assevera que:

> **Art. 37.** [...]
> § 1.º a publicidade dos atos, programas, obras, serviços e campanhas dos órgãos públicos deverá ter caráter educativo, informativo ou de orientação social, dela não podendo constar nomes, símbolos ou imagens que caracterizem promoção pessoal de autoridades ou servidores públicos.

A norma foi editada com o fim de deixar certo que a publicidade dos bens e serviços públicos que desborde da sua finalidade puramente institucional pode caracterizar o abuso do poder político ou de autoridade a que alude o *caput* do art. 22 da Lei de Inelegibilidades. Para isso, basta que a publicidade exalte a personalidade de um particular ou governante que ostente a condição de candidato ou de pretendente a candidatura. Convém lembrar que a caracterização do abuso de poder não está submetida a marcos temporais definidos em lei. As verbas públicas não podem ser utilizadas para a promoção do culto à personalidade de governantes e candidatos.

7.3.4. Vedação de *shows* em inaugurações

Dispõe o art. 75 da Lei das Eleições **que** "nos três meses que **antecederem** as eleições, na realização de **inaugurações** é vedada a contratação de *shows* artísticos **pagos** com **recursos** públicos". Objetiva-se, com a norma, **impedir** a realização de inaugurações de **alto impacto** midiático e da alta capacidade de mobilização da sociedade. A inauguração de obra pública **não é vedada** em período **eleitoral**, mas **não** pode ser **convertida** em instrumento de **manipulação** da consciência dos **eleitores**.

Evita-se, assim, uma evidente quebra do equilíbrio da disputa eleitoral, que decorreria da concessão de vantagem a quem está no exercício de mandato, em detrimento do que está afastado da Administração.

Para a aplicação desse dispositivo é completamente dispensável a existência de pedido de voto, mesmo implícito, durante a apresentação artística vedada. A vedação legal atinge a simples realização do *show*, independentemente de qualquer conotação eleitoral, que fica desde logo presumida pelo legislador.

Segundo o parágrafo único acrescentado ao dispositivo legal pela Lei n. 12.034/2009: "Nos casos de descumprimento do disposto neste artigo, sem prejuízo da suspensão imediata da conduta, o candidato beneficiado, agente público ou não, ficará sujeito à cassação do registro ou do diploma".

7.3.5. Ressarcimento de despesas de deslocamento do presidente em campanha

A Lei das Eleições expressamente autoriza o presidente e sua comitiva a fazerem uso de transporte oficial nas campanhas eleitorais, condicionado tal conduta ao ressarcimento das despesas correspondentes pelo partido político ou federação por aquele integrada.

A medida volta-se à **proteção da pessoa** do presidente da República, permitindo que ele permaneça fazendo uso dos transportes oficiais, o que facilita a continuidade dos serviços ordinários de segurança.

Trata-se de um tratamento desigual, mas justificável pelo interesse nacional no resguardo da integridade pessoal do mais alto mandatário. As atividades inerentes à função de presidente da República são invariavelmente capazes de gerar sentimentos negativos em pessoas e classes descontentes com certas opções políticas. Daí a importância de que a segurança pessoal do chefe do Executivo não seja negligenciada durante a efervescência que marca o período eleitoral.

De acordo com o § 1.º do art. 76 da Lei Eleitoral:

> **Art. 76.** [...]
> § 1.º O ressarcimento de que trata este artigo terá por base o tipo de transporte usado e a respectiva tarifa de mercado cobrada no trecho correspondente, ressalvado o uso do avião presidencial, cujo ressarcimento corresponderá ao aluguel de uma aeronave de propulsão a jato do tipo táxi aéreo.

A cobrança das despesas pelo órgão competente de controle interno deve se dar no prazo de dez dias úteis da realização do pleito, em primeiro turno, ou segundo, se houver (art. 76, § 2.º). Em caso de não haver a realização do ressarcimento, o Ministério Público detém legitimidade para oferecer representação (a lei fala tecnicamente em "denúncia"), objetivando a imposição de pena de multa correspondente ao dobro das despesas, duplicada a cada reiteração de conduta, em procedimento que deve seguir o rito do art. 96 da Lei das Eleições, assegurado o exercício do direito à ampla defesa.

7.3.6. Participação de candidatos em inaugurações

Já vimos que o art. 75 da Lei das Eleições **proíbe** contratações de *shows* para a animação de **inaugurações** nos três meses que **antecedem** o pleito. O art. 77 da mesma lei, com a redação que lhe conferiu a Lei n. 12.034/1999, **proíbe qualquer** candidato de **comparecer,** no mesmo período, a **referidas** inaugurações.

Observa-se, aqui, mais uma vez, o desiderato do legislador de evitar a manipulação do eleitorado pela via da identificação do candidato com a realização de obras públicas, o que representaria grave atentado ao princípio da igualdade em matéria eleitoral. Por essa razão, é irrelevante que na inauguração ocorra pedido expresso de votos. A sanção torna-se aplicável pelo simples comparecimento à oportunidade vedada. Pune-se o infrator com a cassação do registro ou diploma eleitorais (art. 77, parágrafo único).

7.3.7. Constitucionalidade da cassação do registro ou do diploma

Questão desde o início deduzida em juízo pelos patronos dos representados por captação ilícita de sufrágio e uso eleitoral da máquina administrativa foi a relativa à possível inconstitucionalidade das normas, por ofensa ao disposto no art. 14, § 9.º, da CF.

A alegação fundava-se no fato de que, ao impedir o acesso ao mandato pela via da desconstituição do registro ou do diploma, criaram os arts. 41-A e 73, § 5.º, e, mais recentemente o art. 30-A da Lei das Eleições, novas hipóteses de inelegibilidade.

Os defensores dessa tese baseavam-se no conceito amplo segundo o qual tudo o que prive o cidadão do acesso ao mandato constitui uma inelegibilidade. A cassação do registro ou do diploma por captação ilícita de sufrágio corresponderia a uma das formas da inelegibilidade cominada simples, derivando sua inconstitucionalidade do fato de haver sido autorizada por lei ordinária, quando a espécie exigiria a edição de lei complementar.

Essa linha de raciocínio foi superada pela pacífica jurisprudência do Tribunal Superior Eleitoral. A tese da inconstitucionalidade do art. 41-A e do § 5.º do art. 73 da Lei das Eleições, apesar de respeitáveis os seus defensores, não guarda qualquer consonância com o sistema jurídico eleitoral brasileiro.

É temerário afirmar que toda e qualquer circunstância capaz de afastar do cidadão o direito eleitoral passivo constitui obrigatoriamente uma inelegibilidade. Pode até sê-lo no plano fático, ou para o conhecimento vulgar, mas não em termos de ciência do Direito Eleitoral. Inúmeros argumentos sustentam a distinção entre a cassação autorizada pelos arts. 41-A, 73, § 5.º, e 30-A da Lei Eleitoral e a declaração de inelegibilidade.

Primeiramente, cumpre observar que a Constituição, no mesmo art. 14, em seu § 3.º, elenca o que denomina "condições de elegibilidade". Por força da expressa dicção constitucional, estão ali assentadas circunstâncias cuja ausência impede o acesso aos cargos de provimento eletivo. Não consideramos, na linha de argumentação aqui adotada, o fato de que tais circunstâncias também estejam albergadas na Constituição. O que importa ver, aqui, é que o constituinte declarou, *expressis verbis*, a existência de condições outras que, além das inelegibilidades, podem afastar alguém da possibilidade de ascender ao mandato eletivo. Só isso já prova que não é das inelegibilidades o monopólio do afastamento do postulante a candidato dos pleitos eleitorais.

É possível, então, afirmar que não basta existir causa normativa capaz de afastar alguém do pleito para que esta possa ser tratada juridicamente como "inelegibilidade".

Então, qual o conteúdo jurídico da categoria "inelegibilidade"?

A Constituição brasileira descreve algumas situações impeditivas da acessibilidade ao mandato por via eletiva às quais concede a denominação de inelegibilidades. Algumas foram relacionadas nos §§ 4.º a 8.º do art. 14, enquanto outras ficaram de ser estabelecidas pelo legislador complementar (§ 9.º). Em todas elas há um mesmo princípio fundante, eleito pelo constituinte para orientar a definição das inelegibilidades já contidas no texto fundamental, bem como para servir de guia para a definição das demais, deixadas a cargo do legislador. Esse princípio está explicitamente revelado no § 9.º do art. 14, a saber, "proteção da probidade administrativa e da moralidade para o exercício do mandato".

Toda e qualquer inelegibilidade tem essa mesma finalidade: de estabelecer o "mínimo moral", fora do qual devem ser afastados os pleiteantes de cargos eletivos. O que se deseja, nessa matéria é evitar que o futuro mandato venha a ser alcançado por pessoa destituída dos mínimos alicerces éticos indicadores de uma propensão pela probidade e pela moralidade administrativas. Com esse mesmo fim, o constituinte impôs ainda ao legislador que, no exercício da sua atividade complementar, atentasse para "a vida pregressa do candidato, e a normalidade e legitimidade das eleições contra a influência do poder econômico ou o abuso do exercício de função, cargo ou emprego na administração direta ou indireta".

Por tais razões, a Lei Complementar n. 64/1990, seguindo tradição legislativa, albergou, dentre outras, inelegibilidades relativas a condenações criminais, indignidade para o oficialato e rejeição de contas. Mas também incluiu no rol os que praticarem abuso do poder econômico ou político. Em nenhuma dessas hipóteses, quis o legislador proteger outro objeto jurídico senão aquele ditado pelo constituinte: "a probidade administrativa e a moralidade para o exercício do mandato".

É esse o conceito fundamental de inelegibilidade, do qual depende qualquer interpretação a ser dada ao dispositivo: as inelegibilidades visam a impedir o acesso aos mandatos por parte daqueles que: a) pretendam obtê-los valendo-se de sua posição na estrutura governamental; b) possam tirar proveito de relações de parentesco com os titulares do poder; c) possam lançar mão de meios ilícitos e indignos para a obtenção do sufrágio, capazes de influir no resultado do pleito; d) pratiquem atos outros capazes de demonstrar sua inaptidão para a prática de atos de gestão da coisa pública.

O Ministro Alexandre de Moraes (2003) fala **em inelegibilidade absoluta nos casos dos inalistáveis e dos analfabetos. A inelegibilidade relativa atinge as seguintes hipóteses: a) por motivos funcionais; b) por motivos de casamento, parentesco ou afinidade; c) dos militares; d) por previsões de ordem legal**.

O preciso conceito de inelegibilidade nos é fornecido pelo brilhante Djalma Pinto (2010, p. 170): **"É a ausência de aptidão para postular mandato eletivo"**.

Lição semelhante é a que se colhe do ensinamento de Pedro Henrique Távora Niess (1994), para quem a inelegibilidade: "É a negação do direito de ser representante do povo no poder". Há, porém, além da ausência de condições de elegibilidade ou da presença de causas de inelegibilidade, outra ordem de fatos capazes de afastar alguém do prélio eleitoral. Falamos das normas administrativas voltadas a garantir o cumprimento, pela Justiça Eleitoral, do seu dever de dirigir de modo eficiente e correto o processo de seleção democrática de candidatos.

Essas normas não se situam em foro constitucional, integrando validamente o mundo jurídico como decorrência simples da missão concedida pela Constituição à Justiça Eleitoral, que é a de gerir o processo eletivo.

É o caso, por exemplo, daquele que, sem ter sido escolhido em convenção, pleiteia o registro de sua candidatura. Ele pode preencher todas as condições de elegibilidade e não haver incidido em nenhuma causa de inelegibilidade, mas não pode concorrer, sujeitando-se à cassação do registro ou do diploma indevidamente concedido por pura e simples ofensa à regra administrativa eleitoral.

O mesmo se pode dizer daquele que, sendo filiado a partido político, não pode candidatar-se nas eleições municipais por falta da instalação tempestiva de órgão local de direção partidária (art. 4.º da Lei n. 9.504/1997).

E é o mesmo que se dá no caso do candidato que, devidamente notificado, **recusou-se a apresentar mera fotografia**, para inclusão digital na urna eletrônica, ou que só vem a fazê-lo quando ultrapassado o prazo, fazendo com que a administração técnica da eleição não mais possa admitir. O art. 27 da Resolução do TSE n. 23.609, de 18 de dezembro de 2019, relaciona os documentos que devem acompanhar o Requerimento de Registro de Candidatura (RCC). O § 9.º do aludido dispositivo estatui o seguinte: "Havendo indícios de que, [...] a fotografia foi obtida pelo partido ou pela coligação a partir de imagem disponível na internet sua divulgação ficará suspensa, devendo a questão ser submetida de imediato ao juízo ou à relatoria, que poderá intimar o partido ou coligação para que, no prazo de 3 (três) dias, apresente o formulário do RRC assinado pela candidata ou pelo candidato e, ainda, declaração desta(deste) de que autorizou o partido ou a coligação a utilizar a foto".

Não sanada a irregularidade apontada no dispositivo mencionado, o § 10, do art. 27 da Resolução do TSE n. 23.609/2019 determina que seja indeferido o registro, sequer procedendo o conhecimento do Requerimento de Registro de Candidatura "Desatendido o disposto no parágrafo anterior, a conclusão pela ausência de autorização para o requerimento da candidatura acarretará o não conhecimento do RRC respectivo, o qual deixará de ser considerado para todos os fins, inclusive cálculo dos percentuais a que aludem os §§ 2.º a 5.º do art. 17, sem prejuízo da comunicação do fato ao Ministério Público Eleitoral, para adoção das providências que entender cabíveis".

Apreciando caso concreto relativo aponto semelhante, em precedente relatado pelo ministro Fernando Neves, o Tribunal Superior Eleitoral decidiu haver sido "apresentada, então, somente parte da documentação exigida, razão porque a Corte Regional acertadamente indeferiu o registro do recorrente" (REspe 20.121/MG).

Essas são hipóteses que demonstram, de maneira bastante simples, o óbvio: dentre os poderes administrativos do juiz eleitoral está o de indeferir registros ou diplomas obtidos com menoscabo às regras básicas voltadas a permitir a correta administração das eleições.

Se o candidato malfere normas administrativas eleitorais que inviabilizam sua permanência no prélio eleitoral, deve, por força dessas mesmas regras, ser afastado da disputa.

Se isso é válido para o candidato que simplesmente se recusa a apresentar sua fotografia, como não o aceitar para o que pratica atos de corrupção da vontade do eleitorado?

Dentre as regras administrativas eleitorais devem estar, por óbvio, aquelas que garantam a lisura do "jogo democrático", impedindo que os eleitores tenham violado o direito à formação livre de suas opções.

O que o legislador popular constatou foi a evidente inexistência de instrumentos administrativos capazes de permitir a realização de eleições limpas. Fávila Ribeiro (1998) sempre denunciou que: "A corrupção é uma das formas mais danosas e resistentes, denotando crescente expansão, tomando aspectos cada vez mais engenhosos, prejudicando, em larga escala, a austeridade do processo eleitoral". E completava afirmando a dificuldade para se "desfraldar uma ação repressiva e mesmo conter a corrupção eleitoral, diante da forma sutil que ela assume [...]".

Como já mencionado, as **inelegibilidades têm destino certo**, qual seja, a proteção do futuro mandato. Daí sua incapacidade técnica para embasar medidas eficazes, céleres e suficientes o bastante para assegurar a correta ordenação dos trabalhos eleitorais. Simplesmente por ser essa a sua missão.

Até o advento da Lei n. 9.840/1999, que alterou dispositivos da Lei n. 9.504/1997, a Justiça Eleitoral era responsável por uma missão que não tinha como cumprir. Recebera a nobre tarefa de gerir as ações voltadas à seleção dos mandatários, mas se lhe negou os mínimos instrumentos administrativos necessários para repreender, no curso do processo de escolha dos candidatos, aqueles que insistissem em afrontá-lo por meio da prática de atos de corrupção.

O que se deve perceber é que, enquanto as inelegibilidades tutelam o futuro mandato, o bem protegido pelos arts. 41-A e 73 da Lei das Eleições é a lisura na administração das eleições. Daí decorre sua natureza puramente administrativa, além de todas as demais consequências práticas de sua aplicabilidade, dentre as quais avulta em importância a exequibilidade imediata das decisões fundadas no aludido dispositivo.

Perceba-se que nem mesmo a Lei de Inelegibilidades (LC n. 64/1990) escapa a essa leitura distintiva entre o que é inelegibilidade e o que constitui cassação administrativa.

Ao estabelecer o procedimento para a repressão ao abuso de poder econômico, político e de meios de comunicação, no inciso XIV do art. 22 o legislador complementar estipulou que:

> **Art. 22.** [...]
>
> XIV — julgada procedente a representação, ainda que após a proclamação dos eleitos, o Tribunal declarará a inelegibilidade do representado e de quantos hajam contribuído para a prática do ato, cominando-lhes sanção de inelegibilidade para as eleições a se realizarem nos 8 (oito) anos subsequentes à eleição em que se verificou, além da cassação do registro ou diploma do candidato diretamente beneficiado pela interferência do poder econômico ou pelo desvio ou abuso do poder de autoridade ou dos meios de comunicação, determinando a remessa dos autos ao Ministério Público Eleitoral, para instauração de processo disciplinar, se for o caso, e de ação penal, ordenando quaisquer outras providências que a espécie comportar; (redação definida pela Lei da Ficha Limpa — Lei Complementar n. 135, de 2010).

Do dispositivo transcrito, vê-se claramente que do reconhecimento da prática abusiva deve decorrer a "inelegibilidade para as eleições a se realizarem nos oito anos subsequentes à eleição em que se verificou". Mas não seria razoável que a Justiça Eleitoral reconhecesse a ocorrência de tais abusos e aplicasse medida com repercussões apenas futuras. Por isso, o legislador definiu que além dessa inelegibilidade, proceder-se-ia também a **cassação do registro** do candidato diretamente beneficiado. A redação é clara: "[...] inelegibilidade para as eleições a se realizarem nos 8 (oito) anos subsequentes à eleição em que se verificou, além da cassação do registro do candidato diretamente beneficiado".

Como se vê, nem mesmo a Lei de Inelegibilidades prevê a cassação do registro como se fosse uma inelegibilidade. Cassação do registro e inelegibilidade constituem medidas distintas. Prova inconcussa da existência de distinção entre a inelegibilidade e a cassação do registro reside no fato de que a renúncia do candidato eleito — a quem se atribua, por exemplo, a prática de abuso de poder econômico — afasta a possibilidade da sua cassação, mas não impede a declaração da inelegibilidade.

Inelegibilidade é sempre uma condição prévia ao requerimento do registro. O primeiro momento processual adequado para sua arguição é a impugnação ao registro de candidatura (art. 3.º da LC n. 64/1990). Além disso, nas hipóteses de inelegibilidade definidas no art. 14 da Constituição da República, admite-se a sua alegação em sede de recurso contra a expedição de diploma (art. 262, I, do CE).

Note-se, por outro lado, que abuso de poder econômico e captação ilícita de sufrágio, embora apresentem certa similaridade entre si no mundo dos fatos, possuem diverso conteúdo jurídico. Vejamos a seguinte hipótese: um candidato a uma vaga no parlamento municipal promete a seu eleitor que, sendo vitorioso no certame, apresentará projeto de lei objetivando dar a uma rua o nome da mãe do votante.

Há aí um evidente caso de captação ilícita de sufrágio, já que o art. 41-A da Lei das Eleições sanciona com a cassação e multa a promessa ou oferta de vantagem de qualquer natureza. Não há no caso, entretanto, abuso de poder econômico, pois a vantagem baseia-se em valores imateriais. Por isso mesmo, o Tribunal Superior Eleitoral tem afirmado que: "Em representação para apuração de captação vedada de sufrágio não é cabível a decretação de inelegibilidade, mas apenas multa e cassação de registro ou de diploma, como previsto no art. 41-A da Lei n. 9.504/1997" (TSE, REspe 21.120/ES) Tampouco no caso do uso eleitoral da máquina administrativa há que se falar em inelegibilidade.

Segundo vem decidindo o TSE:

> É pacífica a jurisprudência da Casa no sentido de que as sanções de cassação de registro de candidatura ou diploma previstas em diversos dispositivos da Lei n. 9.504/1997 (arts. 41-A, 73, 74, e 77) não implica inelegibilidade" (Ag n. 5.817, rel. Min. Caputo Bastos, 16.08.2005).

E, mais especificamente: "A penalidade de cassação de registro ou de diploma prevista no § 5.º do art. 73 da Lei n. 9.504/1997 não constitui hipótese de inelegibilidade" (REspe 24.739, rel. Min. Peçanha Martins, 28.10.2004). A Lei Complementar n. 135/2010 situa entre os inelegíveis os condenados à cassação por captação ilícita de sufrágio e condutas vedadas aos agentes públicos. Ainda assim **não se trata de uma inelegibilidade-sanção ou cominada**. O julgado que aplica a medida de cassação sequer precisa se referir à inelegibilidade, que constitui uma decorrência legal imediata. A **sanção aplicada** é apenas a medida de cassação. A inelegibilidade que daí surge surtirá efeitos apenas nas eleições futuras, como uma condição negativa de acesso ao registro.

As considerações mencionadas demonstram o grande número de distinções existentes entre as inelegibilidades e as infrações administrativas eleitorais. Não é por menos que o Egrégio Tribunal Superior Eleitoral possui o entendimento unânime de que o art. 41-A é mesmo constitucional. Faz-se, por fim, necessária a menção a alguns julgados da mais alta Corte especializada em matéria eleitoral:

> A jurisprudência deste Tribunal Superior está consolidada quanto à constitucionalidade do art. 41-A da Lei das Eleições, que não estabelece hipótese de inelegibilidade e possibilita a imediata cassação de registro ou de diploma (Ac. n. 16.644 e 3.042). (REspe 21.248/SC)
>
> A suposta inconstitucionalidade do art. 41-A da Lei n. 9.504/1997 é questão superada pela jurisprudência deste Tribunal (REspe 25.402, rel. Min. Gomes de Barros, 06.12.2005).

Essa posição chegou a ser questionada no âmbito do Supremo Tribunal Federal. Apreciando pedido de liminar em que se pleiteava a concessão de suspensividade a recurso extraordinário manejado por um senador cassado por captação ilícita de sufrágio, o Ministro Eros Grau, sorteado relator do feito, chegou a afirmar ser duvidosa a constitucionalidade do art. 41-A da Lei das Eleições. A questão não chegou, todavia, a ser debatida em Plenário, que por outras causas rejeitou o recurso e determinou a execução da medida de cassação imposta pelo Tribunal Superior Eleitoral.

Analisando posteriormente a matéria, o TSE concluiu que:

> É certo que a questão da constitucionalidade do referido art. 41-A retornou a debate na Justiça Eleitoral, em virtude do voto proferido pelo Ministro Eros Grau, no julgamento da Ação Cautelar n. 509-4, de sua relatoria (Caso Capiberibe), em que o Supremo Tribunal Federal referendou, por maioria, a liminar postulada nesse feito. Não obstante, como bem asseverou o Ministro Sepúlveda Pertence, na decisão monocrática por ele proferida no Mandado de Segurança n. 3.295, ajuizado neste Tribunal: "[...] a dúvida aventada a respeito pelo Ministro Eros Grau substantivou mero *obter dictum*, com o qual não se comprometeu o Plenário" (REspe 25.215, rel. Min. Caputo Bastos, 04.08.2005).

Analisando a linha jurisprudencial do TSE, chegamos, em outra publicação, às seguintes conclusões:

> Ocorre, todavia, que a cassação do registro ou do diploma constitui medida de cunho administrativo-eleitoral, voltada a afastar do certame o candidato apanhado na prática da denominada "compra de votos" ou uso eleitoral da máquina governamental como forma de obtenção de sufrágio, agora vistos como infrações eleitorais.
>
> [...] Não há imposição de inelegibilidade em decorrência da Lei n. 9.840/1999, que se contenta com a imposição de duas medidas administrativas: cassação do registro ou do diploma e multa.

Tratando do mesmo tema, Rui Stoco e Leandro de Oliveira Stoco (2006) afirmam:

> O art. 41-A da Lei 9.504/1997 não prevê a declaração de inelegibilidade, senão e apenas a cassação do registro ou do diploma. Afasta-se, assim, qualquer alegação de ofensa ao art. 14, § 9.º, da Constituição Federal, que exige Lei Complementar para "outros casos de inelegibilidade", além daquelas nela prevista (art. 14) e na LC n. 64, de 18.05.1990. Inadmissível, portanto, a declaração de inelegibilidade com fundamento exclusivo no art. 41-A da Lei n. 9.504/1997.

Por tudo o que vimos, é forçoso concluir pela hialina constitucionalidade do art. 41-A da Lei n. 9.504/1997. O notável Pinto Ferreira (1973) chamava a atenção para o espírito e vocação publicística do Direito Eleitoral. Numa de suas mais prestimosas lições, o insigne mestre pernambucano pontificou:

> O estado tem interesse em dar legitimidade e inspirar confiança nas eleições, que, realizadas livre e periodicamente, fundamentam a essência da democracia. Uma democracia baseada no medo, na mistificação das consequências não existe, é uma falsa democracia ou despotismo.

A tese da constitucionalidade do dispositivo multicitado repousa nessa leitura do Direito Processual Eleitoral, compatível não apenas com a vigente ordem constitucional, mas com a orientação finalística muitas vezes negligenciada nesse domínio tão importante do estudo jurídico. A Lei n. 11.300, de 10 de maio de 2006, trouxe novas indagações para esse debate. Segundo o novo § 3.º que inseriu no art. 22 da Lei n. 9.504/1997, dispôs que:

> **Art. 22.** [...]
> § 3.º O uso de recursos financeiros para pagamentos de gastos eleitorais que não provenham da conta específica de que trata o *caput* deste artigo implicará a desaprovação da prestação de contas do partido ou candidato; comprovado abuso de poder econômico, será cancelado o registro da candidatura ou cassado o diploma, se já houver sido outorgado.

Trata-se de uma nova hipótese de cassação do registro ou do diploma sem previsão de inelegibilidade. Como vimos, as inelegibilidades devem ser fixadas pela Constituição ou por lei complementar. Já na hipótese da fixação de medidas administrativas de cassação de registro ou diploma, sem cominação de inelegibilidade, não há por que se exigir tal formalidade, sendo bastante a veiculação da matéria em lei ordinária. Na hipótese, o legislador passou a tratar o abuso de poder econômico como fonte jurígena não apenas da inelegibilidade, mas do cancelamento administrativo do diploma ou do registro. Não há nisso qualquer inconstitucionalidade, já que apenas no caso de criação de uma nova causa de inelegibilidade estaria o legislador submetido aos limites formais impostos pelo art. 14, § 9.º, da CF.

Essa posição é coerente com a conceituação que anteriormente apresentamos, a qual demonstra a completa distinção entre cassação de registro e diploma e inelegibilidade. Daí por que não há que acoimar-se de inconstitucional esse novo comando da Lei n. 9.504/1997. O Supremo Tribunal Federal dirimiu definitivamente qualquer dúvida sobre a matéria ao julgar a ADI n. 3.592, em que ficou finalmente firmado por manifestação unânime da Corte Suprema a constitucionalidade do art. 41-A da Lei Eleitoral, sob fundamentos plenamente aplicáveis a qualquer hipótese de cassação do registro ou diploma eleitorais previstas em lei.

No voto do relator ficou assentado que:

> O art. 41-A foi introduzido na Lei n. 9.504/1997, por meio da Lei n. 9.840/1999, com a finalidade de reforçar a proteção à vontade do eleitor, combatendo, com a celeridade necessária, as condutas ofensivas ao direito fundamental ao voto. Ou seja, enquanto a ação de investigação judicial eleitoral visa proteger a lisura do pleito, a representação para apurar a conduta prevista no art. 41-A da Lei n. 9.504/1997 tem o objetivo de resguardar um bem jurídico específico: a vontade do eleitor.

Superada fica, pois, qualquer eventual polêmica quanto à constitucionalidade de tais institutos.

7.4.   QUESTÕES

QUESTÕES DE
CONCURSOS
http://uqr.to/1yroz

8

AÇÕES E REPRESENTAÇÕES ELEITORAIS

8.1. AÇÃO DE IMPUGNAÇÃO DE MANDATO ELETIVO

8.1.1. Aspectos iniciais

A Ação de Impugnação de Mandato Eletivo (AIME) ingressou no ordenamento jurídico brasileiro por intermédio do art. 23 da Lei n. 7.493/1986[1], ganhando posteriormente foro constitucional por meio do art. 14, §§ 10 e 11, da Constituição da República.

A **AIME** tem como fundamento a **ocorrência** de abuso de poder econômico, corrupção ou fraude e objetiva a **desconstituição** do mandato eventual **conquistado** pelo **candidato beneficiado** pela conduta.

A inovação foi aplaudida pela doutrina e ganhou logo ampla utilização prática em juízo, sendo, todavia, objeto de pesadas críticas por parte da comunidade acadêmica, pelo modo como veio a ser de fato implementada.

Dois eram os seus pontos de estrangulamento:

a) de um lado, a adoção, ante a ausência de outra definição, do rito ordinário estabelecido no Código de Processo Civil[2];

b) de outra banda, exigia-se o advento do trânsito em julgado para a execução da cassação definida no julgamento da causa.

Ambas as orientações, construídas em sede puramente jurisprudencial, foram alteradas nos últimos anos pelo Tribunal Superior Eleitoral.

8.1.2. Rito

O rito ordinário não é mais o definido no CPC, mas sim o descrito nos arts. 3.º a 6.º da Lei das Inelegibilidades.

Dispondo acerca de questão de ordem suscitada pelo Ministro Fernando Neves, o TSE exarou a Instrução n. 81, Resolução n. 21.634, de 19 de fevereiro de 2004, acentuando que:

---

[1] "Art. 23. A diplomação não impede a perda do mandato, pela Justiça Eleitoral, em caso de sentença julgada, quando se comprovar que foi obtido por meio de abuso do poder político ou econômico."

[2] O Caso Felixlândia (REspe 9.145, Ac. n. 12.030, de 25.09.1991) constituiu o mais importante precedente jurisprudencial a partir do qual se solidificou a adoção desse rito.

> 1. O rito ordinário que deve ser observado na tramitação da ação de impugnação de mandato eletivo, até a sentença, é o da Lei Complementar n. 64/1990, não o do Código de Processo Civil, cujas disposições são aplicáveis apenas subsidiariamente.
>
> 2. As peculiaridades do processo eleitoral — em especial o prazo certo do mandato — exigem a adoção dos procedimentos céleres próprios do Direito Eleitoral, respeitadas, sempre, as garantias do contraditório e da ampla defesa.

Como **fundamentos** da questão de ordem **suscitada**, o Ministro Fernando Neves citou a **crítica doutrinária** (de Pedro Henrique Távora Niess, Lauro Barreto, Djalma Pinto, Joel José Cândido, Tito Costa e Fávila Ribeiro) existente **acerca** da utilização do rito do **Direito Processual Civil**. Essa crítica estava basicamente sediada na **análise da principiologia** inerente ao Direito Eleitoral, não contemplada pelo procedimento excessivamente extenso anteriormente utilizado.

O relator ainda considerou:

> [...] que não se trata de limitar a produção de provas, mas de respeitar as regras próprias do Direito Eleitoral e, principalmente, evitar procedimentos procrastinatórios, que impedem a conclusão do processo, trazem descrédito à Justiça Eleitoral e insegurança a toda a sociedade, especialmente aos eleitos.

Com efeito, a longa marcha procedimental que caracteriza o rito anteriormente adotado contribuiu em muito para o descrédito da Justiça Eleitoral, permitindo a eternização de demandas nas quais o exercício do direito à ampla defesa dava lugar a práticas procrastinatórias as mais acintosas. Impedir o julgamento da causa era mais proveitoso que "correr o risco" da apreciação do mérito.

O procedimento a ser seguido, doravante, tanto no que toca ao processo de conhecimento, quanto aos recursos a ele atinentes, é o descrito nos arts. 3.º a 14 da Lei de Inelegibilidades[3].

---

[3] "Art. 3.º [...]

§ 3.º O impugnante especificará, desde logo, os meios de prova com que pretende demonstrar a veracidade do alegado, arrolando testemunhas, se for o caso, no máximo de 6 (seis).

Art. 4.º A partir da data em que terminar o prazo para impugnação, passará a correr, após devida notificação, o prazo de 7 (sete) dias para que o candidato, partido político ou coligação possa contestá-la, juntar documentos, indicar rol de testemunhas e requerer a produção de outras provas, inclusive documentais, que se encontrarem em poder de terceiros, de repartições públicas ou em procedimentos judiciais, ou administrativos, salvo os processos em tramitação em segredo de justiça.

Art. 5.º Decorrido o prazo para contestação, se não se tratar apenas de matéria de direito e a prova protestada for relevante, serão designados os 4 (quatro) dias seguintes para inquirição das testemunhas do impugnante e do impugnado, as quais comparecerão por iniciativa das partes que as tiverem arrolado, com notificação judicial.

§ 1.º As testemunhas do impugnante e do impugnado serão ouvidas em uma só assentada.

§ 2.º Nos 5 (cinco) dias subsequentes, o Juiz, ou o Relator, procederá a todas as diligências que determinar, de ofício ou a requerimento das partes.

§ 3.º No prazo do parágrafo anterior, o Juiz, ou o Relator, poderá ouvir terceiros, referidos pelas partes, ou testemunhas, como conhecedores dos fatos e circunstâncias que possam influir na decisão da causa.

§ 4.º Quando qualquer documento necessário à formação da prova se achar em poder de terceiro, o Juiz, ou o Relator, poderá ainda, no mesmo prazo, ordenar o respectivo depósito.

§ 5.º Se o terceiro, sem justa causa, não exibir o documento, ou não comparecer a juízo, poderá o Juiz contra ele expedir mandado de prisão e instaurar processo por crime de desobediência.

Art. 6.º Encerrado o prazo da dilação probatória, nos termos do artigo anterior, as partes, inclusive o Ministério Público, poderão apresentar alegações no prazo comum de 5 (cinco) dias.

Art. 7.º Encerrado o prazo para alegações, os autos serão conclusos ao Juiz, ou ao Relator, no dia imediato, para sentença ou julgamento pelo Tribunal.

Parágrafo único. O Juiz, ou Tribunal, formará sua convicção pela livre apreciação da prova, atendendo aos fatos e às circunstâncias constantes dos autos, ainda que não alegados pelas partes, mencionando, na decisão, os que motivaram seu convencimento.

Art. 8.º Nos pedidos de registro de candidatos a eleições municipais, o Juiz Eleitoral apresentará a sentença em cartório 3 (três) dias após a conclusão dos autos, passando acorrer deste momento o prazo de 3 (três) dias para a interposição de recurso para o Tribunal Regional Eleitoral.

§ 1.º A partir da data em que for protocolizada a petição de recurso, passará a correr o prazo de 3 (três) dias para a apresentação de contrarrazões.

§ 2.º Apresentadas as contrarrazões, serão os autos imediatamente remetidos ao Tribunal Regional Eleitoral, inclusive por portador, se houver necessidade, decorrente da exiguidade de prazo, correndo as despesas do transporte por conta do recorrente, se tiver condições de pagá-las.

Art. 9.º Se o Juiz Eleitoral não apresentar a sentença no prazo do artigo anterior, o prazo para recurso só começará a correr após a publicação da mesma por edital, em cartório.

Parágrafo único. Ocorrendo a hipótese prevista neste artigo, o Corregedor Regional, de ofício, apurará o motivo do retardamento e proporá ao Tribunal Regional Eleitoral, se for o caso, a aplicação da penalidade cabível.

Art. 10. Recebidos os autos na Secretaria do Tribunal Regional Eleitoral, estes serão autuados e apresentados no mesmo dia ao Presidente, que, também na mesma data, os distribuirá a um Relator e mandará abrir vistas ao Procurador Regional pelo prazo de 2 (dois) dias.

Parágrafo único. Findo o prazo, com ou sem parecer, os autos serão enviados ao Relator, que os apresentará em mesa para julgamento em 3 (três) dias, independentemente de publicação em pauta.

Art. 11. Na sessão do julgamento, que poderá se realizar em até 2 (duas) reuniões seguidas, feito o relatório, facultada a palavra às partes e ouvido o Procurador Regional, proferirá o Relator o seu voto e serão tomados os dos demais Juízes.

§ 1.º Proclamado o resultado, o Tribunal se reunirá para lavratura do acórdão, no qual serão indicados o direito, os fatos e as circunstâncias com base nos fundamentos do Relator ou do voto vencedor.

§ 2.º Terminada a sessão, far-se-á a leitura e a publicação do acórdão, passando a correr dessa data o prazo de 3 (três) dias, para a interposição de recurso para o Tribunal Superior Eleitoral, em petição fundamentada.

Art. 12. havendo recurso para o Tribunal Superior Eleitoral, a partir da data em que for protocolizada a petição passará a correr o prazo de 3 (três) dias para a apresentação de contrarrazões, notificado por telegrama o recorrido.

Parágrafo único. Apresentadas as contrarrazões, serão os autos imediatamente remetidos ao Tribunal Superior Eleitoral.

Art. 13. Tratando-se de registro a ser julgado originariamente por Tribunal Regional Eleitoral, observado o disposto no art. 6.º desta lei complementar, o pedido de registro, com ou sem impugnação, será julgado em 3(três) dias, independentemente de publicação em pauta.

Parágrafo único. Proceder-se-á ao julgamento na forma estabelecida no art. 11 desta lei complementar e, havendo recurso para o Tribunal Superior eleitoral, observar-se-á o disposto no artigo anterior.

8.1.3. Execução imediata

O art. 257 do CE instituía o **princípio da executividade** imediata das decisões da Justiça Eleitoral. Num âmbito do Judiciário em que a celeridade é decisiva para a presteza e legitimidade da instituição, o princípio chegou inalterado ao ano de 2015, quando foi submetido a forte alteração.

O texto original do dispositivo era o seguinte:

> **Art. 257.** Os recursos eleitorais não terão efeito suspensivo.
>
> Parágrafo único. A execução de qualquer acórdão será feita imediatamente, através de comunicação por ofício, telegrama, ou, em casos especiais, a critério do presidente do Tribunal, através de cópia do acórdão.

Agora, o parágrafo único foi convertido em § 1.º, sendo ele sucedido por duas outras disposições. O artigo passou a ter o seguinte conteúdo:

> **Art. 257.** Os recursos eleitorais não terão efeito suspensivo.
>
> § 1.º A execução de qualquer acórdão será feita imediatamente, através de comunicação por ofício, telegrama, ou, em casos especiais, a critério do presidente do Tribunal, através de cópia do acórdão.
>
> § 2.º O recurso ordinário interposto contra decisão proferida por juiz eleitoral ou por Tribunal Regional Eleitoral que resulte em cassação de registro, afastamento do titular ou perda de mandato eletivo será recebido pelo Tribunal competente com efeito suspensivo.
>
> § 3.º O Tribunal dará preferência ao recurso sobre quaisquer outros processos, ressalvados os de *habeas corpus* e de mandado de segurança.

Com efeito, até 2003 os julgados exigiam o esgotamento da via recursal como condição para a execução dos julgamentos da Justiça Eleitoral que implicavam em desconstituição de registros, diplomas e mandatos.

A exigência do prévio trânsito em julgado podia ser encontrada, naquela época, nos arts. 15 da Lei Complementar n. 64/1990 e 216 do Código Eleitoral[4].

Ocorre que, encetado na própria Lei das Inelegibilidades, o precitado art. 15 não fora criado para valer fora dos estritos lindes das demandas versadas naquele diploma legal, quais sejam, a impugnação ao registro de candidatura (art. 3.º) e a investigação judicial eleitoral (art. 22).

Quanto ao art. 216 do CE, refere-se expressamente a outra modalidade processual: o recurso contra a expedição de diploma. Em diversos acórdãos o TSE, no passado, entendeu aplicável justamente essa norma, para vedar a executividade imediata da cassação do mandato na ação de impugnação ao mandato eletivo[5].

Art. 14. No Tribunal Superior Eleitoral, os recursos sobre registro de candidatos serão processados e julgados na forma prevista nos arts. 10 e 11 desta lei complementar."

[4] "Art. 216. Enquanto o Tribunal Superior não decidir o recurso interposto contra a expedição do diploma, poderá o diplomado exercer o mandato em toda a sua plenitude."

[5] Os diplomas expedidos são intocáveis até pronunciamento do TSE. A regra do art. 216 do Código Eleitoral é de ser aplicada nas hipóteses de recursos contra a diplomação como nas de ação impug-

No julgamento do Recurso Especial n. 19.895, de 28.02.2003, sendo relator o Ministro Nelson Jobim, ficou assentado o entendimento, no TSE, quanto à plena inadequação das referidas normas ao processo da AIME, passando a ter lugar a possibilidade da execução imediata. O próprio relator fez referência a voto anteriormente proferido pelo Ministro Fernando Neves, no REspe 19.895, de 28.02.2003.

No precedente Palestina, relatado pelo Ministro Carlos Velloso, a questão voltou a ser tratada, reafirmando-se a nova posição do TSE (REspe 21.176, de 1.º.07.2003).

Passou-se, então, da suspensividade como regra para a plena aplicação do princípio da executividade imediata. Mas essa trajetória foi agora submetida a profunda modificação.

Posteriormente, com o da Lei n. 13.165/2015, o § 2.º do art. 257 do Código Eleitoral inclui o efeito suspensivo aos Recursos Ordinários interpostos contra decisões proferidas por Juiz Eleitoral ou por Tribunal Regional Eleitoral que resulte em cassação de registro, afastamento do titular ou, ainda, perda de mandato eletivo, vejamos:

> **Art. 257.** [...]
>
> § 2.º O recurso ordinário interposto contra decisão proferida por juiz eleitoral ou por Tribunal Regional Eleitoral que resulte em cassação de registro, afastamento do titular ou perda de mandato eletivo será recebido pelo Tribunal competente com efeito suspensivo.

Os recursos mencionados pela norma são os endereçados aos Tribunais Regionais, interpostos contra decisões dos juízes eleitorais, e ao Tribunal Superior Eleitoral, quando manejados contra julgados originários das Cortes Regionais.

Dessa forma, ante a nova redação dada ao dispositivo, constatado que o Recurso preenche os requisitos de admissibilidade, será recebido nos efeitos suspensivo e devolutivo.

O recurso ordinário tomado contra decisão de tribunal regional está previsto para os casos em que estes atuarem no exercício da sua competência originária (art. 121, § 4.º, III, IV e V, da CF). Nesses casos, o recurso para o Tribunal Superior Eleitoral será dotado de eficácia suspensiva. Mas eventual recurso manejado, posteriormente, no afã de devolver a matéria ao conhecimento do Supremo Tribunal Federal (art. 121, § 3.º, da CF) não mais estará sob o abrigo da suspensividade compulsória.

Tal regra comporta uma exceção: a desconstituição do diploma em virtude do reconhecimento de causa de inelegibilidade. É que a espécie desfia o manejo de outra disposição legal, aquela constante do art. 15 da LI, cujo teor é o seguinte: "Transitada em julgado ou publicada a decisão proferida por órgão colegiado que declarar a inelegibili-

---

natória de mandato, porque é a desconstituição deste que se visa obter em ambos os casos (REspe 15.216, de 06.06.1995, rel. Min. José Bonifácio Diniz de Andrada).

Orientação assentada, nesta Corte, no sentido da aplicação à hipótese, da norma do art. 216 do CE, segundo a qual, enquanto o TSE não decidir eventual recurso contra a decisão regional, poderá o diplomado exercer o mandato em toda a sua plenitude (RMS n. 2.373, de 27.02.1996, rel. Min. Ilmar Nascimento Galvão).

dade do candidato, ser-lhe-á negado registro, ou cancelado, se já tiver sido feito, ou declarado nulo o diploma, se já expedido".

Ou seja, no caso de **medidas judiciais** nas quais se discuta inelegibilidade — como ocorre na impugnação ao registro de candidatura (art. 3.º da LI), na investigação judicial eleitoral (art. 22.º da LI) e no recurso contra a diplomação (art. 262 do CE) — deve ser aplicada a regra contida no prefalado art. 15 da Lei de Inelegibilidades. Isso implica dizer que decisão de juiz monocrático não autorizará a execução imediata do julgado. Mas tendo sido esta confirmada ou proferida por Tribunal Regional ou pelo TSE no exercício de competência originária ou recursal, não há que se falar em recurso dotado de efeito suspensivo.

Assim, se um Tribunal Regional declara a cassação de diploma em virtude, por exemplo, da condenação de um candidato com base em abuso do poder político ou econômico, proferiu acórdão passível de imediata execução.

Resta um aspecto a considerar sobre o tema.

Segundo dispõe o § 3.º do art. 257 do CE:

> **Art. 257.** [...]
> **§ 3.º** O Tribunal dará preferência ao recurso sobre quaisquer outros processos, ressalvados os de *habeas corpus* e de mandado de segurança.

Essa norma está em consonância com o art. 26-B da Lei Complementar n. 135/2010, cuja redação foi por mim sugerida, e que tem o seguinte teor: "O Ministério Público e a Justiça Eleitoral darão prioridade, sobre quaisquer outros, aos processos de desvio ou abuso do poder econômico ou do poder de autoridade até que sejam julgados, ressalvados os de *habeas corpus* e mandado de segurança".

Tais disposições mostram o reconhecimento, pelo legislador, de que feitos que versam matérias graves a ponto de justificar a possível desconstituição de mandatos devem assumir posição de prevalência no julgamento dos feitos eleitorais. Por tudo recomendável que os tribunais eleitorais adaptem os seus regimentos a tais determinações legais.

8.1.4. Hipóteses de cabimento

A AIME pode ser ajuizada com base na ocorrência de abuso de poder econômico, corrupção ou fraude.

8.1.4.1. *Abuso de poder econômico*

A Constituição Federal alude expressamente ao abuso do poder econômico como fundamento para a propositura da AIME (art. 14, § 10).

O **abuso de poder econômico** caracteriza-se sempre que alguém **dotado** de maior fortuna, sua ou de **terceiro**, dela faz uso para **induzir** o eleitor menos aquinhoado a **conceder-lhe** o voto. A emissão do voto, em tais circunstâncias, decorre do temor reverencial imposto ao eleitor. Essa é a nota **característica** do **abuso de poder**. A efetiva outorga de uma benesse a um ou mais votantes é fator incidental, secundário, e **não** um **elemento** constitutivo **necessário** da prática do abuso de poder.

Essa consideração pode parecer confusa à primeira vista, mas o seguinte exemplo pode contribuir para o esclarecimento da matéria: em recurso analisado pelo Tribunal Superior Eleitoral, discutiu-se caso de abuso de poder econômico, que consiste:

[...] no uso de um helicóptero para fins de propaganda eleitoral, considerada a circunstância, por eles narrada, de que a dita aeronave (em 29.09.2000) — transportando, entre outros, o advogado de José Wilson Alves Chaves, que portava cópia de medida liminar declarando este elegível —, ao chegar ao município, ficara, durante quarenta minutos, "fazendo voos rasantes nas localidades de Formoso, Curimatá, Pauliceia, Pascoal", sendo que "um dos ocupantes [...] em gestos alegres, acenava com uns papéis na mão para os curiosos circunstantes" (Ac. n. 21.403, REspe 21.403, Pacajus/CE, rel. Min. Barros Monteiro).

Além dessa, havia outras alegações de atos abusivos, mas o uso desse helicóptero em uma pequena cidade do interior do Ceará, de forma tão ostensiva, acabou sendo um dos fundamentos para que o Tribunal Regional Eleitoral do Ceará desconstituísse o mandato alcançado pelo candidato a prefeito. Tal decisão foi confirmada pelo TSE.

Com efeito, a simples ostentação de riqueza no contexto da eleição com a finalidade de impressionar, intimidar, constranger ou mobilizar o eleitorado, basta para a caracterização do abuso do poder econômico, sendo irrelevante a efetiva outorga de bens ou serviços.

É preciso, todavia, que tal exibição de poder configure algo grave, aviltante, que escape ao senso de razoabilidade. É certo que um candidato mais rico apresentará, sempre, sinais de supremacia econômica. Daí a correção de se afirmar que a norma não pune o uso, mas o abuso do poder econômico.

O TSE reconhece, também, a possibilidade de ocorrência de abuso de poder econômico na propaganda eleitoral, imputando responsabilidade àquele que recair em abuso, conforme disposto no § 3.º do art. 10 da Resolução do TSE n. 23.610/2019, que dispõe que: "§ 3.º Sem prejuízo das sanções pecuniárias específicas, os atos de propaganda eleitoral que importem abuso do poder econômico, abuso do poder político ou uso indevido dos meios de comunicação social, independentemente do momento de sua realização ou verificação, poderão ser examinados na forma e para os fins previstos no art. 22 da Lei Complementar n. 64 , de 18 de maio de 1990".

Comprovando a assertiva de que o abuso do poder econômico não necessariamente demanda a efetiva outorga de benefícios para os eleitores, o Tribunal Superior Eleitoral já reconheceu que:

[...] Esta Corte Superior entende que: "A aferição do abuso do poder econômico, político ou do uso indevido dos meios de comunicação social independe do resultado do pleito, devendo ser aferida de acordo com a gravidade da situação revelada pela prova dos autos" (RO n. 1380—69/DF, rel. Min. Henrique Neves da Silva, julgado em 07.02.2017, *DJe* de 07.03.2017). Incidência do Enunciado n. 30 da Súmula do TSE. 5. Negado provimento ao agravo em recurso especial (Ag.-REspe 060068825, Acórdão, rel. Min. Mauro Campbell Marques, *DJe* 12.09.2022, t. 176).

Como se vê, o **manejo dos recursos materiais** pelo candidato para a realização de propaganda irregular, considerada a gravidade do fato, é bastante para a verificação da prática abusiva. Desde a edição da Lei Complementar n. 135/2010 (Lei da Ficha Limpa), a observação dessa gravidade não está mais adstrita à verificação de seu eventual impacto nos resultados da eleição. Analisaremos isso mais detidamente em tópico próprio mais adiante (Influência no resultado da votação).

8.1.4.2. Corrupção eleitoral

A conceituação de corrupção eleitoral, um dos fundamentos para a propositura da ação de impugnação de mandato eletivo, foi deixada a cargo do intérprete.

Entendemos ser plenamente acertada a orientação adotada nos últimos anos pelo Tribunal Superior Eleitoral, segundo a qual não devem ser utilizadas categorias provenientes do Direito Penal ou do Direito Administrativo na perquirição do conceito de corrupção eleitoral. A expressão possui, em matéria eleitoral, traços distintos, dotados de maior amplitude, abarcando não apenas as condutas ilícitas de que tomem parte, passivamente, agentes do Estado, para abranger também toda e qualquer ação contrária ao Direito voltada a perverter, pelo oferecimento ou concessão de dádiva, a vontade livre do eleitor.

O **conceito** de corrupção eleitoral tem como **ponto de partida** a descrição da **conduta delituosa** descrita pelo art. 299 do Código Eleitoral[6], mas é ainda mais extenso.

Há na doutrina diversos alicerces para o entendimento adotado pelo TSE.

Mônica Caggiano, citada por José Antônio Fichtner (1998, p. 108), preleciona que

> [...] o termo "corrupção" indica quaisquer ações praticadas de forma camuflada, a partir de uma zona de penumbra, à margem das linhas comportamentais norteadas pela lei e pela moral, com vistas à obtenção de vantagens individuais ou em prol de um grupo, inatingíveis pelas vias ordinárias.

Já Pedro Henrique Távora Niess[7] esclarece que:

> A corrupção e a fraude, destacadas no contexto constitucional, inúmeras vezes encontram a sua fonte no poder econômico, que as viabiliza, exibindo-se como formas de abusividade.

E conclui: "Abusa do poder econômico quem dá dinheiro para obter voto [...]", embora reconheça o autor a presença de hipóteses, como a do candidato que oferece "projetos para que se dê a ruas e praças os nomes de parentes de eleitores. Aqui, opera-se a corrupção, independentemente de abuso do poder econômico". O último exemplo citado pelo prestigiado autor corresponde a "oferecer vantagem", presente na descrição legal da captação ilegal de sufrágio operada por meio do pré-falado art. 41-A.

Emerson Garcia[8] ensina que:

> Configura a corrupção o oferecimento de vantagem indevida a outrem para que pratique ato defeso em lei; omita-se quando devia agir; ou aja com fins distintos daqueles previstos na norma; o mesmo ocorrendo se a conduta foi desencadeada em razão de

---

6 "Dar, oferecer, prometer, solicitar ou receber, para si ou para outrem, dinheiro, dádiva, ou qualquer outra vantagem, para obter ou dar voto e para conseguir ou prometer abstenção, ainda que a oferta não seja aceita."

7 NIESS, Pedro Henrique Távora. *Ação de impugnação de mandato eletivo*. São Paulo: Edipro, 1996, p. 30.

8 GARCIA, Emerson. *Abuso de poder nas eleições*. Meios de coibição. Rio de Janeiro: Lumen Juris, 2000, p. 183.

solicitação feita pelo agente que detinha competência para a prática do ato. A vantagem indevida pode consistir em pecúnia, favorecimento pessoal etc.

Nesse sentido, a conceituação legal da captação mercenária de votos (art. 41-A da LE) vem sendo utilizada pelo Tribunal Superior Eleitoral para o fim de caracterização da corrupção eleitoral, como forma de autorizar o manejo da ação de impugnação de mandato eletivo.

Na AMC n. 1.276, de 17.06.2003, na qual foi relator o Ministro Fernando Neves, o TSE afirmou que "a ação de impugnação de mandato eleito pode ser ajuizada com base no art. 41-A da Lei n. 9.504/1997, uma vez que a captação vedada de sufrágio se enquadra em corrupção, hipótese prevista no art. 14, § 10, da Constituição da República".

Numa outra ementa aparece bem explicitada a conjugação das ideias que embasam a execução imediata do julgado na AIME e a caracterização da corrupção eleitoral decorrente da "compra de votos". Transcrevemos:

> São imediatos os efeitos da sentença que julga procedente ação de impugnação de mandato eletivo pela prática da conduta descrita no art. 41-A da Lei n. 9.504, de 1997. Pertinência da jurisprudência do Tribunal Superior Eleitoral relativa a representações. Situação em que não se aplica o art. 216 do Código Eleitoral (MC n. 1.049, 25.05.2002, rel. designado Min. Fernando Neves).

Caso semelhante se deu no precedente Palestina, retromencionado[9].

Como se vê, a **jurisprudência** do TSE **avançou** também nesse ponto, para **considerar** presente a corrupção eleitoral sempre que **presente** a captação ilícita de sufrágio.

Por outro lado, o Tribunal Superior Eleitoral ainda **compreende** que a **corrupção administrativa** não é fundamento para a **propositura da AIME**, estando a corrupção mencionada pelo art. 14, § 10, da CF relacionada a práticas realizadas para **fins eleitorais**. Nesse sentido é o seguinte precedente:

> [...] Ação de impugnação de mandato eletivo. [...] Hipótese versada na ação de impugnação que não se encontra entre aquelas previstas no § 10 do art. 14 da CF. Recurso não conhecido. NE: "A ação tem como fundamento suposto desvio de recursos financeiros destinados a programas sociais ocorrido no período em que o réu exercia o cargo de prefeito, ou seja, atos de corrupção administrativa, hipótese que não se encontra entre aquelas capazes de embasar a referida ação, uma vez que a corrupção a que se refere o

---

9 "Eleitoral. Recursos especiais. Ação de impugnação de mandato eletivo. Prefeito e vice-prefeito. Abuso de poder. Cassação de diplomas. Inelegibilidade. Inexistência. Nulidade. Julgamento. Decorrência. Ausência. Nome. Advogado. Litisconsorte passivo necessário. Pauta. Não ocorrência. Cerceamento de defesa. Indeferimento. Pedido de vista. Ausência. Condenação. Art. 41-A, Lei n. 9.504/1997. Violação ao art. 257 do Código Eleitoral. Efeito imediato. Precedente: AC. n. 19.895. 1. Não há nulidade do julgamento quando o litisconsorte passivo necessário deu causa à ausência do nome do advogado na pauta. 2. Não configura cerceamento de defesa o indeferimento de pedido de vista quando a parte já obteve pedido semelhante, nos termos de certidão fornecida pela Secretaria do Tribunal. Recurso não conhecido. 3. Aplicabilidade do disposto no art. 257 do Código Eleitoral à ação de impugnação de mandato eletivo. Recurso provido, em parte" (REspe 21.176, de 1.º.07./2003).

§ 10 do art. 14 da CF é aquela ligada a práticas eleitorais" (Ac. n. 16.085, de 05.10.1999, rel. Min. Eduardo Alckmin).

Como se vê, segundo a jurisprudência do TSE apenas a corrupção prática no contexto das eleições pode levar à procedência da AIME. Assim, provas de corrupção política e administrativa constantes de demandas julgadas em outros âmbitos do Judiciário ou mesmo em Comissões Parlamentares de Inquérito não se prestam a instruir a ação de impugnação de mandato eletivo.

Tal entendimento não parece imune a qualquer reflexão. O dispositivo constitucional utiliza apenas a palavra "corrupção", erigindo-a como fundamento para a impugnação do mandato eletivo (art. 14, § 10, da CF).

Se o ato de corrupção está de qualquer modo correlacionado ao exercício do mandato pretendido, parece razoável imaginar que a Justiça Eleitoral, desde que devidamente provocada, possa desconstituir o diploma eventualmente conquistado.

8.1.4.3. Condutas vedadas e abuso de poder político

Discute-se se a ação de impugnação de mandato eletivo pode ser manejada com a finalidade de questionar em Juízo a prática das condutas vedadas aos agentes públicos.

Pelos mesmos fundamentos acima explicitados, entendemos que a jurisprudência do TSE deve marchar no sentido de considerar igualmente como atos de corrupção eleitoral aqueles descritos nos arts. 73 a 77 da Lei das Eleições, que descrevem práticas por meio das quais os agentes públicos podem fazer uso dos mecanismos originalmente destinados ao funcionamento do Poder Público, em desequilíbrio das condições de acesso aos cargos de provimento por via eletiva.

Divergindo desse raciocínio, o Tribunal Superior Eleitoral tem entendido que: "A AIME tem objeto restrito e destina-se à apuração do abuso do poder econômico, corrupção e fraude e não à apreciação de conduta vedada. [...]" (Ac. de 27.05.2008 no REspe 28.007, rel. Min. Gerardo Grossi, red. designado Min. Marcelo Ribeiro).

Pensamos, todavia, que se a conduta vedada consistiu em adoção de medida que demandou o desvio de bens e verbas públicas, a ação é cabível em virtude da manipulação do poder econômico do Estado.

Segue essa mesma linha reflexiva o escólio de Edson de Resende Castro[10]. De acordo com o autor:

> Não nos parece razoável que o abuso mencionado no texto seja limitado ao do poder econômico. Na verdade, é fácil compreender que a fórmula utilizada pelo legislador constituinte é abrangente das demais roupagens do abuso de poder, alcançando também o abuso do poder político e o uso indevido dos veículos e meios de comunicação social. Isto porque, quando se aprofunda o estudo sobre o abuso do poder econômico, percebe-se que este acaba aparecendo como gênero, do qual são espécies o abuso do poder econômico (propriamente dito), o abuso do poder político e o uso indevido dos veículos e meios de comunicação social.

---

[10] CASTRO, Edson de Resende. *Teoria e prática do Direito Eleitoral*. Belo Horizonte: Mandamentos, 2010, p. 413.

Registre-se que a jurisprudência dominante vem abandonando uma postura inicial mais reticente a tal ponto de vista para assumir uma posição hermenêutica ampliativa, reconhecendo no abuso de poder político uma forma de abuso de poder econômico. De fato, pouco importa a quem pertencem os recursos despendidos na obtenção ilícita do voto, sendo irrelevante se sua origem é pública ou privada. Nesse sentido é o seguinte julgado:

> Agravo regimental. Agravo de instrumento. Abuso de poder econômico entrelaçado com abuso de poder político. AIME. Possibilidade. Corrupção. Potencialidade. Comprovação. Súmulas Nos 1. A via aclaratória não se presta à rediscussão dos fundamentos do acórdão recorrido. Os embargos de declaração utilizados para esse fim ultrapassam os limites delineados pelo art. 535, I e II, do Código de Processo Civil c.c. o art. 275 do Código Eleitoral.7/STJ E 279/STF — Não provimento — 2. Na espécie, não há falar em violação ao art. 275 do Código Eleitoral pelo e.Tribunal de origem uma vez que, à conta de omissão, suscitou-se a existência de supostas particularidades do caso concreto, que inexistiram, após criterioso exame das razões recursais e do acórdão regional. 3. O abuso de poder econômico entrelaçado com o abuso de poder político pode ser objeto de Ação De Impugnação de Mandato Eletivo (AIME), porquanto abusa do poder econômico o candidato que despende recursos patrimoniais, públicos ou privados, dos quais detém o controle ou a gestão em contexto revelador de desbordamento ou excesso no emprego desses recursos em seu favorecimento eleitoral. Precedentes: RESPE n. 28.581/MG, de minha relatoria, *DJE* de 23.09.2008; RESPE n. 28.040/BA, rel. Min. Ayres Britto, *DJ* de 1.º.07.2008. 4. No Caso, os agravantes utilizaram-se do trabalho de servidores públicos municipais e de cabos eleitorais, que visitaram residências de famílias carentes, cadastrando-as e prometendo-lhes a doação de quarenta reais mensais, caso os agravantes sagrassem-se vencedores no pleito de 2008 [...] (TSE, AgRg-AI n. 11.708 (38986-05.2009.6.00.0000), rel. Min. Felix Fischer, *DJe* 15.04.2010, p. 18).

Como se vê, tanto o abuso do poder político quanto a prática das denominadas condutas vedadas aos agentes públicos podem dar ensejo, analisado o contexto fático, à propositura da ação de impugnação de mandato eletivo.

8.1.4.4. *Fraude*

Também a fraude possui um **conceito próprio** em matéria eleitoral.

Antes de discutirmos esse conceito é conveniente que nos lembremos de que, ao longo da nossa história, a prática da fraude eleitoral esteve muito presente. Já nos deparamos com essa constatação no tópico intitulado "História do Direito Eleitoral".

Enquanto vigoravam modelos de recepção e contagem dos votos eram comuns práticas tais como a do voto carretilha (ou formiguinha) e do mapismo.

Uma consistia em entregar ao primeiro eleitor da fila uma cédula já marcada com o voto em certo candidato. O eleitor, agindo sob ameaça ou movido pela promessa de um benefício, trazia da cabine eleitoral uma cédula em branco, o que provava que ele depositava na urna a cédula adrede preenchida.

A cédula em branco trazida era, então, completada e entregue ao segundo da fila. A operação era repetida até que todos houvessem votado. Isso assegurava ao interessado a certeza de que a totalidade dos votos havia sido dirigida a um mesmo candidato.

O mapismo, por seu turno, acontecia já na fase da apuração e totalização dos votos (escrutínio). Os votos encontrados na apuração das cédulas não eram os mesmos inscritos nos mapas de totalização.

Com a adoção do sistema eletrônico de votação e apuração, essas duas práticas perderam sua eficácia, mas não se descarta a possibilidade de outros modos de defraudação do resultado dos pleitos. Desde a fase do alistamento eleitoral é fraudulenta a conduta daquele que fornece dado falso para o cartório eleitoral, objetivando ver operada sua inscrição ou transferência no cadastro. Assim, constitui matéria arguível por meio da AIME a prática não rara de promover a migração massiva de eleitores para zonas eleitorais onde estes não possuem domicílio ou a inclusão, no Cadastro Eleitoral, de eleitores inexistentes. Do mesmo modo, é vedada a inscrição plural de um mesmo eleitor no cadastro mantido pela Justiça Eleitoral. Durante a votação podem ser observadas as seguintes condutas fraudulentas:

I — **troca de identidades** — quando uma pessoa se apresenta para votar em lugar de outra. Buscando mitigar o risco de ocorrência dessa infração, a Lei n. 12.034/2009 instituiu a obrigatoriedade da apresentação de documento de identidade com foto no momento da votação[11]. Além disso, a Justiça Eleitoral já instituiu a utilização do sistema de urnas biométricas[12], equipamentos capazes de reconhecer o eleitor com

---

[11] Art. 91-A da Lei das Eleições: "No momento da votação, além da exibição do respectivo título, o eleitor deverá apresentar documento de identificação com fotografia".

[12] A palavra "biometria" vem do grego: *bios* (vida) e *metron* (medida). Designa um método automático de reconhecimento individual baseado em medidas biológicas (anatômicas e fisiológicas) e características comportamentais. O uso de ferramentas biométricas proporcionou aos sistemas de segurança total confiabilidade.

As biometrias mais comumente implementadas ou estudadas incluem as impressões digitais, reconhecimento de face, íris, assinatura e até a geometria das mãos. Muitas outras modalidades estão em diferentes estágios de desenvolvimento e estudos.

As impressões digitais, por exemplo, vêm sendo usadas por mais de um século, enquanto a íris é objeto de estudo há pouco mais de uma década. Não existe ainda uma modalidade biométrica que se aplique em todas as situações.

Muitos fatores devem ser levados em conta para se implantar um sistema biométrico, tais como localização, riscos de segurança e número de usuários, entre outros.

Todo sistema biométrico é preparado para reconhecer, verificar ou identificar uma pessoa que foi previamente cadastrada.

Na biometria, o procedimento de verificação ocorre quando o sistema confirma uma possível identidade comparando apenas parte da informação com o todo disponível. Já o processo de identificação confirma a identidade de um indivíduo, comparando o dado fornecido com todo o banco de dados registrado.

A biometria é usada em inúmeros lugares para melhorar a segurança ou conveniência dos cidadãos. No Brasil, a emissão de passaporte, de carteiras de identidade e o cadastro na Justiça Eleitoral, Polícias Civil e Federal contam com sistemas biométricos.

Além disso, muitas empresas adotam tais sistemas para acesso às suas instalações ou utilização de seus serviços. É o caso de algumas academias de ginástica que usam leitura da impressão digital para controlar o acesso dos seus frequentadores.

Para o reconhecimento individual são coletados dados biométricos por meio de sensores que os colocam em formato digital. Quanto melhor a qualidade do sensor, melhor será o reconhecimento alcançado.

base em suas impressões digitais, que tornam virtualmente impossível a substituição de identidades, vez em que, conforme já comprovado por estudos, as impressões digitais são únicas, sendo compostas, cada uma, por incontáveis peculiaridades, tendo, cada pessoa, um desenho diverso, compostos pelas elevações da pele.

A troca de identidades muitas vezes faz-se acompanhar da captação ilícita do sufrágio. Mediante a outorga presenteou prometida de um benefício, o cabo eleitoral retém consigo o título entregue pelo eleitor. No dia do pleito, entrega-se a alguém disposto a se fazer passar por aquele que estava autorizado a votar.

Em todos os casos, a adoção da biometria ou o respeito ao disposto no art. 91-A da Lei das Eleições, introduzido pela Lei n. 12.034/2009, podem contribuir de forma decisiva para o afastamento dessa modalidade de fraude.

II — Fraude do mesário — nessa modalidade, os mesários, agindo em comunhão de propósitos, coligam-se para votarem no lugar dos que se abstiveram de comparecer às urnas. Como detém a senha para a liberação do voto, reduzem ou eliminam a taxa de abstenção em proveito de algum candidato em particular.

O art. 8.º da Res.-TSE n. 23.735/2024, juntamente com seus parágrafos, realiza uma **análise detalhada sobre a fraude no processo eleitoral**, enfatizando a abrangência desse conceito no contexto das eleições. Este artigo define que a fraude não apenas inclui atos diretos de enganação ou adulteração dos processos de votação, mas também estratégias mais sutis, como simulações ou artifícios, que visam conferir vantagem indevida a partidos, federações, coligações ou candidatos. A norma, assim, destaca o amplo espectro de práticas que podem comprometer a normalidade e a legitimidade das eleições.

O § 1.º aprofunda a discussão ao classificar como **fraude à lei eleitoral a prática de atos que, embora apresentem uma fachada de legalidade, são destinados a frustrar os objetivos das normas eleitorais cogentes.** Esse ponto reforça a necessidade de um olhar crítico sobre as práticas eleitorais que, embora aparentem estar em conformidade com a lei, desvirtuam suas intenções fundamentais.

Os §§ 2.º e 3.º tratam especificamente da **fraude à cota de gênero,** uma questão sensível nas eleições modernas. O § 2.º elucida que a obtenção de votação zerada ou irrisória por candidatas, a similaridade na prestação de contas financeiras e a ausência de campanha efetiva são indicativos de tentativa de burlar as regras de cotas de gênero.

O § 3.º vai além, abordando a **responsabilidade dos partidos políticos e federações na apresentação e no registro de candidaturas femininas,** salientando que a negligência nestes aspectos pode configurar fraude.

O § 4.º da resolução enfatiza que para a configuração da fraude à cota de gênero, basta a existência de desvirtuamento finalístico, dispensando-se a demonstração de intenção deliberada de fraudar a lei. Por fim, o § 5.º detalha as graves consequências da fraude à cota de gênero, incluindo a cassação dos diplomas e a anulação dos votos, tanto nominais quanto de legenda, reforçando a seriedade com que tais infrações são tratadas.

Também constitui fraude a declaração falsa de pertencimento a raça, etnia indígena ou da condição de quilombola com a finalidade de obter qualquer favor legal em matéria eleitoral.

8.1.5. Influência no resultado da eleição

Apesar de não haver qualquer norma dispondo a esse respeito, sempre se exigiu para a configuração do abuso de poder a verificação da existência de um **nexo de causalidade** entre o resultado do pleito e a constatação da abusividade da conduta.

Entretanto, com o advento da Lei da Ficha Limpa (Lei Complementar n. 135/2010), foi inserido no art. 22 da Lei de Inelegibilidades o seguinte dispositivo:

> **Art. 22.** [...]
>
> XVI — para a configuração do ato abusivo, não será considerada a potencialidade de o fato alterar o resultado da eleição, mas apenas a gravidade das circunstâncias que o caracterizam.

Como se vê, o legislador expressamente proibiu o Poder Judiciário de, ao avaliar o ato apontado como abusivo, empreender qualquer análise sobre seu potencial impacto no resultado do prélio eleitoral. Está encerrado, pois, o tempo ao longo do qual a Justiça Eleitoral buscou a verificação desse nexo de causalidade.

Interpretando a inovação legislativa, Marcus Vinícius Furtado Coêlho chegou às seguintes observações:

> A terceira mudança de paradigma é consubstanciada no acréscimo de dispositivo de natureza interpretativa, qual seja o novo inciso XVI do art. 22 da LC n. 64/1990, segundo o qual, para a configuração do ato abusivo, não deverá ser exigido o requisito da potencialidade de o fato alterar o resultado da eleição, bastando a verificação da "gravidade das circunstâncias". A atual hermenêutica do Tribunal Superior Eleitoral exige, para a cassação de mandato e declaração de inelegibilidade por abuso de poder, a presença do requisito da potencialidade lesiva, significando a probabilidade dos fatos abusivos interferirem na normalidade e legitimidade das eleições. Certo é que, em relação às espécies de corrupção eleitoral, como captação ilícita de sufrágio, condutas vedadas aos agentes públicos e irregular arrecadação e aplicação de recursos nas campanhas eleitorais, o próprio TSE já vinha aplicando os princípios da proporcionalidade e razoabilidade, exigindo a presença da "relevância jurídica" do ilícito para configurar a sua ocorrência[13].

E segue o prestigiado eleitoralista:

> O pressuposto da "gravidade das circunstâncias", por ser um conceito aberto, dependerá sobremaneira a interpretação dos tribunais para a verificação de seu alcance. A inovação mais possui a função de afastar a exigência da potencialidade para influir no resultado das eleições como pressuposto da declaração de presença de abuso de poder. Não se pode descurar, porém, da necessária busca sobre o sentido adequado para o termo "gravidade das circunstâncias", que bem se aproxima da definição de proporcionalidade e razoabilidade. Gomes Canotilho bem fala sobre o princípio da proibição do excesso, a governar a atuação do poder público, incluindo o Judiciário na aplicação das

---

[13] COÊLHO, Marcus Vinicius Furtado. *Direito Eleitoral e processo eleitoral*: Direito Penal Eleitoral e Direito Político. Rio de Janeiro: Renovar, 2010, p. 59-60.

leis, devendo ser efetuada a verificação da adequação, necessidade e justa medida na aplicação da pena[14].

De igual relevância são os ensinamentos, a esse respeito, de Marcelo Roseno de Oliveira (2010):

Cuidando o diploma (LC n. 135/2010) de estabelecer casos de inelegibilidade com base nos valores da probidade administrativa e da moralidade para o exercício do mandato, há que se ter presente que todos os impedimentos ali contidos devem, sob pena de incompatibilidade com a Constituição, encontrar fundamento em tais valores.

Assim, é descabido exigir, para a incidência de quaisquer das novas hipóteses trazidas pela Lei Complementar n. 135, a potencialidade de o fato gerador do impedimento influenciar o resultado da eleição, uma vez que não se está a proteger, nesse campo, a normalidade e a legitimidade do pleito.

É exatamente esse o sentido da norma. Não há como reputar legítimas e normais eleições maculadas pela ofensa aos princípios da moralidade e da boa-fé. Os próprios princípios republicano e democrático são violados pela conduta daquele que se vale ilicitamente da sua posição de hipersuficiência para conquistar apoiadores ou desmobilizar a oposição.

Pretender que, além da ilegalidade, ainda se verificasse uma inauditável influência sobre o resultado do pleito era medida que, além de desnecessária, muitas vezes impedia a aplicação da lei em casos de grave violação à liberdade do exercício do voto.

Por isso o Tribunal Superior Eleitoral vem aplicando de forma pacífica o entendimento delineado na norma de referência. Exemplo disso reside no excerto a seguir transcrito:

[...] 22. Definida a tese no sentido de ser possível enquadrar condutas como a dos autos no conceito de abuso do poder econômico ou de uso indevido dos meios de comunicação social, cabe aferir, na hipótese em exame, o último elemento para sua efetiva caracterização, qual seja, a gravidade dos fatos. 23. Nos termos do art. 22, XVI, da LC 64/1990, para se configurar o ato abusivo não se requer "a potencialidade de o fato alterar o resultado da eleição", mas sim "a gravidade das circunstâncias que o caracterizam", de acepção mais ampla. [...] (AIJE n. 060196880, Acórdão, rel. Min. Luis Felipe Salomão, *DJe* 22.08.2022, t. 160).

Como participante da equipe de redatores da minuta da Lei da Ficha Limpa, tive a honra de redigir esse dispositivo, aceito posteriormente de forma unânime pela Câmara dos Deputados e pelo Senado da República.

Com a introdução dessa norma dirigida ao intérprete, a Justiça Eleitoral deve passar a focar exclusivamente naquilo que efetivamente lhe interessa: a licitude do modo pelo qual são obtidos os votos.

---

[14] COÊLHO, Marcus Vinicius Furtado. *Direito Eleitoral e processo eleitoral*: Direito Penal Eleitoral e Direito Político. Rio de Janeiro: Renovar, 2010, p. 60.

8.2. AÇÃO DE IMPUGNAÇÃO DE REGISTRO DE CANDIDATURA

8.2.1. Aspectos iniciais

Apresentado o Requerimento de Registro de Candidatura (RRC), na forma prevista pela Resolução do TSE n. 23.609/2019 e publicado o edital contendo os nomes dos candidatos cujos registros foram solicitados ao Juízo Eleitoral, inicia-se o prazo de impugnação de tais registros, conforme prevê o art. 3.º da Lei Complementar n. 64/1990.

A **impugnação** do registro do candidato se dá por via da **ação** que, convencionalmente, vem sendo **denominada** Ação de Impugnação de Registro de Candidatura (**AIRC**). Por meio dela, visa o impugnante a **obstar** determinada candidatura, com o fundamento, de modo geral, de que há **ausência** de uma ou mais **condições** de elegibilidade ou a **configuração** de uma ou mais causas de **inelegibilidade**.

Conforme já tratamos em outros momentos desta obra, as condições de elegibilidade encontram-se previstas na Constituição Federal (art. 14, § 3.º) e as causas de inelegibilidades estão presentes tanto na Constituição Federal como na Lei Complementar n. 64/1990, cujo rol foi significativamente ampliado pela Lei Complementar n. 135/2010 (Lei da Ficha Limpa).

8.2.2. Legitimidade

São **legitimados para propor esta demanda** qualquer candidato (ou mais acertadamente pretendente a candidato), partido político, federação, coligação ou ao Ministério Público, conforme se extrai do art. 3.º da LC n. 64/1990 e do art. 40 da Resolução do TSE n. 23.609/2019 (redação dada pela Resolução n. 23.675/2021).

Registre-se, por oportuno, que o **eleitor** continua **alijado** de propor diretamente a **referida ação de impugnação**.

Não obstante a exclusão do eleitor do polo ativo da demanda, não se deve deixar de registrar que pode ele prestar informações diretamente ao juiz eleitoral quanto à inelegibilidade de candidato que, por sua vez, poderá utilizá-las para fundamentar sua decisão, já que poderá indeferir de ofício pedidos de registros de candidaturas.

A Súmula 45 do TSE deixa certo que: "Nos **processos de registro** de candidatura, o Juiz Eleitoral pode conhecer de **ofício** da existência de causas de inelegibilidade ou da ausência de condição de elegibilidade, desde que **resguardados** o contraditório e a ampla defesa".

Em sentido similar, o TSE ao editar a Resolução n. 23.609, de 18 de dezembro de 2019, deu a **qualquer cidadã ou cidadão** o prazo de cinco dias, contados da publicação do edital contendo o pedido de registro, para, querendo, apresentar **notícia de inelegibilidade**:

> **Art. 34.** Depois de verificados os dados dos processos, a Justiça Eleitoral deve providenciar imediatamente a publicação do edital contendo os pedidos de registro para ciência das(os) interessadas(os) no *DJe* (Código Eleitoral, art. 97, § 1.º).
>
> § 1.º Da publicação do edital previsto no *caput* deste artigo, correrá:
>
> [...]
>
> III — o prazo de 5 (cinco) dias para que qualquer cidadã ou cidadão apresente notícia de inelegibilidade.

Uma vez prestadas informações por qualquer eleitor aptas a sustentar o indeferimento do registro pretendido, em homenagem ao princípio do contraditório, o juiz mandará ouvir o candidato, em seguida colher o parecer do Ministério Público para, finalmente, decidir sobre o impedimento do candidato de concorrer ao pleito.

Se a razão fundamental para se impedir a legitimação ativa do eleitor para a AIRC é a possibilidade de proliferação de demandas ajuizadas com a mesma finalidade, vê-se que tal argumento é completamente destituído de razoabilidade, já que o eleitor, como visto, ainda que de forma transversa, pode participar do processo com o mesmo potencial que o detido por qualquer dos legitimados.

Aliás, a possibilidade de o eleitor participar desse processo na forma anteriormente enunciada vem sendo consagrada em todas as resoluções do Tribunal Superior Eleitoral, como de resto está prevista no art. 44 da Resolução do TSE n.23.609/2019.

Já no que toca à **legitimidade passiva**, o TSE definiu no **verbete n. 39** da sua jurisprudência sumulada que, diversamente do que ocorre na **AIJE**, "Não há formação de **litisconsórcio necessário** em processos de registro de candidatura".

8.2.3. Relevância

Como o pedido de registro de candidatura constitui um momento muito especial para o candidato e, sobretudo, para o processo eleitoral e para a democracia, o juiz deve analisar com bastante acuidade cada pedido, especialmente porque tem o dever de obstar qualquer pedido de candidatura que esteja em desacordo com as normas eleitorais e, de modo especial, com aquelas contidas na Constituição Federal. Até porque se o magistrado, não havendo impugnação, deferir o pedido, mesmo que evidencie, posteriormente, ausência de condição de elegibilidade ou uma causa de inelegibilidade não poderá se retratar, o que significa que determinado candidato, mesmo ostentando um impedimento à sua candidatura, poderá disputar a eleição, sem incômodos. Este só poderá ser eventualmente barrado por ocasião da diplomação, seja por meio de negativa da Junta em conferir-lhe o diploma, seja por meio de recurso contra a diplomação.

Registre-se, entretanto, que a jurisprudência vem se posicionando no sentido de que, perdida a oportunidade de impugnação, pode o Ministério Público recorrer da decisão de deferimento, buscando exatamente obter o reconhecimento do impedimento que não foi reconhecido de ofício pelo juiz e que não foi objeto de ação de impugnação, especialmente se se tratar de causas previstas na Constituição Federal.

8.2.4. Preclusão

Questão interessante relativa ao registro de candidatura diz respeito à preclusão. A ação de impugnação de registro de candidatura visa, obviamente, à obtenção do reconhecimento de uma inelegibilidade ou da ausência de uma condição de elegibilidade.

Se os legitimados não deflagrarem a demanda ou o juiz, com ou sem informações do eleitor, não impedir de ofício a candidatura, a matéria será considerada preclusa, de modo que estará aberto o caminho para o candidato praticar todos os atos relacionados à sua campanha, sem incômodos. Trata-se apenas de uma regra que, a depender das circunstâncias, comporta substanciosas exceções.

Destarte, tratar de ausência de condições de elegibilidade e inelegibilidades constitucionais não há que se falar em preclusão da matéria que, não obstante ser vedada sua discussão no processo de impugnação de registro de candidatura em primeiro grau, pode ser objeto de recurso, podendo ser apreciada pelo juízo *ad quem*, conforme afirmado anteriormente.

Ultrapassado esse momento da **perda do prazo** para recorrer, há uma **fase posterior** em que a **discussão** pode ser retomada: no **recurso contra a expedição do diploma**, o qual, como veremos, pode ser aviado em até três dias contados da diplomação do eleito, conforme preceitua o § 3.º do art. 262 do CE.

Tal possibilidade existe em razão de expressa previsão legal. Com efeito, o art. 259 do CE, ao cuidar exatamente da preclusão dos prazos para interposição de recurso, abre exceção exatamente para as matérias de matiz constitucional. Portanto, se os legitimados não arguirem a incapacidade eleitoral passiva do candidato por causa impeditiva antecedente ou contemporânea ao pedido de registro de candidatura, ou o juiz não tiver indeferido o registro agindo de ofício, sendo ela de natureza constitucional (o candidato com direitos políticos suspensos, por exemplo), nada obsta que a questão seja objeto de recurso contra a expedição de diploma.

O mesmo raciocínio prevalece para aqueles casos em que a inelegibilidade é superveniente ao pedido de registro de candidatura. Também por expressa previsão legal não precluem as causas de inelegibilidade supervenientes ao deferimento do pedido de registro. É o que se pode extrair da leitura do art. 223 do Código Eleitoral, que prevê:

> **Art. 223.** A nulidade de qualquer ato, não decretada de ofício pela Junta, só poderá ser arguida quando de sua prática, não mais podendo ser alegada, salvo se a arguição se basear em motivo superveniente ou de ordem constitucional.

Não é demais lembrar que o art. 262 do CE estipula que o recurso contra a expedição de diploma pode ser interposto quando estiver presente uma inelegibilidade. Esse tema ganhou nova dimensão desde as Eleições Gerais de 2014, quando o TSE firmou entendimento unânime no sentido de que inelegibilidades supervenientes ao pedido de registro são aptas, sim, a gerar o indeferimento da candidatura. Nesse sentido:

> Inelegibilidades supervenientes noticiadas no TSE. Art. 1.º, I, alínea *g*, da LC n. 64/1990. Conhecimento por esta Corte após garantidos o contraditório e a ampla defesa. Aplicação da tese adotada no "Caso Arruda" (RO 15.429, PSESS aos 27.08.2014). (RO n. 146.527, Ac.de 04.12.2014, rel. Min. Maria Thereza Rocha de Assis Moura, PSESS — publicado em sessão, 04.12.2014).

No recurso que gerou o paradigma, conhecido como "caso Arruda", restou afirmado que:

> É perfeitamente harmônico com o sistema de normas vigentes considerar que os fatos supervenientes ao registro que afastam a inelegibilidade devem ser apreciados pela Justiça Eleitoral, na forma prevista na parte final do § 10 do artigo 11 da Lei n. 9.504/1997, sem prejuízo de que os fatos que geram a inelegibilidade possam ser examinados no momento da análise ou deferimento do registro pelo órgão competente da Justiça Eleitoral, em estrita observância ao parágrafo único do artigo 7.º da LC n. 64/1990 e, especialmente, aos

prazos de incidência do impedimento, os quais, por determinação constitucional, são contemplados na referida lei complementar (RO n. 15.429, Ac. de 26.08.2014, rel. Min. Henrique Neves da Silva, PSESS — publicado em sessão, 27.08.2014).

Desde o julgado em questão o TSE preserva a mesma linha de julgamento, consolidando sua jurisprudência no seguinte sentido:

ELEIÇÕES 2022. RECURSO ORDINÁRIO. REQUERIMENTO DE REGISTRO DE CANDIDATURA (RRC). DEPUTADO FEDERAL. INDEFERIMENTO. IMPUGNAÇÃO JULGADA PROCEDENTE. CONDENAÇÃO. ÓRGÃO COLEGIADO. ABUSO DO PODER POLÍTICO. ART. 1.º, I, *D*, DA LEI COMPLEMENTAR N. 64/1990. INELEGIBILIDADE SUPERVENIENTE. INSTÂNCIA ORDINÁRIA. INCIDÊNCIA. PRECEDENTES. DESPROVIMENTO. 1. As inelegibilidades supervenientes ao requerimento de registro de candidatura podem ser objeto de análise pelas instâncias ordinárias no próprio processo de registro de candidatura, desde que garantidos o contraditório e a ampla defesa. Entendimento reafirmado para o presente pleito. Precedentes. 2. O § 2.º do art. 262 do Código Eleitoral, acrescido pela Lei n. 13.877/2019, se refere, exclusivamente, às hipóteses de cabimento do recurso contra a expedição de diploma. 3. Verificada, a partir da impugnação ofertada pelo Ministério Público Eleitoral, a superveniente causa de inelegibilidade prevista no art. 1.º, I, *d*, da LC n. 64/1990, com estrita observância ao contraditório e à ampla defesa, o indeferimento do presente RRC é medida que se impõe. 4. Recurso ordinário ao qual se nega provimento (RO Eleitoral n. 060203575, Acórdão, rel. Min. Carlos Horbach, PSESS — publicado em sessão, 25.10.2022).

Como se vê, mesmo que não seja ajuizada a impugnação ao registro da candidatura, pode a Justiça Eleitoral, assegurado ao candidato o exercício pleno do direito de defesa e do contraditório, negar registro à vista de inelegibilidade formalmente noticiada nos autos.

8.2.5. Rito

O **prazo** para apresentação da **impugnação** de registro de candidatura é de **cinco dias**, a partir da **publicação** do edital contendo os nomes dos candidatos (art. 3.º da LC n. 64/1990 e arts. 34, § 1.º, e 49 da Res.-TSE n. 23.609/2019). Deve ela ser instruída com os documentos dos quais já dispõe o impugnante, bem como a **indicação dos meios de provas** e, caso pretenda produzir prova testemunhal, não poderá arrolar mais do que seis testemunhas (art. 3.º, § 3.º, da LC n. 64/1990).

Mas atente-se para o fato de que o **TSE definiu** em sua Súmula 49 que: "O **prazo** de cinco dias, previsto no art. 3.º da LC n. 64/1990, para o Ministério Público impugnar o registro **inicia-se** com a publicação do edital, caso em que é excepcionada a regra que determina a sua intimação pessoal".

O candidato e o respectivo partido, a federação ou coligação serão notificados para contestar o feito no prazo de sete dias, conforme previsão legal expressa do art. 41, da Resolução do TSE n. 23.609/2019. Essa notificação, além dos meios tradicionais previstos em lei, *v.g.* oficial de justiça, poderá ser feita por meio de aplicativo de mensagens instantâneas, endereço eletrônico, telefone fixo, endereço do comitê central de campanha, conforme autorizado pelo art. 24 da Resolução do TSE n. 23.609/2019. Aliás, a

Resolução em questão já determina a obrigatoriedade de que os candidatos informem estes dados, por ocasião do pedido de registro de candidatura.

Havendo necessidade de ouvir testemunhas, o que será avaliado exclusivamente pelo juiz, este designará audiência de instrução e julgamento em quatro dias (art. 42 da Res.-TSE n. 23.609/2019). Do contrário, pode o juiz julgar antecipadamente o mérito, não sem antes colher o parecer do Ministério Público se não for ele o autor da ação de impugnação, caso em que, como os demais litigantes, apresentará apenas as alegações finais que tiver.

Naturalmente que a parte que arrolou as testemunhas, sendo vencida poderá, no seu recurso, antes de discutir o mérito da decisão, alegar cerceamento de defesa. Uma vez admitida tal alegação pelo Tribunal, será determinada a oitiva das testemunhas e a renovação dos atos processuais subsequentes.

As testemunhas devem ser levadas à audiência pela parte que as arrolou, o que está em consonância com a celeridade do rito, não obstante a dúvida gerada pelo art. 5.º da LC n. 64/1990, o qual dispõe:

> **Art. 5.º** Decorrido o prazo para contestação, se não se tratar apenas de matéria de direito e a prova protestada for relevante, serão designados os 4 (quatro) dias seguintes para inquirição das testemunhas do impugnante e do impugnado, as quais **comparecerão por iniciativa das partes que as tiverem arrolado, com notificação judicial.**

Essa intimação de testemunhas só deve ocorrer se expressa e fundamentadamente requerida pela parte, pois a regra é a apresentação dos depoentes em banca.

Com ou sem necessidade de realização da audiência para oitiva das testemunhas, poderá o juiz determinar a realização de diligências indispensáveis ao esclarecimento dos fatos. Tal determinação pode ser fruto do requerimento das partes ou do Ministério Público ou por iniciativa do próprio juiz. Em seguida, serão colhidas as razões finais das partes e o parecer ministerial conclusivo, no prazo de cinco dias. Feitos conclusos os autos ao magistrado, este terá três dias para apreciar o pedido de registro de candidatura.

A decisão judicial que aprecia o pedido de registro desafia recurso no prazo de três dias, contados do encerramento do prazo que tem o juiz para julgar o pedido. A lei, entretanto, ressalva que se a decisão judicial for proferida antes do terceiro dia, tal circunstância não altera o termo *a quo* do recurso, o qual, de qualquer forma, somente começará a correr depois do tríduo legal, salvo, obviamente se a parte for intimada antes por meio de oficial de justiça ou outro inequívoco modo. Obviamente, se o magistrado decidir o pedido após o prazo de três dias, o prazo do recurso só começará a fluir após a publicação da decisão judicial.

A parte vencida terá três dias para recorrer, e a parte adversa terá três dias para apresentar suas contrarrazões, seja o recurso interposto para o Tribunal Regional Eleitoral ou para o Tribunal Superior Eleitoral, independentemente de serem as eleições municipais ou gerais.

8.2.6. Fim do efeito suspensivo automático

Cabe, aqui, todavia, um registro importante: até o advento da Lei da Ficha Limpa (LC n. 135/2010) o candidato só ficava impedido de realizar atos de propaganda eleitoral quando a decisão de indeferimento houvesse transitado em julgado, o que, normalmente ocorria no TSE e, muitas vezes, já próximo das eleições. Era comum, diante de tal situação, determinado candidato, mesmo sabendo que sua candidatura seria, a final, indeferida, fazer propaganda eleitoral até poucos dias antes da eleição para, de modo a se valer dela, pedir a substituição da sua candidatura por outra pessoa, normalmente um parente, o qual concorria prevalecendo-se da campanha eleitoral do substituído, o que não deixa de ser uma forma de fraudar a vontade do eleitor. A LC n. 135/2010 mitigou essa possibilidade, na medida em que alterou a redação do art. 15 da Lei das Inelegibilidades (LC n. 64/1990), que agora prevê:

> **Art. 15.** Transitada em julgado ou publicada a decisão **proferida por órgão colegiado** que declarar a inelegibilidade do candidato, ser-lhe-á negado registro, ou cancelado, se já tiver sido feito, ou declarado nulo o diploma, se já expedido.

Ou seja, depois da decisão colegiada do TRE, seja no exercício de sua competência originária, seja recursal, que reconheça a inelegibilidade do candidato, fica ele excluído da disputa.

Desse modo, contemplam-se razoavelmente dois interesses em tensão: o de o candidato poder realizar sua propaganda, já que não há uma decisão definitiva de indeferimento; e o da legitimidade do pleito, garantindo que o eleitor não será ludibriado por falsas candidaturas.

Entretanto, **o TSE vem aplicando quanto à propaganda eleitoral o que dita o art. 51 da Resolução do TSE n. 23.609/2019, que** estabelece que:

> **Art. 51.** A candidata ou o candidato cujo registro esteja sub judice pode efetuar todos os atos relativos à campanha eleitoral, inclusive utilizar o horário eleitoral gratuito no rádio e na televisão e ter seu nome mantido na urna eletrônica enquanto estiver sob essa condição.

8.3. AÇÃO DE INVESTIGAÇÃO JUDICIAL ELEITORAL

8.3.1. Cabimento

A investigação judicial eleitoral ou ação de investigação judicial eleitoral (**AIJE**) encontra previsão no art. 22 da Lei Complementar n. 64/1990, cuja redação foi **sensivelmente alterada** pela Lei Complementar n. 135/2010 (Lei da Ficha Limpa). Com efeito, dispõe o referido dispositivo:

> **Art. 22.** Qualquer partido político, coligação, candidato ou Ministério Público Eleitoral poderá representar à Justiça Eleitoral, diretamente ao Corregedor-Geral ou Regional, relatando fatos e indicando provas, indícios e circunstâncias e pedir abertura de investigação judicial para apurar uso indevido, desvio ou abuso do poder econômico ou do poder de autoridade, ou utilização indevida de veículos ou meios de comunicação social, em benefício de candidato ou partido político, obedecido o seguinte rito: [...].

A AIJE presta-se, ainda, por expressa disposição legal, para apurar "as transgressões pertinentes à origem de valores pecuniários, abuso do poder econômico ou político, em detrimento da liberdade de voto" (art. 19 da LC n. 64/1990).

O Capítulo II da Res.-TSE n. 23.735/2024, especificamente no art. 6.º e seus parágrafos, aborda com profundidade o tema do abuso de poder, da fraude e da corrupção nas ações eleitorais.

O artigo inicial define uma linha clara ao restringir a apuração do abuso de poder às modalidades previstas em lei, impedindo a criação de categorias ilícitas autônomas baseadas unicamente em interpretações jurisprudenciais. Esta disposição sublinha a importância da adesão estrita às definições legais, evitando interpretações judiciais excessivamente amplas ou criativas que poderiam expandir o escopo do abuso de poder além do que foi expressamente legislado.

Os parágrafos subsequentes tratam de questões específicas relacionadas ao abuso de poder. O § 1.º considera que atos de poder político com repercussões econômicas podem ser examinados também como abuso do poder econômico. Isso reflete uma visão integrada de que o poder político e econômico estão frequentemente interligados e que atos abusivos em uma esfera podem se estender à outra. O § 2.º amplia a noção de fraude para além do contexto econômico tradicional, ao permitir que a fraude à lei seja considerada um abuso de poder se alinhada com as categorias ilícitas definidas.

Os §§ 3.º e 4.º se concentram no uso indevido da tecnologia, destacando como a disseminação de desinformação e informações falsas ou descontextualizadas através da internet ou aplicativos de mensagens podem constituir abuso do poder econômico e uso indevido dos meios de comunicação.

Já o § 5.º, por seu turno, aborda o abuso do poder econômico por meio de coerção ou constrangimento de trabalhadores em estruturas empresariais, explorando a dependência econômica de empregados para ganhos eleitorais. Por fim, o § 6.º estabelece a violação do art. 37 da Constituição Federal como um abuso de autoridade conforme a Lei Complementar n. 64/1990.

Destarte, podemos condensar as finalidades da AIJE da seguinte forma: instrumento a ser manejado para apurar o desvio ou abuso do poder econômico, do poder de autoridade ou do poder político e as transgressões pertinentes à origem de valores pecuniários, em detrimento do voto; e utilização indevida de veículos ou meios de comunicação social em benefício de candidato ou de partido político.

Existem outras situações em que a Lei Eleitoral prevê a utilização de instrumentos diversos de obstrução de exercício de mandato, seja para cassar o registro, seja para fulminar o diploma, como as representações previstas no 41-A (captação ilícita de sufrágio) e no art. 73 (condutas vedadas) da Lei das Eleições, cujo procedimento, por expressa previsão legal, é exatamente o da investigação judicial eleitoral, embora de AIJE não se trate. Apenas empresta o seu rito para processamento daquelas representações, muito embora possam alcançar resultado idêntico ao que alcançaria a AIJE, conquanto o fundamento jurídico seja diverso.

Destarte, quando se está diante de captação de sufrágio, não se utiliza a AIJE, mas a representação por captação ilícita de sufrágio, de modo que o único ponto de identificação entre as duas é procedimento e, eventualmente, o resultado. O fundamento é diverso, já que para a captação ilícita de sufrágio, busca-se o embasamento no art. 41-A da Lei n. 9.504/1997. Idêntica situação ocorre com a representação por condutas vedadas, prevista no art. 73 da mesma lei.

Mas pode ocorrer, obviamente, de a compra de votos dar-se de tal forma que também caracterize o abuso de poder econômico. Nesse caso, o mais indicado é a utilização da AIJE, porque o seu fundamento já abarca os requisitos que autorizam o manejo da representação por compra de votos. Nada impede, entretanto, a convivência das duas ações que deverão, havendo possibilidade, ser reunidas por conexão para julgamento conjunto.

De qualquer modo, o que se pretende deixar claro é que AIJE é instrumento processual eleitoral reservado para aquelas situações aqui já mencionadas, não se confundindo com representações, reclamações etc., que pretendem discutir outras matérias que, em regra, propõem resultados específicos nem sempre coincidentes com os da AIJE.

Note-se que a **Súmula do TSE n. 62** foi cunhada com o seguinte teor: "**Os limites** do pedido são **demarcados** pelos fatos imputados na inicial, dos quais a parte se defende, e **não** pela capitulação legal **atribuída pelo autor**".

A **AIJE** constitui um veículo para a arguição de fraude na cota de sexo, já estudada nesta obra, **quando se verifica** que houve simulação da participação de mulheres **apenas para satisfazer** a necessidade legal da participação de mulheres nas **listas proporcionais**.

8.3.2. Competência

A AIJE deve ser ajuizada perante o juiz eleitoral competente (nos casos de eleições municipais), perante o corregedor regional eleitoral (no caso de eleições gerais) e perante o corregedor-geral eleitoral (nas eleições presidenciais). Logo, se conclui que se a **AIJE** é proposta perante órgão colegiado, Corte Eleitoral por ele integrada (art. 22, I, da LC n. 64/1990). Se, entretanto, a AIJE chega ao **tribunal em grau de recurso**, o processo será **distribuído** a qualquer dos componentes do tribunal eleitoral.

8.3.3. Legitimidade ativa

São legitimadas para a propositura da AIJE as pessoas mencionadas no *caput* do art. 22 da LC n. 64/1990. Como ocorre com as outras ações eleitorais, o eleitor não foi incluído dentre os legitimados ativos.

8.3.4. Tempo da propositura

A AIJE após formulado o pedido de registro de candidaturas, embora possa versar fatos anteriores a esse acontecimento.

Nesse sentido se definiu a jurisprudência do Tribunal Superior Eleitora, à míngua de definição legal desse *dies a quo*. O que se vê do aresto a seguir citado:

> [...] 9. A conduta vedada do art. 73, § 10, da Lei n. 9.504/1997 e o abuso de poder do art. 22 da LC n. 64/1990, como objeto de ação de investigação judicial eleitoral, terão a sua apuração deflagrada após o registro da candidatura, termo inicial para o manejo dessa via processual, podendo, contudo, levar a exame fatos ocorridos antes mesmo das convenções

partidárias, porquanto não cabe confundir o período em que se conforma o ato ilícito com aquele no qual se admite a sua averiguação. Precedentes. Da formação da convicção do julgador" [...] (REspe 57.611, Acórdão, rel. Min. Tarcisio Vieira de Carvalho Neto, *DJe* 16.04.2019, t. 73, p. 40-42).

Assim estão, pois, colocados os precedentes do TSE acerca dessa matéria.

8.3.5. Rito

Oferecida a AIJE, o juiz eleitoral ou o corregedor eleitoral, conforme o caso, mandará notificar os representados para apresentarem defesa em cinco dias, podendo juntar documentos e arrolar até seis testemunhas, mesmo número indicado para o autor (art. 22, I, *a*, da LC n. 64/1990).

Note-se que a AIJE é uma ação que não se direciona exclusivamente contra candidatos. Pode ser proposta contra este e contra quem quer que esteja praticando ou tenha praticado as condutas previstas nos arts. 19 e 22 da Lei das Inelegibilidades. Essa é uma particularidade da AIJE. As demais ações, representações e reclamações eleitorais são direcionadas normalmente contra os candidatos (ou agentes públicos, no caso do art. 73 da Lei n. 9.504/1997), ao passo que a AIJE pode incluir no polo passivo "quantos hajam contribuído para a prática do ato", impondo-lhes, a final, se for o caso, a sanção de inelegibilidade.

O **magistrado**, dentre os vários poderes que lhe são conferidos na condução da demanda, como referido, **poderá determinar** a suspensão do ato que ensejou a sua propositura. Em caso de imposição de multa processual, deve-se lembrar que: "A **União** é parte legítima para **requerer** a execução de astreintes, fixada por descumprimento de ordem judicial no **âmbito** da Justiça Eleitoral", consoante dispõe a **Súmula 68** do TSE.

Concluída a fase postulatória, deve o magistrado designar audiência de instrução e julgamento a realizar-se dentro de cinco dias, cabendo às partes apresentar em banca as testemunhas previamente arroladas.

Em seguida, dentro de três dias o magistrado deverá ordenar o cumprimento de todas as diligências determinadas *ex officio* ou solicitadas pelas partes (exceto as impertinentes), adotando todas as medidas capazes de viabilizá-las, tais como remoção, busca e apreensão, condução coercitiva e prisão por desobediência.

Concluída a fase de instrução probatória, abrir-se-á vista dos autos às partes e ao Ministério Público quando atua como fiscal da lei, para oferecimento de alegações em dois dias. Em seguida, far-se-ão os autos conclusos para julgamento.

8.3.6. Inovação substancial

Com a introdução da Lei da Ficha Limpa no sistema jurídico eleitoral brasileiro, a AIJE ganhou relevo ainda maior. Passou a ser um instrumento poderoso de combate a toda sorte de interferência indevida no processo eleitoral porque, além de produzir a inelegibilidade do candidato — o que já fazia antes —, pode fulminar o registro e o diploma (e, por consequência o mandato) do candidato eleito, independentemente do momento em que venha a ser julgada.

Essa substanciosa alteração — idoneidade para atacar o diploma do candidato eleito — acabou atendendo à súplica de parcela da doutrina brasileira que criticava o instrumento exatamente por não ter autonomia para afetar o mandato. No máximo, afetava o registro se o trânsito em julgado da decisão antecede à eleição. Caso esse resultado (decisão judicial de procedência com trânsito em julgado) sobreviesse à eleição do candidato, limitava-se a impor-lhe a sanção de inelegibilidade, em nada afetando o diploma ou o mandato.

Em relação ao **termo *ad quem*** da AIJE, ou seja, o **momento final** de sua **deflagração**, mesmo antes do advento LC n. 153/2010, o **TSE** já havia consagrado entendimento segundo o qual **poderia** ela ser **ajuizada** até a data da **diplomação**, exatamente porque boa parte da doutrina e da jurisprudência posicionava-se no sentido de que a AIJE só poderia ser manejada até a data da eleição.

Com a alteração do conteúdo do inciso XIV do art. 22 da LC n. 64/1990, pela Lei da Ficha Limpa, esse debate restou completamente superado, de sorte que, tal qual ocorre com a representação por captação ilícita de sufrágio (art. 41-A, § 3.º, da Lei n. 9.504/1997) ou por conduta vedada (art. 73, § 12, *fine*, da Lei n. 9.504/1997), a AIJE pode ser proposta tranquilamente até a diplomação dos eleitos.

8.3.7. Litispendência e coisa julgada

Outro tema de relevo que merece enfrentamento diz respeito à possibilidade de reconhecimento de litispendência ou de coisa julgada nos casos em que haja identidade entre as causas de pedir e o pedido, mesmo que se trate de ações distintas (ou com nomes distintos). O ordenamento jurídico põe à disposição dos legitimados vários instrumentos que, em muitos pontos, coincidem quanto aos aspectos mencionados. Pode haver, por exemplo, determinada situação que abra ensejo, em tese, à propositura de **ação de investigação judicial eleitoral, ação de impugnação de mandato eletivo recurso contra expedição de diploma.**

O tema ganhou bastante relevância com a introdução, na Lei das Eleições, do art. 96-B, cujo teor é o seguinte:

Art. 96-B. Serão reunidas para julgamento comum as ações eleitorais propostas por partes diversas sobre o mesmo fato, sendo competente para apreciá-las o juiz ou relator que tiver recebido a primeira.

§ 1.º O ajuizamento de ação eleitoral por candidato ou partido político não impede ação do Ministério Público no mesmo sentido.

§ 2.º Se proposta ação sobre o mesmo fato apreciado em outra cuja decisão ainda não transitou em julgado, será ela apensada ao processo anterior na instância em que ele se encontrar, figurando a parte como litisconsorte no feito principal.

§ 3.º Se proposta ação sobre o mesmo fato apreciado em outra cuja decisão já tenha transitado em julgado, não será ela conhecida pelo juiz, ressalvada a apresentação de outras ou novas provas.

Nos termos do que estatui expressamente o § 2.º do art. 96-B da LE, deve-se reunir, mediante apensamento, todos os feitos que cuidam do mesmo substrato fático. A medida, que reputamos salutar, visa a impedir a adoção de medidas contraditórias.

Registre-se, todavia, que o dispositivo só reclama a reunião dos feitos de natureza extrapenal. Eventual ação penal, ainda que verse sobre a mesma matéria fática discutida em demanda eleitoral de outra natureza, não atrairá a incidência da norma constante do art. 96-B da LE. Assim, por exemplo, a ação penal eleitoral movida com espeque no art. 299 do CE não será reunida por apensamento a uma eventual representação por captação ilícita de sufrágio que trate do mesmo fato que tenha sido objeto da denúncia. Isso ocorre em virtude da principiologia distinta que orienta os dois ambientes processuais. O processo penal é bem mais marcado por garantias existentes em favor do réu. O apensamento poderia retardar uma decisão que por natureza precisa ser breve, aquela referente à representação por compra de votos.

Se o legitimado, por outro lado, propuser uma AIJE por suposto abuso de poder econômico, não poderá, mais adiante, ainda que em tese isso seja possível, propor AIME ou RCD pelo mesmo fundamento (causa de pedir), pois todos, nesse caso, visam a atingir o mesmo resultado (pedido), além do que a AIJE possui maior alcance (declaração de inelegibilidade, pelo menos para aqueles que entendem que não se pode declarar a inelegibilidade por meio de outras ações). A admissão de tal possibilidade abriria ensejo à utilização abusiva dos instrumentos postos à disposição dos legitimados e produzirá insegurança jurídica dentro de um segmento do Direito muito sensível do ponto de vista de sua repercussão social, que é o Direito Eleitoral.

Nesse sentido, o Tribunal Superior Eleitoral adotou postura unânime no sentido da possibilidade do reconhecimento da litispendência, desde que observados certos requisitos:

AGRAVO INTERNO. RECURSO ESPECIAL. ELEIÇÕES 2016. PREFEITO. VICE-PREFEITO. VEREADOR. AÇÃO DE IMPUGNAÇÃO DE MANDATO ELETIVO (AIME). AÇÃO DE INVESTIGAÇÃO JUDICIAL ELEITORAL (AIJE). IDENTIDADE. FATOS. PROVAS. PARTES. LITISPENDÊNCIA. RECONHECIMENTO. PROVIMENTO. No *decisum* monocrático, anulou-se aresto do TRE/PI, por meio do qual se reconhecera a litispendência entre a AIME 1-43 (objeto dos presentes autos) e a AIJE 554-27, determinando—se o retorno do feito à origem para regular processamento. 2. A litispendência caracteriza-se quanto há duas ou mais ações em curso com as mesmas partes, causa de pedir e pedido, hipótese que gera a extinção do segundo processo sem exame de mérito (arts. 337, §§ 1.º e 2.º, e 485, V, do CPC/2015). Trata-se de instrumento que prestigia a segurança jurídica, bem como a economia, a celeridade, a racionalidade e a organicidade da sistemática processual, evitando o manejo de inúmeras demandas que conduziriam ao mesmo resultado. 3. Nos termos da jurisprudência desta Corte Superior, "[a] litispendência entre feitos eleitorais pode ser reconhecida quando há identidade entre a relação jurídica-base das demandas, o que deve ser apurado a partir do contexto fático-jurídico do caso concreto" (RO-El 0601403-89/AC, Rel. Min. Edson Fachin, *DJE* de 04.12.2020). 4. Na espécie, verifica-se inequívoca identidade entre a AIME 1-43 e a AIJE 554-27, circunstância que leva ao reconhecimento da litispendência da primeira em relação à segunda, pois se extrai da moldura do aresto regional que: a) ambas possuem a mesma base fática e probatória; b) há coincidência do polo ativo e, no tocante ao polo passivo, o da AIJE é mais extenso; c) a procedência dos pedidos na AIJE poderá acarretar, além da perda dos diplomas, a sanção de inelegibilidade, inexistindo nenhum efeito prático no prosseguimento da AIME. 5. Agravo interno provido para, sucessivamente, negar provimento ao recurso especial e manter, por conseguinte, a extinção da AIME 1-43 sem exame de mérito (art. 485, V, do CPC/2015) diante da litispendência (REspe 060053336, Acórdão, rel. Min. Luis Felipe Salomão, *DJe* 03.05.2021, t. 78, p. 0).

Esse argumento obviamente não deve prevalecer para aqueles casos de superveniência de novas provas ou de impossibilidade de sua produção por ocasião da tramitação da ação anterior. Pode ocorrer de estar a AIJE pendente de julgamento. Se sobrevierem novas provas e o legitimado propuser a AIME, o razoável é que o magistrado mande reunir os processos, por conexão, para julgamento conjunto, a fim de se evitar decisões contraditórias. Se o legitimado, nas mesmas circunstâncias, propuser RCD, como se trata de ações direcionadas a órgãos jurisdicionais distintos — a competência originária para processamento do RCD é do órgão hierarquicamente superior àquele que expediu o diploma —, não há como reunir as demandas para julgamento conjunto e, nesse caso, tem-se de conviver com a possibilidade de julgamentos contraditórios, que, de todo modo, em algum momento posterior, haverão de harmonizar-se.

8.4. CAPTAÇÃO ILÍCITA DE SUFRÁGIO E CONDUTAS VEDADAS — VEÍCULOS PROCESSUAIS

8.4.1. Legitimidade

8.4.1.1. *Legitimação ativa*

No tocante à **legitimidade ativa**, ela vem definida no *caput* do art. 22 da Lei Complementar n. 64/1990. **Podem propor** as ações e representações fundadas nos arts. 41-A e 73 e seguintes da Lei das Eleições o partido político, a coligação, a federação partidária, o candidato ou o Ministério Público Eleitoral.

Registre-se quanto às coligações que:

> [...] com o resultado das eleições, tanto os partidos políticos que as disputaram em coligação como a própria coligação têm legitimação ativa para as ações correspondentes — recurso contra a expedição de diploma, ação de impugnação de mandato eletivo e representação com fundamento no art. 41-A da Lei n. 9.504/1997 (REspe 19.759, rel. Min Luiz Carlos Madeira, 10.12.2002).

8.4.1.2. *Legitimação passiva*

As candidaturas para os cargos majoritários são representadas por blocos de postulantes, ou chapas. Para as **funções do Executivo**, as chapas são integradas, sempre, por duas pessoas, o titular e o vice. Assim, os candidatos a presidente e vice-presidente, governador e vice-governador, prefeito e vice-prefeito. No **Legislativo** também há uma posição que se preenche pela via **majoritária**: o cargo de **senador**. Nesse caso, a chapa é **composta de três candidatos**, sendo o titular e seus dois suplentes (art. 46, § 3.º, da CF).

Embora destituídos de personalidade jurídica, esses blocos ou chapas são dotados de legitimidade processual, sendo representados em juízo por seu cabeça, que corresponde ao candidato titular. Daí por que para a jurisprudência anterior do Tribunal Superior Eleitoral incabível e desnecessária a notificação dos vices e suplentes, nas hipóteses mencionadas, para suportar no polo passivo as demandas fundadas na Lei das Eleições.

Esse entendimento, outrora acolhido pela jurisprudência eleitoral, não está eivado por qualquer inconstitucionalidade. O direito à ampla defesa é aqui exercitado pelo cabeça de chapa, responsável pela defesa da candidatura. É a chapa quem responde à demanda e se sujeita às determinações contidas na sentença, sendo defendida em juízo por aquele que a encabeça. Trata-se de um ente despersonalizado ao qual, todavia, se reconhece capacidade para litigar em juízo. A chapa constitui, na verdade, uma universalidade jurídica. Daí que as determinações contidas no julgado alcançassem, por consequência, o vice ou suplente.

Por isso a **Súmula 38** do TSE foi cunhada em torno da ideia segundo a qual: "Nas ações que visem à **cassação** de registro, diploma ou mandato, há litisconsórcio **passivo necessário** entre o titular e o respectivo vice da chapa majoritária".

Ocorre que a posição atual do TSE está orientada em sentido diverso. Considera-se, sempre, necessária a citação do viés ou suplentes, sob pena de anular-se marcha processual desde o ponto em que deveria ter ocorrido a citação faltante.

É nesse sentido o seguinte julgado:

> Representação. Captação ilícita de sufrágio. Decadência. 1. A jurisprudência está consolidada no sentido de que, nas ações eleitorais em que se cogita de cassação de registro, de diploma ou de mandato, há litisconsórcio passivo necessário entre os integrantes da chapa majoritária, considerada a possibilidade de o vice ser afetado pela eficácia da decisão. 2. No caso de representação por captação ilícita de sufrágio em que não figurou o vice, mesmo que inviabilizada a pena de cassação, há a possibilidade de exame das condutas narradas na inicial a fim de, ao menos, impor a sanção pecuniária cabível, de caráter pessoal, devida eventualmente em relação ao titular da chapa que figurou no processo. [...] (Ac. de 29.04.2010 no AgR-REspe 35.762, rel. Min. Arnaldo Versiani).

Já no caso das eleições proporcionais, para o preenchimento dos demais cargos nos Parlamentos, fica mais clara a inexistência de litisconsórcio passivo necessário, sendo certo que, a teor do entendimento firmado pela Súmula 40 do TSE:

Por outro lado, já se firmou o entendimento de que:

> Pessoas jurídicas não podem figurar no pólo passivo de investigação judicial eleitoral, de cujo julgamento, quando procedente a representação, decorre declaração de inelegibilidade ou cassação do registro do candidato diretamente beneficiado, consoante firme jurisprudência do Tribunal Superior Eleitoral (Rp n. 373, rel. Min. Peçanha Martins, 07.04.2005).

8.4.2. Capacidade postulatória

O **TSE** tem **afirmado** que: "Representação **não assinada por advogado** é causa de indeferimento liminar ou de **extinção** do processo, sem julgamento do mérito (art. 133 da CF)" (REspe 25.083, rel. Min. Humberto Gomes de Barros, 08.09.2005).

8.4.3. Veículos processuais

8.4.3.1. *Para a apuração da captação de sufrágio vedada por lei*

A captação ilícita de sufrágio pode ser veiculada por meio de qualquer das seguintes modalidades procedimentais:

8.4.3.1.1. Representação com o rito previsto no art. 22, I a XIII, da LC n. 64/1990

O rito para essa representação (trata-se de um procedimento administrativo eleitoral) está definido há algum tempo pela jurisprudência do Tribunal Superior Eleitoral como aquele descrito no art. 22 da Lei de Inelegibilidades, limitando-se, embora, a seus incisos I a XIII. Para as eleições de 2012, a Resolução do TSE n. 23.370, de 13 de dezembro de 2011, estabeleceu explicitamente o seguinte:

> **Art. 77.** Ressalvado o disposto no art. 26 e incisos da Lei n. 9.504/1997, constitui captação ilegal de sufrágio o candidato doar, oferecer, prometer ou entregar ao eleitor, com o fim de obter-lhe o voto, bem ou vantagem pessoal de qualquer natureza, inclusive emprego ou função pública, desde o registro da candidatura até o dia da eleição, inclusive, sob pena de multa de R$ 1.064,10 (mil e sessenta e quatro reais e dez centavos) a R$ 53.205,00 (cinquenta e três mil duzentos e cinco reais) e cassação do registro ou do diploma, observado o procedimento previsto nos incisos I a XIII do art. 22 da Lei Complementar n. 64/1990 (Lei n. 9.504/1997, art. 41-A).

Como se vê, a resolução já enunciava em reais a multa que, no art. 41-A, ainda vem representada em Ufirs, unidade de referência não mais existente. Em virtude de expressa disposição legal contida no § 4.º do art. 41-A da LE, acrescentado pela Lei n. 12.034/1999: "O prazo de recurso contra decisões proferidas com base neste artigo será de 3 (três) dias, a contar da data da publicação do julgamento no Diário Oficial".

8.4.3.1.2. Ação de impugnação de mandato eletivo

Já tivemos oportunidade de estudar a AIME no item I deste Capítulo. Ali vimos como a medida pode ser manejada para viabilizar o ataque, em juízo, ao mandato obtido por meio da captação ilícita de sufrágio. Remetemos o leitor interessado à leitura do referido item.

8.4.3.2. Para a apuração das condutas vedadas aos agentes públicos

O uso eleitoral da máquina administrativa pode ensejar o manejo da representação com o rito definido no art. 22 da Lei de Inelegibilidades, sendo, em regra, incabível o ajuizamento da ação de impugnação de mandato eletivo e do recurso contra a expedição de diploma para tal fim. Se, entretanto, a conduta vedada adquire reflexos patrimoniais, quando, por exemplo, consiste em uso inadequado de projetos destinados a comunidades carentes, nada impede o ajuizamento da AIME com fundamento em abuso de poder econômico. Mais seguro, é, todavia, ajuizar-se para tal fim a representação mencionada logo no início deste tópico.

8.4.3.3. Para a apuração conjunta de infrações a dispositivos distintos

O TSE entende que: "Havendo representação por violação aos arts. 41-A e 73 da Lei n. 9.504/1997, o processo poderá obedecer ao rito do art. 22 da LC n. 64/1990" (REspe 21.120/ES). E afirma, ademais, que:

O fato considerado como conduta vedada (Lei das Eleições, art. 73) pode ser apreciado como abuso do poder de autoridade para gerar a inelegibilidade do art. 22 da Lei Complementar n. 64/1990 (RO n. 718, rel. Min. Luiz Carlos Madeira, 24.05.2005).

Nesse caso, o rito a ser adotado também é o definido na Lei de Inelegibilidades, que há de ser havido como o ordinário.

8.4.4. Sucessão preclusiva das instâncias eleitorais

8.4.4.1. *Preclusão pro judicato no Direito Eleitoral*

O Direito Processual Eleitoral possui princípios dotados de contornos absolutamente próprios. A Justiça Eleitoral lida com um processo administrativo pautado pela contagem retroativa dos prazos, tendo o dever de garantir a escolha democrática daqueles que exercerão mandatos com duração temporal definida. Assim sendo, toda sua lógica interpretativa e coerência sistêmica devem ser voltadas para a superação rápida, encadeada e permanente das etapas procedimentais, sob pena de restar caracterizado o total descumprimento de suas funções.

Se em todos os demais ramos do Direito a tutela já sofre grave abalo pela sua concessão tardia, no Eleitoral o pronunciamento judicial intempestivo é quase sempre ineficaz.

É o que ocorre na mais injustificável das deficiências da Justiça Eleitoral: a perda do objeto da demanda pelo decurso do mandato ou do período da inelegibilidade.

Esse fato jurídico, infelizmente, frequente no foro, é incompatível com tudo o que a democracia exige do Judiciário Eleitoral, a quem se conferiu a tarefa de dirigir o processo eletivo, não apenas na sua formalidade, mas fundamentalmente no seu conteúdo, que não prescinde da lisura e do respeito ao maior de todos os princípios constitucionais que informam o Direito Eleitoral: o princípio da isonomia.

Por isso mesmo, os princípios da celeridade e da preclusão devem orientar, sempre, a interpretação de qualquer norma de Direito Eleitoral. Avulta em importância, nessa seara, o instituto da preclusão, o qual merece elevação à condição de princípio do processo eleitoral.

Interessa aqui, a figura da preclusão pela perda, extinção ou consumação do poder do órgão judicial eleitoral, na específica hipótese do que preceitua o § 10 do art. 96 da Lei n. 9.504/1997 (Lei das Eleições), o qual dispõe que: "Não sendo o feito julgado nos prazos fixados, o pedido pode ser dirigido ao órgão superior, devendo a decisão ocorrer de acordo com o rito definido neste artigo".

Como se vê, a Lei das Eleições introduziu no processo das reclamações e representações ajuizadas com base nos seus demais dispositivos norma voltada à plena garantia do cumprimento dos prazos processuais. Por isso mesmo, a norma possui uma importância mais do que singular, significando que os prazos para os órgãos da Justiça Eleitoral, nas matérias cuidadas pela Lei n. 9.504/1997, não são dilatórios, já que deles resultam consequências práticas e imediatas, dentre as quais a mais drástica, aquela concernente à perda do poder-dever de dizer o direito no caso concreto, por descuido em relação ao tempo legalmente definido para o alcance do pronunciamento jurisdicional (preclusão temporal *pro iudicato*).

A medida, aparentemente drástica, é totalmente compatível com a principiologia do Direito Eleitoral, prestando-se a deixar certo que o tempo do processo é um ônus que não deve pairar apenas sobre partes, como também sobre o próprio órgão julgador.

Ao proclamar que a República constitui Estado Democrático de Direito, estabelecer como fundamentos a cidadania e a dignidade da pessoa humana (art. 1.º), fixar o tempo de duração dos mandatos (arts. 27, § 1.º, 28, 29, I, e 82 da CF), dar reconhecimento à ação de impugnação de mandato eletivo (art. 14, §§ 10 e 11), manter a instituição da Justiça Eleitoral (arts. 118 e s.) informada, dentre outras, pela regra da irrecorribilidade das decisões do Tribunal Superior Eleitoral (art. 121, § 3.º), a Constituição Federal albergou, ainda que de modo implícito, os princípios da celeridade e da preclusão.

Afinal, como compatibilizar a existência de uma Justiça Eleitoral e de mandatos de duração certa sem a exigência do rápido curso dos feitos voltados a depurar o processo eleitoral?

8.4.4.2. Fundamentos da medida

Verificada a perda dos prazos, não é processualmente relevante qualquer justificativa, pois a lei a isso não se refere. O dispositivo autoriza, sempre, a imediata remessa dos autos ao órgão superior depois de caracterizada a inércia na adoção das medidas a cargo da Justiça Eleitoral. Eventuais vícios de conduta por parte do órgão do Judiciário deverão merecer apuração noutro campo — disciplinar ou penal —, mas não devem ser sequer perquiridos quando se trata de proceder à sucessão preclusiva.

É fundamental que se perceba que **a medida não tem natureza disciplinar**, nem objetiva sancionar por qualquer meio o juízo que descumpriu os prazos. Concebido dessa forma, o dispositivo seria de pouca utilidade, pois teria seu uso restrito a raros casos em que a morosidade não pode ser justificada. A real meta do § 10 do art. 96 é simplesmente garantir o rápido fluxo dos procedimentos fundados na Lei n. 9.504/1997, daí porque não há que se perquirir a eventual existência de justificativas para o retardamento, já que a isso não se referiu o legislador. Descumprido o prazo, é possível a sucessão de instâncias.

O referido dispositivo veicula matéria exclusivamente procedimental. O cabimento da medida nele preconizada requer exclusivamente que não tenha sido o "feito julgado nos prazos fixados", nada mais do que isso. Esse é o fundamento de fato para a adoção da medida. Quanto ao fundamento jurídico, este encontra abrigo exclusivo na celeridade dos feitos eleitorais, princípio que norteia a sucessão de instâncias.

8.4.4.3. Inexistência de ofensa ao princípio do juiz natural

O mencionado § 10 do art. 96 da Lei das Eleições não corresponde, como apressadamente se poderia pensar, a nenhuma forma de supressão de instância. Supressão ocorreria se negasse ao órgão jurisdicional competente o direito-dever de aplicação do direito ao caso concreto. Ocorre, todavia, que ao negar vigência às normas fixadoras dos prazos eleitorais, na hipótese de que se cuida, é o próprio órgão da Justiça Eleitoral quem, por sua inércia, provoca a perda da oportunidade de ministrar a jurisdição, o que ocorre em conformidade com o instituto da sucessão preclusiva das instâncias eleitorais. Não há, em casos tais, a aludida supressão de instância, justamente pelo fato de ter sido ao órgão jurisdicional constitucionalmente definido inicialmente entregue o conhecimento da causa ou do recurso. Se ali não se deu o julgamento — da causa ou do recurso —, isso se deveu exclusivamente à sua incapacidade de observar tempestivamente o fluxo procedimental.

8.4.4.4. *Como promover a sucessão preclusiva*

A operacionalização do dispositivo é tecnicamente simples: depois de constatada a perda do prazo, seja na primeira instância, seja em grau de recurso, apresenta-se o pedido, no ponto em que se encontra, à instância imediatamente superior.

Entendemos que a melhor forma de fazer isso é por meio da remessa ao órgão *ad quem* de uma certidão de inteiro teor dos autos, acompanhada de certidão ou outra prova idônea da perda dos prazos. Não é correta a formulação de pedido dirigido à instância superior no sentido de que avoque os autos. A medida seria incompatível com a finalidade da lei, que é justamente a de conferir maior agilidade à marcha do feito. É igualmente inadequado postular perante o próprio órgão omisso a remessa dos autos à instância *ad quem*.

Recebida representação para a aplicação do § 10 do art. 96 da Lei n. 9.504/1997, o relator determinará a notificação da autoridade judiciária a quem se atribui a mora, assinando prazo para a resposta, que deverá ser breve. Ultrapassado esse prazo, com ou sem informações provenientes do juízo *a quo*, os autos devem ser remetidos com vista ao Ministério Público Eleitoral, após o que será submetido a julgamento em Plenário.

8.4.4.5. *Precedentes*

A jurisprudência do TSE tem reafirmado a validade da norma inserta no § 10 do art. 96 da Lei das Eleições. Apreciando a Representação n. 284/AP, o Tribunal Superior Eleitoral baixou a Resolução n. 20.707, de 29.08.2000, na qual resta acentuado que: "Deixando a Corte Regional de apreciar recurso eleitoral no prazo fixado, cabe a apreciação por esta Corte". Consta do voto do relator, o Ministro Costa Porto, a seguinte consideração:

Sr. Presidente, a Lei n. 9.504/1997 determinou, em seu art. 96, § 9.º, que se julguem no prazo de 48 horas as representações relativas ao seu descumprimento. E, por seu § 10, que não sendo o feito julgado nos prazos fixados, o pedido pode ser dirigido ao órgão superior.

A documentação juntada aos autos dá conta de que, assegurada à recorrida o oferecimento de contrarrazões, os autos foram recebidos na secretaria do tribunal em 21 do corrente e, no dia 25, não havia sido, ainda, apreciado. O que possibilita seu conhecimento por esta egrégia Corte.

Já na Representação n. 296-SP, em que baixada a Resolução n. 20.731, de 26 de setembro de 2000, também relator o Ministro Costa Porto, apreciou-se caso similar, onde, além de reconhecer o descumprimento do prazo pelo Tribunal Regional Eleitoral, o TSE determinou a execução imediata do julgado.

Relatando a Representação n. 732, em 10 de fevereiro de 2005, o ministro Caputo Bastos esclareceu:

Ressalto que poderá a representante, averiguando eventual inércia do juiz eleitoral, pleitear a adoção das medidas previstas no mencionado § 10 do art. 96 da Lei das Eleições ou no art. 22, III, da Lei de Inelegibilidades, o que, *in casu*, deverá ser postulado ao Tribunal de origem, instância superior àquela competente ao processamento das demandas, que tratam das eleições municipais.

Como se vê, o dispositivo em questão já vem sendo adotado em diversas oportunidades por nossa mais elevada Corte Eleitoral.

8.4.4.6. Hipóteses de cabimento

A norma, por sua correção técnica e adequação específica ao Direito Processual Eleitoral, merece ser mais observada no foro. Se considerarmos o grande número de lides informadas pelo rito definido no art. 96 da Lei das Eleições — tais como as representações fundadas em matéria de propaganda eleitoral, em abusos verificados durante as convenções partidárias, em falhas na formalização de coligações ou na apresentação da prestação de contas, na realização irregular de pesquisas eleitorais etc. —, podemos concluir que o § 10 vem sendo utilizado ainda de forma muito precária.

É preciso que os operadores do Direito Eleitoral tenham em mente que a sucessão preclusiva de instâncias se aplica a toda reclamação ou representação fundada na Lei n. 9.504/1997, inclusive à representação por captação ilícita de sufrágio com base no seu art. 41-A. Frise-se que também nas representações por uso eleitoral da máquina administrativa (condutas vedadas aos agentes públicos), as quais são capazes de implicar até a cassação do registro ou o diploma nas hipóteses a que alude o § 5.º do art. 73 da Lei n. 9.504/1997, pode ser utilizado o instituto da sucessão preclusiva.

Os operadores do Direito Eleitoral devem fazer uso mais constante desse dispositivo. Isso será o bastante para que sigam o seu devido curso todas as reclamações e representações fundadas no art. 96 da Lei das Eleições.

8.4.4.7. Aplicação à captação ilícita de sufrágio

Segundo sua expressa dicção, o art. 96 da Lei das Eleições deve ser aplicado, salvo disposição em contrário, a todas as reclamações e representações formuladas com base da referida lei.

No art. 41-A, a Lei n. 9.504/1997 permite a cassação do registro ou do diploma e a aplicação de multa ao candidato que "doar, oferecer, prometer, ou entregar, ao eleitor, com o fim de obter-lhe o voto, bem ou vantagem pessoal de qualquer natureza, inclusive emprego ou função pública". O fato de o *caput* do art. 41-A fazer remissão à aplicação do rito previsto no art. 22 da Lei das Inelegibilidades poderia levar o intérprete apressado a crer que o § 10 do art. 96 da Lei n. 9.504/1997 não seria aplicável ao caso.

Entendemos, todavia, que o instituto da sucessão de instâncias também se aplica à espécie. Isso porque o art. 22 da Lei das Inelegibilidades nada dispõe em contrário ao § 10 do art. 96 da Lei n. 9.504/1997, cingindo-se, apenas, à definição de um iter procedimental mais amplo que o deste último dispositivo. O claro propósito do legislador, no caso, foi tão somente o de conferir prazos maiores para a representação por compra de votos, o que em nada conflita com a aplicação do instrumento da sucessão de instâncias.

Note-se que o art. 96 da Lei das Eleições estatui as normas gerais que serão aplicadas a todas as reclamações e representações fulcradas na Lei n. 9.504/1997, sempre que não houver disposição legal em contrário. Não há, no art. 22 da Lei Complementar n. 64/1990, referido pelo *caput* do art. 41-A, nenhum dispositivo contrário à aplicação da sucessão de instâncias. Daí caber o uso do mecanismo de garantia de celeridade também nas representações fundadas em captação mercenária de sufrágio.

A sucessão de instâncias é, assim, uma regra aplicável a todos os procedimentos fundados na Lei das Eleições. Por isso, pode-se afirmar que, mesmo na representação fundada em captação ilícita de sufrágio, extrapolados os prazos definidos em lei para o julgamento do feito ou dos recursos, torna-se cabível a remessa do pedido à instância seguinte.

Diante de todo o afirmado, concluímos que andou bem o legislador quando previu, no § 10 do art. 96 da Lei das Eleições, o ágil mecanismo da sucessão preclusiva das instâncias eleitorais, como instrumento de garantia do princípio da celeridade processual e, por conseguinte, da própria credibilidade da Justiça Eleitoral em sua tarefa de coordenar, de forma isenta e eficiente, o processo democrático de alternância periódica dos nossos mandatários.

8.4.5. Necessidade de nova eleição

A Lei n. 13.165, de 29 de setembro de 2015, chegou sob forte questionamento da comunidade jurídica, repleta de medidas de utilidade duvidosa e até de inconstitucionalidades candentes, uma das quais já reconhecida pelo Supremo Tribunal Federal[15]. De fato, a redação final da lei revela diversas impropriedades técnicas, que deverão ser agora superadas pela atividade dos intérpretes. Sem dúvida, um ponto importante do debate repousará na análise do novo § 3.º do art. 224 do Código Eleitoral.

Segundo o aludido dispositivo: "A decisão da Justiça Eleitoral que importe o indeferimento do registro, a cassação do diploma ou a perda do mandato de candidato eleito em pleito majoritário acarreta, após o trânsito em julgado, a realização de novas eleições, independentemente do número de votos anulados". Referida norma definiu o fim da hipótese em que o segundo colocado assumiria o cargo eletivo em caso de desconstituição do diploma ou do próprio mandato. Com efeito, essa foi de fato a intenção do legislador, ao afirmar que a perda do cargo eletivo deve acarretar a realização de novas eleições.

8.4.6. Execução do julgado

Remetemos o leitor, neste ponto, a tudo o que afirmamos quanto ao tema no item "Ação de impugnação de mandato eletivo", subitem "Execução imediata" deste Capítulo.

---

[15] Veja, a respeito, a ADI n. 5.394, que reconheceu a inconstitucionalidade das denominadas "doações ocultas".

8.5. RECURSO CONTRA A EXPEDIÇÃO DE DIPLOMA

8.5.1. Constitucionalidade do RCED

Em 17 de setembro de 2013, sob o relato do Ministro Dias Toffoli, o Tribunal Superior Eleitoral, por maioria de quatro a três, acolheu tese suscitada de ofício para declarar inconstitucional o Recurso contra a Expedição de Diploma (RCED).

A declaração incidental de inconstitucionalidade ocorreu nos autos de recurso dessa natureza proposto pelo Diretório Estadual do Democratas no Piauí contra o Deputado Federal Assis Carvalho (PT-PI) e teve por premissa a afirmação de que, ao instituir a Ação de Impugnação de Mandato Eletivo, a Constituição teve em mira concentrar exclusivamente nessa via processual todo questionamento a mandatos após a diplomação.

A decisão merece firme censura. O RCED e, especialmente, a possibilidade do seu manejo em concomitância com outras vias de impugnação, é algo que está a merecer tratamento por parte do Congresso Nacional, a quem compete definir as regras de direito processual (art. 22, I, da CF). Muitos questionamentos têm sido suscitados pela aplicação desse instituto, mas certamente não é a criatividade judicial o meio para debelá-los. A simples existência da Ação de Impugnação de Mandato Eletivo não é obstáculo a que o legislador institua outras vias para o ataque ao diploma eleitoral.

No caso em apreço, é bom notar que a AIME e o RCED nem sequer têm o mesmo objeto. Enquanto pela primeira se ataca o ato de fraude, corrupção ou abuso de poder econômico (art. 14, § 10, da CF), neste se verifica um leque bem mais amplo de matérias. É o que se verifica da leitura atenta do disposto no art. 262 do Código Eleitoral. Veja-se:

> **Art. 262.** O recurso contra expedição de diploma caberá somente nos casos de inelegibilidade superveniente ou de natureza constitucional e de falta de condição de elegibilidade.

Pelo que se pode facilmente observar, os incisos I a III do RCED não podem ser discutidos no âmbito da AIME, por não tratarem de fraude, corrupção ou abuso de poder. Quanto ao inciso IV merecem maior cuidado os temas relativos à aplicação do art. 222 do CE e do art. 41-A da Lei das Eleições.

No primeiro caso, diz o referido art. 222:

> **Art. 222.** É também anulável a votação, quando viciada de falsidade, fraude, coação, uso de meios de que trata o art. 237, ou emprego de processo de propaganda ou captação de sufrágios vedado por lei.

Além da fraude, o dispositivo alude a falsidade e coação, figuras jurídicas distintas. E chega também a autorizar a discussão do abuso de poder de autoridade (parte final do art. 237, expressamente referido no art. 222 do CE), tema não passível de discussão em sede de AIME. Como se vê, são muitas as matérias que restam sem meio processual idôneo para sua suscitação em Juízo, desde a surpreendente decisão do TSE que declarou a inconstitucionalidade do RCED.

Resta apenas um ponto em que AIME e RCED permitem ambos a discussão de uma mesma matéria: a captação ilícita de sufrágio. O tema vem versado no art. 262 do CE, está contido no art. 222 do mesmo diploma legal e também no art. 41-A da Lei das Eleições.

Como se vê no estudo específico da AIME, a jurisprudência do TSE se firmou no sentido de que a captação ilícita de sufrágio constitui forma de corrupção, o que autoriza a veiculação da matéria por esse instrumento.

Entretanto, o simples fato de a lei prever duas vias distintas para a impugnação da mesma ação não basta para que ela seja declarada inconstitucional. No direito processual comum é recorrente a presença de diversos meios para o questionamento da mesma matéria. A opção pelo mandado de segurança ou pela ação ordinária para discutir a mesma lesão a direito praticada por órgão público ou exercente de competência delegada cabe exclusivamente ao autor. Quando muito, o tema mereceria a suscitação de litispendência, nunca a declaração de inconstitucionalidade. Fazemos referência à litispendência apenas para estipular o limite último da discussão, não para defender a sua incidência em matéria eleitoral, hipótese historicamente descartada, com acerto, pela jurisprudência do Tribunal Superior Eleitoral. Nesse sentido, são os seguintes julgados:

> Recurso contra expedição de diploma. [...] Captação ilícita de sufrágio. Preliminar de litispendência. Afastamento. [...] I — Não há litispendência entre as ações eleitorais, ainda que fundadas nos mesmos fatos, por serem ações autônomas, com causa de pedir própria e consequências distintas, o que impede que o julgamento favorável ou desfavorável de alguma delas tenha influência sobre as outras. Precedentes do TSE [...] (Ac. de 04.02.2010 no RCED n. 696, rel. rel. Min. Ricardo Lewandowski; no mesmo sentido o Ac. de 23.02.2010 no ERCED n. 731, mesmo relator).
>
> [...] Recurso contra expedição de diploma. Art. 262, IV, do código eleitoral. Deputado estadual. Abuso do poder econômico e de autoridade. [...] 3. É assente neste Tribunal o entendimento de que a ação de impugnação de mandato eletivo, a ação de investigação judicial eleitoral e o recurso contra expedição de diploma são instrumentos processuais autônomos com causa de pedir própria [...] (Ac. de 04.02.2010 no RCED n. 767, rel. Min. Marcelo Ribeiro).

Sem razão o Ministro Castro Meira, que participando da sessão, assentou que:

> Essa circunstância, além de proporcionar um número crescente de ações nessa justiça especializada comprometendo a eficiência da prestação jurisdicional, traz o risco de decisões conflitantes.

Esses não são fundamentos para a declaração de uma inconstitucionalidade. Diante de tal caso, o tribunal deve buscar nas regras processuais meios de compatibilizar a existência de uma ou mais demandas sobre o mesmo tema. Não se pode declarar a inconstitucionalidade de um veículo processual para diminuir o número de processos em andamento ou para impedir que em um se veicule matéria já tratada em outro. Mais prudente é atentar para a Constituição e aguardar que o legislador ordinário racionalize o direito processual eleitoral, matéria que refoge à competência do Judiciário.

Como se pode ver no tópico alusivo ao estudo da AIME neste trabalho, esse veículo processual é anterior à Constituição Federal. Apenas mereceu expressa referência do constituinte, que quis ressaltar a sua importância em particular. Mas nem o legislador ordinário nem a Constituição se ocuparam de banir expressa ou implicitamente o RCED, exatamente por possuir escopo próprio e muito abrangente.

Não é por acaso que essa tese — a da inconstitucionalidade do RCED — **jamais encontrou abrigo na doutrina** ou no entendimento do próprio TSE, onde nem sequer foi suscitada por qualquer parte ou pelo Ministério Público.

Na verdade, a inédita decisão do TSE causou perplexidade na comunidade jurídica e surpresa na sociedade, dada a consequência que teve de potencialmente impedir o debate judicial sobre o comportamento eleitoral de centenas de demandatários acusados de haver alcançado seus diplomas pela via abjeta da captação ilícita de sufrágio.

Imagine-se a hipótese de um mandatário que teve contra si um julgamento em âmbito de RCED por, exemplificativamente, haver sido declarado inelegível por ostentar uma condenação criminal por órgão colegiado, nos termos exigidos pela Lei Complementar n. 135/2010, por prática de narcotráfico. Se recorreu da decisão que desconstituiu o seu diploma e essa medida ainda se encontra em tramitação, poderá arguir agora a própria inconstitucionalidade da via procedimental. O dano causado à defesa das instituições democráticas é evidente. Dentre os muitos defeitos, a decisão teve ainda o condão de afrontar a mobilização da sociedade civil brasileira, que a convite da Conferência Nacional dos Bispos do Brasil se mobilizou para conquistar a primeira lei de iniciativa popular da nossa história. Falamos da Lei n. 9.840/1999, que incluiu no inciso IV do art. 262 do CE a possibilidade da arguição da "compra de votos" por via do RCED.

Felizmente, o tema não está exaurido e poderá ser mais adequadamente resolvido pelo Supremo Tribunal Federal, a quem compete velar pela escorreita leitura do texto constitucional. Necessário levar em conta o fato de que, como mencionamos no item 5, logo adiante, o STF se debruçou recentemente (2009) sobre o estudo do RCED, para discutir sobre a competência originária para o seu processamento. Sequer se ventilou, por simples hipótese, que o mecanismo pudesse ser inconstitucional.

8.5.2. Aspectos iniciais

Segundo a redação anterior do art. 262 do CE, o recurso contra expedição de diploma era cabível somente nos casos de:

> I — inelegibilidade ou incompatibilidade de candidato;
> II — errônea interpretação da lei quanto à aplicação do sistema de representação proporcional;
> III — erro de direito ou de fato na apuração final, quanto à determinação do quociente eleitoral ou partidário, contagem de votos e classificação de candidato, ou a sua contemplação sob determinada legenda;
> IV — concessão ou denegação do diploma em manifesta contradição com a prova dos autos, nas hipóteses do art. 222 desta Lei, e do art. 41-A da Lei n. 9.504, de 30 de setembro de 1997.

Entretanto, a Lei n. 12.891, de 11 de dezembro de 2013 (Minirreforma Eleitoral), promoveu uma profunda alteração nesse veículo processual. Caso superado o debate sobre sua constitucionalidade com a validação do manejo do instituto terá ele agora conteúdo distinto e limitado. Segundo a nova redação conferida ao art. 262 do Código Eleitoral: "O recurso contra expedição de diploma caberá somente nos casos de inelegibilidade superveniente ou de natureza constitucional e de falta de condição de elegibilidade".

A Súmula 47 do TSE prevê que: "A inelegibilidade superveniente que autoriza a interposição de recurso contra expedição de diploma, fundado no art. 262 do Código Eleitoral, é aquela de índole constitucional ou, se infraconstitucional, superveniente ao registro de candidatura, e que surge até a data do pleito".

8.5.3. Legitimidade ativa

Podem interpor o RCED os **candidatos, partidos políticos, coligações e o Ministério Público**.

8.5.4. Legitimidade passiva

Só podem figurar no polo passivo do RCED candidatos diplomados pela Justiça Eleitoral. O TSE afirma que:

> os partidos políticos, em hipóteses de cassação de mandato, podem assumir, se pedido, a posição de assistentes, mas não são litisconsortes passivos necessários. [...] (Ac. de 16.03.2010 no RCED n. 739, rel. Min. Arnaldo Versiani).

8.5.5. Prazo

O RCED deve ser interposto em até três dias contado da data da expedição do diploma, inclusive (art. 258). Trata-se de prazo decadencial. Convém ter em mente que:

> O julgamento posterior de representação eleitoral de que trata o art. 41-A da Lei n. 9.540/1997 não restaura o prazo para interposição do recurso contra expedição de diploma (Ac. n. 19.898, de 05.11.2002, rel. Min. Luiz Carlos Madeira).

8.5.6. Competência

No julgamento da ADPF n. 167, ocorrido em 1.º de outubro de 2009, o STF definiu a competência para processamento e julgamento do RCED. Confira-se a ementa do julgado:

> Arguição de descumprimento de preceito fundamental. Medida cautelar. Atos do tribunal superior eleitoral. Decisões judiciais que reconheceram a competência originária do TSE para processar e julgar recursos contra a expedição de diplomas decorrentes de eleições estaduais e federais. Alegação de violação ao disposto nos incisos LIII, LIV e LV do art. 5.º e incisos III e IV do § 4.º do art. 121 da Constituição do Brasil. *Fumus boni iuris* e *periculum in mora* não caracterizados. Medida cautelar não referendada pelo tribunal Pleno. 1. Controvérsia quanto à competência do Tribunal Superior Eleitoral para examinar originariamente recursos contra a expedição de diplomas decorrentes de eleições estaduais e federais. 2. O Tribunal admitiu a arguição após o exame de questão de ordem referente à

representação processual do arguente. 3.O encaminhamento desses recursos ao TSE consubstanciaria, segundo o arguente, contrariedade ao disposto nos incisos LIII, LIV, e LV do art. 5.º, e nos textos dos incisos III e IV do § 4.º do art. 121 da Constituição do Brasil, vez que os Tribunais Regionais Eleitorais não teriam apreciado previamente as questões de que tratam. 4. A relevância da controvérsia quanto à competência do Tribunal Superior Eleitoral para examinar originariamente recursos contra a expedição de diploma e o perigo de lesão ensejaram o deferimento monocrático de medida liminar. 5. O Tribunal dividiu-se quanto à caracterização do *fumus boni iuris* e do *periculum in mora* e, contra o voto do ministro relator, não referendou a cautelar (TP, ADPF n. 167 — MC-REF, rel. Min. Eros Grau, j. em 1.º.10.2009, *DJe*-35 divulg. 25.02.2010, public. 26.02.2010, Ement. v. 2.391-03, p. 631).

A decisão do STF na ADPF n. 167 é digna de aplauso por assegurar continuidade a uma tradição sobre regras de competência no RCED que vem sendo observado há quatro décadas. Como vimos no item XI do Capítulo 4, a diplomação possui natureza mista: é decisão administrativa, mas também judicial. O recurso contra a expedição de diploma segue a mesma trilha: é a um só tempo recurso e ação desconstitutiva. Como recurso, é apreciado na instância imediatamente superior ao órgão da Justiça Eleitoral responsável pela diplomação, salvo quando este é o próprio TSE, hipótese em que a não apreciação do recurso toca à própria Corte. Como ação, admite ampla dilação probatória, o que veremos no próximo tópico.

De qualquer sorte, a **Súmula 37 do TSE** define que:

SÚMULA 37 DO TSE: **Compete** originariamente ao Tribunal Superior Eleitoral **processar e julgar** recurso contra expedição de diploma **envolvendo** eleições **federais ou estaduais**.

8.5.7. Provas

Segundo estabelece o art. 270 do CE:

Art. 270. Se o recurso versar sobre coação, fraude, uso de meios de que trata o art. 237, ou emprego de processo de propaganda ou captação de sufrágios vedado por lei dependente de prova indicada pelas partes ao interpô-lo ou ao impugná-lo, o relator no Tribunal Regional deferi-la-á em vinte e quatro horas da conclusão, realizando-se ela no prazo improrrogável de cinco dias.

A respeito do referido dispositivo, o TSE firmou o seguinte entendimento:

Recurso contra a diplomação. Art. 262, IV, do Código Eleitoral. Prova. Produção. Possibilidade. Art. 270 do Código Eleitoral. 1. Possibilidade de se apurarem fatos no recurso contra a diplomação, desde que o recorrente apresente prova suficiente ou indique as que pretende ver produzidas, nos termos do art. 270 do Código Eleitoral. 2.A Lei n. 4.961/1966 alterou os arts. 222 e 270 do Código Eleitoral, extinguindo a produção da prova e a apuração de fatos em autos apartados, passando a permitir que isso se faça nos próprios autos do recurso [...] (Ac. n. 20.003, de 12.11.2002, rel. Min. Fernando Neves; no mesmo sentido o Ac. n. 19.592, de 06.08.2002, do mesmo relator).

Como se vê, é ampla a possibilidade de dilação probatória em sede de RCED. É imperioso, todavia, que o recorrente indique satisfatoriamente a prova a ser produzida, indicando sua utilidade e oportunidade.

8.6. REPRESENTAÇÃO POR ARRECADAÇÃO E GASTOS ILÍCITOS

O *caput* do art. 30-A da LE expressamente declara:

> **Art. 30-A.** Qualquer partido político ou coligação poderá representar à Justiça Eleitoral, no prazo de 15 (quinze) dias da diplomação, relatando fatos e indicando provas, e pedir a abertura de investigação judicial para apurar condutas em desacordo com as normas desta Lei, relativas à arrecadação e gastos de recursos.

O § 2.º do mesmo dispositivo legal estabelece qual a sanção aplicável em casos que tais:

> **Art. 30-A.** [...]
> § 2.º Comprovados captação ou gastos ilícitos de recursos, para fins eleitorais, será negado diploma ao candidato, ou cassado, se já houver sido outorgado.

Tais regras estão reafirmadas no art. 96 e seu § 2.º da Resolução do TSE n. 23.607/2019 e podem ser aplicadas sempre que houver uso deletério dos recursos do FEFC, do Fundo Partidário ou de qualquer outra fonte de valores para a campanha eleitoral por parte do candidato ou candidata.

Observe-se que, segundo o Tribunal Superior Eleitoral:

> O art. 30-A da Lei n. 9.504/1997 incide sobre a captação ou o gasto de recursos, para fins eleitorais, que se dê em desacordo com as normas legais aplicáveis e, para a procedência do pedido, "é preciso, ainda, aferir a gravidade da conduta reputada ilegal, que pode ser demonstrada tanto pela relevância jurídica da irregularidade quanto pela ilegalidade qualificada, marcada pela má-fé do candidato" (AgR-REspe 310-48, rel. Min. Jorge Mussi, redator designado para o Ac. Min. Luís Roberto Barroso, *DJe* de 25.08.2020).

Por outro lado, a jurisprudência se pacificou no sentido de que o Tribunal Regional Eleitoral incorre em inversão indevida do ônus da prova,

> [...] exigindo do candidato, no âmbito da representação fundada no art. 30-A da Lei n. 9.504/1997, a comprovação da origem lícita dos recursos doados pelo vice-prefeito, quando competia ao autor da representação provar que decorreram de fontes vedadas pela legislação eleitoral, provenientes de "caixa 2", ou a má-fé do candidato, marcada pela tentativa de embaraçar, induzir a erro ou evitar a fiscalização pelos órgãos de controle da Justiça Eleitoral, conforme tem exigido a reiterada jurisprudência do TSE (REspe 1-81, rel. Min. Gilmar Mendes, *DJE* de 29.04.2015). (AgI n. 67.414, Acórdão, rel. Min. Sergio Silveira Banhos, *DJE* de 07.02.2020, t. 27, p. 43-44).

O aresto abaixo demonstra o entendimento do TSE no sentido de que, além do desrespeito literal às normas legais, é necessária a demonstração de que

> [...] GRAVIDADE DA CONDUTA. PROPORCIONALIDADE DA SANÇÃO DE CASSAÇÃO. 19. Conforme jurisprudência desta Corte, para a configuração do ilícito do art. 30-A deve-se analisar a violação material, e não meramente formal dos bens jurídicos tutelados pela norma. Assim, a procedência da representação exige a demonstração de gravidade da conduta reputada ilegal, que deve ser aferida pela relevância jurídica da

irregularidade. Precedentes. 20. No caso em análise, a gravidade da conduta, em razão da relevância jurídica das irregularidades, ficou amplamente demonstrada. Primeiro, porque o percentual dos recursos do Fundo Partidário objeto de irregularidade, em relação ao total de receitas em ambas as campanhas, foi substancial, pois: (i) o valor recebido pelo candidato Afrânio em razão da doação (R$ 2.000,00) representa 66% das suas receitas de campanha; e (ii) o valor doado pela candidata Jalusa (R$ 12.000,00) representa 53% de suas receitas. Ademais, a recalcitrância em dar cumprimento a medidas cujo objetivo é conferir efetividade à cota de gênero não pode ser minimizada, sob pena de que este Tribunal Superior venha a homologar práticas em franca colisão com os recentes avanços da jurisprudência do STF e do TSE destinados a superar o caráter meramente nominal da reserva de 30% de candidaturas para as mulheres. 21. A alegação dos recorrentes no sentido de ser desproporcional a aplicação da sanção de cassação dos mandatos, ao argumento de que o valor da doação não foi capaz de promover qualquer desequilíbrio no pleito, não merece ser acolhida, tendo em vista que: (i) a potencialidade de a conduta desequilibrar o pleito eleitoral não é exigida para a caracterização da conduta de arrecadação e gasto ilícito de recursos; e (ii) a sanção de cassação do mandato é a consequência imposta pelo § 2.º do art. 30-A da Lei n. 9.504/1997, em razão da prática das condutas vedadas pelo *caput*. III. 7) VIGÊNCIA DA Lei n. 13.831/2019. [...] (AgI n. 33.986, Acórdão, rel. Min. Luís Roberto Barroso, *DJe* 20.09.2019).

Importante esclarecer que o rito para o processamento da representação por arrecadação e gastos ilícitos de recursos, nos termos do que preceitua o art. 30-A, § 1º, da LE, de ver aplicado o procedimento previsto no art. 22 da Lei Complementar n. 64, de 18 de maio de 1990, no que couber. Trata-se do procedimento definido em lei para a ação de investigação judicial eleitoral, já estudada neste capítulo.

O art. 11 da Res.-TSE n. 23.735/2024 discorre sobre as violações graves das normas de arrecadação e gastos em campanhas eleitorais, destacando a relevância jurídica dessas ações.

O § 1.º do art. 11 ressalta que a **desaprovação das contas de campanha não implica automaticamente em ilícito eleitoral.** Esta norma reconhece a complexidade das finanças de campanha, onde **erros contábeis podem ocorrer sem intenção fraudulenta**. Por outro lado, **a aprovação das contas não garante imunidade, permitindo investigações posteriores se surgirem indícios de ilícitos**.

O § 2.º aborda a questão dos desvios de finalidade dos recursos públicos para candidaturas femininas. Esse parágrafo sublinha que a gravidade do desvio não depende do montante, mas da destinação inadequada dos recursos. Assim, a norma reforça a seriedade do compromisso dos partidos com as candidaturas femininas, além de proteger a integridade dos recursos designados para esse fim.

Por fim, o § 3.º destaca a ilegalidade qualificada, que pode ser inferida pela má-fé de candidatos que empregam táticas para ocultar a origem dos recursos de campanha. Este parágrafo enfatiza que mesmo sem a demonstração de uso de fontes proibidas, o emprego de estratégias enganosas para esconder a origem dos recursos já constitui uma violação grave.

O § 2.º do art. 12 da Res.-TSE n. 23.735/2024 aborda um aspecto processual interessante: estabelece que **não há interesse processual em investigar a conduta ilícita de captação ou gasto indevido de recursos de campanha por candidatos a cargos majoritários que não foram eleitos**. Esta disposição sugere uma abordagem pragmática do sistema eleitoral, na qual o esforço de investigação e sanção é direcionado para os casos onde há um impacto real e imediato na representação política.

Por outro lado, o § 3.º do mesmo artigo enfatiza que a conclusão do mandato eletivo, seja majoritário ou proporcional, resulta na perda do interesse jurídico na investigação das mesmas condutas. Isso implica que, após o término do mandato, a relevância de apurar tais ilícitos diminui significativamente, uma vez que o mandato em questão já se encerrou. Este parágrafo reflete um entendimento de que a eficácia das ações jurídicas deve estar alinhada com a relevância política e social imediata.

8.7. RECLAMAÇÃO ADMINISTRATIVA ELEITORAL

A Resolução-TSE n. 23.608, de 18 de dezembro de 2019, **introduz um instrumento vital para salvaguardar a eficácia e a integridade** dos processos eleitorais no Brasil: a **reclamação administrativa eleitoral**, delineada em seu art. 29. Este artigo define a admissibilidade da reclamação administrativa eleitoral em casos onde **juízas, juízes eleitorais ou membros de tribunais falhem em cumprir as normas legais e regulamentares** que regem a **preparação, organização e execução das eleições, abrangendo todas as fases até a diplomação.**

Crucialmente, o art. 29 estipula que a autoridade contestada deve se pronunciar em apenas um dia após receber a notificação. Este prazo apertado é fundamental para assegurar que quaisquer desvios ou irregularidades sejam prontamente tratados, preservando a continuidade e a integridade do processo eleitoral, onde demoras ou falhas podem ter consequências graves para a legitimidade e a equidade das eleições.

O artigo concede ao tribunal a autoridade para determinar a observância de procedimentos específicos. **Se houver falha no cumprimento desses procedimentos por parte da juíza ou juiz, pode-se configurar desobediência**. Esta cláusula sublinha a importância da adesão estrita às normas estabelecidas e garante que as autoridades eleitorais se mantenham alinhadas com os regulamentos do processo eleitoral.

Notavelmente, o art. 29 expande seu escopo para enfrentar um dos desafios mais prementes da era atual: o combate à desinformação. **O § 3.º do artigo permite a apresentação de reclamação administrativa eleitoral contra atos de poder de polícia que desrespeitem ou excedam decisões do Tribunal Superior Eleitoral relativas à remoção de conteúdo desinformativo que ameace a integridade do processo eleitoral**. Este aspecto do artigo reflete a crescente preocupação com a influência da desinformação nas eleições e a necessidade de mecanismos efetivos para combater práticas que possam comprometer a veracidade e justiça do processo eleitoral.

Adicionalmente, o art. 29 faz referência à legitimidade para apresentar a reclamação administrativa eleitoral, apontando para as disposições do art. 3.º da mesma resolução. Isso garante um entendimento claro sobre quem tem o direito de iniciar tais reclamações, assegurando que pessoas ou entidades com um interesse legítimo possam atuar na proteção da integridade eleitoral.

> A finalidade da reclamação administrativa eleitoral, conforme estipulado pela Resolução-TSE n. 23.608/2019, é assegurar a adesão às normas legais e regulamentares em todas as fases do processo eleitoral, proporcionando um mecanismo rápido e eficaz para abordar e corrigir desvios ou irregularidades cometidos por autoridades eleitorais, mantendo assim a integridade e a eficiência do sistema eleitoral.

O manejo das reclamações administrativas eleitorais foi definido com precisão, visando aumentar a eficiência e adequar a resposta às especificidades do sistema eleitoral. O art. 30 delimita que o Tribunal Regional Eleitoral é responsável por julgar as reclamações contra juízas e juízes eleitorais a ele vinculados, de acordo com o art. 97 da Lei n. 9.504/1997. Essa determinação ressalta a importância da proximidade e do conhecimento direto dos juízes eleitorais pelas cortes regionais. Por outro lado, o Tribunal Superior Eleitoral tem a competência de processar reclamações contra membros ou órgãos dos Tribunais Regionais Eleitorais, seguindo o art. 97, § 2.º, da mesma lei. Esta atribuição reforça o papel do TSE como órgão máximo da justiça eleitoral, garantindo a hierarquia e supervisão necessárias no sistema jurídico.

Uma inovação notável é a prerrogativa do TSE, conforme estipulado no § 1.º do art. 30, de **avocar para si a competência em situações onde haja uma demora injustificada por parte do Tribunal Regional Eleitoral.** Esta medida assegura a agilidade processual e a resolução eficaz de conflitos eleitorais, minimizando o risco de atrasos que possam impactar a administração da justiça eleitoral.

Em relação aos procedimentos disciplinares, o § 2.º do art. 30 estabelece que, ao se identificar indícios de falta funcional durante uma reclamação administrativa eleitoral, a autoridade competente deve prontamente comunicar a corregedoria do respectivo Tribunal. Esse procedimento cria um caminho direto para a instauração de reclamação disciplinar, sindicância ou processo administrativo disciplinar, garantindo a responsabilização adequada dos agentes eleitorais e a integridade do processo eleitoral.

8.8. DISPOSIÇÕES COMUNS ÀS REPRESENTAÇÕES ESPECIAIS

8.8.1. Abrangência

O art. 44 da Res.-TSE n. 23.608/2019, tal como modificado pela Resolução n. 23.733/2024, trata do procedimento específico para as representações especiais na justiça eleitoral, cuja causa de pedir se enquadra nas hipóteses previstas nos arts. 23, 30-A, 41-A, 45, inciso VI e § 1.º, 73, 74, 75 e 77 da Lei n. 9.504/1997. Este artigo estabelece que, para tais representações, o procedimento a ser seguido será primordialmente o definido no art. 22 da Lei Complementar n. 64/1990, com o Código de Processo Civil servindo de forma supletiva e subsidiária. Isso significa que, embora a Lei Complementar n. 64/1990 forneça as diretrizes primárias para o tratamento desses casos, o Código de Processo Civil pode ser utilizado para complementar ou subsidiar o procedimento, principalmente em situações não previstas explicitamente pela legislação eleitoral.

As representações eleitorais especiais são procedimentos específicos na justiça eleitoral destinados a tratar de casos que se enquadram em determinadas hipóteses da Lei n. 9.504/1997, seguindo primordialmente as diretrizes da Lei Complementar n. 64/1990, com o Código de Processo Civil aplicado de maneira supletiva e subsidiária.

A tabela abaixo expressa o tema versado em cada uma das denominadas "representações especiais":

ARTIGO(S)	TEMA ABORDADO
Art. 23	Financiamento de campanha e limites de gastos eleitorais
Art. 30-A	Representação por captação ou gasto ilícito de recursos
Art. 41-A	Proibição da captação ilícita de sufrágio
Art. 45, inciso VI e § 1.º	Regulação da propaganda eleitoral na internet e em outras mídias
Arts. 73, 74, 75 e 77	Condutas vedadas aos agentes públicos em campanhas eleitorais

8.8.2. Análise inicial

O § 1.º do art. 44 introduz uma disposição importante sobre a **análise inicial dos fatos apresentados na petição inicial**. Se a juíza, o juiz, a relatora ou o relator identificar que os fatos narrados indicam um ilícito de natureza diferente daquele atribuído inicialmente pelo autor da ação, as partes serão intimadas para se manifestarem sobre essa nova perspectiva. Este procedimento deve ocorrer antes do início da fase instrutória e as partes têm um prazo comum de dois dias para sua manifestação, podendo inclusive requerer a produção de provas complementares, se necessário.

8.8.3. Termo final

O art. 45, revisado pela Resolução n. 23.733/2024, detalha os **prazos para o ajuizamento de representações eleitorais sob condições específicas**. Ele estipula que tais representações devem ser propostas até a data da diplomação. Contudo, há exceções importantes para casos baseados nos arts. 30-A e 23 da Lei n. 9.504/1997, onde os prazos são estendidos respectivamente até 15 dias após a diplomação e até 31 de dezembro do ano seguinte à eleição. Essa diferenciação de prazos é vital para acomodar as variadas naturezas das infrações eleitorais, garantindo que cada caso seja tratado dentro de um período temporal apropriado.

TIPO DE REPRESENTAÇÃO	TERMO FINAL PARA AJUIZAMENTO
Representações em geral	Até a data da diplomação
Representações baseadas no art. 30-A	Até 15 dias após a diplomação
Representações baseadas no art. 23	Até 31 de dezembro do ano seguinte à eleição

8.8.4. Abrangência

Complementando o art. 45, o art. 46 especifica a competência para processar e julgar representações ligadas a doações de campanha eleitoral que ultrapassam o limite legal. **Essa competência recai sobre o juízo eleitoral do domicílio civil do doador.** Em uma situação onde o **doador reside fora do Brasil, a competência é do Juízo da 1.ª Zona Eleitoral do Exterior**, sediado em Brasília/DF. Essa alocação de competência assegura que as representações sejam julgadas de maneira eficiente e prática, facilitando o acesso e o processo judicial adequado.

8.8.5. Tutelas provisórias

Por fim, o art. 46-A introduzido pela mesma resolução, aborda as intimações relativas à **concessão de tutelas provisórias ou a determinação de medidas urgentes.** As intimações devem ser efetuadas pelo meio mais célere disponível, e durante o período eleitoral, podem ser realizadas através de mensagem instantânea ou e-mail, com a validade condicionada à confirmação de leitura. Além disso, o artigo clarifica que essa forma de intimação não substitui a necessidade de uma citação formal conforme o Código de Processo Civil, salvo em casos de comparecimento espontâneo da parte representada.

8.8.6. Prova em áudio ou vídeo

O art. 47 estipula que, em casos de representação instruída com vídeo ou áudio, **a citação da parte envolvida deve incluir uma cópia da transcrição do conteúdo desses materiais.** Além disso, deve-se informar o dia e o horário em que o material impugnado foi exibido. Esta disposição assegura que as partes tenham total conhecimento do conteúdo das provas contra elas apresentadas, permitindo uma defesa adequada e informada. A inclusão da transcrição de conteúdos audiovisuais é uma medida importante para garantir que a evidência seja acessível e claramente compreendida por todas as partes envolvidas, independentemente de eventuais barreiras tecnológicas ou linguísticas.

8.8.7. Réplica

O art. 47-A, por sua vez, trata da resposta às preliminares e aos documentos juntados na contestação. Ele **concede à parte autora um prazo de dois dias para réplica,** caso a contestação inclua tais elementos. Essa disposição, em consonância com o art. 437 do Código de Processo Civil, é crucial para assegurar que a parte autora tenha a oportunidade de abordar adequadamente novas questões ou informações apresentadas pela defesa. O parágrafo único deste artigo amplia a oportunidade de manifestação das partes, permitindo que sejam intimadas para esclarecer sobre os requerimentos de prova que tenham formulado. Isso contribui para o esclarecimento de aspectos pertinentes ao caso e facilita a tomada de decisões informadas pela autoridade judiciária.

8.8.8. Extinção ou saneamento dos feitos eleitorais

A inserção do art. 47-B na Res.-TSE n. 23.608/2019 pela Res.-TSE n. 23.733/2024 marca uma evolução importante na gestão processual no âmbito da justiça eleitoral. Este artigo estabelece procedimentos claros a serem seguidos pela autoridade judiciária ao término da fase postulatória, determinando a condução do processo com base no estado em que se encontra.

Inicialmente, o inciso I do art. 47-B **permite a extinção do processo sem resolução do mérito em situações onde se identifiquem falhas processuais irremediáveis que impedem o avanço da ação, ou em casos de homologação da desistência da ação.** Esta disposição alinha-se ao art. 354, primeira parte, do Código de Processo Civil, e é fundamental para evitar a perpetuação de processos judiciais inviáveis, otimizando assim o uso dos recursos judiciais.

O inciso II aborda a extinção do processo com resolução de mérito em casos de decadência, conforme o art. 354, segunda parte, do Código de Processo Civil. Essa medida assegura a conclusão adequada de processos cujo prazo para o exercício de direitos já se esgotou, reforçando a importância da tempestividade nas ações eleitorais.

O inciso III traz uma inovação importante: a declaração de desnecessidade de instrução adicional e a imediata intimação do Ministério Público Eleitoral para apresentar parecer em um prazo de dois dias, em situações onde não há requerimento ou necessidade de produção de outras provas. Essa disposição, em conformidade com o art. 355, inciso I, do Código de Processo Civil, visa acelerar a resolução de processos onde a matéria em discussão pode ser decidida com base nos elementos já apresentados.

Por fim, o inciso IV dispõe sobre a decisão de saneamento e organização do processo em casos que demandem instrução adicional, alinhando-se ao art. 357 do Código de Processo Civil. Esta decisão é crucial para garantir que todas as questões relevantes sejam adequadamente tratadas durante a instrução, contribuindo para a eficácia e a justiça do processo.

8.8.9. Oitiva prévia do Ministério Público nas decisões

O parágrafo único do art. 47-B **reforça o papel do Ministério Público Eleitoral, assegurando que seja ouvido em um prazo de dois dias, mesmo quando não for parte no processo,** sobre questões que necessitem de imediata apreciação pela autoridade judiciária. Esta disposição garante a participação efetiva do Ministério Público Eleitoral nas decisões processuais, fortalecendo a fiscalização e a integridade do processo eleitoral.

8.8.10. A prova pericial

O art. 47-C, inserido na Resolução-TSE n. 23.608, de 18 de dezembro de 2019, pela Resolução n. 23.733, de 27 de fevereiro de 2024, **estabelece diretrizes cruciais para a análise dos requerimentos de prova pericial dentro do contexto jurídico processual brasileiro.** Este artigo enfatiza a importância de avaliar a relevância do fato que se pretende provar em relação à solução da controvérsia, bem como a adequação do meio de prova escolhido para atingir esse objetivo.

O § 1.º do art. 47-C dispõe que a autoridade judiciária deve rejeitar, com devida fundamentação, quaisquer diligências que sejam consideradas inúteis ou meramente protelatórias, conforme alinhado ao art. 370 do Código de Processo Civil. Esta disposição é essencial para evitar atrasos desnecessários no processo legal, assegurando que o sistema judiciário funcione de maneira eficiente e centrada na obtenção de justiça.

O § 2.º do mesmo artigo aborda a questão das **provas periciais.** Estabelece que, caso não seja apropriado rejeitar um pedido de prova pericial, deve-se considerar a possibilidade de substituí-la por uma prova técnica simplificada. Esta pode consistir na inquirição de um especialista ou na apresentação de pareceres técnicos ou documentos elucidativos pelas partes, alinhando-se aos arts. 464 e 472 do Código de Processo Civil. Esta abordagem visa otimizar o processo de produção de provas, tornando-o mais ágil e menos oneroso, sem comprometer a qualidade e a eficácia da prova.

Por fim, o § 3.º do art. 47-C trata da situação em que a prova pericial é deferida. **Nesse caso, determina-se que a parte requerente arque com os custos da prova.** Além disso, estipula que a realização da perícia deve ocorrer antes da audiência. Tal organização tem o propósito de possibilitar a oitiva de peritos e assistentes técnicos, preferencialmente antes das testemunhas, conforme o art. 361 do Código de Processo Civil. Essa disposição assegura que as informações técnicas sejam consideradas de forma adequada no contexto do processo, contribuindo para uma análise mais informada e detalhada dos fatos em julgamento.

Essa recente adaptação do Código de Processo Civil (CPC), especificamente nos arts. 464 a 480, para permitir a realização de provas periciais nos processos eleitorais representa um avanço significativo na eficiência e na dinâmica dos litígios eleitorais. A prática anterior, que tendia a delegar a produção de laudos periciais quase exclusivamente ao Instituto de Criminalística da Polícia Federal, inclusive em casos eleitorais não penais como Ação de Impugnação de Mandato Eletivo (AIME) e Ação de Investigação Judicial Eleitoral (AIJE), mostrava-se limitante e, em certa medida, ineficiente.

A inclusão expressa da modalidade de perícia técnica do CPC no âmbito eleitoral é uma evolução bem-vinda. Esta mudança abre caminho para o recurso a peritos técnicos e cientistas especializados, indicados diretamente pelo juízo ou tribunal, propiciando uma maior agilidade e especificidade no tratamento das provas. Esta abordagem é particularmente valiosa em casos complexos, onde a análise técnica detalhada e especializada é fundamental para a resolução do litígio.

Essa nova orientação também introduz uma distribuição estratégica do ônus da prova. Sob esta norma, a parte autora do processo, responsável por sustentar as alegações, incumbe-se do custo da realização da prova pericial. Tal disposição pode ser interpretada como uma distribuição antecipada do ônus da prova, onde o encargo financeiro recai sobre a parte que se beneficia diretamente da prova para sustentar seu argumento. Isto é especialmente relevante em situações onde a perícia é imprescindível para o êxito da demanda.

No entanto, é crucial reconhecer e manter o princípio de gratuidade no acesso à jurisdição eleitoral. Em circunstâncias onde a parte autora não possui recursos financeiros suficientes para arcar com os custos da perícia, ainda é possível solicitar que a prova seja realizada através do Instituto de Criminalística, conforme o procedimento anterior. Esta salvaguarda é essencial para garantir que a falta de recursos financeiros não impeça o acesso à justiça e a busca pela verdade factual em disputas eleitorais.

Portanto, a adoção da forma de realização de prova pericial conforme delineada no CPC nos processos eleitorais não apenas otimiza a marcha processual, mas também assegura um equilíbrio entre eficiência processual e justiça acessível. Ao mesmo tempo, preserva-se o direito à prova técnica especializada, garantindo-se que as decisões judiciais sejam fundamentadas em avaliações detalhadas e precisas, fundamentais para a integridade do sistema eleitoral.

8.8.11. Gravação ambiental

No Agravo Regimental no Recurso Especial Eleitoral n. 060049821, relatado pelo Ministro Raul Araujo Filho e publicado no *Diário de Justiça Eletrônico* em 19.12.2023, um dos pontos centrais diz respeito à licitude de uma gravação ambiental realizada em ambiente público para fins de comprovação da prática de captação ilícita de sufrágio.

De acordo com o acórdão, o Tribunal de origem reconheceu os requisitos indispensáveis para configurar a prática de captação ilícita de sufrágio pelos representados, fundamentando-se especialmente na prova obtida por meio de **gravação ambiental realizada em local público.** Esse ponto é crucial, visto que estabelece a admissibilidade de gravações ambientais como prova em casos de ilícitos eleitorais, desde que cumpridos determinados critérios.

Conforme transcrito do acórdão, **"A gravação ambiental realizada por um dos interlocutores em ambiente público é, em regra, lícita para fins de comprovação da prática de captação ilícita de sufrágio, capitulada no art. 41-A da Lei das Eleições.** Precedentes. Incidência do Enunciado n. 30 da Súmula do TSE". Este trecho enfatiza que, normalmente, a gravação ambiental feita por um dos participantes da conversa em um local público é considerada uma prova lícita para demonstrar a ocorrência de ilícitos eleitorais, como aquele relativo à captação ilícita de sufrágio.

A decisão, portanto, reitera a jurisprudência do TSE sobre a legalidade da gravação ambiental como meio de prova e reforça a necessidade de equilibrar a proteção da privacidade com a necessidade de garantir a integridade do processo eleitoral.

8.8.12. Audiência de instrução

O art. 47-D da Res.-TSE n. 23.608/2019, inserido pela Res.-TSE n. 23.733/2024, aborda a realização da audiência de instrução, que é uma fase crucial em qualquer processo judicial. Este artigo estipula que a audiência seja realizada na sede do juízo competente, no juízo deprecado ou em outras instalações judiciárias designadas para este fim. A presença física do magistrado que preside a audiência e da pessoa encarregada de secretariar os trabalhos é mandatória no local da audiência.

O § 1.º deste artigo confere à a**utoridade judicial a competência para decidir se a audiência ocorrerá de maneira exclusivamente presencial ou de forma híbrida,** mesclando elementos presenciais e virtuais. Esta flexibilidade é essencial para adaptar--se a diferentes contextos e necessidades processuais, além de permitir uma maior acessibilidade e eficiência no sistema judicial.

O § 2.º estabelece uma disposição importante relativa à videoconferência, indicando que ela supre a prerrogativa das autoridades arroladas no art. 454 do Código de Processo Civil de serem inquiridas em suas residências ou locais de trabalho. Isso significa que, para essas autoridades, não é necessário deslocamento físico, facilitando assim a logística e reduzindo possíveis inconvenientes associados à presença física.

Já o § 3.º afirma que os §§ 1.º a 3.º do art. 454 do Código de Processo Civil não se aplicam às representações especiais. Portanto, o juízo competente deve designar uma data para a oitiva da testemunha, comunicá-la de maneira eficiente e estabelecer um prazo para que ela indique a primeira data disponível, caso haja incompatibilidade de agenda.

Por outro lado, **o art. 47-E trata do depoimento pessoal da parte representada ou representado no processo.** Este dispositivo assegura que a parte não pode ser compelida a prestar depoimento pessoal, mas garante o direito de ser ouvida em juízo, caso solicite na contestação ou compareça voluntariamente para discutir aspectos relevantes para sua defesa. Isso reflete um equilíbrio entre o direito de defesa e a autonomia das partes no processo, permitindo que elas decidam a melhor forma de contribuir para o esclarecimento dos fatos.

8.8.13. Medidas instrutórias finais

O art. 47-F, inserido na Res.-TSE n. 23.608/2019 pela Res.-TSE n. 23.733/2024, aborda o poder discricionário da autoridade judiciária competente em determinar diligências complementares às requeridas pelas partes e pelo Ministério Público Eleitoral. Essa disposição tem o objetivo de esclarecer circunstâncias ou fatos que sejam fundamentais para o julgamento da causa, proporcionando uma compreensão mais abrangente e detalhada dos aspectos envolvidos no processo. A base legal para essa autoridade advém da Lei Complementar n. 64/1990, sendo corroborada por decisões do Supremo Tribunal Federal e do Tribunal Superior Eleitoral.

O § 1.º do art. 47-F estabelece que, **após a conclusão das diligências mencionadas, as partes e o Ministério Público Eleitoral devem ser ouvidos em um prazo comum de dois dias.** Essa disposição é crucial para assegurar que todos os envolvidos no processo tenham a oportunidade de se manifestar sobre os resultados obtidos, respeitando os princípios do contraditório e da ampla defesa.

Já o § 2.º expande o escopo de participação processual, concedendo um prazo de dois dias para que os participantes do processo se manifestem sobre documentos juntados durante a instrução, seja por uma das partes ou pelo Ministério Público Eleitoral. Isso garante que todas as evidências e informações adicionadas ao processo sejam devidamente consideradas por todos os interessados, contribuindo para a formação de um julgamento justo e informado.

8.8.14. Encerramento da fase instrutória

Por outro lado, o art. 47-G da Res.-TSE n. 23.608/2019 foca no encerramento da instrução processual, determinando que as partes sejam **intimadas para apresentar suas alegações finais** em um prazo comum de dois dias, conforme a Lei Complementar n. 64/1990. As alegações finais representam um momento crucial do processo, permitindo que as partes consolidem seus argumentos e pontos-chave para a decisão do caso. O prazo estabelecido de dois dias busca equilibrar a celeridade processual com a necessidade de tempo adequado para a preparação de argumentações finais substanciais.

8.8.15. Últimas disposições sobre o procedimento

O art. 48 define que as decisões interlocutórias emitidas durante o curso das representações eleitorais não são passíveis de recurso imediato e não causam preclusão. Isso implica que essas decisões podem ser reavaliadas pela autoridade judiciária no momento do julgamento, especialmente se as partes ou o Ministério Público Eleitoral solicitarem essa reanálise em suas alegações finais. O parágrafo único do artigo acrescenta que, caso ocorra uma modificação na decisão interlocutória, a fase instrutória será reaberta, mas somente os atos que não possam ser aproveitados serão anulados. Segue-se a determinação para realização ou renovação dos procedimentos necessários. Esta disposição assegura uma flexibilidade processual, permitindo ajustes e refinamentos nas decisões à medida que novas informações ou perspectivas emergem.

O art. 49 aborda o procedimento quando o Ministério Público Eleitoral não é parte na ação. Após a apresentação das alegações finais pelas partes, ou após o término do prazo sem sua apresentação, os autos serão enviados ao Ministério Público Eleitoral, que terá um prazo de dois dias para se manifestar. Essa norma garante que a perspectiva do Ministério Público seja considerada, contribuindo para a integridade e a imparcialidade do julgamento.

O art. 49-A, adicionado pela Resolução n. 23.733/2024, detalha o procedimento para representações de competência originária dos Tribunais que são redistribuídas após 19 de dezembro do ano eleitoral. O relator dos autos é encarregado de apresentar um relatório nos autos e solicitar a inclusão em pauta, assegurando o avanço oportuno do caso.

Por fim, o art. 50 estipula que todos os despachos, decisões, pautas de julgamento e acórdãos sejam publicados no *Diário da Justiça Eletrônico* (*DJe*). Isso visa garantir a transparência e o amplo acesso às informações processuais. O parágrafo único do artigo detalha o procedimento em casos de cassação de registro de candidatura antes das eleições, estabelecendo que o partido político, a federação de partidos ou a coligação correspondente será notificada, recebendo cópia da decisão para os fins previstos na legislação eleitoral.

8.9. MECANISMOS PROCESSUAIS PARA O ATAQUE À FRAUDE NA AUTODECLARAÇÃO RACIAL

8.9.1. Apresentação do problema

A **fraude na autodeclaração racial** por candidatos e candidatas em eleições tem implicações sérias e multifacetadas, afetando tanto a distribuição de **recursos do Fundo Especial de Financiamento de Campanha (FEFC)** quanto o **tempo de propaganda eleitoral** gratuita no rádio e na televisão. Essas práticas fraudulentas podem ser contestadas por vias judiciais, assegurando a integridade e a justiça no processo eleitoral.

De acordo com a Resolução n. 23.60772019 do Tribunal Superior Eleitoral, o percentual de candidaturas femininas e de candidaturas de pessoas negras é calculado em relação ao total de candidaturas do partido em âmbito nacional. Estes percentuais, definidos após o término do registro de candidatura, impactam diretamente na distribuição das verbas do FEFC. Assim, **uma autodeclaração racial falsa pode levar a uma distribuição inapropriada de recursos, prejudicando a representatividade legítima e distorcendo o propósito da norma, que visa promover a equidade racial na política.**

Da mesma forma, a Resolução n. 23.61072019 estabelece que a distribuição do tempo de propaganda eleitoral gratuita no rádio e na televisão deve considerar, entre outros fatores, o percentual de candidaturas de homens negros e não negros, bem como de candidatas negras e candidatos negros, conforme autodeclaração no registro de candidatura. Uma fraude nesta autodeclaração afeta a justa distribuição do tempo de propaganda, impactando na visibilidade e nas chances de sucesso de candidaturas legítimas.

8.9.2. A questão da prova

Até a eleição passada, enfrentávamos uma significativa barreira na demonstração de fraudes relacionadas à autodeclaração racial. Embora houvesse alegações de declarações raciais falsas, faltavam meios efetivos para comprovar que tais declarações resultaram em acesso indevido a verbas destinadas especificamente a candidaturas de pessoas afro-brasileiras. Essa limitação impedia a verificação e punição adequadas de práticas fraudulentas nesse contexto.

No entanto, um **avanço significativo foi alcançado com a edição da Resolução n. 23.731/2024, que introduziu o § 5.º-A ao art. 17 da Resolução TSE n. 23.607/2019**. Este novo parágrafo estabelece que: "**A regularidade da aplicação mínima dos percentuais mencionados nos incisos I e II do § 4.º deste artigo será apurada na prestação de contas do diretório nacional do partido político, que deverá abrir contas bancárias específicas para comprovar a regularidade da destinação dos recursos**". Este artigo é crucial, pois trata diretamente da destinação proporcional dos recursos do Fundo Especial de Financiamento de Campanha (FEFC) a candidaturas de homens e mulheres afro-brasileiros.

Com essa mudança, a partir das eleições de 2024, torna-se viável verificar se houve movimentação de recursos que deveriam ser alocados a candidaturas de pessoas negras, mas que foram desviados para candidaturas de pessoas brancas. A abertura de contas bancárias específicas para esta finalidade facilitará a fiscalização e o controle por parte da Justiça Eleitoral, permitindo uma análise mais precisa e eficiente da regularidade na aplicação desses recursos.

8.9.3. A gravidade da conduta e seu impacto na aplicação das sanções

A questão da fraude no manejo de recursos destinados a candidaturas de pessoas negras, sob a ótica da Resolução n. 23.735/2024, que trata dos ilícitos eleitorais, é um tema de grande relevância para a integridade do processo eleitoral. Esta resolução aborda especificamente as violações das normas relativas à arrecadação e aos gastos de recursos de campanha, oferecendo um quadro normativo para identificar e penalizar condutas ilegais nesse âmbito.

O art. 11 da Resolução estabelece:

> "É grave a violação de normas relativas à arrecadação e aos gastos de recursos que, ultrapassando a mera falha contábil, revela conduta com relevância jurídica ou ilegalidade qualificada".

Este dispositivo ressalta a seriedade da violação das normas de arrecadação e gastos, particularmente quando tais violações vão além de simples erros contábeis e indicam uma conduta com relevância jurídica, isto é, ações que têm implicações legais significativas. No contexto das candidaturas de pessoas negras, isso implica que o desvio ou mau uso de recursos especificamente alocados para essas candidaturas não é apenas uma irregularidade contábil, mas uma violação jurídica grave.

Os parágrafos subsequentes do artigo 11 esclarecem:

> "§ 1.º A desaprovação das contas de campanha não caracteriza, de forma automática, o ilícito previsto no *caput* deste artigo e a aprovação das contas não constitui óbice à apuração daquele ilícito".
>
> "§ 3.º A ilegalidade qualificada, configurada pela má-fé da candidata ou do candidato, pode ser inferida pelo emprego de ardis destinados a ocultar a origem dos recursos de campanha, ainda que não demonstrada a utilização de fonte vedada."

Estes parágrafos indicam que a desaprovação das contas de campanha não leva automaticamente à conclusão de que houve ilícito eleitoral grave, e que a aprovação das contas também não impede a investigação de possíveis ilícitos. Além disso, o § 3.º ressalta a importância da intenção (má-fé) do candidato na caracterização de ilegalidades qualificadas, como o uso de estratégias para ocultar a origem dos recursos.

No caso de fraudes envolvendo recursos destinados a candidaturas de pessoas negras, a resolução implica que atos deliberados para desviar esses recursos, ou para mascarar a origem e o uso dos mesmos, constituem violações graves das normas eleitorais. Isso pode incluir a alocação de recursos destinados a candidaturas negras para outros fins ou candidaturas, ou a falsificação de documentos para encobrir tais práticas.

O reconhecimento da gravidade das condutas relacionadas à fraude no manejo de recursos destinados a candidaturas de pessoas afro-brasileiras, conforme expresso na Resolução n. 23.735/2024 do Tribunal Superior Eleitoral (TSE), alinha-se ao espírito do art. 22, inciso XVI, da Lei Complementar n. 64/1990 (Lei de Inelegibilidades), especialmente após as alterações introduzidas pela Lei da Ficha Limpa. Este dispositivo legal estipula que, para a configuração de um ato abusivo, a consideração central não é a potencialidade de alteração do resultado da eleição, mas sim a gravidade das circunstâncias que caracterizam o ato.

O art. 22, inciso XVI, da Lei de Inelegibilidades assim dispõe:

> "Para a configuração do ato abusivo, não será considerada a potencialidade de o fato alterar o resultado da eleição, mas apenas a gravidade das circunstâncias que o caracterizam".

A Resolução do TSE destaca que violações significativas das normas de arrecadação e gastos de campanha, que ultrapassam meras falhas contábeis e revelam condutas de maior relevância jurídica, são consideradas graves. Essa perspectiva é especialmente pertinente no contexto de recursos destinados a candidaturas de pessoas afro-brasileiras, onde a fraude não apenas desrespeita as normas eleitorais, mas também compromete a representatividade e a igualdade no processo eleitoral.

Ao reconhecer explicitamente a gravidade dessas condutas, o TSE antecipa o entendimento de que tais atos, independente de sua capacidade de alterar o resultado de uma eleição, possuem a gravidade necessária para configurar abuso do poder econômico ou político. Consequentemente, tais atos justificam a aplicação das sanções previstas em lei, que podem incluir a cassação do registro ou do diploma, bem como a declaração de inelegibilidade dos envolvidos.

8.9.4. Vias processuais aplicáveis

O combate judicial a candidaturas que se beneficiam de autodeclarações raciais fraudulentas pode ser efetuado por meio de diferentes instrumentos processuais, cada um abordando aspectos específicos dessa prática ilícita e suas consequências no processo eleitoral. Estas ações visam garantir a integridade das eleições e a aplicação correta das normas que promovem a inclusão e representatividade nas candidaturas políticas.

a) Investigação Judicial Eleitoral (AIJE): esta ação, prevista no art. 22 da Lei das Inelegibilidades (Lei Complementar n. 64/1990), é uma ferramenta poderosa para investigar alegações de abuso do poder econômico e político. Em casos onde se identifica que uma candidatura se beneficiou indevidamente da fraude em autodeclaração racial, pode-se buscar a cassação do diploma outorgado ao candidato e a declaração de sua inelegibilidade, bem como dos demais responsáveis pela conduta, incluindo dirigentes partidários que assinaram o Demonstrativo de Regularidade de Atos Partidários (DRAP).

b) Ação de Impugnação do Mandato Eletivo (AIME): esta ação se baseia no abuso do poder econômico e na ocorrência de fraude, conforme previsto na Constituição Federal. A AIME tem o potencial de desconstituir o mandato eletivo obtido de forma ilícita, resultando na automática inelegibilidade do candidato que se beneficiou da conduta fraudulenta.

c) Representação com base no art. 30-A da Lei das Eleições (Lei n. 9.504/97): esta representação permite a cassação do diploma do candidato que se beneficiou da arrecadação ilegal de recursos do Fundo Especial de Financiamento de Campanha (FEFC) decorrentes de autodeclaração racial fraudulenta. Se comprovado que recursos destinados a candidaturas de pessoas negras foram irregularmente canalizados para o candidato devido a uma autodeclaração falsa, esta ação pode ser utilizada para corrigir tal irregularidade.

Esses mecanismos processuais são fundamentais para assegurar que as regras destinadas a promover a equidade e a diversidade nas representações políticas sejam cumpridas, e para combater práticas que tentam burlar essas normativas. A aplicação correta e a fiscalização dessas regras são essenciais para preservar a confiança no sistema eleitoral e garantir que os esforços para aumentar a representatividade política de grupos historicamente sub-representados sejam efetivos e significativos.

8.10. QUESTÕES

QUESTÕES DE CONCURSOS
http://uqr.to/1yrp0

9

RECURSOS ELEITORAIS

9.1. INTRODUÇÃO

A jurisdição eleitoral é toda ela marcada pelo primado da celeridade, o que igualmente alcança com vigor a matéria dos recursos eleitorais. Trata-se de um ambiente em que o objetivo é encerrar da forma mais breve possível o processo eleitoral como um todo, considerado que a atividade da Justiça Eleitoral consiste essencialmente — embora de forma não excludente — em dar materialidade à formação do corpo de representantes.

Como os **mandatos** possuem **duração certa**, qualquer **morosidade** na **tramitação** dos recursos eleitorais **marcha** na direção da **negação de direitos**, daí por que **as normas** se encontram erigidas no **sentido** de se assegurar a mais **breve entrega** da tutela jurisdicional.

O art. 5.º, LXXVIII, da CF/1988 dispõe expressamente que "a todos, no âmbito judicial e administrativo, são assegurados a razoável duração do processo e os meios que garantam a celeridade de sua tramitação".

No processo judicial eleitoral o princípio constitucional da duração razoável do processo se corporifica desde logo no 97-A da Lei n. 9.504/1997, cujos teor é o seguinte:

> **Art. 97-A.** Nos termos do inciso LXXVIII do art. 5.º da Constituição Federal, considera-se duração razoável do processo que possa resultar em perda de mandato eletivo o período máximo de 1 (um) ano, contado da sua apresentação à Justiça Eleitoral.
> § 1.º A duração do processo de que trata o *caput* abrange a tramitação em todas as instâncias da Justiça Eleitoral.
> § 2.º Vencido o prazo de que trata o *caput*, será aplicável o disposto no art. 97, sem prejuízo de representação ao Conselho Nacional de Justiça.

O art. 97 da referida lei, por seu turno, contém diversas implicações para o descumprimento das normas aplicáveis aos processos eleitorais, o que inclui as atinentes à observância dos prazos[1].

---

[1] "Art. 97. Poderá o candidato, partido ou coligação representar ao Tribunal Regional Eleitoral contra o Juiz Eleitoral que descumprir as disposições desta Lei ou der causa ao seu descumprimento, inclusive quanto aos prazos processuais; neste caso, ouvido o representado em vinte e quatro horas, o Tribunal ordenará a observância do procedimento que explicitar, sob pena de incorrer o

Também por conta dessa particularidade, os feitos eleitorais têm prioridade para a participação do Ministério Público e dos Juízes de todas as Justiças e instâncias, ressalvados os processos de *habeas corpus* e mandado de segurança, no período entre o registro das candidaturas até cinco dias após a realização do segundo turno das eleições. É do que trata o art. 94 da LE.

Os prazos são, por coerência do sistema, mais curtos que os ordinariamente observados em outras esferas do direito processual. Daí que a **regra geral** aplicável aos **prazos** nos recursos eleitorais **acarrete a necessidade** de sua interposição em três dias. Confira-se, a esse respeito, o conteúdo do art. 258 do Código Eleitoral:

> **Art. 258.** Sempre que a lei não fixar prazo especial, o recurso deverá ser interposto em três dias da publicação do ato, resolução ou despacho.

O prazo art. 96, § 8.º, da LE dispõe que, quando cabível **recurso** contra a decisão tomada no curso das repressões e reclamações previstas na Lei da Eleições, este **deverá** ser apresentado no **prazo de 24 horas** da publicação da decisão em cartório ou sessão, **assegurado** ao recorrido o **oferecimento** de contrarrazões, **em igual prazo**, a contar da sua notificação.

Apesar de ser a regra geral na Lei das Eleições, **esse prazo** de apenas 24 horas é **afastado** em diversas outras **situações**, como ocorre no **recurso** contra julgado preferido na **representação por** captação ilícita de sufrágio, hipótese em que este será de três dias, a contar da data da publicação do julgamento no *Diário Oficial*.

Ainda na linha da celeridade, o § 3.º do art. 257 do CE determina que o Tribunal conceda preferência ao julgamento do recurso ordinário interposto contra decisão proferida por juiz eleitoral ou por Tribunal Regional Eleitoral que resulte em cassação de registro, afastamento do titular ou perda de mandato eletivo sobre quaisquer outros recursos ou processos, ressalvados os de *habeas corpus* e de mandado de segurança.

Essa mesma lógica orientou o estabelecimento da Súmula 65 do TSE, segundo a qual: "Considera-se tempestivo o recurso interposto antes da publicação da decisão recorrida".

Outra decorrência dessa particular forma de expressão do processo judicial eleitoral e dos recursos a ele inerentes reside no princípio da irrecorribilidade das decisões do TSE. É a própria Constituição da República quem o define, como se vê da leitura do § 3.º do art. 121:

> **Art. 121.** [...]
> § 3.º São irrecorríveis as decisões do Tribunal Superior Eleitoral, salvo as que contrariarem esta Constituição e as denegatórias de *habeas corpus* ou mandado de segurança.

Juiz em desobediência. § 1.º É obrigatório, para os membros dos Tribunais Eleitorais e do Ministério Público, fiscalizar o cumprimento desta Lei pelos juízes e promotores eleitorais das instâncias inferiores, determinando, quando for o caso, a abertura de procedimento disciplinar para apuração de eventuais irregularidades que verificarem. § 2.º No caso de descumprimento das disposições desta Lei por Tribunal Regional Eleitoral, a representação poderá ser feita ao Tribunal Superior Eleitoral, observado o disposto neste artigo."

Também os recursos cabíveis contra as decisões dos Tribunais Regionais Eleitorais estão submetidos a um estreitamento de limites. Daí por que o art. 121, § 4.º, da CF/1988 estatui que das decisões dos Tribunais Regionais Eleitorais somente caberá recurso quando:

> **Art. 121.** [...]
> I — forem proferidas contra disposição expressa desta Constituição ou de lei;
> II — ocorrer divergência na interpretação de lei entre dois ou mais tribunais eleitorais;
> III — versarem sobre inelegibilidade ou expedição de diplomas nas eleições federais ou estaduais;
> IV — anularem diplomas ou decretarem a perda de mandatos eletivos federais ou estaduais;
> V — denegarem *habeas corpus*, mandado de segurança, *habeas data* ou mandado de injunção.

Como se vê, o tema dos recursos em matéria eleitoral possui tamanha envergadura que impactou até mesmo a opção do Constituinte.

RECURSO ESPECIAL ELEITORAL	RECURSO ORDINÁRIO
I — forem proferidas contra disposição expressa desta Constituição ou de lei;	III — versarem sobre inelegibilidade ou expedição de diplomas nas eleições federais ou estaduais;
II — ocorrer divergência na interpretação de lei entre dois ou mais tribunais eleitorais;	IV — anularem diplomas ou decretarem a perda de mandatos eletivos federais ou estaduais;
	V — denegarem *habeas corpus*, mandado de segurança, *habeas data* ou mandado de injunção.

No que diz respeito à fungibilidade, ou à possibilidade de aproveitamento da interposição de recurso inadequado, o TSE tem se manifestado no sentido de que o erro grosseiro impede a admissibilidade da via eleita. É o que se vê do seguinte precedente:

> ELEIÇÕES 2022. AGRAVO INTERNO. RECURSO ESPECIAL ELEITORAL. REGISTRO DE CANDIDATURA. DEPUTADO ESTADUAL. CAUSA DE INELEGIBILIDADE. SÚMULA 36/TSE. ERRO GROSSEIRO. INAPLICABILIDADE DO PRINCÍPIO DA FUNGIBILIDADE. DESPROVIMENTO. 1. Na espécie, o registro de candidatura do agravante foi indeferido em razão da incidência da causa de inelegibilidade prevista no art. 1.º, I, *e*, da Lei Complementar 64/1990. 2. Consoante dispõe o art. 63, II, da Res.-TSE 23.609/2019, cabe recurso ordinário contra aresto de tribunal regional eleitoral, no exercício de sua competência originária, que verse sobre inelegibilidade. No mesmo sentido, a Súmula 36/TSE: "Cabe recurso ordinário de acórdão de Tribunal Regional Eleitoral que decida sobre inelegibilidade, expedição ou anulação de diploma ou perda de mandato eletivo nas eleições federais ou estaduais (art. 121, § 4.º, incisos III e IV, da Constituição Federal)". 3. Nesses casos, a jurisprudência desta Corte Superior possui entendimento pacífico no sentido de que a interposição errônea do recurso constitui erro grosseiro que impede a aplicação do princípio da fungibilidade. Precedentes. 4. Agravo interno a que se nega provimento (REspe 060097040, Acórdão, rel. Min. Ricardo Lewandowski, PSESS — publicado em sessão, 10.11.2022).

Entretanto, o Tribunal Superior Eleitoral vem admitindo a aplicação da fungibilidade recursal quando a via impugnativa, mesmo erroneamente nominada, preenche os requisitos daquela que haveria de ser manejada. É o que se observa a seguir:

ELEIÇÕES 2018. EMBARGOS DE DECLARAÇÃO. DECISÃO MONOCRÁTICA. PRETENSÃO MODIFICATIVA. RECEBIMENTO COMO AGRAVO REGIMENTAL. PRECEDENTES. AGRAVO NOS PRÓPRIOS AUTOS. PRESENÇA DOS REQUISITOS DE ADMISSIBILIDADE. PROVIMENTO. PRINCÍPIO DA FUNGIBILIDADE. RECEBIMENTO DO APELO NOBRE COMO RECURSO ORDINÁRIO. DECISÃO SURPRESA. NÃO CARACTERIZADA. AÇÃO DE INVESTIGAÇÃO JUDICIAL ELEITORAL. UTILIZAÇÃO INDEVIDA DE VEÍCULO DE COMUNICAÇÃO SOCIAL. ABUSO DO PODER POLÍTICO. CONDUTA VEDADA. JULGAMENTO DE MÉRITO PARA APURAR INTERESSE PROCESSUAL. TEORIA DA ASSERÇÃO. PROVIMENTO DO RECURSO. ACÓRDÃO REGIONAL NULO. RETORNO DOS AUTOS PARA REGULAR TRÂMITE DA AIJE. DESPROVIMENTO DO REGIMENTAL. 1. Embora seja cabível a oposição de embargos de declaração contra qualquer decisão judicial (art. 1.022, *caput*, do CPC), recebo os presentes embargos como agravo regimental, tendo em vista que, a pretexto de indicar omissões, os embargantes veiculam pretensão anulatória e modificativa. Precedente. 2. O agravo de instrumento, como demonstrado na decisão atacada, comporta provimento, porquanto, além de satisfeitos os pressupostos de admissibilidade do recurso especial, todos os fundamentos da decisão de inadmissibilidade foram devidamente refutados — não haveria necessidade do reexame do conjunto fático-probatório, e o dissídio jurisprudencial estaria caracterizado —, motivo pelo qual não há falar em aplicabilidade da Súmula n. 26/TSE. 3. Em análise do apelo especial, nada obstante não seja o recurso adequado à hipótese, uma vez não observado o previsto nos arts. 121, § 4.º, III, da Constituição Federal e 276, II, *a*, do Código Eleitoral, verifica-se que, em vista do preenchimento dos requisitos de admissibilidade do recurso cabível e do princípio da fungibilidade recursal, deve ser recebido como ordinário. Precedentes. 4. O recebimento do recurso especial como ordinário não configura decisão surpresa, uma vez que, nas contrarrazões, os agravantes tiveram a oportunidade de se manifestar a respeito da inexistência dos pressupostos intrínsecos de admissibilidade recursal, dentre eles o cabimento — pronunciamento recorrível e recurso interposto adequado (princípio da singularidade) —, e do princípio da fungibilidade, mas, diferentemente da Procuradoria-Geral Eleitoral, optaram por permanecer inertes, ou melhor, concordaram, erroneamente, que o recurso especial era o adequado para combater a decisão regional. 5. A forma como o recurso foi recebido não implicou ampliação das teses recursais, razão pela qual não houve necessidade de intimar os agravantes para complementar as contrarrazões. 6. Diante desse quadro, qual seja, o apelo, pela aplicação do princípio da fungibilidade, foi recebido como ordinário, ficou, por óbvio, prejudicada a alegação, alicerçada nas Súmulas n. 24 e 28, ambas do TSE, de que o recurso especial não poderia ser conhecido. 7. O Tribunal *a quo*, ao analisar os documentos que acompanharam a inicial — aparentemente insuficientes — para decidir pela ausência de interesse de agir, concluiu, em verdade, prematura e equivocadamente, pela ausência do direito material, ou seja, os conteúdos publicados não configuram utilização indevida de veículo de comunicação social, e inexistem provas da prática de abuso do poder político e conduta vedada, temas pertinentes ao mérito, e não, embora o Código de Processo Civil vigente não utilize a terminologia, às condições da ação. 8. *In casu*, tendo em conta a teoria da asserção, não há falar em ausência de interesse processual, visto que a petição inicial observa as exigências do art. 319 do Código de

> Processo Civil, oportuniza o exercício do contraditório e da ampla defesa, e os fatos lá narrados, corroborados por início de prova documental, consubstanciam, pelo menos em tese, ilícitos eleitorais. Precedente. 9. Embargos de declaração conhecidos como agravo regimental ao qual se nega provimento (RO n. 060162806, Acórdão, rel. Min. Tarcisio Vieira de Carvalho Neto, *DJe* 14.04.2020, t. 71, p. 75-86).

É de se perceber que se trata de ambiente complexo, sendo por tudo necessário que o recorrente estude o veículo a ser manejado a fim de evitar o não conhecimento em virtude de erro grosseiro na eleição da modalidade.

Merece lembrança neste ponto, também, a **Súmula 115** do Superior Tribunal de Justiça, de **firme aplicação do âmbito** do Tribunal Superior Eleitoral, segundo a qual: "Na **instância especial** é inexistente recurso interposto por **advogado** sem **procuração nos autos**".

No que pertine à legitimidade para recorrer, podem fazê-lo o partido, o candidato, a coligação, a federação ou o Ministério Público Eleitoral. Com exceção do MPE, que pode recorrer mesmo nos feitos cuja iniciativa não foi dessa instituição, não podem recorrer os que não instauraram a instância eleitoral, a não ser que se esteja diante de matéria prevista na Constituição Federal.

A Súmula 11 do TSE é firme ao prever que: "No processo de registro de candidatos, o partido que não o impugnou não tem legitimidade para recorrer da sentença que o deferiu, salvo se se cuidar de matéria constitucional".

Quanto ao Ministério Público, todavia, entende o TSE que: "[...] A defesa da ordem jurídica e do regime democrático é função institucional do Ministério Público, nos termos do art. 127, *caput*, da Constituição da República, o que consubstancia sua legitimidade para apresentar recurso sobre matéria contra a qual não se tenha insurgido em oportunidade anterior. Precedente: AgR-REspe n. 17016/BA, Rel. designado Min. Tarcísio Vieira de Carvalho Neto, *DJe* de 04.10.2018" [...] (AgI n. 52.152, Acórdão, rel. Min. Edson Fachin, *DJe* 24.08.2020, t. 168, p. 89-112).

Ainda, quanto ao ponto, o TSE possui entendimento pacificado no sentido de que o assistente não pode recorrer da decisão contra a qual o assistido não se rebelou. Nessa linha o seguinte precedente:

> [...] 6. Conforme já decidiu esta Corte, "a condição do assistente fica definida no momento de seu ingresso no feito" (AgR—REspEl 0600561-68, rel. Min. Benedito Gonçalves, *DJE* de 02.08.2022). 7. Tal como assinalado na decisão agravada, o recurso especial não pode ser conhecido, pois foi interposto pelo Diretório Municipal do PSB, o qual não tem legitimidade para recorrer de forma autônoma no caso, por ter sido admitido nos feitos eleitorais como assistente simples dos demandados e porque os assistidos não apresentaram recurso em face do acórdão regional, que lhes foi desfavorável. 8. Na linha da jurisprudência deste Tribunal Superior, "não se admite recurso interposto pelo assistente simples contra decisão da qual o assistido não se insurgiu" (AgR-REspEl 0600139-23, rel. Min. Benedito Gonçalves, *DJE* de 15.03.2022). Igualmente: "Na esteira do entendimento deste Tribunal Superior Eleitoral, ausente legitimidade do assistente simples para interposição de recurso autônomo em relação à parte assistida, ante o caráter acessório de sua atuação" (AgR-Pet 0600618-23, rel. Min. Rosa Weber, *DJE* de 25.05.2020). CONCLUSÃO Agravo regimental a que se nega provimento (Ag-REspe 060083211, Acórdão, rel. Min. Sergio Silveira Banhos, *DJe* 12.09.2022, t. 176).

Esses são excertos que permitem compreender a linha pacificada no Tribunal Superior Eleitoral quanto à legitimidade para o exercício da atividade recursal.

SÚMULA 26 DO TSE: É inadmissível o recurso que deixa de impugnar especificamente fundamento da decisão recorrida que é, por si só, suficiente para a manutenção desta.

SÚMULA 27 DO TSE: É inadmissível recurso cuja deficiência de fundamentação impossibilite a compreensão da controvérsia.

9.2. EFEITOS DOS RECURSOS ELEITORAIS

A regra sempre foi a da executividade imediata das decisões da Justiça Eleitoral, expressa já no *caput* do art. 257 do CE. Segundo estabelece aludido dispositivo: "Os recursos eleitorais não terão efeito suspensivo". Como corolário dessa disposição, o 1.º do mesmo artigo define que: "A execução de qualquer acórdão será feita imediatamente, através de comunicação por ofício, telegrama, ou, em casos especiais, a critério do presidente do Tribunal, através de cópia do acórdão".

Tal regra, todavia, comporta exceções, tais como as previstas no § 2.º do mesmo art. 257, segundo o qual: "O recurso ordinário interposto contra decisão proferida por juiz eleitoral ou por Tribunal Regional Eleitoral que resulte em cassação de registro, afastamento do titular ou perda de mandato eletivo será recebido pelo Tribunal competente com efeito suspensivo".

A expressão "recurso ordinário" alude a toda modalidade recursal apta a devolver ao tribunal *ad quem* a disposição sobre toda a matéria de fato, o que não corre com os recursos especial e extraordinário eleitorais.

Entretanto, quando se trata do recurso contra a expedição de diploma, há que se ter presente o que dita o art. 216 do CE, cujo teor é o seguinte: "Enquanto o Tribunal Superior não decidir o recurso interposto contra a expedição do diploma, poderá o diplomado exercer o mandato em toda a sua plenitude".

Nessa linha, o Tribunal Superior Eleitoral já decidiu que: "[...] 3. A jurisprudência deste Tribunal é pacífica no sentido de que a executoriedade das decisões que versam a prática de captação ilícita de sufrágio deve ser prontamente cumprida, entendimento excepcionado apenas no caso de recurso contra expedição de diploma [...]" (Ac. de 28.05.2013 no AgR-MS n. 18.748, rel. Min. Henrique Neves da Silva; no mesmo sentido o Ac. de 15.02.2011 no AgR-AC n. 428.581, rel. Min. Marcelo Ribeiro, o Ac. de 07.02.2012 no MS n. 174.004, rel. Min. Cármen Lúcia, e o Ac. de 18.12.2007 no MS n. 3.630, rel. Min. José Delgado).

Todavia, essa suspensividade cessa quando ocorre o pronunciamento do Tribunal Superior Eleitoral. Nesse caso: "[...] Uma vez publicado o acórdão do TSE que manteve a decisão regional na qual se determinou a cassação dos diplomas de prefeito e vice-prefeito no âmbito de RCED, a comunicação deve ser imediata e, em regra, não está vinculada ao julgamento dos embargos de declaração [...]." (Ac. de 17.12.2014 no AgR-Pet n. 185.265, rel. Min. Dias Toffoli).

Demais disso, em conformidade com decidido no Ac.-TSE, de 18.06.2009, na AC n. 3.237: "O recurso contra expedição de diploma não assegura o direito ao exercício do mandato eletivo até seu julgamento final (art. 216 do CE) se a inviabilidade da candidatura estiver confirmada em outro processo".

9.2.1. Recursos em espécie

9.2.1.1. *Recurso eleitoral inominado*

O recurso eleitoral inominado, ou recurso eleitoral, interposto contra decisões dos juízes e juntas eleitorais, encontra sua previsão no art. 265 do CE, assim expresso:

> **Art. 265.** Dos atos, resoluções ou despachos dos juízes ou juntas eleitorais caberá recurso para o Tribunal Regional.

Tal recurso deverá ser aviado no prazo de três dias, regra geral prevista, como já analisado acima, no art. 258 do CE. Convém lembrar que nos casos a que alude o art. 96 da Lei das Eleições, essa regra geral se torna inaplicável, ante o expresso afastamento previsto no antecitado § 8.º do referido artigo de lei, onde se disponibiliza prazo de 24 horas para a interposição.

O procedimento a ser observado na tramitação do recurso eleitoral inominado está previsto no art. 257 do CE. Inicialmente, "após recebida a petição, mandará o juiz intimar o recorrido para ciência do recurso, abrindo-se-lhe vista dos autos a fim de, em prazo igual ao estabelecido para a sua interposição, oferecer razões, acompanhadas ou não de novos documentos", dita o *caput* do artigo de lei.

Após intimado para apresentar contrarrazões, o recorrido pode juntar novos documentos, hipótese o recorrente terá vista dos autos por quarenta e oito horas para falar sobre estes. É o que dita o § 5.º do mesmo art. 267 do CE.

O juiz então decidirá pela remessa dos autos ao tribunal competente para o julgamento do apelo, exceto se, caso se valha do permissivo contido no § 6.º do art. 267 do CE, houver por bem reformar o próprio julgado, exercendo juízo de retratação. No julgamento do Ac.-TSE, de 10.03.2015, no RMS n. 5.698, o TSE decidiu que "o juízo de retratação previsto nesse dispositivo prescinde de pedido expresso da parte recorrente e consubstancia exceção ao princípio da inalterabilidade da decisão na Justiça Eleitoral".

Caso o juiz eleitoral altere o próprio julgado, o recorrido pedirá a subida do recurso, valendo como razões o quanto alegado na contrariedade ao apelo de origem. Vide a respeito o sentido expresso do § 7.º do mesmo artigo.

Se, todavia, trata-se de demanda vazada nos termos da Lei de Inelegibilidades, o recurso deverá seguir o trâmite definido nos arts. 8.º a 11 da LC n. 64/1990[2].

---

2 "Art. 8.º Nos pedidos de registro de candidatos a eleições municipais, o Juiz Eleitoral apresentará a sentença em cartório 3 (três) dias após a conclusão dos autos, passando a correr deste momento o prazo de 3 (três) dias para a interposição de recurso para o Tribunal Regional Eleitoral. § 1.º A partir da data em que for protocolizada a petição de recurso, passará a correr o prazo de 3 (três) dias para a apresentação de contrarrazões. § 2.º Apresentadas as contrarrazões, serão os autos imediatamente remetidos ao Tribunal Regional Eleitoral, inclusive por portador, se houver necessidade, decorrente da exiguidade de prazo, correndo as despesas do transporte por conta do recor-

9.2.1.2. *Recurso ordinário*

As vias recursais ordinárias em sentido amplo são todas aquelas em que se devolve ao tribunal a que se destinam a possibilidade de revolvimento da matéria fática; algo que também se dá, por exemplo, com o recurso inominado analisado no tópico anterior.

Aqui cuidamos do **recurso ordinário em sentido estrito**, aquele que merecerá essa denominação formal **sempre** que presentes os **pressupostos adequados** para o seu manejo.

O recurso ordinário tem a sua previsão definida nos incisos III a V do § 4.º do art. 121 da Constituição Federal. Serão ordinários os recursos que versarem sobre inelegibilidade ou expedição de diplomas nas eleições federais ou estaduais (III), anularem diplomas ou decretarem a perda de mandatos eletivos federais ou estaduais (IV) ou que denegarem *habeas corpus*, mandado de segurança, *habeas data* ou mandado de injunção (V). Em tais hipóteses, o recurso haverá de ser manejado contra julgados dos tribunais regionais eleitorais proferidos por estes em instância originária, ou seja, quando versarem eleições estaduais, aquelas nas quais se disputam temas relativos às candidaturas aos cargos de governador, vice-governador e deputado estadual, e federais, assim entendidas as que se refiram à eleição para o Senado e para a Câmara dos Deputados.

Como preleciona Walber de Moura Agra:

> Também se configura como pacífico no Tribunal Superior Eleitoral a admissibilidade de recurso ordinário para atacar decisões em sede de ação de captação ilícita de sufrágio, fundadas no art. 41-A da Lei no 9.504/1997, proferidas em segunda instância, desde que a decisão guerreada possa atingir o diploma, incidindo, assim, na hipótese prevista no inciso IV do § 4.º do art. 121 da CF/1988.

Além disso, também é ordinário o recurso interposto contra decisão proferida por juiz eleitoral ou por Tribunal Regional Eleitoral que resulte em cassação de registro, afastamento do titular ou perda de mandato eletivo. É o que dispõe o já mencionado § 2.º do art. 257 do Código Eleitoral.

---

rente, se tiver condições de pagá-las. Art. 9.º Se o Juiz Eleitoral não apresentar a sentença no prazo do artigo anterior, o prazo para recurso começará a correr após a publicação da mesma por edital, em cartório. Parágrafo único. Ocorrendo a hipótese prevista neste artigo, o Corregedor Regional, de ofício, apurará o motivo do retardamento e proporá ao Tribunal Regional Eleitoral, se for o caso, a aplicação da penalidade cabível. Art. 10. Recebidos os autos na Secretaria do Tribunal Regional Eleitoral, estes serão autuados e apresentados no mesmo dia ao Presidente, que, também na mesma data, os distribuirá a um Relator e mandará abrir vistas ao Procurador Regional pelo prazo de 2 (dois) dias. Parágrafo único. Findo o prazo, com ou sem parecer, os autos serão enviados ao Relator, que os apresentará em mesa para julgamento em 3 (três) dias, independentemente de publicação em pauta. Art. 11. Na sessão do julgamento, que poderá se realizar em até 2 (duas) reuniões seguidas, feito o relatório, facultada a palavra às partes e ouvido o Procurador Regional, proferirá o Relator o seu voto e serão tomados os dos demais Juízes. § 1.º Proclamado o resultado, o Tribunal se reunirá para lavratura do acórdão, no qual serão indicados o direito, os fatos e as circunstâncias com base nos fundamentos do Relator ou do voto vencedor. § 2.º Terminada a sessão, far-se-á a leitura e a publicação do acórdão, passando a correr dessa data o prazo de 3 (três) dias, para a interposição de recurso para o Tribunal Superior Eleitoral, em petição fundamentada."

O prazo para a interposição do recurso é de três dias, consoante previsto no § 1.º do art. 276 do CE[3]. O procedimento para sua tramitação está versado no art. 277 do Código Eleitoral[4].

Necessário pontuar que a Súmula 64 do TSE estabelece que: "Contra acórdão que discute, simultaneamente, condições de elegibilidade e de inelegibilidade, é cabível o recurso ordinário".

9.2.1.3. Recurso especial

O recurso especial eleitoral, ou REspe, é cabível nas seguintes hipóteses previstas no art. 121 do Código Eleitoral:

> I — forem proferidas contra disposição expressa desta Constituição ou de lei;
>
> II — ocorrer divergência na interpretação de lei entre dois ou mais tribunais eleitorais;

Na espécie prevista no inciso I do art. 121 da CF/1988 o recurso cabível contra julgado do tribunal regional eleitoral que houver se pronunciado em grau de recurso é o especial, ainda que a matéria verse questão de fundo constitucional. Inexiste abertura para interposição direta de recurso extraordinário

Assim, **por meio do recurso especial** também se veicula a **insurgência** contra o menoscabo a normas constitucionais, **adiantando-se** que a decisão do Tribunal Superior Eleitoral sobre a matéria **poderá desafiar** o manejo do recurso **extraordinário** eleitoral.

A hipótese prevista no inciso II do art. 121 da Constituição permite a devolução do debate sobre a aplicação da lei infraconstitucional a partir da divergência observada entre dois ou mais tribunais eleitorais. Mas: "É inadmissível recurso especial eleitoral por violação à legislação municipal ou estadual, ao Regimento Interno dos Tribunais Eleitorais ou às normas partidárias" (Súmula 32 do TSE).

A Súmula 28 do TSE, tratando do tema relativo ao dissídio jurisprudencial, definiu que: "A divergência jurisprudencial que fundamenta o recurso especial interposto com base na alínea *b* do inciso I do art. 276 do Código Eleitoral somente estará demonstrada mediante a realização de cotejo analítico e a existência de similitude fática entre os acórdãos paradigma e o aresto recorrido". Impende esclarecer que a norma citada na Súmula corresponde ao inciso II do art. 121 do Código Eleitoral.

Além disso: "A divergência entre julgados do mesmo Tribunal não se presta a configurar dissídio jurisprudencial apto a fundamentar recurso especial eleitoral". (Súmula 29 do TSE), enquanto: "Não se conhece de recurso especial eleitoral por dissídio jurisprudencial, quando a decisão recorrida estiver em conformidade com a jurisprudência do Tribunal Superior Eleitoral" (Súmula 30 do TSE).

A Súmula 24 do TSE expressamente proclama que:

---

[3] "§ 1.º É de 3 (três) dias o prazo para a interposição do recurso, contado da publicação da decisão nos casos dos n. I, letras *a* e *b*, e II, letra *b* e da sessão da diplomação no caso do n. II, letra *a*."

[4] "Art. 277. Interposto recurso ordinário contra decisão do Tribunal Regional, o presidente poderá, na própria petição, mandar abrir vista ao recorrido para que, no mesmo prazo, ofereça as suas razões. Parágrafo único. Juntadas as razões do recorrido, serão os autos remetidos ao Tribunal Superior."

SÚMULA 24 DO TSE: Não cabe recurso especial eleitoral para simples reexame do conjunto fático-probatório.

A esse respeito o seguinte precedente do Tribunal Superior Eleitoral:

RECURSO ESPECIAL. FILIAÇÃO PARTIDÁRIA. COEXISTÊNCIA. INVIABILIDADE CONCRETA DE APURAÇÃO DO VÍNCULO MAIS RECENTE. OBSERVÂNCIA DA MANIFESTAÇÃO DO ELEITOR. POSSIBILIDADE. NÃO PROVIMENTO. SÍNTESE DO CASO [...] Alegação de divergência jurisprudencial entre tribunais regionais eleitorais, os quais, em contexto fático similar, decidiram de forma diversa sobre a manutenção ou o cancelamento das filiações partidárias de mesma data. A inexistência de jurisprudência pacífica do TSE sobre a matéria e o cumprimento da exigência de cotejo analítico entre o acórdão recorrido e os paradigmas viabilizam o exame do recurso especial, nos termos do art. 276, I, *b*, do Código Eleitoral. [...] (REspe 060000503, Acórdão, rel. Min. Sergio Silveira Banhos, *DJe* 05.11.2020, t. 225).

As **resoluções exaradas** pelo Tribunal Superior Eleitoral — nunca as dimanadas de Cortes Eleitorais — **podem servir de parâmetro** para a interposição do **REspe**. Tampouco pode a via ser manejada contra decisões dos tribunais regionais eleitorais desprovidas de carga de definitividade, tais como as monocráticas e as proferidas em sede tutela de urgência[5].

No Ac.-TSE, de 19.05.2022, proferido no AgR-AREspe n. 060060491: decidiu-se pela possibilidade de o Tribunal de origem, em análise de admissibilidade, apreciar o mérito do recurso especial sem que isso configure usurpação de competência, pois as decisões desta Corte Superior não estão vinculadas ao juízo de admissibilidade recursal.

Em outros julgados do Tribunal Superior eleitoral, estes proferido em 26.10.2000, no Ag n. 2.447 e, em 14.09.1994, no Ag n. 12265, restou patenteado que os recursos especiais relativos a registros de candidaturas não estão sujeitos a juízo de admissibilidade no TRE.

O prazo para interposição do REspe é também de três dias, forte no que dita o art. 276, § 1.º, do CE. A tramitação do recurso obedece às formas fixadas no art. 278 do CE[6].

Indispensável ter claro que, segundo a Súmula 25 do TSE: "É indispensável o esgotamento das instâncias ordinárias para a interposição de recurso especial eleitoral".

9.2.1.4. *Recurso extraordinário*

Considerado o princípio da irrecorribilidade das decisões do Tribunal Superior Eleitoral, o recurso extraordinário será manejado exclusivamente contra seus julgados

---

[5] Súmula 31 do TSE: "Não cabe recurso especial eleitoral contra acórdão que decide sobre pedido de medida liminar".

[6] "Art. 278. Interposto recurso especial contra decisão do Tribunal Regional, a petição será juntada nas 48 (quarenta e oito) horas seguintes e os autos conclusos ao presidente dentro de 24 (vinte e quatro) horas. § 1.º O presidente, dentro em 48 (quarenta e oito) horas do recebimento dos autos conclusos, proferirá despacho fundamentado, admitindo ou não o recurso. § 2.º Admitido o recurso, será aberta vista dos autos ao recorrido para que, no mesmo prazo, apresente as suas razões. § 3.º Em seguida serão os autos conclusos ao presidente, que mandará remetê-los ao Tribunal Superior."

definitivos que contrariarem a Constituição e as denegatórias de *habeas corpus* ou mandado de segurança. É o que dita o § 3.º do art. 121 da Lei Maior.

O recorrente na via extraordinária deve se desincumbir do dever de demonstrar a repercussão geral da matéria. O art. 1.035 do CPC é claro ao dispor que o Supremo Tribunal Federal, em decisão irrecorrível, não conhecerá do recurso extraordinário quando a questão constitucional nele versada não tiver repercussão geral, nos termos desse artigo. De acordo com o § 1.º do mesmo dispositivo: "Para efeito de repercussão geral, será considerada a existência ou não de questões relevantes do ponto de vista econômico, político, social ou jurídico que ultrapassem os interesses subjetivos do processo".

Mas convém ter presente que se presume a repercussão geral sempre que o recurso impugnar acórdão que: I — contrarie súmula ou jurisprudência dominante do Supremo Tribunal Federal; II — tenha reconhecido a inconstitucionalidade de tratado ou de lei federal, nos termos do art. 97 da Constituição Federal. É o que define o § 3.º do art. 1.035 do CPC.

De acordo com o definido na Súmula 728 da jurisprudência predominante do Supremo Tribunal Federal: "É de três dias o prazo para a interposição de recurso extraordinário contra decisão do Tribunal Superior Eleitoral, contado, quando for o caso, a partir da publicação do acórdão, na própria sessão de julgamento, nos termos do art. 12 da Lei n. 6.055/1974, que não foi revogado pela Lei n. 8.950/1994".

A Súmula 281 da Excelsa Corte, por seu turno, pontifica que: "É inadmissível o recurso extraordinário, quando couber na justiça de origem, recurso ordinário da decisão impugnada". Tal súmula foi editada na esteira dos precedentes do Supremo Tribunal Federal, dos quais serve de especial baliza o seguinte:

> Consoante asseverado na decisão agravada, a jurisprudência desta Corte é uníssona no sentido de não se admitir o recurso extraordinário quando ainda couber, na instância ordinária, recurso da decisão impugnada. Com efeito, observo que a Turma Recursal manteve a sentença de improcedência. A parte recorrente, por sua vez, interpôs, concomitantemente, incidente de uniformização de jurisprudência para a Turma Nacional de Uniformização e Recurso Extraordinário para o Supremo Tribunal Federal, tendo sido ambos inadmitidos na origem. Na espécie, não se estava diante de decisão de única ou última instância a viabilizar o cabimento do recurso extraordinário, pois pendente o julgamento do incidente de uniformização. Isso porque, diante do acórdão da Turma Recursal, a parte recorrente ainda poderia interpor, como de fato o fez, o incidente de uniformização de jurisprudência para a Turma Nacional de Uniformização e aguardar a conclusão do julgamento do incidente, para, em seguida, interpor o apelo extremo (ARE 843.300 AgR, rel. Min. Ricardo Lewandowski, P, j. 19.03.2015, *DJe* 69, de 14.04.2015).

O rito a ser observado no recurso extraordinário é aquele previsto nos §§ 1.º a 3.º do art. 281 do Código Eleitoral[7].

---

[7]   "§ 1.º Juntada a petição nas 48 (quarenta e oito) horas seguintes, os autos serão conclusos ao presidente do Tribunal, que, no mesmo prazo, proferirá despacho fundamentado, admitindo ou não o recurso. § 2.º Admitido o recurso, será aberta vista dos autos ao recorrido para que, dentro de 3 (três) dias, apresente as suas razões. § 3.º Findo esse prazo, os autos serão remetidos ao Supremo Tribunal Federal."

9.2.2. Embargos de declaração

Os embargos de declaração, previstos no art. 275 do CPC, serão interpostos nas hipóteses previstas no Código de Processo Civil.

Convém lembrar que o CPC/2015, em seu art. 1.022, estabelece serem cabíveis embargos de declaração contra qualquer decisão judicial para: I — esclarecer obscuridade ou eliminar contradição; II — suprir omissão de ponto ou questão sobre o qual devia se pronunciar o juiz de ofício ou a requerimento; III — corrigir erro material.

Os declaratórios são essenciais para a realização do prequestionamento, algo fundamental para o conhecimento dos recursos especial e extraordinário. Tratando do tema, Walber Agra nos brinda com a seguinte lição:

> Anteriormente, o TSE ostentava o entendimento de que a oposição de embargos de declaração supria a ausência de discussão anterior da matéria. No entanto, o atual posicionamento da Corte é no sentido de que a mera oposição de embargos não é suficiente para configuração do prequestionamento, pois a modalidade ficta do prequestionamento demanda que a parte tenha, nas razões do recurso especial, apontado violação ao art. 275 do Código Eleitoral ou ao art. 1.022 do CPC[8].

Aliás, a Súmula n. 72 do TSE deixa certo que: "É inadmissível o recurso especial eleitoral quando a questão suscitada não foi debatida na decisão recorrida e não foi objeto de embargos de declaração".

O prazo para a interposição dos embargos declaratórios é de três dias, este definido no § 1.º do art. 275 do CE, salvo se se tratar de procedimento sujeito ao rito definido no art. 96 da LE, quando o prazo será de 24 horas. O procedimento para a modalidade processual está previsto nos §§ 1.º a 7.º do art. 275 do Código Eleitoral[9].

Conforme decidido pelo TSE no Acórdão de 10.11.2022, proferido nos 3.ºs ED-AgR-AREspe n. 060239757 e, de 29.11.2018, no AgR-REspe n. 10295, "o fato de se tratar de primeiros embargos não inviabiliza a imposição da multa, quando evidenciado o intuito manifestamente protelatório devido ao desvirtuamento e à dissociação das teses recursais com as hipóteses de cabimento previstas".

---

8 AGRA, Walber de Moura. *Manual prático de Direito Eleitoral.* Belo Horizonte: Forum, 2022. *E-book Kindle.*

9 "§ 1.º Os embargos de declaração serão opostos no prazo de 3 (três) dias, contado da data de publicação da decisão embargada, em petição dirigida ao juiz ou relator, com a indicação do ponto que lhes deu causa. § 2.º Os embargos de declaração não estão sujeitos a preparo. § 3.º O juiz julgará os embargos em 5 (cinco) dias. § 4.º Nos tribunais: I — o relator apresentará os embargos em mesa na sessão subsequente, proferindo voto; II — não havendo julgamento na sessão referida no inciso I, será o recurso incluído em pauta; III — vencido o relator, outro será designado para lavrar o acórdão. § 5.º Os embargos de declaração interrompem o prazo para a interposição de recurso. § 6.º Quando manifestamente protelatórios os embargos de declaração, o juiz ou o Tribunal, em decisão fundamentada, condenará o embargante a pagar ao embargado multa não excedente a 2 (dois) salários mínimos. § 7.º Na reiteração de embargos de declaração manifestamente protelatórios, a multa será elevada a até 10 (dez) salários mínimos."

9.2.3. Agravo de instrumento

Segundo dispõe o art. 282 do Código Eleitoral: "Denegado o recurso, o recorrente poderá interpor, dentro de 3 (três) dias, agravo de instrumento, observado o disposto no art. 279 e seus parágrafos, aplicada a multa a que se refere o § 6.º pelo Supremo Tribunal Federal".

Trata-se de **recurso interposto perante o tribunal regional eleitoral** a fim de se promover o seguimento a recurso especial eleitoral ali denegado.

O art. 1.042 do CPC dispõe que: "Cabe agravo contra decisão do presidente ou do vice-presidente do Tribunal recorrido que inadmitir recurso extraordinário ou recurso especial, salvo quando fundada na aplicação de entendimento firmado em regime de repercussão geral ou em julgamento de recursos repetitivos".

De conformidade com a Súmula 71 do TSE: "Na hipótese de negativa de seguimento ao recurso especial e da consequente interposição de agravo, a parte deverá apresentar contrarrazões tanto ao agravo quanto ao recurso especial, dentro do mesmo tríduo legal."

O § 3.º do art. 26 da Resolução n. 23.608/2019 do TSE estipula que: "Não admitido o recurso especial eleitoral, caberá agravo nos próprios autos para o Tribunal Superior Eleitoral, no prazo de 3 (três) dias".

Conforme estatui o § 4.º do art. 36 do Regimento Interno do Tribunal Superior Eleitoral: "O Tribunal Superior, dando provimento ao agravo de instrumento, estando o mesmo suficientemente instruído, poderá, desde logo, julgar o mérito do recurso denegado; no caso de determinar apenas a sua subida, será Relator o mesmo do agravo provido".

Segundo o disposto no art. 279 do CE:

> **Art. 279.** Denegado o recurso especial, o recorrente poderá interpor, dentro em 3 (três) dias, agravo de instrumento.

9.2.4. Agravo interno

É cabível agravo interno para devolver ao plenário do tribunal eleitoral questão decidida monocraticamente por um dos seus integrantes.

O § 8.º do art. 36 do RITSE dispõe que: "Da decisão do Relator caberá agravo regimental, no prazo de três dias e processado nos próprios autos". O agravo interno tramita nos mesmos autos em que proferida a decisão recorrida, sendo cabível o exercício do juízo de retratação.

9.3. QUESTÕES

QUESTÕES DE CONCURSOS

http://uqr.to/1yrp1

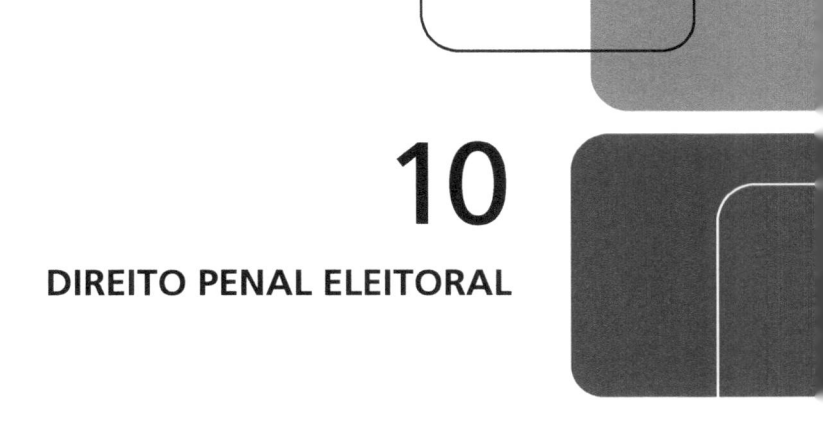

10

DIREITO PENAL ELEITORAL

10.1. ASPECTOS DOGMÁTICOS

10.1.1. Introdução

O Direito Penal Eleitoral constitui um campo jurídico especializado, voltado à proteção dos bens jurídicos fundamentais que sustentam o regime democrático desde uma perspectiva sancionatória. A especificidade deste ramo decorre de sua função precípua: garantir a lisura e a legitimidade dos processos eleitorais, preservando a igualdade entre os candidatos, a liberdade do voto e a integridade das eleições como instrumentos essenciais da soberania popular.

Dada sua natureza peculiar, o Direito Penal Eleitoral demanda uma teoria geral que dialogue tanto com os princípios do Direito Penal clássico quanto com as particularidades do Direito Eleitoral. Tal abordagem é imprescindível para delimitar os contornos da responsabilidade penal no âmbito eleitoral, tendo em vista as peculiaridades normativas, processuais e institucionais que caracterizam este campo.

> Entre as singularidades do Direito Penal Eleitoral está a sua aplicação subsidiária ao Direito Eleitoral extrapenal, em respeito ao princípio da intervenção mínima. Assim, a persecução penal eleitoral opera apenas quando os âmbitos cíveis e administrativos do Direito Eleitoral não forem suficientes para a proteção do bem jurídico. Esta perspectiva reforça a necessidade de desenvolver uma teoria que equilibre a repressão a condutas criminosas com a preservação de direitos fundamentais, como a liberdade de expressão, frequentemente tensionada no ambiente eleitoral.

Outro aspecto relevante é o caráter marcadamente temporal do processo eleitoral. A celeridade que se espera na tramitação dos feitos eleitorais não é no mais das vezes compatível com o amplo leque de garantias constitucionais e legais conferido à defesa. A conciliação entre a urgência dos processos e as garantias constitucionais do acusado é tema central na construção de uma teoria geral específica, que deve considerar, por exemplo, a aplicação de inovações processuais como a figura do juiz das garantias no âmbito eleitoral.

Por fim, a tipicidade dos crimes eleitorais reflete a necessidade de adaptação do Direito Penal aos desafios contemporâneos da sociedade democrática, como a disseminação de desinformação nas redes sociais, a corrupção eleitoral e outras práticas que comprometem a confiança no processo eleitoral. Uma Teoria Geral do Direito Penal

Eleitoral, nesse sentido, desempenha o papel de sistematizar conceitos, princípios e normas, garantindo coerência ao tratamento dessas questões e contribuindo para a efetividade da Justiça Eleitoral.

A importância do desenvolvimento de uma teoria geral específica para o Direito Penal Eleitoral reside, portanto, na harmonização entre a proteção rigorosa dos bens jurídicos eleitorais e o respeito às garantias fundamentais, promovendo um equilíbrio entre prevenção e repressão em defesa do processo democrático.

10.1.2. Conceito

O Direito Penal Eleitoral é o ramo do Direito Penal que se ocupa da prevenção, repressão e punição das condutas que atentam contra a integridade do processo eleitoral, a liberdade do voto e a legitimidade das eleições. Trata-se de um campo especializado, regido pela Constituição, pelo Código Eleitoral (Lei n. 4.737/1965) e por normas complementares, como a Lei das Eleições (Lei n. 9.504/1997) e a Lei n. 6.091/1974, além de leis penais gerais aplicáveis subsidiariamente.

O principal objetivo do Direito Penal Eleitoral é proteger bens jurídicos que sustentam a democracia representativa, como a igualdade entre candidatos, a autenticidade do voto e a regularidade das eleições. Para tanto, prevê a tipificação de crimes que envolvem condutas hábeis a comprometer a vontade popular expressa nas urnas ou a integridade das instituições eleitorais.

Podem ser identificadas no Direito Penal Eleitoral peculiaridades que o distinguem de outros ramos do Direito Penal. Entre elas, destacam-se:

1. Caráter subsidiário: o Direito Penal Eleitoral somente deve ser aplicado quando outros ramos do Direito não forem suficientes para a tutela dos bens jurídicos protegidos, em respeito ao princípio da intervenção mínima do Direito Penal.

2. Natureza temporária dos interesses protegidos: as condutas típicas no âmbito eleitoral frequentemente estão vinculadas a prazos e eventos específicos, como a realização de campanhas, o período de votação e a apuração dos resultados, exigindo celeridade no julgamento.

3. Finalidade predominantemente pública: a tipificação penal eleitoral visa proteger não apenas o interesse das partes envolvidas, mas, sobretudo, as instituições democráticas e a coletividade, que dependem de eleições legítimas e regulares para a manutenção do correto funcionamento das instituições.

Sob a perspectiva normativa, o Direito Penal Eleitoral tem como função essencial estabelecer um arcabouço de normas repressivas que garantam a observância das regras eleitorais e a confiabilidade do processo democrático. Esse conjunto de normas inclui dispositivos que punem crimes como a corrupção eleitoral, o transporte irregular de eleitores, a violência política de gênero e raça, a divulgação de notícias falsas com fins eleitorais e outros comportamentos capazes de subverter a igualdade de condições no pleito.

Além disso, o Direito Penal Eleitoral reflete a interação entre o Direito Penal e o Direito Eleitoral, configurando um sistema híbrido no qual os princípios penais, como o da legalidade, o da culpabilidade e o da proporcionalidade, são aplicados em consonância com as especificidades do Direito Eleitoral. Essa integração é fundamental para que a Justiça Eleitoral desempenhe seu papel de zelar pela regularidade e pela transparência das eleições, atuando como guardiã da democracia.

Em síntese, o Direito Penal Eleitoral é um mecanismo de preservação dos valores fundamentais do processo democrático, constituindo uma ferramenta imprescindível para a manutenção da confiança pública nas instituições eleitorais e na legitimidade dos resultados eleitorais.

10.1.3. Objeto do direito penal eleitoral

O objeto do Direito Penal Eleitoral consiste na proteção dos bens jurídicos essenciais para a preservação da democracia e da legitimidade do processo eleitoral. Trata-se de um ramo especializado que busca assegurar a integridade das eleições, resguardando a igualdade de oportunidades entre candidatos, a liberdade de escolha dos eleitores e a autenticidade dos resultados.

Os bens jurídicos tutelados pelo Direito Penal Eleitoral incluem:

1. Liberdade do voto: este é o núcleo da proteção penal eleitoral. O voto deve ser exercido de forma livre e consciente, sem qualquer interferência ilícita, como coação, fraude ou corrupção.

2. Igualdade entre os candidatos: a Justiça Eleitoral busca garantir que todos os concorrentes a cargos eletivos tenham condições equitativas durante a disputa, coibindo práticas como o abuso de poder econômico e político.

3. Lisura do processo eleitoral: a transparência e a regularidade do pleito são protegidas para evitar fraudes, como a falsificação de documentos, a manipulação de resultados e a prática de propaganda irregular.

4. Confiança pública nas eleições: o Direito Penal Eleitoral visa assegurar a credibilidade do sistema eleitoral, reprimindo condutas que possam abalar a confiança da sociedade nos resultados das eleições.

Além de proteger esses bens jurídicos, o objeto do Direito Penal Eleitoral reflete uma preocupação com a ordem pública e o Estado Democrático de Direito. Ao punir condutas que violam a normalidade das eleições, busca-se preservar a paz social e a estabilidade das instituições democráticas.

A proteção de tais bens jurídicos é materializada por meio da tipificação de condutas específicas no Código Eleitoral e em leis complementares, como a criminalização dos crimes contra a honra em matéria eleitoral, a disseminação de informações falsas e a corrupção eleitoral. Cada tipo penal eleitoral está diretamente relacionado a um dos bens jurídicos tutelados, compondo um sistema normativo que integra princípios do Direito Penal com as peculiaridades do Direito Eleitoral.

Por fim, o objeto do Direito Penal Eleitoral é não apenas a repressão a práticas ilícitas, mas também a prevenção de comportamentos que comprometam a essência democrática das eleições. Assim, atua como instrumento fundamental para a garantia da representatividade e do respeito à soberania popular.

10.1.4. Natureza dos crimes eleitorais

A natureza jurídica dos crimes eleitorais é tema de intensa discussão doutrinária, especialmente em relação à sua classificação como crimes comuns ou crimes políticos. Essa definição possui implicações relevantes, como a aplicação de normas específicas de processo penal e a interpretação da conduta criminosa em face dos bens jurídicos tutelados.

Embora os crimes eleitorais sejam definidos como infrações penais voltadas à proteção da lisura do processo eleitoral, sua qualificação como crime comum é a adotada pelos nossos tribunais.

■ Crimes comuns

> Os crimes eleitorais possuem natureza de crimes comuns. Essa interpretação baseia-se no fato de que as condutas tipificadas no Código Eleitoral não visam, de forma direta e imediata, lesionar a organização político-ideológica do Estado, mas sim proteger bens jurídicos como a liberdade do voto, a igualdade entre candidatos e a regularidade do processo eleitoral.

Sob essa perspectiva, os crimes eleitorais são apenas incidentais à organização política, sem a intenção de subverter ou colocar em risco a estabilidade do regime democrático.

O Supremo Tribunal Federal já pontificou o entendimento de que:

> (...) **os crimes eleitorais são considerados comuns** para efeito de enquadramento na regra de competência do art. 102, I, *b*, da Constituição Federal (STF — Inq n. 496/DF — Pleno — rel. Min. Ilmar Galvão — *DJ* 12.11.1993, p. 13).

> A jurisprudência do Supremo Tribunal Federal firmou-se no sentido de definir a locução constitucional 'crimes comuns' como expressão abrangente a todas as modalidades de infrações penais, estendendo-se aos delitos eleitorais e alcançando, até mesmo, as próprias contravenções penais. Precedentes (STF — Rcl. n. 511/PB — Pleno — rel. Min. Celso de Mello — *DJ* 15.09.1995, p. 29.506).

■ Crimes políticos

Por outro lado, há a possibilidade de os crimes eleitorais, em certas hipóteses, serem classificados como crimes políticos, especialmente aqueles que implicam atos deliberados contra a essência do regime democrático. O critério misto considera tanto a natureza do bem jurídico lesado quanto a intenção do agente.

Nesse sentido, um crime eleitoral pode ser considerado político quando o objetivo do agente é, por exemplo:

- desestabilizar a ordem democrática;
- subverter a legitimidade do sistema eleitoral;
- comprometer a confiança da sociedade na representatividade política.

Porém, mesmo nesses casos, é necessário que a conduta seja vinculada a uma motivação ideológica clara, e não apenas à intenção de obtenção de vantagens pessoais imediatas ou favorecimento a terceiros.

> 1. Como a Constituição não define crime político, cabe ao intérprete fazê-lo diante do caso concreto e da lei vigente. 2. **Só há crime político quando presentes os pressupostos do artigo 2.º da Lei de Segurança Nacional** (Lei n. 7.170/1983), ao qual se integram os do artigo 1.º: A materialidade da conduta deve lesar real ou potencialmente ou expor a perigo de lesão a soberania nacional, de forma que, ainda que a conduta esteja tipificada no artigo 12 da LSN, é preciso que se lhe agregue a motivação política. Precedentes (STF — RC n. 1.468/RJ — Tribunal Pleno — rel. Min. Maurício Corrêa — *DJ* 16.08.2000, p. 88).

Na prática, como visto, a jurisprudência brasileira tem interpretado os crimes eleitorais como crimes comuns, aplicando-lhes as normas gerais do Código Penal e do Código de Processo Penal de forma subsidiária. Assim, salvo em situações excepcionais que envolvam intenção ideológica, os crimes eleitorais não têm sido tratados como crimes políticos próprios ou impróprios.

Essa compreensão é relevante para delimitar o alcance das garantias e das regras processuais aplicáveis, além de reforçar o caráter funcional do Direito Penal Eleitoral como instrumento de proteção dos bens jurídicos essenciais à democracia.

Por conseguinte, embora os crimes eleitorais possam, em determinadas situações, tangenciar aspectos políticos, sua natureza predominante é de crime comum. Contudo, a possibilidade de concurso com disposições da Lei de Segurança Nacional destaca a complexidade de algumas condutas, especialmente as que possuem implicações diretas na estabilidade do regime democrático.

10.1.5. Crime e contravenção em matéria eleitoral

No âmbito do Direito Penal, os conceitos de crime e contravenção possuem distinções claras quanto à gravidade da infração, às penas aplicáveis e às consequências jurídicas. Em matéria eleitoral, entretanto, essa diferenciação adquire nuances específicas, uma vez que a legislação eleitoral brasileira não prevê contravenções penais, mas apenas crimes.

▣ Diferenças entre crime e contravenção

Crime: é uma infração penal de maior gravidade, com penas que podem incluir reclusão, detenção ou multa. No contexto eleitoral, os crimes têm como objetivo proteger bens jurídicos de alta relevância, como a liberdade do voto, a igualdade de condições entre candidatos e a integridade do processo eleitoral. Exemplos de crimes eleitorais incluem a corrupção eleitoral (art. 299 do Código Eleitoral) e a falsificação de documentos públicos eleitorais (art. 348 do Código Eleitoral).

Contravenção: configura uma infração penal de menor gravidade, punida apenas com penas leves, como prisão simples ou multa. **No Direito Penal Eleitoral não há contravenções específicas**, o que reflete a relevância atribuída aos bens jurídicos tutelados no processo democrático.

■ Inexistência de contravenções na legislação eleitoral

A ausência de contravenções na legislação eleitoral decorre da gravidade intrínseca das infrações relacionadas ao processo eleitoral. Toda conduta que comprometa a lisura, a igualdade ou a liberdade do sufrágio é considerada suficientemente grave para ser enquadrada como crime, não havendo espaço para condutas de menor relevância que possam ser classificadas como contravenções.

10.1.6. Efeitos da sentença condenatória em matéria penal eleitoral

A sentença condenatória em matéria penal eleitoral produz uma série de efeitos, tanto no campo penal quanto no eleitoral. Esses efeitos não se limitam à aplicação das penas previstas na legislação, estendendo-se a repercussões importantes no exercício de direitos políticos e na elegibilidade do condenado.

10.1.6.1. *Efeitos penais e extrapenais*

1. Efeitos penais: o principal efeito da condenação penal é a imposição da pena prevista para o crime eleitoral praticado, que pode incluir reclusão, detenção ou multa. Além disso, podem ser impostas penas acessórias, como a perda de bens ou valores obtidos por meio da infração penal.

2. Efeitos extrapenais: os efeitos extrapenais da condenação incluem repercussões no campo eleitoral, especialmente em relação aos direitos políticos e à elegibilidade.

10.1.6.2. *Suspensão dos direitos políticos*

De acordo com o art. 15, inciso III, da Constituição Federal, a condenação criminal transitada em julgado acarreta a suspensão dos direitos políticos do condenado enquanto durarem os efeitos da pena. Essa suspensão implica a perda temporária da capacidade de votar e de ser votado, como reflexo do descumprimento de normas fundamentais do ordenamento jurídico.

A suspensão dos direitos políticos tem início com o trânsito em julgado da sentença penal condenatória e se estende até o cumprimento da pena, incluindo eventuais períodos de restrição de liberdade, cumprimento de penas alternativas ou pagamento de multas.

10.1.6.3. *Inelegibilidade decorrente de condenação criminal*

Além da suspensão dos direitos políticos, a condenação penal pode acarretar a inelegibilidade do condenado, conforme disposto na Lei Complementar n. 64/1990 (Lei das Inelegibilidades), especialmente após as alterações introduzidas pela Lei da Ficha Limpa (Lei Complementar n. 135/2010).

De acordo com o art. 1.º, inciso I, alínea *e*, da Lei Complementar n. 64/1990, são inelegíveis, pelo prazo de 8 anos, os que forem condenados em decisão transitada em julgado ou proferida por órgão judicial colegiado pela prática de crimes que, considerados os efeitos, afetem a probidade administrativa e a moralidade para o exercício do mandato, como os crimes contra a administração pública e o patrimônio público, os crimes eleitorais, os crimes contra a economia popular, entre outros.

A conjugação entre a suspensão dos direitos políticos e a inelegibilidade amplia os efeitos da condenação penal no campo eleitoral, assegurando que indivíduos condenados por práticas ilícitas não possam exercer funções de representação política enquanto perdurarem os reflexos da condenação.

É importante ressaltar que, embora a suspensão dos direitos políticos cesse com o cumprimento da pena, a inelegibilidade perdura por prazo adicional, conforme previsto na legislação. Esse descompasso temporal reflete o rigor do legislador em proteger a moralidade do processo eleitoral.

Em conclusão, os efeitos da sentença condenatória em matéria penal eleitoral transcendem o âmbito penal, alcançando direitos fundamentais do condenado e impactando sua participação na vida política do país. Essa dualidade de efeitos reforça o papel do Direito Penal Eleitoral na preservação da legitimidade democrática e na promoção da integridade das instituições eleitorais.

10.1.7. Inexistência da modalidade culposa nos crimes eleitorais

Os crimes eleitorais são caracterizados pela inexistência de modalidade culposa, ou seja, todas as condutas previstas na legislação eleitoral exigem a presença do dolo para a configuração do crime. Essa particularidade se alinha ao princípio da tipicidade penal, que exige que a conduta criminosa esteja expressamente descrita em lei, e ao princípio da intervenção mínima, que restringe o Direito Penal às situações de maior gravidade.

10.1.7.1. *Dolo nos crimes eleitorais*

De acordo com o art. 18 do Código Penal, o crime é considerado doloso quando o agente quis o resultado ou assumiu o risco de produzi-lo. No contexto eleitoral, isso significa que o autor da infração deve agir com intenção clara de violar as normas eleitorais ou, no mínimo, com a consciência de que sua conduta pode comprometer os bens jurídicos protegidos, como a liberdade do voto ou a igualdade no processo eleitoral.

Por exemplo: a corrupção eleitoral (art. 299 do Código Eleitoral), que consiste em oferecer ou receber vantagem em troca de votos, exige que o agente atue com o propósito deliberado de influenciar o voto ou ser influenciado, excluindo-se qualquer possibilidade de configuração por imprudência, negligência ou imperícia.

A **modalidade culposa**, definida no art. 18, inciso II, do Código Penal, ocorre quando o agente dá causa ao resultado por imprudência, negligência ou imperícia. **Essa forma de responsabilização penal está ausente nos crimes eleitorais**, pois a estrutura normativa dessa legislação prioriza a repressão de condutas intencionais que atentem contra o processo democrático.

A inexistência da modalidade culposa nos crimes eleitorais é coerente com:

1. A natureza dos bens jurídicos protegidos: a liberdade do voto e a integridade do processo eleitoral requerem proteção contra atos deliberados, uma vez que ações não intencionais dificilmente comprometeriam esses valores de maneira significativa.

2. A intenção do legislador: ao tipificar os crimes eleitorais, o legislador optou por excluir a punição de comportamentos culposos, restringindo a intervenção penal às condutas dolosas, em observância ao princípio da intervenção mínima.

3. A eficácia do Direito Penal Eleitoral: a punição de condutas culposas no âmbito eleitoral poderia sobrecarregar a Justiça Eleitoral com casos de menor gravidade, desviando o foco de ações que efetivamente impactam a legitimidade democrática.

10.1.7.2. *Dolo eventual*

O dolo eventual, como espécie de dolo, caracteriza-se pela aceitação do agente quanto à possibilidade de ocorrência do resultado ilícito, mesmo que este não seja desejado diretamente. De acordo com o art. 18, inciso I, do Código Penal, há dolo eventual quando o agente, ao realizar determinada conduta, assume conscientemente o risco de produzir o resultado.

> No contexto do Direito Penal Eleitoral, a possibilidade de configuração do dolo eventual é tema relevante. Embora predominem nos crimes eleitorais as condutas praticadas com dolo direto, é possível a verificação do dolo eventual em situações específicas, desde que comprovada a aceitação, pelo agente, do risco de lesar os bens jurídicos tutelados.

A aplicabilidade do dolo eventual em matéria eleitoral depende da análise concreta da conduta do agente e do elemento subjetivo envolvido. Em crimes eleitorais, como aqueles relacionados à corrupção eleitoral (art. 299 do Código Eleitoral) ou à propaganda ilícita (art. 39 da Lei n. 9.504/1997), o dolo eventual pode ser reconhecido se o agente, embora não desejasse diretamente o resultado ilícito, assumiu o risco de que sua conduta pudesse comprometer a lisura do processo eleitoral.

> **Exemplo:** um indivíduo, ao compartilhar massivamente informações sem verificar sua veracidade, assume o risco de influenciar de forma ilícita o resultado das eleições, configurando dolo eventual.

10.1.7.3. *Desafios na aplicação do dolo eventual*

A configuração do dolo eventual em crimes eleitorais apresenta desafios probatórios, uma vez que exige a demonstração de que o agente efetivamente assumiu o risco de produzir o resultado ilícito. Esse aspecto subjetivo deve ser apurado com base em elementos concretos, como a natureza da conduta, as circunstâncias do caso e a previsibilidade do resultado pelo agente.

■ **Linha tênue com a culpa consciente:**

É necessário distinguir o dolo eventual da culpa consciente. No dolo eventual, o agente aceita o resultado; na culpa consciente, ele acredita que pode evitá-lo. No contexto eleitoral, essa diferença é crucial para evitar a punição indevida de condutas não dolosas, considerando que a legislação eleitoral não admite a modalidade culposa.

A ausência da modalidade culposa nos crimes eleitorais fortalece a precisão e a segurança jurídica do Direito Penal Eleitoral, assegurando que somente condutas intencionais sejam objeto de sanção penal. Essa restrição, no entanto, não isenta o agente de responsabilidade em outras esferas do Direito, como no Direito Administrativo Eleitoral, onde condutas imprudentes podem ser passíveis de sanção.

A inexistência da modalidade culposa nos crimes eleitorais reflete a necessidade de proteger os bens jurídicos eleitorais de maneira proporcional e eficiente, concentrando a atuação penal em condutas dolosas que representem ameaças reais à integridade do processo democrático.

10.1.8. Crimes eleitorais consumados e tentados

No Direito Penal Eleitoral, os crimes podem se apresentar nas formas consumada e tentada, seguindo as disposições gerais do Código Penal (art. 14). A diferenciação entre crime consumado e tentado é relevante tanto para a caracterização da conduta quanto para a aplicação das penas.

10.1.8.1. *Crime consumado*

Conforme o art. 14, inciso I, do Código Penal, o crime é considerado consumado quando todos os elementos previstos no tipo penal se concretizam. No âmbito eleitoral, isso ocorre quando a conduta descrita na norma alcança o resultado pretendido pelo agente ou realiza o comportamento descrito como ilícito.

Exemplos de crimes eleitorais consumados incluem:

◼ **Corrupção eleitoral (art. 299 do Código Eleitoral):** o oferecimento ou recebimento de vantagem em troca de voto se consuma no momento em que a promessa é feita ou aceita, independentemente de o voto ser efetivamente influenciado.

◼ **Propaganda irregular (art. 39 da Lei n. 9.504/1997):** a conduta de realizar propaganda vedada, como a distribuição de material no dia da eleição, se consuma quando os santinhos ou panfletos são efetivamente espalhados, ainda que não gerem impacto eleitoral direto.

10.1.8.2. *Crime tentado*

O crime tentado, previsto no art. 14, inciso II, do Código Penal, ocorre quando o agente inicia a execução do crime, mas não alcança sua consumação por circunstâncias alheias à sua vontade. Em matéria eleitoral, a tentativa é plenamente admitida, exceto nos crimes que, pela sua própria natureza, exigem a consumação imediata ou que se configuram como crimes formais.

Exemplo de tentativa em crimes eleitorais:
Falsificação de documento eleitoral (art. 348 do Código Eleitoral): a tentativa ocorre quando o agente é surpreendido ao preparar um documento falso, sem que este seja concluído ou utilizado.

10.1.8.3. Punição da tentativa

Nos termos do art. 14, parágrafo único, do Código Penal, salvo disposição em contrário, a tentativa é punida com a pena correspondente ao crime consumado, diminuída de um a dois terços. A proporcionalidade da diminuição depende do grau de proximidade entre o ato praticado e a consumação do crime, avaliado caso a caso.

10.1.8.4. Limitações à tentativa nos crimes eleitorais

Há situações específicas em que a tentativa não se aplica, geralmente em razão da estrutura do tipo penal:

■ **Crimes formais:** nos crimes eleitorais formais, como a corrupção eleitoral, a consumação ocorre com a simples prática do ato, independentemente de resultado posterior. Assim, a tentativa é inaplicável.

■ **Crimes de mera conduta:** nos crimes eleitorais que se configuram pelo simples comportamento do agente, como a realização de boca de urna (art. 39, § 5.º, inciso III, da Lei n. 9.504/1997), não há espaço para a tentativa, pois a consumação é imediata.

A distinção entre crime consumado e tentado no âmbito eleitoral é essencial para garantir a correta tipificação da conduta e a aplicação proporcional da pena. A admissão da tentativa reforça a abrangência do Direito Penal Eleitoral, permitindo a punição de condutas que, embora não consumadas, representam sério risco aos bens jurídicos tutelados.

Assim, tanto os crimes consumados quanto os tentados possuem relevância no Direito Penal Eleitoral, sendo este último admitido em diversas situações, com exceção dos crimes formais e de mera conduta. A punição da tentativa, proporcional à gravidade do ato e à proximidade da consumação, reflete o compromisso do Direito Penal Eleitoral com a preservação da integridade do processo democrático.

10.1.9. Condutas comissivas e omissivas em matéria penal eleitoral

No Direito Penal Eleitoral, a conduta típica pode se manifestar tanto de forma comissiva (ação positiva) quanto de forma omissiva (ação negativa). Essa classificação é essencial para compreender a dinâmica dos crimes eleitorais, uma vez que diferentes tipos penais exigem condutas específicas para sua configuração.

10.1.9.1. Condutas comissivas

As condutas comissivas são aquelas que envolvem uma ação por parte do agente, praticando diretamente o comportamento proibido pela legislação. A grande maioria dos crimes eleitorais é caracterizada por condutas comissivas, como no caso de:

■ **Corrupção eleitoral** (art. 299 do Código Eleitoral): oferecer ou prometer vantagem para obter votos.

■ **Propaganda irregular** (art. 39 da Lei n. 9.504/1997): realizar propaganda vedada em locais ou períodos proibidos.

▣ **Uso de documento falso** (art. 350 do Código Eleitoral): fazer uso de documentos falsificados em contextos eleitorais.

Esses crimes geralmente envolvem uma atuação deliberada do agente, que viola a norma por meio de uma ação ativa.

10.1.9.2. *Condutas omissivas*

As condutas omissivas ocorrem quando o agente deixa de realizar uma ação que lhe era exigida por lei, caracterizando a infração penal. No Direito Penal Eleitoral, ainda que menos frequentes, os crimes omissivos também são relevantes e podem ser divididos em crimes omissivos próprios e crimes omissivos impróprios.

A classificação das condutas em comissivas e omissivas permite uma análise mais precisa dos crimes eleitorais, assegurando que tanto ações deliberadas quanto omissões dolosas sejam devidamente responsabilizadas. Embora os crimes comissivos sejam predominantes no Direito Penal Eleitoral, os crimes omissivos próprios e impróprios desempenham um papel relevante na proteção da integridade do processo democrático, especialmente em situações que envolvam a atuação de agentes com responsabilidades específicas no âmbito eleitoral.

10.1.10. Tipicidade penal

No Direito Penal Eleitoral, a tipicidade é um elemento essencial do crime, que assegura a conformidade da conduta praticada pelo agente com a descrição abstrata contida na norma penal incriminadora. A análise da tipicidade se desdobra em diferentes perspectivas, sendo fundamentais as noções de tipicidade formal, tipicidade material e tipicidade conglobante.

10.1.10.1. *Tipicidade penal*

A tipicidade é a perfeita subsunção da conduta do agente ao modelo abstrato descrito na lei penal. Em outras palavras, é o enquadramento exato do comportamento na norma que define a infração penal. No campo eleitoral, a tipicidade é crucial para assegurar que apenas condutas efetivamente lesivas aos bens jurídicos protegidos pelo Direito Penal Eleitoral sejam consideradas criminosas.

10.1.10.2. *Tipicidade formal (ou tipicidade legal)*

A tipicidade formal é o aspecto mais básico da tipicidade penal. Ela se refere à adequação da conduta do agente ao tipo penal descrito na lei. No Direito Penal Eleitoral, a tipicidade formal é atendida quando o comportamento do agente corresponde exatamente à descrição da norma incriminadora, como no caso do delito de corrupção eleitoral (art. 299 do Código Eleitoral), em que a promessa de vantagem em troca de votos configura tipicidade formal quando os elementos objetivos do tipo são plenamente realizados.

A tipicidade formal, por si só, não é suficiente para caracterizar um crime. É necessário que a conduta também apresente relevância material e seja antinormativa, aspectos analisados pela tipicidade conglobante.

10.1.10.3. *Tipicidade material*

Para que haja **tipicidade penal plena**, é necessário que o comportamento do agente também apresente lesividade ao bem jurídico protegido. A tipicidade material exige que a conduta seja relevante para o sistema jurídico, de modo a justificar a intervenção penal.

Princípio da insignificância: a tipicidade material é mitigada pelo princípio da insignificância, que exclui a tipicidade quando a lesão ao bem jurídico é irrelevante. Em matéria eleitoral, esse princípio é aplicado com cautela, devido à importância dos bens jurídicos protegidos, como a lisura e a igualdade do processo eleitoral. **Entretanto, situações de ínfima lesividade, como a distribuição de pequeno número de santinhos em local isolado, podem ser consideradas atípicas por falta de relevância material.**

10.1.10.4. *Tipicidade conglobante*

A tipicidade conglobante, desenvolvida pela doutrina, complementa a análise formal e material. Ela considera a antinormatividade da conduta, ou seja, a contrariedade ao ordenamento jurídico como um todo, e não apenas ao tipo penal específico. Para que uma conduta seja típica no sentido conglobante, é necessário que:

1. A conduta seja antinormativa, isto é, não esteja amparada por normas permissivas ou justificativas (como o exercício regular de um direito ou o estado de necessidade).

2. Haja tipicidade material, ou seja, a conduta precisa ser relevante para justificar a sanção penal.

No Direito Penal Eleitoral, a tipicidade conglobante assegura que apenas condutas que efetivamente contrariem os princípios democráticos e causem lesão relevante aos bens jurídicos sejam consideradas criminosas.

Exemplo prático: um fiscal eleitoral que retira material de propaganda irregular de um local de votação pode, em tese, incorrer em um tipo penal de violação de propriedade privada. No entanto, a depender das peculiaridades do caso, sua conduta seria atípica no sentido conglobante, pois estaria amparada pelo exercício de suas funções, que o autorizam a proteger o bem jurídico maior representado pela lisura do processo eleitoral.

Sendo assim, a análise da tipicidade no Direito Penal Eleitoral deve considerar tanto a conformidade da conduta com o tipo penal descrito na norma (tipicidade formal) quanto a sua relevância e antinormatividade (tipicidade conglobante). Esse enfoque integrado assegura que apenas condutas realmente lesivas e contrárias ao ordenamento jurídico sejam punidas, preservando a legitimidade da intervenção penal no âmbito eleitoral.

10.1.11. O princípio da presunção de inocência

O princípio da presunção de inocência, consagrado no art. 5.º, inciso LVII, da Constituição Federal, estabelece que ninguém será considerado culpado até o trânsito em julgado de sentença penal condenatória. Esse princípio é essencial no âmbito do Direito Penal Eleitoral, onde se busca garantir que apenas aqueles efetivamente condenados pela prática de crimes sejam submetidos às sanções previstas em lei.

10.1.11.1. O princípio aplicado ao direito penal eleitoral

No campo penal, o princípio da presunção de inocência atua como uma garantia fundamental contra arbitrariedades, assegurando que:

▣ a culpabilidade do agente seja comprovada em um processo judicial regular;
▣ não haja aplicação de sanções penais antes do esgotamento de todos os recursos disponíveis, salvo hipóteses expressamente excepcionais.

No Direito Penal Eleitoral, este princípio se aplica plenamente ao julgamento de crimes eleitorais. Apenas após o trânsito em julgado de uma sentença condenatória é que podem ser impostas penas como reclusão, detenção, multa ou outras consequências penais específicas previstas na legislação eleitoral.

10.1.11.2. Diferença entre sanção penal e condição de inelegibilidade

A aplicação do princípio da presunção de inocência é um dos elementos que distingue o direito sancionatório penal eleitoral das condições de inelegibilidade previstas na legislação eleitoral, como as dispostas na Lei Complementar n. 64/1990 (Lei das Inelegibilidades).

▣ **Sanção penal:** a condenação criminal é uma punição imposta ao agente em decorrência da prática de um crime eleitoral, como corrupção eleitoral (art. 299 do Código Eleitoral) ou falsificação de documentos eleitorais (art. 348 do Código Eleitoral). Aqui, a presunção de inocência é estritamente observada, de modo que a aplicação de penas só ocorre após o trânsito em julgado da sentença condenatória.
▣ **Condição de inelegibilidade:** as inelegibilidades, por sua vez, não constituem penas, mas condições jurídicas que visam proteger a moralidade administrativa e a probidade no exercício do mandato. Conforme disposto na Lei Complementar n. 64/1990, alterada pela Lei da Ficha Limpa, a inelegibilidade pode ser declarada com base em condenações por órgão judicial colegiado, independentemente de trânsito em julgado.

Essa distinção reflete a natureza jurídica distinta das sanções penais e das condições de inelegibilidade:

▣ As **sanções penais**, por representarem uma punição imposta pelo Estado, requerem a observância rigorosa do princípio da presunção de inocência.
▣ As **condições de inelegibilidade**, embora possam restringir direitos políticos, têm caráter preventivo e administrativo, não configurando punição no sentido estrito.

A diferença entre sanção penal e condição de inelegibilidade também se reflete no grau de proteção conferido ao indivíduo. Enquanto o Direito Penal Eleitoral exige certeza quanto à culpa do agente para a aplicação de sanções, o Direito Eleitoral admite a restrição da elegibilidade com base em critérios que não dependem de sentença penal transitada em julgado.

> **Exemplo prático:** um candidato condenado por um tribunal colegiado por corrupção eleitoral pode ser declarado inelegível, mesmo que a decisão não tenha transitado em julgado. Contudo, para que ele seja submetido às penas previstas no art. 299 do Código Eleitoral (como reclusão), é indispensável que a condenação transite em julgado, em respeito ao princípio da presunção de inocência.

O princípio da presunção de inocência reforça, pois, a distinção fundamental entre a natureza jurídica dos crimes eleitorais e das condições de inelegibilidade. Enquanto o primeiro atua no campo sancionatório, exigindo trânsito em julgado para a aplicação de penas, o segundo é de natureza preventiva e administrativa, admitindo a restrição de direitos políticos antes do esgotamento da via recursal. Essa diferença é crucial para a compreensão do equilíbrio entre proteção da democracia e respeito aos direitos fundamentais no Direito Eleitoral.

10.1.12. Sobre os preceitos primário e secundário (as penas mínimas genéricas)

O Código Eleitoral, no art. 284, estabelece uma regra geral para casos em que o legislador não indicou expressamente o grau mínimo das penas privativas de liberdade. Nesses casos, presume-se que a pena mínima seja de 15 dias para a detenção e de 1 ano para a reclusão. Essa regra preenche as lacunas legislativas e assegura coerência na aplicação das sanções penais no âmbito eleitoral.

O que diz o art. 284 do Código Eleitoral:

> "Sempre que este código não indicar o grau mínimo, entende-se que será ele de quinze dias para a pena de detenção e de um ano para a de reclusão."

Essa previsão é aplicada em situações em que o tipo penal indica apenas o limite máximo da pena, deixando em aberto o limite inferior. Abaixo, apresentamos exemplos práticos com o cálculo da pena mínima com base no art. 284 do Código Eleitoral.

> **Exemplo 1**: art. 289 do Código Eleitoral
> **Inscrever-se fraudulentamente como eleitor.**
> Pena prevista: reclusão até 5 anos e pagamento de 5 a 15 dias-multa.
> Aplicação do art. 284: como o tipo penal não indica o grau mínimo da pena de reclusão, aplica-se o limite genérico do art. 284, ou seja, 1 ano.
> **Pena mínima: 1 ano de reclusão.**

> **Exemplo 2**: art. 318 do Código Eleitoral
> **Efetuar a contagem dos votos da urna quando qualquer eleitor houver votado sob impugnação (art. 190).**

Pena prevista: detenção até 1 mês ou pagamento de 30 a 60 dias-multa.

Aplicação do art. 284: o tipo penal não especifica o grau mínimo da pena de detenção, aplicando-se o limite genérico de 15 dias.

Pena mínima: 15 dias de detenção.

ATENÇÃO: alguns tipos penais acrescentados ao Código Eleitoral após o início da sua vigência inicial passaram a prever no preceito secundário específico os tempos máximo e mínimo para a duração da pena. Serve de exemplo o art. **354-A, que tipifica a conduta de "apropriar-se o candidato, o administrador financeiro da campanha, ou quem de fato exerça essa função, de bens, recursos ou valores destinados ao financiamento eleitoral, em proveito próprio ou alheio". O dispositivo, no preceito secundário, já estipula a pena mínima, ficando os parâmetros da sanção penal entre dois e seis anos, além de multa.**

10.1.12.1. Comparação com a técnica legislativa da Lei n. 9.504/1997

A Lei n. 9.504/1997, que também disciplina crimes eleitorais, adota uma técnica legislativa distinta, **indicando sempre expressamente os limites mínimos e máximos das penas, o que, como vimos, não ocorre na maioria das condutas delitivas tipificadas pelo Código Eleitoral**. Essa abordagem evita a necessidade de aplicação subsidiária do art. 284 do Código Eleitoral.

Art. 33, § 4.º Divulgação de pesquisa fraudulenta.
Pena prevista: detenção de 6 meses a 1 ano e multa de cinquenta mil a cem mil UFIR.
A pena mínima está claramente indicada: 6 meses de detenção.

Art. 40. Uso de símbolos ou imagens associadas a órgãos governamentais.
Pena prevista: detenção de 6 meses a 1 ano, com alternativa de prestação de serviços à comunidade pelo mesmo período, e multa de dez mil a vinte mil UFIR.
A pena mínima está claramente indicada: 6 meses de detenção.

10.1.13. Sobre o princípio da consunção em matéria eleitoral

O princípio da consunção é aplicado no Direito Penal para resolver conflitos aparentes de normas, determinando que o crime que serve como meio necessário para a realização de um delito mais grave (crime-fim) seja absorvido por este. Em matéria eleitoral, o princípio é especialmente relevante para delimitar a responsabilidade penal e evitar múltiplas punições por condutas que se integram em um único contexto delitivo.

10.1.13.1. Fundamentos do princípio da consunção

A Súmula 17 do Superior Tribunal de Justiça bem ilustra a aplicabilidade do princípio da consunção:

SÚMULA 17 DO STF: "Quando o falso se exaure no estelionato, sem mais potencialidade lesiva, é por este absorvido".

Esse entendimento exige que o crime meio, como a falsificação de um documento, tenha sua potencialidade lesiva completamente absorvida pela prática do crime-fim, como o uso do documento falsificado em uma fraude. No contexto eleitoral, o uso de documentos falsos frequentemente se relaciona a essa lógica, considerando-se a gravidade do crime-fim.

O Agravo em Recurso Especial Eleitoral n. 0000006-94.2018.6.06.0003, julgado pelo Tribunal Superior Eleitoral, exemplifica a aplicação do princípio da consunção no Direito Penal Eleitoral. Nesse caso, o agente foi denunciado por falsificação de documento particular (art. 349 do Código Eleitoral), falsidade ideológica (art. 350 do Código Eleitoral) e uso de documento falso (art. 353 do Código Eleitoral).

O TSE entendeu que:

1. O crime de falsidade ideológica eleitoral (art. 350) foi absorvido pelo crime de uso de documento falso (art. 353), pois a falsidade ideológica funcionou como conduta meio para o uso do documento na prestação de contas eleitorais.

2. A consunção se aplicou porque o documento falsificado foi utilizado para viabilizar a prestação de contas com finalidade eleitoral, tornando o crime de uso de documento falso o delito-fim.

Para que o princípio da consunção seja aplicado em matéria eleitoral, é necessário observar:

1. Relação de instrumentalidade: o crime meio deve ser um instrumento necessário para a prática do crime-fim.

2. Exaustão da potencialidade lesiva: o crime meio não deve possuir, por si só, potencialidade lesiva adicional ou independente que justifique sua punição autônoma.

3. Unidade de contexto delitivo: ambos os crimes devem estar relacionados a um mesmo objetivo ilícito, como comprometer a lisura de um processo eleitoral.

Imagine um candidato que falsifica um recibo eleitoral para simular uma doação de campanha e apresenta o documento na prestação de contas à Justiça Eleitoral. Nesse caso:

> A falsificação do recibo (art. 349 do Código Eleitoral) é o crime meio.
> O uso do recibo na prestação de contas (art. 353 do Código Eleitoral) é o crime fim.

Conforme o princípio da consunção, o agente responderá apenas pelo crime de uso de documento falso, desde que a falsificação tenha se exaurido no ato de apresentação do documento.

Merece transcrição a respeito o escólio de José Jairo Gomes acerva do tema, tratando de uma hipótese exemplificativa sobre o tema aqui tratado:

"É verdade que o falso pode ser praticado para diversas finalidades, e não apenas para a inscrição eleitoral ilícita. É igualmente exato que o autor do falso pode não coincidir com o autor do delito do art. 289 do CE. No entanto, insta ponderar que, quando o autor do falso for também o sujeito ativo da inscrição fraudulenta, sendo aquele delito cometido justamente para viabilizar este último, é defensável a ocorrência de consunção — nomeadamente sob a forma de antefactum impunível. O falso aí constitui meio ou instrumento necessário para se obter a inscrição. Nesse específico caso, analisados os fatos globalmente, em sua totalidade, sob a ótica da ideia de justiça, não há como negar a existência de crime único, a saber: o de inscrição fraudulenta de eleitor. É que o falso documental se operou com o exclusivo fim de burlar a Administração Eleitoral."

Como se pode perceber, o tema da consunção é de significativa importância para a Teoria do Direito Penal Eleitoral.

10.2. DOS CRIMES ELEITORAIS

10.2.1. Crimes eleitorais previstos no Código Eleitoral

10.2.1.1. Inscrição fraudulenta

> **Art. 289.** Inscrever-se fraudulentamente eleitor:
> Pena — reclusão até cinco anos e pagamento de cinco a 15 dias-multa.

O art. 289 do Código Eleitoral tipifica a prática de inscrição fraudulenta como eleitor, estabelecendo como conduta típica o ato de promover ou permitir o alistamento eleitoral mediante informações falsas. A norma abrange tanto a inserção de dados fictícios no cadastro eleitoral quanto a indução de erro por parte da autoridade responsável pelo registro. Trata-se de **crime formal**, cuja consumação ocorre com a prática do ato fraudulento, independentemente de qualquer efeito concreto sobre a composição do eleitorado.

O tipo penal visa coibir atos que comprometam a regularidade do alistamento, protegendo o procedimento administrativo do registro eleitoral contra desvios que possam afetar sua **autenticidade**. A pena prevista para o delito inclui multa e reclusão, aplicáveis de acordo com a gravidade do caso concreto e os meios empregados na fraude. Além da responsabilização penal, a inscrição realizada de forma fraudulenta é passível de cancelamento, sendo vedada sua utilização para quaisquer finalidades eleitorais.

10.2.1.1.1. Bem jurídico protegido

O bem jurídico tutelado é a **integridade do cadastro eleitoral**, essencial para garantir a legitimidade do processo democrático e evitar fraudes no exercício do direito de voto.

10.2.1.1.2. Sujeitos do crime

◼ **Sujeito ativo:** qualquer pessoa que pratique a conduta descrita no tipo penal.

◼ **Sujeito passivo:** a Justiça Eleitoral, responsável pela integridade do cadastro eleitoral, e, de forma reflexa, a coletividade, que depende da regularidade do processo eleitoral.

10.2.1.1.3. Conduta típica

A conduta consiste em **inscrever-se como eleitor de forma fraudulenta**, ou seja, utilizando **meios ilegítimos para figurar no cadastro eleitoral**.

Exemplos hipotéticos:

1. Um indivíduo apresenta documentos falsificados para se alistar como eleitor.

2. Uma pessoa utiliza identidade de terceiro para realizar sua inscrição no cadastro eleitoral.

3. Inscrição em localidade na qual o indivíduo não possui vínculo, com a intenção de influenciar resultados eleitorais.

10.2.1.1.4. Consumação e tentativa

■ **Consumação:** o crime se consuma no momento em que a inscrição fraudulenta é efetivada no cadastro eleitoral.

■ **Tentativa:** é admissível, como no caso em que o agente tenta efetuar a inscrição fraudulenta, mas é impedido antes da conclusão do ato.

10.2.1.2. Indução de inscrição eleitoral ilícita

> **Art. 290.** Induzir alguém a se inscrever eleitor com infração de qualquer dispositivo deste Código.
>
> Pena — reclusão até 2 anos e pagamento de 15 a 30 dias-multa.

O art. 290 do Código Eleitoral tipifica como crime induzir alguém a efetuar inscrição eleitoral em desacordo com as disposições legais. A conduta descrita inclui qualquer ato que leve uma pessoa a proceder ao alistamento em condições que contrariem as exigências normativas estabelecidas, comprometendo a legalidade do registro eleitoral.

O tipo penal visa assegurar que o processo de alistamento seja realizado em conformidade com os requisitos previstos na legislação, protegendo a regularidade e a integridade do cadastro eleitoral. A consumação do delito ocorre no momento em que o induzido realiza a inscrição irregular, sendo irrelevante o impacto concreto que o registro possa vir a ter no processo eleitoral.

A pena prevista para o crime inclui multa e reclusão, com aplicação variável conforme a gravidade do caso e os meios empregados no ato de indução. Além das sanções penais, a inscrição realizada em desconformidade com as disposições legais é passível de cancelamento pela Justiça Eleitoral.

10.2.1.2.1. Bem jurídico protegido

O bem jurídico tutelado é a **integridade do cadastro eleitoral e a regularidade do alistamento**, assegurando que o direito ao voto seja exercido por eleitores devidamente habilitados e dentro dos parâmetros legais.

10.2.1.2.2. Sujeitos do crime

■ **Sujeito ativo:** qualquer pessoa que induza outro a se inscrever como eleitor de forma irregular.

▫ **Sujeito passivo:** a Justiça Eleitoral, como garantidora do cadastro regular, e o indivíduo que foi induzido, que pode sofrer prejuízos decorrentes da irregularidade.

10.2.1.2.3. Conduta típica

A conduta consiste em induzir alguém a realizar a inscrição eleitoral infringindo as normas estabelecidas pelo Código Eleitoral.

Exemplos hipotéticos:

1. Um candidato ou cabo eleitoral convence um cidadão a se registrar em localidade onde não reside, visando alterar o resultado eleitoral local.

2. Um indivíduo instrui terceiros a usar documentos falsos para efetuar a inscrição eleitoral.

3. Alguém persuade um menor de idade ou pessoa inelegível a tentar se alistar como eleitor.

10.2.1.2.4. Consumação e tentativa

▫ **Consumação:** o crime se consuma no momento em que a pessoa induzida realiza a inscrição irregular, independentemente do resultado pretendido.

▫ **Tentativa:** é possível, como no caso em que o induzimento ocorre, mas a inscrição irregular não é concluída por circunstâncias alheias à vontade do agente.

10.2.1.3. Inscrição fraudulenta realizada pelo juiz

> **Art. 291.** Efetuar o juiz, fraudulentamente, a inscrição de alistando.
> Pena — reclusão até 5 anos e pagamento de cinco a quinze dias-multa.

O art. 291 do Código Eleitoral define como crime a conduta de um juiz eleitoral que, por meio de fraude, realiza ou autoriza a inscrição de um alistando em desconformidade com as disposições legais aplicáveis ao alistamento eleitoral. A norma abrange qualquer ação ou omissão dolosa do magistrado que resulte na inclusão irregular de um eleitor no cadastro, desconsiderando os requisitos estabelecidos pela legislação. A prática tipificada exige que o juiz atue de forma contrária às suas funções institucionais, promovendo de forma consciente a violação do processo de alistamento em benefício próprio ou de terceiros.

10.2.1.3.1. Bem jurídico protegido

O bem jurídico tutelado é a **lisura e integridade do cadastro eleitoral**, fundamental para a legitimidade das eleições e para a confiança no sistema democrático.

10.2.1.3.2. Sujeitos do crime

▫ **Sujeito ativo:** exclusivamente o juiz eleitoral, que, no exercício de sua função, efetua a inscrição fraudulenta.

▫ **Sujeito passivo:** a Justiça Eleitoral, responsável pela gestão do cadastro eleitoral, e, indiretamente, a coletividade, que depende de um sistema eleitoral íntegro.

10.2.1.3.3. Conduta típica

A conduta consiste em efetuar a inscrição eleitoral de um alistando de forma fraudulenta, utilizando meios ou informações que violam as disposições legais do Código Eleitoral.

Exemplos hipotéticos:

1. O juiz eleitoral realiza a inscrição de um cidadão que não apresenta os requisitos legais para ser eleitor, como menor de idade ou estrangeiro.

2. O magistrado inscreve eleitores fictícios ou inexistentes para favorecer determinado candidato ou grupo político.

3. A inscrição é realizada com informações falsas fornecidas de maneira intencional pelo próprio juiz.

10.2.1.3.4. Consumação e tentativa

■ **Consumação:** o crime se consuma no momento em que a inscrição fraudulenta é efetivada no cadastro eleitoral.

■ **Tentativa:** é admissível, como no caso em que o juiz inicia o processo de inscrição fraudulenta, mas não consegue concluí-lo por fatores externos.

10.2.1.4. Ou retardamento de inscrição

> **Art. 292.** Negar ou retardar a autoridade judiciária, sem fundamento legal, a inscrição requerida.
> Pena — pagamento de 30 a 60 dias-multa.

O art. 292 do Código Eleitoral caracteriza como crime a conduta de uma autoridade judiciária que, sem justificativa prevista em lei, nega ou retarda o processamento de uma inscrição eleitoral regularmente requerida. A tipificação abrange atos que consistam em negar, obstaculizar ou postergar injustificadamente a inscrição de eleitores que atendem às exigências legais para o alistamento, configurando uma violação ao dever funcional de garantir a regularidade do cadastro eleitoral.

10.2.1.4.1. Bem jurídico protegido

O bem jurídico tutelado é o **acesso pleno e regular ao alistamento eleitoral**, o que constitui um direito político fundamental garantido a todos os cidadãos e cidadãs aptos a votar.

10.2.1.4.2. Sujeitos do crime

■ **Sujeito ativo:** a autoridade judiciária responsável pela análise e processamento das inscrições eleitorais.

■ **Sujeito passivo:** o cidadão que teve sua inscrição negada ou retardada indevidamente e, de forma reflexa, a Justiça Eleitoral, cujo funcionamento regular é prejudicado.

10.2.1.4.3. Conduta típica

A conduta criminosa consiste em negar ou retardar o processamento de uma ins-crição eleitoral sem justificativa legal, privando o cidadão do direito de se alistar como eleitor.

Exemplos hipotéticos:

1. Um juiz eleitoral deixa de analisar um pedido de inscrição dentro do prazo legal, sem motivo justificado.

2. A autoridade responsável nega um requerimento de alistamento eleitoral basea-do em critérios subjetivos ou discricionários, ausentes de respaldo legal.

3. A inscrição é deliberadamente atrasada como forma de obstaculizar o acesso do requerente ao processo eleitoral.

10.2.1.4.4. Consumação e tentativa

◼ **Consumação:** o crime se consuma no momento em que a autoridade nega ou retarda, sem fundamento legal, a inscrição requerida.

◼ **Tentativa:** é admissível, como no caso em que a autoridade inicia o processo de negar ou retardar a inscrição, mas não consegue concluir o ato por fatores externos.

10.2.1.5. Perturbação ou impedimento de alistamento eleitoral

> **Art. 293.** Perturbar ou impedir de qualquer forma o alistamento.
> Pena — detenção de 15 dias a seis meses ou pagamento de 30 a 60 dias-multa.

O art. 293 do Código Eleitoral tipifica como crime a conduta de perturbar ou impe-dir, por qualquer meio, o processo de alistamento eleitoral, assegurando a proteção ao direito fundamental de os cidadãos realizarem sua inscrição no cadastro eleitoral. A norma visa coibir comportamentos que, de forma direta ou indireta, inviabilizem ou dificultem o regular desenvolvimento do procedimento de alistamento, seja por ações que tumultuem os trabalhos da Justiça Eleitoral, seja por meios que causem obstruções físicas, administrativas ou até mesmo coações que impeçam o exercício desse direito.

A tipificação abrange tanto condutas materiais quanto simbólicas que prejudiquem o acesso dos cidadãos ao processo de alistamento, incluindo a criação de obstáculos indevi-dos ou qualquer tipo de interferência que inviabilize o cumprimento das etapas necessá-rias ao registro eleitoral. Com isso, busca-se garantir que todos os eleitores que atendam aos requisitos legais tenham acesso pleno e irrestrito ao alistamento, sem sofrer restrições arbitrárias ou impedimentos que comprometam a inclusão no cadastro eleitoral.

10.2.1.5.1. Bem jurídico protegido

O bem jurídico tutelado é o **acesso pleno e regular ao alistamento eleitoral**, asse-gurando que todos os cidadãos aptos possam exercer plenamente seus direitos políticos.

10.2.1.5.2. Sujeitos do crime

◼ **Sujeito ativo:** qualquer pessoa que interfira no processo de alistamento, prejudi-cando ou dificultando a inscrição de eleitores.

■ **Sujeito passivo:** o cidadão que teve seu alistamento perturbado ou impedido e, de forma reflexa, a Justiça Eleitoral, responsável por garantir a regularidade do processo.

10.2.1.5.3. Conduta típica

A conduta criminosa consiste em perturbar ou impedir de qualquer forma o processo de alistamento eleitoral, seja por meios diretos ou indiretos, utilizando ações que prejudiquem o acesso dos eleitores ao cadastro.

Exemplos hipotéticos:

1. Um indivíduo organiza manifestações em frente ao cartório eleitoral para dificultar o acesso dos cidadãos que buscam se alistar.

2. Um agente público omite informações ou dificulta o fornecimento de documentos necessários ao alistamento.

3. Grupos políticos intimidam eleitores para evitar que realizem sua inscrição no cadastro eleitoral.

10.2.1.5.4. Consumação e tentativa

■ **Consumação:** o crime se consuma no momento em que o alistamento é perturbado ou impedido, independentemente de êxito na interrupção definitiva do processo.

■ **Tentativa:** é admissível, como no caso em que o agente tenta impedir ou perturbar o alistamento, mas não consegue concluir a conduta por razões externas.

> **Art. 294. (Revogado).**

> **Art. 295. (Revogado).**

10.2.1.6. Promoção de desordem

> **Art. 296.** Promover desordem que prejudique os trabalhos eleitorais.
> Pena — detenção até dois meses e pagamento de 60 a 90 dias-multa.

O art. 296 do Código Eleitoral define como crime a conduta de promover desordem que comprometa o andamento regular dos trabalhos eleitorais, assegurando a proteção da ordem e a segurança indispensáveis ao pleno funcionamento do processo eleitoral. A norma busca reprimir comportamentos que, por meio de tumultos, distúrbios ou ações desestabilizadoras, possam prejudicar o desempenho das atividades relacionadas à votação, apuração ou quaisquer outras etapas do procedimento eleitoral conduzido pela Justiça Eleitoral.

A conduta descrita inclui qualquer ato que interfira no desenvolvimento normal das atividades, afetando o ambiente de estabilidade necessário para garantir a participação dos eleitores e a lisura do pleito. Essa tipificação alcança tanto ações de violência física quanto comportamentos que causem desorganização, atrapalhem os trabalhos ou ponham em risco a segurança dos envolvidos no processo eleitoral, como eleitores, mesários e autoridades.

O dispositivo reafirma a prioridade do ordenamento jurídico em preservar a tranquilidade e a legitimidade do processo eleitoral, permitindo que o exercício do voto e o funcionamento da Justiça Eleitoral se realizem em um ambiente protegido contra ameaças ou interferências. A criminalização visa, assim, garantir que o direito de cada cidadão seja exercido em um cenário de ordem e respeito às normas que regem o sistema democrático.

10.2.1.6.1. Bem jurídico protegido

O bem jurídico tutelado é a **regularidade e integridade do processo eleitoral**, assegurando que os trabalhos das autoridades e agentes envolvidos na eleição sejam realizados sem interrupções ou prejuízos.

10.2.1.6.2. Sujeitos do crime

▪ **Sujeito ativo:** qualquer pessoa que promova desordem com impacto negativo nos trabalhos eleitorais.

▪ **Sujeito passivo:** a Justiça Eleitoral, que tem seu funcionamento prejudicado, e, indiretamente, a sociedade, que depende de um processo eleitoral regular.

10.2.1.6.3. Conduta típica

A conduta consiste em promover desordem que cause perturbação ou prejuízo às atividades eleitorais, como a votação, apuração ou qualquer etapa oficial do pleito.

Exemplos hipotéticos:

1. Um indivíduo incita tumulto em local de votação, causando atrasos ou interrupções no processo eleitoral.

2. Grupos organizados promovem manifestações ou atos de violência próximos a seções eleitorais, intimidando eleitores e servidores.

3. Um cidadão deliberadamente cria confusão dentro da seção eleitoral, impedindo o funcionamento regular da mesa receptora.

10.2.1.6.4. Consumação e tentativa

▪ **Consumação:** o crime se consuma no momento em que a desordem é promovida e efetivamente prejudica os trabalhos eleitorais, ainda que temporariamente.

▪ **Tentativa:** é admissível, como no caso em que a desordem é planejada ou iniciada, mas não chega a impactar os trabalhos eleitorais por circunstâncias alheias à vontade do agente.

10.2.1.7. Impedimento ou embaraço do exercício do sufrágio

Art. 297. Impedir ou embaraçar o exercício do sufrágio.
Pena — detenção até seis meses e pagamento de 60 a 100 dias-multa.

O art. 297 do Código Eleitoral tem como finalidade essencial a proteção do direito fundamental ao voto, criminalizando qualquer conduta que impeça ou dificulte o exercício do sufrágio. Esse dispositivo reforça o papel central do voto como instrumento de expressão da soberania popular e, ao mesmo tempo, como garantia da legitimidade das instituições democráticas.

A previsão normativa desse crime visa preservar a igualdade de oportunidades entre eleitores, protegendo tanto a liberdade de escolha quanto a acessibilidade ao processo eleitoral. Impedir ou dificultar o sufrágio, seja por ação direta ou omissão, fere não apenas o direito subjetivo do eleitor, mas também o próprio sistema democrático, comprometendo a manifestação da vontade popular.

O legislador, ao criminalizar essa conduta, reconhece que o voto é um dos pilares da cidadania, uma vez que consubstancia a participação política em sua dimensão mais ampla. Qualquer obstrução ao sufrágio, portanto, não é apenas um ataque à individualidade do eleitor, mas também uma ameaça ao pacto social e à confiança nas regras democráticas.

Além disso, o dispositivo se alinha a princípios constitucionais fundamentais, como a dignidade da pessoa humana, o pluralismo político e a igualdade, assegurando que todos os cidadãos aptos a votar tenham condições plenas de exercer esse direito, sem restrições indevidas ou influências ilegítimas.

Ao proteger o direito ao voto de maneira tão categórica, o art. 297 também contribui para a integridade do processo eleitoral, já que o sufrágio livre e desimpedido é condição indispensável para que os resultados das urnas reflitam a verdadeira vontade da coletividade. Assim, a norma se coloca como uma barreira contra práticas abusivas que poderiam desequilibrar o pleito ou enfraquecer o papel dos cidadãos na escolha de seus representantes.

Por conseguinte, a criminalização dessas condutas não apenas assegura o respeito às normas eleitorais, mas também fortalece a confiança social nas instituições democráticas, estabelecendo um parâmetro normativo claro contra qualquer tentativa de subverter ou obstruir a livre manifestação da vontade popular.

10.2.1.7.1. Bem jurídico protegido

O bem jurídico tutelado é o **direito de sufrágio**, assegurando que todos os eleitores aptos possam exercer livremente sua escolha nas eleições, sem restrições ou interferências.

10.2.1.7.2. Sujeitos do crime

■ **Sujeito ativo:** qualquer pessoa que, de forma dolosa, pratique atos que impeçam ou dificultem o exercício do sufrágio.

■ **Sujeito passivo:** o eleitor que sofre o impedimento ou embaraço, e, reflexamente, a Justiça Eleitoral, que garante a regularidade do pleito.

10.2.1.7.3. Conduta típica

A conduta consiste em impedir ou criar obstáculos ao exercício do voto, por meio de ações ou omissões que prejudiquem a liberdade ou a viabilidade do sufrágio.

Exemplos hipotéticos:

1. Um indivíduo bloqueia o acesso a uma seção eleitoral, impedindo o comparecimento de eleitores.

2. Um agente público utiliza sua autoridade para dificultar o transporte de eleitores até os locais de votação.

3. Um grupo intimida ou ameaça eleitores próximos às urnas para dissuadi-los de votar.

10.2.1.7.4. Consumação e tentativa

◼ **Consumação:** o crime se consuma no momento em que o exercício do sufrágio é efetivamente impedido ou dificultado por atos do agente.

◼ **Tentativa:** é possível, como no caso em que o agente inicia atos destinados a impedir ou embaraçar o voto, mas é interrompido antes de concretizar a ação.

10.2.1.8. Prisão ou detenção indevida durante o período eleitoral

> **Art. 298.** Prender ou deter eleitor, membro de mesa receptora, fiscal, delegado de partido ou candidato, com violação do disposto no art. 236.
> Pena — reclusão até quatro anos.

O art. 298 do Código Eleitoral criminaliza a prisão ou detenção de pessoas em situações protegidas pelo art. 236, reafirmando a garantia constitucional da liberdade individual no contexto eleitoral e a necessidade de evitar interferências indevidas no exercício dos direitos políticos. Esse dispositivo reflete a preocupação do legislador em assegurar que o ambiente eleitoral seja livre de intimidações, abusos de autoridade e quaisquer ações que possam comprometer a lisura e a legitimidade do pleito.

O art. 236 do Código Eleitoral, mencionado no tipo penal, estabelece hipóteses específicas de imunidade contra prisões no período eleitoral, salvo em flagrante delito, sentença condenatória por crime inafiançável ou desrespeito a salvo-conduto. Esse regime de proteção aplica-se a eleitores, candidatos, fiscais, delegados de partidos e membros de mesas receptoras, de modo a preservar não apenas a liberdade de locomoção, mas também o pleno funcionamento do processo eleitoral. Ao sancionar a violação dessas garantias com penas criminais, o art. 298 reforça a importância de respeitar essas condições excepcionais.

A norma tutela principalmente dois bens jurídicos: a liberdade individual dos envolvidos no processo eleitoral, protegendo-os contra arbitrariedades, e a regularidade do pleito, evitando interferências que possam gerar desequilíbrios, pressões ou tumultos durante o período eleitoral.

A criminalização dessa conduta também reflete o compromisso do sistema jurídico em garantir a autonomia do eleitor e a imparcialidade do processo eleitoral, já que prisões ou detenções indevidas poderiam ser utilizadas como instrumento de coação política ou manipulação eleitoral. Dessa forma, o dispositivo estabelece uma salvaguarda contra ações autoritárias que possam minar a confiança na Justiça Eleitoral e nos resultados do pleito.

Ao determinar sanções para a violação dessas imunidades, o art. 298 reforça o papel da Justiça Eleitoral como guardiã do processo democrático, impondo um limite rígido à atuação das autoridades públicas durante as eleições. Essa norma não apenas protege os direitos individuais, mas também fortalece a integridade do sistema eleitoral como um todo, promovendo um ambiente de respeito às garantias fundamentais e à soberania popular.

10.2.1.8.1. *Referência ao art. 236 do Código Eleitoral*

O art. 236 estabelece que, salvo em casos de flagrante delito ou em virtude de sentença criminal condenatória por crime inafiançável, nenhuma autoridade poderá prender ou deter eleitores nos cinco dias anteriores e nas 48 horas seguintes ao encerramento da eleição. Essa proteção também se aplica a candidatos, membros da mesa receptora, fiscais e delegados de partido.

10.2.1.8.2. *Bem jurídico protegido*

O bem jurídico tutelado é a **liberdade individual em contexto eleitoral**, assegurando que a participação no pleito, direta ou indireta, ocorra sem pressões ou intimidações indevidas.

10.2.1.8.3. *Sujeitos do crime*

■ **Sujeito ativo:** qualquer pessoa que, com violação das regras previstas no art. 236, prenda ou detenha eleitores ou os demais sujeitos mencionados no dispositivo.

■ **Sujeito passivo:** o eleitor, membro de mesa receptora, fiscal, delegado de partido ou candidato que tenha sua liberdade indevidamente cerceada.

10.2.1.8.4. *Conduta típica*

A conduta consiste em prender ou deter as pessoas protegidas pelo art. 236 em situação que não se enquadre nas exceções legais, ou seja, sem flagrante delito ou ordem judicial válida para crimes inafiançáveis.

Exemplos hipotéticos:

1. Um agente de segurança prende um eleitor no dia da eleição por suposta infração administrativa, sem flagrante delito ou ordem judicial.

2. Um candidato é detido por suposta propaganda irregular durante o período de proteção eleitoral, em violação ao disposto no art. 236.

3. Um fiscal de partido é preso por tentar fiscalizar as atividades na seção eleitoral, sem qualquer fundamento legal.

10.2.1.8.5. *Consumação e tentativa*

■ **Consumação:** o crime se consuma no momento em que a prisão ou detenção é efetivada, em desacordo com as normas previstas no art. 236.

■ **Tentativa:** é possível, como no caso em que o agente inicia os atos de prisão ou detenção, mas é impedido de concluir a ação por circunstâncias externas.

10.2.1.9. Corrupção eleitoral

> **Art. 299.** Dar, oferecer, prometer, solicitar ou receber, para si ou para outrem, dinhei-
> ro, dádiva, ou qualquer outra vantagem, para obter ou dar voto e para conseguir ou
> prometer abstenção, ainda que a oferta não seja aceita.
>
> Pena — reclusão até quatro anos e pagamento de cinco a quinze dias-multa.

O art. 299 do Código Eleitoral criminaliza tanto a corrupção eleitoral ativa quanto
a passiva, estabelecendo uma barreira legal contra práticas que visam comprometer a
liberdade do voto e a lisura do processo eleitoral. O dispositivo abrange as condutas de
dar, oferecer, prometer, solicitar ou receber dinheiro, dádivas ou qualquer outra vantagem com a finalidade de obter ou dar voto, ou mesmo garantir ou prometer abstenção.
A criminalização dessas práticas reafirma o compromisso do sistema jurídico com a
preservação da igualdade de condições no pleito eleitoral e com a expressão autônoma
da vontade popular.

A corrupção eleitoral, prevista no art. 299, atenta contra dois bens jurídicos fundamentais: a liberdade do voto, protegendo o eleitor contra pressões e manipulações, e a
legitimidade das eleições, ao coibir práticas que possam distorcer o resultado do processo democrático. A norma tem por objetivo assegurar que o sufrágio seja exercido de
forma consciente e espontânea, livre de influências externas indevidas, sejam elas econômicas, sociais ou políticas.

Esse dispositivo adota uma abordagem ampla, contemplando tanto os agentes ativos
quanto os passivos da corrupção. O ato de dar, oferecer ou prometer vantagens configura
corrupção ativa, enquanto o ato de solicitar ou receber vantagens caracteriza a corrupção
passiva. Essa simetria normativa é essencial para coibir o conluio entre aqueles que têm
interesse em influenciar o voto e os eleitores que se dispõem a negociar sua escolha.

A norma ainda reforça que a prática é punível independentemente da aceitação da
oferta ou vantagem prometida. Assim, o crime é considerado consumado no momento
em que a conduta de oferecer, prometer ou solicitar é praticada, o que demonstra o rigor
da legislação no combate a tais ilícitos. Essa previsão visa não apenas desestimular práticas corruptas, mas também proteger a moralidade administrativa e política do processo eleitoral.

A corrupção eleitoral compromete diretamente a igualdade entre os candidatos,
favorecendo aqueles que dispõem de recursos financeiros ou vantagens materiais para
influenciar o eleitorado. Por isso, o art. 299 é uma das principais garantias para a equidade no pleito, preservando a confiança da sociedade no sistema eleitoral e a integridade
do processo democrático.

A criminalização dessa conduta é indispensável para consolidar um ambiente político em que a soberania popular seja exercida de forma genuína, refletindo a vontade
livre e consciente dos eleitores, sem interferências ilícitas que possam comprometer os
resultados eleitorais.

10.2.1.9.1. Confrontação com o art. 41-A da Lei das Eleições

O art. 299 do Código Eleitoral e o art. 41-A da Lei das Eleições (Lei n. 9.504/1997)
convergem na proteção da liberdade do voto e da lisura do processo eleitoral, mas atuam
em esferas distintas. Enquanto o art. 299 possui natureza penal, prevendo reclusão e

multa para quem pratica corrupção eleitoral ativa ou passiva, o art. 41-A estabelece sanção administrativa-eleitoral, com a cassação do registro ou diploma de candidatos beneficiados por captação ilícita de sufrágio.

Ambos os dispositivos compartilham o objetivo de coibir práticas que comprometam a igualdade de condições no pleito, mas divergem em sua aplicação e nos requisitos para responsabilização. O art. 299 exige comprovação do dolo e trânsito em julgado para a execução da pena, refletindo as garantias do processo penal. Já o art. 41-A admite a execução imediata da decisão judicial após o exaurimento da via ordinária, garantindo uma resposta mais célere, especialmente diante da urgência que caracteriza o calendário eleitoral.

Ademais, o art. 299 pune diretamente quem pratica a conduta ilícita, como eleitores ou intermediários. Por outro lado, o art. 41-A concentra-se no candidato, penalizando-o pelos benefícios recebidos, mesmo que não tenha praticado pessoalmente a conduta ilícita. Assim, enquanto o primeiro possui caráter punitivo e repressivo, o segundo visa proteger a legitimidade do pleito por meio de uma medida corretiva e preventiva.

Essa complementaridade ilustra o esforço do ordenamento jurídico em proteger o sufrágio tanto no plano individual quanto no coletivo, assegurando que os resultados das eleições sejam expressão genuína da vontade popular e não fruto de práticas corruptas. Dessa forma, o diálogo entre o art. 299 e o art. 41-A reforça a integridade do processo democrático por meio de abordagens distintas, mas igualmente essenciais.

10.2.1.9.2.   Bem jurídico protegido

O bem jurídico tutelado é a **liberdade do voto** e a **integridade do processo democrático**, assegurando que o eleitor tenha plena autonomia para exercer sua escolha, sem interferências indevidas.

10.2.1.9.3.   Sujeitos do crime

■ **Sujeito ativo:** qualquer pessoa que ofereça, prometa, solicite ou receba vantagem indevida com o propósito de influenciar o voto ou a abstenção.

■ **Sujeito passivo:** a coletividade, que tem direito a eleições livres e imparciais, e o próprio eleitor, que pode ser alvo de práticas ilícitas.

10.2.1.9.4.   Conduta típica

A conduta incriminada abrange tanto a corrupção ativa (dar, oferecer ou prometer vantagem) quanto a corrupção passiva (solicitar ou receber vantagem) com o objetivo de obter, dar ou influenciar votos ou abstenções.

Exemplos hipotéticos:

1. Um candidato oferece dinheiro a eleitores em troca de votos.

2. Um eleitor solicita vantagem financeira a um candidato para garantir sua abstenção.

3. Um intermediário promete vantagens a um grupo de eleitores para direcionar seus votos em favor de determinado candidato.

4. Uma liderança comunitária recebe benefícios para influenciar o voto de seus associados.

10.2.1.9.5. Consumação e tentativa

◫ **Consumação:** o crime se consuma com a prática de qualquer dos verbos do tipo penal, independentemente da aceitação da oferta ou do efetivo impacto sobre o voto ou a abstenção.

◫ **Tentativa:** é possível, como no caso em que o agente oferece a vantagem, mas não consegue concretizar a entrega ou solicitação devido a fatores alheios à sua vontade.

10.2.1.10. Coação eleitoral por servidor público

> **Art. 300.** Valer-se o servidor público da sua autoridade para coagir alguém a votar ou não votar em determinado candidato ou partido.
>
> Pena — detenção até seis meses e pagamento de 60 a 100 dias-multa.
>
> Parágrafo único. Se o agente é membro ou funcionário da Justiça Eleitoral e comete o crime prevalecendo-se do cargo, a pena é agravada.

O art. 300 do Código Eleitoral tipifica como crime a coação eleitoral praticada por servidor público no exercício de sua autoridade, assegurando a proteção da liberdade do eleitor e a manutenção da imparcialidade no processo democrático. O dispositivo é um importante instrumento de repressão ao abuso de poder, buscando garantir que os servidores públicos não utilizem sua posição de autoridade para influenciar de forma indevida o exercício do voto.

O bem jurídico tutelado pelo art. 300 é a liberdade do voto, um dos pilares fundamentais do regime democrático, assegurando que o eleitor possa manifestar sua vontade política de forma livre e sem pressões externas. Adicionalmente, o dispositivo protege a neutralidade da Administração Pública no período eleitoral, impedindo que cargos ou funções públicas sejam usados como instrumentos de coação política.

A conduta incriminada exige um elemento específico: a utilização da autoridade pública como meio de coação. Nesse contexto, a influência hierárquica ou funcional do servidor público é empregada para forçar o eleitor a votar ou deixar de votar em determinado candidato ou partido. Essa situação pode envolver ameaças explícitas ou veladas, como a perda de benefícios, demissões ou transferências indesejadas, configurando abuso de poder.

A presença do parágrafo único no dispositivo reforça o rigor da norma, ao prever o agravamento da pena caso o agente seja membro ou funcionário da Justiça Eleitoral e cometa o crime prevalecendo-se do cargo. Esse agravante reflete a especial responsabilidade desses agentes na condução do processo eleitoral, que exige total imparcialidade e compromisso com a legalidade.

A consumação do crime ocorre no momento em que a coação é exercida, independentemente de o eleitor ceder à pressão ou de a conduta influenciar diretamente o resultado do voto. A tentativa também é admissível, como no caso em que o agente inicia a coação, mas é impedido de concretizá-la.

Esse dispositivo desempenha um papel crucial na preservação da igualdade entre os candidatos e da autonomia do eleitor, combatendo práticas de intimidação que comprometem a integridade do processo democrático. Ao tipificar a coação eleitoral praticada por servidores públicos, o art. 300 reafirma o compromisso do sistema jurídico com eleições justas e livres, nas quais a manifestação da vontade popular seja plena e legítima.

10.2.1.10.1. Bem jurídico protegido

O bem jurídico tutelado é a **liberdade do voto**, garantindo que o eleitor exerça seu direito de escolha de forma livre e sem intimidações, além de proteger a neutralidade e probidade no exercício de funções públicas.

10.2.1.10.2. Sujeitos do crime

■ **Sujeito ativo**: servidores públicos que utilizem sua autoridade para coagir eleitores. A pena é agravada quando o autor do crime é membro ou funcionário da Justiça Eleitoral.

■ **Sujeito passivo:** o eleitor que sofre a coação e, de forma reflexa, a coletividade, que tem direito a um processo eleitoral justo e livre de abusos.

10.2.1.10.3. Conduta típica

A conduta consiste em usar da autoridade conferida pela função pública para coagir eleitores a votar ou não votar em determinado candidato ou partido, caracterizando abuso de poder.

Exemplos hipotéticos:

1. Um servidor público ameaça cortar benefícios sociais ou institucionais caso o eleitor não vote em determinado candidato.

2. Um gestor de órgão público utiliza sua posição para pressionar funcionários a votarem em seu partido.

3. Um funcionário da Justiça Eleitoral emprega sua posição para intimidar eleitores, visando direcionar seus votos.

10.2.1.10.4. Consumação e tentativa

■ **Consumação:** o crime se consuma no momento em que o ato de coação é praticado, independentemente de a vítima efetivamente seguir a orientação ou mudar sua intenção de voto.

■ **Tentativa:** é possível, como no caso em que o servidor público inicia a coação, mas é impedido de concluir o ato por circunstâncias alheias à sua vontade.

10.2.1.11. Coação eleitoral com uso de violência ou grave ameaça

> **Art. 301.** Usar de violência ou grave ameaça para coagir alguém a votar, ou não votar, em determinado candidato ou partido, ainda que os fins visados não sejam conseguidos.
> Pena — reclusão até quatro anos e pagamento de cinco a quinze dias-multa.

O dispositivo criminaliza a utilização de violência ou grave ameaça para influenciar o voto ou induzir à abstenção, reafirmando a proteção da liberdade do sufrágio e a garantia de um processo democrático legítimo. A norma busca preservar a manifestação autônoma da vontade popular, elemento central para a legitimidade das eleições.

A conduta tipificada exige o emprego de violência física ou grave ameaça com a finalidade específica de constranger o eleitor a votar em determinado candidato ou partido ou, ainda, de dissuadi-lo de exercer o direito ao voto. A violência pode envolver ações físicas diretas contra o eleitor, enquanto a grave ameaça consiste em intimidações verbais, gestuais ou quaisquer atos que causem temor fundado de dano iminente e sério à vítima ou a terceiros.

A norma também é abrangente ao prever a punição independentemente de o resultado pretendido pelo agente ser alcançado, ou seja, a consumação do crime ocorre com o simples ato de violência ou ameaça dirigido ao eleitor, sem necessidade de que o agente obtenha êxito em influenciar o voto ou a abstenção.

O bem jurídico protegido é a liberdade do voto, entendida como a capacidade do eleitor de decidir de maneira consciente e sem pressões externas. Essa liberdade é imprescindível para garantir a lisura das eleições e o funcionamento equilibrado do processo democrático, que pressupõe a igualdade entre os eleitores e candidatos. A prática da violência ou ameaça não apenas ofende o direito individual do eleitor, mas também compromete a integridade do sistema eleitoral como um todo.

A gravidade da conduta reflete a importância de coibir práticas que tentam desequilibrar o pleito por meio da coerção, assegurando que o sufrágio seja uma expressão autêntica da soberania popular. O dispositivo, assim, reforça a ideia de que a escolha política é um ato inviolável e que qualquer tentativa de distorcer essa manifestação livre deve ser severamente reprimida.

10.2.1.11.1. Confrontação com o § 2.º do art. 41-A da Lei das Eleições

O art. 301 do Código Eleitoral e o § 2.º do art. 41-A da Lei das Eleições convergem na proteção à liberdade do voto, mas operam com perspectivas distintas: o primeiro se insere no âmbito do Direito Penal, enquanto o segundo no campo do Direito Eleitoral administrativo. Ambos visam coibir práticas que comprometam a autonomia do eleitor, mas a aplicação e os objetivos de cada norma são epistemologicamente distintos.

O art. 301 do Código Eleitoral criminaliza o uso de violência ou grave ameaça para influenciar o voto ou induzir à abstenção, com foco na repressão de condutas que atentem contra a liberdade e a segurança individual do eleitor. Esse dispositivo exige a comprovação do dolo e o trânsito em julgado para que haja a aplicação da pena privativa de liberdade ou multa, como é típico das normas penais.

Por outro lado, o § 2.º do art. 41-A da Lei das Eleições regula a esfera administrativa e busca responsabilizar candidatos beneficiados por práticas que violam a liberdade do sufrágio, como a compra de votos. Embora o art. 301 não trate diretamente de candidatos, as condutas de coação eleitoral descritas nele podem gerar repercussões indiretas no processo eleitoral, como a nulidade de votos ou cassação de diploma, desde que haja vínculo comprovado entre a coação e o benefício eleitoral, conforme prevê o art. 41-A.

A principal diferença epistemológica entre os dois dispositivos reside no tempo de aplicação e na natureza da sanção. O art. 301 exige um rigor probatório mais elevado e, consequentemente, um tempo maior para aplicação da sanção, dado o caráter penal da norma. Já o § 2.º do art. 41-A admite a execução imediata do julgado após o exaurimento da via ordinária, refletindo a urgência da Justiça Eleitoral em garantir a legitimidade do pleito.

Ademais, enquanto o art. 301 busca punir diretamente o agente ativo que utilizou violência ou grave ameaça, o art. 41-A foca na responsabilização do candidato beneficiado pela prática ilícita, mesmo que não tenha atuado diretamente, considerando o proveito eleitoral obtido.

Em síntese, os dispositivos dialogam em sua função de preservar a liberdade e a lisura do processo eleitoral, mas operam com métodos e objetivos complementares. O art. 301 desempenha uma função repressiva com impacto penal individual, enquanto o art. 41-A atua no âmbito eleitoral, garantindo que o processo democrático não seja distorcido por práticas ilícitas, com ênfase na proteção da legitimidade e da igualdade no pleito.

10.2.1.11.2. Bem jurídico protegido

O bem jurídico tutelado é a **liberdade do voto** e a **integridade do processo democrático**, assim como se dá no art. 299, a fim que o eleitor não seja submetido a intimidações ou coerções que comprometam sua escolha.

10.2.1.11.3. Sujeitos do crime

■ **Sujeito ativo:** qualquer pessoa que empregue violência ou grave ameaça para coagir eleitores.

■ **Sujeito passivo:** o eleitor coagido e, indiretamente, a coletividade, que depende de um processo eleitoral livre e legítimo.

10.2.1.11.4. Conduta típica

A conduta consiste em utilizar violência física ou grave ameaça para obrigar alguém a votar, não votar ou escolher determinado candidato ou partido, sendo irrelevante se o objetivo é alcançado.

Exemplos hipotéticos:

1. Um indivíduo ameaça causar danos físicos a eleitores caso não votem em um candidato específico.

2. Grupos organizados usam de violência para intimidar eleitores no acesso às urnas.

3. Um agente coage, sob ameaça de represálias, eleitores a se absterem ou a apoiarem determinado partido.

10.2.1.11.5. Consumação e tentativa

■ **Consumação:** o crime se consuma com a prática da violência ou grave ameaça com o objetivo de influenciar o voto, independentemente de o resultado esperado ser alcançado.

■ **Tentativa:** é admissível, como no caso em que o agente inicia a coação, mas é impedido de concluir o ato por fatores externos.

10.2.1.12. Concentração de eleitores no dia da eleição

> **Art. 302.** Promover, no dia da eleição, com o fim de impedir, embaraçar ou fraudar o exercício do voto, a concentração de eleitores, sob qualquer forma, inclusive o fornecimento gratuito de alimento e transporte coletivo.
>
> Pena — reclusão de quatro (4) a seis (6) anos e pagamento de 200 a 300 dias-multa.

O art. 302 do Código Eleitoral tipifica como crime a promoção de concentração de eleitores no dia da eleição, com a intenção de impedir, embaraçar ou fraudar o exercício do voto, reafirmando o compromisso com a garantia de um pleito livre e imparcial. Historicamente, o dispositivo foi concebido para combater práticas como o curral eleitoral, em que eleitores eram compelidos a permanecer reunidos sob controle de lideranças vinculadas a patronos coronelistas, sendo conduzidos ao voto de forma coercitiva e manipulada.

A norma abrange qualquer forma de agrupamento de eleitores que tenha como objetivo prejudicar a liberdade do sufrágio, incluindo o uso de incentivos como fornecimento gratuito de alimentos ou transporte coletivo. Assim, o dispositivo protege o direito ao voto e a normalidade do processo eleitoral, assegurando que o exercício do sufrágio seja realizado de forma autônoma e democrática, livre de práticas que comprometam a igualdade e a soberania popular.

10.2.1.12.1. Bem jurídico protegido

O bem jurídico tutelado é a **liberdade e regularidade do processo eleitoral**, com foco na proteção do direito ao voto livre e no combate a práticas que possam comprometer a integridade do pleito.

10.2.1.12.2. Sujeitos do crime

▪ **Sujeito ativo:** qualquer pessoa que promova a concentração de eleitores com o objetivo de impedir, embaraçar ou fraudar o exercício do voto.

▪ **Sujeito passivo:** a coletividade, que depende de eleições livres, e os eleitores diretamente prejudicados pela prática.

10.2.1.12.3. Conduta típica

A conduta consiste em organizar, facilitar ou promover a reunião de eleitores no dia do pleito, com a finalidade de impedir, dificultar ou desvirtuar o exercício do voto. Incluem-se práticas como fornecer transporte coletivo gratuito ou alimentos para favorecer tal concentração.

Exemplos hipotéticos:

1. Uma liderança política organiza transporte coletivo gratuito para reunir eleitores de uma região e atrasar sua chegada às urnas.

2. Grupos partidários promovem distribuição de alimentos com o objetivo de manter eleitores concentrados em determinado local, longe dos locais de votação.

3. Uma pessoa organiza eventos no dia do pleito que, de forma deliberada, causam tumulto e atrapalham o processo de votação.

10.2.1.12.4. *Consumação e tentativa*

■ **Consumação:** o crime se consuma no momento em que a concentração de eleitores é promovida, com fins de prejudicar o exercício do voto, independentemente do impacto direto nos resultados do pleito.

■ **Tentativa:** é possível, como no caso em que o agente inicia os atos para promover a concentração, mas é impedido antes de concluir a ação.

10.2.1.13. *Majoração indevida dos preços*

> **Art. 303.** Majorar os preços de utilidades e serviços necessários à realização de eleições, tais como transporte e alimentação de eleitores, impressão, publicidade e divulgação de matéria eleitoral.
>
> Pena — pagamento de 250 a 300 dias-multa.

O art. 303 do Código Eleitoral tipifica como crime a elevação indevida dos preços de bens e serviços indispensáveis ao processo eleitoral, como transporte, alimentação, impressão, publicidade e divulgação de matérias relacionadas às eleições. O objetivo da norma é proteger a regularidade e a transparência do pleito, coibindo abusos que possam desequilibrar o processo eleitoral e onerar de forma desproporcional as atividades relacionadas ao exercício democrático.

A prática incriminada afeta diretamente a igualdade de condições entre os participantes do processo eleitoral, podendo beneficiar aqueles com maior capacidade econômica e prejudicar o acesso igualitário aos recursos necessários para a realização das eleições. Assim, o dispositivo busca assegurar que o processo eleitoral se mantenha equilibrado, preservando sua legitimidade e a confiança dos eleitores nas instituições democráticas.

10.2.1.13.1. *Bem jurídico protegido*

O bem jurídico tutelado é a **lisura e integridade do processo eleitoral**, com ênfase na proteção contra práticas comerciais abusivas que possam impactar negativamente a realização das eleições.

10.2.1.13.2. *Sujeitos do crime*

■ **Sujeito ativo:** qualquer pessoa física ou jurídica que majore os preços de utilidades e serviços necessários ao processo eleitoral.

■ **Sujeito passivo:** a Justiça Eleitoral e, reflexamente, a sociedade, que depende de eleições realizadas de forma econômica e regular.

10.2.1.13.3. *Conduta típica*

A conduta consiste em aumentar de maneira injustificada os preços de bens ou serviços relacionados às eleições, como transporte, alimentação, impressão de materiais ou divulgação de conteúdo eleitoral.

Exemplos hipotéticos:

1. Uma empresa de transporte eleva arbitrariamente as tarifas para deslocamento de eleitores durante o período eleitoral.

2. Um fornecedor de alimentos cobra preços excessivos para suprimentos destinados às seções eleitorais.

3. Uma gráfica aumenta os valores para impressão de materiais oficiais da Justiça Eleitoral sem justificativa plausível.

10.2.1.13.4. Consumação e tentativa

◼ **Consumação:** o crime se consuma no momento em que os preços são majorados de forma indevida, independentemente de impacto efetivo na realização do pleito.

◼ **Tentativa:** é possível, como no caso em que o agente inicia a prática de majoração, mas é impedido antes de concretizá-la.

10.2.1.14. Negativa de fornecimento de utilidades e serviços durante a eleição

> **Art. 304.** Ocultar, sonegar, açambarcar ou recusar no dia da eleição o fornecimento, normalmente a todos, de utilidades, alimentação e meios de transporte, ou conceder exclusividade dos mesmos a determinado partido ou candidato.
> Pena — pagamento de 250 a 300 dias-multa.

O art. 304 do Código Eleitoral criminaliza a prática de ocultar, sonegar, açambarcar ou recusar bens ou serviços essenciais no dia da eleição, como utilidades, alimentação e meios de transporte, ou de destiná-los exclusivamente a determinado partido ou candidato. A norma visa proteger a equidade e a integridade do processo eleitoral, assegurando que todos os envolvidos no pleito tenham acesso igualitário a recursos indispensáveis ao exercício democrático.

A tipificação também coíbe práticas que poderiam criar desigualdades artificiais no pleito, favorecendo partidos ou candidatos específicos em detrimento de outros. Ao exigir a disponibilidade regular de bens e serviços essenciais, o dispositivo contribui para a normalidade e transparência do processo eleitoral, garantindo que o sufrágio ocorra de forma justa e sem interferências indevidas que comprometam a vontade popular.

10.2.1.14.1. Bem jurídico protegido

O bem jurídico tutelado é a **igualdade de condições no processo eleitoral e o pleno acesso a recursos essenciais para o andamento do pleito**, evitando discriminações ou favorecimentos que possam comprometer a legitimidade das eleições.

10.2.1.14.2. Sujeitos do crime

◼ **Sujeito ativo:** qualquer pessoa física ou jurídica que, de forma dolosa, pratique ocultação, sonegação, açambarcamento ou recusa dos bens ou serviços descritos no artigo.

◼ **Sujeito passivo:** a coletividade, que depende de recursos adequados para o regular funcionamento do pleito, e a Justiça Eleitoral, que tem a execução das eleições prejudicada.

10.2.1.14.3. Conduta típica

A conduta consiste em impedir, dificultar ou restringir a disponibilização de bens e serviços essenciais à realização da eleição, como transporte, alimentação ou outras utilidades, ou em concedê-los exclusivamente a determinados partidos ou candidatos.

Exemplos hipotéticos:

1. Um fornecedor de transporte público recusa-se a operar em certas regiões no dia da eleição, prejudicando o acesso às urnas.

2. Uma empresa de alimentação deixa de entregar suprimentos necessários para o funcionamento das seções eleitorais.

3. Um proprietário de veículos destina exclusivamente seus serviços de transporte a eleitores de um partido específico.

10.2.1.14.4. Consumação e tentativa

■ **Consumação:** o crime se consuma no momento em que o fornecimento é ocultado, sonegado, açambarcado, recusado ou concedido com exclusividade, independentemente de impacto direto no resultado das eleições.

■ **Tentativa:** é possível, como no caso em que o agente inicia a prática, mas é impedido antes de concretizá-la.

10.2.1.15. Intervenção indevida no funcionamento da mesa receptora

> **Art. 305.** Intervir autoridade estranha à mesa receptora, salvo o juiz eleitoral, no seu funcionamento sob qualquer pretexto.
>
> Pena — detenção até seis meses e pagamento de 60 a 90 dias-multa.

O art. 305 do Código Eleitoral tipifica como crime a interferência de autoridades externas no funcionamento da mesa receptora, salvo nos casos de atuação do juiz eleitoral, buscando preservar a autonomia e a regularidade do processo eleitoral. A norma reforça a independência das mesas receptoras, que devem conduzir o processo de votação sem influências externas que possam comprometer sua imparcialidade.

O dispositivo também reflete a preocupação histórica do legislador em impedir que figuras de autoridade ou terceiros utilizem seu *status* ou influência para pressionar ou desestabilizar os trabalhos das mesas receptoras. Tal prática, além de comprometer a autonomia do processo, pode gerar desconfiança quanto à integridade dos resultados eleitorais. A exclusividade de atuação do juiz eleitoral, como ressalva prevista na norma, garante que eventuais intervenções sejam feitas apenas por autoridade imparcial e legitimada, reforçando a segurança e a legalidade do pleito.

Ao proteger a autonomia da mesa receptora, o art. 305 assegura que o procedimento de recepção e apuração dos votos seja realizado de forma transparente, evitando qualquer tipo de manipulação ou influência indevida. A norma, assim, resguarda a confiança dos eleitores no sistema eleitoral e garante a observância dos princípios democráticos durante o pleito, preservando a integridade do sufrágio.

10.2.1.15.1. Bem jurídico protegido

O bem jurídico tutelado é a **autonomia e independência da mesa receptora no exercício de suas funções eleitorais**, assegurando que o processo de votação ocorra sem interferências externas indevidas.

10.2.1.15.2. Sujeitos do crime

▪ **Sujeito ativo:** qualquer autoridade estranha à mesa receptora que intervenha em seu funcionamento, exceto o juiz eleitoral, que possui atribuições legais para tal intervenção.

▪ **Sujeito passivo:** a Justiça Eleitoral, que tem seu funcionamento regular comprometido, e, de forma reflexa, a coletividade, que depende de um processo eleitoral legítimo e imparcial.

10.2.1.15.3. Conduta típica

A conduta consiste em intervir no funcionamento da mesa receptora sem autorização legal, salvo nos casos previstos para o juiz eleitoral.

Exemplos hipotéticos:

1. Um agente público ordena a interrupção das atividades da mesa receptora sem justificativa legal.

2. Uma autoridade local tenta modificar a composição da mesa receptora durante o horário de votação.

3. Um representante de partido político exige mudanças nos procedimentos adotados pela mesa receptora, interferindo em sua autonomia.

10.2.1.15.4. Consumação e tentativa

▪ **Consumação:** o crime se consuma no momento em que ocorre a intervenção no funcionamento da mesa receptora, ainda que sem impacto direto no processo de votação.

▪ **Tentativa:** é possível, como no caso em que o agente tenta intervir, mas é impedido antes de concretizar a ação.

10.2.1.16. Desrespeito à ordem de chamada dos eleitores

> **Art. 306.** Não observar a ordem em que os eleitores devem ser chamados a votar.
> Pena — pagamento de 15 a 30 dias-multa.

O art. 306 do Código Eleitoral tipifica como crime a desobediência à ordem estabelecida para a chamada dos eleitores durante o processo de votação, buscando assegurar a organização e a regularidade do pleito eleitoral. A norma impõe o cumprimento rigoroso da ordem de chamada previamente estabelecida, evitando situações que possam comprometer o fluxo ordenado do processo de votação.

Essa tipificação protege não apenas a eficiência dos trabalhos das mesas receptoras, mas também a confiança do eleitorado na transparência e imparcialidade do sistema. Ao garantir que todos os eleitores sejam chamados de maneira organizada e justa, o dispositivo impede práticas arbitrárias ou favorecimentos que possam prejudicar a igualdade de condições no exercício do voto.

Além disso, o art. 306 preserva a integridade do processo eleitoral ao evitar atrasos, tumultos ou quaisquer irregularidades que possam surgir da alteração arbitrária da ordem de chamada. Dessa forma, o dispositivo reforça a confiança no sistema democrático e contribui para a condução de um pleito livre de questionamentos quanto à sua regularidade.

10.2.1.16.1. Bem jurídico protegido

O bem jurídico tutelado é a **regularidade e organização do processo de votação**, assegurando que todos os eleitores sejam chamados a votar de maneira ordenada e justa.

10.2.1.16.2. Sujeitos do crime

■ **Sujeito ativo:** o presidente ou membro da mesa receptora responsável por organizar e realizar a chamada dos eleitores.

■ **Sujeito passivo:** a coletividade, representada pela Justiça Eleitoral, e os eleitores que podem ser prejudicados pela desordem no processo de chamada.

10.2.1.16.3. Conduta típica

A conduta consiste em deixar de observar a ordem previamente estabelecida para a chamada dos eleitores, causando irregularidades no fluxo de votação.

Exemplos hipotéticos:

1. Um membro da mesa receptora prioriza determinados eleitores fora da ordem estabelecida, sem justificativa legal.

2. Eleitores são chamados de forma aleatória ou preferencial, desorganizando o processo de votação.

3. O presidente da mesa permite que eleitores furem a fila, contrariando as regras de chamamento.

10.2.1.16.4. Consumação e tentativa

■ **Consumação:** o crime se consuma no momento em que a ordem de chamada é desrespeitada, ainda que sem impacto significativo no resultado do pleito.

■ **Tentativa:** não se aplica, uma vez que a conduta, por sua natureza, se configura apenas quando efetivamente praticada.

10.2.1.17. Fornecimento de cédula oficial identificada

> **Art. 307.** Fornecer ao eleitor cédula oficial já assinalada ou por qualquer forma marcada.
> Pena — reclusão até cinco anos e pagamento de 5 a 15 dias-multa.

O art. 307 do Código Eleitoral tipifica como crime o fornecimento de cédula oficial previamente marcada ou assinalada, com o objetivo de proteger a integridade e o sigilo do voto. O dispositivo busca garantir que o eleitor tenha plena liberdade para expressar sua vontade no momento da votação, sem interferências ou direcionamentos externos.

Ao vedar essa prática, a norma protege o princípio da igualdade de condições no pleito, evitando que candidatos ou grupos políticos utilizem meios fraudulentos para manipular os resultados das eleições. O fornecimento de cédula marcada compromete a essência do voto secreto e pode induzir o eleitor a votar de forma contrária à sua verdadeira intenção, atentando contra o processo democrático.

O art. 307 também reafirma a importância da neutralidade dos procedimentos adotados durante a votação. A entrega de cédulas oficiais não assinaladas é um requisito indispensável para assegurar a transparência e a confiança no sistema eleitoral, contribuindo para a legitimidade dos resultados e a estabilidade das instituições democráticas.

Na prática, embora a votação no Brasil seja predominantemente realizada por meio de urnas eletrônicas, ainda é possível, em situações excepcionais, a utilização de cédulas de papel. Essa alternativa ocorre em casos de mau funcionamento das urnas eletrônicas, conforme previsto na legislação eleitoral. Apesar de ser um cenário raro, a possibilidade de utilização das cédulas mantém a relevância do art. 307 do Código Eleitoral, uma vez que a prática de fornecer cédulas previamente marcadas pode, em tese, ainda ocorrer no plano prático. Assim, a norma preserva sua importância como instrumento de proteção à integridade do voto e à transparência do processo eleitoral, mesmo em contextos limitados.

10.2.1.17.1. Bem jurídico protegido

O bem jurídico tutelado é a **liberdade e o sigilo do voto**, garantindo que o eleitor possa exercer sua escolha de forma livre, sem qualquer interferência ou direcionamento.

10.2.1.17.2. Sujeitos do crime

◼ **Sujeito ativo:** qualquer pessoa responsável pelo fornecimento da cédula, como membros da mesa receptora ou outras pessoas envolvidas no processo de votação.

◼ **Sujeito passivo:** o eleitor diretamente prejudicado e, de forma reflexa, a coletividade, que depende da garantia de eleições livres e transparentes.

10.2.1.17.3. Conduta típica

A conduta consiste em entregar ao eleitor uma cédula oficial já assinalada ou de qualquer forma marcada, direcionando ou influenciando sua escolha.

Exemplos hipotéticos:

1. Um membro da mesa receptora entrega ao eleitor uma cédula já marcada em favor de determinado candidato.

2. Um agente fraudulento distribui cédulas previamente preenchidas para influenciar o resultado da votação.

3. Uma cédula oficial é adulterada com marcas que indicam instruções ao eleitor, comprometendo a liberdade do voto.

10.2.1.17.4. Consumação e tentativa

◼ **Consumação:** o crime se consuma no momento em que a cédula oficial marcada é entregue ao eleitor, independentemente de sua utilização.

◼ **Tentativa:** é possível, como no caso em que o agente prepara a cédula marcada, mas é impedido de entregá-la ao eleitor.

10.2.1.18.   Fornecimento indevido de cédula oficial

> **Art. 308.** Rubricar e fornecer a cédula oficial em outra oportunidade que não a de entrega da mesma ao eleitor.
>
> Pena — reclusão até cinco anos e pagamento de 60 a 90 dias-multa.

O art. 308 do Código Eleitoral tipifica como crime o ato de rubricar e fornecer cédula oficial em momento distinto daquele destinado à entrega ao eleitor, buscando assegurar a integridade e o controle do material de votação. A norma protege a regularidade do processo eleitoral, garantindo que as cédulas oficiais sejam utilizadas exclusivamente para o fim a que se destinam e no momento correto, evitando manipulações ou fraudes.

O dispositivo reforça a necessidade de controle rigoroso sobre as cédulas oficiais, que representam a manifestação direta da vontade do eleitor. Qualquer uso indevido dessas cédulas compromete a transparência e a credibilidade do processo eleitoral, podendo dar margem a práticas ilícitas que distorçam o resultado do pleito.

O art. 308 preserva a confiança dos eleitores no sistema democrático ao impor penalidades para condutas que possam prejudicar a lisura das eleições. A norma, portanto, reafirma o compromisso do legislador com a integridade do processo de votação e com a proteção dos princípios democráticos.

10.2.1.18.1.   Bem jurídico protegido

O bem jurídico tutelado é a **regularidade e segurança do processo de votação**, evitando práticas que comprometam a autenticidade das cédulas e a confiança no pleito.

10.2.1.18.2.   Sujeitos do crime

▪ **Sujeito ativo:** qualquer pessoa, incluindo membros da mesa receptora, que rubricar ou fornecer cédula oficial em momento diverso do previsto.

▪ **Sujeito passivo:** a coletividade, representada pela Justiça Eleitoral e pelos eleitores, que dependem de um sistema eleitoral seguro e confiável.

10.2.1.18.3.   Conduta típica

A conduta consiste em rubricar e fornecer a cédula oficial fora do momento devido, que é o ato de entrega ao eleitor no curso do processo de votação.

Exemplos hipotéticos:

1. Um membro da mesa receptora rubrica cédulas oficiais em momentos aleatórios, sem controle.

2. Cédulas são fornecidas antes da abertura ou após o encerramento das urnas, comprometendo a lisura do pleito.

3. Um agente distribui cédulas oficiais já rubricadas em locais externos ao ambiente eleitoral.

10.2.1.18.4.   Consumação e tentativa

▪ **Consumação:** o crime se consuma no momento em que a cédula oficial é rubricada e fornecida fora do momento apropriado.

▣ **Tentativa:** é possível, como no caso em que o agente inicia os atos de rubrica ou fornecimento indevido, mas é impedido de concluí-los.

10.2.1.19. *Votação indevida*

> **Art. 309.** Votar ou tentar votar mais de uma vez, ou em lugar de outrem.
> Pena — reclusão até três anos.

O artigo de lei criminaliza as práticas fraudulentas relacionadas ao exercício do voto, como votar ou tentar votar mais de uma vez, ou em lugar de outrem, com o objetivo de proteger a integridade e a legitimidade do processo eleitoral. A norma busca garantir que cada eleitor tenha direito a apenas um voto, conforme o princípio do sufrágio universal e igualitário, assegurando que a vontade popular seja devidamente refletida no resultado do pleito.

Essas condutas fraudulentas atentam contra a lisura do processo eleitoral, podendo comprometer a confiança da sociedade no sistema democrático. A criminalização reforça a necessidade de cumprimento rigoroso das normas que regem o exercício do voto, inibindo ações que possam distorcer o resultado das eleições.

Ao punir tais práticas, o dispositivo também resguarda a igualdade entre os eleitores, prevenindo a manipulação de resultados por meio de fraudes individuais ou coletivas. O art. 309, portanto, desempenha um papel crucial na preservação da integridade do sistema eleitoral e no fortalecimento das instituições democráticas.

10.2.1.19.1. *Bem jurídico protegido*

O bem jurídico tutelado é a **fidelidade e integridade do sistema eleitoral**, garantindo que cada eleitor exerça o direito ao voto apenas uma vez e em seu próprio nome.

10.2.1.19.2. *Sujeitos do crime*

▣ **Sujeito ativo:** qualquer pessoa que tente ou efetivamente vote mais de uma vez ou em lugar de outro eleitor.

▣ **Sujeito passivo:** a coletividade, que é prejudicada pela distorção do processo democrático, e o eleitor que tem seu direito usurpado, no caso de voto em lugar de outrem.

10.2.1.19.3. *Conduta típica*

A conduta consiste em votar ou tentar votar mais de uma vez, ou ainda substituir outro eleitor no exercício do voto, comprometendo a regularidade do pleito.

Exemplos hipotéticos:

1. Um eleitor retorna ao local de votação com documentos falsificados para votar novamente.

2. Um indivíduo apresenta-se no lugar de outra pessoa para votar, utilizando documentos alheios ou falsificados.

3. Uma pessoa tenta justificar votos duplicados alegando erro no sistema, buscando burlar o processo.

10.2.1.19.4. Consumação e tentativa

■ **Consumação:** o crime se consuma no momento em que o agente efetivamente vota mais de uma vez ou substitui outro eleitor.

■ **Tentativa:** é possível, como no caso em que o agente tenta votar novamente ou em lugar de outrem, mas é impedido antes de concluir a ação.

10.2.1.20. Prática ou permissão de irregularidade que anule a votação

> **Art. 310.** Praticar, ou permitir membro da mesa receptora que seja praticada, qualquer irregularidade que determine a anulação de votação, salvo no caso do Art. 311.
>
> Pena — detenção até seis meses ou pagamento de 90 a 120 dias-multa.

A norma tipifica como crime a prática de irregularidades graves durante o processo de votação, ou a omissão no dever de evitá-las, quando tais condutas resultem na anulação do pleito. O dispositivo visa proteger a regularidade e legitimidade das eleições, assegurando que o processo de votação seja conduzido de maneira íntegra e em conformidade com as normas legais.

A norma pune tanto as ações quanto as omissões que comprometam o resultado do pleito, impondo responsabilidade aos membros das mesas receptoras ou a qualquer agente envolvido na organização e condução das eleições. Irregularidades que levam à anulação do pleito, como permitir votos de eleitores não habilitados ou manipular resultados, colocam em risco a confiança pública no sistema eleitoral e atentam contra os princípios da democracia.

O art. 310 reforça o dever de cuidado e diligência de todos os agentes eleitorais, garantindo que erros ou condutas dolosas não comprometam a expressão legítima da vontade popular. Ao estabelecer penalidades para tais atos, o dispositivo desempenha um papel essencial na proteção do processo eleitoral e na preservação da credibilidade das instituições democráticas.

10.2.1.20.1. Bem jurídico protegido

O bem jurídico tutelado é a **regularidade e validade do processo eleitoral**, garantindo que as eleições sejam conduzidas em conformidade com as normas legais e livres de vícios que possam comprometer os resultados.

10.2.1.20.2. Sujeitos do crime

■ **Sujeito ativo:** qualquer pessoa que pratique ou permita a prática de irregularidades que possam levar à anulação da votação, incluindo membros da mesa receptora.

■ **Sujeito passivo:** a coletividade, que depende de eleições legítimas, e os eleitores, cujos votos podem ser invalidados pela irregularidade.

10.2.1.20.3. Conduta típica

A conduta consiste em praticar ou tolerar a prática de atos ou omissões que resultem na anulação da votação, com exceção das situações previstas no art. 311.

Exemplos hipotéticos:

1. Permitir que pessoas não autorizadas manuseiem as urnas ou cédulas eleitorais.

2. Alterar intencionalmente a ordem de votação ou desrespeitar os procedimentos legais de apuração.

3. Omitir-se diante de fraudes evidentes, como a aceitação de documentos falsos para identificação de eleitores.

10.2.1.20.4. Consumação e tentativa

▣ **Consumação:** o crime se consuma quando a irregularidade é praticada ou permitida, desde que tenha potencial para determinar a anulação da votação.

▣ **Tentativa:** é possível, como no caso em que o agente inicia o ato irregular, mas é impedido antes de concluí-lo.

10.2.1.21. Voto em seção eleitoral diversa e permissão indevida do voto

> **Art. 311.** Votar em seção eleitoral em que não está inscrito, salvo nos casos expressamente previstos, e permitir, o presidente da mesa receptora, que o voto seja admitido.
>
> Pena — detenção até um mês ou pagamento de 5 a 15 dias-multa para o eleitor e de 20 a 30 dias-multa para o presidente da mesa.

O art. 311 do Código Eleitoral tipifica como crime tanto o ato de votar em seção eleitoral diferente daquela em que o eleitor está inscrito, salvo nas hipóteses previstas em lei, quanto o ato de permitir indevidamente essa votação, por parte do presidente da mesa receptora. O dispositivo busca garantir a ordem e a regularidade do processo eleitoral, protegendo o controle e a organização das seções eleitorais, elementos fundamentais para a legitimidade do pleito.

A norma assegura que o eleitor exerça seu direito de voto na seção à qual está vinculado, facilitando o controle da Justiça Eleitoral e evitando fraudes como a duplicidade de votos. Por outro lado, impõe responsabilidade aos presidentes das mesas receptoras, que devem zelar pelo rigor das normas e impedir a ocorrência de irregularidades no processo de votação.

10.2.1.21.1. Bem jurídico protegido

O bem jurídico tutelado é a **regularidade e organização do processo eleitoral**, garantindo que os eleitores votem apenas nas seções em que estão registrados, conforme os cadastros eleitorais.

10.2.1.21.2. Sujeitos do crime

▣ **Sujeito ativo:**

Para o voto indevido: o eleitor que vota em seção na qual não está inscrito.

Para a permissão: o presidente da mesa receptora que admite tal voto sem observância das exceções legais.

▣ **Sujeito passivo:** a coletividade, representada pela Justiça Eleitoral, e os demais eleitores, que dependem de um processo eleitoral regular e confiável.

10.2.1.21.3. Conduta típica

A conduta incriminada consiste em:

1. O eleitor votar em seção eleitoral na qual não está inscrito, sem que haja previsão legal para tal ato.

2. O presidente da mesa receptora permitir que o voto seja admitido em tais condições, desrespeitando as normas eleitorais.

Exemplos hipotéticos:

1. Um eleitor dirige-se a uma seção diferente daquela em que está registrado e realiza seu voto sem justificativa válida.

2. O presidente da mesa receptora admite o voto de um eleitor sem verificar sua inscrição na seção correspondente.

3. A mesa receptora deixa de aplicar os mecanismos de controle previstos, permitindo votos em seções indevidas.

10.2.1.21.4. *Consumação e tentativa*

■ **Consumação:**

Para o eleitor: o crime se consuma quando o voto é realizado em seção distinta daquela em que o eleitor está inscrito.

Para o presidente da mesa: o crime se consuma ao admitir o voto irregular.

■ **Tentativa:** é possível em ambos os casos, como no exemplo em que o eleitor ou o presidente da mesa inicia os atos, mas é impedido antes de concluir a ação.

10.2.1.22. *Violação ou tentativa de violação do sigilo do voto*

> **Art. 312.** Violar ou tentar violar o sigilo do voto.
> Pena — detenção até dois anos.

A norma contida no art. 312 do Código Eleitoral criminaliza a violação ou tentativa de violação do sigilo do voto, protegendo um dos pilares essenciais do processo democrático: o direito ao voto secreto. Seu objetivo é garantir que o eleitor possa exercer sua escolha de forma autônoma, sem estar sujeito a coações, intimidações ou interferências externas que possam influenciar sua vontade.

Ao assegurar a inviolabilidade do voto, o dispositivo reforça a liberdade individual no processo eleitoral, impedindo práticas que possam gerar retaliações ou pressões por parte de indivíduos, grupos ou organizações. A preservação do sigilo do voto é indispensável para manter a confiança no sistema eleitoral, bem como a igualdade entre os eleitores no exercício do sufrágio.

Por meio dessa previsão legal, busca-se resguardar a legitimidade das eleições e proteger o eleitor contra abusos que comprometam a transparência e a integridade do pleito, reafirmando o compromisso com os princípios democráticos e com a liberdade de escolha.

10.2.1.22.1. *Bem jurídico protegido*

O bem jurídico tutelado é o **sigilo do voto**, que garante a liberdade e a confidencialidade na escolha do eleitor, protegendo-o de pressões, coações ou represálias.

10.2.1.22.2. Sujeitos do crime

■ **Sujeito ativo:** qualquer pessoa que, por ação ou omissão dolosa, tente ou efetivamente viole o sigilo do voto.

■ **Sujeito passivo:** o eleitor que tem seu direito ao voto secreto violado e, de forma reflexa, a coletividade, que depende da integridade do processo eleitoral.

10.2.1.22.3. Conduta típica

A conduta consiste em violar ou tentar violar o sigilo do voto, comprometendo o direito do eleitor à privacidade em sua escolha.

Exemplos hipotéticos:

1. Um indivíduo tenta observar como um eleitor está votando, violando a privacidade da cabine eleitoral.

2. Um fiscal de partido pressiona eleitores para revelar seus votos antes de depositá-los na urna.

3. A instalação de dispositivos para registrar ou monitorar os votos em ambiente eleitoral.

10.2.1.22.4. Consumação e tentativa

■ **Consumação:** o crime se consuma no momento em que o sigilo do voto é efetivamente violado, seja por observação direta, registro indevido ou outro meio ilícito.

■ **Tentativa:** é admissível, como no caso em que o agente tenta invadir o espaço de votação ou utilizar meios tecnológicos para violar o sigilo, mas é impedido antes de concluir o ato.

10.2.1.23. Omissão na expedição imediata do boletim de apuração

> **Art. 313.** Deixar o juiz e os membros da Junta de expedir o boletim de apuração imediatamente após a apuração de cada urna e antes de passar à subsequente, sob qualquer pretexto e ainda que dispensada a expedição pelos fiscais, delegados ou candidatos presentes.
>
> Pena — pagamento de 90 a 120 dias-multa.
>
> Parágrafo único. Nas seções eleitorais em que a contagem for procedida pela mesa receptora incorrerão na mesma pena o presidente e os mesários que não expedirem imediatamente o respectivo boletim.

O dispositivo legal impõe sanções à omissão na expedição do boletim de apuração, determinando sua emissão imediata após a contagem de cada urna. Essa exigência é uma medida essencial para garantir a transparência e a regularidade do processo eleitoral, promovendo a confiabilidade e a publicidade das etapas de apuração.

A emissão imediata do boletim de apuração assegura que os resultados parciais sejam registrados e divulgados de forma clara e objetiva, reduzindo a possibilidade de manipulações ou atrasos que possam comprometer a lisura do pleito. Além disso, o cumprimento rigoroso dessa obrigação reforça o controle social sobre o processo eleitoral, permitindo que partidos, candidatos e a sociedade em geral acompanhem as apurações de maneira efetiva.

Ao criminalizar a omissão nesse procedimento, o artigo de lei busca preservar a integridade das eleições, promovendo um ambiente de segurança jurídica e respeito às normas que regem a apuração dos votos.

10.2.1.23.1.   Bem jurídico protegido

O bem jurídico tutelado é a transparência e publicidade no processo de apuração eleitoral, essencial para preservar a confiança e legitimidade dos resultados do pleito.

10.2.1.23.2.   Sujeitos do crime

■ **Sujeito ativo:**

Juiz e membros da Junta Eleitoral responsáveis pela expedição do boletim de apuração.

Presidentes e mesários das mesas receptoras em seções onde ocorre a contagem de votos.

■ **Sujeito passivo:** a coletividade, que tem o direito à transparência e regularidade no processo eleitoral.

10.2.1.23.3.   Conduta típica

A conduta consiste em deixar de expedir o boletim de apuração imediatamente após a apuração de cada urna, independentemente de justificativas ou dispensas por parte dos fiscais, delegados ou candidatos presentes.

Exemplos hipotéticos:

1. Um juiz eleitoral decide postergar a expedição dos boletins de apuração, comprometendo a transparência do pleito.

2. Mesários omitem-se na elaboração imediata do boletim após a contagem, atrasando a formalização dos resultados.

3. Membros da Junta Eleitoral negligenciam a emissão do boletim entre a apuração de urnas sucessivas.

10.2.1.23.4.   Consumação e tentativa

■ **Consumação:** o crime se consuma no momento em que o boletim de apuração não é expedido imediatamente após a contagem da urna.

■ **Tentativa:** não é aplicável, pois a conduta envolve omissão, que se caracteriza apenas quando consumada.

10.2.1.24.   Omissão no recolhimento, fechamento e lacre da urna após a apuração

> **Art. 314.** Deixar o juiz e os membros da Junta de recolher as cédulas apuradas na respectiva urna, fechá-la e lacrá-la, assim que terminar a apuração de cada seção e antes de passar à subsequente, sob qualquer pretexto e ainda que dispensada a providência pelos fiscais, delegados ou candidatos presentes.

> Pena — detenção até dois meses ou pagamento de 90 a 120 dias-multa.
>
> Parágrafo único. Nas seções eleitorais em que a contagem dos votos for procedida pela mesa receptora incorrerão na mesma pena o presidente e os mesários que não fecharem e lacrarem a urna após a contagem.

O dispositivo previsto no art. 314 do Código Eleitoral tipifica como crime a omissão no recolhimento, fechamento e lacre da urna imediatamente após a apuração de cada seção eleitoral. Essa regra visa assegurar a segurança e inviolabilidade das cédulas apuradas, protegendo a integridade do material eleitoral e a confiabilidade do processo democrático.

O cumprimento dessa obrigação é fundamental para evitar riscos de manipulação ou extravio das cédulas apuradas, garantindo que o resultado registrado reflita fielmente a vontade dos eleitores. A norma também reforça o dever de diligência por parte dos responsáveis pela condução dos trabalhos eleitorais, ao impor sanções para condutas negligentes que possam comprometer a lisura do pleito.

10.2.1.24.1. Bem jurídico protegido

O bem jurídico tutelado é a **segurança e regularidade do processo eleitoral**, garantindo que as cédulas apuradas sejam protegidas contra fraudes, manipulações ou extravios.

10.2.1.24.2. Sujeitos do crime

■ **Sujeito ativo:**

Juiz e membros da Junta Eleitoral responsáveis pela apuração.

Presidentes e mesários das mesas receptoras, nas seções onde ocorre a contagem de votos.

■ **Sujeito passivo:** a coletividade, que depende de eleições seguras e transparentes.

10.2.1.24.3. Conduta típica

A conduta consiste em deixar de recolher, fechar ou lacrar a urna ao término da apuração de cada seção, expondo as cédulas apuradas a riscos indevidos.

Exemplos hipotéticos:

1. Membros da Junta Eleitoral negligenciam o lacre das urnas após concluir a apuração.

2. Presidentes de mesa receptora permitem que as urnas permaneçam abertas ou desprotegidas após a contagem.

3. Mesários omitem-se no cumprimento do procedimento de fechamento e lacre, deixando as cédulas vulneráveis.

10.2.1.24.4. Consumação e tentativa

■ **Consumação:** o crime se consuma no momento em que a urna não é recolhida, fechada ou lacrada ao final da apuração de cada seção.

■ **Tentativa:** não é aplicável, pois trata-se de omissão, caracterizada somente quando consumada.

10.2.1.25. *Falsificação de resultados nos mapas ou boletins de apuração*

> **Art. 315.** Alterar nos mapas ou nos boletins de apuração a votação obtida por qualquer candidato ou lançar nesses documentos votação que não corresponda às cédulas apuradas.
> Pena — reclusão até cinco anos e pagamento de 5 a 15 dias-multa.

O dispositivo previsto no art. 315 do Código Eleitoral criminaliza a conduta de alterar ou falsificar os resultados eleitorais registrados em mapas ou boletins de apuração, reafirmando o compromisso com a proteção da integridade e fidedignidade do processo eleitoral. A norma busca garantir que os resultados apurados reflitam fielmente a manifestação da vontade popular, afastando qualquer possibilidade de manipulação ou fraude que possa comprometer o sistema democrático.

Embora o voto eletrônico tenha consolidado um ambiente de segurança e transparência no processo eleitoral, a previsão desse dispositivo segue relevante, especialmente em contextos onde, ainda que de forma remota, cédulas de papel possam ser utilizadas, como em casos excepcionais de falha no sistema eletrônico. A criminalização dessas práticas serve como um alerta e um reforço normativo contra qualquer tentativa de fraude, independentemente do meio utilizado para a apuração.

Ademais, a evolução tecnológica, que trouxe avanços para a segurança eleitoral, não está isenta de riscos. No futuro, novos mecanismos tecnológicos poderiam, em tese, ser explorados de forma ilícita para alterar o registro ou a transmissão de resultados, mesmo em um contexto predominantemente digital. Por isso, a norma penal do art. 315 permanece como um instrumento indispensável para resguardar a integridade dos resultados eleitorais, funcionando como um pilar de dissuasão e proteção contra qualquer tentativa de subversão da vontade popular.

10.2.1.25.1. *Bem jurídico protegido*

O bem jurídico tutelado é a **fidelidade e transparência do processo eleitoral**, assegurando que os resultados registrados reflitam a real manifestação da vontade dos eleitores.

10.2.1.25.2. *Sujeitos do crime*

■ **Sujeito ativo:** qualquer pessoa que tenha acesso aos mapas ou boletins de apuração e os altere ou falsifique, incluindo servidores, mesários e membros da Junta Eleitoral.

■ **Sujeito passivo:** a coletividade, representada pelos eleitores e pela Justiça Eleitoral, que dependem da exatidão dos resultados apurados.

10.2.1.25.3. *Conduta típica*

A conduta consiste em alterar os dados registrados nos mapas ou boletins de apuração ou em lançar informações que não correspondam às cédulas efetivamente apuradas.

Exemplos hipotéticos:

1. Um mesário registra números divergentes dos apurados em urna para beneficiar determinado candidato.

2. Um membro da Junta Eleitoral altera o boletim de apuração após a contagem oficial para fraudar os resultados.

3. Dados fictícios são inseridos nos mapas de apuração, ignorando as cédulas efetivamente computadas.

10.2.1.25.4. Consumação e tentativa

▣ **Consumação:** o crime se consuma no momento em que os dados são alterados ou lançados de forma inverídica nos mapas ou boletins de apuração.

▣ **Tentativa:** é admissível, como no caso em que o agente inicia a alteração ou lançamento de dados falsos, mas é impedido antes de concluir o ato.

10.2.1.26. Omissão no registro e remessa de protestos formulados

> **Art. 316.** Não receber ou não mencionar nas atas da eleição ou da apuração os protestos devidamente formulados ou deixar de remetê-los à instância superior.
>
> Pena — reclusão até cinco anos e pagamento de 5 a 15 dias-multa.

Está tipificada no art. 316 do Código Eleitoral a conduta que implica em omissão no registro, menção ou remessa de protestos devidamente apresentados durante o processo eleitoral ou de apuração, consolidando a transparência e o devido processo no âmbito eleitoral. Essa norma busca assegurar que qualquer questionamento legítimo ou irregularidade identificada seja formalmente considerada e encaminhada às instâncias competentes para análise.

O registro e a remessa dos protestos são elementos essenciais para garantir a fiscalização e o controle do processo eleitoral, preservando a lisura e a legitimidade dos resultados. A norma penal impõe aos responsáveis pelo processo eleitoral o dever de atuar com rigor e imparcialidade, impedindo que manifestações relevantes sejam desconsideradas ou ocultadas, o que poderia comprometer a confiança pública no sistema democrático.

O dispositivo reforça a ideia de que o processo eleitoral deve ser conduzido com máxima transparência, permitindo que todas as etapas sejam passíveis de escrutínio por candidatos, partidos e sociedade. Essa medida é fundamental para evitar abusos de autoridade ou negligências que possam afetar a regularidade do pleito e, consequentemente, a vontade soberana do eleitorado.

10.2.1.26.1. Bem jurídico protegido

O bem jurídico tutelado é a regularidade e publicidade do processo eleitoral, assegurando que todas as manifestações e objeções legalmente apresentadas sejam documentadas e encaminhadas às instâncias competentes.

10.2.1.26.2. Sujeitos do crime

▣ **Sujeito ativo:** o presidente da mesa receptora, mesários, membros da Junta Eleitoral ou qualquer pessoa responsável pelo recebimento, registro ou remessa de protestos no contexto eleitoral.

■ **Sujeito passivo:** a coletividade, representada pela Justiça Eleitoral e pelos eleitores, que têm direito à transparência e à análise dos protestos.

10.2.1.26.3. Conduta típica

A conduta incriminada consiste em:

1. Não receber os protestos apresentados por fiscais, delegados ou candidatos.

2. Não mencionar os protestos nas atas da eleição ou apuração.

3. Deixar de remeter os protestos à instância superior para análise e decisão.

Exemplos hipotéticos:

1. A mesa receptora recusa o recebimento de um protesto formalizado por um fiscal de partido.

2. O presidente da Junta Eleitoral ignora a inclusão de um protesto na ata de apuração.

3. As atas contendo os protestos formulados não são enviadas ao Tribunal Regional Eleitoral (TRE) para apreciação.

10.2.1.26.4. Consumação e tentativa

■ **Consumação:** o crime se consuma no momento em que o protesto não é recebido, mencionado na ata ou remetido à instância superior.

■ **Tentativa:** é admissível, como no caso em que o agente inicia a omissão, mas é impedido antes de concretizá-la.

10.2.1.27. Violação ou tentativa de violação do sigilo da urna

> **Art. 317.** Violar ou tentar violar o sigilo da urna ou dos invólucros.
> Pena — reclusão de três a cinco anos.

O Código Eleitoral, em seu artigo 317, tipifica como crime a violação ou tentativa de violação do sigilo da urna ou dos invólucros, abrangendo tanto o sistema de votação por cédulas quanto a disciplina aplicável ao uso das urnas eletrônicas. Essa previsão normativa protege a segurança e a integridade do processo eleitoral, consolidando a confiabilidade e a legitimidade dos resultados do pleito.

A inviolabilidade da urna, seja física ou eletrônica, é um fundamento essencial para a preservação da vontade popular e da soberania do eleitor. No caso das urnas eletrônicas, o sigilo do voto e a proteção contra possíveis interferências digitais ou manipulações têm se tornado ainda mais relevantes, especialmente diante dos avanços tecnológicos que podem representar novos desafios à segurança eleitoral. A norma, ao abarcar tanto os sistemas tradicionais quanto os tecnológicos, reforça a proteção ampla do processo democrático.

A criminalização da tentativa de violação também é significativa, pois demonstra a intenção do legislador em coibir não apenas os atos consumados de interferência, mas também quaisquer iniciativas que visem comprometer a confiabilidade da votação e da apuração. Assim, a norma assegura a integridade do processo eleitoral como um todo, tanto em sua execução física quanto em seu âmbito tecnológico, promovendo a confiança e a transparência indispensáveis à democracia.

10.2.1.27.1. Bem jurídico protegido

O bem jurídico tutelado é a **inviolabilidade e segurança do voto**, assegurando a confidencialidade e integridade das urnas e dos invólucros que armazenam materiais ou resultados relacionados à eleição.

10.2.1.27.2. Sujeitos do crime

◼ **Sujeito ativo:** qualquer pessoa que pratique a conduta de violar ou tentar violar o sigilo da urna ou dos invólucros.

◼ **Sujeito passivo:** a coletividade, representada pela Justiça Eleitoral e pelos eleitores, que têm direito a um processo eleitoral íntegro e inviolável.

10.2.1.27.3. Conduta típica

A conduta incriminada consiste em violar ou tentar violar o sigilo das urnas ou dos invólucros, comprometendo a confidencialidade ou integridade do processo eleitoral.

Exemplos hipotéticos:

1. Um indivíduo tenta abrir uma urna eletrônica para acessar os resultados antes da apuração oficial.

2. Uma pessoa rompe os lacres de invólucros contendo cédulas apuradas ou materiais sensíveis.

3. Alguém acessa os dados armazenados em urnas eletrônicas de forma não autorizada.

10.2.1.27.4. Consumação e tentativa

◼ **Consumação:** o crime se consuma no momento em que o sigilo da urna ou dos invólucros é efetivamente violado, seja por acesso físico ou eletrônico não autorizado.

◼ **Tentativa:** é admissível, como no caso em que o agente tenta abrir a urna ou os invólucros, mas é impedido antes de concluir a violação.

10.2.1.28. Contagem de votos sob impugnação

> **Art. 318.** Efetuar a mesa receptora a contagem dos votos da urna quando qualquer eleitor houver votado sob impugnação (art. 190).
> Pena — detenção até um mês ou pagamento de 30 a 60 dias-multa.

O art. 318 do Código Eleitoral estabelece como crime a contagem de votos provenientes de urna que contenha votos de eleitores sob impugnação, reafirmando o compromisso com o cumprimento das formalidades legais que garantem a legitimidade e a lisura do processo eleitoral. A norma reflete a preocupação do legislador em preservar a integridade do pleito, impedindo que votos cuja validade esteja pendente de análise sejam contabilizados sem o devido procedimento.

A impugnação de votos é uma ferramenta essencial para proteger a regularidade da votação, permitindo que eventuais irregularidades sejam avaliadas antes de comprometer os resultados. Contabilizar votos impugnados sem a devida apuração significaria não apenas violar o princípio da legalidade, mas também abrir margem para fraudes ou distorções na manifestação da vontade popular. O dispositivo, portanto, assegura que todas as etapas do processo eleitoral sigam estritamente as regras e garantias previstas na legislação.

Embora a prática de impugnação de votos esteja regulamentada em contextos específicos, a criminalização da contagem de tais votos, sem a devida análise, aplica-se de maneira abrangente, seja no caso de votação por cédulas de papel, seja no sistema eletrônico.

Ao tipificar essa conduta, o art. 318 busca proteger não apenas a regularidade da apuração, mas também a confiança da sociedade nos resultados eleitorais, evitando que dúvidas sobre a contagem de votos impugnados afetem a legitimidade do processo eleitoral e, consequentemente, a estabilidade democrática.

10.2.1.28.1. Bem jurídico protegido

O bem jurídico tutelado é a **legalidade e regularidade do processo de apuração eleitoral**, garantindo que os votos sob impugnação sejam tratados de forma distinta até que a situação seja resolvida conforme previsto em lei.

10.2.1.28.2. Sujeitos do crime

■ **Sujeito ativo:** os integrantes da mesa receptora responsáveis pela contagem dos votos, incluindo presidente e mesários.

■ **Sujeito passivo:** a coletividade, que depende da correta condução dos procedimentos eleitorais.

10.2.1.28.3. Conduta típica

A conduta incriminada consiste em efetuar a contagem de votos da urna que contenha votos de eleitores cuja situação está impugnada, contrariando o disposto no art. 190 do Código Eleitoral.

Exemplos hipotéticos:

1. A mesa receptora procede com a contagem dos votos em urna sem observar a separação dos votos de eleitores sob impugnação.

2. Mesários ignoram o registro de impugnação e contam todos os votos sem distinção.

3. O presidente da mesa determina que votos impugnados sejam misturados aos demais para contagem conjunta.

10.2.1.28.4. Consumação e tentativa

■ **Consumação:** o crime se consuma no momento em que a contagem dos votos da urna, contendo votos sob impugnação, é realizada pela mesa receptora.

■ **Tentativa:** é admissível, como no caso em que o agente inicia a contagem, mas é impedido antes de concluí-la.

10.2.1.29. Subscrição múltipla de registro de um ou mais partidos

> **Art. 319.** Subscrever o eleitor mais de uma ficha de registro de um ou mais partidos:
> Pena — detenção até 1 mês ou pagamento de 10 a 30 dias-multa.

O Código Eleitoral, nesse artigo de lei, define como crime a conduta do eleitor que subscreve mais de uma ficha de registro de um ou mais partidos, configurando uma infração que compromete a regularidade do sistema partidário e a fidelidade na relação entre o eleitor e as agremiações políticas. A pena prevista para essa prática é de detenção de até um mês ou pagamento de 10 a 30 dias-multa, reforçando o caráter sancionatório da norma.

Essa disposição legal tem como objetivo principal proteger a organização e a integridade do sistema partidário, impedindo que eleitores se filiem de maneira simultânea a mais de um partido, o que poderia causar instabilidade nas estruturas internas das agremiações. A filiação partidária, além de ser uma manifestação da liberdade de associação política, também constitui um elemento formal que estabelece vínculos de responsabilidade e compromisso entre o eleitor e o partido, especialmente em contextos como a escolha de candidatos e a mobilização de apoio político.

A norma também busca garantir que a fidelidade partidária não seja desvirtuada por práticas abusivas ou irregulares, como a dupla filiação, que compromete a transparência e a autenticidade do vínculo político. Ao prevenir esse tipo de conduta, o dispositivo assegura que o registro partidário seja utilizado de forma legítima, respeitando as normas internas e os princípios democráticos que regem o sistema eleitoral.

Por fim, o art. 319 atua como um mecanismo de controle que auxilia na gestão dos cadastros partidários, proporcionando maior segurança jurídica para as agremiações e para o sistema eleitoral como um todo, ao garantir que cada eleitor esteja vinculado exclusivamente a um partido político por vez, respeitando os preceitos legais e institucionais.

10.2.1.29.1. *Bem jurídico protegido*

O bem jurídico tutelado é a **integridade e transparência do sistema partidário**, garantindo que o registro dos eleitores junto aos partidos seja feito de forma única e regular, prevenindo fraudes e duplicidades que possam comprometer a organização interna das agremiações partidárias e o equilíbrio eleitoral.

10.2.1.29.2. *Sujeitos do crime*

◼ **Sujeito ativo:** o eleitor que subscreve mais de uma ficha de registro de um ou mais partidos.

◼ **Sujeito passivo:** o sistema eleitoral e partidário, que é afetado pela irregularidade na vinculação do eleitor aos partidos.

10.2.1.29.3. *Conduta típica*

A conduta criminosa consiste em o eleitor subscrever mais de uma ficha de registro, seja dentro de um mesmo partido, seja em diferentes partidos. Essa duplicidade pode prejudicar o controle e a organização das legendas, além de configurar uma fraude ao sistema partidário.

Exemplos hipotéticos:

1. Um eleitor filia-se a dois partidos políticos diferentes, assinando fichas de registro em ambos.

2. O mesmo eleitor subscreve mais de uma ficha dentro de um único partido, causando duplicidade nos registros internos.

3. Um eleitor utiliza nomes distintos em fichas de registro de diferentes partidos para ocultar a duplicidade de filiação.

10.2.1.29.4. Consumação e tentativa

■ **Consumação:** o crime se consuma no momento em que o eleitor assina mais de uma ficha de registro, independentemente de ser descoberto ou de a duplicidade causar consequências diretas.

■ **Tentativa:** é admissível, como no caso em que o eleitor inicia o processo de registro múltiplo, mas não o conclui por intervenção de terceiros ou erro.

10.2.1.30. Inscrição simultânea em dois ou mais partidos

> **Art. 320.** Inscrever-se o eleitor, simultaneamente, em dois ou mais partidos:
> Pena — pagamento de 10 a 20 dias-multa.

O art. 320 do Código Eleitoral tipifica como infração penal a conduta de inscrever-se simultaneamente em dois ou mais partidos, estabelecendo como sanção o pagamento de 10 a 20 dias-multa. Todavia, no meu entendimento, essa norma penal restou abolida tacitamente com a edição da Lei n. 12.891, de 2013, que introduziu o art. 22, V, na Lei dos Partidos Políticos (Lei n. 9.096/1995). A partir desse dispositivo, ficou estabelecido que a filiação partidária anterior é automaticamente cancelada com a filiação a um novo partido, desde que o fato seja comunicado ao juiz eleitoral responsável.

Com a inclusão dessa regra, a duplicidade de filiações passou a ser tratada administrativamente, com base no cadastro nacional informatizado de eleitores e partidos políticos. Atualmente, quando ocorre a filiação a outro partido, o sistema realiza o cancelamento automático da filiação anterior, eliminando os conflitos decorrentes de múltiplas inscrições. Além disso, a comunicação obrigatória ao juízo eleitoral pela pessoa filiada tornou-se condição essencial para a efetivação do registro, sob pena de a filiação não ser validada no sistema eleitoral.

Portanto, a alteração legislativa promovida pela Lei n. 12.891/2013 modernizou e aperfeiçoou a gestão das filiações partidárias, ao introduzir o batimento nacional do cadastro eleitoral, um mecanismo que verifica e corrige possíveis duplicidades. Esse avanço administrativo tornou desnecessária a sanção penal prevista no art. 320 do Código Eleitoral, que se mostra incompatível com o atual modelo de controle e registro de filiações. A norma penal perdeu sua razão de ser, uma vez que a duplicidade de inscrições foi solucionada por meio de um processo automatizado e vinculado à comunicação obrigatória ao juízo eleitoral.

Nesse contexto, a interpretação mais coerente é a de que a penalidade descrita no art. 320 foi tacitamente revogada pela nova legislação, que deslocou a questão da esfera penal para a administrativa. Esse entendimento reflete a evolução do ordenamento jurídico em tratar a duplicidade de filiações de maneira mais eficiente e proporcional, sem recorrer ao direito penal, que deve ser reservado para condutas de maior gravidade.

10.2.1.31. Colher a assinatura do eleitor em mais de uma ficha de registro de partido

> **Art. 321.** Colher a assinatura do eleitor em mais de uma ficha de registro de partido:
> Pena — detenção até dois meses ou pagamento de 20 a 40 dias-multa.

O art. 321 do CE criminaliza a prática de colher a assinatura de um mesmo eleitor em mais de uma ficha de registro partidário, configurando a conduta como uma infração passível de detenção de até dois meses ou pagamento de 20 a 40 dias-multa. A norma reforça o papel do sistema de filiação partidária como elemento estruturante da democracia representativa, preservando a integridade das relações entre eleitores e partidos.

Ao punir essa conduta, o dispositivo busca prevenir duplicidades ou fraudes no registro partidário, que poderiam comprometer a credibilidade do processo político. O respeito ao princípio da unicidade da filiação é essencial para a segurança e transparência das agremiações políticas, assegurando que cada eleitor esteja vinculado exclusivamente a uma organização partidária. A coleta irregular de assinaturas pode gerar distorções na composição dos partidos, afetando tanto a confiança interna das legendas quanto a legitimidade de sua representatividade no sistema eleitoral.

Além disso, a punição proposta serve como instrumento de disuasão, desestimulando práticas que comprometam o ordenamento jurídico no que se refere à filiação partidária. Esse controle é particularmente relevante diante da importância que os partidos desempenham na consolidação da democracia, sendo essenciais para a organização do pleito eleitoral e para a formação de candidaturas legítimas.

Dessa forma, o artigo não apenas impõe sanções, mas também reflete a preocupação do legislador em preservar a regularidade e confiabilidade do sistema eleitoral e partidário, fortalecendo os alicerces do processo democrático.

10.2.1.31.1. Confrontação com o art. 319 do CE

Os artigos 319 e 321 do Código Eleitoral tratam de infrações penais relacionadas ao registro de eleitores em partidos políticos, abordando situações distintas, mas complementares, dentro do contexto da organização partidária. Ambos os dispositivos visam assegurar a regularidade do processo de registro partidário, prevenindo fraudes e abusos que possam comprometer a integridade do sistema eleitoral e a relação entre eleitores e agremiações políticas.

O art. 319 tipifica a conduta do eleitor que subscreve mais de uma ficha de registro de um ou mais partidos, estabelecendo como pena a detenção de até 1 mês ou o pagamento de 10 a 30 dias-multa. A norma busca impedir que o eleitor, ao registrar-se em mais de um partido, contribua para irregularidades nos registros de filiações partidárias. Essa conduta viola o princípio da unicidade de filiação partidária, comprometendo tanto a fidelidade do vínculo entre eleitor e partido quanto a organização interna das agremiações.

Por outro lado, o art. 321 criminaliza a conduta de quem colhe a assinatura do eleitor em mais de uma ficha de registro de partido, fixando uma pena mais severa: detenção de até 2 meses ou pagamento de 20 a 40 dias-multa. Esse dispositivo não se dirige ao eleitor, mas sim a terceiros, geralmente agentes ou representantes partidários, que induzem ou permitem que um mesmo eleitor assine mais de uma ficha de registro. A norma tem como objetivo coibir práticas fraudulentas na coleta de assinaturas, protegendo a veracidade do processo de filiação e a confiabilidade dos dados apresentados pelos partidos à Justiça Eleitoral.

A diferença central entre os dois dispositivos está no sujeito ativo da infração. No art. 319, o foco é o próprio eleitor, que de forma consciente e voluntária subscreve mais de uma ficha de registro. Já no art. 321, o sujeito ativo é o responsável pela coleta das assinaturas, que pode agir de forma dolosa para manipular os registros partidários ou aumentar artificialmente o número de filiados.

Outro ponto de distinção está na pena prevista. O art. 321 estabelece uma punição mais grave, refletindo o maior impacto da conduta de quem colhe assinaturas de forma fraudulenta, uma vez que essa prática pode influenciar diretamente a organização dos partidos, a validação de registros perante a Justiça Eleitoral e até mesmo o processo de formação de novos partidos. Já o art. 319, embora relevante, trata de uma conduta menos grave, pois está relacionado à ação individual do eleitor, cujo impacto tende a ser mais restrito.

10.2.1.31.2. Bem jurídico protegido

O bem jurídico tutelado é a **regularidade e integridade do sistema de filiação partidária**, garantindo que o registro de eleitores seja realizado de forma única e legítima, evitando fraudes ou duplicidades que possam comprometer a organização interna dos partidos.

10.2.1.31.3. Sujeitos do crime

■ **Sujeito ativo:** a pessoa que coleta a assinatura do eleitor em mais de uma ficha de registro partidário, podendo ser um agente do partido ou terceiro.

■ **Sujeito passivo:** o sistema partidário e o próprio eleitor, cuja vontade pode ser desvirtuada.

10.2.1.31.4. Conduta típica

A conduta incriminada consiste em colher a assinatura do eleitor em mais de uma ficha de registro partidário, violando o princípio da unicidade na filiação partidária. Essa prática pode induzir à irregularidade nos registros e à manipulação de dados partidários.

Exemplos hipotéticos:

1. Um representante partidário coleta assinaturas de um mesmo eleitor em fichas de registro de dois partidos diferentes, sem comunicar a duplicidade.

2. Um agente responsável pela filiação partidária induz o eleitor a assinar várias fichas para aumentar o número de registros apresentados ao partido.

3. Um terceiro utiliza a assinatura de um eleitor para formalizar sua vinculação em mais de uma legenda, de forma fraudulenta.

10.2.1.31.5. Consumação e tentativa

■ **Consumação:** o crime se consuma no momento em que a assinatura do eleitor é colhida em mais de uma ficha de registro partidário, independentemente de a irregularidade ser percebida ou de causar prejuízo imediato.

▪ **Tentativa:** é possível, como no caso em que o agente inicia o processo de coleta múltipla de assinaturas, mas não o conclui por intervenção externa ou desistência.

> **Art. 322. (Revogado).**

10.2.1.32. *Divulgação de Fatos Inverídicos na Propaganda Eleitoral*

> **Art. 323.** Divulgar, na propaganda eleitoral ou durante período de campanha eleitoral, fatos que sabe inverídicos em relação a partidos ou a candidatos e capazes de exercer influência perante o eleitorado:
> Pena — detenção de dois meses a um ano, ou pagamento de 120 a 150 dias-multa.
> § 1.º Nas mesmas penas incorre quem produz, oferece ou vende vídeo com conteúdo inverídico acerca de partidos ou candidatos.
> § 2.º Aumenta-se a pena de 1/3 (um terço) até metade se o crime:
> I — é cometido por meio da imprensa, rádio ou televisão, ou por meio da internet ou de rede social, ou é transmitido em tempo real;
> II — envolve menosprezo ou discriminação à condição de mulher ou à sua cor, raça ou etnia.

O art. 323 do Código Eleitoral estabelece como crime a divulgação de fatos sabidamente inverídicos durante a propaganda eleitoral ou no período de campanha, desde que possam influenciar a decisão do eleitorado. Essa regra desempenha um papel crucial na proteção da legitimidade do processo eleitoral, ao coibir a disseminação de desinformação que comprometa a lisura do pleito.

A alteração promovida pela Lei n. 14.192/2021 trouxe um escopo ampliado ao dispositivo, incluindo agravantes para situações em que a prática criminosa ocorre por meio de instrumentos digitais, como redes sociais e transmissões em tempo real. Além disso, a norma ganhou especial relevância ao penalizar de forma mais severa condutas que envolvam menosprezo ou discriminação de gênero, cor, raça ou etnia, reforçando o compromisso do sistema jurídico com a igualdade e o combate à violência política.

Essa criminalização atende à crescente preocupação com o impacto da desinformação em um cenário eleitoral cada vez mais digitalizado. As redes sociais, em particular, se tornam instrumentos perigosos quando utilizadas para espalhar falsidades com o objetivo de manipular o eleitorado. O dispositivo busca, assim, preservar a qualidade do debate público e proteger os candidatos e partidos contra ataques infundados que possam comprometer sua reputação e competitividade no pleito.

Mais do que punir, o artigo reflete a responsabilidade do legislador em salvaguardar o direito do eleitor a informações corretas e confiáveis, promovendo a igualdade de condições entre os concorrentes e garantindo que as escolhas eleitorais sejam baseadas em dados reais, livres de distorções fraudulentas.

10.2.1.32.1. *Bem jurídico protegido*

O bem jurídico tutelado é a lisura do processo eleitoral e a veracidade da informação divulgada aos eleitores, visando evitar que notícias falsas (*fake news*) comprometam a escolha livre e consciente dos cidadãos, bem como proteger a honra de candidatos e partidos.

10.2.1.32.2. Sujeitos do crime

■ **Sujeito ativo:** qualquer pessoa que divulgue, produza, ofereça ou venda conteúdos inverídicos acerca de partidos ou candidatos, especialmente durante o período eleitoral.

■ **Sujeito passivo:** a sociedade, que depende de informações verdadeiras para exercer seu direito ao voto, e os candidatos ou partidos que podem ter sua imagem injustamente prejudicada.

10.2.1.32.3. Conduta típica

A conduta incriminada consiste em divulgar, na propaganda eleitoral ou durante o período de campanha, fatos sabidamente inverídicos, desde que estes sejam capazes de influenciar o eleitorado. A norma inclui, no § 1.º, a produção, oferta ou venda de vídeos contendo informações falsas, ampliando a responsabilização para os agentes envolvidos no ciclo de criação e disseminação de *fake news*.

Exemplos hipotéticos:

1. Publicar, em redes sociais, informações falsas sobre a conduta de um candidato, atribuindo-lhe atos desabonadores que nunca ocorreram.

2. Produzir e vender vídeos com conteúdo manipulador que distorça fatos relacionados a partidos ou candidatos.

3. Divulgar, em tempo real, informações inverídicas em plataformas digitais ou meios tradicionais, como rádio e televisão, atingindo um grande público.

4. Propagar informações falsas que depreciem candidatas, associando-as a estereótipos discriminatórios baseados em gênero, cor, raça ou etnia.

10.2.1.32.4. Agravantes

O § 2.º prevê aumento de pena de 1/3 a metade nos seguintes casos:

■ Quando a divulgação ocorre por meio de imprensa, rádio, televisão, internet ou redes sociais, ou é realizada em tempo real, aumentando o alcance e o impacto da notícia falsa.

■ Quando o conteúdo envolva menosprezo ou discriminação contra mulheres, ou em relação à sua cor, raça ou etnia, reforçando desigualdades estruturais e potencializando o dano causado.

10.2.1.32.5. Consumação e tentativa

■ **Consumação:** o crime se consuma no momento em que o conteúdo inverídico é divulgado ou disponibilizado ao público, independentemente de sua recepção pelo eleitorado.

■ **Tentativa:** é possível, como no caso em que o agente inicia o processo de divulgação, mas é impedido antes de alcançar o público.

10.2.1.32.6. Considerações especiais

O art. 323 do Código Eleitoral, especialmente após as alterações introduzidas pela Lei n. 14.192/2021, consolidou-se como uma ferramenta essencial no enfrentamento de duas grandes ameaças ao processo democrático contemporâneo: as *fake news* e a violência política de gênero. O dispositivo não apenas reafirma o compromisso com a integridade do pleito eleitoral, mas também com a proteção da dignidade dos candidatos e da lisura na formação da vontade do eleitorado. Com a inclusão de agravantes que tratam do uso de meios digitais e de discriminação por gênero, cor, raça ou etnia, a norma atualiza a legislação eleitoral para lidar com os novos desafios impostos pela era digital, onde as redes sociais e outras plataformas *online* ampliam o alcance e os efeitos das práticas ilícitas.

A criminalização de condutas que envolvam a divulgação de fatos sabidamente inverídicos e a aplicação de sanções mais rigorosas quando há menosprezo ou discriminação refletem o esforço legislativo para garantir um ambiente eleitoral justo, igualitário e livre de ataques que possam comprometer a legitimidade do pleito. Essas medidas evidenciam o reconhecimento de que a desinformação pode não apenas distorcer a percepção do eleitorado, mas também reforçar desigualdades estruturais, especialmente no que diz respeito às mulheres e a grupos historicamente marginalizados.

Além disso, a escalada do uso de redes sociais para a propagação de informações falsas durante as campanhas eleitorais exige uma resposta robusta da legislação. O art. 323, com as modificações introduzidas, busca desestimular essas práticas ao atribuir maior gravidade às condutas que utilizam meios digitais, como transmissões ao vivo e redes sociais, para disseminar desinformação em larga escala. Isso é particularmente importante em um cenário onde a velocidade e o alcance das informações digitais podem influenciar significativamente a percepção do eleitorado e, por consequência, os resultados das eleições.

Portanto, ao reforçar a proteção da transparência e da equidade do processo eleitoral, o artigo cumpre um papel estratégico na manutenção da confiança do eleitorado no sistema democrático, ao mesmo tempo em que estabelece um marco de responsabilização para aqueles que pretendem usar da desinformação ou do preconceito como armas políticas.

10.2.1.33. *Calúnia eleitoral*

> **Art. 324.** Caluniar alguém, na propaganda eleitoral, ou visando fins de propaganda, imputando-lhe falsamente fato definido como crime:
> Pena — detenção de seis meses a dois anos, e pagamento de 10 a 40 dias-multa.
> § 1.º Nas mesmas penas incorre quem, sabendo falsa a imputação, a propala ou divulga.
> § 2.º A prova da verdade do fato imputado exclui o crime, mas não é admitida:
> I — se, constituindo o fato imputado crime de ação privada, o ofendido não foi condenado por sentença irrecorrível;
> II — se o fato é imputado ao Presidente da República ou chefe de governo estrangeiro;
> III — se do crime imputado, embora de ação pública, o ofendido foi absolvido por sentença irrecorrível.

O art. 324 do Código Eleitoral estabelece como crime a calúnia no âmbito da propaganda eleitoral, caracterizada pela imputação falsa de fato definido como crime. Essa norma desempenha um papel crucial na proteção da honra e da reputação dos candidatos, partidos e outros envolvidos no processo eleitoral, preservando o equilíbrio e a seriedade do debate político. A criminalização dessa conduta visa coibir o uso de acusações infundadas como estratégia para prejudicar adversários, evitando que o eleitorado seja influenciado por informações falsas e que o processo eleitoral seja contaminado por práticas desleais.

O dispositivo busca garantir que o ambiente eleitoral seja pautado pela transparência e pela lisura, elementos indispensáveis para a legitimidade das eleições. Ao tipificar a calúnia como crime, a norma reafirma a importância da verdade e da ética no discurso político, exigindo que os debates e as campanhas sejam baseados em fatos verificáveis e argumentos legítimos, em vez de ataques difamatórios. Isso assegura que os eleitores possam tomar decisões informadas, livres de manipulação decorrente de notícias falsas ou acusações infundadas.

Além disso, o artigo prevê a responsabilização de quem, mesmo ciente da falsidade da imputação, a propaga ou divulga, ampliando o alcance da norma e desestimulando a disseminação de calúnias por terceiros. Essa extensão da penalidade reflete a preocupação do legislador em combater o efeito multiplicador das informações falsas, especialmente em um contexto onde as redes sociais e outros meios de comunicação amplificam rapidamente os danos causados por tais condutas. Ao impor consequências legais tanto ao autor quanto aos divulgadores da calúnia, o dispositivo visa limitar o impacto dessas práticas prejudiciais no resultado do pleito e na credibilidade do sistema eleitoral como um todo.

10.2.1.33.1. Bem jurídico protegido

O bem jurídico tutelado é a **honra objetiva da pessoa ofendida**, protegendo-a contra acusações caluniosas que possam impactar sua reputação pública, especialmente no contexto eleitoral. Além disso, busca-se resguardar a **legitimidade do processo eleitoral**, impedindo que a disputa seja desvirtuada por ataques desonestos.

10.2.1.33.2. Sujeitos do crime

■ **Sujeito ativo:** qualquer pessoa que, no contexto de propaganda eleitoral, impute falsamente a alguém fato definido como crime.

■ **Sujeito passivo:** o ofendido, cuja honra é lesada pela imputação caluniosa.

10.2.1.33.3. Conduta típica

A conduta criminosa consiste em imputar falsamente, no âmbito da propaganda eleitoral, um fato definido como crime a outra pessoa. Essa imputação deve ser feita de forma consciente e com intenção de prejudicar a honra da vítima. O § 1.º amplia a responsabilidade para quem, sabendo ser falsa a acusação, propaga ou divulga o conteúdo calunioso.

10.2.1.33.4. Prova da verdade (§ 2.º)

A prova da verdade do fato imputado, em regra, exclui o crime. No entanto, há exceções específicas em que a prova não é admitida:

■ Quando o fato imputado constitui crime de ação privada, mas o ofendido não foi condenado por sentença irrecorrível.

▣ Quando o fato imputado é relacionado ao Presidente da República ou chefe de governo estrangeiro.

▣ Quando, no caso de crime de ação pública, o ofendido foi absolvido por sentença irrecorrível.

Essas restrições reforçam a proteção à honra em situações de maior relevância institucional ou quando a imputação já foi judicialmente rejeitada.

Exemplos hipotéticos:

1. Durante a campanha eleitoral, um candidato acusa falsamente outro de desvio de verbas públicas, com o objetivo de prejudicar sua imagem junto ao eleitorado.

2. Um eleitor divulga em redes sociais informações caluniosas sobre um candidato, sabendo que as alegações são falsas.

3. Um partido político utiliza material de propaganda para imputar crime inexistente a adversários, induzindo o público ao erro.

10.2.1.33.5. Consumação e tentativa

▣ **Consumação:** o crime se consuma no momento em que a imputação caluniosa é divulgada, independentemente de ser acreditada pelo público ou causar dano efetivo.

▣ **Tentativa:** é possível, como no caso em que a calúnia começa a ser propagada, mas é impedida por intervenção de terceiros.

10.2.1.34. Difamação eleitoral

> **Art. 325.** Difamar alguém, na propaganda eleitoral, ou visando a fins de propaganda, imputando-lhe fato ofensivo à sua reputação:
>
> Pena — detenção de três meses a um ano, e pagamento de 5 a 30 dias-multa.
>
> Parágrafo único. A exceção da verdade somente se admite se o ofendido é funcionário público e a ofensa é relativa ao exercício de suas funções.

O tipo penal abarca a prática de difamação no contexto da propaganda eleitoral, configurada pela imputação de fato que ofenda a reputação de outra pessoa. A norma tem como objetivo fundamental preservar a ética no debate político, promovendo um ambiente eleitoral equilibrado e respeitoso. Ao proteger a honra e a dignidade dos candidatos, partidos e demais envolvidos no pleito, o dispositivo busca evitar que campanhas eleitorais sejam marcadas por ataques pessoais ou acusações desprovidas de relevância para a escolha consciente dos eleitores.

Essa tipificação penal reforça a necessidade de que o discurso político seja pautado por argumentos legítimos, voltados para propostas e ideias, e não por ataques que desqualifiquem moralmente os adversários. A ética no debate eleitoral é um dos pilares para garantir a legitimidade do processo democrático, permitindo que as decisões do eleitorado sejam tomadas com base em informações verídicas e relevantes, livres de distorções que possam comprometer a percepção dos candidatos.

O dispositivo ainda apresenta uma regra específica para a exceção da verdade, admitindo sua utilização apenas quando a difamação for relativa ao exercício de funções públicas. Essa restrição demonstra a preocupação do legislador em evitar abusos no uso de acusações que possam ferir desnecessariamente a reputação alheia, salvo nos casos em que há interesse público em esclarecer fatos relacionados à atuação funcional. Assim, o art. 325 equilibra a liberdade de expressão e crítica inerente ao ambiente eleitoral com a necessidade de proteger a dignidade dos indivíduos, assegurando um pleito justo e respeitoso.

10.2.1.34.1. Bem jurídico protegido

O bem jurídico tutelado é a **honra objetiva da pessoa ofendida**, em especial sua reputação perante a sociedade, e a **lisura do processo eleitoral**, que não deve ser desvirtuado por ataques pessoais desonestos.

10.2.1.34.2. Sujeitos do crime

■ **Sujeito ativo:** qualquer pessoa que, no contexto de propaganda eleitoral, impute fato ofensivo à reputação de outrem.

■ **Sujeito passivo:** a pessoa difamada, cuja honra objetiva é afetada pela imputação.

10.2.1.34.3. Conduta típica

A conduta criminosa consiste em imputar, no âmbito da propaganda eleitoral, fato ofensivo à reputação de outra pessoa, independentemente de sua veracidade. O parágrafo único prevê a exceção da verdade, admitida apenas quando o ofendido é funcionário público e a ofensa está relacionada ao exercício de suas funções.

Exemplos hipotéticos:

1. Durante a campanha eleitoral, um candidato acusa outro de má gestão, atribuindo-lhe publicamente atos desabonadores que comprometem sua reputação, sem conexão com a realidade.

2. Um eleitor ou militante divulga mensagens que depreciam moralmente a imagem de um candidato, usando materiais de propaganda com conteúdo difamatório.

3. Em um comício, um representante de partido político imputa fatos ofensivos a um adversário, visando desacreditá-lo perante o eleitorado.

10.2.1.34.4. Consumação e tentativa

■ **Consumação:** o crime se consuma no momento em que o fato ofensivo à reputação é divulgado, seja por discurso, material gráfico ou meio digital, independentemente do impacto direto na imagem do ofendido.

■ **Tentativa:** é possível, como no caso em que a mensagem difamatória é preparada, mas sua divulgação é frustrada por intervenção de terceiros.

10.2.1.35. Injúria eleitoral

> **Art. 326.** Injuriar alguém, na propaganda eleitoral, ou visando a fins de propaganda, ofendendo-lhe a dignidade ou o decoro:
> Pena — detenção até seis meses, ou pagamento de 30 a 60 dias-multa.
> § 1.º O juiz pode deixar de aplicar a pena:
> I — se o ofendido, de forma reprovável, provocou diretamente a injúria;

> II — no caso de retorsão imediata, que consista em outra injúria.
>
> § 2.º Se a injúria consiste em violência ou vias de fato, que, por sua natureza ou meio empregado, se considerem aviltantes:
>
> Pena — detenção de três meses a um ano e pagamento de 5 a 20 dias-multa, além das penas correspondentes à violência prevista no Código Penal.

O art. 326 do Código Eleitoral estabelece como crime a prática de injúria no contexto da propaganda eleitoral, configurada pela ofensa à dignidade ou ao decoro de outra pessoa. Trata-se de uma norma que visa proteger a honra subjetiva, ou seja, a percepção que o indivíduo tem de si mesmo, garantindo um ambiente eleitoral onde o respeito mútuo e a ética prevaleçam, afastando ataques pessoais que desvirtuem o propósito do debate político.

Ao definir a injúria como conduta criminosa, o dispositivo reforça a necessidade de que o processo eleitoral seja pautado por discussões legítimas, voltadas para a apresentação de propostas, ideias e programas, e não por práticas ofensivas que desqualifiquem moralmente os adversários ou seus apoiadores. Assim, busca-se evitar que o ambiente eleitoral se transforme em um campo de hostilidades, o que comprometeria a confiança do eleitorado na disputa democrática.

O dispositivo traz ainda previsões específicas sobre excludentes de aplicação da pena. O juiz pode deixar de aplicá-la em situações de provocação direta, caracterizada pela conduta reprovável do ofendido, ou quando há retorsão imediata em resposta à injúria inicial. Essas disposições reconhecem a complexidade das interações humanas no calor de uma campanha eleitoral, especialmente diante de contextos marcados por animosidades.

Há ainda uma previsão especial no § 2.º, que trata das situações em que a injúria é acompanhada de violência ou vias de fato de caráter aviltante. Nesses casos, a pena é mais severa, podendo variar de três meses a um ano, com acréscimo das sanções correspondentes à violência prevista no Código Penal. Essa previsão ressalta a gravidade das agressões físicas ou de atos que ultrapassam o campo verbal, reforçando a proteção à integridade moral e física dos envolvidos no processo eleitoral.

O art. 326, portanto, não apenas busca regular o comportamento durante as campanhas eleitorais, mas também reafirma a importância da civilidade no debate político, preservando o respeito mútuo como fundamento essencial para a legitimidade do processo democrático.

10.2.1.35.1. Bem jurídico protegido

O bem jurídico tutelado é a **honra subjetiva da pessoa ofendid**a, representada pela preservação de sua dignidade e decoro. O artigo também resguarda a **lisura do debate eleitoral**, promovendo um ambiente mais respeitoso e ético.

10.2.1.35.2. Sujeitos do crime

◼ **Sujeito ativo:** qualquer pessoa que, no contexto de propaganda eleitoral, profira ofensas à dignidade ou ao decoro de outra.

◼ **Sujeito passivo:** a pessoa injuriada, cuja honra subjetiva é lesada pela ofensa.

10.2.1.35.3. Conduta típica

A conduta criminosa consiste em ofender a dignidade ou o decoro de alguém durante a propaganda eleitoral ou visando a fins de propaganda. O § 2.º qualifica a injúria que envolve violência ou vias de fato, prevendo penas mais graves em função da maior gravidade da conduta.

Exemplos hipotéticos:

1. Durante um comício, um candidato utiliza palavras depreciativas ou insultos diretos contra um adversário, buscando ridicularizá-lo perante o público.

2. Em materiais de propaganda, um militante publica frases ou imagens ofensivas que visam atingir a dignidade ou decoro de um candidato.

3. Um eleitor, em redes sociais, promove agressões verbais contra um candidato, com o objetivo de comprometer sua honra pessoal.

10.2.1.35.4. Consumação e tentativa

■ **Consumação:** o crime se consuma no momento em que a injúria é proferida ou divulgada, seja por meio oral, escrito ou eletrônico, independentemente de causar impacto direto no ofendido.

■ **Tentativa:** é possível, como no caso em que a ofensa é preparada para divulgação, mas sua execução é frustrada por intervenção de terceiros.

10.2.1.36. Denunciação caluniosa eleitoral

> **Art. 326-A.** Dar causa à instauração de investigação policial, de processo judicial, de investigação administrativa, de inquérito civil ou ação de improbidade administrativa, atribuindo a alguém a prática de crime ou ato infracional de que o sabe inocente, com finalidade eleitoral:
>
> Pena — reclusão, de 2 (dois) a 8 (oito) anos, e multa.
>
> § 1.º A pena é aumentada de sexta parte, se o agente se serve do anonimato ou de nome suposto.
>
> § 2.º A pena é diminuída de metade, se a imputação é de prática de contravenção.
>
> § 3.º Incorrerá nas mesmas penas deste artigo quem, comprovadamente ciente da inocência do denunciado e com finalidade eleitoral, divulga ou propala, por qualquer meio ou forma, o ato ou fato que lhe foi falsamente atribuído.

O art. 326-A do Código Eleitoral, introduzido pela Lei n. 13.834/2019, configura como crime a prática de atribuir falsamente a alguém a autoria de crime ou ato infracional, desde que a conduta tenha finalidade eleitoral e resulte na instauração de procedimentos investigativos ou processuais. Essa norma tem como objetivo principal coibir o uso indevido do aparato judicial ou administrativo como instrumento de manipulação e ataque no contexto eleitoral, protegendo a lisura do pleito e a integridade das instituições democráticas.

A criminalização dessa prática reflete a preocupação em evitar que o sistema de justiça seja instrumentalizado para prejudicar adversários políticos por meio de acusações falsas que comprometam suas reputações perante o eleitorado. Essa estratégia, muitas vezes empregada para desequilibrar a disputa eleitoral, não apenas prejudica o indivíduo falsamente acusado, mas também sobrecarrega indevidamente os órgãos investigativos e judiciais com demandas infundadas, desviando recursos e atenção de questões legítimas.

A norma ainda prevê agravantes e atenuantes que reforçam seu caráter protetivo. Por exemplo, a pena é aumentada quando a conduta é realizada sob anonimato ou nome falso, dado o agravamento do impacto e a maior dificuldade de defesa para a vítima. Por outro lado, quando a imputação falsa diz respeito a uma contravenção, e não a um crime, a pena é reduzida pela metade, em razão do menor grau de lesividade.

O dispositivo também pune, no § 3.º, aqueles que, mesmo cientes da inocência do denunciado, divulgam ou propagam a falsa acusação com intenção eleitoral, ampliando o alcance da norma para abarcar ações subsequentes à imputação inicial. Essa previsão busca inibir a disseminação de informações falsas, especialmente em tempos de amplo uso das redes sociais, onde acusações infundadas podem se espalhar rapidamente, comprometendo o debate democrático.

O art. 326-A reafirma, pois, o compromisso com a moralidade eleitoral, protegendo não apenas os candidatos de ataques infundados, mas também a confiança do eleitorado no processo democrático. A norma é um importante marco contra a desinformação e o abuso político, fortalecendo o equilíbrio e a justiça nas disputas eleitorais.

10.2.1.36.1. Bem jurídico protegido

O bem jurídico tutelado é a **regularidade do processo eleitoral e a honra objetiva do acusado**, protegendo-o contra acusações infundadas e abusos do aparato judicial para fins políticos. A norma também resguarda a credibilidade das instituições públicas, prevenindo seu uso indevido.

10.2.1.36.2. Sujeitos do crime

▪ **Sujeito ativo:** qualquer pessoa que, com finalidade eleitoral, atribua falsamente um crime ou ato infracional a outrem, gerando a instauração de investigações ou processos.

▪ **Sujeito passivo:** o acusado inocente, cuja honra e reputação são lesadas, e o sistema eleitoral e judicial, que podem ser manipulados.

10.2.1.36.3. Conduta típica

A conduta criminosa consiste em dar causa, com finalidade eleitoral, à instauração de investigações ou processos baseados em imputação falsa de crime ou ato infracional. O § 3.º amplia a responsabilização para quem, ciente da falsidade, divulga ou propaga a acusação.

Exemplos hipotéticos:

1. Um candidato registra uma denúncia falsa contra seu adversário, atribuindo-lhe crimes inexistentes, com o objetivo de prejudicá-lo eleitoralmente.

2. Um eleitor ou militante utiliza documentos falsos para iniciar investigação administrativa contra um candidato, sabendo de sua inocência.

3. Um partido político divulga acusações infundadas contra adversários, utilizando anonimato para ocultar a autoria.

10.2.1.36.4. Agravantes e atenuantes

◼ Agravante (§ 1.º): a pena é aumentada de sexta parte se o agente utiliza anonimato ou nome falso, dificultando a identificação do autor da falsa imputação.

◼ Atenuante (§ 2.º): a pena é diminuída de metade se a imputação refere-se a contravenção, por sua menor gravidade em comparação com crimes.

10.2.1.36.5. Consumação e tentativa

◼ **Consumação:** o crime se consuma no momento em que a falsa imputação gera a instauração de investigação, processo ou procedimento administrativo, independentemente do desfecho.

◼ **Tentativa:** é possível, como no caso em que a denúncia falsa é iniciada, mas sua formalização é frustrada por intervenção externa.

10.2.1.37. Violência política contra a mulher

> **Art. 326-B.** Assediar, constranger, humilhar, perseguir ou ameaçar, por qualquer meio, candidata a cargo eletivo ou detentora de mandato eletivo, utilizando-se de menosprezo ou discriminação à condição de mulher ou à sua cor, raça ou etnia, com a finalidade de impedir ou de dificultar a sua campanha eleitoral ou o desempenho de seu mandato eletivo:
> Pena — reclusão, de 1 (um) a 4 (quatro) anos, e multa.
> Parágrafo único. Aumenta-se a pena em 1/3 (um terço), se o crime é cometido contra mulher:
> I — gestante;
> II — maior de 60 (sessenta) anos;
> III — com deficiência.

Incluído pela Lei n. 14.192/2021 no Código Eleitoral, o art. 326-B representa um avanço significativo na proteção contra a violência política de gênero e raça, tipificando como crime condutas que têm por objetivo assediar, constranger, humilhar, perseguir ou ameaçar mulheres em razão de sua condição de gênero, incluindo discriminação por cor, raça ou etnia. A norma responde a uma demanda crescente por igualdade de condições na política, reconhecendo que as mulheres enfrentam obstáculos adicionais que vão além da disputa eleitoral em si, muitas vezes relacionados a práticas discriminatórias e agressões que visam enfraquecer ou inviabilizar sua atuação pública.

O dispositivo penaliza comportamentos que busquem impedir ou dificultar a participação de mulheres em campanhas eleitorais ou o exercício de seus mandatos eletivos, protegendo tanto candidatas quanto aquelas já eleitas. Ao tipificar essas condutas, a norma cria uma barreira legal contra a violência simbólica e psicológica que, historicamente, tem sido usada para deslegitimar a presença feminina nos espaços de poder e decisão política.

A Lei n. 14.192/2021 inova ao incorporar elementos de agravamento da pena no caso de a violência ser cometida contra mulheres gestantes, idosas ou com deficiência, reconhecendo a vulnerabilidade adicional que esses fatores podem representar em situações de violência política. Ademais, a norma busca coibir a disseminação de discriminação em ambientes digitais, onde ataques e ameaças muitas vezes ganham proporções ampliadas.

Esse artigo vai além da proteção individual das mulheres, promovendo a igualdade de condições no debate político e na disputa eleitoral. A violência política de gênero não é apenas uma ofensa contra uma candidata ou mandatária, mas um ataque direto à democracia, pois desestimula a participação feminina e perpetua estruturas de poder excludentes e hierárquicas.

A inclusão do art. 326-B reflete a compreensão de que o processo eleitoral deve ser livre de práticas discriminatórias que distorcem o ambiente democrático. Assim, ao criminalizar a violência política contra a mulher, o legislador reafirma o compromisso com a diversidade e inclusão na política, fortalecendo o Estado de Direito e promovendo um cenário em que todas as pessoas, independentemente de gênero, cor ou etnia, possam participar de forma plena e segura no exercício de seus direitos políticos.

10.2.1.37.1. Compatibilidade com a Convenção Interamericana contra o Racismo, a Discriminação Racial e Formas Correlatas de Intolerância

O art. 326-B do Código Eleitoral, ao tipificar a violência política contra a mulher, demonstra plena compatibilidade com os objetivos e preceitos estabelecidos na Convenção Interamericana contra o Racismo, a Discriminação Racial e Formas Correlatas de Intolerância, a qual ingressou no ordenamento jurídico com a força de emenda constitucional, nos termos do § 3.º do art. 5.º da CF, em 2022. A Convenção estabelece obrigações para os Estados-membros na prevenção, punição e erradicação de todas as formas de discriminação, reafirmando a centralidade do princípio da igualdade no fortalecimento da democracia.

A norma do Código Eleitoral vai ao encontro do compromisso internacional assumido pelo Brasil de garantir um ambiente livre de discriminação racial, de gênero e outras formas correlatas de intolerância, conforme previsto na convenção. O dispositivo brasileiro busca combater práticas discriminatórias e violentas que, historicamente, têm marginalizado mulheres, especialmente as que pertencem a grupos étnico-raciais vulneráveis, dentro do contexto político.

Ao incluir elementos relacionados à discriminação por cor, raça ou etnia, o art. 326-B alinha-se ao propósito da convenção de reconhecer e enfrentar as interseccionalidades das discriminações, ou seja, os impactos combinados de preconceitos de gênero e raciais que afetam de forma desproporcional mulheres negras, indígenas e de outras minorias raciais no cenário político.

Além disso, a convenção enfatiza a necessidade de medidas específicas para promover a inclusão de grupos sub-representados, reforçando a necessidade de proteção jurídica contra atos que dificultem ou impeçam a plena participação de mulheres em posições de poder. O art. 326-B, ao penalizar severamente as condutas de assédio, humilhação e discriminação contra mulheres candidatas ou em exercício de mandatos, traduz para o ordenamento jurídico interno a essência desse compromisso internacional.

Assim, a norma nacional não apenas contribui para a efetivação dos direitos consagrados na Convenção Interamericana contra o Racismo, como também demonstra o esforço do Brasil em harmonizar seu arcabouço jurídico interno com os padrões internacionais de proteção aos direitos humanos, promovendo um ambiente político mais inclusivo, justo e igualitário.

10.2.1.37.2. Bem jurídico protegido

O bem jurídico tutelado é a **igualdade de gênero e a integridade pessoal das mulheres que participam do processo político, além da lisura democrática**, garantindo que o ambiente eleitoral seja inclusivo e livre de discriminação e violência.

10.2.1.37.3. Sujeitos do crime

■ **Sujeito ativo:** qualquer pessoa que pratique condutas de violência política contra mulher no exercício ou busca de mandato eletivo.

■ **Sujeito passivo:** mulheres candidatas ou detentoras de mandato eletivo, cuja dignidade, integridade e igualdade são violadas pela prática criminosa.

10.2.1.37.4. Conduta típica

A conduta criminosa consiste em assediar, constranger, humilhar, perseguir ou ameaçar uma candidata ou detentora de mandato eletivo, utilizando-se de menosprezo ou discriminação em razão de gênero, cor, raça ou etnia. A finalidade é dificultar ou impedir sua campanha eleitoral ou o exercício de seu mandato, desestimulando sua participação política.

Exemplos hipotéticos:

1. Um adversário político expõe publicamente comentários depreciativos sobre a aparência ou vida pessoal de uma candidata, utilizando estereótipos de gênero para desqualificá-la.

2. Um grupo promove ataques racistas e misóginos contra uma parlamentar nas redes sociais, com o objetivo de intimidá-la e dificultar o exercício de seu mandato.

3. Durante um debate, uma candidata é constantemente interrompida e desrespeitada por seus concorrentes, que utilizam expressões ofensivas e preconceituosas.

10.2.1.37.5. Agravantes

O parágrafo único prevê aumento de pena em 1/3 se o crime for cometido contra mulheres em condições de maior vulnerabilidade, como:

■ Mulheres gestantes.

■ Mulheres com idade superior a 60 anos.

■ Mulheres com deficiência.

10.2.1.37.6. Consumação e tentativa

■ **Consumação:** o crime se consuma no momento em que as práticas de violência política são realizadas, independentemente de alcançar o efeito pretendido de impedir ou dificultar a campanha ou mandato da vítima.

■ **Tentativa:** é possível, como no caso em que o agressor inicia ações de intimidação ou constrangimento, mas é impedido antes de concluí-las.

10.2.1.38. Agravantes para os crimes de calúnia e difamação eleitorais

Art. 327. As penas cominadas nos arts. 324, 325 e 326 aumentam-se de 1/3 (um terço) até metade, se qualquer dos crimes é cometido:
I — contra o Presidente da República ou chefe de governo estrangeiro;
II — contra funcionário público, em razão de suas funções;
III — na presença de várias pessoas, ou por meio que facilite a divulgação da ofensa;
IV — com menosprezo ou discriminação à condição de mulher ou à sua cor, raça ou etnia;
V — por meio da internet ou de rede social ou com transmissão em tempo real.

O art. 327 do Código Eleitoral estabelece circunstâncias agravantes para os crimes de calúnia, difamação e injúria cometidos no contexto eleitoral, previstas nos arts. 324, 325 e 326. O dispositivo amplia as penas em certas situações que a norma considera como de maior gravidade ou impacto social, reforçando a necessidade de responsabilização mais severa para ofensas cometidas em contextos específicos.

10.2.1.38.1. Circunstâncias agravantes

As seguintes situações configuram agravantes para os crimes previstos nos arts. 324, 325 e 326:

◾ Contra autoridades públicas: quando a vítima é o Presidente da República, chefe de governo estrangeiro ou funcionário público, em razão de suas funções (incisos I e II).

◾ Maior divulgação ou exposição: quando o crime ocorre na presença de várias pessoas ou com uso de meios que facilitem sua divulgação, como internet ou redes sociais, incluindo transmissões em tempo real (incisos III e V).

◾ Discriminação ou menosprezo: quando o crime envolve preconceito relacionado à condição de mulher, cor, raça ou etnia (inciso IV).

Exemplos hipotéticos:

1. Publicação nas redes sociais de ofensa dirigida a uma mulher candidata, com conteúdo que deprecia sua condição de gênero e propaga estereótipos.

2. Ofensas proferidas contra um funcionário público, em razão de suas funções, em um comício com grande público.

3. Propagação de difamações em transmissões ao vivo, utilizando plataformas digitais, com o objetivo de alcançar ampla repercussão.

Art. 328. (Revogado).

Art. 329. (Revogado).

10.2.1.39. Redução de pena em caso de reparação do dano

Art. 330. Nos casos dos artigos 328 e 329 se o agente repara o dano antes da sentença final, o juiz pode reduzir a pena.

O art. 330 do Código Eleitoral prevê a possibilidade de redução da pena nos crimes anteriormente revogados pelos arts. 328 e 329, desde que o agente repare o dano antes do trânsito em julgado da sentença final. **Apesar da revogação dos dispositivos específicos, a análise dessa norma mantém relevância em interpretações sobre o princípio da reparação como forma de mitigação da responsabilidade penal.**

10.2.1.39.1. Condição para a redução da pena

A redução da pena pelo juiz está condicionada à reparação integral do dano antes da sentença final. Essa reparação demonstra o esforço do agente em minimizar as consequências de sua conduta e colabora para a preservação do interesse público, ainda que o ato ilícito tenha sido consumado.

10.2.1.40. Inutilização, alteração ou perturbação de meio de propaganda

> **Art. 331.** Inutilizar, alterar ou perturbar meio de propaganda devidamente empregado:
> Pena — detenção até seis meses ou pagamento de 90 a 120 dias-multa.

Está capitulado como crime qualquer ato de inutilizar, alterar ou perturbar os meios de propaganda eleitoral devidamente empregados. Essa disposição legal desempenha papel essencial na preservação do direito fundamental à liberdade de expressão no âmbito eleitoral, protegendo a pluralidade de opiniões e a integridade dos instrumentos utilizados para difusão das mensagens políticas.

A norma busca coibir práticas que possam interferir na regularidade e na eficácia da propaganda eleitoral, garantindo que os candidatos, partidos e coligações possam veicular suas propostas de forma transparente e sem obstruções. Ao criminalizar condutas que visam prejudicar ou inviabilizar a comunicação política, o dispositivo assegura um ambiente democrático onde o eleitorado tenha pleno acesso às informações necessárias para o exercício consciente do voto.

Essa proteção é particularmente relevante em um contexto no qual a propaganda eleitoral é essencial para equilibrar as condições de disputa entre os candidatos, especialmente aqueles com menos recursos. A inutilização ou alteração dos meios de propaganda pode não apenas prejudicar os direitos dos candidatos, mas também limitar o acesso da sociedade às informações fundamentais para a escolha eleitoral.

Demais disso, a norma tem como escopo inibir práticas desleais que possam distorcer o processo eleitoral, reforçando a ideia de que o debate político deve ser conduzido em conformidade com as regras estabelecidas, sem o uso de expedientes que comprometam a lisura do pleito. Com isso, o art. 331 reafirma a importância da propaganda eleitoral como instrumento legítimo de comunicação e participação política no sistema democrático brasileiro.

10.2.1.40.1. Bem jurídico protegido

O bem jurídico tutelado é a **liberdade de propaganda eleitoral**, que integra o direito fundamental à liberdade de expressão no contexto das eleições. A norma também preserva o regular funcionamento do processo eleitoral, protegendo os meios lícitos utilizados para a divulgação de ideias e propostas dos candidatos e partidos.

10.2.1.40.2. Sujeitos do crime

◼ **Sujeito ativo:** qualquer pessoa que pratique atos de inutilização, alteração ou perturbação de meios de propaganda devidamente empregados.

◼ **Sujeito passivo:** o titular do meio de propaganda atingido, como candidatos, partidos ou coligações, além da coletividade, que tem o direito de acesso às informações eleitorais.

10.2.1.40.3. Conduta típica

A conduta incriminada consiste em inutilizar, alterar ou perturbar meios de propaganda regularmente utilizados. Esses atos violam o direito à livre divulgação de propaganda eleitoral e interferem no equilíbrio do processo democrático.

Exemplos hipotéticos:

1. Destruir cartazes ou *banners* de candidatos colocados em locais permitidos pela legislação eleitoral.

2. Alterar o conteúdo de mensagens publicitárias eleitorais, inserindo informações falsas ou descontextualizadas.

3. Perturbar eventos de campanha, como comícios ou carreatas, interferindo no uso de recursos de som e imagem regularmente empregados.

10.2.1.40.4. Consumação e tentativa

◼ **Consumação:** o crime se consuma no momento em que o meio de propaganda é inutilizado, alterado ou perturbado, independentemente do prejuízo direto ao candidato ou partido.

◼ **Tentativa:** é possível, como no caso em que o agente inicia o ato de inutilizar, alterar ou perturbar, mas é impedido antes de completá-lo.

10.2.1.41. Impedimento de propaganda

> **Art. 332.** Impedir o exercício de propaganda:
> Pena — detenção até seis meses e pagamento de 30 a 60 dias-multa.

Resta tipificada como conduta delituosa qualquer ato que impeça o exercício da propaganda eleitoral, reafirmando o compromisso do ordenamento jurídico com a liberdade de manifestação política. Ao proteger o direito de candidatos, partidos e coligações de divulgarem suas ideias e propostas durante o processo eleitoral, o dispositivo resguarda um pilar essencial da democracia: a pluralidade de opiniões e o acesso igualitário ao debate público.

A norma tem como objetivo coibir condutas que obstruam ou inviabilizem a comunicação política legítima, assegurando que todos os participantes do pleito possam expor suas mensagens ao eleitorado de maneira justa e sem interferências indevidas. O impedimento da propaganda eleitoral compromete não apenas os direitos dos candidatos, mas também o direito dos eleitores à informação, essencial para a formação de escolhas conscientes no exercício do voto.

Essa disposição legal ganha especial relevância em contextos onde grupos ou indivíduos tentam silenciar adversários políticos por meio de intimidação, violência ou boicote aos instrumentos de comunicação. Ao criminalizar essas práticas, o art. 332 promove um ambiente democrático mais equitativo, garantindo que o debate político ocorra em conformidade com as regras e em respeito aos princípios fundamentais do processo eleitoral.

A norma protege a integridade das campanhas eleitorais, assegurando que as disputas se concentrem no mérito das ideias e propostas, em vez de serem marcadas por ações desleais que prejudiquem a manifestação política. Assim, o dispositivo contribui diretamente para a transparência e legitimidade das eleições no Brasil.

10.2.1.41.1. *Bem jurídico protegido*

O bem jurídico tutelado é a **liberdade de expressão na propaganda eleitoral**, assegurada como parte do direito fundamental à liberdade de expressão e de participação no processo político. A norma visa também proteger o equilíbrio democrático, evitando interferências ilegítimas na divulgação de informações eleitorais.

10.2.1.41.2. *Sujeitos do crime*

■ **Sujeito ativo:** qualquer pessoa que, por ato direto ou indireto, impeça o exercício da propaganda eleitoral.

■ **Sujeito passivo:** os candidatos, partidos ou coligações que têm direito de realizar propaganda, além da sociedade, que tem o direito de acesso às informações eleitorais.

10.2.1.41.3. *Conduta típica*

A conduta criminosa consiste em impedir, por qualquer meio, o exercício de propaganda eleitoral. Isso inclui ações que criem barreiras ou obstáculos à realização de campanhas, divulgação de mensagens ou realização de eventos legítimos e devidamente autorizados.

Exemplos hipotéticos:

1. Bloquear o acesso de um partido ou candidato a um local público previamente autorizado para um comício ou evento eleitoral.

2. Remover material de propaganda regularmente instalado, sem autorização legal ou ordem judicial.

3. Utilizar ameaças ou violência para impedir a realização de carreatas, passeatas ou outras formas de divulgação de propaganda.

10.2.1.41.4. *Consumação e tentativa*

■ **Consumação:** o crime se consuma no momento em que o exercício da propaganda é efetivamente impedido, seja por ação direta ou por omissão intencional que cause o obstáculo.

■ **Tentativa:** é possível, como no caso em que o agente inicia o ato de impedir a propaganda, mas é impedido antes de alcançar seu objetivo.

> **Art. 333. (Revogado).**

10.2.1.42. Utilização de organização comercial para propaganda ou aliciamento

> **Art. 334.** Utilizar organização comercial de vendas, distribuição de mercadorias, prêmios e sorteios para propaganda ou aliciamento de eleitores:
>
> Pena — detenção de seis meses a um ano e cassação do registro se o responsável for candidato.

Ao criminalizar tal conduta, o dispositivo impede que empresas ou outras organizações comerciais sejam utilizadas como veículos de influência indevida sobre o eleitorado. Essa previsão é especialmente importante em um contexto onde recursos financeiros e logísticos de grandes estruturas empresariais podem criar desigualdades significativas, favorecendo determinados candidatos em detrimento de outros. A prática desvirtuaria a disputa eleitoral, afastando-se dos princípios de equidade e transparência que regem o sistema democrático.

O art. 334 do Código Eleitoral está em perfeita consonância com o entendimento consolidado pelo Supremo Tribunal Federal na ADI 4.650, que declarou a inconstitucionalidade das doações eleitorais por pessoas jurídicas. Enquanto o dispositivo penaliza diretamente o uso de organizações comerciais para propaganda eleitoral ou aliciamento de eleitores, o STF, em sua decisão, reconheceu que as doações empresariais comprometem a isonomia entre candidatos e a legitimidade do processo eleitoral, permitindo a influência desproporcional de recursos financeiros no resultado das eleições.

A norma também protege a integridade da manifestação do voto, ao evitar que o eleitor seja induzido ou pressionado a decidir em função de campanhas associadas a vantagens comerciais ou práticas de aliciamento. Tal proteção é fundamental para garantir que o voto seja uma expressão genuína da vontade popular, livre de influências externas que não sejam o debate político legítimo.

Em síntese, o art. 334 desempenha um papel crucial na preservação da imparcialidade do processo eleitoral, ao proibir o uso de mecanismos comerciais para desviar a finalidade essencial das campanhas: a livre exposição de ideias e a escolha consciente do eleitor.

10.2.1.42.1. Bem jurídico protegido

O bem jurídico tutelado é a **lisura e igualdade do processo eleitoral**, resguardando a livre manifestação do voto contra práticas que possam corromper sua autenticidade por meio de aliciamento ou vantagens indevidas.

10.2.1.42.2. Sujeitos do crime

■ **Sujeito ativo:** qualquer pessoa que utilize organizações comerciais com o objetivo de promover propaganda eleitoral ou aliciar eleitores.

■ **Sujeito passivo:** a coletividade, que tem direito a um processo eleitoral legítimo e isento de práticas indevidas.

10.2.1.42.3. Conduta típica

A conduta criminosa consiste em utilizar organizações comerciais de vendas, distribuição de mercadorias, prêmios e sorteios para fins de propaganda eleitoral ou aliciamento de eleitores. Essa prática fere o princípio da igualdade entre candidatos e explora economicamente o eleitorado.

Exemplos hipotéticos:

1. Um candidato utiliza uma rede comercial para distribuir prêmios como forma de atrair votos.

2. Uma empresa promove sorteios com a condição de participação em eventos de propaganda eleitoral.

3. Uma organização comercial oferece mercadorias com descontos vinculados à adesão de eleitores a determinado partido ou candidato.

10.2.1.42.4. Consumação e tentativa

■ **Consumação:** o crime se consuma no momento em que a organização comercial é utilizada para a prática de propaganda ou aliciamento, independentemente de sua eficácia em atrair eleitores.

■ **Tentativa:** é admissível, como no caso em que o agente inicia o uso da organização comercial, mas é impedido antes de completar a ação.

10.2.1.43. Propaganda em língua estrangeira

> **Art. 335.** Fazer propaganda, qualquer que seja a sua forma, em língua estrangeira:
> Pena — detenção de três a seis meses e pagamento de 30 a 60 dias-multa.
> Parágrafo único. Além da pena cominada, a infração ao presente artigo importa na apreensão e perda do material utilizado na propaganda.

O artigo tipifica como crime a realização de propaganda eleitoral em língua estrangeira, com pena de detenção de três a seis meses e multa. Contudo, a aplicação desse dispositivo exige a comprovação do dolo específico de subverter a integridade política nacional por meio do uso de outros idiomas. Não se trata de vedação absoluta, mas de uma medida voltada a preservar a unidade do debate político e a compreensão geral do eleitorado brasileiro.

É de minha opinião que essa norma não impede que atos de propaganda sejam realizados na língua de origem de povos que estabeleceram colônias no Brasil e aqui decidiram se fixar de forma definitiva, desde que tais práticas não configurem intenção de comprometer a integridade do processo democrático ou representem risco para a nossa organização republicana. Da mesma forma, o dispositivo não se aplica aos povos originários, que têm suas línguas e culturas próprias expressamente preservadas pela Constituição Federal, como reconhecido nos arts. 215 e 231.

A exigência de dolo protege manifestações culturais legítimas e busca coibir apenas ações que possam desvirtuar a transparência e a acessibilidade do processo eleitoral, assegurando que a comunicação eleitoral alcance todo o eleitorado de forma igualitária e inclusiva, sem prejudicar as tradições e expressões culturais de comunidades específicas.

10.2.1.43.1. *Bem jurídico protegido*

O bem jurídico tutelado é a **transparência e acessibilidade da propaganda eleitoral**, assegurando que o eleitorado tenha pleno entendimento das mensagens veiculadas no processo eleitoral, evitando exclusão ou confusão em razão de barreiras linguísticas.

10.2.1.43.2. *Sujeitos do crime*

◾ **Sujeito ativo:** qualquer pessoa que, diretamente ou por intermédio de terceiros, realize propaganda eleitoral em língua estrangeira.

◾ **Sujeito passivo:** a coletividade, que é prejudicada pela veiculação de propaganda em idioma que pode restringir o acesso à informação eleitoral.

10.2.1.43.3. *Conduta típica*

A conduta criminosa consiste em fazer propaganda em língua estrangeira, independentemente de ser oral, escrita, visual ou digital. O parágrafo único agrava a penalidade com a apreensão e perda do material utilizado na prática ilícita.

Exemplos hipotéticos:

1. Um candidato veicula anúncios de campanha em idioma estrangeiro em meios de comunicação voltados para comunidades específicas no Brasil.

2. Um partido político utiliza *banners* ou vídeos promocionais em língua estrangeira para atingir nichos de eleitores sem oferecer tradução.

3. Material de propaganda, como panfletos ou faixas, é distribuído em idioma que não o português, dificultando a compreensão do conteúdo pelo público em geral.

10.2.1.43.4. *Consumação e tentativa*

◾ **Consumação:** o crime se consuma no momento em que a propaganda em língua estrangeira é efetivamente veiculada ou distribuída, independentemente de sua eficácia em influenciar o eleitorado.

◾ **Tentativa:** é admissível, como no caso em que o agente inicia a produção ou distribuição do material, mas é impedido antes de concluí-la.

10.2.1.44. *Responsabilidade do diretório local do partido*

> **Art. 336.** Na sentença que julgar ação penal pela infração de qualquer dos artigos. 322, 323, 324, 325, 326, 328, 329, 331, 332, 333, 334 e 335, deve o juiz verificar, de acordo com o seu livre convencimento, se diretório local do partido, por qualquer dos seus membros, concorreu para a prática de delito, ou dela se beneficiou conscientemente.
>
> Parágrafo único. Nesse caso, imporá o juiz ao diretório responsável pena de suspensão de sua atividade eleitoral por prazo de 6 a 12 meses, agravada até o dobro nas reincidências.

O art. 336 do Código Eleitoral inaugura, no âmbito do direito eleitoral, a possibilidade de responsabilização penal de diretórios locais de partidos políticos, quando comprovada a contribuição de seus membros para a prática de delito eleitoral ou o benefício consciente da infração. Essa previsão jurídica é uma aplicação peculiar da responsabilidade penal de pessoas jurídicas, reforçando o dever de probidade e a ética no processo eleitoral, ao impedir que agremiações partidárias se aproveitem de práticas ilícitas para obtenção de vantagens eleitorais.

Embora a aplicação da norma penal a pessoas jurídicas não fosse tradicionalmente aceita no direito brasileiro, a Constituição Federal de 1988 abriu caminho para sua admissibilidade. O art. 173, § 5.º, estabelece que:

"A lei, sem prejuízo da responsabilidade individual dos dirigentes da pessoa jurídica, estabelecerá a responsabilidade desta, sujeitando-a às punições compatíveis com sua natureza, nos atos praticados contra a ordem econômica e financeira e contra a economia popular."

Contudo, a efetiva tipificação penal para os crimes mencionados nesse dispositivo ainda carece de regulamentação infraconstitucional, que não foi editada até o presente momento. Já no caso dos crimes ambientais, a Constituição, em seu art. 225, § 3.º, estabelece expressamente que:

"As condutas e atividades consideradas lesivas ao meio ambiente sujeitarão os infratores, pessoas físicas ou jurídicas, a sanções penais e administrativas, independentemente da obrigação de reparar os danos causados."

A partir disso, houve a edição da Lei de Crimes Ambientais (Lei n. 9.605/1998), que consagra a responsabilidade penal de pessoas jurídicas por delitos ambientais.

No campo eleitoral, o art. 336 do Código Eleitoral, promulgado em 1965, foi pioneiro ao prever a aplicação de sanções penais a pessoas jurídicas, mesmo antes de a Constituição de 1988 consolidar essa possibilidade em outros campos do direito. Ainda que o texto constitucional não exija explicitamente a criação de norma penal capaz de alcançar pessoas jurídicas nesse âmbito do direito, sua previsão no Código Eleitoral é compatível com a ordem constitucional vigente, pois se alinha aos princípios fundamentais, especialmente o republicano e o democrático.

A norma reafirma o compromisso com a lisura e a igualdade no processo eleitoral, ao assegurar que partidos políticos sejam responsabilizados por condutas que atentem contra a legitimidade do pleito. Além disso, a previsão de suspensão das atividades eleitorais do diretório local demonstra o equilíbrio entre a necessidade de punição e a proteção dos direitos políticos da coletividade, o que a torna plenamente harmoniosa com os valores constitucionais.

10.2.1.44.1. *O órgão de direção partidária como sujeito do delito*

■ **Sujeito ativo:** o diretório local do partido político, representado pela conduta de seus membros, que tenha concorrido para a prática de infrações eleitorais ou delas se beneficiado.

10.2.1.44.2. Conduta típica

A conduta criminosa consiste em concorrer para a prática de infração eleitoral ou beneficiar-se conscientemente de sua ocorrência, por parte de qualquer membro do diretório local do partido. O dispositivo exige que a análise seja feita pelo juiz no momento de proferir a sentença.

10.2.1.44.3. Sanções aplicáveis

O parágrafo único prevê a aplicação de pena de suspensão da atividade eleitoral do diretório local por período de 6 a 12 meses, agravada até o dobro em caso de reincidência. Essa sanção reflete o compromisso com a punição proporcional à gravidade da infração e sua recorrência.

10.2.1.44.4. Consumação e tentativa

■ **Consumação:** o crime se consuma no momento em que o diretório é beneficiado pela prática da infração ou contribui para sua execução. A aplicação da pena depende da análise do juiz no julgamento da ação penal.

■ **Tentativa:** não se aplica diretamente, pois a responsabilização do diretório exige que o benefício ou a contribuição para o delito tenha se efetivado.

10.2.1.45. Participação Indevida em atividades partidárias

> **Art. 337.** Participar, o estrangeiro ou brasileiro que não estiver no gozo dos seus direitos políticos, de atividades partidárias inclusive comícios e atos de propaganda em recintos fechados ou abertos:
>
> Pena — detenção até seis meses e pagamento de 90 a 120 dias-multa.
>
> Parágrafo único. Na mesma pena incorrerá o responsável pelas emissoras de rádio ou televisão que autorizar transmissões de que participem os mencionados neste artigo, bem como o diretor de jornal que lhes divulgar os pronunciamentos.

Afronta a legislação penal eleitoral a participação de estrangeiros e brasileiros que não estejam no gozo de seus direitos políticos em atividades partidárias, incluindo comícios e atos de propaganda, realizados em recintos abertos ou fechados. Além disso, penaliza os responsáveis por meios de comunicação, como emissoras de rádio, televisão e jornais, que autorizem ou promovam a divulgação de pronunciamentos dessas pessoas. O objetivo da norma é preservar a integridade e a legalidade do processo político, impedindo interferências externas ou a influência de indivíduos sem vínculo político legítimo.

Essa vedação reflete a necessidade de assegurar que o debate eleitoral seja conduzido apenas por cidadãos aptos a exercer direitos políticos, protegendo o princípio da soberania popular. A norma reforça que a participação política, no contexto partidário e eleitoral, é prerrogativa exclusiva de quem está devidamente habilitado, limitando o envolvimento de atores externos que possam comprometer a autonomia do sistema democrático.

A penalização de responsáveis por meios de comunicação demonstra o cuidado do legislador em coibir formas indiretas de influência. Por meio dessa previsão, evita-se que veículos de grande alcance deem voz a quem não possui legitimidade para participar do processo político, reforçando a equidade e a transparência das disputas eleitorais.

O art. 337, pois, não apenas protege a regularidade do pleito, mas também assegura que o protagonismo no processo político-eleitoral seja exercido exclusivamente por quem integra o corpo político da nação, em respeito à soberania e à representatividade democrática.

10.2.1.45.1. Bem jurídico protegido

O bem jurídico tutelado é a **legitimidade do processo eleitoral brasileiro**, assegurando que apenas pessoas com capacidade eleitoral ativa possam influenciar diretamente o cenário político. A norma protege o sistema político contra interferências externas e irregulares, reforçando a soberania e a legalidade do processo.

10.2.1.45.2. Sujeitos do crime

■ **Sujeito ativo:** estrangeiros e brasileiros que não estejam no gozo de seus direitos políticos, como resultado de suspensão, cassação ou perda desses direitos. Inclui-se também os responsáveis por meios de comunicação que promovam ou divulguem pronunciamentos desses indivíduos.

■ **Sujeito passivo:** a coletividade, que tem direito a um processo político-eleitoral conduzido dentro dos parâmetros legais e éticos.

10.2.1.45.3. Conduta típica

A conduta criminosa é dupla:

1. Por parte do estrangeiro ou brasileiro sem direitos políticos: participação ativa em comícios, atos de propaganda ou outras atividades partidárias, independentemente do local ser fechado ou aberto.

2. Por parte dos responsáveis por meios de comunicação: autorizar, transmitir ou divulgar pronunciamentos de estrangeiros ou brasileiros sem direitos políticos em emissoras de rádio, televisão ou jornais.

Exemplos hipotéticos:

1. Um estrangeiro discursa em um comício eleitoral, promovendo apoio a determinado candidato.

2. Um brasileiro com direitos políticos suspensos organiza ou participa de um ato de propaganda partidária.

3. Uma emissora de rádio transmite entrevista ou discurso de um estrangeiro que apoia um candidato durante o período eleitoral.

4. O diretor de um jornal publica artigo de opinião assinado por pessoa sem direitos políticos promovendo propaganda eleitoral.

10.2.1.45.4. Consumação e tentativa

■ **Consumação:** o crime se consuma no momento em que o estrangeiro ou brasileiro sem direitos políticos participa da atividade partidária ou no instante em que o meio de comunicação divulga os pronunciamentos mencionados.

■ **Tentativa:** é admissível, como no caso em que o agente ou meio de comunicação inicia os atos de participação ou transmissão, mas é impedido antes de completá-los.

10.2.1.46. *Descumprimento de prioridade postal*

> **Art. 338.** Não assegurar o funcionário postal a prioridade prevista no art. 239:
>
> Pena — Pagamento de 30 a 60 dias-multa.

O art. 338 do Código Eleitoral tipifica como crime a omissão do funcionário postal em assegurar a prioridade prevista no art. 239 do mesmo diploma legal. Tal dispositivo exige celeridade no envio e recebimento de correspondências relacionadas ao processo eleitoral, incluindo materiais como propagandas autorizadas, documentos de candidatos, partidos e coligações, bem como comunicações oficiais da Justiça Eleitoral. A pena prevista é o pagamento de 30 a 60 dias-multa, indicando o caráter sancionatório do descumprimento dessa obrigação funcional.

Essa norma reflete a preocupação do legislador em garantir que os serviços postais desempenhem seu papel de forma eficaz durante o período eleitoral, evitando atrasos que possam comprometer a regularidade e a lisura do pleito. A prioridade no tratamento das correspondências relacionadas às eleições é indispensável, sobretudo em um contexto em que prazos e procedimentos devem ser rigidamente observados para a legitimidade do processo democrático.

A tipificação penal também atua como uma salvaguarda contra eventuais interferências ou negligências que possam prejudicar a condução das eleições. Ao responsabilizar criminalmente o funcionário postal que não observar a prioridade estabelecida, o dispositivo reforça a necessidade de compromisso com a celeridade e eficiência, valores essenciais para a manutenção da ordem e transparência eleitoral.

10.2.1.46.1. *Bem jurídico protegido*

O bem jurídico tutelado é a **regularidade do processo eleitoral**, com destaque para a eficiência e celeridade na tramitação de comunicações essenciais ao cumprimento das etapas eleitorais.

10.2.1.46.2. *Sujeitos do crime*

▣ **Sujeito ativo:** o funcionário postal que deixa de garantir a prioridade prevista no art. 239.

▣ **Sujeito passivo:** a Justiça Eleitoral e, indiretamente, a coletividade, que depende da pontualidade e eficiência dos serviços postais no período eleitoral.

10.2.1.46.3. *Conduta típica*

A conduta criminosa consiste em não assegurar a prioridade no tratamento das correspondências eleitorais, seja por negligência, omissão ou descumprimento deliberado. Essa prioridade inclui, por exemplo, a entrega de notificações, intimações, e outros documentos relacionados ao processo eleitoral.

Exemplos hipotéticos:

1. Um funcionário postal retarda, sem justificativa, a entrega de notificações judiciais eleitorais, comprometendo o andamento do processo.

2. Correspondências relacionadas à organização das eleições, como envio de cédulas ou convocações, não recebem a prioridade devida, resultando em atrasos.

3. Documentos eleitorais enviados para candidatos ou partidos são tratados como correspondência comum, em descumprimento à norma.

10.2.1.46.4. Consumação e tentativa

■ **Consumação:** o crime se consuma no momento em que a correspondência eleitoral é privada da prioridade devida, independentemente de haver prejuízo concreto ao processo eleitoral.

■ **Tentativa:** é possível, como no caso em que o funcionário inicia atos que resultem no descumprimento da prioridade, mas é impedido antes de concluí-los.

10.2.1.47. Destruição, supressão ou ocultação de urnas e documentos eleitorais

> **Art. 339.** Destruir, suprimir ou ocultar urna contendo votos, ou documentos relativos à eleição:
> Pena — reclusão de dois a seis anos e pagamento de 5 a 15 dias-multa.
> Parágrafo único. Se o agente é membro ou funcionário da Justiça Eleitoral e comete o crime prevalecendo-se do cargo, a pena é agravada.

A norma penal em apreço tipifica como crime a destruição, supressão ou ocultação de urnas contendo votos ou de documentos relativos à eleição, condutas que representam graves atentados à integridade e credibilidade do processo eleitoral. A pena prevista para essa prática é de reclusão de dois a seis anos, acrescida do pagamento de 5 a 15 dias-multa, em reconhecimento à gravidade do impacto dessas ações sobre o sistema democrático.

O dispositivo busca proteger a integridade material do processo eleitoral, assegurando que os elementos físicos que compõem a eleição, como as urnas e documentos, permaneçam intactos e disponíveis para a apuração e conferência. Tais práticas, ao comprometerem o registro e a apuração dos votos, ameaçam diretamente a legitimidade do pleito e a confiança pública nos resultados das eleições.

O parágrafo único do dispositivo agrava a pena quando o crime é cometido por membro ou funcionário da Justiça Eleitoral que se aproveite de sua posição. Essa previsão reconhece que esses agentes têm acesso privilegiado e deveres funcionais que os tornam especialmente responsáveis por proteger o processo eleitoral. Quando violam essa confiança, a ameaça ao sistema democrático é ainda mais severa.

Ao estabelecer essas penas, o dispositivo reafirma a centralidade da integridade material dos instrumentos de votação e apuração no funcionamento da democracia. Ele também envia uma mensagem de intolerância a qualquer tentativa de subverter o sistema eleitoral, essencial para a manifestação legítima da vontade popular. A tipificação desse crime, portanto, cumpre papel crucial na preservação da transparência e credibilidade das eleições.

10.2.1.47.1. Bem jurídico protegido

O bem jurídico tutelado é a **integridade e segurança do processo eleitoral**, com destaque para a preservação do sigilo e da validade dos votos e documentos relacionados ao pleito. O dispositivo busca garantir a confiança pública no sistema democrático.

10.2.1.47.2. Sujeitos do crime

▫ **Sujeito ativo:** qualquer pessoa que destrua, suprima ou oculte urnas contendo votos ou documentos relacionados à eleição. O parágrafo único prevê a pena agravada para membros ou funcionários da Justiça Eleitoral que se prevaleçam de seu cargo para praticar o crime.

▫ **Sujeito passivo:** a coletividade, que depende de eleições íntegras e regulares, e a própria Justiça Eleitoral, enquanto instituição responsável pelo processo.

10.2.1.47.3. Conduta típica

A conduta criminosa consiste em destruir, suprimir ou ocultar:

▫ Urnas contendo votos, sejam físicas ou eletrônicas;

▫ Documentos relativos ao processo eleitoral, como boletins de urna, listas de presença e demais registros.

Essas ações comprometem o resultado e a transparência das eleições.

Exemplos hipotéticos:

1. Um indivíduo destrói uma urna eletrônica ou física após a votação para invalidar os votos depositados.

2. Um funcionário da Justiça Eleitoral oculta listas de eleitores para dificultar a apuração de possíveis irregularidades no pleito.

3. Um candidato ou seu representante suprime boletins de urna para alterar ou contestar indevidamente o resultado das eleições.

10.2.1.47.4. Agravante do parágrafo único

Se o agente é membro ou funcionário da Justiça Eleitoral e utiliza sua posição para cometer o crime, a pena é agravada, evidenciando o maior grau de reprovação pela violação de deveres funcionais.

10.2.1.47.5. Consumação e tentativa

▫ **Consumação:** o crime se consuma no momento em que a urna ou o documento eleitoral é destruído, suprimido ou ocultado, independentemente de haver impacto concreto nos resultados eleitorais.

▫ **Tentativa:** é possível, como no caso em que o agente inicia atos de destruição, supressão ou ocultação, mas é impedido antes de concluí-los.

10.2.1.48. Fabricação, aquisição ou subtração de materiais

Art. 340. Fabricar, mandar fabricar, adquirir, fornecer, ainda que gratuitamente, subtrair ou guardar urnas, objetos, mapas, cédulas ou papéis de uso exclusivo da Justiça Eleitoral:

Pena — reclusão até três anos e pagamento de 3 a 15 dias-multa.

Parágrafo único. Se o agente é membro ou funcionário da Justiça Eleitoral e comete o crime prevalecendo-se do cargo, a pena é agravada.

Estão definidas como crime uma série de condutas relacionadas à manipulação indevida de materiais exclusivos da Justiça Eleitoral, como urnas, sejam elas convencionais ou eletrônicas, cédulas, mapas de apuração e outros documentos. A norma abrange a fabricação, aquisição, fornecimento, subtração ou guarda desses itens, mesmo que de forma gratuita, estabelecendo uma pena de reclusão de até três anos e pagamento de 3 a 15 dias-multa.

Esse dispositivo tem como objetivo central garantir a segurança, integridade e exclusividade dos materiais utilizados no processo eleitoral, que são fundamentais para assegurar a lisura e a confiabilidade do pleito. Qualquer desvio ou manipulação não autorizada desses itens pode comprometer gravemente a condução e a transparência das eleições, bem como gerar incertezas quanto à legitimidade dos resultados.

O parágrafo único do artigo agrava a pena quando a infração é cometida por membro ou funcionário da Justiça Eleitoral que abusa de sua posição. Essa previsão reflete a maior gravidade da conduta quando praticada por agentes que, em razão de suas funções, têm o dever de proteger o sistema eleitoral e garantir sua inviolabilidade. O abuso de cargo nesse contexto representa uma violação ainda mais severa ao ordenamento democrático.

Ao estabelecer essa tipificação, o artigo 340 do CE reforça a necessidade de controle rigoroso sobre os materiais eleitorais, garantindo que apenas agentes devidamente autorizados tenham acesso ou possam lidar com eles. Dessa forma, a norma cumpre papel indispensável na proteção do processo eleitoral, impedindo ações que possam interferir na sua integridade ou na sua transparência.

10.2.1.48.1. Bem jurídico protegido

O bem jurídico tutelado é a **segurança e regularidade do processo eleitoral**, especialmente no que diz respeito à exclusividade e integridade dos materiais utilizados nas eleições. A norma protege contra manipulações que possam comprometer a confiança no sistema eleitoral.

10.2.1.48.2. Sujeitos do crime

■ **Sujeito ativo:** qualquer pessoa que realize as condutas descritas no tipo penal, como fabricar, adquirir, fornecer, subtrair ou guardar materiais de uso exclusivo da Justiça Eleitoral.

■ **Sujeito passivo:** a Justiça Eleitoral e, indiretamente, a coletividade, que depende da proteção e da exclusividade dos materiais eleitorais.

10.2.1.48.3. Conduta típica

A conduta criminosa inclui:

■ Fabricar ou mandar fabricar: produzir ou ordenar a produção de materiais exclusivos da Justiça Eleitoral sem autorização.

■ Adquirir ou fornecer: obter ou distribuir esses materiais, mesmo de forma gratuita.

■ Subtrair ou guardar: retirar indevidamente ou manter em posse materiais de uso exclusivo.

Essas ações violam a exclusividade e o controle necessário sobre os itens utilizados nas eleições.

Exemplos hipotéticos:

1. Um indivíduo fabrica cédulas falsas para interferir no resultado de uma eleição.

2. Um funcionário subtrai urnas ou boletins eleitorais para manipulá-los antes ou após o pleito.

3. Um candidato adquire materiais exclusivos da Justiça Eleitoral com o objetivo de utilizá-los indevidamente durante a campanha.

10.2.1.48.4. Agravante do parágrafo único

Se o agente é membro ou funcionário da Justiça Eleitoral e comete o crime prevalecendo-se de seu cargo, a pena é agravada, evidenciando a maior gravidade da conduta em razão da quebra de dever funcional.

10.2.1.48.5. Consumação e tentativa

◼ **Consumação:** o crime se consuma no momento em que o agente realiza qualquer uma das condutas descritas, como fabricar, adquirir, fornecer, subtrair ou guardar os materiais.

◼ **Tentativa:** é possível, como no caso em que o agente inicia a fabricação, aquisição ou subtração, mas é impedido antes de concluir o ato.

10.2.1.49. Retardar ou não publicar decisões e documentos

> **Art. 341.** Retardar a publicação ou não publicar, o diretor ou qualquer outro funcionário de órgão oficial federal, estadual, ou municipal, as decisões, citações ou intimações da Justiça Eleitoral:
>
> Pena — detenção até um mês ou pagamento de 30 a 60 dias-multa.

O art. 341 do Código Eleitoral estabelece como crime a conduta de retardar ou omitir a publicação de decisões, citações ou intimações da Justiça Eleitoral por parte de diretores ou funcionários de órgãos oficiais federais, estaduais ou municipais. A pena prevista para esse delito é de detenção de até um mês ou pagamento de 30 a 60 dias-multa.

A norma busca garantir a celeridade e eficácia nas comunicações judiciais, essenciais para o bom funcionamento do processo eleitoral. Como as eleições são marcadas por prazos exíguos e procedimentos que demandam respostas imediatas, qualquer atraso ou omissão pode prejudicar gravemente a regularidade e a transparência do pleito, impactando a legítima condução das atividades eleitorais.

A tipificação reforça a responsabilidade institucional dos órgãos públicos na cooperação com a Justiça Eleitoral. A publicação tempestiva de atos processuais é um pilar fundamental para assegurar que todos os envolvidos tenham acesso às informações necessárias para exercer seus direitos ou cumprir suas obrigações no processo eleitoral. A norma, portanto, protege não apenas o regular andamento das eleições, mas também a confiança pública na condução imparcial e eficiente das atividades judiciais relaciona-das ao pleito.

Essa previsão também atua como um instrumento de dissuasão contra condutas de má-fé ou negligência por parte de servidores que, ao não cumprirem com os deveres de publicação, podem influenciar negativamente o equilíbrio e a equidade do processo eleitoral. Assim, o art. 341 se apresenta como um importante mecanismo de preservação da integridade e celeridade das eleições no Brasil.

10.2.1.49.1. Bem jurídico protegido

O bem jurídico tutelado é a **eficiência e celeridade do processo eleitoral**, garantindo que decisões e atos da Justiça Eleitoral sejam prontamente publicados e cumpridos, evitando prejuízos à legitimidade das eleições.

10.2.1.49.2. Sujeitos do crime

■ **Sujeito ativo:** diretores ou funcionários de órgãos oficiais federais, estaduais ou municipais que retardem ou deixem de publicar documentos relacionados à Justiça Eleitoral.

■ **Sujeito passivo:** a Justiça Eleitoral, que depende da publicação tempestiva de suas decisões, citações e intimações, e a coletividade, que é prejudicada pelo descumprimento dessas obrigações.

10.2.1.49.3. Conduta típica

A conduta criminosa consiste em:

■ Retardar a publicação: atrasar, de forma intencional, a divulgação de decisões, citações ou intimações da Justiça Eleitoral.

■ Deixar de publicar: omitir-se totalmente na divulgação dos atos determinados.

Ambas as condutas comprometem a eficácia e o andamento dos atos judiciais no contexto eleitoral.

Exemplos hipotéticos:

1. Um diretor de órgão oficial atrasa deliberadamente a publicação de uma intimação judicial para favorecer uma das partes no processo eleitoral.

2. Um funcionário deixa de publicar uma decisão que determina a suspensão de propaganda eleitoral irregular, prejudicando a eficácia da medida.

3. Uma citação da Justiça Eleitoral não é divulgada dentro do prazo legal, impedindo o cumprimento de etapas processuais essenciais.

10.2.1.49.4. Consumação e tentativa

■ **Consumação:** o crime se consuma no momento em que a publicação é retardada ou deixada de realizar, independentemente de prejuízo concreto ao processo eleitoral.

■ **Tentativa:** é possível, como no caso em que o agente inicia os atos para retardar ou omitir a publicação, mas é impedido antes de concluí-los.

10.2.1.50. Omissão do Ministério Público

> **Art. 342.** Não apresentar o órgão do Ministério Público, no prazo legal, denúncia ou deixar de promover a execução de sentença condenatória:
>
> Pena — detenção até dois meses ou pagamento de 60 a 90 dias-multa.

A norma em análise estipula como delituosa a omissão do Ministério Público em duas hipóteses: não apresentar denúncia dentro do prazo legal ou deixar de promover a execução de sentença condenatória. A norma, que prevê como pena a detenção de até dois meses ou pagamento de 60 a 90 dias-multa, busca assegurar a regularidade e eficiência do processo eleitoral, respeitando a celeridade exigida pelo calendário eleitoral.

Para a configuração do delito, é imprescindível a presença de dolo específico, ou seja, a intenção deliberada de prejudicar a regularidade e a eficiência do processo judicial eleitoral. Essa exigência evita a responsabilização de atos eventualmente motivados por erro ou situações excepcionais, resguardando as garantias e prerrogativas inerentes à atividade ministerial, como a independência funcional e a liberdade na condução das ações judiciais.

A norma é compatível com o princípio da responsabilidade institucional do Ministério Público, que desempenha papel fundamental no sistema eleitoral. Ao exigir o cumprimento de prazos e a atuação efetiva em momentos decisivos, como a propositura de denúncias ou a execução de sentenças, o dispositivo reforça o dever de diligência do órgão, sem desconsiderar a necessidade de respeito aos direitos e prerrogativas que garantem a autonomia de sua atuação.

Ademais, o artigo está em harmonia com a lógica constitucional de equilíbrio entre celeridade processual e respeito às funções essenciais à justiça, assegurando que eventuais falhas dolosas ou negligências graves não comprometam a integridade do processo eleitoral. Dessa forma, a norma se apresenta como uma garantia tanto para a eficiência da Justiça Eleitoral quanto para a preservação da confiança pública no sistema democrático.

10.2.1.50.1. Bem jurídico protegido

O bem jurídico tutelado é a **regularidade e eficiência do processo judicial eleitoral**, garantindo que o Ministério Público cumpra seu papel institucional na persecução penal e na execução de decisões judiciais eleitorais.

10.2.1.50.2. Sujeitos do crime

■ **Sujeito ativo:** membro do Ministério Público responsável pela apresentação da denúncia ou pela promoção da execução de sentença condenatória eleitoral.

■ **Sujeito passivo:** a Justiça Eleitoral, enquanto instituição prejudicada pela omissão, e a sociedade, que depende da atuação diligente do órgão para a aplicação da lei.

10.2.1.50.3. Conduta típica

A conduta criminosa consiste em:

■ Não apresentar denúncia no prazo legal: omissão injustificada em exercer a ação penal, comprometendo a apuração e punição de ilícitos eleitorais.

■ Deixar de promover a execução de sentença condenatória: não iniciar os atos necessários para garantir o cumprimento de uma decisão judicial transitada em julgado.

Exemplos hipotéticos:

1. Um promotor eleitoral deixa de apresentar denúncia contra um candidato que cometeu crime eleitoral, mesmo tendo recebido elementos suficientes para fundamentar a ação.

2. O órgão do Ministério Público não promove a execução de uma sentença condenatória eleitoral, resultando em atraso na aplicação da penalidade.

3. A omissão na denúncia ou execução ocorre por negligência, comprometendo a regularidade do processo penal eleitoral.

10.2.1.50.4. *Consumação e tentativa*

■ **Consumação:** o crime se consuma no momento em que o prazo legal para a apresentação da denúncia ou promoção da execução de sentença condenatória expira sem que o ato tenha sido realizado.

■ **Tentativa:** não se aplica, pois a tipificação exige a omissão completa no prazo determinado.

10.2.1.51. *Descumprimento de obrigações pelo juiz*

Art. 343. Não cumprir o juiz o disposto no § 3.º do art. 357:
Pena — detenção até dois meses ou pagamento de 60 a 90 dias-multa.

O art. 343 do Código Eleitoral tipifica como crime a conduta do juiz que deixa de cumprir as obrigações estabelecidas no § 3.º do art. 357 do mesmo diploma legal, estabelecendo como pena a detenção de até dois meses ou pagamento de 60 a 90 dias-multa. Esse dispositivo visa assegurar a regularidade, transparência e lisura no processamento e julgamento das questões eleitorais, fortalecendo a confiança pública na atuação do Poder Judiciário no âmbito eleitoral.

O § 3.º do art. 357 determina a observância de formalidades processuais específicas, sobretudo no que tange ao dever de fundamentação e publicidade das decisões judiciais. Ao tipificar o descumprimento dessas obrigações como crime, o legislador busca garantir que a atuação dos juízes eleitorais seja diligente, imparcial e comprometida com a justiça, elementos indispensáveis para a integridade do processo democrático.

A norma exige dolo específico, ou seja, a intenção deliberada de não cumprir as obrigações impostas, o que reforça a necessidade de distinguir situações de descumprimento por erro ou circunstâncias excepcionais. Assim, o dispositivo não inviabiliza a independência funcional do magistrado, mas assegura que eventuais condutas dolosas sejam punidas, preservando a legitimidade do processo eleitoral.

Ao tipificar essa conduta, o Código Eleitoral também promove a responsabilização das funções judiciais no contexto eleitoral, garantindo que o magistrado não aja de maneira omissa ou negligente, especialmente em um ambiente tão sensível como o do direito eleitoral, em que a celeridade e a imparcialidade são essenciais para o cumprimento da ordem democrática.

10.2.1.51.1. Bem jurídico protegido

O bem jurídico tutelado é a **regularidade e eficiência do processo eleitoral**, com ênfase na atuação diligente e responsável do magistrado no cumprimento de suas atribuições previstas em lei.

10.2.1.51.2. Sujeitos do crime

▣ **Sujeito ativo:** o juiz eleitoral que deixa de cumprir o disposto no § 3.º do art. 357 do Código Eleitoral.

▣ **Sujeito passivo:** a Justiça Eleitoral, enquanto instituição prejudicada pela omissão do magistrado, e a sociedade, que depende de uma atuação jurisdicional eficiente e transparente.

10.2.1.51.3. Conduta típica

A conduta criminosa consiste em não cumprir o disposto no § 3.º do art. 357, cuja norma estabelece deveres específicos relacionados ao processo eleitoral, como a prática de atos indispensáveis à tramitação regular e célere do procedimento.

Exemplos hipotéticos:

1. Um juiz eleitoral não realiza os atos necessários para dar prosseguimento a um recurso eleitoral, comprometendo o andamento do processo.

2. Deixa de observar prazos ou medidas que assegurem a integridade das decisões e sua comunicação às partes interessadas.

3. O magistrado negligencia obrigações que envolvam a formalização de atos essenciais no procedimento eleitoral.

10.2.1.51.4. Consumação e tentativa

▣ **Consumação:** o crime se consuma no momento em que o juiz deixa de cumprir o dever previsto no § 3.º do art. 357, configurando a omissão exigida pelo tipo penal.

▣ **Tentativa:** não se aplica, pois a tipificação exige a omissão total no cumprimento da obrigação legal.

10.2.1.52. Recusa ou abandono do serviço eleitoral

> **Art. 344.** Recusar ou abandonar o serviço eleitoral sem justa causa:
> Pena — detenção até dois meses ou pagamento de 90 a 120 dias-multa.

A norma tem como objetivo assegurar a regularidade e o pleno funcionamento das atividades que garantem a realização das eleições, abrangendo indivíduos designados para atuar como mesários, escrutinadores ou em outras funções indispensáveis para a organização e condução do pleito.

A conduta típica descrita no dispositivo inclui tanto a recusa inicial ao cumprimento do serviço quanto o abandono de suas funções após o início das atividades, sem justificativa legal ou circunstância que permita a dispensa. Essa tipificação busca garantir que as eleições, como expressão máxima da soberania popular, contem com a colaboração efetiva daqueles que foram regularmente convocados para desempenhar papéis operacionais essenciais, prevenindo prejuízos ao andamento dos trabalhos eleitorais.

O preceito legal reflete a importância do serviço eleitoral como um dever cívico, indispensável para a manutenção da ordem e da legitimidade no processo democrático. Ao punir a recusa ou o abandono injustificado, o Código Eleitoral reforça a obrigatoriedade de participação dos cidadãos convocados e a necessidade de compromisso com as atividades que sustentam a realização das eleições.

10.2.1.52.1. Bem jurídico protegido

O bem jurídico tutelado é a **eficiência e regularidade do processo eleitoral**, garantindo que as funções essenciais para a realização e organização das eleições sejam cumpridas por aqueles legalmente convocados.

10.2.1.52.2. Sujeitos do crime

■ **Sujeito ativo:** qualquer pessoa regularmente convocada pela Justiça Eleitoral para o desempenho de funções eleitorais, como mesários, presidentes de mesa, escrutinadores, ou outros servidores eleitorais.

■ **Sujeito passivo:** a Justiça Eleitoral, que depende da atuação dos convocados para garantir a realização das eleições, e, indiretamente, a sociedade, que confia na lisura do processo eleitoral.

10.2.1.52.3. Conduta típica

A conduta criminosa consiste em:

■ Recusar o serviço eleitoral: ato de se negar injustificadamente a cumprir a convocação da Justiça Eleitoral.

■ Abandonar o serviço eleitoral: deixar de exercer a função designada durante o período para o qual foi convocado, sem motivo justificado.

Ambas as condutas comprometem o andamento das atividades essenciais ao processo eleitoral.

Exemplos hipotéticos:

1. Um mesário convocado para trabalhar no dia da eleição recusa-se, sem apresentar justificativa, a comparecer ao local de votação.

2. Um presidente de mesa abandona o serviço eleitoral no meio do dia de votação, deixando sua função sem justificativa válida.

3. Um escrutinador designado para apuração dos votos se ausenta deliberadamente antes da conclusão dos trabalhos.

10.2.1.52.4. Consumação e tentativa

■ **Consumação:** o crime se consuma no momento em que o agente recusa ou abandona o serviço eleitoral, caracterizando a conduta omissiva ou comissiva descrita no tipo penal.

◼ **Tentativa:** não se aplica, pois a recusa ou abandono configuram crimes omissivos próprios que se realizam de forma instantânea.

10.2.1.53. Descumprimento dos deveres impostos pela Justiça Eleitoral

> **Art. 345.** Não cumprir a autoridade judiciária, ou qualquer funcionário dos órgãos da Justiça Eleitoral, nos prazos legais, os deveres impostos por este Código, se a infração não estiver sujeita a outra penalidade:
> Pena — pagamento de trinta a noventa dias-multa.

Constitui infração penal o descumprimento, por autoridades judiciárias ou funcionários da Justiça Eleitoral, de deveres impostos pela legislação eleitoral, quando não houver penalidade específica prevista para a conduta omissiva. A norma visa garantir que todos os agentes envolvidos no processo eleitoral cumpram rigorosamente suas obrigações, assegurando a regularidade, eficiência e integridade das atividades relacionadas às eleições.

O tipo penal alcança condutas omissivas que resultem no não atendimento de prazos ou na negligência de atribuições estabelecidas pela legislação, como a gestão do cadastro eleitoral, a organização dos pleitos e a adoção de medidas administrativas necessárias à condução dos trabalhos eleitorais. Por não exigir um resultado danoso concreto, o delito se configura com a mera inobservância de um dever legal que seja indispensável ao pleno funcionamento do processo.

Ao responsabilizar penalmente as autoridades e os funcionários que desrespeitam suas obrigações, o dispositivo reforça a importância do cumprimento das normas eleitorais para a preservação da confiança pública na Justiça Eleitoral e para a realização de eleições legítimas e transparentes. Trata-se de um mecanismo essencial para prevenir desvios e assegurar a eficiência na administração do processo democrático.

10.2.1.53.1. Bem jurídico protegido

O bem jurídico tutelado é a **eficiência e a regularidade do funcionamento da Justiça Eleitoral**, assegurando que os prazos e deveres legalmente impostos sejam respeitados por aqueles que exercem funções no âmbito eleitoral.

10.2.1.53.2. Sujeitos do crime

◼ **Sujeito ativo:** autoridades judiciárias e funcionários da Justiça Eleitoral que descumpram, nos prazos legais, os deveres estabelecidos pelo Código Eleitoral, quando a infração não estiver sujeita a penalidade específica.

◼ **Sujeito passivo:** a Justiça Eleitoral e, indiretamente, a coletividade, que depende de uma atuação eficiente e organizada no âmbito eleitoral.

10.2.1.53.3. Conduta típica

A conduta criminosa consiste em não cumprir os deveres impostos pelo Código Eleitoral nos prazos legais, abrangendo tanto atos de omissão quanto de negligência que resultem no descumprimento das obrigações determinadas.

Exemplos hipotéticos:

1. Um funcionário eleitoral deixa de registrar ou publicar um ato processual dentro do prazo estabelecido, sem justificativa válida.

2. Uma autoridade judiciária eleitoral atrasa injustificadamente a emissão de uma decisão ou despacho relacionado a processos eleitorais.

3. A Justiça Eleitoral não atende a solicitações processuais dentro dos prazos legais estabelecidos, comprometendo o regular andamento do pleito.

10.2.1.53.4. *Consumação e tentativa*

■ **Consumação:** o crime se consuma no momento em que o prazo legal para cumprimento do dever expira sem que o ato tenha sido realizado, desde que a conduta não esteja sujeita a penalidade específica.

■ **Tentativa:** não se aplica, pois a infração consiste na omissão total de cumprimento dentro do prazo estipulado.

10.2.1.54. *Violação das normas do art. 377 do Código Eleitoral*

> **Art. 346.** Violar o disposto no art. 377:
>
> Pena — detenção até seis meses e pagamento de 30 a 60 dias-multa.
>
> Parágrafo único. Incorrerão na pena, além da autoridade responsável, os servidores que prestarem serviços e os candidatos, membros ou diretores de partido que derem causa à infração.

O art. 346 do Código Eleitoral tipifica como crime a violação das disposições previstas no art. 377[1], que regulamenta normas relacionadas à propaganda e ao processo eleitoral, garantindo a observância dos preceitos legais indispensáveis à regularidade e transparência das eleições. A norma estabelece responsabilidade penal não apenas para a autoridade que cometa a infração, mas também para servidores públicos e representantes partidários que, de qualquer forma, contribuam para sua prática.

A tipificação alcança condutas que desrespeitem as regras impostas para a organização do processo eleitoral, incluindo infrações relacionadas à propaganda eleitoral, ao uso indevido de recursos públicos ou à desobediência a diretrizes administrativas e jurídicas definidas pela legislação. A previsão normativa busca assegurar que todos os agentes envolvidos no processo eleitoral, independentemente de seu cargo ou função, atuem dentro dos limites estabelecidos pela lei, preservando a legitimidade do pleito.

---

[1] Art. 377. O serviço de qualquer repartição, federal, estadual, municipal, autarquia, fundação do Estado, sociedade de economia mista, entidade mantida ou subvencionada pelo poder público, ou que realiza contrato com este, inclusive o respectivo prédio e suas dependências não poderá ser utilizado para beneficiar partido ou organização de caráter político.

Parágrafo único. O disposto neste artigo será tornado efetivo, a qualquer tempo, pelo órgão competente da Justiça Eleitoral, conforme o âmbito nacional, regional ou municipal do órgão infrator mediante representação fundamentada partidário, ou de qualquer eleitor.

10.2.1.54.1. Bem jurídico protegido

O bem jurídico tutelado é a lisura e regularidade do processo eleitoral, garantindo a conformidade com as disposições normativas contidas no art. 377, que regula práticas no âmbito das eleições, especialmente aquelas relacionadas à propaganda eleitoral.

10.2.1.54.2. Sujeitos do crime

▩ **Sujeito ativo:** a autoridade que viola as normas estabelecidas no art. 377. Incluem-se também, conforme o parágrafo único, servidores que prestem serviços relacionados e candidatos, membros ou diretores de partido que contribuam para a infração.

▩ **Sujeito passivo:** a Justiça Eleitoral e a coletividade, que dependem do respeito às normas que regulamentam o processo eleitoral.

10.2.1.54.3. Conduta típica

A conduta criminosa consiste em violar o disposto no art. 377 do Código Eleitoral, abrangendo ações ou omissões que desrespeitem as regras eleitorais estabelecidas por esse artigo.

Exemplos hipotéticos:

1. Um servidor público utiliza bens ou recursos governamentais de forma irregular durante o período eleitoral, violando normas previstas no art. 377.

2. Um candidato promove propaganda irregular utilizando práticas vedadas expressamente nesse dispositivo legal.

3. Um diretor de partido autoriza ações que resultam em desrespeito às normas de propaganda ou ao regular andamento do pleito.

10.2.1.54.4. Consumação e tentativa

▩ **Consumação:** o crime se consuma no momento em que as disposições do art. 377 são violadas, seja por ação direta ou omissão, e o ato infrator se torna completo.

▩ **Tentativa:** é admissível, como no caso em que o agente inicia práticas vedadas, mas é impedido antes de concluir o ato ilícito.

10.2.1.55. Recusa ou embaraço às ordens da Justiça Eleitoral

> **Art. 347.** Recusar alguém cumprimento ou obediência a diligências, ordens ou instruções da Justiça Eleitoral ou opor embaraços à sua execução:
> Pena — detenção de três meses a um ano e pagamento de 10 a 20 dias-multa.

A conduta típica inclui qualquer ato que desrespeite ou dificulte a execução de medidas determinadas por essa instituição, essenciais para garantir a organização, a regularidade e a legitimidade do processo eleitoral.

A norma abrange situações em que autoridades, servidores públicos ou particulares, por ação ou omissão, neguem-se a atender determinações da Justiça Eleitoral ou interfiram de forma a prejudicar sua implementação. Essa criminalização reflete a importância de assegurar o respeito à autoridade e à eficácia das decisões emanadas, preservando a imparcialidade, a eficiência e a estabilidade no cumprimento das funções eleitorais.

Ao tipificar tais condutas, o dispositivo protege a integridade do processo democrático, garantindo que a Justiça Eleitoral tenha os meios necessários para exercer plenamente suas competências. A obediência às ordens e instruções dessa instituição é indispensável para evitar perturbações no curso das eleições e preservar a confiança pública no sistema eleitoral.

10.2.1.55.1. *Bem jurídico protegido*

O bem jurídico tutelado é a **autoridade e funcionalidade da Justiça Eleitoral**, garantindo a eficácia de suas decisões e a execução de suas determinações, essenciais para o andamento do processo eleitoral.

10.2.1.55.2. *Sujeitos do crime*

■ **Sujeito ativo:** qualquer pessoa que recuse cumprimento ou obediência a ordens, diligências ou instruções da Justiça Eleitoral ou que de alguma forma obstrua sua execução.

■ **Sujeito passivo:** a Justiça Eleitoral, que tem suas funções comprometidas pela recusa ou embaraço, e, indiretamente, a coletividade, que depende do cumprimento regular de suas determinações.

10.2.1.55.3. *Conduta típica*

A conduta criminosa consiste em:

■ Recusar cumprimento ou obediência: negar-se a cumprir ordens, diligências ou instruções emitidas pela Justiça Eleitoral.

■ Opor embaraços: criar obstáculos, dificultar ou impedir a execução dessas determinações.

Exemplos hipotéticos:

1. Um indivíduo desobedece à ordem judicial para cessar propaganda irregular, continuando a prática vedada.

2. Uma pessoa impede, de forma ativa, que oficiais de Justiça realizem diligências relacionadas a notificações ou intimações eleitorais.

3. Um partido político não atende a instruções da Justiça Eleitoral para regularização de suas contas ou documentos.

10.2.1.55.4. *Consumação e tentativa*

■ **Consumação:** o crime se consuma no momento em que ocorre a recusa ou quando se coloca um embaraço à execução das ordens, diligências ou instruções da Justiça Eleitoral, prejudicando seu cumprimento.

■ **Tentativa:** é admissível, como no caso em que o agente inicia o ato de obstrução ou desobediência, mas é impedido antes de alcançar o objetivo.

10.2.1.56. Falsificação ou alteração de documento público para fins eleitorais

> **Art. 348.** Falsificar, no todo ou em parte, documento público, ou alterar documento público verdadeiro, para fins eleitorais:
> Pena — reclusão de dois a seis anos e pagamento de 15 a 30 dias-multa.
> § 1.º Se o agente é funcionário público e comete o crime prevalecendo-se do cargo, a pena é agravada.
> § 2.º Para os efeitos penais, equipara-se a documento público o emanado de entidade paraestatal inclusive Fundação do Estado.

A falsificação total ou parcial de documento público, bem como a alteração de documento público verdadeiro com finalidade eleitoral, constitui crime que atenta diretamente contra a integridade e a regularidade do processo eleitoral. A conduta abrange atos que visem alterar a veracidade de registros ou informações com o objetivo de influenciar, de forma fraudulenta, o curso das eleições.

O Código Eleitoral, em seu art. 348, tipifica essas práticas como infração penal, assegurando que documentos utilizados no âmbito do processo eleitoral sejam protegidos contra manipulações fraudulentas. A norma amplia sua aplicação ao equiparar, para fins penais, documentos emitidos por entidades paraestatais e fundações do Estado aos documentos públicos, conferindo igual proteção jurídica a instrumentos que desempenhem funções relevantes para a administração pública eleitoral.

10.2.1.56.1. Bem jurídico protegido

O bem jurídico tutelado é a fidedignidade e autenticidade dos documentos públicos, em especial aqueles relacionados ao processo eleitoral, cuja integridade é essencial para garantir a legitimidade e segurança das eleições.

10.2.1.56.2. Sujeitos do crime

▪ **Sujeito ativo:** qualquer pessoa que falsifique ou altere documento público com finalidade eleitoral. Inclui-se também o funcionário público que, prevalecendo-se do cargo, comete o crime, configurando hipótese de agravamento da pena.

▪ **Sujeito passivo:** a Justiça Eleitoral e, indiretamente, a coletividade, que é prejudicada pela manipulação de documentos essenciais ao processo eleitoral.

10.2.1.56.3. Conduta típica

A conduta criminosa inclui:

▪ Falsificar documento público: criar documento falso ou alterar completamente o conteúdo de um documento para fins eleitorais.

▪ Alterar documento público verdadeiro: modificar, em parte, documento autêntico, alterando sua veracidade para influenciar o processo eleitoral.

O § 2.º amplia o alcance da norma ao equiparar a documento público os documentos emitidos por entidades paraestatais e fundações do Estado.

Exemplos hipotéticos:

1. Um indivíduo falsifica título eleitoral para votar indevidamente ou inscrever-se como eleitor.

2. Um funcionário público altera resultados oficiais em boletins de urna ou mapas de apuração.

3. Um representante partidário apresenta certidões falsas de regularidade para registro de candidatura.

10.2.1.56.4. Agravante do § 1.º

Se o agente é funcionário público e comete o crime prevalecendo-se do cargo, a pena é agravada. Essa circunstância demonstra maior reprovabilidade, uma vez que o agente utiliza sua posição de confiança pública para praticar o delito.

10.2.1.56.5. Consumação e tentativa

■ **Consumação:** o crime se consuma no momento em que o documento falsificado ou alterado é produzido, independentemente de sua efetiva utilização no processo eleitoral.

■ **Tentativa:** é possível, como no caso em que o agente inicia a falsificação ou alteração, mas é impedido antes de concluir o ato.

10.2.1.57. Falsificação ou alteração de documento particular para fins eleitorais

> **Art. 349.** Falsificar, no todo ou em parte, documento particular ou alterar documento particular verdadeiro, para fins eleitorais:
>
> Pena — reclusão até cinco anos e pagamento de 3 a 10 dias-multa.

A falsificação total ou parcial de documento particular, assim como a alteração de documento particular verdadeiro com finalidade eleitoral, configura crime que compromete a autenticidade e a veracidade dos registros utilizados no contexto do processo eleitoral. Essa prática pode interferir na regularidade dos atos e decisões relacionados às eleições, afetando diretamente a lisura e a confiança no processo democrático.

O Código Eleitoral, em seu art. 349, tipifica essas condutas como infrações penais, garantindo a proteção jurídica contra manipulações fraudulentas de documentos particulares que tenham impacto no curso das eleições. O dispositivo reforça a necessidade de preservação da integridade documental, essencial para assegurar a legitimidade das etapas do processo eleitoral e a fiel representação da vontade popular.

10.2.1.57.1. Bem jurídico protegido

O bem jurídico tutelado é a fidedignidade e autenticidade dos documentos particulares, especialmente quando utilizados para influenciar ou comprometer o processo eleitoral.

10.2.1.57.2. Sujeitos do crime

■ **Sujeito ativo:** qualquer pessoa que falsifique ou altere documento particular com finalidade eleitoral.

■ **Sujeito passivo:** a Justiça Eleitoral, enquanto instituição responsável pela regularidade do processo eleitoral, e a coletividade, prejudicada por práticas que violam a integridade das eleições.

10.2.1.57.3. Conduta típica

A conduta criminosa consiste em:

◼ Falsificar documento particular: criar documento falso, reproduzindo total ou parcialmente conteúdo inverídico com aparência de autenticidade, para fins eleitorais.

◼ Alterar documento particular verdadeiro: modificar conteúdo de documento legítimo, distorcendo sua veracidade para influenciar de forma indevida o processo eleitoral.

Exemplos hipotéticos:

1. Um candidato apresenta recibos falsos para justificar despesas de campanha.

2. Um eleitor utiliza declaração falsificada para justificar ausência no dia da votação.

3. Um representante de partido altera contratos ou documentos particulares para obter vantagens indevidas em prestações de contas eleitorais.

10.2.1.57.4. Consumação e tentativa

◼ **Consumação:** o crime se consuma no momento em que o documento falsificado ou alterado é produzido, independentemente de sua efetiva utilização no processo eleitoral.

◼ **Tentativa:** é admissível, como no caso em que o agente inicia a falsificação ou alteração, mas é impedido antes de concluir o ato.

10.2.1.58. Falsidade ideológica eleitoral

> **Art. 350.** Omitir, em documento público ou particular, declaração que dele devia constar, ou nele inserir ou fazer inserir declaração falsa ou diversa da que devia ser escrita, para fins eleitorais:
>
> Pena — reclusão até cinco anos e pagamento de 5 a 15 dias-multa, se o documento é público, e reclusão até três anos e pagamento de 3 a 10 dias-multa se o documento é particular.
>
> Parágrafo único. Se o agente da falsidade documental é funcionário público e comete o crime prevalecendo-se do cargo ou se a falsificação ou alteração é de assentamentos de registro civil, a pena é agravada.

A omissão ou a inserção de informações falsas em documentos públicos ou particulares com a intenção de influenciar o processo eleitoral configura crime previsto no art. 350 do Código Eleitoral. Esse dispositivo é central para a proteção da lisura e da regularidade do processo eleitoral, abrangendo condutas que atentem contra a autenticidade dos documentos que fundamentam atos administrativos e jurisdicionais no âmbito eleitoral. O tipo penal se aplica tanto à omissão de informações relevantes quanto à inclusão de dados inverídicos em documentos que, direta ou indiretamente, impactem o resultado das eleições, comprometendo a transparência e a legitimidade do pleito.

O crime pode ser praticado em documentos de qualquer natureza — públicos ou particulares — desde que estejam relacionados ao processo eleitoral e que a conduta tenha por finalidade alterar, desvirtuar ou influenciar a decisão dos eleitores ou das autoridades competentes. No caso de documentos públicos, a violação atinge um bem jurídico coletivo e essencial, que é a fé pública. Já no caso de documentos particulares, o bem jurídico tutelado é a veracidade das relações jurídicas formalizadas e sua eventual repercussão no processo eleitoral.

O dispositivo também prevê, no parágrafo único do art. 350, o agravamento da pena em situações em que o agente seja funcionário público e utilize sua posição ou função para facilitar ou executar o crime. Essa previsão reforça a responsabilidade diferenciada de servidores públicos, cuja posição deve ser pautada pela estrita observância da lei e pela preservação da moralidade administrativa. O parágrafo único ainda prevê maior rigor punitivo nos casos em que a falsificação envolva assentamentos de registro civil, como certidões de nascimento, casamento ou óbito, dada a gravidade e as amplas repercussões que alterações nesses registros podem causar, especialmente em contextos de alistamento eleitoral ou comprovação de requisitos de elegibilidade.

O crime descrito no art. 350 é de natureza formal, ou seja, não exige a demonstração de que a omissão ou a inserção de informações falsas efetivamente influenciou o resultado do pleito. Basta a realização da conduta com o dolo específico de atingir o processo eleitoral. A norma visa tanto coibir práticas fraudulentas quanto garantir a confiabilidade dos documentos utilizados no contexto das eleições, protegendo o sistema democrático contra ações que possam deslegitimar seus procedimentos e resultados.

10.2.1.58.1.   Bem jurídico protegido

O bem jurídico tutelado é a **fidedignidade e autenticidade documental**, essencial para garantir a regularidade, a transparência e a legitimidade do processo eleitoral.

10.2.1.58.2.   Sujeitos do crime

■ **Sujeito ativo:** qualquer pessoa que omita ou insira informações falsas em documento público ou particular com fins eleitorais. No caso de agravamento do parágrafo único, o agente pode ser um funcionário público que abusa de sua posição ou alguém que manipule assentamentos de registro civil.

■ **Sujeito passivo:** a Justiça Eleitoral e a coletividade, prejudicadas pela utilização de documentos falsos que comprometem a lisura do processo eleitoral.

10.2.1.58.3.   Conduta típica

A conduta criminosa inclui:

■ Omissão de declaração: deixar de incluir, de forma deliberada, informações que deveriam constar no documento.

■ Inserção de informações falsas: incluir declarações inverídicas ou distorcidas no documento, com o objetivo de obter vantagens ou influenciar o processo eleitoral.

Exemplos hipotéticos:

1. Um candidato omite receitas ou despesas em sua prestação de contas para mascarar irregularidades de campanha.

2. Um eleitor apresenta documento falso para justificar ausência no pleito eleitoral ou para comprovar residência em local onde não mora.

3. Um funcionário público altera registros civis, como certidões de nascimento ou óbito, para beneficiar determinada candidatura.

10.2.1.58.4. Agravante do parágrafo único

O parágrafo único agrava a pena nos seguintes casos:

1. Quando o agente é funcionário público e utiliza sua posição para praticar a falsidade documental.

2. Quando a falsificação ou alteração envolve assentamentos de registro civil, dada a relevância desses documentos na identificação e comprovação de situações eleitorais.

10.2.1.58.5. Consumação e tentativa

◼ **Consumação:** o crime se consuma no momento em que a omissão ou inserção falsa no documento é efetivada, independentemente de sua utilização para fins eleitorais.

◼ **Tentativa:** é possível, como no caso em que o agente inicia a elaboração do documento falso, mas é impedido antes de concluí-lo.

10.2.1.59. Equiparação a documento para efeitos penais

> **Art. 351.** Equipara-se a documento (348, 349 e 350) para os efeitos penais, a fotografia, o filme cinematográfico, o disco fonográfico ou fita de ditafone a que se incorpore declaração ou imagem destinada à prova de fato juridicamente relevante.

O art. 351 do Código Eleitoral amplia a definição de documento para fins penais, equiparando a ele meios de reprodução de imagem e som que contenham declarações ou representações com capacidade de comprovar fatos juridicamente relevantes. Essa equiparação tem como objetivo assegurar que a proteção penal se estenda não apenas a documentos escritos, mas também a registros audiovisuais que, no contexto eleitoral, possam desempenhar papel essencial na comprovação de direitos, obrigações ou fatos relacionados ao processo democrático.

Ao incluir meios de reprodução de imagem e som na definição de documento, o dispositivo responde à evolução tecnológica e à crescente utilização de registros audiovisuais como elementos de prova. A norma permite que condutas como falsificação, alteração ou manipulação de tais registros sejam tratadas com o mesmo rigor penal aplicável à falsificação de documentos tradicionais, reforçando a proteção da fé pública e da legitimidade dos atos eleitorais.

10.2.1.60. Reconhecimento falso de firma ou letra

> **Art. 352.** Reconhecer, como verdadeira, no exercício da função pública, firma ou letra que o não seja, para fins eleitorais:
> Pena — reclusão até cinco anos e pagamento de 5 a 15 dias-multa se o documento é público, e reclusão até três anos e pagamento de 3 a 10 dias-multa se o documento é particular.

A conduta incriminada pelo dispositivo constitui grave violação à integridade e à autenticidade dos documentos utilizados no âmbito do processo eleitoral, comprometendo a segurança jurídica e a regularidade das etapas que garantem a lisura e a legitimidade do pleito.

O reconhecimento de firma ou letra é um procedimento destinado a conferir autenticidade a documentos e, no contexto eleitoral, desempenha papel crucial na validação de atos como requerimentos, declarações e registros. A falsidade desse reconhecimento, especialmente quando realizada por um agente público no exercício de suas funções, configura abuso de posição e coloca em risco a confiança depositada nos instrumentos que fundamentam decisões e procedimentos no âmbito das eleições.

A norma tem como objetivo coibir a utilização de documentos falsos que possam influenciar o curso do processo eleitoral, seja para beneficiar indevidamente candidatos, partidos ou eleitores, seja para prejudicar adversários ou desviar a regularidade dos atos administrativos. O crime exige o dolo específico, ou seja, a intenção de praticar a falsidade com o propósito de causar efeitos no contexto eleitoral.

Ao tipificar essa conduta, o art. 352 reafirma a necessidade de proteção à fé pública e aos princípios da moralidade e legalidade que devem nortear o processo eleitoral. O dispositivo reforça que a confiabilidade dos documentos utilizados nas eleições é indispensável para garantir a transparência e a legitimidade do sistema democrático, punindo severamente qualquer prática que possa comprometer esses valores fundamentais.

10.2.1.60.1. _Bem jurídico protegido_

O bem jurídico tutelado é a **autenticidade e veracidade dos documentos**, fundamentais para a regularidade do processo eleitoral. O dispositivo visa impedir fraudes que comprometam a confiança pública e a lisura do pleito.

10.2.1.60.2. _Sujeitos do crime_

■ **Sujeito ativo:** o agente público que, no exercício de suas funções, reconhece como verdadeira uma firma ou letra que sabe ser falsa, com fins eleitorais.

■ **Sujeito passivo:** a Justiça Eleitoral e, indiretamente, a coletividade, que dependem de documentos autênticos e confiáveis no âmbito das eleições.

10.2.1.60.3. _Conduta típica_

A conduta criminosa consiste em reconhecer como verdadeira, no exercício de função pública, uma firma ou letra que não seja autêntica, sabendo de sua falsidade e visando a objetivos eleitorais.

Exemplos hipotéticos:

1. Um funcionário público reconhece falsamente a assinatura de um candidato em documento de registro eleitoral.

2. Um tabelião, atuando em cartório, autentica como verdadeira uma letra falsificada em certidão usada para justificar contas de campanha.

3. Um servidor eleitoral reconhece assinatura fraudulenta em lista de apoio para registro de candidatura.

10.2.1.60.4. Consumação e tentativa

◼ **Consumação:** o crime se consuma no momento em que o agente público reconhece, de forma falsa, a firma ou letra como autêntica, independentemente de sua posterior utilização no processo eleitoral.

◼ **Tentativa:** é admissível, como no caso em que o agente inicia os atos para o reconhecimento falso, mas é impedido antes de concluir o ato.

10.2.1.61. Uso de documentos falsificados ou alterados

> **Art. 353.** Fazer uso de qualquer dos documentos falsificados ou alterados, a que se referem os artigos 348 a 352:
>
> Pena — a cominada à falsificação ou à alteração.

O tipo penal contempla a utilização de documentos falsificados ou alterados nos termos dos arts. 348 a 352, aplicando ao agente a mesma pena prevista para a falsificação ou alteração. A norma abrange tanto documentos públicos quanto particulares, bem como meios de reprodução de imagem e som, e reconhecimentos falsos de firma ou letra, protegendo a integridade documental e a veracidade das informações que sustentam o processo eleitoral.

Essa disposição penaliza não apenas o ato de falsificar ou alterar, mas também o uso consciente de tais documentos, considerando o potencial de impacto que sua utilização pode gerar no âmbito eleitoral. A norma busca impedir que instrumentos adulterados sejam empregados com o propósito de desvirtuar a regularidade do pleito, seja na apresentação de informações falsas, seja na indução em erro de autoridades ou eleitores. A conduta típica exige o dolo, ou seja, a intenção deliberada de utilizar o documento fraudulento para alcançar resultados ilícitos no contexto eleitoral.

Ao aplicar ao usuário do documento falsificado a mesma pena destinada ao falsificador, o art. 353 reforça o caráter repressivo da legislação eleitoral, tratando de forma equivalente aqueles que criam ou alteram documentos fraudulentos e os que se beneficiam de tais práticas. Essa previsão visa desencorajar o uso de documentos adulterados, resguardando a confiança pública na autenticidade dos atos e decisões vinculados ao processo eleitoral.

10.2.1.61.1. Bem jurídico protegido

O bem jurídico tutelado é a **fidedignidade e autenticidade documental**, assegurando a regularidade e a lisura do processo eleitoral, evitando que documentos manipulados sejam utilizados para causar prejuízos ao sistema democrático.

10.2.1.61.2. Sujeitos do crime

◼ **Sujeito ativo:** qualquer pessoa que utilize documento falsificado ou alterado nos moldes dos artigos 348 a 352, com conhecimento de sua falsidade.

◼ **Sujeito passivo:** a Justiça Eleitoral e, indiretamente, a coletividade, prejudicadas pelo uso de documentos que comprometem a integridade do processo eleitoral.

10.2.1.61.3. Conduta típica

A conduta criminosa consiste em fazer uso de documentos falsificados ou alterados, incluindo documentos públicos, particulares, ou equivalentes (como fotos, filmes ou gravações) definidos nos arts. 348 a 352.

Exemplos hipotéticos:

1. Um candidato utiliza um boletim de urna falsificado para contestar o resultado das eleições.

2. Um eleitor apresenta um título eleitoral falsificado para votar em nome de outra pessoa.

3. Um representante partidário insere um documento adulterado na prestação de contas de campanha para justificar despesas inexistentes.

10.2.1.61.4. Consumação e tentativa

■ **Consumação:** o crime se consuma no momento em que o documento falsificado ou alterado é efetivamente utilizado, independentemente de atingir o objetivo pretendido.

■ **Tentativa:** é possível, como no caso em que o agente apresenta o documento falso, mas é impedido de usá-lo no contexto eleitoral.

10.2.1.62. Obtenção de documento falso para fins eleitorais

> **Art. 354.** Obter, para uso próprio ou de outrem, documento público ou particular, material ou ideologicamente falso para fins eleitorais:
>
> Pena — a cominada à falsificação ou à alteração.

Constitui crime a obtenção de documento falso, público ou particular, para fins eleitorais, equiparando a pena do infrator à prevista para a falsificação ou alteração do documento. Essa tipificação não se limita à produção do documento fraudulento, mas alcança o ato de adquiri-lo com a intenção de utilizá-lo no contexto eleitoral, prevenindo a manipulação de registros e a distorção do processo democrático.

A norma tem como objetivo proteger a autenticidade e a integridade dos instrumentos documentais que fundamentam os atos administrativos e jurídicos do processo eleitoral. Ao criminalizar a obtenção de documentos falsos, o legislador fecha lacunas que poderiam ser exploradas por indivíduos interessados em influenciar indevidamente o resultado das eleições, seja por meio da apresentação de informações fraudulentas, seja pela validação de condutas incompatíveis com a legislação eleitoral.

Ao prever penas equivalentes às do crime de falsificação ou alteração, o dispositivo reafirma a equiparação de gravidade entre a produção do documento falso e a sua obtenção. Essa abordagem amplia a proteção jurídica contra fraudes documentais, resguardando a legitimidade das eleições e a igualdade política.

10.2.1.62.1. Bem jurídico protegido

O bem jurídico tutelado é a autenticidade e integridade documental, indispensável para garantir a confiabilidade e a legitimidade do processo eleitoral, além de proteger a regularidade da documentação utilizada nas eleições.

10.2.1.62.2. Sujeitos do crime

◼ **Sujeito ativo:** qualquer pessoa que obtenha documento falso, material ou ideologicamente adulterado, com conhecimento de sua falsidade e com finalidade eleitoral.

◼ **Sujeito passivo:** a Justiça Eleitoral, enquanto instituição que depende de documentos autênticos e confiáveis, e a coletividade, que é prejudicada pela manipulação do processo eleitoral.

10.2.1.62.3. Conduta típica

A conduta criminosa consiste em obter documento falso, seja público ou particular, para uso próprio ou para outra pessoa, com finalidade eleitoral. O documento pode ser:

◼ **Materialmente falso:** quando a falsidade está na própria estrutura física do documento.

◼ **Ideologicamente falso:** quando o conteúdo do documento é adulterado ou distorcido, mesmo que sua estrutura seja legítima.

Exemplos hipotéticos:

1. Um candidato solicita e obtém um certificado ideologicamente falso para justificar escolaridade exigida no registro de candidatura.

2. Um eleitor obtém título eleitoral materialmente falsificado para votar em nome de outra pessoa.

3. Um representante partidário utiliza recibos de despesas adulterados para justificar gastos de campanha.

10.2.1.62.4. Consumação e tentativa

◼ **Consumação:** o crime se consuma no momento em que o agente obtém o documento falso, independentemente de seu uso efetivo no processo eleitoral.

◼ **Tentativa:** é admissível, como no caso em que o agente inicia os atos para obter o documento, mas é impedido antes de concluir o ato.

10.2.1.63. Apropriação de ativos destinados ao financiamento eleitoral

> **Art. 354-A.** Apropriar-se o candidato, o administrador financeiro da campanha, ou quem de fato exerça essa função, de bens, recursos ou valores destinados ao financiamento eleitoral, em proveito próprio ou alheio:
>
> Pena — reclusão, de dois a seis anos, e multa.

A apropriação indevida de bens, recursos ou valores destinados ao financiamento eleitoral configura uma grave violação à lisura e à transparência das campanhas eleitorais. Essa conduta ocorre quando agentes, aproveitando-se de sua posição ou acesso a recursos eleitorais, desviam, utilizam em benefício próprio ou simplesmente se apropriam de valores ou bens que deveriam ser empregados exclusivamente para os fins de campanha. O desvio de tais recursos não apenas compromete o equilíbrio das disputas eleitorais, como também mina a confiança pública no sistema de financiamento eleitoral.

O art. 354-A do Código Eleitoral, introduzido pela Lei n. 13.488/2017, tipifica essa conduta como crime, estabelecendo sanções penais para aqueles que, de forma indevida, se apropriam de bens ou recursos destinados às campanhas eleitorais. A norma tem por objetivo reforçar a transparência e garantir que os valores repassados, seja por meio de doações ou fundos públicos, sejam utilizados exclusivamente para os fins aos quais se destinam, preservando a integridade do processo eleitoral.

O dispositivo protege não apenas a regularidade das campanhas, mas também o próprio princípio da igualdade de condições entre os candidatos, uma vez que o uso irregular de recursos pode gerar vantagens indevidas. A tipificação abrange condutas que envolvam bens e valores provenientes tanto de recursos públicos, como o Fundo Especial de Financiamento de Campanha (FEFC), quanto de doações privadas, destacando a necessidade de um controle rigoroso sobre o destino e a aplicação desses recursos.

10.2.1.63.1. Bem jurídico protegido

O bem jurídico tutelado é a **regularidade e transparência do financiamento eleitoral**, essencial para garantir a lisura do processo democrático e evitar desvios de recursos destinados às campanhas eleitorais.

10.2.1.63.2. Sujeitos do crime

■ **Sujeito ativo:** o candidato, o administrador financeiro da campanha ou qualquer pessoa que exerça essa função, ainda que informalmente, e que se aproprie dos recursos.

■ **Sujeito passivo:** a Justiça Eleitoral e, indiretamente, a coletividade, que é prejudicada pela manipulação ou desvio de recursos destinados ao financiamento eleitoral.

10.2.1.63.3. Conduta típica

A conduta criminosa consiste em:

■ Apropriar-se de bens, recursos ou valores destinados ao financiamento eleitoral: desviar para proveito próprio ou de terceiros aquilo que deveria ser utilizado exclusivamente para a campanha eleitoral.

Exemplos hipotéticos:

1. Um candidato utiliza recursos do fundo eleitoral para despesas pessoais, como viagens ou compras de bens de luxo.

2. Um administrador financeiro de campanha desvia valores destinados à propaganda eleitoral para sua conta pessoal.

3. Um membro da equipe de campanha apropria-se de materiais adquiridos com recursos eleitorais para fins privados.

10.2.1.63.4. Consumação e tentativa

■ **Consumação:** o crime se consuma no momento em que o agente, de fato, se apropria dos bens, recursos ou valores destinados ao financiamento eleitoral, independentemente de seu uso efetivo.

■ **Tentativa:** é possível, como no caso em que o agente inicia os atos para se apropriar dos recursos, mas é impedido antes de concluir o desvio.

10.2.2. Crimes eleitorais previstos na Lei das Eleições

10.2.2.1. Divulgação de pesquisa fraudulenta

> **Art. 33, § 4.º** A divulgação de pesquisa fraudulenta constitui crime, punível com detenção de seis meses a um ano e multa no valor de cinquenta mil a cem mil UFIR.

A divulgação de pesquisa eleitoral fraudulenta é uma conduta que compromete a legitimidade do processo eleitoral, pois utiliza informações manipuladas para influenciar indevidamente a opinião pública. Essa prática busca distorcer a percepção dos eleitores sobre o cenário político, interferindo de forma ilegítima na livre escolha de seus representantes e prejudicando a igualdade entre os candidatos.

O § 4.º do art. 33 da Lei n. 9.504/1997 tipifica essa conduta como crime, reforçando a necessidade de veracidade e confiabilidade nos dados divulgados durante o período eleitoral. A norma penaliza tanto a produção quanto a veiculação de pesquisas fraudulentas, considerando seu impacto potencial na decisão dos eleitores e na dinâmica das campanhas. Essa proteção é essencial para assegurar que as informações disponíveis ao público sejam baseadas em métodos legítimos e isentas de manipulação com fins políticos ou econômicos.

A tipificação desse crime reflete a preocupação com a integridade do ambiente informacional durante as eleições, protegendo o eleitorado contra tentativas de indução ao erro. Ao criminalizar a divulgação de pesquisas fraudulentas, a legislação eleitoral preserva a transparência e a confiança nas instituições democráticas, garantindo que os eleitores tenham acesso a informações fidedignas para exercer seu direito de voto de forma livre e consciente.

10.2.2.1.1. Bem jurídico protegido

O bem jurídico tutelado é a **transparência e veracidade das informações eleitorais**, especialmente no que se refere às pesquisas eleitorais, que têm o potencial de influenciar de maneira significativa a opinião pública e o resultado das eleições.

10.2.2.1.2. Sujeitos do crime

◾ **Sujeito ativo:** qualquer pessoa ou entidade que divulgue pesquisa eleitoral fraudulenta, seja ela produzida ou reproduzida com dados falsificados ou distorcidos.

◾ **Sujeito passivo:** o eleitorado, que é diretamente prejudicado pela divulgação de informações falsas, e, indiretamente, a Justiça Eleitoral, que tem o dever de assegurar a integridade do pleito.

10.2.2.1.3. Conduta típica

A conduta criminosa consiste em:

◾ Divulgar pesquisa fraudulenta: transmitir ou tornar pública pesquisa que contenha informações distorcidas, manipuladas ou inverídicas, com potencial de influenciar o eleitorado.

Exemplos hipotéticos:

1. Uma empresa de pesquisa publica resultados que não correspondem à realidade dos dados coletados, visando favorecer determinado candidato.

2. Um partido político contrata e divulga pesquisa com dados fictícios para desestimular a campanha de adversários.

3. Um candidato manipula os resultados de uma pesquisa, omitindo informações desfavoráveis, para apresentá-la como legítima durante o período eleitoral.

10.2.2.1.4. Consumação e tentativa

■ **Consumação:** o crime se consuma no momento em que a pesquisa fraudulenta é divulgada, independentemente do alcance ou do impacto da publicação.

■ **Tentativa:** é possível, como no caso em que o agente inicia a divulgação da pesquisa, mas é impedido antes que ela se torne pública.

10.2.2.2. Crimes relacionados à fiscalização de pesquisas eleitorais

> **Art. 34, § 2.º.** O não cumprimento do disposto neste artigo ou qualquer ato que vise a retardar, impedir ou dificultar a ação fiscalizadora dos partidos constitui crime, punível com detenção, de seis meses a um ano, com a alternativa de prestação de serviços à comunidade pelo mesmo prazo, e multa no valor de dez mil a vinte mil UFIR.

A violação das regras que asseguram a fiscalização partidária, bem como qualquer ato destinado a retardar, impedir ou dificultar essa atividade, constitui crime passível de sanção penal. O § 2.º do art. 34 da Lei n. 9.504/1997 estabelece como pena a detenção de seis meses a um ano, com a alternativa de prestação de serviços à comunidade pelo mesmo período, além de multa de dez mil a vinte mil UFIR.

A tipificação busca garantir que os partidos políticos tenham pleno acesso aos mecanismos de fiscalização, protegendo a integridade e a transparência do processo eleitoral. Ao criminalizar condutas que atentem contra essa prerrogativa, a norma reforça o papel fiscalizador das agremiações partidárias como elemento essencial para a legitimidade e a isonomia das eleições, prevenindo irregularidades que possam comprometer a confiabilidade das pesquisas eleitorais e do pleito em geral.

10.2.2.2.1. Bem jurídico protegido

O bem jurídico tutelado é a **transparência e integridade das pesquisas eleitorais**, assegurando que os partidos possam verificar a integridade dos dados divulgados, protegendo a lisura do processo eleitoral e a confiança do eleitorado.

10.2.2.2.2. Sujeitos do crime

■ **Sujeito ativo:** qualquer pessoa ou entidade que, de forma deliberada, dificulte ou impeça o acesso às informações exigidas pela fiscalização partidária.

■ **Sujeito passivo:** os partidos políticos, que têm o direito de fiscalizar as pesquisas, e o eleitorado, que depende da veracidade das informações divulgadas.

10.2.2.2.3. Conduta típica

A conduta criminosa inclui:

1. Retardar, impedir ou dificultar a fiscalização: praticar atos que obstruam o acesso aos sistemas de controle e dados exigidos pelos partidos para verificar a legitimidade das pesquisas eleitorais.

2. Publicar dados irregulares: a comprovação de irregularidades nos dados divulgados também sujeita os responsáveis às penas previstas, além da obrigação de corrigir as informações nos mesmos termos e veículos utilizados anteriormente.

Exemplos hipotéticos:

1. Uma empresa de pesquisa recusa-se a fornecer aos partidos os dados completos referentes à coleta de informações, frustrando a fiscalização.

2. Um responsável manipula ou omite partes dos dados originais para dificultar a verificação das informações publicadas.

3. Após comprovada a irregularidade, o responsável deixa de corrigir as informações no mesmo espaço e com a mesma visibilidade dos dados fraudulentos.

10.2.2.2.4. Consumação e tentativa

◼ **Consumação:** o crime se consuma no momento em que ocorre o ato de obstrução ou quando a irregularidade nos dados é comprovada e o responsável não realiza a devida correção.

◼ **Tentativa:** é possível, como no caso em que o agente inicia o ato de obstrução ou manipulação, mas é impedido antes de concluí-lo.

10.2.2.3. Responsabilização penal de representantes legais de empresas e entidades de pesquisa

> **Art. 35.** Pelos crimes definidos nos arts. 33, § 4.º, e 34, §§ 2.º e 3.º, podem ser responsabilizados penalmente os representantes legais da empresa ou entidade de pesquisa e do órgão veiculador.

A responsabilidade penal pelos atos ilícitos relacionados à realização ou divulgação de pesquisas eleitorais fraudulentas ou irregulares pode recair diretamente sobre os representantes legais das empresas ou entidades responsáveis pela sua produção, bem como sobre os órgãos que as veicularem. Essa previsão, estabelecida no art. 35 da Lei n. 9.504/1997, aplica-se nos casos de infração ao disposto nos arts. 33, § 4.º, e 34, §§ 2.º e 3.º, reforçando o compromisso com a lisura e a transparência no uso de pesquisas eleitorais.

A norma responsabiliza penalmente aqueles que ocupam posição de comando ou gestão em atividades que envolvam a elaboração ou disseminação de dados eleitorais, prevenindo que condutas fraudulentas sejam cometidas com respaldo na estrutura organizacional de empresas ou veículos de comunicação. Ao direcionar a responsabilidade para os representantes legais, o dispositivo assegura que a punição alcance quem tem poder de decisão e controle sobre os atos praticados, incentivando maior diligência e rigor na condução dos processos relacionados às pesquisas eleitorais.

Com isso, o art. 35 busca garantir que as atividades ligadas às pesquisas sejam realizadas em conformidade com a legislação, protegendo o eleitorado contra informações enganosas e reforçando a confiança nas práticas democráticas. Ao impor sanções aos responsáveis diretos, a norma atua como mecanismo preventivo e repressivo, essencial para preservar a legitimidade do processo eleitoral.

10.2.2.4. *Crimes praticados no dia da eleição*

> **Art. 39, § 5.º** Constituem crimes, no dia da eleição, puníveis com detenção, de seis meses a um ano, com a alternativa de prestação de serviços à comunidade pelo mesmo período, e multa no valor de cinco mil a quinze mil UFIR:
> I — o uso de alto-falantes e amplificadores de som ou a promoção de comício ou carreata;
> II — a arregimentação de eleitor ou a propaganda de boca de urna;
> III — a divulgação de qualquer espécie de propaganda de partidos políticos ou de seus candidatos;
> IV — a publicação de novos conteúdos ou o impulsionamento de conteúdos nas aplicações de internet de que trata o art. 57-B desta Lei, podendo ser mantidos em funcionamento as aplicações e os conteúdos publicados anteriormente.

O § 5.º do art. 39 da Lei n. 9.504/1997 tipifica como crimes eleitorais diversas condutas que, no dia da eleição, comprometem a regularidade, a tranquilidade e a liberdade do processo de votação. As práticas descritas no dispositivo são puníveis com detenção de seis meses a um ano, ou prestação de serviços à comunidade pelo mesmo período, além de multa que varia entre cinco mil e quinze mil UFIR. A norma tem por objetivo principal garantir um ambiente neutro e seguro no dia do pleito, assegurando que os eleitores possam exercer seu direito de voto de maneira livre, sem interferências indevidas ou pressões externas.

As condutas proibidas abrangem uma série de atos com potencial de tumultuar o ambiente eleitoral ou influenciar indevidamente os eleitores. O inciso I criminaliza o uso de alto-falantes e amplificadores de som, bem como a promoção de comícios ou carreatas no dia da eleição. Essas práticas, além de perturbar a ordem pública, podem ser utilizadas para mobilizar eleitores de última hora, interferindo no livre arbítrio e na serenidade que devem marcar o dia do pleito. Trata-se de uma medida que visa evitar o proselitismo ostensivo e garantir o silêncio necessário para que os eleitores reflitam e votem sem pressão.

O inciso II proíbe a arregimentação de eleitores e a chamada "propaganda de boca de urna". A arregimentação consiste em atos de aliciamento ou convocação de eleitores nas proximidades das seções eleitorais, enquanto a boca de urna se refere à promoção verbal de candidatos ou partidos ou a distribuição de meios de propaganda eleitoral no dia da votação. Ambas as práticas são tradicionalmente associadas a métodos de coação ou persuasão indevida, comprometendo a liberdade de escolha do eleitor. A criminalização dessas condutas reflete a necessidade de proteger o princípio democrático, evitando práticas que possam induzir ou pressionar o eleitor a votar de determinada forma.

O inciso III tipifica a divulgação de qualquer espécie de propaganda de partidos políticos ou candidatos no dia da eleição. Essa previsão proíbe tanto a propaganda em espaços físicos quanto a veiculação de mensagens em mídias tradicionais e digitais. A intenção é evitar que a divulgação de material propagandístico de última hora, sem possibilidade de contraditório ou fiscalização adequada, influencie o eleitor de maneira ilegítima.

O inciso IV, incluído em função do avanço da tecnologia e do uso de redes sociais, veda expressamente a publicação de novos conteúdos ou o impulsionamento de postagens relacionadas à campanha eleitoral no dia do pleito, conforme previsto no art. 57-B da mesma lei. Essa regra permite que conteúdos já publicados anteriormente permaneçam disponíveis, mas impede que os candidatos ou partidos utilizem ferramentas de impulsionamento para alcançar novos públicos ou reforçar mensagens no dia da votação. A medida busca preservar a isonomia entre os candidatos e proteger o eleitorado de eventuais manipulações no último momento antes do voto.

A aplicação de penas de detenção, prestação de serviços comunitários e multa busca reforçar o caráter repressivo e preventivo da norma, desestimulando condutas que possam comprometer o ambiente de paz e igualdade que deve prevalecer no dia do pleito. Isso demonstra o compromisso do ordenamento jurídico com a preservação da soberania popular e a confiança no processo eleitoral.

10.2.2.4.1. Bem jurídico protegido

O bem jurídico tutelado é a **lisura e a regularidade do processo eleitoral no dia da eleição**, protegendo o eleitor de pressões, manipulações ou interferências indevidas em sua decisão de voto.

10.2.2.4.2. Sujeitos do crime

▪ **Sujeito ativo:** qualquer pessoa que pratique as condutas proibidas descritas nos incisos do § 5.º, independentemente de ser candidato, apoiador ou membro de partido político.

▪ **Sujeito passivo:** o eleitorado, que deve ser preservado de influências externas no momento de exercer sua escolha, e a Justiça Eleitoral, enquanto garantidora da ordem do pleito.

10.2.2.4.3. Condutas típicas

1. Uso de alto-falantes e amplificadores de som ou promoção de comício ou carreata (inciso I): qualquer ação que busque influenciar eleitores por meio de aglomerações ou propaganda sonora.

2. Arregimentação de eleitores ou propaganda de boca de urna (inciso II): abordagem direta de eleitores para convencer a votar em determinado candidato ou partido.

3. Divulgação de propaganda (inciso III): publicação ou disseminação de mensagens de apoio a partidos ou candidatos no dia do pleito.

4. Publicação de novos conteúdos ou impulsionamento de conteúdos na internet (inciso IV): utilização de ferramentas digitais para promover campanhas ou influenciar eleitores, exceto pela manutenção de conteúdos previamente publicados.

Exemplos hipotéticos:

1. A realização de carreatas ou comícios próximos a locais de votação para promover determinado candidato.

2. Abordagem de eleitores na entrada das seções eleitorais, com distribuição de panfletos ou conversas para influenciar o voto.

3. Utilização de redes sociais para impulsionar novas postagens com mensagens de propaganda eleitoral durante o dia da votação.

4. Operação de carros de som circulando em áreas de votação para divulgar mensagens de apoio a partidos ou candidatos.

10.2.2.4.4. *Consumação e tentativa*

■ **Consumação:** o crime se consuma no momento em que a conduta proibida é realizada, independentemente de sua efetividade em influenciar eleitores.

■ **Tentativa:** é admissível, como no caso em que o agente inicia a promoção de propaganda ou arregimentação, mas é impedido antes de concluir o ato.

10.2.2.5. *Uso indevido de símbolos, frases ou imagens na propaganda eleitoral*

> **Art. 40.** O uso, na propaganda eleitoral, de símbolos, frases ou imagens, associadas ou semelhantes às empregadas por órgão de governo, empresa pública ou sociedade de economia mista constitui crime, punível com detenção, de seis meses a um ano, com a alternativa de prestação de serviços à comunidade pelo mesmo período, e multa no valor de dez mil a vinte mil UFIR.

O uso indevido de símbolos, frases ou imagens que remetam a órgãos públicos ou empresas estatais em propaganda eleitoral constitui crime, pois tal prática pode induzir o eleitorado a erro, criando uma falsa associação entre o candidato e a administração pública. Essa conduta busca explorar de maneira indevida a credibilidade ou autoridade associada a instituições públicas para obter vantagens eleitorais, comprometendo a igualdade de condições na disputa. Essa tipificação encontra-se prevista no art. 40 da Lei n. 9.504/1997.

A norma tem como objetivo proteger o eleitor contra confusões intencionais que possam comprometer a sua liberdade de escolha, impedindo que recursos públicos, reais ou simbólicos, sejam instrumentalizados para favorecer candidatos ou coligações. Além disso, a proibição reforça os princípios da moralidade e da impessoalidade que regem o processo eleitoral, assegurando que o uso de elementos visuais ou textuais na propaganda respeite os limites estabelecidos pela legislação e não cause desequilíbrios na disputa democrática.

10.2.2.5.1. *Bem jurídico protegido*

O bem jurídico tutelado é a lisura e igualdade no processo eleitoral, impedindo que a propaganda eleitoral seja confundida com ações governamentais ou que candidatos se beneficiem da autoridade ou credibilidade atribuídas a instituições públicas.

10.2.2.5.2. Sujeitos do crime

▪ **Sujeito ativo:** qualquer pessoa que, direta ou indiretamente, utilize símbolos, frases ou imagens de órgãos de governo, empresas públicas ou sociedades de economia mista na propaganda eleitoral.

▪ **Sujeito passivo:** o eleitorado, que é prejudicado pela confusão entre propaganda eleitoral e comunicação institucional, e a Justiça Eleitoral, que busca garantir a igualdade entre os candidatos.

10.2.2.5.3. Conduta típica

A conduta criminosa consiste no uso de símbolos, frases ou imagens associadas ou semelhantes às de órgãos governamentais ou empresas estatais em propaganda eleitoral, com o objetivo de beneficiar determinada candidatura.

Exemplos hipotéticos:

1. Um candidato utiliza logotipos semelhantes ao de empresas públicas em materiais de campanha para sugerir apoio institucional.

2. A campanha eleitoral divulga *slogans* ou frases identificáveis como pertencentes a órgãos governamentais, confundindo os eleitores.

3. Propaganda com imagens de prédios ou equipamentos públicos, reforçando associação entre a candidatura e ações de governo.

10.2.2.5.4. Consumação e tentativa

▪ **Consumação:** o crime se consuma no momento em que os materiais de propaganda eleitoral contendo símbolos, frases ou imagens indevidas são utilizados, publicados ou distribuídos.

▪ **Tentativa:** é possível, como no caso em que o material irregular é preparado, mas não chega a ser efetivamente utilizado na propaganda.

10.2.2.6. Contratação e participação em ataques virtuais durante o processo eleitoral

> **Art. 57-H,** § 1.º Constitui crime a contratação direta ou indireta de grupo de pessoas com a finalidade específica de emitir mensagens ou comentários na internet para ofender a honra ou denegrir a imagem de candidato, partido ou coligação, punível com detenção de 2 (dois) a 4 (quatro) anos e multa de R$ 15.000,00 (quinze mil reais) a R$ 50.000,00 (cinquenta mil reais).
>
> § 2.º. Igualmente incorrem em crime, punível com detenção de 6 (seis) meses a 1 (um) ano, com alternativa de prestação de serviços à comunidade pelo mesmo período, e multa de R$ 5.000,00 (cinco mil reais) a R$ 30.000,00 (trinta mil reais), as pessoas contratadas na forma do § 1.º.

Os ataques e ofensas organizados disseminados na internet durante o processo eleitoral configuram práticas que afetam diretamente a integridade das campanhas e a confiança no sistema democrático. Para coibir tais condutas, os §§ 1.º e 2.º do art. 57-H da Lei n. 9.504/1997 estabelecem tipos penais que penalizam ações realizadas em ambiente virtual com o objetivo de prejudicar candidatos, partidos ou coligações, especialmente quando essas práticas envolvem redes estruturadas para propagar informações ofensivas, falsas ou difamatórias.

A norma busca assegurar que o ambiente digital, caracterizado por sua ampla difusão e rapidez na disseminação de conteúdos, não seja utilizado como ferramenta para a prática de crimes eleitorais que comprometam a igualdade de condições entre os candidatos e desinformem o eleitorado. A tipificação inclui tanto a promoção quanto o financiamento de redes ou estruturas destinadas a atacar reputações ou divulgar desinformação, visando combater a propagação de discurso de ódio e *fake news*, que podem manipular o processo eleitoral e distorcer a vontade popular.

Ao criminalizar essas práticas, os dispositivos reforçam a necessidade de uma campanha eleitoral pautada pela ética e pelo respeito, protegendo não apenas os candidatos, mas também a liberdade de escolha do eleitor em um contexto democrático livre de manipulações digitais.

10.2.2.6.1. *Bem jurídico protegido*

O bem jurídico tutelado é a **honra e a imagem de candidatos, partidos e coligações, bem como a lisura e o equilíbrio do processo eleitoral**, essencial para a preservação da democracia.

10.2.2.6.2. *Sujeitos do crime*

■ **Sujeito ativo:** No § 1.º, quem contrata direta ou indiretamente grupo de pessoas para emitir mensagens ou comentários com a finalidade de ofender ou denegrir a honra de adversários políticos. No § 2.º, as pessoas contratadas que participam das atividades ilícitas, propagando mensagens ofensivas.

■ **Sujeito passivo:** candidatos, partidos ou coligações alvos das mensagens ofensivas, e o próprio eleitorado, prejudicado pela contaminação do ambiente eleitoral.

10.2.2.6.3. *Condutas típicas*

1. § 1.º Contratar grupos de pessoas para disseminar mensagens que ofendam ou difamem candidatos, partidos ou coligações, seja diretamente ou por meio de intermediários.

2. § 2.º Atuar como contratado, difundindo mensagens ou comentários ofensivos na internet com o objetivo de atingir a honra ou denegrir a imagem de candidatos ou partidos.

Exemplos hipotéticos:

1. Um partido político contrata um grupo de pessoas para criar perfis falsos e disseminar ataques caluniosos contra adversários nas redes sociais.

2. Um candidato organiza, por meio de assessores, uma equipe para comentar ofensivamente publicações de oponentes em plataformas digitais.

3. Um contratado participa ativamente de campanhas de difamação, publicando comentários difamatórios em fóruns e redes sociais.

10.2.2.6.4. Consumação e tentativa

▪ **Consumação:** no § 1.º, o crime se consuma com a efetiva contratação do grupo para disseminação de mensagens ofensivas, ainda que as ações não tenham sido realizadas. No § 2.º, o crime se consuma quando as pessoas contratadas começam a emitir mensagens ou comentários ofensivos.

▪ **Tentativa:** é admissível em ambas as situações, como no caso em que o agente inicia os atos de contratação ou publicação, mas é impedido antes de concluí-los.

10.2.2.7. Obrigação de entrega do boletim de urna

> **Art. 68**, § 1.º O Presidente da Mesa Receptora é obrigado a entregar cópia do boletim de urna aos partidos e coligações concorrentes ao pleito cujos representantes o requeiram até uma hora após a expedição.
>
> § 2.º O descumprimento do disposto no parágrafo anterior constitui crime, punível com detenção, de um a três meses, com a alternativa de prestação de serviço à comunidade pelo mesmo período, e multa no valor de um mil a cinco mil UFIR.

Os §§ 1.º e 2.º do art. 68 da Lei n. 9.504/1997, analisados de forma integrada, estabelecem o tipo penal relacionado à omissão do Presidente da Mesa Receptora em entregar, no prazo legal, cópia do boletim de urna aos representantes de partidos e coligações que o solicitarem. A combinação dos dois dispositivos define a conduta criminosa, ao prever tanto a obrigação de fornecimento do boletim quanto a responsabilização pela inobservância desse dever, configurando um mecanismo de proteção à transparência e à fiscalização do processo eleitoral.

A norma tipifica a omissão como crime ao vincular a conduta do Presidente da Mesa a um dever funcional, essencial para garantir que partidos e coligações tenham acesso imediato às informações sobre os resultados apurados. O § 1.º determina a obrigatoriedade de entrega do boletim de urna no prazo legal, enquanto o § 2.º prevê a sanção penal para o descumprimento dessa obrigação, deixando claro que o ato omissivo, quando deliberado ou sem justificativa plausível, representa uma violação à legalidade e à lisura do pleito.

Essa estrutura normativa assegura o direito de fiscalização das agremiações partidárias, que é indispensável para a legitimidade das eleições e para o fortalecimento da confiança no sistema eleitoral. Ao integrar os dois parágrafos para caracterizar o tipo penal, a lei reforça o dever de transparência e cria um instrumento punitivo que desestimula práticas que possam comprometer a igualdade de condições e a credibilidade dos resultados eleitorais.

10.2.2.7.1. Bem jurídico protegido

O bem jurídico tutelado é a **transparência e o controle da apuração dos votos**, essencial para garantir a lisura e a confiabilidade do processo eleitoral.

10.2.2.7.2. Sujeitos do crime

▪ **Sujeito ativo:** o Presidente da Mesa Receptora, responsável pela entrega do boletim de urna.

■ **Sujeito passivo:** os partidos e coligações concorrentes ao pleito, que têm o direito de acessar os dados de apuração, e o próprio eleitorado, que depende da transparência do processo.

10.2.2.7.3.   Conduta típica

A conduta criminosa consiste em deixar de entregar cópia do boletim de urna aos representantes de partidos ou coligações que o requeiram, dentro do prazo de até uma hora após a expedição.

Exemplos hipotéticos:

1. O Presidente da Mesa Receptora nega-se, sem justificativa, a entregar o boletim de urna solicitado por representantes de partidos.

2. O boletim de urna não é entregue dentro do prazo de uma hora após a expedição, impossibilitando a fiscalização imediata pelos partidos ou coligações.

3. A entrega é condicionada a requisitos não previstos em lei, como pagamento de taxas ou registro formal de solicitação.

10.2.2.7.4.   Consumação e tentativa

■ **Consumação:** o crime se consuma no momento em que o Presidente da Mesa Receptora deixa de entregar a cópia do boletim de urna no prazo estipulado, independentemente de eventuais consequências.

■ **Tentativa:** é admissível, como no caso em que o agente inicia o descumprimento da obrigação, mas é impedido antes do decurso do prazo legal.

10.2.2.8.   Omissão do presidente de junta eleitoral em receber ou mencionar protestos e obstruir fiscalização

> **Art. 70.** O Presidente de Junta Eleitoral que deixar de receber ou de mencionar em ata os protestos recebidos, ou ainda, impedir o exercício de fiscalização, pelos partidos ou coligações, deverá ser imediatamente afastado, além de responder pelos crimes previstos na Lei n. 4.737, de 15 de julho de 1965 — Código Eleitoral.

O art. 70 da Lei n. 9.504/1997 prevê sanções para o Presidente de Junta Eleitoral que, no exercício de suas funções, cometa atos que prejudiquem a fiscalização partidária ou o direito ao contraditório, seja pela omissão em registrar protestos, seja por obstruir a atividade fiscalizatória de partidos e coligações. Esses comportamentos podem configurar não apenas infrações administrativas, mas também crimes eleitorais relacionados à violação de princípios fundamentais do processo eleitoral.

A omissão em registrar protestos, por exemplo, pode ser enquadrada no crime de prevaricação eleitoral, previsto no art. 319 do Código Penal, combinado com disposições eleitorais, caso fique demonstrado que o agente deixou de cumprir seu dever funcional para satisfazer interesse ou sentimento pessoal. Além disso, a obstrução à fiscalização pode ser tipificada como crime de desobediência eleitoral, conforme o art. 347 do Código Eleitoral, caso o Presidente de Junta descumpra normas ou ordens legais relacionadas à fiscalização por partidos e coligações.

A combinação das disposições do art. 70 com esses outros dispositivos legais visa garantir que qualquer conduta dolosa ou negligente que comprometa a transparência e o controle no processo eleitoral seja adequadamente sancionada, reforçando a confiabilidade e a regularidade das eleições.

10.2.2.8.1. Bem jurídico protegido

O bem jurídico tutelado é a **transparência e a regularidade do processo eleitoral**, garantindo a participação ativa e fiscalizadora de partidos e coligações no acompanhamento das etapas eleitorais.

10.2.2.8.2. Sujeitos do crime

▪ **Sujeito ativo:** o Presidente de Junta Eleitoral, no desempenho de suas funções durante o processo de apuração.

▪ **Sujeito passivo:** os partidos e coligações que têm o direito de apresentar protestos e realizar fiscalização no processo eleitoral.

10.2.2.8.3. Conduta típica

A conduta criminosa inclui:

1. Deixar de receber protestos: recusar-se a acolher manifestações de partidos ou coligações durante a apuração.

2. Deixar de mencionar os protestos em ata: não registrar formalmente as objeções apresentadas.

3. Impedir a fiscalização: obstruir, de qualquer forma, o direito dos partidos ou coligações de acompanhar as atividades eleitorais.

10.2.2.8.4. Possíveis crimes aplicáveis do Código Eleitoral

> **Art. 316.** Não receber ou não mencionar nas atas os protestos formulados.
> Pena: Reclusão de até cinco anos e pagamento de 5 a 15 dias-multa.

> **Art. 344.** Recusar ou abandonar o serviço eleitoral sem justa causa.
> Pena: Detenção de até dois meses ou pagamento de 90 a 120 dias-multa.

Exemplos hipotéticos:

1. O Presidente de Junta Eleitoral recusa-se a registrar em ata um protesto formalizado por representante de partido contra irregularidades na apuração.

2. O responsável pela Junta impede que fiscais partidários acompanhem a contagem dos votos ou a conferência de cédulas.

3. Os protestos apresentados são recebidos, mas deliberadamente omitidos no registro oficial.

10.2.2.8.5. Consumação e tentativa

▪ **Consumação:** o crime se consuma no momento em que o Presidente de Junta Eleitoral deixa de receber ou registrar os protestos ou impede o exercício da fiscalização, independentemente das consequências resultantes da omissão.

■ **Tentativa:** é admissível, como no caso em que o agente começa a obstruir o registro ou fiscalização, mas é impedido antes de concretizar o ato.

10.2.2.9. *Crimes relativos à segurança dos sistemas e equipamentos eleitorais*

> **Art. 72.** Constituem crimes, puníveis com reclusão, de cinco a dez anos:
> I — obter acesso a sistema de tratamento automático de dados usado pelo serviço eleitoral, a fim de alterar a apuração ou a contagem de votos;
> II — desenvolver ou introduzir comando, instrução, ou programa de computador capaz de destruir, apagar, eliminar, alterar, gravar ou transmitir dado, instrução ou programa ou provocar qualquer outro resultado diverso do esperado em sistema de tratamento automático de dados usados pelo serviço eleitoral;
> III — causar, propositadamente, dano físico ao equipamento usado na votação ou na totalização de votos ou a suas partes.

O artigo em comento tipifica como crimes graves as condutas que atentem contra a integridade, segurança e confiabilidade dos sistemas e equipamentos empregados no processo eleitoral, como urnas eletrônicas, *softwares* de apuração e demais tecnologias relacionadas. Essa norma visa punir ações que comprometam o funcionamento correto dessas ferramentas, protegendo o processo eleitoral de interferências que possam distorcer a vontade popular ou afetar a legitimidade dos resultados.

Entre as condutas abrangidas estão a manipulação, sabotagem ou inserção de códigos maliciosos nos sistemas, bem como a tentativa de acesso indevido aos equipamentos utilizados pela Justiça Eleitoral. Essas práticas podem ser enquadradas como crimes eleitorais relacionados à fraude, como previsto no art. 72, e, em casos mais específicos, podem configurar também delitos previstos em leis complementares, como a Lei n. 12.737/2012 (Lei dos Crimes Cibernéticos), caso envolvam invasão de sistemas protegidos.

A norma reflete a crescente preocupação do legislador em acompanhar os avanços tecnológicos e proteger a credibilidade das eleições em um ambiente cada vez mais digitalizado. Assim, sua aplicação não se limita ao resultado efetivo da conduta, mas também alcança ações que exponham o sistema a risco potencial, preservando a confiança pública no modelo eletrônico de votação e apuração.

O rigor da tipificação no art. 72 reforça a necessidade de vigilância contínua sobre os sistemas eleitorais e a punição de práticas que possam comprometer sua segurança. Essa abordagem garante que o uso da tecnologia permaneça uma ferramenta de fortalecimento da democracia, assegurando a integridade do processo e a confiabilidade dos resultados eleitorais.

10.2.2.9.1. *Bem jurídico protegido*

O bem jurídico tutelado é a **segurança e integridade do sistema eletrônico de votação e totalização de votos**, assegurando que o processo eleitoral seja conduzido de forma transparente e imune a fraudes ou manipulações.

10.2.2.9.2. Sujeitos do crime

◘ **Sujeito ativo:** qualquer pessoa que pratique as condutas descritas nos incisos, independentemente de vínculo com a Justiça Eleitoral.

◘ **Sujeito passivo:** a Justiça Eleitoral e, de forma reflexa, a sociedade, que depende da lisura e confiabilidade do sistema eleitoral.

10.2.2.9.3. Condutas típicas

1. Inciso I: Obter acesso a sistemas de tratamento automático de dados do serviço eleitoral, com a finalidade de alterar a apuração ou a contagem de votos.
2. Inciso II: Desenvolver ou introduzir programas de computador ou comandos que possam alterar ou prejudicar os dados ou o funcionamento do sistema eleitoral.
3. Inciso III: Danificar intencionalmente equipamentos usados na votação ou na totalização dos votos, incluindo urnas eletrônicas e sistemas de processamento.
Exemplos hipotéticos:
1. Um indivíduo acessa indevidamente os sistemas eleitorais para alterar os resultados da apuração.
2. Um programa malicioso é desenvolvido para corromper os dados transmitidos pelo sistema de votação.
3. Equipamentos de votação são deliberadamente danificados antes ou durante o pleito para inviabilizar a totalização dos votos.

10.2.2.9.4. Consumação e tentativa

◘ **Consumação:** o crime se consuma no momento em que as ações descritas nos incisos são realizadas, independentemente de o resultado esperado ter sido atingido (*e.g.*, alterar os votos, destruir dados ou causar dano físico).

◘ **Tentativa:** é admissível, como no caso em que o agente é impedido de acessar o sistema ou danificar o equipamento antes de concluir o ato.

10.2.2.10. Descumprimento das disposições sobre a fiscalização na apuração

> **Art. 87, § 4.º** O descumprimento de qualquer das disposições deste artigo constitui crime, punível com detenção de um a três meses, com a alternativa de prestação de serviços à comunidade pelo mesmo período e multa, no valor de um mil a cinco mil UFIR.

O descumprimento das obrigações destinadas a assegurar a transparência e a fiscalização no processo de apuração eleitoral constitui crime, conforme previsto no § 4.º do art. 87 da Lei n. 9.504/1997. Essas obrigações, estabelecidas no *caput* e nos §§ 1.º a 3.º do artigo, garantem aos fiscais e delegados de partidos o pleno acesso às etapas da apuração, permitindo o controle efetivo sobre a regularidade e a lisura do processo eleitoral.

O dispositivo penaliza condutas que limitem ou impeçam o exercício desse direito de fiscalização, reconhecendo o papel essencial dos representantes partidários na preservação da confiabilidade e da transparência do pleito. A norma busca assegurar que todos os atos relacionados à apuração sejam realizados de forma acessível e clara, prevenindo irregularidades e protegendo a igualdade entre as agremiações concorrentes.

10.2.2.10.1. Bem jurídico protegido

O bem jurídico tutelado é a **transparência e fiscalização do processo de apuração eleitoral**, garantindo a participação efetiva de partidos e coligações no controle das etapas de apuração e totalização dos votos.

10.2.2.10.2. Sujeitos do crime

■ **Sujeito ativo:** os agentes responsáveis por cumprir as disposições do artigo, como o Presidente da Junta Eleitoral ou qualquer outro agente que negligencie ou impeça o exercício da fiscalização.

■ **Sujeito passivo:** os partidos e coligações, que têm o direito de fiscalizar a apuração, e, indiretamente, o eleitorado, que depende da integridade do processo.

10.2.2.10.3. Conduta típica

A conduta criminosa consiste em descumprir qualquer disposição do art. 87, como:

1. Impedir ou restringir o direito de fiscais e delegados de observar a apuração conforme o *caput*.

2. Deixar de entregar cópias dos boletins de urna no prazo estabelecido (§ 2.º).

3. Não permitir o credenciamento e funcionamento de fiscais conforme o § 3.º.

Exemplos hipotéticos:

1. Um Presidente de Junta Eleitoral recusa-se a permitir a observação direta pelos fiscais a menos de um metro da mesa durante a apuração.

2. Um representante da Justiça Eleitoral impede que um fiscal credenciado substitua outro, contrariando o limite de funcionamento de um fiscal por vez (§ 3.º).

3. O boletim de urna não é entregue aos partidos e coligações que o solicitam dentro do prazo legal, inviabilizando a fiscalização tempestiva (§ 2.º).

10.2.2.10.4. Consumação e tentativa

■ **Consumação:** o crime se consuma com o efetivo descumprimento de qualquer das disposições previstas no artigo, sem necessidade de comprovação de prejuízo direto ao resultado eleitoral.

■ **Tentativa:** é admissível, como no caso em que o agente começa a restringir a fiscalização ou omitir informações, mas é impedido antes de concluir o ato.

10.2.2.11. Retenção indevida de título ou comprovante de alistamento eleitoral

> **Art. 91.** Nenhum requerimento de inscrição eleitoral ou de transferência será recebido dentro dos cento e cinquenta dias anteriores à data da eleição.
>
> Parágrafo único. A retenção de título eleitoral ou do comprovante de alistamento eleitoral constitui crime, punível com detenção, de um a três meses, com a alternativa de

> prestação de serviços à comunidade por igual período, e multa no valor de cinco mil a dez mil UFIR.

O parágrafo único do art. 91 da Lei n. 9.504/1997 estabelece como crime a retenção indevida do título eleitoral ou do comprovante de alistamento, criminalizando qualquer conduta que restrinja, de forma injustificada, a posse desses documentos fundamentais para o exercício do direito ao voto. A norma visa assegurar a liberdade política do eleitor e proteger o pleno exercício de seus direitos políticos, coibindo práticas abusivas que possam interferir no processo eleitoral.

A retenção ilícita pode ser utilizada como meio de coação, manipulação ou controle indevido da participação eleitoral, limitando a autonomia do cidadão ao exercer seu direito ao sufrágio. A tipificação penal abrange situações em que o título ou comprovante é retido com a finalidade de constranger o eleitor a agir de determinada forma, seja para votar, abster-se ou manifestar apoio a candidatos ou partidos específicos.

Importa ressaltar que, para a configuração do crime, a retenção deve causar um efetivo prejuízo ao titular do documento, diferenciando-se da mera detenção ocasional e breve, que não interfere no exercício regular do direito de voto. Nessa perspectiva, a norma atua como um instrumento de prevenção de abusos, garantindo a soberania do voto e a integridade do processo democrático.

Ademais, a aplicação da sanção independe do consentimento aparente do eleitor. Mesmo que haja aquiescência, o ato de retenção pode ser interpretado como delituoso quando configurada a violação à liberdade política, especialmente em contextos de pagamento indevido, coação ou vigilância. Isso reforça a natureza protetiva e preventiva da norma, que visa impedir qualquer forma de interferência ilícita na manifestação da vontade popular, fundamental ao regime democrático.

Por fim, o dispositivo representa uma importante ferramenta jurídica contra práticas de dominação ou abuso de poder, inibindo condutas que historicamente comprometem a liberdade eleitoral e desestabilizam o equilíbrio do processo democrático.

10.2.2.11.1. Bem jurídico protegido

O bem jurídico tutelado é a **liberdade do voto**, garantindo ao eleitor acesso irrestrito aos documentos necessários para a sua participação no processo eleitoral.

10.2.2.11.2. Sujeitos do crime

◼ **Sujeito ativo:** qualquer pessoa que retenha, sem justificativa legal, título eleitoral ou comprovante de alistamento eleitoral de outro cidadão.

◼ **Sujeito passivo:** o titular do documento retido, cujo direito ao exercício pleno da cidadania é diretamente afetado.

10.2.2.11.3. Conduta típica

A conduta criminosa consiste em reter, sem fundamento legal, o título eleitoral ou o comprovante de alistamento eleitoral de outrem, impedindo ou dificultando o pleno exercício de seus direitos eleitorais.

Exemplos hipotéticos:

1. Um empregador retém os títulos eleitorais de seus empregados para coagi-los a votar em determinado candidato.

2. Um agente público impede a devolução de comprovantes de alistamento eleitoral após um mutirão de cadastramento.

3. Um candidato ou representante de partido recolhe os documentos de eleitores sob o pretexto de "organizar o transporte" para o dia da eleição.

10.2.2.11.4. Consumação e tentativa

■ **Consumação:** o crime se consuma no momento em que o agente retém o título eleitoral ou comprovante de alistamento de forma indevida, independentemente de prejuízo efetivo ao eleitor.

■ **Tentativa:** é admissível, como no caso em que o agente inicia a retenção do documento, mas é impedido antes de efetivar a conduta.

10.2.2.12. Descumprimento de prioridade dos feitos eleitorais como crime de responsabilidade

> **Art. 94, § 2.º** O descumprimento do disposto neste artigo constitui crime de responsabilidade e será objeto de anotação funcional para efeito de promoção na carreira.

O descumprimento das obrigações relativas à prioridade de tramitação dos feitos eleitorais durante o período crítico do processo eleitoral constitui crime de responsabilidade, conforme previsto no § 2.º do art. 94 da Lei n. 9.504/1997. A norma busca garantir que as demandas eleitorais, especialmente aquelas que possam influenciar direta ou indiretamente o resultado das eleições, sejam analisadas e resolvidas de forma ágil, preservando a segurança jurídica e a legitimidade do pleito.

Essa disposição impõe ao Ministério Público e ao Poder Judiciário o dever de priorizar a tramitação de processos eleitorais, reconhecendo que a celeridade é essencial para assegurar a integridade das eleições e evitar prejuízos decorrentes de decisões tardias. Ao tipificar o descumprimento dessa prioridade como crime de responsabilidade, a norma reforça a importância do comprometimento das instituições envolvidas na administração da Justiça Eleitoral, prevenindo omissões ou condutas que possam comprometer a eficácia do sistema democrático.

10.2.2.12.1. Bem jurídico protegido

O bem jurídico tutelado é a **efetividade e prioridade do processo eleitoral**, assegurando que as demandas relacionadas ao pleito sejam analisadas e resolvidas com celeridade, evitando prejuízos ao processo democrático.

10.2.2.12.2. Sujeitos do crime

■ **Sujeito ativo:** membros do Ministério Público e juízes de todas as Justiças e instâncias que, no período entre o registro das candidaturas e cinco dias após o segundo turno, deixarem de cumprir as obrigações de prioridade processual.

■ **Sujeito passivo:** a Justiça Eleitoral, partidos, candidatos e o eleitorado, que dependem de decisões rápidas e eficazes para garantir a regularidade do pleito.

10.2.2.12.3. Conduta típica

A conduta criminosa consiste em não assegurar a prioridade prevista no art. 94 para os feitos eleitorais, deixando de cumprir prazos ou atribuindo menor importância às demandas eleitorais, sem justificativa legal.

Exemplos hipotéticos:

1. Um magistrado adia injustificadamente a análise de um recurso relacionado à inelegibilidade de um candidato.

2. Um membro do Ministério Público deixa de oferecer denúncia em prazo legal sobre irregularidades eleitorais ocorridas durante a campanha.

3. A Justiça comum trata processos eleitorais como questões ordinárias, negligenciando a prioridade exigida.

10.2.2.12.4. Consumação e tentativa

▣ **Consumação:** o crime de responsabilidade se consuma no momento em que a autoridade descumpre o dever de assegurar prioridade aos feitos eleitorais, resultando em atraso ou omissão prejudicial ao processo.

▣ **Tentativa:** não se aplica de forma evidente, pois o crime está vinculado ao efetivo descumprimento do dever funcional.

10.2.3. Crimes eleitorais previstos no art. 11 da Lei n. 6.091/1974 — Lei do Fornecimento Gratuito de Transporte aos Eleitores

10.2.3.1. Descumprimento de deveres relacionados ao transporte de eleitores

Art. 11. Constitui crime eleitoral:

I — descumprir, o responsável por órgão, repartição ou unidade do serviço público, o dever imposto no art. 3.º, ou prestar, informação inexata que vise a elidir, total ou parcialmente, a contribuição de que ele trata:

Pena — detenção de quinze dias a seis meses e pagamento de 60 a 100 dias-multa;

II — desatender à requisição de que trata o art. 2.º:

Pena — pagamento de 200 a 300 dias-multa, além da apreensão do veículo para o fim previsto;

III — descumprir a proibição dos artigos 5.º, 8.º e 10.º:

Pena — reclusão de quatro a seis anos e pagamento de 200 a 300 dias-multa (art. 302 do Código Eleitoral);

IV — obstar, por qualquer forma, a prestação dos serviços previstos nos arts. 4.º e 8.º desta Lei, atribuídos à Justiça Eleitoral:

Pena — reclusão de 2 (dois) a 4 (quatro) anos;

V — utilizar em campanha eleitoral, no decurso dos 90 (noventa) dias que antecedem o pleito, veículos e embarcações pertencentes à União, Estados, Territórios, Municípios e respectivas autarquias e sociedades de economia mista:

Pena — cancelamento do registro do candidato ou de seu diploma, se já houver sido proclamado eleito.

Parágrafo único. O responsável pela guarda do veículo ou da embarcação será punido com a pena de detenção, de 15 (quinze) dias a 6 (seis) meses, e pagamento de 60 (sessenta) a 100 (cem) dias-multa.

O art. 11 da Lei n. 6.091/1974 estabelece a tipificação de diversos crimes eleitorais relacionados ao descumprimento de deveres legais e ao uso indevido de bens e serviços públicos no contexto eleitoral. A norma detalha condutas específicas que comprometem a transparência, a moralidade administrativa e a igualdade de condições entre os candidatos, prevendo penalidades proporcionais à gravidade de cada infração.

O inciso I do artigo tipifica como crime o descumprimento, por parte do responsável por órgão, repartição ou unidade do serviço público, do dever imposto no art. 3.º da mesma lei, que trata da disponibilização de veículos e embarcações públicas para o transporte de eleitores residentes em zonas rurais. Além disso, a prestação de informações inexatas com o objetivo de elidir, total ou parcialmente, essa contribuição também é configurada como crime. A pena prevista para essa infração é de detenção de 15 dias a seis meses, além do pagamento de multa correspondente a 60 a 100 dias-multa. Essa disposição reforça a obrigação de os órgãos públicos contribuírem com o processo eleitoral, garantindo a acessibilidade ao voto para eleitores em locais de difícil deslocamento.

O inciso II trata da criminalização do desatendimento à requisição de veículos ou embarcações feita pela Justiça Eleitoral, conforme disposto no art. 2.º da lei. A requisição desses bens públicos é essencial para assegurar a realização das eleições em áreas onde o transporte de eleitores depende da estrutura estatal. O descumprimento dessa obrigação é punido com multa que varia de 200 a 300 dias-multa, além da apreensão do veículo ou embarcação para garantir o cumprimento do serviço eleitoral. Essa previsão legal sublinha a autoridade da Justiça Eleitoral e a imprescindibilidade da colaboração dos órgãos públicos para o sucesso do pleito.

O inciso III aborda o descumprimento das proibições impostas pelos arts. 5.º, 8.º e 10.º da lei, que tratam do uso irregular de bens públicos, como veículos, embarcações e outros recursos estatais, e do transporte ilícito de eleitores. Essas práticas são graves por representarem abuso de poder político e econômico, gerando desequilíbrio no processo eleitoral. A penalidade prevista para esse tipo de infração é a mais severa do artigo: reclusão de quatro a seis anos, cumulada com multa de 200 a 300 dias-multa, conforme previsto no art. 302 do Código Eleitoral. A tipificação reflete a preocupação do legislador em prevenir condutas que possam comprometer a igualdade e a legitimidade do pleito.

O inciso IV criminaliza a obstrução, por qualquer meio, da prestação de serviços atribuídos à Justiça Eleitoral nos arts. 4.º e 8.º da lei, como o transporte de eleitores e o fornecimento de apoio logístico necessário para o funcionamento das zonas eleitorais. Essa infração é punida com reclusão de dois a quatro anos, destacando a gravidade de atos que dificultem ou impeçam o regular andamento das atividades eleitorais. A obstrução desses serviços atenta contra o próprio funcionamento da democracia, uma vez que compromete a execução de etapas fundamentais do processo eleitoral.

Já o inciso V dispõe sobre o uso de veículos e embarcações pertencentes à União, Estados, Municípios, autarquias e sociedades de economia mista em campanhas eleitorais durante os 90 dias que antecedem o pleito. Essa prática é expressamente proibida e, caso seja constatada, acarreta o cancelamento do registro do candidato ou do diploma, se este já tiver sido proclamado eleito. Essa sanção reforça o princípio da moralidade administrativa, ao impedir que recursos públicos sejam utilizados para beneficiar candidatos, preservando a igualdade de oportunidades entre todos os concorrentes.

O parágrafo único do artigo, por sua vez, prevê a responsabilização penal do guardião de veículos ou embarcações que permita seu uso indevido em campanhas eleitorais. Nesses casos, a pena é de detenção de 15 dias a seis meses, cumulada com multa de 60 a 100 dias-multa. Essa previsão busca punir não apenas os agentes que se beneficiam do uso ilegal de bens públicos, mas também aqueles que, por negligência ou dolo, permitem que tais práticas ocorram.

10.2.3.1.1. *Bem jurídico protegido*

O bem jurídico tutelado é a **regularidade do processo eleitoral**, garantindo a imparcialidade e a igualdade de condições entre os candidatos, bem como a proteção do patrimônio público.

10.2.3.1.2. *Sujeitos do crime*

▣ **Sujeito ativo:** pode variar conforme o inciso, abrangendo responsáveis por órgãos públicos, guardiões de bens públicos, ou candidatos.

▣ **Sujeito passivo:** a Justiça Eleitoral, os candidatos adversários e, indiretamente, o eleitorado, que tem o direito a um pleito justo.

10.2.3.1.3. *Condutas típicas*

1. Inciso I: descumprir deveres de fornecimento de informações ou prestar informações falsas para elidir contribuições previstas no art. 3.º.
2. Inciso II: desatender requisições de veículos para serviços eleitorais conforme o art. 2.º.
3. Inciso III: descumprir proibições de uso de bens públicos estabelecidas nos artigos 5.º, 8.º e 10.º.
4. Inciso IV: obstruir a prestação de serviços relacionados à Justiça Eleitoral nos termos dos arts. 4.º e 8.º.
5. Inciso V: utilizar veículos ou embarcações públicas em campanha eleitoral nos 90 dias anteriores ao pleito.
6. Parágrafo único: a responsabilidade por não impedir o uso indevido de veículos ou embarcações públicos.
Exemplos hipotéticos:
1. Um gestor público falsifica dados para reduzir contribuições ao serviço eleitoral (inciso I).
2. Um administrador se recusa a ceder veículos requisitados pela Justiça Eleitoral (inciso II).
3. Um candidato utiliza carros oficiais em uma carreata de campanha (inciso V).

10.2.3.1.4. *Consumação e tentativa*

▣ **Consumação:** ocorre quando o ato descrito em qualquer dos incisos é efetivamente praticado, como a omissão do fornecimento de dados ou o uso indevido de veículos públicos.

▣ **Tentativa:** é possível, como no caso de uma ação obstruída antes de sua conclusão, por exemplo, a tentativa de uso de veículos que é impedida por fiscalização.

10.3. QUESTÕES

QUESTÕES DE
CONCURSOS
http://uqr.to/1yrp2

REFERÊNCIAS

AGRA, Walber de Moura. *Manual prático de Direito Eleitoral*. Belo Horizonte: Forum, 2022. *E-book Kindle*.

ALEXY, Robert. *Teoría de los Derechos Fundamentales*. Madrid: Centro de Estúdios Políticos y Constitucionales, 2002.

AMORIM, Maria Joseane Lopes; LEMOS, Maria Nazaré de. *Iniciativa popular no Brasil a partir do século XX*. Monografia — Pós-Graduação. Recife: Universidade de Pernambuco, 2008.

ARISTÓTELES. *A política*. Coleção Grandes Obras do Pensamento Universal, v. 16. Tradução de Nestor Silveira Chaves. São Paulo: Escala, 2003.

AVELAR, Lúcia. *Mulheres na elite política brasileira*. São Paulo: Fundação Konrad Adenauer, Editora Unesp, 2001.

AVRITZER, Leonardo. Sociedade civil e participação no Brasil democrático. In: MELO, Carlos Ranulfo; SÁEZ, Manuel Alcântara. *A democracia brasileira*: balanço e perspectivas para o século 21. Belo Horizonte: UFMG, 2007.

AUAD, Denise et al. Mecanismos de participação popular no Brasil: plebiscito, referendo e iniciativa popular. *Revista Brasileira de Direito Constitucional*, n. 3, São Paulo, jan./jun. 2004.

AZAMBUJA, Darcy. *Introdução à Ciência Política*. 14. ed. São Paulo: Globo, 2001.

BARQUERO, Marcello (org.). *Democracia, juventude e capital social no Brasil*. Porto Alegre: Editora da UFRGS, 2004.

BARRETTO, Lauro. *Investigação judicial eleitoral e ação de impugnação de mandato eletivo*. 2. ed. rev. e ampl. Bauru (SP): Edipro, 1999.

BOBBIO, Norberto; MATTEUCCI, Nicola; PASQUINO, Gianfranco. *Dicionário de política*. São Paulo: Editora UNB — Imprensa Oficial, 2004.

BRINKERHOFF, Derick W; GOLDSMITH, Arthur A. *Clientelism, Patrimonialism and Democratic Governance*: an overview and framework for assessment and programming. Cambridge, USA: Abt Associates Inc., dez. 2002.

CÂMARA DOS DEPUTADOS. *Combatendo a corrupção eleitoral*. Centro de Documentação e Informação, Coordenação de Publicações, Brasília, 1999.

CÂNDIDO, Joel José. *Direito Eleitoral Brasileiro*. Bauru (SP): Edipro, 2008.

CÂNDIDO, Joel José. *Direito Eleitoral Brasileiro*. Bauru (SP): Edipro, 2010.

CARDOSO, Fernando Henrique. *A arte da política — A história que vivi*. Rio de Janeiro: Civilização Brasileira, 2006.

CASTRO, Edson de Resende. *Curso de Direito Eleitoral*. Belo Horizonte: Del Rey, 2022. *E-book Kindle*.

CASTRO, Edson de Resende. *Teoria e prática do Direito Eleitoral*. 4. ed. Belo Horizonte: Mandamentos, 2008.

CASTRO, Edson de Resende. *Teoria e prática do Direito Eleitoral*. 5. ed. Belo Horizonte: Del Rey, 2010.

CBJP/CNBB. *Roteiro para fiscalizar a aplicação da Lei n. 9.840*. São Paulo: Paulinas, 2000.

CHIMENTI, Ricardo Cunha. *Direito Eleitoral*. Rio de Janeiro: Elsevier, 2007.

COÊLHO, Marcus Vinicius Furtado. *Direito Eleitoral e Processo Eleitoral*: Direito Penal Eleitoral e Direito Político. Rio de Janeiro: Renovar, 2010.

COSTA, Adriano Soares da. *Instituições de Direito Eleitoral*. 6. ed. rev., ampl. e atual. Belo Horizonte: Del Rey, 2006.

DAHL, Robert A. *La Poliarquía. Participación e oposición*. Madrid: Tecnos, 1992.

DESPOSATO, Scott W. *How vote buying shapes the political arena*. Paper prepared for the Comparative Politics of Vote Buying Conference, Massachusetts Institute of Technology, Cambridge, Massachusetts, ago. 26-27, 2002.

DIAS, Joelson; JUNQUEIRA, Ana Luísa Junqueira; ANDRADE, Bruno. *O direito à acessibilidade nas eleições*. Disponível em: https://www.conjur.com.br/2022-abr-04/direito-eleitoral-direito-acessibilidade-eleicoes. Acesso em: 9 jan. 2023.

DI PIETRO, Maria Sylvia Zanella. *Discricionariedade administrativa na Constituição de 1988*. 3. ed. São Paulo: Atlas, 2012.

DUVERGER, Maurice. *Sociología política*. Barcelona: Ediciones Ariel, 1972.

ESPÍNDOLA, Ruy Samuel. *Conceito de princípios constitucionais*. São Paulo: Revista dos Tribunais, 1999.

FERNANDES, Tarsila Ribeiro Marques. Democracia defensiva: origens, conceito e aplicação prática. *Revista de Informação Legislativa*: RIL, Brasília, DF, v. 58, n. 230, p. 133-147, abr./jun. 2021.

FERREIRA, Pinto. *Manual prático de Direito Eleitoral*, Imprenta: São Paulo: Saraiva, 1973.

FERREIRA, Ruth Vasconcelos Lopes. *Desafios e perspectivas*: partidos políticos versus movimentos sociais. Maceió: Edufal, 1997.

FICHTNER, José Antonio. *Impugnação de mandato eletivo; colaboradoras: Sônia Bali, Elizabeth Velasco Pereira*. Rio de Janeiro: Renovar, 1998.

FURTADO, José de Ribamar Caldas. *O caso do prefeito ordenador de despesas*. Disponível em: https://www.atricon.org.br/wp-content/uploads/2014/08/O-CASO-DO-PREFEITO-ORDENADOR-DE-DESPESAS.pdf. Acesso em: 4 jan. 2022.

GARCIA, Emerson. *Abuso de poder nas eleições*. Meios de coibição. Rio de Janeiro: Lumen Juris, 2000.

GOMES, José Jairo. Invalidade no Direito Eleitoral: nulidade e anulabilidade de votos. *Revista Brasileira de Direito Eleitoral*, Belo Horizonte, n. 1, ano 1, p. 63-104, jul./dez. 2009.

GOMES, José Jairo. *Direito Eleitoral*. Belo Horizonte: Del Rey, 2010.

GOMES, José Jairo. *Direito Eleitoral*. São Paulo: Atlas, 2011.

GOMES, José Jairo. *Direito Eleitoral*. São Paulo: Atlas, 2015.

GOMES, José Jairo. *Crimes Eleitorais e Processo Penal Eleitoral*. 7. ed. 2024. *E-book*.

GOMES, Suzana de Camargo. *A Justiça Eleitoral e sua competência*. São Paulo: Revista dos Tribunais, 1998.

GONÇALEZ, Sidney Duran. *Democracia defensiva e os atos antidemocráticos*. Disponível em: https://www.conjur.com.br/2022-nov-22/sidney-duran-democracia-defensiva-atos-antidemocraticos.

GONÇALVES, Luiz Carlos dos Santos. *Ações eleitorais contra o registro, o diploma e o mandato*: aspectos materiais e processuais. São Paulo: Ed. do Autor, 2021. *E-book Kindle*.

GONÇALVES, Luiz Carlos dos Santos. *Direito Eleitoral*. São Paulo: Atlas, 2018. *E-book Kindle*.

GRAU, Eros Roberto. *Ordem econômica na Constituição de 1988 (interpretação e crítica)*. São Paulo: Revista dos Tribunais, 1990.

HERKENHOFF, João Baptista. *Como aplicar o Direito*. 4. ed. rev. e ampl. Rio de Janeiro, 1997.

INSTITUTO BRASILEIRO DE GEOGRAFIA E ESTATÍSTICA. *Análise dos resultados*. Perfil das Fundações Privadas e Associações sem Fins Lucrativos em 2002. Disponível em: www2.abong. org.br/final/ download/tfasfil%20-%20pdf.pdf. Acesso em: 14 jan. 2009.

LAVALLE, Adrián Gurza; HOUTZAGER, Peter P. A.; CASTELLO, Graziela. *Democracia, pluralização da representação e sociedade civil*. 2006. Disponível: https://www.scielo.br/j/ln/a/wWXJk HYQQSchPLkdb8XygFS/?lang=pt&format=pdf.

LOEWENSTEIN, Karl. Militant democracy and fundamental rights, I. *The American Political Science Review*, n. 3, v. XXXI, p. 430, jun. 1937.

LONGHI, J. C.; CANTON, G. A. M. Reflexões sobre cidadania e os entraves para a participação popular no SUS. *Physis: Revista de Saúde Coletiva*, v. 21, n. 1, 2011. doi: 10.1590/S0103-73312011000100002.

LULA, Carlos Eduardo de Oliveira. *Direito Eleitoral*. São Paulo: Imperium, 2008.

MILL, John Stuart. *Considerações sobre o governo representativo*. Coleção Grandes Obras do Pensamento Universal, 56. São Paulo: Escala, 2006.

MORAES, Alexandre de. *Direito Constitucional*. 13. ed. São Paulo: Atlas, 2003.

MOURA, Joana Tereza Vaz de; SILVA, Marcelo Kunrath. Atores sociais em espaços de ampliação da democracia: as redes sociais em perspectiva. Revista de Sociologia Política, número suplementar, v. 16, Curitiba, ago. 2008.

NABUCO, Joaquim. *Minha formação*. Rio de Janeiro: Topbooks, 1999.

NETO, José Duarte. *A iniciativa popular na Constituição de 1988*. Rio de Janeiro: Revista dos Tribunais, 2005.

NICOLAU, Jairo M. As distorções na representação dos estados na Câmara dos Deputados Brasileira. *Dados*, n. 3, v. 40, Rio de Janeiro, 1997. Disponível em: http://www.scielo.br/scielo. php?script=sci_arttext&pid=S0011-52581997000300006&lng=en&nrm=iso. Acesso em: 7 jan. 2023.

NICOLAU, Jairo M. *Sistemas eleitorais*. 5. ed. Rio de Janeiro: FGV, 2004.

NICOLAU, Jairo M. O sistema eleitoral de lista aberta no Brasil. *Dados [online]*, n. 4, v. 49, 2006.

NIESS, Pedro Henrique Távora. *Ação de impugnação de mandato eletivo*. São Paulo: Edipro, 1996.

NIESS, Pedro Henrique Távora. *Direitos políticos*: condições de elegibilidades e inelegibilidades. São Paulo: Saraiva, 1994.

OAB-BA. Obrigação de provar inocência é da empresa que polui, afirma nova orientação do STJ. Disponível em: https://www.oab-ba.org.br/noticia/obrigacao-de-provar-inocencia-e-da-empresa-que-polui-afirma-nova-orientacao-do-stj.

OLIVEIRA, Marcelo Roseno de. *Controle das eleições*: virtudes e vícios do modelo constitucional brasileiro. Belo Horizonte: Fórum, 2010.

ONTZA, Juan (Dir.). *Enciclopedia de las Ciencias Sociales. La Política*. Bilbao, Espanha: Asuri de Ediciones, [s.d.]. 679 p.

PAULA FILHO, Afrânio Faustino de. *Sistemas de controle do processo eleitoral*. Rio de Janeiro: Lumen Juris, 1998.

PEREIRA, Rodolfo Viana. *Tutela coletiva no Direito Eleitoral*. Controle social e fiscalização das eleições. Rio de Janeiro: Lumen Juris, 2008.

PINTO, Djalma. *Direito Eleitoral*: improbidade administrativa e responsabilidade fiscal. 5. ed. *São Paulo: Atlas, 2010.*

PUTNAM, Robert. D. *Comunidade e democracia*: a experiência na Itália moderna. 4. ed. Rio de Janeiro: Editora da FGV, 2005.

RAMAYANA, Marcos. *Direito Eleitoral*. Rio de Janeiro: Impetus, 2004.

REIS, Márlon Jacinto. A constitucionalidade do projeto de lei Ficha Limpa. *Correio Braziliense*, 12.10.2009, Opinião, p. 11.

RIBEIRO, Fávila. *Direito Eleitoral*. 5. ed. Rio de Janeiro: Forense, 1998.

RIBEIRO, Hélcio. *A iniciativa popular como instrumento da democracia participativa*. Universidade Presbiteriana Mackenzie, 2007. Disponível em: https://docplayer.com.br/14599361-A-iniciativa-popular-como-instrumento-da-democracia-participativa.html. Acesso em: 7 jan. 2023.

RIBEIRO, Renato Ventura. *Lei Eleitoral comentada*. São Paulo: Quartier Latin, 2006.

RICCI, Paolo. O conteúdo da produção legislativa brasileira: leis nacionais ou políticas paroquiais? *Dados [online]*, n. 4, v. 46, 2003.

RIGAUX, François. *A lei dos juízes*. Tradução de Edmir Missio. São Paulo: Martins Fontes, 2000.

SADEK, Maria Tereza A. *A Justiça Eleitoral e a consolidação da democracia no Brasil*. Fundação Konrad Adenauer, Série Pesquisas, n. 4, São Paulo, 1995.

SCHAFFER, Frederic C.; SCHEDLER, Andreas. *What is vote buying. The limits of the market model*. Paper to de delivered at the conference at the conference "Poverty, Democracy and Clientelism: The Political Economy of Vote Buying". Stanford Universtiy, Department of Political Science, Bellagio Center, Rockefeller Foundation, 28 November-2 December 2005.

SCHILLING, Voltaire. *O bipartidarismo no regime militar*. Educação-História, 2003. Disponível em: http://educaterra.terra.com.br/voltaire/brasil/2003/08/18/001.htm.

SEREJO, Lourival. *Programa de Direito Eleitoral*. Belo Horizonte: Del Rey, 2006.

SILVA, José Afonso da. A constitucionalidade do projeto de lei Ficha Limpa. *Correio Braziliense*, edição de 12.10.2009.

SILVA, José Afonso da. O sistema representativo, democracia semidireta e democracia participativa. *Revista do Advogado*, v. 23, n. 73, p. 94-108, São Paulo: AASP, nov. 2003.

SOUSA, Leomar Barros de Amorim de. *A produção normativa do Poder Executivo*: medidas provisórias, leis delegadas e regulamentos. Brasília: Brasília Jurídica, 1999.

SPECK, Bruno Wilhelm. A compra de votos: uma aproximação empírica. *Opinião Pública*, n. 1, v. IX, Campinas, 2003.

STEINBERG, Gustavo. *Política em pedaços ou política em bits*. Brasília: Editora UnB, 2004.

STOCO, Rui; STOCO, Leandro de Oliveira. *Legislação Eleitoral interpretada*. 2. ed. São Paulo: Revista dos Tribunais, 2006.

TELLES, Olívia Raposo da Silva. *Direito Eleitoral comparado*: Brasil, Estados Unidos, França. São Paulo: Saraiva, 2009.

TREVISAN, Antoninho Marmo et al. *O combate à corrupção nas prefeituras do Brasil*. 4. ed. Cotia (SP): Ateliê Editorial, 2006.

VANCONCELOS, Clever; SILVA, Marco Anotio da. *Direito Eleitoral*. 3. ed. São Paulo: SaraivaJur, 2022. *E-book Kindle*.

VELLOSO, Carlos Mário da Silva; AGRA, Walber de Moura. *Elementos de Direito Eleitoral*. 8. ed. São Paulo: SaraivaJur, 2023.

ANEXOS

Anexo 1. Súmulas do Tribunal Superior Eleitoral

ANEXO 1

http://uqr.to/1yrp3

Anexo 2. Tabela de prazos de desincompatibilização

ANEXO 2

http://uqr.to/1yrp4

Anexo 3. Enunciados da I Jornada de Direito Eleitoral do Tribunal Superior Eleitoral publicados na Portaria TSE n. 348/2021

ANEXO 3

http://uqr.to/1yrp5

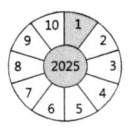